海曙年鑑

HAISHU ALMANAC

2020

宁波市海曙区人民政府地方志办公室　编

方志出版社
Publishing House of Local Records

图书在版编目（CIP）数据

海曙年鉴. 2020 / 宁波市海曙区人民政府地方志办公室编. -- 北京 ：方志出版社，2020.12
ISBN 978-7-5144-4637-1

Ⅰ. ①海… Ⅱ. ①宁…Ⅲ. ①区（城市）—宁波—2020—年鉴 Ⅳ. ①Z525.54

中国版本图书馆CIP数据核字（2021）第010129号

海曙年鉴（2020）

编　　者：宁波市海曙区人民政府地方志办公室
责任编辑：梅中英
出 版 者：方志出版社
地址　北京市朝阳区潘家园东里9号（国家方志馆4层）
邮编　100021
网址　http://www.zgfzcb.on
发　　行：方志出版社图书经销中心
电话（010）67110500
经　　销：各地新华书店
印　　刷：南京凯德印刷有限公司

开　　本：889×1194　1/16
印　　张：24
字　　数：858千字
版　　次：2020年12月第1版　2020年12月第1次印刷
印　　数：001～800册

ISBN 978-7-5144-4637-1　定价：200.00元

编辑说明

一、《海曙年鉴（2020）》是自2014年创刊以来连续出版的第八册年鉴，是一部系统记述宁波市海曙区自然、政治、经济、文化和社会等方面基本情况的年度资料性文献。《海曙年鉴》以马克思列宁主义、毛泽东思想、邓小平理论、“三个代表”重要思想、科学发展观、习近平新时代中国特色社会主义思想为指导，坚持辩证唯物主义和历史唯物主义的立场、观点和方法。如实记录、全面贯彻中共十九大精神，统筹推进“五位一体”总体布局，协调推进“四个全面”战略布局，扎实推进五大发展理念和省委“八八战略”在海曙的实践。

二、本部年鉴记述时限为2019年1月1日至12月31日，为保持事物的完整性、连续性和可比较性，部分内容、数据作上溯处理。

三、《海曙年鉴（2020）》采用分类编辑法。基本结构为类目、分目、条目，其中条目为主要的信息载体，条目标题加“【 】”。体裁有述、记、图、表、录。卷首设“特载”“专记”“大事记”“海曙概览”；主体部分设“中共宁波市海曙区委员会”等类目；卷末设“附录”“索引”。

四、《海曙年鉴（2020）》正文在《海曙年鉴（2019）》大规模改版基础上进行纲目结构微调。年鉴的栏目设计和编排次序是根据年鉴基本体例和行业分类特点设置，与每个具体部门行政级别高低无关。

五、根据行文实际需要，文中配置了“机构全称与简称对照表”，列于目录前。“缩略语”随文注释，简短的在文中括注，较长的在篇末注释，多次出现不重复注释。

六、本年鉴所采用的稿件由全区各机关单位、镇乡（街道）、产业园区提供，经《海曙年鉴》编辑部整理编辑，并经相关单位领导审核。文中所列数据采用法定计量单位，除“海曙概览”类目中“经济和社会发展”分目的各项数据来源于《2019年宁波市海曙区国民经济和社会发展统计公报》外，正文中其他数据原则上依据《海曙区统计年鉴（2020）》，统计年鉴中没有的以主管部门统计为准。有部分数据因统计口径不同或有所差异，请读者在应用时加以注意。

宁波市海曙区地方志编纂委员会

主　任　徐　强

副主任　张启表　张宁辉　王懿栋

《海曙年鉴（2020）》编辑部

主　编　王培良

责任主编　汪鹤飞　崔丹娜　孙焕青

编　辑　胡东斌　周丽娅　秦　威　喻景浩　林微霞　周冰缘

《海曙年鉴（2020）》主要撰稿人

（按姓氏笔画排序）

丁红艳	丁　彬	刁文琴	马中龙	马囡囡	马　驰	马　路	王一波	王　宁
王召波	王伟忠	王　诚	王彦禛	王　洁	王　勇	王晓慧	王　倩	王高昕
王宾原	王　祯	王超亚	王颖芳	王　翔	亓　悦	毛静娜	仇璐娜	厉迪桑
卢江丽	卢姣姣	叶　辉	史微微	白琼烨	冯汝洁	冯　珊	司徒碧波	成振江
朱　平	朱　杰	任　宁	任红斌	任芳靓	刘　飞	刘妍珣	刘青松	刘洋洋
江文敏	江旭儿	江朝晖	许智蕾	孙鸣飞	孙燕燕	严　波	严　健	苏　纯
杜争辉	李天行	李玉飞	李亚军	李丽红	李含笑	李　晔	李　宸	李　蓓
李鹏展	杨建军	杨智慧	杨燕芬	肖云镝	吴安娜	吴　君	吴　琳	何海丰
余　力	余倩妮	邹　挺	汪　儿	沈霞波	张丰钰薇	张丽如	张　征	张　晴
张　睿	陈三省	陈小军	陈飞永	陈文沁	陈华章	陈宇骏	陈闻宁	陈　娜
陈　晨	陈超琼	陈鲁萍	陈　颖	陈　滢	陈嘉伟	陈　燕	邵　祎	范平海
林桂玲	林　瑜	国媛媛	金丹宁	金双燕	金　芹	金杭潮	周　虹	郑水萍
郑　宇	郑　怡	郑　凌	孟令震	降　旭	项　成	赵　伟	赵昊杰	胡东斌
胡亥好	胡皓鹏	钟　凯	俞锐雯	施丽英	姜一寅	姜　波	洪银姿	费晓春
耿晨露	夏朱颖	夏　静	徐凡芝	徐浩跃	徐　鑫	翁赛娟	高佳颖	高　承
高　瑜	郭绍龙	郭　峰	黄玉琼	黄驿雯	黄雅静	黄颖萍	曹　燕	戚亦萍
龚牡丹	盛泳杰	常　润	章之润	章江琴	章洁吉	舒　力	谢作衷	楼　强
褚婷婷	蔡久勇	蔡　哲	管文颖	潘灵琳	潘　妍	潘岱玲	潘益芳	薛荣锋

2019 年海曙的一天

指标名称	计量单位	新海曙一年	海曙的一天
地区生产总值	万元	11701147	32058
工业增加值	万元	3023925	8285
规模以上工业增加值	万元	2252452	6171
规模以上工业利润总额	万元	538644	1476
社会消费品零售总额	万元	8393019	22995
财政总收入	万元	1843493	5051
其中：一般公共预算收入	万元	1124789	3082
实际利用外资	万美元	23000	63
货物进出口总额	万元	7325347	20069
其中：货物出口额	万元	6288033	17227
全社会用电量	万千瓦时	661396	1812

2019 年海曙区主要经济指标占宁波市比重

指标名称	计量单位	宁波市	海曙区	占宁波市比重 %
地区生产总值	亿元	11985.1	1170.1	9.8
工业增加值	亿元	5164.6	302.4	5.9
规模以上工业增加值	亿元	3991.5	225.2	5.6
规模以上工业利润总额	亿元	1298.5	53.9	4.1
社会消费品零售总额	亿元	4473.7	839.3	18.8
财政总收入	亿元	2784.9	184.3	6.6
其中：一般公共预算收入	亿元	1468.5	112.5	7.7
实际利用外资	亿美元	23.6	2.3	9.7
货物进出口总额	亿元	9170.3	732.5	8.0
其中：货物出口额	亿元	5969.6	628.8	10.5
全社会用电量	亿千瓦时	807.9	66.1	8.2
其中：工业用电	亿千瓦时	590.2	40.4	6.8
银行业本外币存款余额	亿元	25017.8	5037.2	20.1
银行业本外币贷款余额	亿元	24678.3	6312.5	25.6

南國書城
天一閣
天一閣

四明偉觀
海曙樓

① 天一书香

② 十洲潋滟

③ 鼓楼声韵

①
②
③

① 天封揽月
② 梁祝蝶恋
③ 龙潭飞瀑

④

① ② ③

① 竹海飞天

② 它山奔水

③ 杖锡漫樱

④ 海曙云霞

蹈火为人民 恪尽职守

文明 和谐
富强 民主
Lenovo
营业执照

① ② ③ ⑤ ④

① 1月2日，海曙区消防救援队伍授衔换装暨集体宣誓大会召开

②③④ 1月3日，区卫生健康局、区应急管理局、区医疗保障局等单位举行揭牌仪式

⑤ 1月4日，区市场监督管理局石碶市场监管所核发全区首张电子商务营业执照。营业执照全流程在网上报送，通过邮寄送达，真正实现领取营业执照“零次跑”

宁波市海曙区第十一届人民代表大会第三次会议

中国人民政治协商会议第五届宁波市海曙区委员会第三次会议

① 1月7日，“大爱海曙 德耀盛世”第四届海曙区道德模范颁奖典礼在集士港镇广德湖剧场举行

② 1月13—16日，宁波市海曙区第十一届人民代表大会第三次会议召开

③ 1月13—15日，中国人民政治协商会议第五届宁波市海曙区委员会第三次会议举行

④ 1月21日，春运拉开帷幕，历时40天。图为铁路宁波站2019年春运场景

⑤ 2月15日，海曙区人民政府与中国移动宁波分公司签署协议，关于加快推进数字经济发展达成战略合作，启动全市首个5G移动网络建设

⑥ 2月28日，全区扩大有效投资重大项目集中开工仪式在段塘村旧村改造村民安置房（环城西路以西2号地块）项目现场举行

① 3月3日，团区委联合区志愿者协会共同举行“青春助梦 益行海曙”关爱青少年公益项目发布暨海曙区青少年芝士公益基金揭牌。十大关爱青少年公益项目由10家社会公益服务组织签约对接

② 3月7日，2019年区委经济工作会议召开

③ 3月8日，海曙首届开茶节在海曙龙观乡桓村杜岙庙生态茶园启动

④ 3月15日，宁波市党员志愿服务公益集市暨海曙区“锋领巢”计划启动活动在天一广场举行。海曙区首期成立25个“锋领巢”开放式志愿服务基地，覆盖全区各镇（乡）街道

⑤ 3月26日，宁波市效实中学与海曙区人民教育基金会签署协议，在原爱菊艺校教育集团初中部基础上，独立登记成立宁波市海曙区储能学校

⑥ 3月，由海曙区选送的两件文艺精品——表演唱《小镇守艺人》和群舞《快递小哥》获2019年浙江省“群星奖”。图为舞蹈《快递小哥》

海曙区"锋领巢"计划
正式启动

宁波市海曙区储能学校
NINGBO HAISHU CHUNENG SCHOOL

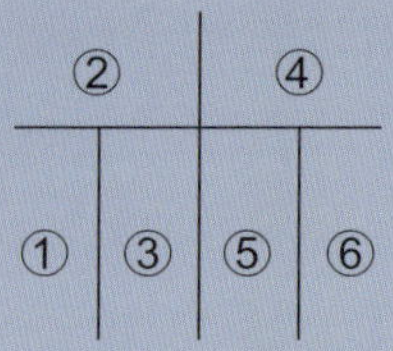

① 4月12日，海曙区作为宁波的代表地区在宁波文博会上进行展示，此次海曙展区以“书香之城，有声阅读”为主题，以互动体验的方式让文化爱好者感受阅读乐趣

② 4月13日，四明山（杖锡）樱花节女子半程马拉松比赛开跑

③ 4月17日，全省首家老年益智科普体验馆在鼓楼街道秀水社区落成开馆。科普馆由“宁波市荣誉市民”、台胞朱英龙倡议，市失智老人关爱项目组指导，区科协主办，系全省唯一针对社区轻度认知功能障碍的老年人推出的创新服务模式载体

④ 4月21日，海曙区“书香宁波海曙阅读季”嘉年华启动。嘉年华期间开展“小海狸”亲子阅读嘉年华暨第十五届“未成年人读书节”、“世界读书日”宁波城市萤火虫换书大会、《宁波往事》新书首发仪式等活动130余场

⑤ 4月23日，海曙区与中国电信宁波分公司在富邦大酒店共同举行宁波市5G应用发布会。区委副书记、区长褚孟形代表海曙区致辞，并在发布会上打通第一个基于正式网络的多媒体电话

⑥ 4月25日，浙江省中小学STEM教育试点区名单揭晓，全省10个地区榜上有名，海曙区系宁波市唯一

① ③
④
② ⑤

① 4月28日，海曙区举行庆祝五一国际劳动节暨先进表彰大会

② 5月6日，杭甬运河宁波段首个内河货运码头——宁波必利盛物流配送码头正式运作，终结了杭甬运河宁波段“有河有水无货运码头”的历史

③ 5月10日，全市首家残疾人文创产品商店“灿益工坊印象宁波”文创馆在海曙区开业

④ 5月11—12日，“金帝厨电杯”2019年“一带一路”中国宁波国际攀岩大师赛在鄞江攀岩公园举行，来自世界20余个国家80余位选手参加比赛

⑤ 5月26—27日，区人力社保局联合黔西南州贞丰县、义龙新区人社部门连办两场“携手促就业 全力助脱贫”易地扶贫搬迁专场招聘会，成为海曙区首次在对口帮扶地区举办的易地扶贫搬迁招聘会

中国（宁波）现代物流与数字经济融合发展主题大会
海曙区人民政府 浙江中外运有限公司
海曙区政府
浙江中外运

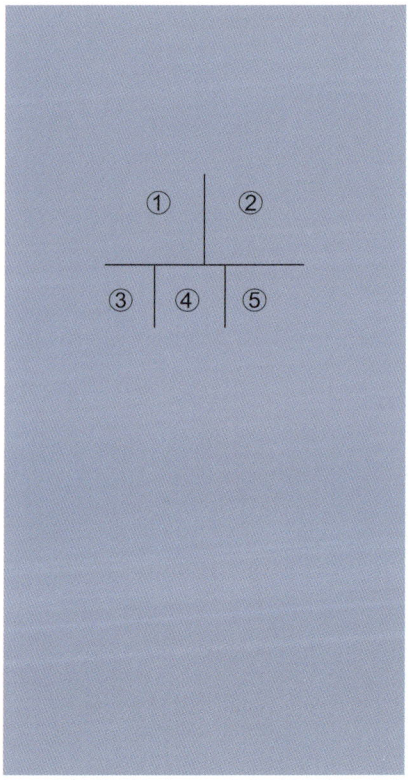
①
②
③
④
⑤

① 5月29日，以“聚焦数字化供应链，拥抱云物流新时代”为主题的中国（宁波）现代物流与数字经济融合发展主题大会在海曙区举行

② 5月30日，海曙区召开“智汇海曙赢未来”——2019年海曙数字经济发展大会

③ 6月17日，风棚碶泵闸完工投用。此工程为区划调整后海曙区首个完工的大型水利设施，其内河侧按“20年一遇”防洪标准设计，外江侧按“50年一遇”防洪标准设计

④ 6月22日，区市场监管局开发的“海曙e食安监管服务平台”正式投用，开通海曙区食品安全监管服务的线上功能，实现“双线并行保食安”的格局

⑤ 7月1日，海曙区智慧党建中心投入使用，图为区委书记孙黎明（右），市委组织部副部长、市委“两新”工委副书记朱志坚（左）共同为中心启用揭牌

AiHE
A8

热烈庆祝宁波-绍兴城际列车贯通运营

海曙区退役军人"圆梦"帮扶基金
启动仪式

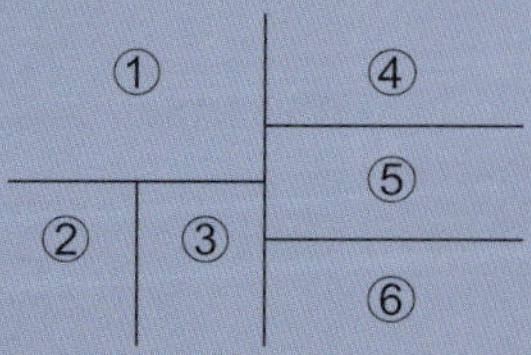
①
④
⑤
②
③
⑥

① 7月，早稻收割

② 7月10日，宁波至绍兴城际铁路开通试运行，成为全国首条利用既有线路改造的跨市区域城际铁路

③ 8月1日，由海曙区3名退役军人民营企业家联合出资设立的帮扶基金启动，成为全市首个关爱退役军人专项基金

④ 7月30日，第十二届全球纺织服装供应链大会在海曙区开幕，来自中国、美国、英国、瑞士等国内外纺织服装业研发、设计、制造、营销、服务等领域的600余名企业家与专家，以"智能供应链与智慧产业"为主题，探讨全球纺织服装供应链发展之路

⑤ 8月26—30日，以"扬科技之帆、领智勇之航"为主题的首届中国无人驾驶航海器智能帆船公开赛暨国际挑战赛在天一阁・月湖国家AAAAA级旅游景区举行

⑥ 8月28日，海曙区江厦街道新的社会阶层人士联谊会暨宁波市新力甬动实践基地（芝创空间）揭牌仪式在芝士公园举行，成为全市首个以教育中介机构从业人员为主体的新的社会阶层人士联谊会

“美好生活”

海曙区庆祝第35个教师节
先进表彰大会
2019.09.10

① ② ③
④ ⑤ ⑥

① 8月31日，海曙区“我们开学啦”大型欢乐秀活动在区文体中心举行。22所学校840名学生参演，2000余名师生参与活动

② 9—11月，海曙“美好生活”文化节举行。文化节围绕“惠游惠玩惠动”主题，整合海曙区文化、旅游和体育资源，通过文创产品推广、“非物质文化遗产”项目展示、旅游景区推介、体育互动活动等形式，展示文旅体融合发展的成果

③ 9月6日，全市首个未成年人救助保护中心在海曙区广安古林养怡院成立

④ 9月10日，海曙区举行庆祝第35个教师节先进表彰大会。大会表彰海曙区教育战线上涌现的各级各类先进，颁发2019年省中小学“教坛新秀”、市第七批“名校（园）长”、市首批“骨干校（园）长”、首批宁波市“四有好老师”等奖项

⑤ 9月19日，“与宁波共成长”第五届浙大校友创业大赛浙江赛区（宁波站）暨数字经济优质项目青年人才交流会在海曙区举行。路演的6个项目，1个落户宁波，5个项目与海曙区意向签约

⑥ 9月24日，“古林蔺草”国家农产品地理标志申报通过农业农村部专家组评审。“古林蔺草”农产品地理标志种植地域保护范围覆盖古林镇、高桥镇、横街镇、集士港镇、石碶街道、洞桥镇6个镇（街道）105个行政村

① 10月15日，海曙区行政复议局洞桥受理点揭牌仪式举行，这是全市首个在基层镇（乡）街道设立的行政复议受理点

② 10月17日，“2019年甬籍院士故乡行——院士林20周年纪念活动”在月湖美术馆广场启幕，甬籍院士们回乡参加第二届世界“宁波帮帮宁波”发展大会

③ 10月17日，首届“Hi Talk(海拓客)”在浙江书展主会场开讲，活动邀请池浚、王若聪担任演说嘉宾，吸引数百名读书爱好者

④⑤ 10月18日，第五届浙江书展暨2019宁波读书节的核心论坛之一——天一阁论坛在海曙区开讲，“书香明星”敬一丹、阿来、李洱登台作主题演讲

⑥ 10月19—22日，海曙区举办“文开台湾 情系两岸”2019海峡两岸文化沈光文文化节系列活动，邀请台南善化庆安宫、台北市宁波同乡会、台南善化小学、两岸沈氏后裔等百余人参加活动

alk
OPEN NEW WORLD
开 新 世 界
中国
时代

开台湾
情系两岸

①　③　⑥
④　②
⑤

2019年甬籍院士故乡行
NINGBO ACADEMICIANS' HOMETOWN VISIT 2019 THE CEREMONY OF THE 20TH ANNIVERSARY OF ACADEMICIAN FOREST
—— 院士林20周年纪念活动 ——

宁波大学
NINGBO UNIVERSITY
海曙区人民政
共建“宁波大学智能医学和生物医学工程研究院”
签约仪式
宁波大学

2019
Ningbo · China
四明問秋
国际越野赛
中国 · 宁波海曙 · 章水

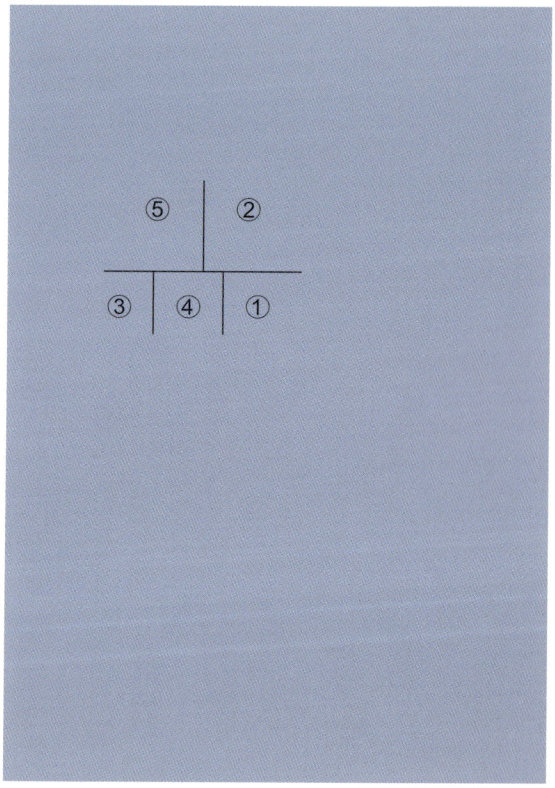
⑤ ②
③ ④ ①

① 11月2日，海曙区鄞江镇“十月十”庙会开街。庙会以“老鄞江最宁波”为主题，推出“乐荟”“咏唱”“跃动”“韵动”4个篇章，包含非物质文化遗产项目展示、商贸物资交流展销会、宁波走书、银杏音乐节、鉴宝大会等系列活动

② 11月10日，2019“双11”全国持杖行走日“半山伴水杯”全国主会场在海曙区龙观乡举行，3000余名国内外徒步爱好者参与活动

③ 11月18日，2019四明问秋国际越野赛在章水镇举行。赛事设置3项6个组别，11个国家近800名越野跑爱好者参加比赛

④ 12月12日，全市首家村级气象科普馆在古林镇龙三村文化礼堂开馆

⑤ 12月20日，由海曙区、宁波大学与加拿大工程院院士姚育东三方共建的宁波大学智能医学和生物医学工程研究院签约落户海曙区

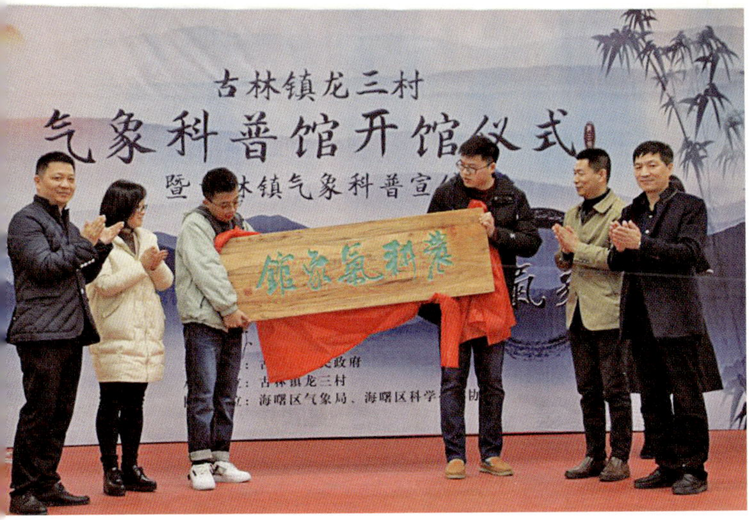

① ② ③ ④

① 12月，白云街道举办“寻迹白云庄”音诗画活动

② 12月24日，宁波工业互联网研究院产业园启动建设。产业园位于铁路宁波站南侧地块，用地面积约3.8公顷，预计总投资11亿元

③ 12月29日，宁波栎社国际机场2号航站楼全面启用，所有国内、国际及地区进出港航班转场至2号航站楼运营，1号航站楼同步停止运营

④ 12月，古林镇蔺草插秧场景

有关组织机构全称、简称对照表

全 称	简 称
浙江省全省	全省
浙江省	省
中共浙江省委员会	省委
浙江省人民政府	省政府
中共宁波市委员会	市委
宁波市人民政府	市政府
宁波市全市	全市
宁波市	市
宁波市海曙区全区	全区
宁波市海曙区	海曙区或区
中共宁波市海曙区委员会	区委
中共宁波市海曙区委办公室	区委办
宁波市海曙区人民代表大会常务委员会	区人大常委会
宁波市海曙区人民代表大会常务委员会办公室	区人大办
宁波市海曙区人民政府	区政府
宁波市海曙区人民政府办公室	区府办
中国人民政治协商会议宁波市海曙区委员会	区政协
中国人民政治协商会议宁波市海曙区委员会办公室	区政协办
中共宁波市海曙区纪律检查委员会	区纪委
宁波市海曙区监察委员会	区监委
中共宁波市海曙区委巡察工作领导小组办公室	区委巡察办
中共宁波市海曙区委组织部	区委组织部
中共宁波市海曙区委宣传部	区委宣传部
中共宁波市海曙区委统一战线工作部	区委统战部
中共宁波市海曙区委政法委员会	区委政法委
中共宁波市海曙区委政策研究室	区委政研室
宁波市海曙区委机构编制委员会办公室	区编委办
中共宁波市海曙区委海曙区人民政府信访局	区委区政府信访局
宁波市海曙区档案馆	区档案馆
中共宁波市海曙区委老干部局	区委老干部局
中国共产党宁波市海曙区委员会党校	区委党校

有关组织机构全称、简称对照表

全 称	简 称
中国共产党宁波市海曙区委员会党史研究室（宁波市海曙区人民政府地方志办公室）	区委党史研究室（区政府地方志办公室）
宁波市海曙区发展和改革局	区发改局
宁波市海曙区经济和信息化局	区经信局
宁波市海曙区教育局	区教育局
宁波市海曙区科学技术局	区科技局
宁波市海曙区科学技术协会	区科协
宁波市公安局海曙分局	海曙公安分局
宁波市海曙区民政局	区民政局
宁波市海曙区司法局	区司法局
宁波市海曙区财政局	区财政局
宁波市海曙区人力资源和社会保障局	区人力社保局
宁波市海曙区住房和城乡建设局	区住建局
宁波市海曙区公共项目建设管理中心	区公建中心
宁波市海曙区房地产管理处	区房管处
宁波市海曙区交通运输局	区交通局
宁波市海曙区农业农村局	区农业农村局
宁波市海曙区商务局	区商务局
宁波市海曙区文化和广电旅游体育局	区文化和广电旅游体育局
宁波市海曙区卫生健康局	区卫生健康局
宁波市海曙区退役军人事务局	区退役军人事务局
宁波市海曙区应急管理局	区应急管理局
宁波市海曙区审计局	区审计局
宁波市海曙区市场监督管理局	区市场监管局
宁波市海曙区统计局	区统计局
宁波市海曙区医疗保障局	区医疗保障局
宁波市海曙区综合行政执法局	区综合执法局
宁波市海曙区经济合作局	区经合局
中国人民解放军浙江省宁波市海曙区人民武装部	区人武部
宁波市海曙区人民法院	区人民法院
宁波市海曙区人民检察院	区人民检察院
宁波市海曙区总工会	区总工会

有关组织机构全称、简称对照表

全 称	简 称
中国共产主义青年团宁波市海曙区委员会	团区委
宁波市海曙区妇女联合会	区妇联
宁波市海曙区残疾人联合会	区残联
宁波市海曙区红十字会	区红十字会
宁波市海曙区工商业联合会	区工商联
宁波市海曙区关心下一代工作委员会	区关工委
宁波市海曙区归国华侨联合会	区侨联
宁波市海曙区文学艺术界联合会	区文联
宁波市海曙区慈善总会	区慈善总会
宁波市天一阁・月湖景区管理委员会	天一阁・月湖景区管委会
宁波市海曙区政务服务办公室	区政务服务办
宁波市海曙区金融服务中心	区金融服务中心
宁波市海曙区大数据发展服务中心	大数据服务中心
宁波市海曙区全媒体中心	区全媒体中心
宁波望春工业园区管理委员会	望春工业园区管委会
宁波（国际）电子商务产业园管理中心	电子商务产业园管理中心
宁波市海曙区机关事务管理局	区机关事务管理局
宁波市海曙区供销合作社联合社	区供销社
宁波市海曙区南站广场区域综合管理办公室	区南站综管办
宁波市海曙区南站区域开发建设管理中心	南站区域开发建设管理中心
宁波市客运中心站区域综合管理综管中心	客运中心综管中心
宁波市海曙 81890 救助服务中心	81890 求助服务中心
宁波市海曙区人民政府房屋征收办公室（区重点工程建设指挥部）	区征收办（区重点工程建设指挥部）
宁波市海曙区旧村改造管理服务中心	区旧村改造管理服务中心
宁波市海曙区石碶市场区管理中心	石碶市场区管理中心
宁波市海曙区轨道交通建设推进管理中心	区轨道交通建设推进管理中心
宁波市自然资源和规划局海曙分局	海曙自然资源和规划分局
国家税务总局宁波市海曙区税务局	区税务局
宁波市生态环境局海曙分局	海曙生态环境分局
宁波市海曙区气象局	区气象局
宁波市公安局交通警察局海曙大队	海曙交警大队
宁波市消防救援支队海曙区大队	海曙消防大队

目 录

特 载

专 记

大 事 记

海曙概览

中国共产党海曙区委员会

海曙区人民代表大会

海曙区人民政府

中国人民政治协商会议海曙区委员会

纪检·监察

民主党派·群众团体

法治·军事

农业·农村·水利

工业·建筑业

商贸·经济合作

交 通

邮电·信息

金 融

旅　游

城乡建设与管理

国土资源管理·生态环境保护

综合经济管理

人力资源和社会保障

科 技

教 育

文化·新闻

体　育

卫生·计划生育

社会生活

镇（乡）街道

人 物

附 录

索 引

特　载

牢记初心使命　接续奋斗前行
以区域治理现代化引领高质量建设国内一流强区

一、2019年工作情况

2019年，区委常委会高举习近平新时代中国特色社会主义思想伟大旗帜，全面贯彻中共十九大和十九届二中、三中、四中全会精神，深刻领悟习近平总书记对浙江、对宁波工作的重要指示精神，认真贯彻落实中央决策和省、市委部署，集中精力抓了四件大事。

一是认真开展“不忘初心、牢记使命”主题教育。按照上级统一部署，9月起开展第二批主题教育，认真抓好学习教育、调查研究、检视问题、整改落实四项重点措施，全区2673个党组织、47641名党员参加。区委常委会带头作出“五个坚定不移”承诺，集体赴大革命时期中共宁波地委旧址、樟村四明山革命烈士陵园开展“寻访初心”活动，组织8次共7.5天专题学习交流，重点围绕8个专题等开展集中研讨。举办4批专题读书班，对区管干部和基层支部书记进行集中轮训，各党支部集中学习1万多次。各级党员领导干部讲专题党课577场，总听课人数近2万人。认真开展包乡走村，实现村社走访全覆盖，带动全区广大党员干部走村入户，共开展调研2926次，形成调研课题577个。针对主题教育明确的“8+1”专项整治，确定40项整治重点，98条整治措施全部落实。持续推进酒驾醉驾、赌博、违规占用农村集体土地、安全生产隐患、“景观亮化工程”过度化等问题整治。

二是扎实推进省委巡视整改。省委第五巡视组巡视期间，区委以高度的政治自觉和强烈的责任担当，旗帜鲜明、态度坚决地支持配合巡视组开展工作。对省委巡视反馈意见，区委常委会高度重视、严肃对待、照单全收，先后3次召开常委会，讨论研究整改方案，形成45项142条整改措施。班子成员主动认领责任、协调推进，各级党组织对标自查、立行立改，建立区级领导牵头、相关部门负责、限时整改落实的责任体系，确保不折不扣整改到位，目前整改完成率已达80%。针对巡视发现的共性问题，强化举一反二，开展专项检查、专项治理，建立完善“周一晨学”等30余项制度。把严肃追责问责贯穿巡视整改全过程，巡视移交的199件信访件全部办结，处置问题线索174条，立案56件，党纪政务处分44人。

三是坚决打好三大攻坚战。自觉站在政治和全局的高度，聚焦短板弱项，强化精准发力，深入推进防范化解重大风险、精准脱贫和污染防治三大攻坚战。出台《坚持底线思维坚决打赢防范化解重大风险攻坚战的实施意见》，梳理出7个领域55项重大风险点，逐一落实防范化解责任和措施。突出防范金融风险，实施融资畅通工程，有序推进政府隐性债务化解，累计排查1012家类金融机构，39家P2P（peer-to-peer lending，点对点信贷）网贷机构基本完成销号整改。积极做好东西部扶贫协作和山海协作工作，强化产业合作、劳务协作、消费扶贫，助推贞丰县实现脱贫“摘帽”，义龙新区楼纳村被评为AAA级景区，“扶贫车间+社会化服务平台”模式作为全市唯一案例在全国推广交流。发展壮大村集体经济，所有行政村集体收入达到100万元以上，全面消除经营性收入10万元以下相对薄弱村。启动生态文明示范区创建，打好蓝天、碧水、净土、清废四大硬仗，认真推进中央和省环保督察整改落实，全域创建“污水零直排区”，成功捧得“五水共治”大禹鼎。

四是统筹抓好“三大主题年”活动。把项目攻坚提速年、转型升级提质年、作风建设提效年活动作为主抓手，打好地块征迁清零等6大项目攻坚战，实施产业平台升级等11项转型行动，推进精准高效服务等6项作风建设任务，在推动区域高质量发展上迈出了坚实步伐。全面落实市委“六争攻坚、三年攀高”行动，确定60项重点任务，创新“海曙行动3.0”抓落实综合平台等措施，多项指标排名前列，涌现出一批“六争攻坚”和担当作为好干部。认真抓好“三服务”活动，办理事项10015件、办结率99.5%，分别位居全市第三、第二，为企业、群众、基层解决了一批反映强烈的问题。制定贯彻落实“长三角”一体化发展战略和“一带一路”建设行动计划，聚焦产业发展、交通设施、公共服务、生态文明、市场环境五大领域，争当“长三角”一体化发展先行军。

具体取得五方面成效：

一年来，我们做强都市经济，发展质量持续提升。推动经济平稳健康发展，预计地区生产总值增长6.5%左右，一般公共预算收入增长7.5%，保持向稳向好态势。出台实施以数字经济为引领促进产业转型升级高质量发展意见，发挥四大研究院牵引带动作用，工业互联网研究院产业园开工，人才团队突破200人，智能技术“两院一园”开园，上海交大宁波人工智能研究院完成首批招生，智能制造技术研究院智云端项目试点推广，打造全省首个5G综合应用示范区。大力发展现代商贸、现代金融、专业服务等产业，推进省批发零售业改造提升试点，空港片区纳入中国（浙江）自贸试验区宁波联动创新区。加快推进制造业转型，全市传统制造业改造提升现场会在我区召开。加快农业“三区六园”建设，农业部数字农业建设试点项目基本完成。深入推进“凤凰行动”计划，“飞扬旅游”港股主板上市。积极应对中美经贸摩擦影响，实施外贸实力效益工程，成立全省首个国际贸易发展联盟，海曙海关、邮局海关正式开关，货物出口额预计增长7%左右。推进招大引强选优，实际利用外资、大市外内资完成率分别居全市第一、第三。累计减税降费22.96亿元。

一年来，我们深化改革创新，动力活力持续增强。抓住“最多跑一次”改革牛鼻子，稳步推进8方面30项重点改革任务。在打造审批考级制升级版基础上，创新“陪办制+审联体”模式，推进家门口智慧审批服务网建设。推进公民和企业全生命周期“一事联办”改革，梳理33项“一件事”，全面实现企业开办全流程一日办结，完成全市首个投资项目在线审批监管平台3.0项目，工业用地100%以“标准地”形式出让。推进政府数字化转型，网上可办率、掌上可办率、跑零次率位居全市前列，97.4%的机关内部办事事项实现“最多跑一次”。深化“亩均论英雄”改革，大力整治“低散乱”，盘活存量用地1676亩，消化批而未供土地3885亩，省级认定小微企业园数量居全市第二，获评省国土资源节约集约模范区。推进科技领航三年攻坚行动，预计研发经费投入增长20%，科技进步综合评价全省排名上升49位。加大创新主体培育，新增国家高新技术企业57家，博洋集团“创客157”创业创新园被工信部列入制造业“双创”平台试点示范。实施“百创汇海”计划，全市首家国家级科技领军人才创新驱动中心正式落户，与宁波大学共建智能医学和生物医学工程研究院，市“3315系列计划”和“泛3315计划”入选数蝉联全市第一。

一年来，我们加快区域融合，城乡品质持续优化。新开工项目38个，省市集中开工和省市县（区）长谋划盯引项目全部开工，竣工项目33个。44个征迁项目实现清零，征迁面积达80万平方米。首次召开城市价值发布会，取得良

9月，海曙区发布《海曙区打赢蓝天保卫战三年行动计划推行方案》，全面推进区域环境空气质量治理

好成效。城隍庙修缮工程竣工验收，伏跗室永寿街历史文化街区房屋处理项目基本完成签约。完成城中村改造63万平方米、老旧小区改造14.4万平方米、旧村改造新村建设44.7万平方米，拆除违法建筑139.3万平方米。机场三期工程投入运营，省道S214线主体通车，联丰路西延等道路工程稳步实施，姚江堤防、奉化江堤防、风棚碶泵闸、五江口闸工程正式投用。狠抓城市精细化管理，组建五大领域综合行政执法队伍，"执法进小区"进一步扩面，三分之一老小区实现物业提价提质，居住小区生活垃圾分类实现全覆盖。小城镇环境综合整治全面完成，新建一批美丽乡村示范镇、风景线、示范村，创建省首批AAA级景区城。完成"大棚房"问题专项清理整治，违建别墅专项整治通过验收。

2019年，81890"互联网+"求助服务平台建成

一年来，我们办好民生实事，群众福祉持续增进。城镇新增就业2.4万人，创建首家省级就业实践示范基地，被推荐为省"无欠薪"示范区。建成"三级五有"退役军人服务保障体系，认真做好社会保险接续工作。新建示范型居家养老服务中心7个，全市养老服务民生实事项目现场推进会在我区召开。新投用7所校（园），全面开展校内托管服务，成为全省唯一入选的全国首批"未来学校实验区"。实施紧密型医联体建设，基本公共卫生服务项目评价位居全省第一。建成105个新时代文明实践站所，承办"一带一路"中国宁波国际攀岩大师赛等重大赛事。建成81890"互联网+"求助服务平台。全省首个社会企业创业园试运营，"开放空间"荣获中国城市治理创新奖。开展"保平安、迎大庆"专项行动，社会治安形势持续好转，连续14年被评为省平安区。推进"无信访积案区"创建，建成区矛盾纠纷调处化解中心，试点信访代办、送访下乡制度，初信初访转重比例持续下降，妥善处理铁路三四线环评公示等一批重大涉稳问题。打掉黑恶团伙83个，查办涉黑涉恶腐败和"保护伞"问题19人。开展安全生产、道路交通、消防安全整治百日大会战，安全生产事故数和死亡人数均下降33.3%，较大以上事故实现"零发生"。积极创建省食品安全区。扎实做好防灾减灾工作，取得防御抗击超强台风"利奇马"的全面胜利。

一年来，我们全面从严治党，党的建设持续加强。区委常委会高度重视自身建设，带头执行民主集中制，弘扬斗争精神，改进工作作风，为全区党员干部作出表率。深入学习、大力宣传、全面贯彻习近平新时代中国特色社会主义思想，出台全面加强党的政治建设的若干措施，构筑"四个意识""四个自信""两个维护"的信仰之基。举行庆祝新中国成立70周年系列活动。顺利完成机构改革任务，组建10个区委议事协调机构，切实加强党对重大工作的领导。牢牢把握意识形态工作主导权，制定意识形态阵地管理细则，实施"融党课走万家"系列活动，创新农村文化礼堂服务体系，推进基督教私设聚会点规范化治理。启动公务员职务与职级并行制度，健全干部靶向培育、精准考察机制，处理末位干部12名。实施基层党建"六查六改六提升"专项行动，14个后进村党组织完成整转，建成全省首个区级智慧党建中心，完成"两新"党组织集中换届，全面推广"党建帮办"制度。落实"基层减负年"各项措施，"三类文件"发文数、会议数下降幅度和涉及村社、企业"七多"事项清理率达到上级要求。严格落实中央八项规定精神，查处42人，给予党纪政务处分25人。深化推进清廉海曙建设，建成一批清廉示范点，扎实开展警示教育月活动。保持惩治腐败高压态势，立案163件，给予党纪政务处分136人，其中移送司法机关8人。完成对10个单位党组织的巡察，延伸巡察95个村社。区委总揽全局、协调各方，召开区委人大、政协工作会议，出台高质量高水平推进新时代人大工作和建设的意见、新时代加强和改进人民政协工作的实施意见，巩固和发展最广泛的爱国统一战线，武装、群团、老干部等工作不断提升。

二、2020年面临的形势和要求

2020年是高水平全面建成小康社会和"十三五"规划收官之年，既是决胜年，又是攻坚年，更是为现代化长远打基础的关键一年。做好新一年工作，意义重大。全区上下要把思想和行动统一到上级决策部署上来，统一到对形势的科学分析和研判上来，抢抓机遇、谋深做实、突破提升，以区域治理现代化引领高质量建设国内一流强区，以新作为开创新局面、迈向新征程。

要坚定信心、顺势而为，把制度自信转化为责任担当。我国发展仍处于重要战略机遇期，经济稳中向好、长期向好的基本趋势没有改变，为我们提供了有利的外部宏观环境。特别是党的十九届四中全会，突出制度这一主题，明确了推进国家治理体系和治理能力现代化的总目标、路线图、时间表，为我们在制度的轨道上推进各项事业，提供了根本遵循、指明了正确方向。省委、市委召开全会，提出要打好省域治理十招、做好市域治理十二方面工作。我们要增强政治责任感和历史使命感，认真学习贯彻上级要求，自我加压、高点定位，深化全领域、全区域科学治理，努力走出一条具有时代特征、海曙特色的区域治理现代化路子，成为充分展现国内一流强区实力、充分体现中国特色社会主义制度优越性的区域治理标杆区，做到带头领跑、走在前列。

要攻坚克难、补齐短板，把制度意识转化为主动执行。近年来，我们紧扣推进“八八战略”再深化、改革开放再出发，以“最多跑一次”改革为牵引，在区域治理上进行了许多积极探索，形成了一批实践成果、制度成果。但是对照高质量发展、高效能治理目标，还有一些亟待改进的地方。在经济治理中，稳定增长压力较大，转型步伐有待加快，要素制约仍然明显，拓展发展空间不够有力，大平台谋划、新动能培育还需加强。在城乡治理中，统筹区域融合发展存在短板，环境综合整治、城市精细管理有待加强，提升城市综合功能、增强辐射带动效应需要持续发力。在社会治理中，治理成效还不够明显，教育、医疗、养老等公共服务仍然不平衡不充分，激发社会活力、增进社会和谐需要持续探索。在干部队伍治理中，基层党建基础不够扎实，少数党员干部形式主义、官僚主义仍然存在，担当意识、治理能力、干事水平需要不断提升。问题是时代的声音，也是治理的动力。我们一定要按照固根基、扬优势、补短板、强弱项的要求，坚持标本兼治、综合施策，用创新的办法解决治理的问题，用制度的方式巩固治理的成果，健全治理体系、加强制度执行、提升治理效能，为区域经济社会发展提供有力保证。

要接力传承、持续奔跑，把制度优势转化为生动实践。高质量建设国内一流强区，是区第九次党代会作出的重大部署。实践证明，这一奋斗目标符合实际，经过三年的融合提升发展，海曙已经站在了一个新的起点上。面对迈进新征程的使命责任，面对治理现代化的更高目标，我们尤其需要在传承中创新，在创新中发展。近段时间，区委常委会认真学习贯彻党的十九届四中全会和省、市委全会精神，对区域治理问题进行了深入研究，并集中各方智慧起草了关于高水平推进区域治理现代化的决定，明确了总体要求和主要目标，提出坚持和完善党的领导制度体系、现代法治体系、市场化资源配置体系、文化发展制度体系、统筹发展制度体系、社会治理体系等六大体系，相信经过这次全会修改完善和审议通过后，一定将成为全区共同遵循落实的指导性文件。我们要按照决定的要求，创新落实各项治理举措，接好历史的接力棒，走好脚下的长征路，努力跑出新速度、展现新作为、干出新业绩。

三、2020年重点工作

2020年全区工作的总体思路是：以习近平新时代中国特色社会主义思想为指导，增强“四个意识”、坚定“四个自信”、做到“两个维护”，全面贯彻中共十九大和十九届二中、三中、四中全会精神，按照中央经济工作会议和省市委有关部署，统筹推进“五位一体”总体布局，协调推进“四个全面”战略布局，紧扣高水平全面建成小康社会目标任务，坚持稳中求进工作总基调，坚持新发展理念，坚持以供给侧结构性改革为主线，坚持以区域治理现代化为引领，坚持“八八战略”再深化、改革开放再出发，认真落实“六争攻坚、三年攀高”行动，深入实施争当“五个排头兵”战略，突出攻坚冲刺、务实担当，持续开展“三大主题年”活动，坚定不移做强产业、做优平台、做深融合、做细民生、做实基层，确保高水平全面建成小康社会和“十三五”规划圆满收官，推动高质量建设国内一流强区取得新进展。

2020年全区经济社会发展的主要预期目标建议为：地区生产总值增长6.5%左右，在高质量基础上能快则快，一般公共预算收入增长6%，城乡居民人均可支配收入与经济增长基本同步，全社会研发经费投入增长15%，能源和环境指标完成市下达任务。

重点要抓好六方面工作：

（一）突出加快发展，夯实区域治理基础。发展是解决一切问题的基础和关键，是区域治理的重要目标。要提升产业能级。紧扣“246”万千亿级产业集群建设、现代服务业跨越发展行动等产业工程，持续开展数字经济三年行动计划，推进四大研究院建设，培育工业互联网、人工智能等新增长点，提升纺织服装、现代金融、专业服务等主导产业，形成新兴产业与传统产业协同发展的格局。聚焦重点领域和细分行业，优化整合产业政策，做大做强产业链条，加快推动向产业链、价值链高端攀升。坚持大中小微企业一起抓，发展壮大楼宇经济、总部经济，推动中小企业“专精特新”发展，着力形成一批行业龙头企业和“隐形冠军”。要夯实平台支撑。举全区之力推进临空经济示范区建设，积极谋划发展思路、联动机制、交通框架，狠抓项目建设、产业集聚，努力打造成为核心区块、关键平台和发展引擎。加快现有园区、载体二次创业，推动望春工业园区提档升级，启动金汇小镇二期建设，促进电商园区积极转型，高水平谋划桃源湾数字经济科创小镇等新平台新载体，打造产业发展的高产田。推进镇（乡）街道、村级工业园等实质性整合提升，加快低效用地再开发，提高单位面积的投资强度和产出效益。要强化需求拉动。发挥有效投资关键作用，保持项目建设强劲势头，推进155个重大项目，确保新开工项目35个、竣工项目32个。抢抓“长三角”一体化发展、“一带一路”建设等机遇，推进与上海长宁区友好结对，承接产业转移和溢出效应，深化全方位、全领域开放合作。打好小分队驻点招商、以商引商、资本招商和乡贤招商等组合拳，力争大市外内资、浙商回归资金和实际利用外资均增长8%。打造国际消费城市示范区，推进天一商圈改造提升，南塘老街争创国家级高品质步行街，发展夜间经济等消费新热点，不断做强“海曙购物”品牌。落实“225”外贸双万亿行动，推进自贸试验区宁波联动创新区空港片区、跨境电商综试区海曙园区建设，加快外贸高质量发展，确保出口规模保持全国、全省份额。

（二）突出城乡融合，优化区域治理格局。把融合发展作为空间治理的着力点，统筹推进城市规划、建设和管理，

春节期间，南塘老街游人如织

全域提升城乡品质。要城乡共建。高质量编制“十四五”规划和国土空间总体规划，加强各级各类规划之间的衔接，谋划一批事关长远的重大平台、重大项目、重大工程，以有限空间实现无限发展。推进五江口、鄞奉路、月湖西区二期等区块建设，谋划姚江南岸、丁家区块开发，强化产城融合，切实提升重点区域形象功能。要城乡互融。一体推进城区有机更新、城乡接合部整治和城中村改造，加快老旧小区改造、旧村改造新村建设，全力推进机场四期项目拆迁和安置房建设，提升城乡整体协调水平。努力补齐基础设施短板，推进学院路等一批道路建设，深化调蓄池、四明山高速等项目前期，加快鄞江堤防整治等水利工程建设，全面完成农村饮用水达标提升工程。深入实施乡村产业振兴行动，持续推进国家级农村一、二、三产业融合发展试点，省级现代农业园区建设。要城乡同美。统筹推进美丽城区、美丽城镇、美丽乡村建设，推动从“局部美”向“全域美”转变。制定城市精细管理标准体系，健全治水拆违、垃圾分类、物业提价提质、“执法进小区”等长效机制，实现无违建镇（乡）街道全覆盖，创建垃圾分类先行示范区。推进农村人居环境“三大革命”，打造一批新时代美丽乡村。加快生态文明示范区创建，开展中央和省环保督察、长江经济带修复整改落实“回头看”，继续推进截污纳管、清淤疏浚、水质提升，坚决打赢污染防治攻坚战。

（三）突出深化改革，增强区域治理动能。改革是推进区域治理现代化的关键一招。要乘势发力，推进治理理念再解放、治理体系再重构、治理动能再提升。要推动“最多跑一次”改革延伸扩面。加快治理数字化转型，进一步减事项、减环节、减材料、减时间，优化流程设计、完善制度机制，全面实现公民和企业全生命周期“一件事”全流程“最多跑一次”。着力打通基层治理的难点堵点问题，推动“最多跑一次”向机关内部、公共服务、司法服务、中介服务等领域拓展，努力覆盖到群众生产生活的方方面面。试点铁路宁波站枢纽综合治理创新和服务环境优化改革，打造向公共场所延伸扩面的标杆示范。要推动创新发展提质提效。培育创新主体，积极对接宁波国家自主创新示范区和科技成果转化试验区建设，开展“初创、高新、领军”培育计划，不断壮大创新型企业梯队。集聚创新人才，实施“海智回归”工程，构筑开放揽才、产业聚智的人才生态。健全创新服务体系，围绕创新链配置资源链，推动企业加大研发投入，鼓励研发机构建设，让更多的创新资源聚起来活起来。要推动“三服务”走深走实。继续推进“大学习大调研大抓落实”，常态化开展“三服务”活动，全面落实包乡走村要求，建立完善部门协作配合、“镇街吹哨、部门报到”等机制，强化首问责任制、首接责任制，集中梳理、攻坚化解一批反映突出的问题，真正把服务更加精准高效地落到实处。以“绣花功夫”稳企留企，完善和落实减税降费政策，扎实构建新型亲清政商关系，提高政企直通车运行质量，健全联企协调解难机制，千方百计为企业松绑、减负、赋能。

（四）突出激活行动，提升区域治理成效。坚持和发展新时代“枫桥经验”，推动社会治理激活行动再深化，打造人人有责、人人尽责、人人享有的社会治理共同体，凝聚共建共治共享的治理合力。要抓好“最多跑一地”。按照“一扇门进出”“一揽子调处”“一体化联动”的要求，深化社会矛盾纠纷调处化解工作机制和组织体系建设，健全诉调、警调、检调、专调、访调“五调联动”体系，深化信访代办制和诉源治理，努力实现群众信访和矛盾纠纷“全链条解决”，打造回应群众诉求的服务站、化解矛盾纠纷的终点站。要完善基层治理。树立大抓基层的导向，进一步深化重心下移，推动更多的资源、力量、服务向基层倾斜，把治理的触角延伸到群众最近处。依托“基层治理四平台”，深化全科网格建设，着力提升运转实效。推进社区分类治理、集群发展，深化“三治融合”，加强社工队伍建设，探索开展街道、社区公共服务中心“三级服务、两级管理”试点，创建全国社区治理与服务创新实验区。健全社会组织标准化管理体制，加大培育扶持力度，提升承接服务能力，发挥参与治理的独特作用。要深化平安建设。全面排摸和梳理各领域风险隐患，建立健全风险研判、评估、协同机制，分层分类落实好应对措施。完善社会治安智能防控体系，严厉打击各类违法犯罪活动。纵深推进严打深挖、打伞破网、固本强基，不断扩大“扫黑除恶”专项斗争成果。严格落实安全生产责任制、安全隐患排查化解机制，全面提升安全生产监管水平。

四明山景美如画

规矩，认真落实重大事项请示报告制度，不断提升制度约束力、执行力、威慑力。完善理论学习中心组学习、“三会一课”“周一晨学”等制度，进一步学懂弄通做实习近平新时代中国特色社会主义思想。严格落实意识形态工作责任制，提高各类思想文化阵地建管用育水平。支持人大、政府、政协和法院、检察院依法依章履行职能、开展工作、发挥作用，加强同民主党派和无党派人士的团结合作，做好武装、群团、老干部等各项工作。要狠抓干部队伍。建立“不忘初心、牢记使命”制度，让党员干部更好地见忠诚、显担当、树形象。突出实谋、实干、实绩导向，注重政治历练、实践锻炼和专业训练，加强专业化干部储备和年轻化梯队建设，着力提升创新应变能力、攻坚破难能力、统筹协作能力、群众工作能力。强化为担当者担当，健全常态化澄清保护干部机制，不断激发干部干事创业的激情和动力。要夯实基层堡垒。把基层党组织的政治功能、组织力与治理能力提升贯通起来，创新党组织设置和活动方式，发挥智慧党建优势，深化党支部标准化规范化建设，推动基层党组织有效覆盖。全领域深化“锋领海曙”党建，加强村干部队伍建设和管理，强化区域党建联盟建设，提高机关党的建设质量，确保整乡推进、整区提升。要深化清廉建设。坚决扛起管党治党政治责任，层层传导压力，推动全面从严治党向基层延伸。持续抓好省委巡视反馈意见整改落实，进一步举一反三、完善制度，坚决防止问题反弹回潮。推进纪律监督、监察监督、派驻监督、巡察监督统筹衔接，进一步完善监督网络体系，实现监督效果最大化。持续加大正风反腐力度，坚决纠治形式主义、官僚主义，严查重大工程、重点领域、关键岗位腐败问题。贯通运用“四种形态”，落实“一案五必须”制度，深化警示教育，扩大清廉创建范围，营造风清气正的政治生态。

（五）突出民生供给，提高区域治理获得感。坚持以人民为中心，尽力而为、量力而行，加强普惠性、基础性、兜底性民生建设，让发展成果更好地惠及全区人民。要健全公平覆盖的社会保障体系。完善就业创业平台和扶持政策，实施择业导航、就业护航、创业领航行动，做好重点群体就业工作，确保零就业家庭动态清零，完善低收入群体可持续增收机制。健全社会保障和社会救助体系，强化民生兜底保障。继续做好东西部扶贫协作和山海协作工作。要构建优质均衡的公共服务体系。坚持政府引领、市场主导、社会参与相结合，加快完善公共服务优质供给。推进全国义务教育优质均衡区创建，有序做好义务教育阶段公民办学校同步招生，深入建设“未来学校实验区”。组建两大医疗健康集团，加快区中医院、普济医院等项目进度，提升高山医疗服务能力，促进中医院传承和开放创新发展，扩大优质医疗卫生资源覆盖面。推进省康养体系建设试点，深化医、养、护深度融合，探索以老养老模式，提升居家养老服务水平。要打造特色彰显的文化建设体系。加快文化事业和文化产业发展，推进文化惠民工程，深化“书香海曙”建设，创建省公共文化服务体系示范区、全域旅游示范区。加强历史遗存的保护、挖掘和利用，配合推进天一阁扩建项目，启动秀水街历史文化街区改造，更好地传承城市文脉、留住城市记忆。深化文明城市创建，健全新时代文明实践中心、所、站三级体系，加强融媒体建设，实现文化礼堂行政村全覆盖。

（六）突出党的领导，把牢区域治理方向。健全党领导各项事业的体制机制，推动党的组织体系与治理体系有机衔接，以党建水平提升推动治理现代化水平提升。要加强全面领导。把政治建设摆在首位，严明政治纪律和政治

路在脚下、事在人为、贵在实干。让我们高举习近平新时代中国特色社会主义思想伟大旗帜，只争朝夕加油干，不负韶华再出发，高水平推进区域治理现代化，为高质量建设国内一流强区而努力奋斗！

〔2020年1月10日，区委九届八次全体（扩大）会议报告摘要〕

（区委办公室）

政府工作报告

一、2019年工作回顾

2019年是新中国成立70周年。面对国内外风险挑战明显上升的复杂局面，我们坚持以习近平新时代中国特色社会主义思想为指导，全面贯彻中共十九大和十九届二中、三中、四中全会精神，按照党中央、国务院及省委、省政府的决策部署和市委、市政府的工作要求，在区委的坚强领导下，在区人大、区政协的监督支持下，团结依靠全区人民，全面落实“六争攻坚”行动，持续推进“项目攻坚提速年”“转型升级提质年”“作风建设提效年”活动，全力稳增长、促改革、调结构、惠民生、防风险、保稳定，较好地完成了区十一届人大三次会议确定的主要目标任务。全年实现地区生产总值1170.1亿元，增长6.1%；一般公共预算收入112.5亿元，增长7.5%；城乡居民人均可支配收入分别增长7.9%、9.4%；完成市确定的节能减排目标任务；民生实事项目全面完成。一年来，我们主要做了六方面工作：

（一）转型升级不断推进。数字经济“一号工程”深入实施，全省数字经济发展先行区积极打造，以数字经济为引领促进产业转型升级高质量发展意见出台实施，数字经济发展大会成功举办，雅戈尔服装、杉杉新材料被评为省首批数字化车间、智能工厂，帅特龙、富邦被评为省上云标杆企业。制造业质效齐升，省级服装制造业改造提升试点深入推进，全国童装设计研发基地正式落户，区域服装品牌集体商标通过注册，全球纺织服装供应链大会顺利召开，智尚国际服装产业园获评国家纺织服装创意设计试点园区，广博等3家企业获评国家单项冠军示范企业（产品），博洋集团“创客157”创业创新园被工信部列入制造业双创平台试点示范，太平鸟获评省级工业设计中心，维科、狮丹努等5家企业入围全市制造业“纳税50强”，新增“浙江制造”标准3个、“品字标浙江制造”企业4家，评选区长质量奖企业4家，传统制造业改造提升获省督查激励表扬。建筑业稳步发展，总产值保持全市前列，特级资质建筑企业增至5家，获评省“钱江杯”项目7个。现代服务业巩固提升，中外运、温州商会等总部项目进展顺利，奥特莱斯四期、U-Park商业公园开业运营，富茂大厦、东方商厦等改造项目积极推进，苏宁小店、欧尚自动售货机等新零售项目加快布局，南塘老街获评省级高品质步行街试点，5家园区入选省电子商务产业基地名录，全市唯一入选省放心消费建设重点区，商贸创新发展工作居全市第一，批发零售业改造提升获省督查激励表扬。外贸实力效益工程扎实推进，稳外贸促发展10条举措全市率先出台，全省首个国际贸易发展联盟成功设立，全市首个“9610”跨境电商出口通道正式开通，宁波国际邮件互换中心开工建设，海曙海关、邮局海关正式开关，空港片区纳入浙江自贸区宁波联动创新区，开放型经济综合工作居全市第二。“凤凰行动”海曙计划深入推进，飞扬旅游、旷世控股香港上市，新增甬股交挂牌企业72家，直接融资额达到55.2亿元。现代都市农业加快发展，“三区六园”项目进展顺利，农业部数字农业试点项目基本完工，黄古林被评为农业产业化国家重点龙头企业，蔺草—水稻轮作系统被列入中国重要农业文化遗产，新增国家级农产品地理标志1个、省级农业强镇1个、市级多彩农业美丽田园示范基地2个、现代农业庄园3个，获评省粮食生产先进县、农产品质量安全放心县和全国主要农作物生产全程机械化示范区。

（二）项目攻坚不断提速。重大项目建设稳步推进，城市价值发布会首次召开，38个项目新开工，33个项目竣工投用。区块开发有序推进，栎社机场三期工程建成投运，铁路宁波站周边、鄞奉等区块加快建设。用地保障有力有效，出让土地26宗，收储土地706亩，消化批而未供土地3885亩，盘活存量土地1676亩。征迁清零实现突破，环城南路西延、薛家路等44个项目顺利清零，完成征迁80万平方米。基础设施加快建设，省道S214线、毛家岙公路、荷梁线改建工程、福德路等项目建成通车，联丰路西延、轨道交通4号、5号线等项目有序实施，望春变顺利建成，薛家变、梁祝变前期工作稳步推进。“海绵城市”建设不断深入，姚江堤防、奉化江堤防、风棚碶泵闸、五江口闸等工程正式投用。招商引资成效明显，德勤区域总部、顺丰人力资源、爱库存等一批优质项目成功落户，新增总部企业26家，大市外内资、浙商回归资金、实际利用外资分别完成146.6亿元、73.4亿元、2.3亿美元，实际利用外资完成率居全市第一，大市外内资完成额居全市第二。重要载体承载力加快提升，国家级临空经济示范区带动效应逐步显现，中新创智（宁波）产业园开工建设，望春工业园区持续转型，月湖金汇小镇、电商园区产出效益持续增强。

（三）改革创新不断深化。“最多跑一次”改革深入推进，“审批考级制”持续深化，“陪办制”“审联体”创新推出，“无差别收件系统”全市率先上线，“家门口”智慧审批服务网建设成效初显，一事联办不断扩面，企业开办全流程一日办结，网上可办率、掌上可办率、零次跑率居全市前

月湖金汇小镇

提质提价工作走在全市前列。智慧城区建设成效明显，全省首个5G综合应用示范区积极打造，全市首个5G移动网络启动建设，“智慧城管”实现全覆盖。垃圾分类成果巩固提升，“定时定点”投放试点全市率先启动，“夜间收运”模式率先试点，全域居住小区生活垃圾分类实现全覆盖。“美丽海曙”建设有序推进，生态文明建设规划发布实施，生态文明示范区创建全面启动，中央和省环保督察问题整改扎实推进，智能污水处理系统试点项目有效实施，西塘河、姚江入选省美丽河湖名单，全域创建“污水零直排区”，成功捧得“五水共治”大禹鼎。交通治堵持续开展，11条断头路全面打通，38条公交线路调整优化，新增停车位12865个。乡村振兴战略深入实施，区域乡村建设规划编制出台，“五大乡村”、农村“三居”行动持续推进，新增省级美丽乡村示范镇1个、特色精品村2个、市级美丽乡村示范镇1个、风景线1条、示范村4个，完成旧村改造新村建设44.7万平方米，全域完成小城镇环境综合整治。“四好农村路”省级示范县积极创建，新改建农村公路42千米，完成农村公路大中修50千米，建成美丽经济交通走廊80千米。农村饮用水达标提标工程加快推进，14个独立水站新改建项目完成建设。“厕所革命”持续深化，310座农村公厕完成改造提升，获评省农村公厕改造工作优秀区。防灾减灾能力日益增强，成功抗击超强台风“利奇马”。

列，98%的机关内部办事事项实现“最多跑一次”，高山综合服务“高山办”入选省《浙里改（领跑者）》。“亩均论英雄”改革持续推进，“标准地+承诺制”全面实施，新增工业用地全部按“标准地”出让，43家企业入围全市制造业“亩产英雄500强”，9家企业入围全市“246”产业“亩均效益”领跑者名单，望春工业园区亩均效益评价居全市省级开发区第二，获评省国土资源节约集约模范区。科技创新成效明显，有效发明专利拥有量增长9%，全社会研发经费投入增长20%，新增双创载体面积20万平方米，科技进步综合评价居全市第二，科技投入指数居全省第三。创新平台能级提升，宁波工业互联网研究院产业园开工建设，宁波市智能制造技术研究院“智云端”推广使用，智能技术“两院一园”正式开园，上海交大人工智能研究院完成首批招生，与宁波大学共建智能医学和生物医学工程研究院，环球广电入选省级企业技术中心，华茂军用新型材料国家级实验室建设取得实质性进展。创新主体不断壮大，建成省市级产业创新服务综合体2家，新增国家高新技术企业57家、省高成长科技型中小企业23家、市创新型初创企业175家，54家企业产品入选市自主创新和优质产品目录。“小微企业三年成长计划”深入实施，省级认定小微企业园数居全市第二。创新人才加快集聚，全市首个国家级科技领军人才创新驱动中心正式落户，“3315系列计划”“泛3315计划”入选数蝉联全市第一。

（四）城乡品质不断提升。环境面貌持续改善，“城乡争优”攻坚行动、“城市双修”十大行动深入推进，“转角遇到绿”等特色项目扎实开展，新一轮城中村改造计划编制实施，伏跗室永寿街历史文化街区房屋处理项目签约基本完成，3个国家级老旧小区改造试点顺利完成。专项整治全面开展，围挡、桥头跳车、两路两侧、四边三化等专项行动持续推进，“大棚房”清理整治顺利完成，违建别墅专项整治通过省级初验，新增无违建先进镇（街道）2个，完成“三改”219.9万平方米、“一拆”139.3万平方米。城市精细管理不断加强，“执法进小区”行动深入开展，物业

（五）民生保障不断增强。东西部扶贫协作和山海协作成效显著，助推贞丰县脱贫摘帽、义龙新区楼纳村获批国家AAA级旅游景区，“扶贫车间+社会化助残服务平台”模式全国推广，全区经营性收入10万元以下相对薄弱村全面消除。鼓励以创业带动就业，实现城镇新增就业2.4万人，培训城乡劳动力2.1万人，被推荐为省“无欠薪”示范区。社会保障水平不断提升，新增公租房家庭1395户，户籍人口基本养老保险、医疗保险参保率持续保持全市前列。养老服务体系不断完善，建成7个省级示范型居家养老服务中心，获批省康养体系建设试点单位。教育均衡化水平稳步提升，7所学校（幼儿园）建成投用，文明校园实现全覆盖，入选全省首批中小学STEM教育项目试点区，成为全省唯一入选的全国首批“未来学校实验区”。“健康海曙”加快建设，2个紧密型医联体全面组建，宁波普济医院和区中医院迁扩建项目有序推进，上海中医药大学海曙协爱中医医院顺利开业，国家卫生城市通过复审，集士港镇、龙观乡成功创建国家级卫生镇乡，公立医院综合改革、基本公共卫生服务项目评价居全省第一。文化惠民“百川工程”全面实施，省公共文化服务体系示范区、全域旅游示范区积极创建，新增省旅游风情小镇1个、省五星级文化礼堂3个，天一

阁·月湖获评省文旅融合示范景区。体育事业加快发展，“四提升四覆盖”全民健身工程完成验收，“一带一路”中国宁波国际攀岩大师赛、“双11”全国持杖行走日等重大赛事活动成功举办。基层基础持续夯实，文明城市创建扎实推进，首批12个品质社区成功打造，全省首个社会企业创业园启动运营，民乐村获评全国乡村治理示范村，“开放空间”创建基层民主协商项目荣获首届中国城市治理创新奖。平安海曙深入推进，重大风险防控和应急处置能力不断增强，安全生产、道路交通、消防安全整治百日大会战扎实开展，金融、网络等重点领域安全监管持续加强，重点企业风险辨识评估实现全覆盖，安全生产事故起数和死亡人数均下降三分之一，新中国成立70周年大庆等安保任务圆满完成。省食品安全区积极创建，食品安全责任制工作清单出台实施，4家药品便民服务点建成投用。“七五”普法扎实推进，新增省级民主法治村5个，南门司法所获评全国先进司法所。“基层治理四平台”建设持续深入，流动人口量化积分管理不断完善，社会治安智能防控体系进一步健全，“枫桥式公安派出所”积极创建，“南塘公约”模式全省推广，“扫黑除恶”专项斗争纵深推进，社会矛盾和信访突出案件有效化解，群众安全感跃居全市第一，荣获全省首批“一星平安金鼎”。

（六）自身建设不断强化。“不忘初心、牢记使命”主题教育深入开展，意识形态工作持续加强，省委巡视反馈意见及时整改。自觉接受人大法律监督、政协民主监督和社会各界监督，建立区政府向区人大报告国有资产管理情况制度，区政府区政协重点工作协商对接会首次召开，重大事项及时向区人大报告、与区政协通报协商，办理建议提案438件。法治政府建设纵深推进，行政执法三项制度全面推行，行政复议预审预调制度创新推出，行政首长出庭率达到100%，行政规范性文件合法性审核实现全覆盖，政府信息应公开尽公开。政府“两强三提高”建设行动计划全面实施，区政府工作规则修订完善，高质量发展指标体系不断健全，经济高质量发展评定办法制定出台。政府数字化转型扎实推进，多端统一、多地联办工作机制逐步形成，“浙政钉”“浙里办”使用率大幅提升，区档案馆晋级国家级数字档案馆，“81890”荣获中国数字政府“政务服务创新奖”。机构改革圆满完成，退役军人事务局、医疗保障局等6个部门完成组建，96家事业单位机构编制调整到位。清廉政府建设不断加强，党风廉政建设责任制有效落实，重点领域、关键环节监管持续强化，严格控制和压减一般性支出，“三公经费”预算下降14%，专项资金一般项目绩效管理实现全覆盖。内部审计持续深化，农村集体经济等领域风险防范清单化管理探索推进。“三服务”活动扎实开展，政企直通车运行质效持续提升，全年减税降费23亿元。“基层减负年”各项措施严格落实，“三类文件”发文数、会议数下降幅度和涉及村社、企业“七多”事项清理率达到上级要求。“十四五”规划编制全面启动，国土空间总体规划编制积极推进，第四次全国经济普查和第三次全国国土调查顺利完成。

人民武装、国防动员、双拥工作扎实推进，民族宗教、外事侨台工作持续加强，史志、工青妇、残联、红十字、工商联、科普、关工委、慈善等工作全面提升。

各位代表！2019年我们取得的成绩极其不易。这是习近平新时代中国特色社会主义思想科学指引的结果，是党中央国务院及省委、省政府、市委、市政府和区委坚强领导的结果，是区人大、区政协监督支持的结果，是全区人民齐心协力、团结拼搏的结果。在此，我代表区人民政府，向全区人民，向全体人大代表、政协委员，向各民主党派、工商联、人民团体和社会各界人士，向驻地部队官兵，向所有关心支持海曙发展的同志们、朋友们，表示崇高的敬意和衷心的感谢！

同时，我们也清醒地看到，我区经济社会发展中还存在不少矛盾和问题。主要是：经济下行压力加大，传统产业转型升级还不够快，企业创新能力还不够强，新兴产业规模和产出偏低，实体经济困难不少，外贸出口面临较大的不确定性，营商环境有待进一步优化；城乡发展品质亟待提升，乡村振兴有待深化，城市管理还不够精细，教育、医疗、养老等优质资源供给还不平衡不充分；影响社会平安稳定的因素还比较多，生态环境和安全生产风险防控任务依然艰巨，公共卫生应急管理体系还不够完善，社会治理创新亟须加快推进；一些工作人员执行力和担当意识还不够强，“四风”问题整治需要持续深化。对此，我们将直面问题，采取有效措施，切实加以解决。

“美丽庭院”建设中的高桥镇民乐村

各位代表！2020年的开局极不寻常。面对突如其来的新冠肺炎疫情，我们深入贯彻习近平总书记系列重要讲话和指示批示精神，迅速落实中央应对疫情工作领导小组和省市疫情防控工作领导小组的指令，在区委常委会的坚强领导下，出台最严管控措施，创新防控办法举措，全面筑牢疫情防线，做到了以“海曙控”确保“宁波控”。面对突如其来的新冠肺炎疫情，我们因时因势调整防控策略，分区分级推进复工复产，分类分时推进复学复市，持续畅通人流、物流、资金流，进一步打通产业链、供应链、服务链，同疫情防控相适应的经济社会运行秩序加快建立。面对突如其来的新冠肺炎疫情，我们上下一心、众志成城，同时间赛跑、与病魔较量，统筹推进疫情防控和经济社会发展，凝聚了“硬核”力量，谱写了“战疫”之歌，确保“两手硬”“两战赢”。

重疫无情、人间有爱。在此，我代表区人民政府，向理解支持、守望相助的全区人民表示最衷心的感谢！向坚守一线、英勇奋战的医护人员、公安干警、党员干部表示最诚挚的问候！向情系海曙、慷慨解囊的志愿者、企业家和社会各界人士表示最崇高的敬意！

当前，疫情尚未结束，发展任务异常艰巨。我们要坚持底线思维，毫不放松常态化疫情防控，努力把疫情造成的损失降到最低，努力完成今年经济社会发展目标任务。

二、2020年主要目标任务

2020年是高水平全面建成小康社会目标实现之年、“十三五”规划收官之年、脱贫攻坚决战决胜之年，也是“六争攻坚”行动的交卷之年。做好今年各项工作，意义深远、任务艰巨、责任重大。

3月29日至4月1日，在统筹推进疫情防控和经济社会发展的关键时期，习近平总书记亲临浙江考察，第一站就来到宁波，这是新时代浙江、宁波发展进程中具有里程碑意义的一件大事，充分体现了习近平总书记对浙江、对宁波工作的高度重视和亲切关怀。习近平总书记在考察时强调，统筹推进疫情防控和经济社会发展工作，疫情防控要慎终如始，复工复产要化危为机，改革开放要不断深化，治理体系和治理能力要补齐短板，发展不平衡不充分问题要率先突破，生态文明建设要先行示范，全面从严治党要走向纵深，奋力实现今年经济社会发展目标任务，浙江要努力成为新时代全面展示中国特色社会主义制度优越性的重要窗口。我们要坚决把思想和行动统一到习近平总书记系列重要讲话精神上来，不负殷切嘱托，强化使命担当。

今年政府工作的总体要求是：高举习近平新时代中国特色社会主义思想伟大旗帜，增强“四个意识”、坚定“四个自信”、做到“两个维护”，全面贯彻中共十九大和十九届二中、三中、四中全会精神，深入学习贯彻习近平总书记在浙江、宁波考察时的重要讲话精神，按照党中央、国务院及省委、省政府的决策部署和市委、市政府的工作要求，在疫情防控常态化前提下，坚持稳中求进工作总基调，坚持新发展理念，坚持以供给侧结构性改革为主线，坚持“八八战略”再深化、改革开放再出发，认真落实“六争攻坚”行动，以区域治理现代化为引领，攻坚冲刺、务实担当，持续稳企业、增动能、补短板、保平安，统筹推进疫情防控和经济社会发展，确保高水平全面建成小康社会和“十三五”规划圆满收官，推动高质量建设国内一流强区取得新进展，争当“重要窗口”建设排头兵。

各位代表！今年我区经济社会发展面临的挑战前所未有。我们要上下同欲、危中抢机，准确识变、科学应变、主动求变，充分估计困难、风险和不确定性，只争朝夕拼命干，抓紧做好经济社会发展各项工作。建议奋力实现地区生产总值增长6.5%左右，一般公共预算收入、城乡居民人均可支配收入与经济增长基本同步，能源和环境指标完成市下达任务。我们要突出重点、夯实基础，慎终如始抓好疫情防控，守牢“大门”，守住“小门”，严防境外疫情输入，全面筑牢疫情防线。扎实做好“六稳”工作，全面落实“六保”任务，坚决打赢三大攻坚战，有效破解要素制约，加快补齐民生短板，确保稳住经济基本盘、兜住民生底线、维护稳定大局。我们要谋近思远、争先创优，以更宽视野、更高标准、更大格局，全面落实“四个非常”要求，紧紧围绕“三大主题年”活动，向改革要动力、向开放要活力、向创新要竞争力，培育新产业、发展新技术、抓好新基建、扩大新消费，加快形成新的增长点增长极，努力在争先创优行动中交出高

宁波电商园

分答卷。

围绕总体要求和预期目标，重点做好八方面工作：

（一）聚焦以进固稳，推动产业转型持续提质

加强主体培育。大力实施“五减”共克时艰行动，严格落实各级减税降费政策，推动降低企业生产经营成本，切实提高中小企业生存和发展能力。以“绣花功夫”稳企留企，保护民营企业和企业家合法权益，创新政金企合作模式，实施融资畅通工程，推进出口信用保险保单融资，着力营造更好发展环境。加快推进千亿级企业、行业骨干企业、高成长企业、单项冠军、隐形冠军和专精特新“小巨人”企业培育，打好“小微企业三年成长计划”收官战，完成“小升规”35家。深入实施“初创、高新、领军”计划，新增国家高新技术企业50家、市创新型初创企业100家。实施质量提升专项攻坚行动，新增“浙江制造”标准4个、“品字标浙江制造”企业2家。扎实推进“凤凰行动”海曙计划，1家企业报会、70家企业甬股交挂牌。

加快结构优化。全面实施数字经济三年行动计划，积极发展人工智能、区块链等产业，谋划建设桃源湾数字产业集聚区，规上数字经济核心产业增加值增长10%。深入实施时尚纺织服装业、汽车零部件三年攻坚计划，加快培育纺织服装产业园，积极打造汽车零部件国家外贸转型升级基地，规上工业增加值增长6%。推动建筑业提升发展，促进建筑企业转型升级。加快发展楼宇经济和总部经济，谋划布局生物经济、医疗健康等新业态，不断提升金融服务、专业服务、文化创意等产业能级。

加速消费升级。围绕国际消费城市示范区建设，加快天一商圈改造提升，推进印象城等项目建设，积极打造南塘老街、东鼓道省级高品质步行街。做亮“放心消费在海曙”品牌，持续推进省批发零售业改造提升试点，加快发展线上零售、餐饮、问诊、教育等数字生活新服务，传承创新“老字号”品牌，鼓励发展夜间经济，商品销售总额增长8.5%。谋划建设城市休闲中心，统筹推进天一阁·月湖景区二期提升工程，争创全域旅游示范区。

（二）聚焦创新驱动，推动发展动能持续增强

强化项目攻坚。加快项目建设进度，新开工项目35个，竣工投用项目32个，固定资产投资增长10%。创新重大项目推进机制，深化投融资体制改革，用好政府性资金，积极争取地方政府专项债券，谋划推进先进制造、新兴产业、新型基础设施投资，加大交通运输、公共卫生等领域补短板投资。持续提高土地节约集约利用水平，强势推进村级工业园升级改造，建设小微企业园2个以上，消化批而未供土地2400亩，盘活存量土地1200亩，完成土地收储430亩，实现低效用地再开发1500亩。

强化平台赋能。举全区之力建设临空经济示范区，加速推进栎社机场四期征迁，加快建设空铁一体综合枢纽，努力打造成为核心区块、关键平台和发展引擎。主动融入宁波国家自主创新示范区建设，积极对接甬江科创大走廊，加快推进宁波工业互联网研究院、上海交大人工智能研究院等重大平台建设，依托宁波市智能制造技术研究院谋划建设智能制造产业园，推动智能技术“两院一园”建设工业工程中心和人才培育中心。加快中新创智（宁波）产业园建设，推进望春工业园区、电商园区转型发展，提升月湖金汇小镇效益能级。

强化科技创新。构建“稳工、促建、拓服”科技创新投入体系，鼓励企业自建研究院、工程技术中心、研发中心，新增市级以上企业研发机构15家，规上工业企业设立研发机构比重达到65%，全社会研发经费投入增长15%。深入实施“科技创新2025”重大专项行动，积极推动科技大市场实体化建设，技术交易额达到13亿元。健全“1+X+N”人才政策体系，增设青年人才专项政策，打造沿南塘河人才创新中心，新引进海内外高层次人才100名、高端人才团队30个。

（三）聚焦改革开放，推动营商环境持续优化

高效率推进改革。深化“最多跑一次”改革，健全完善“审批考级制”，优化提升“陪办制”“审联体”，不断创新更多事项一事联办，全面推动“家门口”智慧审批服务网建设，加快推进机关内部“最多跑一次”改革，持续提高窗口人员业务素质。开展营商环境便利化改革，推进“证照分离”“一证通办”“全城通办”，一般企业投资项目“最多80天”实现率达到100%。坚持“亩均论英雄”导向，制定出台工业企业要素资源差异化配置政策，深入推行“标准地+承诺制”。试点铁路宁波站枢纽综合治理创新和服务环境优化改革，开展公办养老机构改革，设立水电气网协同办理专窗，持续提升群众满意度和获得感。

高水平对外开放。全面融入“长三角”一体化，做深做实“长三角”一体化发展行动计划，切实加强与上海长宁区合作，谋划推动一批合作项目。积极参与宁波“一带一路”综合试验区建设，有序推进宁波国际邮件互换中心、港航服务中心等项目建设，加快跨境电商综试区海曙园区建设，积极申报综合保税区，努力打造新型国际贸易中心。深入实施外贸高质量发展行动，用好用足数字外贸平台，不断健全“订单+清单”预警预判监测系统，持续做大“9610”代码跨境电商出口业务，鼓励拓展多元市场和出口替代市场，坚决稳住外贸基本盘，稳住出口占全国份额，服务贸易进出口总额增长13%以上。

高质量精准招商。强化招商引资“一把手”工程，健全重大招商项目评估流转和产业用地管理机制，开展小分队驻点招商、产业招商、乡贤招商、以商引商，新签约亿元以上项目40个。制定招商导向目录，瞄准主导产业上下游，开展目标企业靶向招商，努力引进一批世界500强、中国500强区域型总部和独角兽企业，大市外内资、浙商回归资金、实际利用外资均增长8%。开展重大活动签约项目“回头看”，签约项目落地率提高6个百分点。

（四）聚焦内涵品质，推动城市形象持续提升

加快重点区块开发。围绕“四大”建设，编制完成国土空间总体规划，构建全域全要素国土空间规划体系，科学划定生态保护红线、永久基本农田和城镇开发边界。加快五江口、月湖西区、鄞奉、姚丰等区块建设，积极谋划姚江南岸、丁家等区块开发。完成高塘三村危旧房改造、鄞奉路拓宽改建等项目征收，推动月湖西区二期、西河街危旧房改造

等项目清零。启动秀水街历史文化街区改造，统筹推进文昌永寿等片区改造提升，改造老旧小区157万平方米。有序推进城中村改造，加快编制“一村一方案”，启动实施6个城中村改造项目。

完善基础设施配套。抢抓交通强省三年大会战契机，开工建设学院路二期等8个项目，建成投用联丰路西延等10条道路，持续做好G228新建、杭甬高速南复线、四明山高速等项目前期，加快推进环城南路西延二期、西洪大桥、铁路三四线建设等项目，完成美丽交通经济走廊三年建设任务。建成琴桥西立体停车场，新增停车位6000个以上，配合做好轨道交通4号线通车工作。推进37个海绵城市项目建设，争创市海绵城市建设先进区。加快鄞江堤防、樟溪河干流等整治进度，深化调蓄池、沿山干河、风棚碶河等项目前期。深入实施西片电网补强三年行动计划，加快推进薛家变、梁祝变、综合供能服务站等项目建设，确保望春变投产。强化智慧城区建设，加快布局5G基站，实现中心城区5G网络全覆盖。

加大城市综合治理。积极推进全域景区化建设，优化“三江六岸”、中山路沿线景观带，加快奉化江滨江绿带建设，启动文化紫道等项目，提升机场、铁路和高速周边环境，让“城市门户”更加整洁有序、更靓更美。扎实开展三改一拆、两路两侧、四边三化等专项行动，所有镇（乡）街道达到“基本无违建”以上标准。深入做好城市精细管理，持续开展道路清爽行动，推广实施一体化养护新模式。高质量推进垃圾分类，加快垃圾焚烧厂二期等项目建设，确保垃圾分类工作保持全市前列。有序推进农贸市场改造提升，实现城区二星级以上、乡村一星级以上文明规范农贸市场全覆盖。

（五）聚焦乡村振兴，推动城乡融合持续发展

壮大现代都市农业。深入推进“三区六园”建设，加强“城郊十园”建设，创建市级现代农业庄园4个、市级多彩农业美丽田园示范基地2个、省级骨干农业龙头企业1家，基本完成蜃蛟省级现代农业园区建设，争创全国平安农机示范区。实施乡村产业振兴行动，提升浙贝母、蔺草、竹笋、樱花等产业化发展水平，打响“它山堰”茶叶品牌，完善粮食、生猪应急供应体系，确保市民的“米袋子”“菜篮子”货足价稳。搭建农业众创众筹平台，探索“农业+互联网”“云认养”“App农场”等新业态，促进农业“接二连三”“隔二连三”。

推进美丽乡村建设。积极打造乡村振兴先行区，持续开展“五大乡村”、农村“三居”行动，实施美丽城镇建设行动计划，建设省级美丽宜居示范村项目3个，启动旧村改造新村建设项目14个，创建美丽庭院示范户200户、达标户1万户，新增市级美丽乡村示范镇1个、风景线1条、示范村4个。强化农村环境大整治，提高农村污水排放质量，完成农村公厕改造和饮用水达标提标任务，实现农村生活垃圾分类全覆盖，优化四明山区域道路设施，争创“四好农村路”省级示范县。

增强农村发展活力。实施科技、资金进乡村和青年、乡贤回农村“两进两回”行动，扩大农创客规模，发展壮大村级集体经济，85%以上村集体经营性收入突破30万元。持续推进农村集体产权制度改革，优化“三位一体”农合联管理体制，深化村经济合作社股份合作制改革，提升土地流转效率、规模经营率。创新乡村治理模式，全面推广“村民说事”制度，加快法治乡村体系建设，创建国家级民主法治示范村2个。

（六）聚焦决战决胜，推动三大攻坚战持续深化

完成精准脱贫任务。加强产业扶贫，扩大消费扶贫，实施就业扶贫攻坚行动，巩固贞丰县脱贫摘帽成果，打造山海协作升级版。实施精准扶贫增收细则，提升专项资金利用效率，建立低收入农户数据库，确保区内低收入农户收入增长10%以上。健全稳定脱贫长效机制，及时做好返贫人口和新发生贫困人口帮扶，有效保障困难群众基本生活，让全区人民共享高水平全面建成小康社会成果。

“五龙潭”茶叶制作现场

推进污染防治攻坚。深入践行绿水青山就是金山银山的理念，高标准完成中央环保督察问题整改任务，全面实施生态文明建设行动，争创省级生态文明示范区。加快实施大花园建设行动，强化“污水零直排区”建设，完成河道清淤5万立方米，开展重点行业污染整治，打好蓝天保卫战、治水提升战、治土清废战。加强环境质量管控，稳步推进环境质量监测体系建设，不断健全生态环境网格化监管体系，严厉打击环境违法犯罪行为。

防控重大金融风险。加强地方金融管理，加大P2P（peer-to-peer lending，点对点信贷）网贷机构整治力度，积极推进金融风险网格化排查市级试点，切实维护地方金融生态稳定。健全风险防控长效机制，化解企

业“两链”风险，坚决打击逃废债，确保辖区不良贷款率低于1.5%。稳妥有序化解政府债务风险，推进融资平台公司实体化、市场化转型。

（七）聚焦扩面提质，推动民生福祉持续增进

健全社会保障体系。加大援企稳岗力度，实施“择业导航、就业护航、创业领航”行动，突出做好高校毕业生、退役军人等群体就业，城镇新增就业18500人以上。实施劳模工匠培养选树计划，推进职业技能提升行动，完成培训1.8万人次，培养高技能人才5000人以上。健全全民参保库动态管理机制，户籍人口基本养老保险、医疗保险参保率继续处于全市前列。持续完善住房保障供给机制，新增公租房租赁补贴家庭300户。深入推进省康养体系建设试点，推动医、养、护深度融合，探索以老养老模式，新建居家养老服务中心（站）7个，适老化改造困难老年人家庭150户。推进“1+8+X”大救助体系建设，加大残疾人、计生特殊家庭等群体帮扶力度，持续发展慈善和红十字事业。

优化公共服务建设。促进教育均衡发展，新建续建9所学校（幼儿园），加大公办幼儿园建设力度，有序做好义务教育阶段公民办学校同步招生，深入推进“未来学校实验区”、中小学STEM教育项目试点区建设，谋划创建全国义务教育优质均衡区。坚持生命至上，完善重大疫情防控救治体系和公共卫生体系，加强城乡社区等基层防控能力，建设区公共卫生中心，推进区级传染病救治项目改造升级。加强“健康海曙建设”，开展爱国卫生运动，深化紧密型医联体，加快宁波普济医院建设，推动区中医院竣工投用，建立“治未病”基层示范点，打造中医药特色街区，拓展高山巡回医疗服务内涵。

加快文体事业发展。深化文化惠民“百川工程”，持续推进“书香海曙”建设，加强文艺精品创作，打造“美好生活”文旅惠民活动品牌，加快城隍庙开庙、“老城厢·非遗馆”开馆，确保文化礼堂行政村全覆盖，完成省公共文化服务体系示范区创建。大力发展体育事业，推动夏禹路全民健身中心、市社体中心游泳馆开工建设，高质量举办“一带一路”中国宁波国际攀岩大师赛、“双11”全国持杖行走日等品牌赛事。

（八）聚焦共建共享，推动社会治理持续创新

深化基层治理。推进社会治理“最多跑一地”，构建“一中心、四平台、一网格”社会治理新格局，创建全国社区治理和服务创新实验区。加快社区治理体制改革，推动社区公共服务职能上浮、居民自治重心下移，持续深化“三社联动”，完善社会组织参与社会治理机制，建成品质社区10个，宜居社区标准化建设覆盖率突破70%。深化“开放空间”基层民主协商，建设一批小区自治服务站，健全物居业三方联动机制，持续推进物业提质提价工作走在全市前列。加快镇（乡）街道综合行政执法改革，构建“镇街吹哨、部门报到”机制，推进“执法进小区”扩面提效。深化新时代文明实践中心建设，高标准常态化推进文明城市创建。

强化安全生产。牢固树立“大安全、大应急、大减灾”理念，加强安全风险分级管控与隐患排查治理双重预防控制体系建设，从严开展道路交通、建筑施工、危化品、工矿商贸等领域安全生产专项整治，全面落实安全生产主体责任。加快提升应急处置能力，建立健全安全生产、消防安全和防灾救灾一体化责任体系，坚决遏制重特大事故，切实减少一般事故数量。强化食品药品监管，实施“双安双创”示范引领行动，开展食品药品领域专项整治，建立食品安全领域现代化治理体系，努力保障食品药品安全。

推进平安建设。构建现代警务模式，建设大数据指挥中心，推进派出所勤务体制机制改革，持续深化反恐防线，依法打击电信诈骗等新型网络犯罪和毒品交易行为，不断健全“扫黑除恶”长效机制，着力打造平安海曙升级版。发展壮大平安建设志愿者队伍，健全完善流动人口服务管理机制，积极推进区、镇（乡）街道矛盾纠纷调处化解中心建设，全面深化“无欠薪”示范区，共建社会治理共同体。构建社会化大普法格局，探索建立法治公益基金，推广运作“公益+普法”平台。压实信访工作责任，强化源头治理，加大积案化解力度，不断提升信访法治化水平。

各位代表！我们坚持以人民为中心的发展思想，深化为民办实事长效机制，列出了10方面民生实事候选项目，提请大会投票表决。我们将明确责任、狠抓落实，用心办好民生实事，真心为民排忧解难，让人民群众有更多更切实的获得感、幸福感、安全感。

三、持续推进政府治理现代化

坚持党对一切工作的领导，强化整体智治的施政理念，倡导唯实惟先的政府文化，切实增强治理能力，全面提升治理水平，努力建设人民满意的服务型政府。

（一）突出政治引领。始终坚持把政治建设放在首位，用习近平新时代中国特色社会主义思想武装头脑、指导实践，切实把党的领导贯穿于政府工作的各领域、全过程，自觉在思想上政治上行动上同以习近平同志为核心的党中央保持高度一致。深入学习贯彻习近平总书记在浙江、宁波考察时的重要讲话精神，全面贯彻落实党中央、国务院及省委省政府的决策部署和市委、市政府的工作要求，巩固拓展“不忘初心、牢记使命”主题教育成果，常态化抓好省委巡视反馈意见整改落实。

（二）突出依法行政。始终坚持权由法定、权依法使，深化法治政府建设，行政首长出庭率保持100%，争创省级法治政府建设示范区。依法接受人大及其常委会监督，自觉接受政协民主监督，主动接受社会和舆论监督，不断深化区政府与区人大、区政协工作对接制度，及时向人大报告、与政协通报协商工作，高质量办理建议提案。坚决贯彻民主集中制，严格落实“三重一大”制度，加强重大行政决策合法性审查，完善重大政策执行情况和实施效果评估制度。严格规范执法行为，打造“互联网+监督”模式，推进基层政府政务公开标准化规范化。

（三）突出服务提质。始终坚持干在实处、走在前列、勇立潮头，实施争先创优行动，强化首问责任制、首接责任制，深化跨部门数据共享、流程再造和业务协同，统筹推进数字技术应用和制度创新，努力推动政府服务从“碎片化”向“一体化”转变。深入实施政府“两强三提高”建设行动计划，持续提升政企直通车运行质量，切实将“三服务”作为逆势而上、化危为机的重要载体，在“持久、深入、精准、有效”上下功夫。加快政府数字化转型，全面应用数字协同办公系统，不断深化81890“互联网+”求助服务平台，基本建成掌上办事之区、掌上办公之区。认真做好第七次全国人口普查。

（四）突出清廉建设。始终坚持把纪律和规矩挺在前面，认真履行全面从严治党主体责任，严格落实中央八项规定及其实施细则精神和省市区委相关要求。聚焦形式主义、官僚主义问题，开展全面检视、靶向治疗，持续为基层减负，让干部有更多时间和精力抓落实。坚持政府过紧日子，以收定支、精打细算，集中财力办大事，优化区对镇（乡）街道财政体制，严控“三公经费”规模。加快清廉政府建设，规范政府项目招投标、公共资源市场化配置，加强重点领域、关键环节的审计监督和风险防控，营造风清气正的良好政治生态。

今年，我们还要科学编制“十四五”规划及各专项规划，紧扣战略地位提升、产业转型、创新驱动、布局优化、基层治理等重大问题，谋深谋实一批重大项目、重大平台、重大改革、重大政策，努力编制符合实际、引领发展、经得起历史检验的五年规划。

各位代表！初心呼唤担当，使命催人奋进。让我们更加紧密地团结在以习近平同志为核心的党中央周围，高举习近平新时代中国特色社会主义思想伟大旗帜，在中共海曙区委的坚强领导下，只争朝夕、不负韶华，真抓实干、埋头苦干，统筹推进疫情防控和经济社会发展，为高质量建设国内一流强区、争当“重要窗口”建设排头兵而努力奋斗！

（2020年6月13日代区长徐强在海曙区第十一届人民代表大会第四次会议上的报告）

（区政府办公室）

相关链接：

“9610”业务：是指针对跨境贸易电子商务的海关监管代码，适用于境内个人或电子商务企业通过电子商务交易平台实现交易，并采用“清单核放、汇总申报”模式办理通关手续的电子商务零售进出口商品。

“246”产业：是指宁波“246”万千亿级产业集群，“2”就是绿色石化、汽车2个万亿级产业集群，“4”就是高端装备、电子信息、新材料、软件与新兴服务4个五千亿级产业集群，“6”就是关键基础件(元器件)、智能家电、时尚纺织服装、生物医药、文体用品、节能环保6个千亿级产业集群。

五大乡村：是指实力乡村、宜居乡村、洁美乡村、人文乡村、活力乡村。

农村“三居”行动：是指农村“安居、宜居、美居”专项行动。

中小学STEM教育：是指集科学（Science）、技术（Technology）、工程（Engineering）、数学（Mathematics）等学科为一体的科技创新教育。

紧密型医联体：是指辖区内由二三级综合性医院联合镇乡卫生院、街道社区卫生服务中心按照医疗机构分布情况和群众就医需求，建立跨行政隶属关系、跨资产所属关系，层级清晰、布局合理、资源共享、优势互补、互惠共赢、联动发展的新型医疗服务保障体系。

“开放空间”创建基层民主协商项目：是指“议事范围不受限、参与对象不受限、议事形式不受限”的基层治理和民主协商模式。

南塘公约：是指南塘老街各个商户签订商圈自治联盟的共性公约——《南塘老街公约》。

六稳：是指稳就业、稳金融、稳外贸、稳外资、稳投资、稳预期。

六保：是指保居民就业、保基本民生、保市场主体、保粮食能源安全、保产业链供应链稳定、保基层运转。

四个非常：是指省委副书记、市委书记郑栅洁提出的“非常之时，要立非常之志、尽非常之责、建非常之功”。

五减：是指减租、减息、减税、减费、减支。

专精特新“小巨人”企业：是指专精特新中小企业中的佼佼者，是专注于细分市场、创新能力强、市场占有率高、掌握关键核心技术、质量效益优的排头兵企业。

空铁一体综合枢纽：是指宁波西综合交通枢纽，以航空和铁路运输为主导，集合城际铁路、公路、旅游交通、城市轨道、城市公交、出租车等交通运输方式，服务整个宁波都市圈乃至周边地市。

“1+X+N”人才政策体系：“1”是指1个人才总政策，“X”是指细分领域人才政策的配套政策，“N”是指多个细分领域的人才政策。

“订单+清单”预警预判监测系统：是指由订单监测归集、运行监测调查、预测预判、五色清单发布及分级预警响应五个工作模块构成，通过市场、产品、行业、地区出口订单的变动趋势和结构性分析，加强对出口形势的预判，有针对性地指导企业分级应对。

企业“两链”（P22）：是指企业的“资金链”和“担保链”。

“1+8+X”大救助体系：“1”是指大救助信息平台，“8”是指8项基本救助，“X”是指社会力量参与。该大救助体系旨在进一步突出大救助信息平台的技术支撑，引导鼓励更多社会力量参与社会救助，提高社会救助整体质量。

双安双创：是指省食品安全区创建和省农产品质量安全放心县创建。

整体智治：是指打造现代政府的核心理念。其中，整体是指“整体政府”理念，智治是指基于数字化的智慧化治理。

唯实惟先：是指打造现代政府的文化内涵，最根本的就是要干在实处、走在前列。

专 记

海曙区第四次经济普查

2019年6月，海曙区第四次全国经济普查的入户登记阶段结束，进入数据开发阶段。

根据2017年《国务院关于开展第四次全国经济普查的通知》和2018年《浙江省人民政府关于开展第四次经济普查的通知》《宁波市人民政府关于开展第四次经济普查的通知》，2018年5月，海曙区发布《宁波市海曙区人民政府关于开展第四次经济普查的通知》，在辖区内组织第四次经济普查。普查的标准时点为2018年12月31日，普查时期资料为2018年年度资料。普查在全区范围内从事第二产业和第三产业的全部法人单位、产业活动单位和个体经营户。

2018年5月，海曙区组建第四次经济普查领导小组，22个部门成为成员单位，并包括17个镇（乡）街道、园区，明确各部门工作职责。随之，成立区经济普查领导小组办公室，各镇（乡）街道、望春工业园区分别成立经普办，为经济普查的顺利开展奠定组织基础。全区共选聘987名普查员和普查指导员，是一支经验丰富、业务能力强、新老结合、以老带新的"两员"队伍。

海曙区第四次经普开展分成两个阶段，第一阶段为组织发动阶段，包括面向社会的宣传发动阶段和普查员的培训准备阶段。普查宣传采用点面结合的方式，除了区电视台、广告牌、条幅悬挂、公告张贴等传统面上宣传外，在各办证中心放置"易拉宝"、在银行电子显示屏滚动播放等方式开展经普宣传，各镇（乡）街道因地制宜开展宣传，确保宣传不留死角。区经普办充分发挥新媒体宣传优势，利用微信公众号，开展4期"经普有奖问答"，针对清查单位进行精准推送，参与近5万人。并配合市经普办，面向初中生开展"小小普查员"经普一日体验活动，在市"两会"期间制作两会"数据大使"漫画，呼吁广大企业支持经济普查，如实申报统计数据。与此同时，区经普办抽调统计局骨干力量，直接面向全区"两员"进行培训。各地组织17场培训会，实施小班化、教学标准化，并开展业务测试"过关式"检验，考试合格通过才能上岗。

第二阶段，普查全面展开，历经单位排摸、全面普查、审核复检。区经普办比对部门数据，反复开展单位排摸；对2018年纳过税、但清查未找到的单位，反复查找；对清查后新注册的单位，集中查找；对季节性歇业

1月，经济普查员在鼓楼步行街进行入户普查登记

和年底濒临倒闭的单位，进行“抢救性”登记。

通过对17个镇（乡）街道和望春工业园区的数据质量抽查，普查数据质量达到了预期目标要求。海曙区发布第四次全国经济普查主要数据公报3期，第一号、第二号、第三号公报详见本书“附录”。此次普查摸清了全区第二产业和第三产业的发展规模、布局和效益；了解全区产业组织、产业结构、产业技术、产业形态的现状及各生产要素的构成；掌握全部法人单位资产负债状况和新兴产业发展情况；查实各类单位的基本情况和主要产品产量、服务活动，全面、准确反映供给侧结构性改革、新动能培育壮大、经济结构优化升级等方面的新进展。

（区统计局　区委党史研究室）

生活垃圾分类

【概况】 2019年，海曙区实现城镇居住小区生活垃圾分类全覆盖，农村生活垃圾分类率达95.81%，机关事业单位、国企、学校分类覆盖率达100%。创建省级“高标准小区”10个、市级“双百示范小区”36个、“达标小区”243个。完成高鑫广场和恒一广场商业街创建，重点开展月湖街道示范片区、鄞江镇金陆村和龙观乡大路村省级“高标准示范村”的创建工作。推进“垃圾分类+资源回收”两网融合，全区城镇小区“两网融合”覆盖率100%。涌现出西河小区“党建引领+撤桶并点”、柳锦社区“摄像头+红黑榜”、集士港镇广昇村“垃圾分类写入租约”等工作典型。7月，全国人大常委会副委员长沈跃跃在宁波考察期间，充分肯定海曙区垃圾分类多元处置模式。9月，中组部和住建部在宁波举办培训班，白云街道玫瑰苑小区被列为考察点。

制定《关于海曙区生活垃圾分类七大专项行动的通知》，从源头减量、回收利用、制度创制、收运处置、文明风尚、建筑垃圾资源化利用、农村生活垃圾7个方面细化工作目标。配套出台《2019年海曙区生活垃圾分类处置工作考核办法》《海曙区生活垃圾分类收运体系实施方案》《关于开展居住小区“撤桶并点”百日攻坚行动的通知》《海曙区垃圾分类督导成效考核及督导经费拨付办法》《海曙区垃圾分类千名督导员培优计划》等文件规范，从提升基础设施配套、完善考核细则、优化桶边督导、规范收运体系等方面做细化分解，确保责任落实。建立完善沟通反馈机制，每月底以通报、简报等形式反馈工作成效。引入垃圾分类管理第三方考评，根据考核情况形成评估报告。

投入980万元，率先在全市实施居民小区厨余垃圾和其他垃圾的公交站点式的二次收运模式，在13个小区探索“夜间收运”可行性。投入195万元建设区智慧环卫监管平台。实施南雅、段塘、蓝天路等小型中转站提标改造，加快老双杨中转站设备升级改造。设置“搭把手”智能回收柜234台、流动回收柜151个，“太空侠”智能回收柜45台，“小黄狗”智能回收柜10台。占地1公顷的垃圾分拣中心完成主体框架建设。培育回收利用骨干企业——宁波海曙宏达废旧物资有限公司和宁波森达贸易有限公司，全区生活垃圾回收利用率达41%。坚持“焚烧、资源综合利用与生化处理为主，就地处理为补充”的生活垃圾分类处理设施体系，制定生活垃圾应急处理预案，综合保障海曙垃圾焚烧厂高效处置能力。结合“执法进小区”巡查模式，开展垃圾分类执法检查，提出以社会服务代替行政处罚的“以服代罚”模式，立案83起，处罚152起，处罚金额60452元。

郡庙社区“搭把手”垃圾分类智能回收箱（2019年10月）

【农村社区垃圾分类】 2019年，区财政安排专项资金270万元对农村生活垃圾处理工作予以补助，各镇（乡）街道投入资金1600万元。除常规的垃圾桶、垃圾袋购买及宣传资料印刷发放外，更加注重环卫站、垃圾中转站建设，分类收集车、垃圾终端处理设备购置。加速推进乡镇垃圾分类一体化建设，9个镇（乡）街道分别和城区8个街道、区教育局结对，未开展垃圾分类的60个村分别与先进社区结对，整合城乡资源，开辟城乡交流合作。集士港镇井亭社区“撤桶并点”简化投放路径；鄞江镇投入500万元建设镇环卫站，按照“户分类、村收集、镇处理”模式，解决80%以上垃圾，实现资源循环利用；古林镇张家潭村采用收集包干机制和指导督查机制，把生活垃圾分类相关条款内容列入村规民约，与农户签订“门前三包制度”责任状和垃圾分类承诺书，并由专人监督和督促村民落实责任状。4月2日，《人民日报》刊登《小小分类桶，村庄变干净》，展现海曙推进农村生活垃圾分类工作的显著成效。

【垃圾分类宣传】 2019年，海曙区垃圾分类宣传实施“横向到边、纵向到底”的治理格局。持续推进机关事业单位垃圾分类规范化，督促指导各单位加强垃圾分类培训宣传活动；实施校园垃圾分类“五个一”制度，启动垃圾分类“校社共育”试验田实践行动，探索校社联动机制，编写全市首部针对校园垃圾投放的指导性手册《海曙区校园垃圾投放指南》；召开全区商贸系统生活垃圾分类推进会；率先在全市举办星级饭店垃圾分类现场交流会；推进城区农贸市场垃圾分类工作。

发挥西门街道桑阿姨、南门街道阿五师傅等“草根英雄”影响力，树立“本土”垃圾分类明星人物；借助辖区共建单位和社会组织力量，提供各类资源支持；发挥高校志愿者力量，搭建“社会实践基地”“志愿者服务平台”，普及垃圾分类智能系统运用等知识。到社区、到农村、到学校宣教持续推进“十进”活动，全区开展宣传培训活动3718场次，参与42万余人次，发送推送短信52万条，宣传指导手册20余万份。

【垃圾分类承诺评价制度实施】 2019年，海曙区在全区范围内实施机关党员干部垃圾分类承诺评价制度，全面开展“红色领航”行动，发挥机关党员干部先锋模范作用。柳锦社区通过机关党员旗子、帽子、挂牌、记录本的“社区四宝”，落实机关党员进社区工作；文昌社区党委把垃圾分类内容纳入基层党建任务清单；段塘街道将辖区内1600余名党员居民纳入网格党组织管理；集士港镇春华社区在印象巴黎小区推行“党建+垃圾分类”模式。

【垃圾“公交化”收运模式实施】 2019年3月底，海曙区对厨余和其他垃圾实施“公交化”站点模式，即每日2次（5：30—11：00，12：30—16：00）开展分类收运，涉及辖区274个小区2786桶、38个菜场店铺255桶的厨余垃圾以及274个小区5229桶、320个单位3321桶的其他垃圾。针对厨余垃圾回收质量较好的部分小区和菜场，安排厨余专线。同时，建立相应体系专门收运有害、可回收物、大件、装修等垃圾。至年底，中心城区收运体系建设完成，基本实现各个小区的“公交化”点对点式二次收运。

【居住小区“撤桶并点”行动】 2019年4月，海曙区下发《关于开展居住小区“撤桶并点”百日攻坚行动的通知》，全面铺开“撤桶并点”工作，作为垃圾分类一项重要举措。各街道社区制定“撤桶并点”计划，对撤销点位做好引导指示牌和小区居民的解释工作；结合小区实际情况做好有效的二次收运，做到小区垃圾日产日清；采取多形式提升居民分类质量，包括桶边督导、定时定点、精准入户、开展积分兑换等，促进居民养成垃圾分类习惯。同时，提高桶边督导员履职能力，建立健全相关标准规范、管理机制，开展区级层面督导员培训20余场次，培训人员逾千余人。至年底，累计撤除1386个点位4086个垃圾桶。

（区垃圾分类办公室　区综合行政执法局　区委党史研究室）

“三改一拆”专项行动

【概况】 2019年，海曙区的“三改”（旧住宅、旧厂区、城中村改造）工作累计完成改造219.86万平方米。其中，旧住宅改造完成92.76万平方米，旧厂区改造64.10万平方米，城中村改造63万平方米。“一拆”（拆除违法建筑）完成139.30万平方米。

中心城区8个街道、章水镇、龙观乡、鄞江镇和集士港镇为市“无违建乡镇街道”，古林镇、高桥镇、横街镇、石碶街道、洞桥镇为市“基本无违建乡镇街道”。

【旧住宅改造】 2019年，海曙区旧住宅改造分为老小区改造和国有土地房屋征收两类，累计完成10857户，面积92.76万平方米。

老小区改造累计完成户数8959户，面积76.01万平方米，主要分为品质提升改造和雨污管网改造。老小区品质提升改造项目包括偃月小区、高塘花园、迎凤小区、永寿小区、后河小区等5个老小区，工程包括主要为外立面、管线、绿化、停车等综合整治，惠及4028户，面积35.1万平方米。其中，偃月小区、高塘花园、迎凤小区等3个小区改造工程于2019年1月初正式开工，4月20日竣工验收，后河小区和永寿小区改造工程分别于2019年7月和2019年9月开工，2019年12月和2020年2月竣工验收。雨污管网等综合整治项目涉及南塘花园、金地小区、解放南路、柳锦花园、万安小区、联丰玫瑰苑、启文花园等小区，工程内容主要为小区内原道路拓宽、停车位改造及施划、生命通道疏通及局部绿化修复提升等，惠及4931户，建筑面积40.91万平方米。

国有土地房屋征收涉1989户，面积16.75万平方米，主要为新芝小学地块、新芝8号地块、环城西路南延、高塘四村、轨道5号线等国有土地房屋征收安置。

【旧厂区改造】 2019年，海曙区旧厂区改造涉及宁波市“菜篮子”工程洞桥项目、三生电子科技有限公司、浙江途众汽贸控股有限公司及U-PARK商业公园项目等20个项目，完成改

老旧小区改造后的偃月小区

造64.1万平方米。其中，宁波市“菜篮子”工程洞桥项目位于洞桥镇，3月5日开工，12月30日竣工，占地面积12.41公顷，建筑面积8.2万平方米。位于石碶街道车何渡村的三生电子科技有限公司，项目总占地面积约4.1公顷，1月开工，12月30日完成改造，改造面积10.03万平方米。浙江途众汽贸控股有限公司3月10日开工，10月30日竣工，项目总建筑面积6.4万平方米，占地面积5.29公顷；U－PARK商业公园项目属2018年续建项目，项目总建筑面积约4.2万平方米，占地面积5.4公顷，10月30日完工。

【城中村改造】 2019年，海曙区城中村改造分为小城镇综合整治和城中村整村拆迁两类，西片9个镇（乡）街道累计完成小城镇综合整治面积41.8万平方米。全区通过继续实施拆迁清零工程，累计拆迁签约1750户，完成城中村整村拆迁面积21.2万平方米。其中，鄞江镇金陆村项目拆迁签约55户，拆迁面积0.86万平方米；石碶街道黄隘项目拆迁签约370户，拆迁面积5.04万平方米；石碶街道建庄项目拆迁签约406户，拆迁面积3.28万平方米；龙观乡恒村项目拆迁签约38户，拆迁面积0.68万平方米；集士港镇董家桥村项目拆迁签约35户，拆迁面积0.62万平方米；集士港镇杨家项目拆迁签约45户，拆迁面积0.88万平方米；高桥镇民乐村项目拆迁签约298户，拆迁面积3.25万平方米；洞桥镇沙港村、三李村项目拆迁签约175户，拆迁面积2.15万平方米；横街镇桃源村项目拆迁签约328户，拆迁面积4.45万平方米。

【违法建筑拆除】 2019年，海曙区实施“扫雷攻坚”“拆违提质百日攻坚行动”“小微企业涉危违建专项整治”等专项行动，加大对卫星照片图斑、国土历史积案等违法建筑的处置力度。9月4日，集士港镇依法拆除西岙水库旁900平方米的涉水违建，并完成复绿工作。建立由村（社区）负责人、执法队员、镇（乡）街道包干领导组成的三级违建防控责任人网络，对新增违建及时处置“零容忍”。7月，高桥镇拆除高桥西路上小包装厂在租用场地上擅自搭建的千余平方米违法建筑。11月，石碶街道拆除菩悦花苑小区内12处高层屋顶违建300余平方米。铜盆浦垃圾填埋场上的违法建筑群拆除后，29764平方米改造为生态型苗圃，移植3500余株树木，另2万余平方米建设为房产项目配套绿化。

【“两路两侧”“四边三化”环境综合整治】 2019年，海曙区对高速、高架及主要道路两侧环境组织开展大排查、大整治，完成市办下发和区内自排自摸的237个“两路两侧”“四边三化”环境点位及477处道路两侧乱涂乱写、废弃违法广告点位整改。鄞江镇、横街镇分别对横鄞线进行道路改造、公路两侧路面秩序、环境卫生及沿街立面整治，全面提高公路整体形象。集士港镇结合土地综合治理与生态修复工作，对道路两边的农家小屋进行立面改造，打造成别有风味的“山村小筑”。以提高铁路运行安全为基础，通过多项措施，推进杭深铁路沿线环境整治和提升。在铁路城区入口处建造凸显海曙深厚历史文化底蕴的入城地标。完成宁波西高速入城口景观提升工程，建设具有辨识度的城西门户景观。

【云林东路违建拆除】 2019年4月，古林镇对云林东路上万平方米的违章建筑进行拆除。华卓制衣位于云林东路229号，土地性质为工业用地，当事人在未领取建设工程规划许可的情况下开始施工，大幅度超出报批方案进行建设，报批建筑面积2132平方米、实际建筑面积10058平方米。古林镇克服拆除过程中挖机进场难等技术问题，第一时间组织人员对违建部分实施拆除。

（薛荣锋）

“五水共治”专项工作

【概况】 2019年，海曙区以“再夺“五水共治”大禹鼎”为治理目标，加快推进全域“污水零直排区”建设，区控以上断面水质总体保持稳定。持续深化完善河（湖）长制，河湖长签到率、巡河率在全市排名始终位居前列，姚江（海曙段）、西塘河通过省级“美丽河湖”验收。全省“五水共治”年度满意度调查测评位居全市第三、全省第二十七，为历史最好成绩。

海曙区在2019—2020年投资2.85亿元，安排“污水零直排区”建设提升行动计划项目57个。白云街道、西门街道、南门街道、望春街道、江厦街道通过省级“污水零直排区”初验；高桥镇、白云街道、西门街道、南门街道、望春街道、段塘街道通过市级复验；集士港镇、古林镇、横街镇、鄞江镇、洞桥镇、章水镇、石碶街道通过市级初验，推进龙观乡市级“污水零直排区”创建工作。

做好重点督促问题整改，回应群众关注度高的各类信访投诉件，提升居民对“五水共治”工作的获得感、满意度。

通过省级“美丽河湖”验收的西塘河

【水质量环境提升】 2019年，海曙区参评的9个断面水质综合评价为优，功能达标率100%，优良率100%，集中式饮用水源地水质继续保持100%达标。6月，位于石碶街道塘西村和龙观乡垃圾中转站的智能一体化污水处理设备试点项目完成安装调试，出水稳定且水质远超《城镇污水处理厂污染物排放标准》（GB18918—2002）一级A标，部分达到“城市污水再生利用——景观用水水质标准”，达到观赏性景观环境用水。总投资3.31亿元的大型水利设施风棚碶泵闸工程正式投入使用，作为宁波市全面推进防洪排涝“2020”行动计划中海西平原实施的重点骨干排涝工程，在超强台风“利奇马”期间发挥积极作用。

【“河（湖）长制”管理】 2019年，海曙区通过动态管理、通报督促、座谈培训等方式开展基层“河（湖）长制”工作。优化河（湖）长制系统平台，及时更新、核对、整理河（湖）长制基础信息，升级“海曙河（湖）长制”App部分功能，提升河道水质监测和数据上报功能。督促“河（湖）长”履行管、治、保“三位一体”职责，河（湖）长签到率、巡河率在全市排名继续位居前列。召开部门协调会，制订“一河一策”治理方案和年度计划，研究稳定水质对策，促进断面水质提升。姚江（海曙段）、西塘河通过省级“美丽河湖”验收。

【“五水共治”宣传】 2019年，海曙区开展全区“污水零直排区”建设培训会和基层河长办工作人员学习培训活动，组织人员赴义乌学习先进经验，提高治水理论和实践能力。加大治水宣传，发放倡议书，在生活小区、办公楼宇、出租车顶屏、公交站台等投放广告，通过“两代表一委员”的广泛影响及“人大代表钉”平台，提升群众知晓度、满意度。扩大治水成效宣传，治水简报被市治水办录用16篇，被省治水办录用6篇；《浙江日报》刊登4篇，其中《宁波海曙小区生活污水处理用上“生物疗法”——“集装箱”也能治污水》被刊登在《浙江日报》头版；被各类市级报纸媒体刊登稿件113篇。在《宁波信息》刊发的《李泽湘教授团队治水“黑科技”取得阶段性成功》得到市委书记郑栅洁批示。

（刁文琴）

“最多跑一次”改革

【概况】 2019年，海曙区把“最多跑一次”改革作为引领各领域改革的核心环节和关键之举。梳理政务服务事项数2195项，其中，“跑零次”事项达98.06%，“网上办”事项97.02%，“掌上办”事项98.56%，即办事项95.28%，承诺期限压缩比98.59%，“互联网+政务服务”考核指标超过或达到省、市目标任务。

推出“审联体”机制，实施审批服务“陪办制”，实行全流程登记“3小时审核”制，企业开办实现“一日办结”。围绕公民和企业全生命周期“一件事”，梳理事项清单33项，按照“一张表单、一套材料、一次提交、多方复用”要求，实现“一事联办”。推动“最多跑一次”向基层延伸，重点围绕打造全区“家门口”智慧审批服务网，在3个试点镇（乡）街道推进200项基层民生事项集中办理。推动“最多跑一次”向公共服务领域扩展，完成“铁路宁波站枢纽综合治理创新和服务环境优化”实施方案。推进“最多跑一次”向机关覆盖，重点围绕政府数字化转型，打破“数据孤岛”，依托省、市数据共享平台开通354个共享数据接口，推进公共数据开发利用，全区机关内部实现“最多跑一次”事项244项，占92.4%。探索社会治理领域“最多跑一地”改革，建成“一窗受理、就地化解”“一次办结、集成办理”“一站式”服务的社会治理综合服务中心，全面铺开信访代办点建设，实现群众信访和矛盾纠纷“全链条解决”。

【机关内部“最多跑一次”改革】 2019年，海曙区组织召开全区推进机关内部“最多跑一次”改革会议。全区共梳理公布37家单位262项办事事项，实现“跑一次”占比98.08%，部门高频事项实现占比100%。区“最多跑一次”改革办公室、区委组织部、区委编办研究印发《海曙区公务员入职“一事联办”实施办法（试行）》，实现公务员入职全流程“最多跑一次”。

【规划类行政审批“最多跑一次”改革】 2019年，海曙区深化行政审批“最多跑一次”改革，区政务服务办持续推进“多审合一”“多测合一”改革。列入考核的291项政务服务事项全面达标，“网上办”“掌上办”和“跑零次”100%实现，即办件实现91.07%，承诺期限压缩比达98.51%，电子证照比例98.97%。实现项目选址和用地预审、规划验收和土地验收合并办理，用地审批、城乡规划许可和不动产登记等环节的多项测绘业务合并。

【生态环境质量检测“最多跑一次”改革】 2019年，海曙区生态环境质量检测领域持续推进“最多跑一次改革”工作。在全省“最多跑一次”权力事项基础上全面梳理，共梳理许可、服务等事项51个，规范、简化办事流程，缩短办结时限，即办率和承诺时间压缩比超过90%，实现网上办理128件、“零跑次”87件。推进“三线一单”编制，开展畜牧业、食品制造业等16个行业的排污许可证核发，核发（备案）企业76家。

【卫生健康领域“最多跑一次”改革】 2019年，区卫生健康局参照省、市卫生健康部门“最多跑一次”权力事项指导目录，核对行政权力事项库日常变动。至年底，梳理涉及卫生健康领域的的“最多跑一次”政务服务事项147项，其中权力事项98项、服务事项49项，均实现“零次跑”；“网上办”“掌上办”与即办、承诺期限压缩比及材料电子化实现率均达100%；办理结果提供电子证照的事项实现率达99.3%（目标90%）。办理各类卫生健康行政许可5315件，所有许可件均在规定时间内办结，无行政复议、行政仲裁、行政诉讼案件。持续推进计划生育“最多跑一次”服务管理改革。推广“浙里办”App生育登记、服务窗口生育登记“一证通办”和“全区通办”服务。加强“出生一件事”“婚育户联办”工作的部门协同。

【医疗领域“最多跑一次”改革】 2019年，海曙区加快推进“最多跑一次”改革向全区医疗卫生服务领域深层次延伸。巩固2018年改革成果，再推十大改革举措，从基层看病更放心、疫苗接种更透明、检查检验更省心、刷脸就医更便捷、费用结算医后付、医事服务一站式、出生服务一体化、健康服务一卡通、用血服务不用跑、“互联网+”更丰富入手，推动改革向纵深发展。至年底，基层医疗机构门诊号源均接入宁波市公众健康服务平台；乡镇卫生院均常态化开展24小时夜间门诊或急诊，社区卫生服务中心基本能常态化服务至20时，为患者提供夜间诊疗服务；诊间结算、自助结算或移动支付等智慧结算方式在基层100%开展；各医疗机构均提供便民惠民服务，组织开展志愿者服务；“慢病长处方”、疫苗预约服务均在基层开展，数字化接种门诊达100%，扫码接种门诊率100%；加强基层医疗机构住院服务；推进“互联网+”护理工作。远程影像诊断中心建成并投用，提升医疗服务质量和效率。部分区级医院实现刷脸支付、医后付等智慧结算。

【外资备案实现“最多跑一次”】 2019年，区商务局梳理外商投资企业设立、变更备案事项1个，使用商务部外商投资综合管理平台。至年底，实现全程网上申报、审核与办结，并提供备案回执免费邮寄服务。其间，不断压缩办件时间，由原来的3个工作日改为即办件，提高服务效率。

【税务“最多跑一次”改革】 2019年，区税务局为优化税收营商环境，开展“新税务·新服务”便民办税春风行动，推出59条便利化服务举措，助推“最多跑一次”改革。落实“六张清单、一份指南”，取消11项税务证明，办税事项实现一次办结。升级“网上办税为主，自助办税为辅，人工办税兜底”的办税模式。加大网上办税引导力度，扩大电子税务局使用面。丰富自助设备种类和功能，建设中心城区“15分钟自助办税圈”。推行全职能窗口，落实“1+8+1”服务制度，实施“上前一步”导税模式，扩充“套餐式”服务范围，实体办税服务厅规范化水平持续提升，进厅办税人数呈明显下降趋

4月8日，“无差别收件系统”在区行政服务大厅上线。图为系统页面

势。同时，深化“银税互动”，助力守信企业获取贷款累计13.57亿元，加强“12366”咨询热线建设，接通率、准确率大幅提升。

【“最多跑一次”陪办制实施】 2019年4月，海曙区在区行政服务中心试行“最多跑一次”陪办制，9月底在全区全面实施。“陪办制”是指领导干部作为陪办人员，在全区各级政务服务中心或基层服务站所，主动全程陪同办事群众办理相关事项，从服务对象的角度去体验窗口服务态度、业务规范、办事效率，精准发现和解决群众在办事过程中的难点、堵点、痛点，不断提升政务服务质量和水平的一种办事制度和服务方式。通过自愿陪办、无偿陪办、全程陪办、联动陪办，不断提升政务服务质量和水平，营造优质办事环境。

【“无差别收件系统”上线】 2019年4月8日，区行政服务中心办事大厅和微信公众号上线“海曙区无差别收件系统”。系统针对深化“最多跑一次”改革以来，群众仍时有发生办事材料“备不齐”“缺项少页”的难点而推出，根据每个办事环节（情形）罗列相应的材料清单、空白表格、材料模板以及填报要点提示等。同时，在自助办事区和16个窗口设置智能双屏机和“一站导引集成平台”，具备人脸识别、身份读取、材料清单查询等功能。办事群众可现场下载表格、补充材料、获得个性化指导，有效提升办事效率。此外，引入手机提醒业务，提高服务亲和度。推出凭手机号取号、短信提醒叫号、服务满意度短信评价反馈等举措，避免群众因未带身份证而“白跑”、广播叫号噪音污染、跟踪回访难等问题。

【“最多跑一次”改革民主监督】 2019年8月1日，区委统战部组织区各民主党派、无党派人士代表赴海曙公安分局户证办理中心，开展深化“最多跑一次”改革跟踪民主监督活动。区委统战部常务副部长郁建军，九三学社海曙区基层委员会主委、区人大财经工委主任许瑾瑾及民革、民盟、民建、民进、农工党、致公党海曙基层组织成员和无党派人士代表共20余人参加活动。

【事业单位人事管理“最多跑一次”业务推进会】 2019年9月29日，海曙区召开事业单位人事管理落实机关内部“最多跑一次”业务推进会，全区各主管单位、直属事业单位70余名人事干部参加。会议全面梳理海曙区事业单位人事管理主要业务工作，讲解业务流程，重点解读事业单位人员交流（调动）办理、事业单位人员职务任免、事业单位新考录人员入编、转正手续、事业单位新增岗位设置方案审批、事业单位专业技术人员岗位聘（任）审核、事业单位人员辞职手续办理和事业单位人员工资变动审批程序及注意事项，推动事业单位人事管理相关工作实现“最多跑一次”。

【“最多跑一次”社保服务月活动】 2019年10月17日，由市社会保险管理服务中心主办，海曙区、江北区社会劳动保险管理所承办，鼓楼街道办事处协办的“最多跑一次”社保服务月活动在鼓楼步行街举行。活动以“强改革优服务惠民生”为主题，市、区两级社保部门业务骨干为居民讲演，提升广大居民对社保领域“最多跑一次”改革的了解。

（郑 宇 高 承 陈 晨 陈 燕 俞锐雯 冯汝洁 范平海 郭绍龙 孙鸣飞 刘妍珣 李 晔）

抗击超强台风“利奇马”

【概况】 2019年8月4日，9号台风“利奇马”生成，强度迅速增强，10日1时45分以超强台风强度在浙江温岭城南镇沿海登陆，给海曙区带来大暴雨到特大暴雨，全区平均降水量243毫米，4个监测站超过300毫米，有2个站点24小时雨量超过区域百年内最高数据。同时，出现8~10级局部12级大风，山区8级以上大风持续近30个小时。“利奇马”为中华人民共和国成立后登陆浙江省、对宁波市综合致灾强度达第二位的台风，风雨综合致灾强度等级为最高等级（1级，特重），区气象台发布台风红色预警信号。大风大雨造成区内房屋倒损，农林牧业受灾，道路交通通信受阻、设备受损。全区水库（山塘）蓄水量显著增大，河网水位迅速上涨，且持续超保证水位，老城区和西片区平原低洼地段受淹严重。台风给海曙区工农业生产和人民财产造成较大损失。

超强台风影响宁波期间，区委、区政府迅速响应，科学决策，压实责任，全面动员，把防汛救灾作为“先于一切、高于一切、压倒一切”的头等大事来抓，创造一切条件“排积水、保畅通、稳生产”，严防死守全面落实各项防御措施，实现“不死人、少伤人、少损失”的预期目标。海曙区全方位做好应急救援和物资保障工作。及时启动应急响应，抽查17个镇（乡）街道防汛物资储备仓库和30余个村（社区）避灾安置场所，实地察看姚江堤防、西岙水库、风棚碶泵闸等20余处防汛设施。区农业农村局重点检查骨干河道行洪排涝的施工围堰、便道、便桥排架等阻水障碍物，检查中塘河、前塘河、南塘河等21个点位，发现问题7处，及时责令有关单位采取有效措施落实整改，消除安全隐患。实行24小时全员执勤值班，抽调精干力量分组进驻雅戈尔行政服务办公区，指挥抗台工作。

台风过后，加快灾后重建。协调中保财险海曙支公司开展灾情查勘、评估工作，查勘评估4500余户，定损赔付金额304.75万元。同时，联合区财政局拨付115.5万元转移安置人员

台风“利奇马”期间，石碶街道转移居民群众

生活补助资金，专款专用。区慈善总会接受社会捐赠款物459.9万元。

【“利奇马”水雨情】“利奇马”是2019年登陆中国强度最强的台风。其主要特点为：一是台风强度强。在西北太平洋上加强为超强台风，近中心最大风力62米/秒（17级），中心最低气压915百帕；登陆时强度为超强台风，近中心最大风力52米/秒（16级），中心最低气压930百帕；二是风雨影响大。在台州市温岭登陆之后转向偏北，密闭云区自南而北穿过宁波市，给海曙区带来狂风暴雨，强降水主要集中在9日夜里至10日，9—10日上午出现8～10级大风，局部风力达12级（杖锡）；三是持续时间长。台风强度强，登陆后减弱速度慢，在浙江省境内停留20小时，章水镇杖锡8级以上大风持续时间29小时、10级以上大风持续时间13小时；四是影响范围广。全区各地过程雨量均在150毫米以上，绝大部分镇（乡）街道都遭受严重侵袭。

从8日8时至11日8时，全区平均雨量243毫米，19个站点过程雨量超300毫米，最大燕麻站559毫米，其次杖锡站467.5毫米。“利奇马”台风期间，全区各大中型水库和平原河网相继出现高水位，21座小型水库中有5座出现超汛限水位。其中，周公宅、皎口等2座水库最高水位分别达到232.2米和69.67米；平原河网水位（黄古林代表站）从10日2时5分开始超警戒水位（2米），10日9时30分开始超保证水位（2.5米），11日0时15分达到最高水位2.73米，持续超警戒水位69个小时28分钟，持续超保证水位41个小时15分钟；城区河网水位（黄古林代表站）从10日6时起开始超警戒水位（1.9米），11日3时5分达到最高水位2.29米，持续超警戒水位44个小时35分钟。截至13日13时，河网水位逐渐回落至可控范围。

【“利奇马”灾情】2019年，“利奇马”台风给海曙区工农业生产和人民财产造成较大损失。据统计汇总并核实后，截至8月13日13时，全区17个镇（乡）街道120个村（社区）126893人受灾，紧急转移安置群众23681人，倒塌房屋48间，农作物受灾面积5166.67公顷，直接经济损失2.4亿元。其中，115个村（社区）不同程度进水受淹（包括城区31个社区），城区出现29处主要路面积水和101个积水点，拉闸路灯线路21处，倒伏树木455株；道路中断19条（包括城区7条），山区道路发生塌方10处，210条客运线路495辆788个班次全部停班；共计208个各类通信基站出现故障，近30千米通信光缆中断；31条供电线路发生故障，608个台区停运，停电48736户。其间，洞桥镇、石碶街道受灾最为严重。

【“利奇马”期间水利工程调度】2019年8月8日11时始，隶属市水利局直管的周公宅和皎口两个梯级水库开始预泄，在“利奇马”来临前共预泄水量1540万立方米。海曙区直管的溪下水库自8月6日15时始预泄，累计预泄水量220万立方米。平原河网从8月7日起实施沿江碶闸全力候潮预排，截至9日6时将河网水位（黄古林代表站）从1.53米降至1.07米，预排水量1050万立方米。

“利奇马”台风带来的降雨量逐渐加大，平原河网水位迅速上升，又恰逢奉化江、姚江处于高潮位（水位）阶段，使平原涝水一时处于难排境地。自11日始，外江高潮位（水位）缓慢降低后，沿江碶闸排水效果逐步改善。其间，溪下水库实施上游洪水全拦，共拦蓄洪水411万立方米，周公宅、皎口2座梯级水库配合海曙区下游防洪要求，共拦蓄水量6884万立方米（皎口水库拦蓄水量4766万立方米、周公宅水库拦蓄水量2118立方米），沿江49座水闸（泵站）保持24小时不间断候潮排水，风棚碶泵闸强排水量达2032万立方米（从11日0时至13日12时），五江口泵闸强排水量达436万立方米（从9日20时至12日0时）。

“利奇马”离开后，周公宅、皎口2座大型水库因上游来水影响，水库水位持续抬高。其中，皎口水库于10日10时20分开始超汛限水位，11日16时35分达到最高水位69.67米，超汛限水位7.49米；周公宅水库于10日3时30分开始超汛限水位，10日18时达到最高水位232.2米，超汛限水位5.07米。皎口水库在顶洪压力长达30小时之后，于11日17时开始，按60立方米/秒流量下泄，12日10时调整为不超过140立方米/秒流量下泄，逐步将库水位降至汛限水位以下；周公宅水库在下游河网水位明显下落之后，于13日10时开始以不超过100立方米/秒流量下泄，逐步将库水位降至台汛限水位以下。其间，奉化江、姚江沿江水闸继续实施24小时候潮排水，自12日23时10分始，平原河网水位（黄古林代表站）开始低于警戒水位；自12日2时35分始，城区河网水位（北斗河代表站）开始低于警戒水位。至13日13时，全区河网水位处于控制水位范围内。

【台风预报预警】 2019年8月，区气象局全面做好“利奇马”预报预警服务。台风来临前，组织业务人员开展自动站巡检维护，确保观测设备正常运行；加强与市气象部门联合会商，做好监测预报预警，发布《重要天气报告》《气象信息内参》等决策材料9期，发布台风预警信号6期，其中红色预警信号2期，发布台风相关决策短信27条，预览量27000余人次；8月10日下午，城区内涝积水超过20个小时，位于城区上游的4座大型水库调度成为关键，经综合研判，得出“主城区及其上游地区还有20～30毫米的降雨量，夜里降雨将逐渐停止”的预报结论，区水利部门以此为依据，做出减小各水库的下泄流量、主城区上游两个大型水库完全关闸滞洪的决策部署，为城乡积涝赢得45个小时的排水时间。“利奇马”影响结束后，区气象局赴积水严重的洞桥等地开展灾情调研，撰写《超强台风“利奇马”气象服务工作总结——暨气象灾害评估》，得到区委书记孙黎明批示肯定。

【抗击台风特别报道】 2019年台风“利奇马”登陆宁波期间，区全媒体中心广电编辑部紧急开设《抗击台风利奇马》新闻报道节目，派出多路记者一线跟进，与市级、省级、中央媒体快速联系，及时上报，多层面做好抗击台风媒体宣传。同时，官方微博加强更新频率，在微信群云端实时沟通推进采制，微信小程序动态发布灾情滚动信息。至台风影响结束，共播发抗击台风稿件35条。其中，8月12日在《海曙新闻》报刊头版刊出《在暴风雨中践行初心和使命》《危急时刻冲锋在前》两篇文章当日即被区委书记孙黎明批示。

【灾后农资供应服务】 2019年8月，针对台风“利奇马”对全区大部分农田造成严重影响的情况，区供销合作社组织农资公司、保险公司排摸灾情，给予技术指导及保险方面的支持，共向受灾严重的专业合作社和种粮大户无偿供应尿素80吨；优惠供应尿素、复合肥250吨，优惠金额4万元；优惠供应农药、农膜金额3万元。

【孙黎明检查台风“利奇马”防御工作】 2019年8月8日，区委书记孙黎明先后到南门街道郎官社区低洼地改造提升泵站、五江口闸及上游配套河道工程地块、区气象灾害预警中心、三防指挥中心，听取气象预警情况及全区防汛防台风工作汇报，现场检查指导防汛防台风工作。

【“81890”台风受损家电维修志愿服务】 2019年8月18日，“81890”求助服务中心联合“81890”鄞州分中心，组织14家家电维修企业的一线维修人员赴东吴镇，为受超强台风“利奇马”影响的村民维修大件电器，当日维修大、小家电约350件。

（王晓慧　王　翔　厉迪桑　夏朱颖　李玉飞　舒　力　吴　君）

媒体看海曙

宁波海曙引入社会力量参与共治
众手助残　照料不难

“过去，因为照料有智力障碍的女儿，我和老太婆一年到头也难得一起出门。现在白天可以选择把孩子送到‘阳光家园’托管，腾出不少自己的时间。”最近半年，家住浙江省宁波市海曙区偏远山区横街镇惠民村的李大爷老两口，到城区走亲访友的频率明显多起来。

现代社会工作节奏快、家庭小型化，心智障碍家庭的照顾压力大。国内不少城市开始探索“喘息服务”，但政府财政投入有限，“大包大揽”的做法往往难以为继。

“阳光家园”是海曙区专门帮助心智障碍家庭开展日间照料的公益机构。2016年年底，随着宁波市行政区划调整，海曙区在册心智障碍残疾人从1216名增加到4378名，且七成多居住在农村，政府投入和相关需求无法匹配的难题更加突出。为此，海曙区残联在镇（乡）、街道建设“阳光家园”的同时，通过“馨之园”助残服务中心实现供求对接，并以残疾人需求为导向，网聚公益组织、爱心企业和康复机构等“加盟”，迈开了“共治”模式的第一步。

符合条件、有意愿进入“阳光家园”的心智障碍残疾人都能报名，且每人享受每年6480元的补贴；8家新增康复培训机构共得到40万元一次性奖励；心智障碍人群精神文化提升、特殊青少年面点培训等19个社会助残项目获得60万元资助……今年来，海曙区通过政府补贴“四两拨千斤”，公益组织、爱心企业数量达到35家，志愿者数量超800人，在原有基础上翻番。

“共治”模式让海曙区的“喘息服务”走上快车道，而“阳光家园”的服务内容更从传统的看护照料、康复托养向技能训练、心理疏导、社交培训拓展，让一大批心智障碍家庭迎来新生活。

“我会永远记住今年9月2日这一天，真心感谢‘阳光家园’。”家住西门

11月，月湖街道残联与区综合行政执法局为了迎接“世界残疾人日”，在镇明路盲道旁绘制3D彩绘，引导群众不占用盲道，关注、关爱残疾人

街道的任女士，20多年来第一次吃到患心智障碍的儿子贝贝亲手做的牛肉面，激动不已。如今，不仅任女士找到一份稳定的工作，改善了家庭生活条件，已经在“阳光家园”学会自己乘坐公交车的贝贝，前不久在公益组织“筑梦工作室”的培训中掌握了新技能。

“阳光家园”还吸引了大批爱心人士。仅在鼓楼街道，参与“喘息服务”的志愿者今年已超过200名，他们为158户心智障碍残疾人家庭结对后送去照护经验辅导、减压训练等21项服务内容。

此外，“阳光家园”为解决心智障碍者就业搭建桥梁。42岁的阿明在“阳光家园”联系的专业康复机构接受3个月社会融合训练后，走进集士港镇奇卓家居的“工疗车间”，和20名“工友”制作窗帘，每个月能有2800元的稳定收入。而为了减轻企业管理压力，当地的“阳光家园”还为企业培训相关管理服务人员。目前，海曙已经拥有5家这样的“工疗车间”，130名就业年龄段的心智障碍者得到工作机会，月均工资超过2200元。

如今，海曙区的“阳光家园”正在大力引进医疗、心理辅导等专业康复机构，为更多的心智障碍家庭带来希望。

（2019年11月19日《人民日报》13版）

宁波市海曙区：

巧解历史街区保护和城市更新两难命题

宋代的街巷清代的亭，老底子的宁波味道石砌的河埠头。浓缩江南水乡历史文化、人文风情的浙江省宁波市海曙区南塘老街多年前只是一条普通老街，现已成为市民和游客争相前往的“网红打卡地”。生机重焕的背后，是海曙区长期以来在环境、历史、社会等多个层面融通汇合、巧解历史街区保护和城市更新两难命题的结果。

作为宁波的核心区域，海曙区至今已有近1200年的历史，“三江交汇，一湖居中”的古城格局保留至今，罗城和子城的唐代双城形制在全国独一无二，南门钟鼓楼以及圆形城郭的形制也保持完整。正因如此，2005年《宁波市城市紫线规划》首次划定8处历史街区紫线时，有7处在海曙区。

“为适应现代生活及商业经济发展需要，历史街区的改造不可避免。如果原有的街巷格局、空间肌理遭到更改、破坏，街区历史风貌的原真性、完整性就大打折扣。由此而来的商业化倾向严重、传统生活断层、传统文化消亡等问题，更是给一座城市带来不可挽回的伤痛。”海曙区委常委、宣传部部长张宁辉说。

是任由历史街区在建设中破坏，还是让历史遗存重焕生机？海曙区不断总结得失，提出了“政府主导+企业投入+公众参与”的全新模式，由政府部门负责历史街区的规划制定、业态定位等工作，街区重建（文物建筑保护、修缮）、业态重组、招商、物业管理等职责由相关企业实施，同时引导公众参与历史街区保护开发的全过程。

在这一思路的倡导下，毗邻月湖的郁家巷历史街区率先启动保护和更新。这个历史街区有浙东学派学者李氏宗祠、区级文保单位盛氏花厅、灵应庙等大量历史古迹。保护开发中，综合利用原地保护、修缮、迁建、新建、空间转换等手法，使街区在保留了古老建筑结构和风格的同时，植入了包括时尚餐饮休闲、魅力文化体验、雅致时光休闲和动感风情酒吧等四大消费业态。就此诞生的“月湖盛园”文商旅综合体，不仅与宁波最大的商业广场——天一广场、以奢侈品零售为主的和义大道互动，更成为国内首个以江南院落为蓝本打造的历史文化商业街区。

拥有江南水乡典型风貌，体现一街一河宁波城外民居生活的南塘河历史街区拥有文保单位6处。南宋“淳熙四先生”之一的袁燮及其后代世居于此，还有电影艺术家袁牧之故居、古明州的甬水桥、建于清光绪年间的永善亭，以及众多人文历史古迹。2012

年，南塘老街修缮重新开放后，不仅这些文物古迹全部修旧如旧，最大限度上保留并体现出原有街区的历史风貌和人文风情，更引进诸多宁波老字号，恢复和构建的老街市店铺、石板路、马头墙、河埠头等建筑空间意象令人流连忘返。据统计，去年全街商铺营业额2.56亿元，高峰期单日客流达10万人次。

随着一个个成功案例的诞生，海曙区开始进一步梳理总结，希望从涉及历史街区的保护建设、街区街貌、街区服务和街区管理等四方面制定更高的工作标准，并且通过规范硬件设施、文物保护、民俗活动、商业规范等，提高街区规划合理性和服务管理水平。经过数易其稿，填补全国历史文化街区地方标准规范空白的《历史文化街区建设活动和服务管理指南》三年前在海曙诞生。

这份《指南》从多个细微之处着手，提出了明确要求。例如对街区内的基础设施、公共设施、安全设施等有具体规定：“各类建筑应布局合理，体量、高度、色彩、造型相协调；公共设施设计应融入街区特色元素……”对街区街貌则要求：“标志标识的设计应融入历史文化元素；突出植物造景，形成四季景观；街区夜景应进行专门设计，有反映街区特色的文化符号；有美化环境的休闲景观、小品雕塑和公益广告。”

郁家巷历史文化街区

拥有最早宁波城市雏形、子城范围的公园路历史文化街区，有机更新以来浓缩出了“老宁波剪影，新宁波印象”的风味。近年来，这里的鼓楼市集逐渐成为知名文创市集品牌，整座街区保持着月均客流近100万人次的高水准。今年8月上演的3D灯光秀是以钟鼓楼为背景，交织历史时间线和地理坐标，制作了《万年沧桑，时光长河》《书藏古今》《港通天下》等多个有关宁波文化主题的篇章，以年代的变迁顺序梳理整合，切换时空，虚实结合。市民张先生说：“游客用裸眼就能看到这种五彩斑斓的3D立体灯光效果，不仅可以了解鼓楼的历史变迁，还能欣赏到宁波藏书文化、港口文化、商帮文化等多种城市文化元素，太棒了。”

用“看得见的手”对历史街区进行保护，借“看不见的手”盘活历史文化资源，海曙区恢复了活色生香的历史味道，并开辟出区域经济新的增长点，历史街区活化保护的路越走越宽。其中，南塘老街高峰期日均游客量一直保持在6万至8万人次，月湖历史街区保护开发中做精、做细品质文章。去年10月，天一阁·月湖景区晋级国家AAAAA级旅游景区，成为全省当年唯一入选景区。

（2019年11月1日《光明日报》09版）

宁波海曙区工业增加值持续增长，能耗实现八连降
——升降之间勾勒高质量发展线条

位于浙江省宁波市海曙区的博洋集团立足“轻资产”，将老厂区改建成博洋集团“创客157”创业创新园吸引60多家企业入驻，同时通过品牌裂变提升整体价值，目前集团内部孵化的8家企业中，有7家年销售额已突破亿元大关。

从闲置的“负资产”到欣欣向荣的创业园区，博洋集团的蝶变，是宁波海曙区擘画高质量发展画卷的缩影。今年前三季度，海曙区规模以上工业增加值同比增长6.1%，实现3年持续增长。与此同时，该区规模以上工业增加值能耗连续8年下降，特别是2016年以来，已累计下降近20%。升降之间，勾勒出海曙区工业增长质量趋优的优美线条。

区域发展不仅需要产业，更要留住碧水蓝天。2016年年底，宁波市行政区划调整后，海曙区一跃成为拥有1万余家工业主体、650多家规模以上工业企业的工业大区。“面临环保、节能减排等压力，引导全区工业企业走低能耗高产出绿色发展之路，变得尤为紧迫。”海曙区委有关负责人表示。

绿色发展导向鲜明的海曙区，3年来没有让一个高耗能项目落地，始终严格将重点用能企业和单位占比控制在40%以内。海曙区通过持续开展“转型升级提质年”活动，引导、鼓励

企业加大技术改造投入，引进高能级科创平台，引导发展数字经济等低能耗高产出产业。

在前不久跻身工业和信息化部第四批绿色制造名单，成为海曙区首个国家级“绿色工厂”的利维能储能系统有限公司车间里，经工业机器人自动抓取、激光自动焊接等20多道工序，一个个独立电芯被装入统一大小的“盒子”，整个过程虽火花四溅，却闻不到刺鼻气味。“采用全球领先的组装技术和焊接工艺后，效率至少提升了3倍。”该公司制造中心总监骆国和说。

“前不久，我们获得了全球顶尖工具制造商德国喜利得公司一笔价值2000万元的订单。”宁波神钻工具有限公司负责人练炳方介绍，借助公司投入近800万元自主研发的“冷打机”，不仅产品光洁度提升了20%，还实现年节省钢铁原材料超300吨。

数据显示，今年1月至8月，海曙区规模以上工业企业投入研发费用10.30亿元，同比增长16.7%。

（2019年11月9日《经济日报》头版）

且看宁波“红帮裁缝”的华丽蝶变
——一把小剪刀裁出时尚大产业

宁波鼓楼旁的一条僻静小巷里，一位老师傅正细细熨烫着刚制成的西装，来回推移间，仿佛被熨平的是藏在时间缝隙里的各种褶皱。

“宁波装，妆天下”。十九世纪末，一批来自宁波乡下的手艺人穿行于开埠后的上海滩。在他们手中，诞生了近代中国第一套西装、第一套中山装，一时间主导了当时上海滩的时尚潮流。靠着重质量、讲信誉，他们有了一个蜚声中外的名号——“红帮裁缝”。

“从小我就知道‘红帮’，13岁那年，我已经有了自己的第一套西装成衣，就是‘红帮裁缝’帮我量身定做的。”从多伦多大学毕业后，周辉明做起了裁缝。在家乡奉化创办了宁波雅楚服饰有限公司的他，称自己为“新红帮”。

作为传统优势产业，如今，1.6万余家纺织服装企业遍布宁波，年产服装15亿件，宁波成为中国最大的服装生产基地。今年一季度，宁波纺织服装、服饰业增加值同比增长16.4%。

昔日“红帮”今犹在。“他们开创了中国现代服装产业的先河。”浙江省社科联党组书记、副主席盛世豪告诉记者，百年创业中积淀起来的“红帮精神”，是工匠精神，是革故鼎新、是海纳百川。今天，依靠着精雕细镂的工匠精神和科技创新，新一代的宁波“红帮裁缝”正在续写时尚新传奇。

精益求精，匠心传承

“精工细作，才能久不走样。”说这话的是“红帮裁缝”第七代传人戚柏军。

只见他抽出一匹布料，从容地展开、整理，然后拿起划粉和木尺娴熟地画起了西装样板……划样、裁剪、缝纫、扎壳，是戚柏军过去20多年的工作常态。

雅戈尔集团服装展厅

甬人素“勤于身、俭于家”，家中衣物，无论冬夏，必尽力亲自缝制。这种风俗世代相传，直到改革开放前，奉化人每家每户还都有缝制衣服的能手。许多“红帮裁缝”就在这样的家庭氛围中成长，他们自小就对衣服的缝制耳濡目染，有些还产生了浓厚的兴趣。“红帮”老人林瑞祥至今还能回忆起小时候看母亲缝制衣服的情形，“强烈的兴趣引导在那时就有了”。

不久前的法国巴黎时装周上，来自宁波“红帮裁缝”传人的西装压轴亮相，引起全场关注。不仅在巴黎，在纽约、伦敦、米兰时装周上，都能见到宁波“红帮裁缝”的作品。

在戚柏军的店内，记者看到一位杭州客人的测量单，一件西装外套和一条西裤分别要测量身体10个不同部位的尺寸，衬衫需要测量5个数据。戚师傅非常细致地询问客人平常的站姿、走路方式等生活细节，并在测量单上作出标注，并制作“一比一”比例的样纸作为裁剪前的草图。

一套完美西服的诞生过程，来自无数个细节。这些细节还包括德国的针与剪、日本的粉笔和丝线，更重要的是师傅眼间手里对布匹裁剪的感觉，这也是西服定制的灵魂，包含了现代成衣无法获得的个性与体贴。

无数个“戚柏军”，恪守着裁缝这个职业最重要的标准和传统。许多“红帮裁缝”店都有一处独立的空间——档案室。从开店第一天起，来做衣服的每个客人的身形尺寸、历次的服装纸样都被精心地保存在这里。这些纸样，默默地见证了一个个匠人的付出。

革故鼎新，“红帮”新衣

“‘老红帮’是有创新精神的，曾创造了中国近代服装史上的五个第一：第一套西服、第一套中山装、第一家西服店、第一所西服工艺职业学校、第一本西服教材。”宁波市服装协会秘书长毛屹华说，“即使是今天，无论雅戈尔的服装智能工厂、旦可韵的羊绒衫个性化定制，还是太平鸟的智慧门店、博洋的创客孵化平台等，在中国服装业的创新前沿常可看到以海曙企业为代表的‘新红帮’身影。”

百年前，“红帮裁缝”靠匠心独领风骚；如今，一场互联网革命正深刻地影响着“宁波装”，红帮传人们用智能制造做“衣”，大数据做“媒”，以智能化为核心，形成连接创意、制造和消费的智慧产业，继续领跑。

在红帮精神的引领下，罗蒙给“宁波装”注入互联网基因，使之变得越来越“潮”。

“经过30多年的积累，罗蒙的数据库已累计采集国人身型样本数据1000万个，并依此改变了西服固有的生产工艺。”罗蒙集团董事长盛静生说。

通常的西服规格只有10到15个，而罗蒙依据大数据支撑制作的西服已有近50个规格。

“‘红帮裁缝’最核心的东西是西服。”在雅戈尔集团董事长李如成看来，这么多年来，雅戈尔不仅传承了传统的工艺，还将传统工艺和现代技术相结合。

在雅戈尔斥资1.6亿元、年产量达15万套的西服智能工厂里，车间顶部的传输带上，一块块布料、一件件西服正有条不紊地“滑行”着，游走在各个工位之间。每一名工人面前都有一块电子显示屏，可实时将缝制完成情况输入系统。

今年9月，雅戈尔将在深圳开出全国首家时尚体验馆，接入互联网，消费者在门店通过3D扫描量体，最短两天就能拿到定制的西服。

智慧工厂离不开智能设备。“从一根线到一件成衣出炉，需要无数双

雅戈尔智能工厂

手的细心打造，‘一针一线密密缝’的背后，是每个细节都不敢疏忽的缜密。”宁波慈星股份有限公司副总经理李立军说，如今，新技术、新设备可以将这个过程变得更轻松、更有趣。

在慈星的展示厅，记者见证了一次成型成衣设备“一根线进去，一件衣服出来”的神奇——只见织机上下翻飞，不到半小时，一件款式新颖的女式线衫便新鲜出炉。用慈星研发的这台设备，无论什么材质的纱线都可以织成衣服，而衣服的样式、图案、大小都可以由客户来决定。数字化设计、智能化生产，与传统手工生产相比，可以节省80%的人力。

“当一个工厂拥有几十台、上百台这样的高速智能成衣设备时，‘每一件衣服都独一无二’的工业化时代就将开启。”李立军说。

海纳百川，天下“红帮”

上海滩，一度是“红帮裁缝”的大本营和创业基地。受宁波重商、惠商传统的长期影响，原本“穷家难舍、熟土难离”的农民纷纷揖别故乡，四处谋生。一批宁波人率先掌握了做西服的技术，给当时来中国的外国人做西服，这正是“红帮裁缝”的起源。

上世纪80年代，鄞县和奉化一带，许多“红帮裁缝”传人重操旧业，开办西服厂。几乎每个村镇都做服装，慢慢地形成了服装产业集聚地的雏形。独特的手工艺，使宁波人生产制作的服装在全国迅速闻名。

彼时，每个周六的晚上，上海国营服装厂里的老师傅们就坐上班轮，周日一大早到宁波，对各自家乡的小工厂加以指点。当晚坐上回上海的班轮，周一一大早再赶回厂里上班。雅戈尔、罗蒙、培罗成等品牌，都在“星期天工程师”的扶持下日渐成长。

罗蒙西服厂，就请过当时最有影响的“红帮”师傅们。“红帮”传人余元芳、高级名师董龙清、陆成法等当时在北京、上海名盛一时的“红帮裁缝”汇聚在一起，依靠师傅带徒弟的方式，带出了一批不断汲取新的时尚与技艺手法的“红帮裁缝”匠人，刀功、手功、车功、烫功，无一不通。

时至今日，“红帮”已经成为了专做西服男装的一个制作工艺流派，而不单指宁波奉鄞之人，很多“红帮”传人甚至都已不是宁波人，只要是学做这派制作工艺的就可以被称为“红帮裁缝”。

在周辉明的工厂内，记者看到了一位来自意大利的裁缝大师，82岁的世界顶级裁缝圣·弗朗西斯科。周辉明打算建一个裁缝学堂，把知名“红帮裁缝”以及全世界服装学院的著名教授都引入学堂，弗朗西斯科就已经收了不少奉化徒弟。

“你知道‘红帮’吗？”记者问弗朗西斯科。

“知道，全世界都有‘红帮’。”他竖起了大拇指。

（2019年5月8日《浙江日报》头版头条）

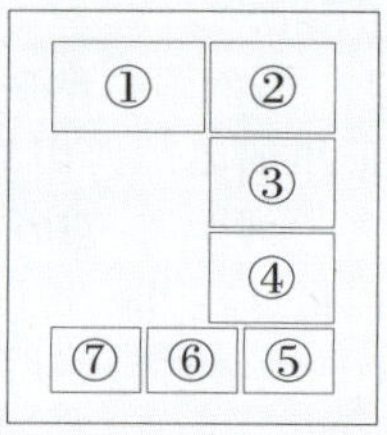

①4月26日，白云庄社区绿格子垃圾分类艺术生活中心开业，集中展示社区居民使用废旧物品制作的摆件、服装、环保袋等物品

②7月，安泰社区垃圾分类桶边督导员指导居民进行垃圾分类

③7月8日，西门街道柳锦社区组织垃圾分类游园会

④7月10日，区妇联“我爱我家 垃圾分家”——2019年海曙区妇联“巾帼助跑”垃圾分类推进会在白云街道安丰社区举办

⑤9月27日，区卫生健康局代表队参加全市“阿拉医者来分类”生活垃圾分类能手挑战大赛

⑥10月30日，白云街道安丰社区开展创意布艺制作活动。居民志愿者用边角布料等废旧物品制成环保袋和手工艺品，在“公益一条街”集中售卖，并将销售所得用于公益事业

⑦11月15日，白云街道丽雅社区在丽雅苑开展“你分类，我奖励”垃圾分类宣传活动，居民们或参加“垃圾分类转盘”游戏赢取奖励，或用有害垃圾兑换绿植

大事记

1月

2日　教育部公布2018年国家级教学成果奖评选结果，由宁波市古林职业高级中学自主完成的"'四课堂''三机制'培养地方菜肴创新型传承人的探索与实践"获得2018年度职业教育国家级教学成果一等奖。

同日　全市扩大有效投资重大项目集中开工仪式举行，海曙区有10个项目参加集中开工仪式，年度投资14.5亿元。

同日　海曙区消防救援队伍授衔换装暨集体宣誓大会召开。

3日　区退役军人事务局、区应急管理局、区医疗保障局、区文化和广电旅游体育局、区卫生健康局、区农业农村局6家单位举行揭牌仪式。

4日　区市场监督管理局石碶市场监管所核发全区首张电子商务营业执照。营业执照全流程在网上报送，通过邮寄送达，真正实现领取营业执照"零次跑"。

7日　第二批省级现代农业综合服务中心创建名单公布，集士港镇、章水镇的现代农业服务中心榜上有名，成为海曙区首批省级现代农业综合服务中心。

同日　"大爱海曙 德耀盛世"第四届海曙区道德模范颁奖典礼在集士港镇广德湖剧场举行，表彰一批道德模范先进人物。

9日　全市首家妇女代表联络站——海曙区卫健系统妇女代表联络站在古林镇卫生院成立，并举行揭牌仪式。

南塘老街文化创意街区

同日　海曙区举办区机构改革人员转隶和部门"三定"工作业务培训班，贯彻落实区机构改革方案和区机构改革动员大会精神，研究部署区级机构改革人员转隶和部门"三定"工作。

13—15日　中国人民政治协商会议第五届宁波市海曙区委员会第三次会议召开。

14—16日　宁波市海曙区第十一届人民代表大会第三次会议召开。

18日　省委宣传部公布2018年度浙江省文化创意街区名单，海曙区南塘老街文化创意街区入选。海曙区累计获评市级文创园区3家、市级文创培育园区9家、省级文创街区2家。

19日　全国社区网络春晚之宁波海曙南门街道万安专场暨"我是幸福规划师"社区微治理项目启动仪式在宁波效实中学体艺馆举行。海曙区万安社区成为全国征集的100个城市分会场和1万个社区会场之一，是宁波唯一入选网络春晚会场的社区。

22日　海曙区时尚服装服饰产业创新服务综合体入选省级产业创新服务综合体创建名单。

23日　海曙发布"数字经济三年行动计划"，构建海曙特色的现代化经济体系，建设全省"数字经济发展先行区"。

同日　海曙首个民防体验馆在苗圃路62号开工，旨在向公众普及防空防灾自救技能。

25日　宁波市农村文化礼堂“我们的村晚”活动在高桥镇蒲家村文化礼堂举行。

28日　全区基层党建和人才工作述职评议会举行。通过集中述职、认真检验、公开评议，进一步督促各级各部门落实全面从严治党责任，落实党管人才要求。

1月　古林镇中学的“悦读时光”书店在“2018时代出版·中国书店年度致敬盛典”活动中，获评“年度校园书店（中小学）”，成为宁波唯一获评的校园书店。

同月　全省首个社会企业创业园运营。创业园作为一个综合性、枢纽型社会组织创业平台，由市社会组织管理局和区民政局共同指导举办，采用同富田集团合作办园的模式，开设社创总部孵化区、苗圃区、成长区、加速实验区、社创学院、社创咖吧等功能区块。

2月

13日　海曙服装品牌“太平鸟”以“Youth Made China”为主题，在纽约时装周举办时装秀。

15日　海曙区人民政府与中国移动宁波分公司签署协议，关于加快推进数字经济发展达成战略合作，启动全市首个5G移动网络建设。

22日　省商务厅公布2018年度“浙江出口名牌”名单，海曙区8个品牌上榜。海曙区累计有省级出口名牌16个。

同日　全区信访工作会议召开。

25日　海曙区继1月在全市率先试行直营连锁餐饮经营企业食品经营许可“申请人承诺制”后，发放首批餐饮连锁门店食品经营许可证。

26日　区人民调解协会成立暨第一次会员大会召开，协会通过人民调解组织、调解员更好地预防和化解矛盾纠纷的重要职责。

27日　海曙区举行首场春季大型招聘会。

28日　全区扩大有效投资重大项目集中开工仪式在段塘村旧村改造村民安置房（环城西路以西2号地块）项目现场举行。

3月

1日　区图书馆对市民开放，宁波市首台瀑布流电子借阅机在馆内投入使用。

同日　全国妇联发布《关于表彰全国城乡妇女岗位建功先进集体、先进个人的决定》，天一广场党群服务中心创建为“全国巾帼文明岗”，海曙区国家级“巾帼文明岗”累计增至6家。

同日　宁波卫生职业技术学院与广安养怡院签约，全省健康养老应用技术与标准协同创新中心的首家实验基地落户海曙区。

同日　海曙区举行宣传思想工作会议，学习贯彻中央和省、市会议精神，研究部署全区宣传思想工作任务。

3日　团区委联合区志愿者协会共同举行“青春助梦益行海曙”关爱青少年公益项目发布暨海曙区青少年芝士公益基金揭牌仪式。十大关爱青少年公益项目由10家社会公益服务组织签约对接。

4日　古林镇整合全镇32个村（社区）的50余支志愿者团队，组建全区首个镇级志愿者服务联盟——“善·爱志愿服务联盟”，旨在“用真情奉献社会，积小善传递大爱”。

同日　由白云街道安泰社区和市气象局联合推出的“红色速递爱心餐”项目正式启动，主要为社区内36名80周岁以上的独居老人提供爱心早餐。

5日　“爱心‘甬’耀”——宁波市“3·5”学雷锋志愿服务广场活动在爱心公园举行，发布“爱心宁波”主题雕塑设计方案奖项，举行爱心捐赠仪式，并开展广场志愿服务和“万朵鲜花送雷锋”活动，纪念毛泽东“向雷锋同志学习”题词56周年。

同日　海曙区旅游协会成立，全区98家旅游行业单位成为首批会员，数量为宁波各县（市）区旅游协会成员单位之最。

同日　海曙区举行“建功新时代巾帼新征程”——纪念“三八”国际妇女节109周年主题活动。海曙区妇联执委工作室、海曙区妇女代表联络站举行授牌仪式，海曙区妇女儿童家庭公益服务平台启动。

6日　全省第二批省级现代农业综合服务中心名单公布，集士港镇、章水镇现代农业服务中心入选，成为海曙区首批省级现代农业综合服务中心。

同日　全区安全生产暨消防工作会议召开。区委常委、海曙公安分局局长叶警青通报2018年度安全生产目标管理责任制考核结果。

同日　全区“城乡争优”工作推进会召开，总结回顾2018年工作，部署推进2019年各项任务。

3月15日，宁波市党员志愿服务公益集市暨海曙区“锋领巢”计划启动

7日　省委副书记、市委书记郑栅洁到海曙区基层一线开展“三服务”调研。

同日　2019年区委经济工作会议召开，会议总结2018年全区经济工作，部署2019年经济工作相关任务。

8日　海曙首届开茶节在海曙龙观乡桓村村杜岙庙生态茶园启动。全区茶园采摘面积约666.7公顷，主要分布在鄞江镇、龙观乡、章水镇、横街镇、集士港镇，拥有“它山堰”等知名品牌。

11日　海曙区原创大型系列动画电视剧《布袋小和尚》（第三季）在央视少儿频道“2019动画大放映”栏目中播出。

12日　海曙区“转角遇到绿”绿化提升项目开工，全区累计“转角绿地”面积约2000平方米。

14日　海曙区生态文明建设示范区创建规划编制工作会议召开。

同日　全省首个街道“智慧戒毒”点落户南门街道“6·26”工作室。

15日　宁波市党员志愿服务公益集市暨海曙区“锋领巢”计划启动活动在天一广场举行，海曙区首期成立25个“锋领巢”开放式志愿服务基地，覆盖全区各镇（乡）街道。

16日　全区第四次经济普查工作推进会召开，总结前阶段经济普查工作开展情况，部署下阶段经济普查重点工作。

20日　海曙区在全市率先把激光扫描车应用于园林养护领域，启用“空地一体”绿地测绘，激光扫描车移动测绘的同时，捕捉绿地实景信息。

同日　“追梦新征程社工在行动”2019年度宁波市社会工作宣传周活动在海曙区启动，近300名专家学者、社会机构负责人及社会工作者参加活动。

21日　全区组织工作会议召开。

25日　全国中小学生交通安全教育日，信谊小学举行的交通安全课被中央电视台《新闻直播间》栏目播出，海曙区校园安全好做法向全国展示。

26日　宁波市效实中学与海曙区人民教育基金会签署协议，在原爱菊艺校教育集团初中部基础上，独立登记成立宁波市海曙区储能学校。

同日　全区“扫黑除恶”专项斗争推进会召开。

30日　海曙区首个镇级亲子主题公共图书馆——横街镇“小竹娃”亲子阅读书房开业。

3月　由海曙区选送的两件文艺精品——表演唱《小镇守艺人》和群舞《快递小哥》获评2019年浙江省“群星奖”。

4月

2日　“三江汇海曙耀宁波”——2019年海曙区城市价值发布会举行，对海曙区城市价值、优质地块、营商环境等进行全方位推介。

3日　海曙区国家卫生城市复审迎检动员部署会暨“健康海曙”建设领导小组全体（扩大）会议召开，全力备迎检“国家卫生城市”复审。

同日　海曙区建议提案办理工作会议召开。

同日　海曙区35个部门完成“三定”方案修订工作，全区机构改革工作基本完成。

4日　全市传统制造业改造提升现场会在海曙区召开。

8日　“无差别收件系统”在区行政服务大厅上线。系统涉及20余个审批相关部门，包括354个高频审批事项及对应的1172套个性化材料清单。

9日　全国人大财政经济委员会副主任委员郭庆平率全国人大财经委调研组到海曙区调研第一季度经济运行情况。

10日　海曙区打造数字经济先行区暨“转型升级提质年”活动动员大会召开。

11日　区市场监管局在宁波未末餐饮管理有限公司（“蜀大侠”天一店）召开全区食品安全“智慧后厨”现场推进会，区域内40余名各大中型餐馆、火锅店行业代表参加。

同日　海曙区启动不规范地名清理整治行动，重点对居民区、大型建筑物、道路、街巷4类地名中存在“大、洋、怪、重”等不规范地名进行规范化、标准化处理。

同日　海曙警方通报打掉全市首个涉嫌侵蚀农村基层政权黑社会组织团伙，团伙9名成员全部落网，检察机关依法提起公诉。

12日　全市首场村级新闻发布会在高桥镇民乐村举行。

同日　海曙区作为宁波的代表地区在宁波文博会上进行展示，此次海曙展区以“书香之城，有声阅读”为主题，以互动体验的方式让文化爱好者感受阅读乐趣。

13日　首部甬剧电影《典妻》在宁波影都举行首映式。影片由海曙区影视企业大名艺诚出品，市电视艺术家协会副主席朱定忠执导、甬剧非物质文化遗产传承人王锦文主演，在全国各大院线上映。

同日　“最红章水”文明示范线开线，作为海曙区第三条文明示范线，以穿镇公路为主轴，串联章水镇最具看点的景观及具有历史文化价值的村落。章水镇同时推出纯手绘的全域旅游地图。

16日　区总工会历时3年打造的全方位、“零距离”服务职工的海曙区“工创家7号”启幕仪式在梁祝文化产业园举行。

17日　中宣部“壮丽70年·奋斗新时代”大型主题采访活动走进宁波海曙，实地走访宁波博洋控股集团有限公司、雅戈尔集团有限公司两家纺织服装企业，了解海曙区纺织服装产业转型升级背后的故事。

同日　市委副书记、市长裘东耀到海曙开展“三服务”活动，检查“美丽河湖”创建工作。

同日　海曙区财税审计工作会议召开。

同日　全省首家老年益智科普体验馆在鼓楼街道秀水社区落成开馆。科普馆由“宁波市荣誉市民”、台胞朱英龙倡议，市失智老人关爱项目组指导、区科协主办，系全省唯一针对社区轻度认知功能障碍的老年人推出的创新服务模式载体。

18日　区综合行政执法局白云中队开出全区首张餐厨垃圾混投罚单。

19日　“HI！未来‘曙’于你”海曙区人才日系列活动之宁波（海曙）青年人才驿站启用仪式举行。

同日 “第七届浙江旅游总评榜”各项榜单揭晓，天一阁·月湖景区获评“2018浙江旅游总评榜之年度文旅融合示范景区”。

20日 古林镇黄古林“阅读公园”开园，举办开园后首场活动——“古邑讲坛”，吸引近百名爱书人士。

21日 “书香宁波·海曙阅读季”嘉年华在天一阁广场启动。嘉年华活动持续至6月。活动启动当天，发布“书香海曙”文化旅游线路、“书的旅行”循环阅读计划倡议及2018年度宁波畅销书榜单；举行2019年“小海狸”亲子阅读嘉年华开幕式、宁波城市萤火虫换书大会、“天一荟·书香专场”演出等系列活动。

22日 海曙区教育学术委员会成立。作为全区教育系统最高学术机构和区教育局党委决策咨询机构，统筹行使学术事务评定、审议与建议等职能，由区教育系统管理、业务专家组成，聘请4名区外专家担任特邀委员。

同日 海曙区“同住地球村 垃圾随手分”——全民垃圾分类日”启动活动在天一广场举行。

23日 海曙区政府与中国电信宁波分公司联合举办5G应用发布会。区委副书记、区长致辞，并以用户身份现场拨通宁波市首个5G多媒体视频通话。

25日 浙江省中小学STEM教育试点区名单揭晓，全省10个地区榜上有名，海曙区系宁波市唯一。

28日 海曙区庆祝“五一”国际劳动节暨先进表彰大会举行。

29日 由浙江大学控制科学与工程学院和宁波工业互联网研究院共同主办的“2019职能系统与控制研讨会”在海曙区举行。

30日 海曙区退役军人事务局举行区退役军人服务中心揭牌仪式。

5月

6日 杭甬运河宁波段高桥镇民乐村岸线段的宁波必利盛物流配送码头正式营运，成为海曙区首个内河货运码头。

7日 第四届现代生态农业研讨会暨“天胜农牧杯”生态农场创新创业竞赛在海曙区召开。

10日 国家广播电视总局办公厅公布2018年度优秀国产电视动画片评审结果，海曙区本土原创动漫《布袋小和尚》第三季入围，系全市唯一、全国20部之一。

同日 海曙区召开茶文化促进会成立大会。

同日 全市首家残疾人文创产品商店“灿益工坊·印象宁波”文创馆在海曙区开业。

11—12日 “金帝厨电杯”2019年“一带一路”中国宁波国际攀岩大师赛在鄞江攀岩公园举行，来自世界20余个国家80余位选手参加比赛。

13日 全省高质量建设美丽浙江暨高水平推进“五水共治”大会召开，海曙区夺得2018年度省“五水共治”大禹鼎。

15日 海曙区食品安全工作会议暨省食品安全区创建推进会召开。

16日 第六次全国自强模范暨助残先进表彰大会在北京召开。海曙区盲人作家陈效平获评“全国自强模范”，系宁波市唯一获此殊荣者，受到党和国家领导人接见。

同日 市人大常委会党组书记、主任余红艺到海曙区开展学前教育“两条例”执法检查。

19日 “浪漫水乡·大爱高桥”礼堂文化示范线开启，全线长约18千米，是海曙区打造的首条礼堂文化示范线。

22日 教育部学校规划建设发展中心与海曙区教育局签订战略合作协议，也是中心签署的首批“未来学校实验区”项目。自此，海曙正式列入全国首批、浙江省首个“未来学校实验区”。

26—27日 区人力社保局联合黔西南州贞丰县、义龙新区人社部门连办两场“携手促就业，全力助脱贫”异地扶贫搬迁专场招聘会，成为海曙区首次在对口帮扶地区举办的异地扶贫搬迁招聘会。

28日 10时44分，海曙区章水镇（北纬29.83度，东经121.26度）发生2.7级地震，震源深度5千米。16时52分，在章水镇再次发生2.8级地震，震源深度6千米。两起地震均无人员伤亡。

同日 海曙区委九届六次全体（扩大）会议举行。

29日 以“聚焦数字化供应链，拥抱云物流新时代”为主题的中国（宁波）现代物流与数字经济融合发展主题大会在海曙区举行。

30日 海曙区召开“智汇海曙·赢未来”——2019年海曙数字经济发展大会。

31日 海曙区首家“科技工作者之家”在海创园春华基地开馆，为科技工作者提供自我展示平台，加强园区企业间的沟通合作。

4月21日，“小海狸”亲子阅读嘉年华开幕式在天一阁广场举办

宁波鸿腾精密制造股份有限公司生产车间

6月

4日　区综合行政执法局月湖中队开出的全市首张物业单位履职不到位监管罚单正式生效。

5日　由区档案馆组织的“送讲座、送展览、送书籍——档案文化下乡”系列活动在鄞江镇建岙村文化礼堂举行。

6日　海曙区“安全生产月”活动启动。

8日　首届中国—中东欧国家博览会暨国际消费品博览会在宁波市开幕。海曙区150家企业报名成为采购商，18家企业参展。

10日　农业农村部发展规划司司长魏百刚调研海曙区“数字农业”。

11日　2019年海曙区慈善工作会议召开。

14日　在首届“中国城市治理创新奖”选拔与颁奖大会上，海曙区“开放空间”创建基层民主协商项目获得首届“中国城市治理创新奖”入围奖，系全市唯一。

同日　由浙江大学流体动力与机电系统国家重点实验室和海曙企业——宁波鸿腾精密制造股份有限公司合作成立的“高端机电液元件与系统联合研发中心”在望春工业园区揭牌成立，成为继1家国家级企业技术中心、2家院士工作站、3家博士后工作站后，入驻该工业园区的又一高端研发创新平台。

15日　海曙首批72名城管义工民间“路长”上岗，参与管理中山路等6条城市道路，涉及城市道路序化、垃圾分类宣传、文明行为劝导等9项服务内容。

同日　中央人民广播电台《永恒的中国之声》栏目报道海曙区平民英雄林展斌从火海中救出7人的英勇事迹。

17日　风棚碶泵闸完工投用。此工程为区划调整后海曙区首个完工的大型水利设施，其内河侧按“20年一遇”防洪标准设计，外江侧按“50年一遇”防洪标准设计。

18日　海曙区第八届微型党课授课比赛决赛在高桥镇红心村文化礼堂举行，12位来自不同岗位的选手参加比赛。

19日　省体育局局长郑瑶赴海曙调研体育工作。

22日　2019年“海之梦”中小学生社会实践活动在鄞江镇中心小学启动。这是“海之梦”项目首次对横街镇、洞桥镇、鄞江镇、章水镇及龙观乡的中小学生开放，实现全区覆盖。

同日　海曙区市场监管局开发的“海曙e食安监管服务平台”正式投用，开通海曙区食品安全监管服务的线上功能，实现“双线并行保食安”的格局。

24日　海曙区召开全区禁毒工作会议。

25—26日　金华市婺城区党政代表团到海曙学习考察，先后参观南塘老街、宁波工业互联网研究院、雅戈尔集团、杉杉新能源基地、东鼓道、天一广场党群服务中心、81890求助服务中心。

26日　海曙公安分局高桥派出所与宁波财经学院联合成立“文涛反诈工作室”，是全市首家校园反诈工作室。

27日　由宁波市人民政府主办，海曙区人民政府和新加坡凯德集团承办的2019宁波—新加坡创智论坛在海曙区举行，论坛以“创新甬筑，智绘未来”为主题，旨在搭建创智企业，产业集聚的互动平台。

28日　海曙区半年度安全生产（消防）工作会议暨道路交通安全综合治理攻坚行动推进会召开。

同日　“飞扬旅游”在港股主板上市，成为内地旅行社行业赴香港上市第一股。

7月

1日　海曙区庆祝中国共产党成立98周年大会召开。会议表彰一批区优秀共产党员、区优秀党务工作者、区先进基层党组织。

同日　海曙区智慧党建中心启用。中心依托大数据技术，收集、追踪并分析相关信息，提升基层党建“质量指数”。

同日　海曙区在17个镇（乡）街道全面铺开线上申办“代配证”服务，原先线下办理改为在就近乡镇卫生院线上“代办”。

3日　海曙区9个镇（乡）街道全部完成小城镇环境综合整治工作。

5日　以“礼赞新中国·奋斗新时代”为主题的浙江省第十届微型党课大赛决赛在嘉兴市南湖举行，海曙区“全国自强模范”陈效平作为特邀嘉宾参加，获得特别奖。

同日　海曙区外贸实力效益工程暨国际贸易发展联盟启动仪式举行，成立浙江省首个国际贸易发展联盟。

集士港镇董家桥村华丰粮机专业合作社

9日　全区基层宣传文化阵地建设现场会暨农村文化礼堂服务专线启动仪式在石碶街道雅渡村文化礼堂举行。海曙累计建成农村文化礼堂90家、社区文化家园5个、企业文化俱乐部建设示范点4个，有省级五星级文化礼堂5家、市级四星级文化礼堂7家。

10日　宁波至绍兴城际列车贯通运营，是国内首条利用既有铁路改造开行的跨市域城际铁路。

11日　白云街道安丰社区获海曙区首个"宁波市示范型放心消费村(社区)"称号。

14日　区话剧中心原创话剧《甬商，1938》进行首次辖区巡演。

15日　海曙区2019年首个棚改项目环城西路52弄危旧房改造地块启动房屋征收签约工作。

17日　宁波跨境电商一般出口业务在宁波空港物流园区正式启动。

19日　海曙区江厦街道推出以"您关心的就是我们关注的"社区联播，挖掘社区热点事件，让辖区居民掌握第一手新闻资讯。

20日　由区委、区政府、市经济和信息化局、市科学技术局主办的2019年（宁波）创新赋能企业家对接会暨"两院一园"开园仪式启动。"两院一园"，即宁波智能技术研究院、宁波清水湾智能技术研究院和清水湾（宁波）智能产业园，由李泽湘团队、海曙区人民政府、宁波工程学院和宁波职业技术学院四方合作推进。

24日　宁波市首个退役军人健康驿站在横街镇万华村成立。

同日　由市司法局、区司法局、鄞江镇联合打造的海曙区首个水利法治主题馆在鄞江镇它山堰村建成试运营。

25日　海曙区学生合唱团在第七届中国童声合唱节上获得金牌。

同日　集士港镇董家桥村华丰粮机专业合作社通过全市首个油菜生产全程机械化示范项目验收。

26日　在全国退役军人工作会议上，家住海曙区南门街道马园社区的宁波市军分区后勤部离休干部胡瑞芝获评"全国模范退役军人"，系全区唯一。

27日　海曙区叔孺印社成立，58名篆刻艺术工作者和爱好者成为首批会员。随后在区书画院举行首届会员作品展。

7月起，白云街道安丰社区玫瑰苑小区成为全市首个垃圾分类定时定点投放试点单位。

30日　第十二届全球纺织服装供应链大会在海曙区开幕，来自中国、美国、英国、瑞士等国的纺织服装业研发、设计、制造、营销、服务等600余位企业家与专家，以"智能供应链与智慧产业"为主题，探讨全球纺织服装供应链发展之路。

31日　海曙区首届"最美退役军人"受表彰，孔盛君、边文龙等10人受表彰。

8月

1日　由海曙区3名退役军人民营企业家联合出资设立的帮扶基金启动，成为全市首个关爱退役军人专项基金。

4日　全区首次退役军人精准招聘洽谈会举行。作为区退役军人事务局组建后首次组织的精准招聘活动，引入"职业倾向测评+职业顾问访谈"的模式，企业"量身"为退役军人推荐岗位。

5日　省人大常委会副主任李学忠率队到海曙区开展代表接待活动。

7日　宁波利维能储能系统有限公司通过工信部第四批"绿色制造"名单公示期，成为海曙区首个国家级"绿色工厂"。

9—12日　受2019年9号台风"利奇马"影响，海曙区农业生产遭受较大损失。经统计，全区各类农作物受灾面积5166.67公顷，7家"农家乐"及休闲农庄有不同程度损失，农业直接经济损失约1.47亿元。

14日　海曙区被批准为省"康养体系建设"试点单位，通过"康养联合体"构建，探索建立"医养结合"向"康养结合"延伸的为老服务新平台。

16日　海曙区首台"宁波云医院"自主取药机在西门望春社区卫生服务中心投入使用。主要服用于妇儿保健科日常开出的自费药品取用。

17日　推进"长三角"一体化重大项目集中开工仪式在宁波市举行。海曙区有10个项目参加，总投资58.4亿元，年度投资10.4亿元，新开工项目数量居全市第二。

23日　海曙区首次成立两支城管女子中队——中山路女子中队、天一女子中队。

同日　海曙区第二医院社工部成立，成为海曙区首家提供社工服务的医疗机构。

26—30日　以"扬科技之帆、领智勇之航"为主题的首届中国无人驾驶航海器智能帆船公开赛暨国际挑战赛在天一阁·月湖国家AAAAA级旅游景区举行。

27日　屠呦呦入选“共和国勋章”建议名单，事迹被编入高中语文、初中历史、小学道德与法治等教材。

同日　共青团宁波市海曙区第十四次代表大会开幕。

28日　海曙区江厦街道新的社会阶层人士联谊会暨宁波市新力甬动实践基地（芝创空间）揭牌仪式在芝士公园举行。成为全市首个以教育中介机构从业人员为主体的新联会。

30日　第七届中国淘宝村高峰论坛上公布2018—2019年“跨境电商村”前十强榜单，海曙区集士港镇集士港村在全国排名第一。

31日　海曙区“我们开学啦”大型欢乐秀活动在区文化体育中心举办，22所学校840名学生参演，2000余名师生参与。

8月　海曙区主创的甬剧电影《典妻》获评浙江省“五个一工程”奖。

同月　海曙区9个街道244个小区完成垃圾分类“撤桶并点”工作，占全区小区总数的91%。全区共撤除点位1366个。

9月

2日　中央文明办发布8月“中国好人榜”，浙江省2人榜上有名，其中海曙区盲人作家陈效平获评“助人为乐好人”。

同日　宁波市第六届市民文化艺术节开幕式暨书香宁波·2019年宁波市第二届朗读大赛启动仪式在天一阁举行，全市首个全民朗读基地落户海曙区。

6日　“曙色辉煌”庆祝中华人民共和国成立70周年海曙区美术作品展在宁波文化馆117艺术中心开幕。

同日　2019年世界数字经济大会暨第九届中国智慧城市与智能经济博览会开幕，海曙区3个项目签约——网易跨境电商创新中心、宁波大数据创客空间、宁波颉云信息技术研究院。

同日　区民政局公布海曙区“清廉社区”建设示范点及首批试点名单。

同日　全市首个未成年人救助保护中心在海曙区广安古林养怡院成立。

10日　海曙区庆祝第35个教师节先进表彰大会举行。大会表彰海曙区教育战线上涌现的各级各类先进，颁发2019年省中小学“教坛新秀”、市第七批“名校（园）长”、市首批“骨干校（园）长”、首批宁波市“四有好老师”等奖项。

同日　海曙区首批9个“生活垃圾分类精品亮点小区”创建工作正式启动。

12日　海曙区召开全区“不忘初心、牢记使命”主题教育工作会议，对全区开展主题教育进行动员部署。

同日　“好风明月是生涯”——天一阁·月湖中秋诗词朗诵晚会在天一阁·月湖景区西广场举行。

同日　“我们的节日”迎中秋、2019年“我和我的祖国”、“庆祝中华人民共和国成立70周年”——首届宁波市新文艺群体青年歌手大赛暨海曙区群众合唱决赛及颁奖晚会在广德湖剧院举行。

18日　由区政协文史委编撰的《甬城古港》举行首发仪式。

19日　区委“两新”工委、区市场监督管理局、区民营企业协会、区个体劳动者协会联合举办的“使命——海曙民企红色书信诵读大会”举行。

同日　“与宁波·共成长”第五届浙大校友创业大赛浙江赛区（宁波站）暨数字经济优质项目青年人才交流会在海曙区举行。

24日　“古林蔺草”国家农产品地理标志申报通过农业农村部专家组评审。“古林蔺草”农产品地理标志种植地域保护范围覆盖古林镇、高桥镇、横街镇、集士港镇、石碶街道、洞桥镇6个镇（街道）105个行政村。

27日　海曙区第二届丰收节暨“梦枕江南 桥韵古今”迎国庆旗袍秀在洞桥镇南塘河两岸举行。

28日　区委、区政府主办的“永远的初心”庆祝新中国成立70周年大型主题晚会举行，“宁聚”App全程直播。

29日　中华人民共和国国家勋章和国家荣誉称号颁授仪式在北京人民大会堂举行，屠呦呦被颁授“共和国勋章”。

同日　海曙区部署“米娜”台风防御和节日安全生产工作。海曙区防指于15时30分将防台风应急响应提升至II级。

9月　宁波市清真寺阿訇、海曙区民族团结促进会会长马富强获“全国民族团结进步模范个人”称号。

同月　由市、区两级司法局与鄞江镇共同建设的水利法治主题馆建成并试运营。

同月　省市场监管局、省教育厅联合发文，宁波市向阳舍慢生活农场有限公司获批成为2019年浙江省中小学质量教育社会实践基地，实现该项目区域零的突破。

9月27日，海曙区第二届丰收节暨“梦枕江南 桥韵古今”迎国庆旗袍秀举办

同月　2018年度浙江省各县（市、区）科技进步统计监测评估报告发布，海曙区综合评价排名由2017年的全省66位，晋升到2018年第17位，排名全市第二，实现跨越式晋级。

10月

8日　由区档案局、档案馆主办的“不忘初心、牢记使命”主题教育档案图片展开展。

11—13日　“腾讯棋牌·天天象棋”2019年全国象棋男子甲级联赛浙江宁波古林专场比赛在古林镇蜃蛟村文化礼堂举行。

15日　海曙区行政复议局洞桥受理点揭牌，这是全市首个在基层设立的行政复议受理点。区行政复议体制改革试点进入实质性阶段，打通行政复议服务群众“最后一公里”。

同日　海曙区安全生产和消防安全整治百日大会战领导小组（扩大）会议暨2019年冬季防火工作部署会召开。

17日　首届“Hi Talk（海拓客）”在浙江书展主会场开讲，活动邀请池浚、王若聪担任演说嘉宾，吸引数百名读书爱好者。

18日　第五届浙江书展暨2019年宁波读书节的核心论坛之一——天一阁论坛在海曙区举行，“书香明星”敬一丹、阿来、李洱登台作主题演讲。

18—19日　2019年全国医院擂台赛（县域类）华东赛区分会场比赛在江苏省昆山举行，海曙区古林镇卫生院作为唯一一家晋级总决赛的乡镇卫生院，获得华东地区铜奖，获得全国总决赛资格。

19—22日　海曙区举办“文开台湾 情系两岸”2019年海峡两岸文化沈光文文化节系列活动，邀请台南善化庆安宫、台北市宁波同乡会、台南善化小学、两岸沈氏后裔等百余位台胞参加。

22日　中新创智（宁波）产业园B地块、雅戈尔黄隘研发生产中心两个项目领取到施工许可证，成为海曙区当年首批开工的“省市县长项目工程”。

同日　以“礼赞新中国奋进新时代”为主题的第十五届中国合唱节闭幕，海曙区“月亮湖”女声合唱团获得第十五届中国合唱节老年组女声合唱金奖。

10月18日，敬一丹在天一阁论坛作主题演讲

29日　石碶街道社区卫生服务中心在天恩安乐园举行“医务社工+医养结合”联动点揭牌仪式，成立区内首家“医务社工+医养结合”联动点。

同日　“不忘初心筑梦锋领”——“锋领天一”党建品牌十周年暨海曙区商圈党建联盟成立仪式在天一广场举行。首批9家商圈党组织组成的党建联盟同时成立，海曙区商圈党建标准化模式发布。

同日　集士港镇“广德乡韵”农村文明示范线开线，成为海曙区第四条农村文明示范线。

30日　在第二届中国戏曲电影展表彰盛典上，海曙区原创的甬剧电影《典妻》获“优秀戏曲电影奖”，系全省唯一。

11月

2日　海曙区鄞江镇“十月十”庙会开街。庙会以“老鄞江·最宁波”为主题，推出“乐荟”“咏唱”“跃动”“韵动”4个篇章，包含传统“非遗”展示、商贸物资交流展销会、宁波走书、银杏音乐节、鉴宝大会等系列活动。

4日　2019年中国纺织企业家年会暨中国时尚生活方式高峰论坛在海曙区举行。

同日　中华人民共和国海曙海关开关。

5日　市文化广电旅游局组织市、区两级文物部门专家对宁波府城隍庙修缮工程进行竣工验收。

10日　2019年“双11”全国持杖行走日“半山伴水”杯全国主会场在海曙区龙观乡举行，3000余名国内外徒步爱好者参与活动。

13日　以“聚力高质量共筑中国梦”为主题的第五届世界浙商大会在杭州国际博览中心开幕。浙江省首次评选出15家“高质量发展”领军企业，海曙区企业雅戈尔集团股份有限公司入选。

16日　章水镇首部自制红色专题纪录片《情怀》发布。纪录片以口述历史、视频访谈的形式，讲述章水镇“三老”人员和烈士为党和国家事业无私奉献的故事。

18日　宁波海曙伏跗室永寿街历史文化街区启动房屋处理签约工作。宁波伏跗室永寿街历史文化街区位于鼓楼街道文昌社区，涉及孝闻街历史建筑群和湄墉故居等建筑群，内有伏跗室1处省级文物保护点、西河街65号居民等31处宁波市历史建筑。

同日　2019年四明问秋国际越野赛在章水镇举行。赛事设置3项6个组别，11个国家近800名越野跑爱好者参加比赛。

同日　海曙区首批6名医保基金义务监督员上岗。同时，在全市率先启动医疗救助家庭社会工作服务项目，通过政府购买服务的方式惠及相关家庭。

19日　在第六届浙江慈善大会上，海曙区“天港公益基金橙计划”和“华茂·彩虹计划”获得慈善项目奖。

26日　海曙区文化馆建馆35周年引领群文精品创新发展专家研讨会召开。

11月　海曙区垃圾中转站综合废水处置设备在龙观乡完成调试，并实现首次出水。

城南书院

12月

1日　鄞江镇梅园革命史迹陈列馆入选第11批省级爱国主义教育基地。

2日　由区委组织部、区残联、段塘街道联合打造的“党建+”助残基地——王延勤同志事迹陈列馆在段塘街道启文小区“延勤楼”揭牌。

3日　国家级“非遗”项目——四明南词传承人陈祥源的团队在81890求助服务中心的“融党课·走万家”系列宣讲活动文艺课堂上，用“乡音”为海曙区党员干部群众上党课。

8日　宁波城区西门口汉唐遗址入选2019年度“浙江考古重要发现”。

9日　全市文化精品创作工作会议暨第十四届精神文明建设“五个一工程”表彰座谈会举行。海曙区有1部电影获省“五个一工程”优秀作品奖，4部文艺作品入选市“五个一工程”优秀作品奖，海曙区委宣传部获市“优秀组织奖”。

12日　海曙区产业技术研究院技术成果对接会在宁波工业互联网研究院举行。电子信息、先进制造、人工智能和环境保护等领域的25家海曙企业与4家海曙产业技术研究院关于发展需求与产业技术进行交流。

同日　全市首家村级气象科普馆在古林镇龙三村文化礼堂开馆。

13日　海曙公安分局“警企服务中心”暨“经桥服务中心”在高桥镇政府挂牌成立，中心推出8项助企举措。

14日　中国微型小说海曙创作基地在城南书院授牌，成为宁波市内首家中国微型小说创作基地。

14—15日　2019年“一带一路”国际跑酷大师赛在天一广场举行，有来自乌克兰、俄罗斯、哈萨克斯坦、中国等多个国家和地区的50名运动员参加比赛。

19日　“FUN24焕活甬夜”——2020年恒一城市广场夜经济商业论坛活动召开，恒一城市广场规划成为宁波首个夜市经济商业体。

20日　高桥派出所办事窗口正式入驻高桥镇社会服务管理中心，成为海曙区首家进驻镇级行政服务中心的基层派出所。

23日　15时，横街镇溪下村的溪下水库加压泵站以3000立方米/小时的流量向桃源水厂前池供水。溪下水库结束11年备用水源的历史，正式具备通水条件。

24日　宁波工业互联网研究院产业园启动建设。产业园位于铁路宁波站南侧地块，用地面积约3.8公顷，预计总投资11亿元。

同日　海曙区获评省级国土资源节约集约模范县（市、区）。

27日　作为海曙区首个老旧小区改造提升项目的西门街道文化社区后河小区项目完工。

同日　海曙区古林镇“智农茂新”田园综合体试运营启动。园区有数字农业项目“优质高效水稻大田种植数字农业技术集成示范项目”，为华东地区唯一、全国4个之一。

29日　凌晨5时，宁波栎社国际机场2号航站楼启用。

30日　海曙区文物保险扩面推广会在张苍水故居召开。同时，由区金融服务中心牵头协调，区文管所和中国人民财产保险股份有限公司宁波市海曙支公司举办金汇小镇“文物保险+动态监测”服务签约仪式。

（区委党史研究室）

①	④
②	⑤
③	⑥

①3月8日，海曙首届开茶节在海曙龙观乡桓村杜岙庙生态茶园开启

②4月12日，全区首个村级新闻发布会在高桥镇民乐村召开

③5月，海曙区现代物流协会成立

④6月1日，己亥年宁波药皇祭祀大典活动在宁波国医堂药皇殿举行，祭祀大典包括药皇祭典仪式、中医大讲堂、名家访谈、甬上名医义诊活动、“我是小药工（儿童）”、文艺演出等系列活动

⑤9月5日，海曙区“送药上山进岛便民服务点”在章水镇赤水村授牌成立

⑥11月26日，“筑梦之行”海曙区文化馆建馆35周年精品节目展演暨海曙区2019年“美好生活”文化节闭幕式在逸夫剧院举行

海曙概览

自然环境

【地理位置】 海曙区位于宁波市中心区域，东临奉化江，北濒余姚江，西与余姚市接壤，南与奉化区连接。全区面积595.5平方千米，是集中心城区、郊区、山区为一体的复合型城区。

【地形地貌】 区境属宁波平原，地势平坦，西靠四明山脉，最高峰为龙观乡与奉化区交界的奶部山，海拔915米。水网纵横，发源于四明山的余姚江和奉化江，流经海曙区的北边和东边。境内有月湖及南塘河、中塘河、后塘河等河流。

月湖

【气候】 海曙区属北亚热带湿润型季风气候，温和湿润，雨量充沛，光照充足，四季分明。春秋季稍短，冬夏季略长。冬季受西伯利亚冷高压控制，西北风冷而干燥；夏季在西北太平洋副热带高压笼罩下，东南风暖热湿润；春秋为季风转变期，多低温阴雨。常年平均气温16.9℃，1月最冷，平均气温5.4℃；7月最热，平均气温28.3℃，具有气温适中、酷暑时间短，严寒天数少的特点。全年无霜期241~270天。常年平均总日照1780小时，日照百分率为40%，地域分布北多南少，差异130小时左右。常年总降水量为1457毫米，雨日155天，3—5月多雨水，雨量、雨日分别占全年的25.1%和29.7%；6月中旬中期至7月上旬末为梅雨季，持续阴雨，间有大到暴雨，雨量约占全年的15%；7—9月为台汛期，常有台风、东风系统或强对流天气引起的强降雨，尤其是9月因冷空气与台风结合，成为一年中大到暴雨最多的月份，雨量约占全年的12.9%。

2019年平均气温17.8℃，较常年偏高0.9℃；极端最高气温38.2℃，出现在7月26日；极端最低气温-0.5℃，出现在1月27日。全年高温日数（日最高气温≥35℃）为15天，较常年偏少7.4天。年降水量1868毫米，比常年显著偏多，降水量空间分布不均，呈西部北部山区多，东部中部少的特征。年雨日175天，偏多20天；暴雨日数5天；最长连续降水日数19天，出现于2月4—22日，累积降水量为147.9毫米；最长连续无降水日数14天，出现于9月7—20日。年日照时数1454.1小时，较常年偏少325.9小时，2月日照时数较常年同期偏少76%。

全年四季主要气候特征：冬季（2018年12月至2019年2月）平均气温7.5℃，较常年同期偏高0.9℃，平原未出现飘雪天气；2019年1—2月雨量雨日明显偏多，日照时数显著偏少，出现历史罕见的连续阴雨寡照天气；12月气温异常偏高，雨量雨日显著增多。春季气温略偏高，雨量、雨日略偏少，日照时数接近常年。夏季高温强度不强，高温日数少，雨量、雨日明显偏多，日照时数明显偏少，入梅和出梅偏晚，梅期长，梅雨量多且分布不均匀，局地性短时强降水天气多发，8月8—11日受9号台风"利奇马"严重影响；6—8月平均气温26.6℃，较常年

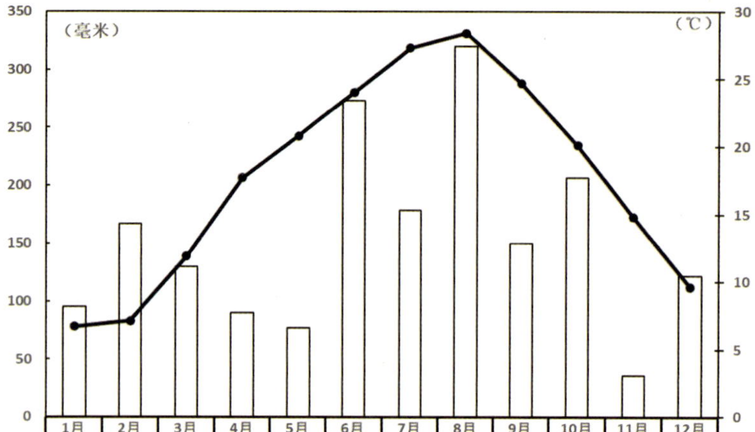

	1月	2月	3月	4月	5月	6月	7月	8月	9月	10月	11月	12月
降水量	94.9	167.1	130	89.7	77	272.9	178.5	319.8	149.8	206.7	35.6	121.9
平均气温	6.7	7.1	11.9	17.7	20.8	24	27.3	28.4	24.7	20.1	14.8	9.6

2019年海曙区月降水量和月平均气温变化示意图

同期偏低0.7℃；高温日数比常年偏少且强度弱，38℃以上的高温日仅1天，为历史最少，且未出现39℃以上极端高温。秋季，气温偏高，雨量偏多，雨日正常，日照时数接近常年。

【灾害性天气及其影响】 2019年，海曙区气温明显偏高，雨量雨日偏多，日照时数偏少，天气气候总体较差，气象灾害影响程度偏重，主要气象灾害有台风、暴雨、连阴雨等。

年初出现连续阴雨寡照天气，历史罕见，1月至3月上旬雨量、日照时数和低温日数均破历史极值。累积雨量305毫米，比常年同期偏多75%；雨日42天，偏多15天，位列历史第四；日照时数仅106个小时，比常年减少126.7小时，偏少超过50%，位居历史最少；平均气温7.1℃，偏高0.8℃，低温日数（≤0℃）3天，偏少10天，为历史最少。持续阴雨寡照天气给农业生产、交通出行、身心健康等生产生活各个方面带来诸多影响。

6月17日入梅，7月17日出梅，梅期30天，梅雨形势典型。梅汛期出现4轮强降水天气过程，分别为18—19日大到暴雨，20—21日大到暴雨，25—26日暴雨，30日雷阵雨伴有短时强降水，梅汛期累积降水量362毫米，较常年同期偏多近5成。梅期平均气温24.8℃，较常年偏低2.4℃，冷黄梅特征明显。

年内影响海曙的台风强度强、灾情偏重。影响台风共有5个，分别是5号“丹娜丝”、9号“利奇马”、13号“玲玲”、17号“塔巴”和18号“米娜”。“利奇马”自8月4日生成后，强度迅速增强，10日1时45分以超强台风强度在浙江温岭城南镇沿海登陆，给海曙区带来大暴雨到特大暴雨，区平均降水量243毫米，4个站超过300毫米，有2个站点24小时雨量超百年一遇；出现8～10级局部12级大风，山区8级以上大风持续近30个小时，造成区内房屋倒损，农林牧业受灾，道路交通通信受阻、设备受损，城乡积涝严重等。“利奇马”为中华人民共和国成立后登陆浙江省、对宁波市综合致灾强度达第二位的台风，综合致灾等级为一级“特重”，区气象台发布台风红色预警信号。“米娜”台风影响期间恰逢天文大潮汛，风雨潮三碰头使影响加重，海曙区平均降水量160毫米，阵风8～10级，8级以上大风持续25小时。“塔巴”影响期间始终有冷空气相伴，两个系统共同作用导致大风强度强、持续时间长，雨量分布不均，其中东部城区、西部山区和北部地区降雨量较大，达大雨，局部暴雨。

历史文化

【历史沿革】 1949年以前，海曙境地从未单独建置。秦汉时属会稽郡，为鄮县属地。唐武德四年（621年），罢郡置州，以原句章、鄞、鄮三县地置鄞州，境内为鄞州属地。武德八年（625年），废鄞州复鄮县，为鄮县属地。开元二十六年（738年），析越州别置明州，区境属明州，为鄮县属地。天宝元年（742年），明州改为余姚郡，为余姚郡鄮县属地。乾元元年（758年），余姚郡复改明州，为明州鄮县属地。元和四年（809年），鄮县县治由小溪徙境内。长庆元年（821年），始建子城，为明州属地。中和三年（883年），升浙东道节度使为义胜军节度使。光启三年（887年），改义胜军为威胜军。乾宁二年（895年），董昌称帝，号“大越罗平国”。次年国灭，改威胜军为镇东军，明州均为上述建制下的属地，境内均为明州属地。五代十国时群雄割据，开平元年（907年），武肃王钱镠建吴越国。开平三年（909年）钱镠奄有明州，升明州为望海军，为避后梁太祖朱温之祖朱茂琳（“茂”“鄮”同音）讳，改鄮县为鄞县，为鄞县属地。北宋建隆元年（960年），改望海军为奉国军，为奉国军鄞县属地。太平兴国三年（978年），吴越纳国归宋，奉国军隶两浙路。北宋淳化四年（993年），明州隶两浙东路。宋宁宗登位改元庆元，升州为府，以次年改号的年号名府，称庆元府，为庆元府鄞县属地。元至元十四年（1277年），改庆元府为庆元路，为庆元路鄞县属地。明洪武元年（1368年），庆元路改明州府，为明州府鄞县属地。洪武十四年（1381年），改明州府为宁波府，为宁波府鄞县属地。清朝建立后，仍沿用明朝的府县名称。中华民国成立后废府，境地属鄞县。1927—1931年，于鄞县城厢建立宁波市，境地属宁波市，后撤市复入县。

1949年6月，中共浙江省第二地方委员会（简称“宁波地委”）和宁波军管会派出军代表为主的民运工作团，接管城区海曙、灵塔、镇明、长春、西郊、北郊6镇镇公所，以镇设区，配备各区正、副区长。此为境域内最早的人民政权。1949年10月，宁波市人民政府调整市辖政区，海曙、灵塔、镇明、长春、西郊和北郊6区合并为海曙、镇明两区，设海曙区公所和镇明区公所。1950年6月，海曙区公所和镇明区公所撤销，两区政务由境内苍水、孝闻、西郊、江厦、湖西、县学、南郊7个派出所管理。1951年5月，恢复海曙区和镇明区，两区各设人民政府。同年8月，海曙、镇明两区分为海曙、望京、月湖、灵塔4区，建立各区人民政府。1952年8月，上述4区仍合并为海曙、镇明两区，重建海曙区人民政府和镇明区人民政府。1956年2月，海曙区、镇明区机构撤销，建立苍水、孝闻、鼓楼、西郊、江厦、仓桥、湖西、县学、药行、天封10个街道办事处。1958年9月，10个街道办事处合并为海曙和镇明两个街道办事处。1960年6月，撤销海曙、镇明两个街道办事处，成立海曙人民公社，设公社管理委员会，实行政社合一的管理体制。1963年，海曙人民公社分为海曙人民公社和镇明人民公社，公社管委会一分为二。1969年5月、8月，先后成立镇明人民公社革命委员会和海曙人民公社革命委员会。1970年，人民公社改为区。海曙、镇明两区仍设革命委员会。

1978年9月19日，浙江省革命委员会决定，宁波市海曙区、镇明区为市辖区一级政权建制。1984年1月，浙江省人民政府决定，并经国务院批准，海曙、镇明两区合并，组成宁波市海曙区，下辖湖西、县学、苍水、孝闻、仓桥、西郊、江厦、天封8个街道及西郊乡与段塘镇。同年8月，西郊街道改名为西门街道，新成立马园街道。1987年4月，西门街道拆分为西门和高塘两个街道。1992年10月调整街道区划，湖西、县学、仓桥（部分）合并为月湖街道，苍水、孝闻合并为鼓楼街道，仓桥、马园合并为南门街道，西门、高塘合并为西门街道，江厦、天封合并为灵塔街道。1996年8月，经宁波市人民政府批准，新成立白云街道。2002年4月，撤销西郊乡，建立望春街道；撤销段塘镇，建立段塘街道。2003年10月，灵塔街道更名为江厦街道。2016年9月，宁波市行政区划调整，原属鄞州区的集士港镇、古林镇、高桥镇、横街镇、鄞江镇、洞桥镇、章水镇、龙观乡、石碶街道划归海曙区管辖。

【名胜古迹】 天一阁位于月湖街道。始建于明朝中期，占地2.6公顷，由当时退隐的明朝兵部右侍郎范钦主持建造，至今有400余年历史，是中国现存最早的私家藏书楼，也是亚洲现有最古老的图书馆和世界最早的三大家族图书馆之一。现藏有各类古籍近30万卷，其中珍椠善本8万余卷，还收藏大量字画、碑帖及精美的地方工艺品。1982年天一阁被国务院公布为全国重点文物保护单位，现为国家AAAAA级旅游景区。

天封塔位于大沙泥街西端与解放南路交会处。始建于唐武则天“天册万岁”至“万岁登封”（695—696年）年间，因建塔年号始末“天”“封”而得名。建成后塔高18丈，约51米，共14层，分七明、七暗（包括地宫），呈六角形。现为国家级文物保护单位。

南塘河历史文化街区位于南塘河，占地6.5公顷，总长约1.2千米，完整保留300余米的江南传统街巷，再现百年来宁波人经商交易、日常生活氛围风貌。北街以传统文化为基调，展现宁波城市个性；南街主打“城市休闲”概念，突显休闲生活。

鼓楼沿历史文化街区地处海曙“心脏”，是传统历史街区腹地，占地3.65公顷，建筑面积约6.8万平方米，是宁波人流最密集、商业设施最完善的城市中心街区。宁波鼓楼始建于唐长庆元年（821年），至今有1100余年历史。街区内有望海楼、奉国军楼、“四明伟观”、海曙楼等历史古迹。

梁祝文化公园地处高桥镇，是国家AAAA级旅游景区，以东晋梁山伯墓、梁山伯庙古遗址为基础，以“梁祝故里·爱情圣地”为主题，以经典的梁祝故事为情景线索，是一处集旅游度假、观光休闲、活动娱乐、业态参与于一体的荟萃胜景。梁祝文化园，占地面积42公顷，濒临宁波“母亲河”——余姚江畔，与河姆渡文化遗址隔江相望。

它山堰是中国四大古水利工程之一，位于鄞江镇光溪河旁，始建于唐代。堰坝全长113.7米，宽4.8米，高5余米，由150余块小溪石条石砌筑而成，是国家级文物保护单位。自唐代大和七年（833年）建堰起，历代均有修筑，至今仍在发挥着阻咸、蓄淡、泄洪、灌溉的作用，2015年被评为“世界灌溉工程遗产”。

五龙潭景区位于龙观乡境内，是国家AAAA级旅游景区、浙江省旅游景区。区内幽谷叠翠、瀑布飞泻、风光秀美，拥有天门瀑布、青云峡漂流、青云梯等山水景观，因乎泽潭、昭泽潭、润泽潭、利泽潭、显泽潭5个水潭得名。传说潭内驻有灵性神龙而称“龙潭”，是宋、元以来浙东地区重要的祭龙之地，宋理宗、元惠宗都曾敕封五龙潭神为“侯”。景区至今仍保留着古祭龙坛、五龙神堂、摩崖石刻

天封塔

等景观，每年举行以游龙潭、观龙俗、祭龙祖为主题的“二月二龙抬头”民俗文化节。

李家坑古村地处四明山心章水镇，毗邻余姚市、奉化区，海拔500米，四面环山，溪水绕村，风光旖旎、钟灵毓秀，以李姓为主，建村达400余年历史。李氏家族乃大唐之后裔，始祖龄一公明末清初从永康长恬迁此下筑定居，垦荒开基，生息繁衍。村庄建筑以清朝的四合院民居为主，保存完好，为四明山之最。李家坑古村不仅自然风光秀美，还是李唐文化传承之地。以“承祖业克勤克俭，示子孙唯耕唯读”为传家格言，“农耕之余，读书不止”，催生了众多文化名人及教育先驱。李家坑村先后获得国家级“美丽宜居示范村”、浙江省“特色旅游村”、浙江省“历史文化名村”等诸多荣誉。

【方言】 海曙区城区方言属于吴语浙北区明州片（也称“甬江片”），是宁波市区方言的代表，既有吴语的共性，也有自身特点，主要表现在语音上。新划入的原鄞州西片区与余姚市交界杖锡山区说余姚话，属于吴语太湖片临绍小片。除区域差异之外，还有老派、新派之分，语音、词汇、语法等方面皆有差异，老派方言中尽可能多地延续语言传统成分，新派方言积极吸收新词汇，有日趋与普通话同化倾向。

（区委党史研究室）

区划 人口

【行政区划】 2019年，海曙区下辖集士港、古林、高桥、横街、鄞江、洞桥、章水7个镇及龙观乡，有石碶、月湖、西门、江厦、南门、鼓楼、白云、望春、段塘9个街道，共17个乡级政区，下辖167个行政村、102个社区、5个城镇居委会。海曙区人民政府位于县前街61号。

【人口】 2019年，全区户籍人口633478人，较上年增长0.6%。出生人口5121人，死亡人口3594人。人口自然增长率为1.42‰。

（区统计局）

名优特产

【席（蔺）草】 宁波是全国席草主要产地之一，唐代草席出口朝鲜。20世纪70年代引入日本蔺草（系古时鄞县席草流传日本后改良而成），主要分布在原鄞州西部平原地区，加工成榻榻米出口日本。席草制品以睡床草席为主，“黄古林草席”最闻名。

【浙贝母】 浙贝母简称浙贝，是中药“浙八味”之一。章水镇是全国浙贝母主要产区，历来产量占全国总量的一半以上，2003年被中国特产之乡命名委员会命名为“中国浙贝之乡”。

【横街竹笋】 横街镇为“中国竹笋之乡”，有浙江省单片面积最大的竹山（3333.33公顷）资源，四季产笋，每年春笋、鞭笋、冬笋等产量可达1.2万余吨，其中大雷“黄泥拱”毛笋质量最佳，以株大肉厚、甜嫩可口驰名海内外。

【梅园石】 梅园石分布于鄞江镇梅园一带，色调红如枫叶，是高档建材，尤宜于大型雕刻，代表作有保国寺观音阁石雕大柱、800余年历史的日本国宝奈良东大寺石狮子、2007年宁波市赠送佛罗伦萨的文臣武将石像等。

【澄浪潭泉水】 澄浪潭地处鄞江镇，该潭深52米，直径8米，日出水量3000余吨，是浙江省内最大的地下泉水。专家勘测，泉水从近百米深的地下岩缝喷涌而出，不受地表水和气候影响，水温常年恒温在18℃左右，且涝时不增，旱时不减，实属罕见。经化验分析，权威评价该潭水水质达到国家“地面一类水源”质量标准，属国家“一级地下（低钠）泉水”。

【杖锡山樱花】 章水镇杖锡山种植和培育樱花有千年历史，唐宋时期通过贸易往来，载培技术传至日本。杖锡山种植的樱花品种全、花色纯正、花朵肥大、花期长。作为国内最大的欣赏樱花基地，种植面积超万亩。2013年，杖锡山樱花种植面积占国内樱花主产面积近30%，产业链产值达1.2亿元。由于区域独特的地理位置、人文历史及传统载培技术等优势。2018年1月，杖锡山樱花基地获评省“现代农业科技示范基地”。

【洞桥“八戒”西瓜】 洞桥镇种植西瓜有较长历史，以“八戒”为注册商标的洞桥西瓜以其皮薄、质脆、味甜享誉宁波，被评为“浙江省十大优质名瓜”。

（区委党史研究室）

浙贝母

经济和社会发展

【综合实力】 2019年，海曙区实现地区生产总值（GDP）1170.11亿元，按可比价计算，比上年同期增长6.1%。其中，第一产业增加值15.40亿元，增长2.0%；第二产业增加值374.19亿元，增长6.0%；第三产业增加值780.53亿元，增长6.2%，对经济增长的贡献率分别为0.5%、32.4%和67.1%。三次产业结构为1.3:32.0:66.7。GDP地均集约度为1.96亿元/平方千米，按常住人口计算的人均GDP达12.30万元（按年平均汇率折算为17826美元），增长2.4%。

完成财政总收入184.35亿元，比上年同期增长4.8%。其中，一般公共预算收入112.48亿元，增长7.5%。完成一般公共预算支出94.66亿元，增长11.1%。其中，科学技术、教育、卫生健康、农林水事务支出分别增长32.2%、23.9%、16.3%和6.5%。

城镇新增就业24030人，城镇失业人员实现再就业6196人，就业困难人员再就业2035人。新增大学生创业555人，累计发放创业贷款11322万元。全年组织各类招聘会74场。

居民消费价格比上年同期上涨2.2%，涨幅0.4个百分点。八大类商品和服务项目价格呈“七升一平”：医疗保健类上涨5.0%，食品烟酒类上涨2.6%，居住类上涨2.4%，教育文化和娱乐类上涨2.3%，生活用品及服务类上涨2.3%，交通和通信类上涨1.2%，其他用品和服务类上涨0.1%，衣着类持平。全年工业生产者购进价格上涨7.5%，工业生产者出厂价格上涨4.2%，分别回落5.5和2.5个百分点。

【农业】 2019年，海曙区实现农林牧渔业增加值15.95亿元，比上年同期增长2.2%。实现农林牧渔业总产值21.74亿元，其中农业产值17.92亿元、林业产值1.11亿元、畜牧业产值0.96亿元、渔业产值0.89亿元、农林牧渔专业及辅助性活动产值0.86亿元。

【工业】 2019年，海曙区实现工业增加值302.39亿元，比上年同期增长7.7%，占地区生产总值比重为25.8%。规模以上工业企业实现增加值225.25亿元，增长6.9%，其中制造业增加值增长6.2%。实现营业收入779.18亿元，增长3.2%；实现利润总额41.68亿元，利税总额62.56亿元，分别下降29.9%和23.9%。规模以上工业技术（研究）开发费17.9亿元，增长24.0%；规模以上工业新产品产值增长18.4%，新产品产值率达15.8%。战略性新兴产业、高新技术产业、装备制造业增加值分别增长14.3%、6.5%和4.2%。

【建筑业】 2019年，海曙区实现建筑业增加值71.79亿元，比上年同期下降1.4%，占地区生产总值比重为6.1%。注册在海曙区的资质建筑业企业有191家，其中施工总承包特级资质企业5家，一级企业16家，二、三级企业123家。全年总承包和专业承包建筑业企业实现主营业务收入316.66亿元，实现利润总额9.07亿元；房屋施工面积3174.8万平方米。建筑业平均从业人员12.0万人。

【固定资产投资】 2019年，海曙区固定资产投资比上年同期下降4.9%，其中项目投资增长52.6%。民间投资占固定资产投资的比重达39.5%。基础设施投资增长31.6%，工业投资增长14.6%。房地产开发投资145.73亿元，下降29.9%。新开工项目141项，年末共有各类在建项目343项，其中计划总投资亿元以上项目128项，5亿元及以上项目61项。

【房地产】 2019年，海曙区实现房地产开发投资145.73亿元，比上年同期下降29.9%。其中，住宅开发投资90.07亿元，办公楼开发投资6.39亿元，商业营业用房开发投资11.34亿元。实现商品房销售面积93.2万平方米，下降27.9%。其中，住宅销售面积78.9万平方米，办公楼销售面积4.4万平方米。

【贸易业】 2019年，海曙区批发和零售业实现商品销售额3265.97亿元，比上年同期增长11.9%。其中，限额以上批发和零售业实现商品销售额1988.2亿元，增长12.1%。全年实现社会消费品零售总额839.30亿元，增长6.2%。在限额以上批发和零售企业商品销售额中，金属材料类527.07亿元，增长106.0%；服装、鞋帽、针纺织品类298.85亿元，增长2.3%；化工材料和及制品类223.20亿元，下降21%；石

2019 年海曙区地区生产总值基本情况表

表 1

行业名称	绝对值（万元）	增长速度 %
合　计	11701147	6.1
农林牧渔业	159534	2.2
工业	3023925	7.7
建筑业	717948	−1.4
批发和零售业	1540900	6.1
交通运输、仓储和邮政业	1127408	8.1
住宿和餐饮业	218125	3.8
金融业	1120409	2.4
房地产业	1111929	9.9
其他服务业	2680969	6.0
营利性服务业	1204629	9.0
非营利性服务业	1476340	3.7

油及制品类153.45亿元，下降6.7%；汽车类105.78亿元，增长7.4%。

【旅游业】 2019年，海曙区规模以上旅行社实现营业收入9.08亿元，比上年同期下降8.4%；限额以上住宿餐饮业实现营业额23.03亿元，增长2.0%。全年接待国内外游客2119.2万人次，增长17.2%；实现旅游总收入314.9亿元，增长19.8%。拥有星级宾馆19家，其中五星级宾馆4家、四星级宾馆4家。

【对外经济、招商引资】 2019年，海曙区实现货物进出口总额732.53亿元，比上年同期增长6.8%。其中，出口总额628.80亿元，增长8.0%；进口总额103.73亿元，增长0.1%。

新增境外投资企业21家，完成实际中方投资额8748.9万美元，增长54.1%。

合同利用外资75057万美元，增长97.6%；实际利用外资23000万美元，增长54.0%。

新设立内资企业9404家，增长16%；新增注册资本（金）340.7亿元，下降30.7%。新设立个体工商户10409家，增长0.9%；资金数额8.7亿元，下降1.4%。新登记外商投资企业及分支机构172户，增长22.0%；投资总额17.6亿美元，是上年同期的4倍。办理"个转企"162家，其中转公司143家。引进大市外内资资金146.6亿元，"浙商回归"到位资金73.4亿元。

【交通运输业】 2019年，海曙区实现交通运输、仓储和邮政业增加值112.74亿元，比上年同期增长8.1%，占地区生产总值比重为9.6%。规模以上交通运输企业实现营业收入267.76亿元，增长8.4%；营业利润5.65亿元。其中，规模以上货运代理企业营业收入增长8.7%，营业利润增长9.7%。

【金融】 2019年，海曙区实现金融业增加值112.04亿元，比上年同期增长2.4%，占地区生产总值比重为9.6%。

10家银行实现人民币存款余额5037.17亿元，比上年同期增长6.3%；实现人民币贷款余额6312.51亿元，增长8.6%。年末银行不良贷款率1.06%，下降0.18个百分点。

15家保险业企业实现保险业务收入216.75亿元，比上年同期增长9.2%。其中，财产险103.28亿元，增长7.3%；人寿险113.47亿元，增长11.0%。各类赔款给付87.75亿元，增长8.8%。

【教育、科技、人才】 2019年，海曙区有中小学64所，在校中小学生78459人；幼儿园129所，在园幼儿33508人。学年末在编教师4911人，其中省特级教师11人、正高级教师7人、高级教师790人、市"名(骨干）校长"18人、市"名教师"25人、市学科骨干教师59人、市"名（骨干）班主任"6名。10名教师入选市领军与拔尖人才第一、二、三层次培养人选。7所学校（幼儿园）建成投用，"文明校园"实现全覆盖，入列全国首批、浙江首个"未来学校实验区"，入选全省首批"中小学STEM教育项目试点区"。

全年财政投入科技经费3.94亿元，科技信贷风险池服务科技企业33家次，累计授信额度超1亿元。实现规模以上工业高新技术产业增加值79.11亿元，比上年同期增长6.5%。有院士工作站6家、有效国家高新技术企业162家、省"高成长科技型中小企业"73家、"创新型初创企业"1114家。全年专利授权量3527件，增长12.4%，其中发明专利授权量424件。举办数字经济发展大会，智尚国际服装产业园获评"国家纺织服装创意设计试点园区"。省级认定"小微企业园"数居全市第二。中新创智（宁波）产业园开工建设。智能技术"两院一园"正式开园。

新建博士后工作站3个，居全市前列。深化"一产业一院校"校地合作模式，先后组织10场"全国高校巡回招聘"活动，精准匹配意向产业人才1000余人次。成立全市首个人力资源发展研究学会。引进各类人才3.2万人，人才总量达23.96万人。

【文化、卫生、体育】 2019年，海曙区举办"书香宁波·海曙阅读季"嘉年华、天一阁论坛等品牌重点活动。举办各类文化活动4700余场。区图书馆流通人次210.4万余人次，图书外借129.8万余册次。20余件文艺精品获得全国和省、市有关奖项。新增3个省五星级农村文化礼堂。

通过国家卫生城市省级复审，组建2个紧密型医联体。有效控制登革热疫情。推进"健康海曙"建设。有下属医疗卫生机构23个，拥有床位886张，门诊量778.5万人次。发放计划生育奖励扶助金4345.7万元，2.6万人受惠。1370对待孕夫妇享受免费孕前优生健康检查。上海中医药大学海曙协爱中医院开业。公立医院综合改革、基本公共卫生服务项目评价居全省第一。

举办"一带一路"中国宁波国际攀岩大师赛、全国青少年皮艇球锦标赛等系列赛事活动。开展"全民健身月月赛"系列活动，举办第三届乡镇街道篮球比赛、中国·宁波四明问秋国际越野赛等20个比赛。完成1个市级民生实事工程、2个社区多功能运动场和10个小康体育村提升工程建设。

【人民生活、社会保障】 2019年，海曙区全体居民人均可支配收入61746元，比上年同期增长8.8%。其中，城镇居民人均可支配收入68641元，增长7.9%；农村居民人均可支配收入37199元，增长9.4%。城镇居民人均生活消费支出40361元，农村居民人均生活消费支出23101元。

城镇新增就业24030人，城镇失业人员实现再就业6196人，就业困难人员再就业2035人。培训城乡劳动力20696人。全区企业职工社保缴费单位3.5万家，养老保险、医疗保险、失业保险、工伤保险及生育保险缴费人数分别为36.9万人、37.9万人、34.4万人、39.5万人、33.0万人；各类待遇享受领取人数累计204.2万人次，待遇发放总额41.7亿元。户籍人口养老保险参保率超过99%，医保参保率达99.5%，居全市前列，实体社保卡持卡率100%。被推荐为浙江省"无欠薪示范区"。新建8个区域性居家养老服务中心，适老化改造5个居家养老服务中心、5个公办养老机构。全区有养老机构41家、居家养老服务机构276个，养老服务设施基本实现全覆盖。发放城乡最低生活保障49737人次，金额

3967万元。累计发放特困人员基本生活费2507人次354万元，发放照护费137万元。

全年有613家单位和5.5万人次参与捐款，募集善款2.2亿元，其中“慈善一日捐”1.5亿元，基金捐款6296.4万元，东西部地区扶贫捐款966万元。累计救助困难群众11.1万人次，救助支出1亿元，其中东西部地区扶贫支出1600万元。建立慈善扶贫基地5家，帮扶贫困户89户。红十字会接受社会资金捐助93.3万元、物资356.6万元。重新登记梳理全区成人红十字会员6283人。执证救护员培训3090人次，普及培训2.4万人。实现造血干细胞捐献4例，人体器官捐献1例，角膜捐献5例。

【生态建设、社会安全】 2019年，海曙区垃圾分类在376个居住小区推广，城镇居住小区生活垃圾分类收集覆盖率达100%。分类160个行政村开展农村生活垃圾，占全区167个行政村的95.8%。全区机关单位、事业单位、国有企业和中小学校幼儿园实现垃圾分类全覆盖。完成旧村改造新村建设44.7万平方米，全域完成小城镇环境综合整治。新创建“基本无违建乡镇（街道）”3个、“无违建乡镇（街道）”2个。深化推进“三改一拆”，改造旧住宅、旧厂区、城中村总计219.9万平方米，处置违法建筑139.3万平方米。完成3个国家级老旧小区改造试点。全域达到“五水共治”目标要求，无劣V类水断面，功能达标率100%、优良率100%，集中式饮用水源地水质继续保持100%达标，获“五水共治”大禹鼎。全年新增包括房产配建、路内新画、公共停车位总计12865个停车位。

连续14年获评省级“平安区”。全年破获刑事案件1570起，其中命案及严重暴力案件破案率均达100%。安全生产现场检查906家次，未发生一次死亡3人以上较大生产安全事故，未发生生产安全群体性事件。办理法律援助案件1605件；调解矛盾纠纷12202件，成功率达99.1%。开展食品抽检4451批次，开展药品监督抽样303批次，查处各类食品违法案件181件。受理消费者举报投诉10559件，为消费者挽回经济损失542.3万元。获评全市唯一“浙江省放心消费建设重点区”。

注：

公报中的统计数据为初步统计数据，正式数据以《宁波市海曙区统计年鉴（2020年）》为准。

地区生产总值及各产业、行业的增加值绝对数按当年价格计算，增长速度按可比价格计算，即扣除物价变化的实际增长。根据全国地区生产总值核算制度和第四次全国经济普查修订结果，2018年海曙地区生产总值为1112.21亿元。

规模以上工业指年主营业务收入2000万元及以上的工业企业。

限额以上批发和零售业指年主营业务收入2000万元及以上的批发业、年主营业务收入500万元及以上的零售业。

限额以上住宿和餐饮业指年主营业务收入200万元及以上的住宿和餐饮业。

规模以上交通运输业指铁路运输业，年营业收入1000万元及以上的公路旅客运输业，年营业收入500万元及以上的道路货物运输业、客运汽车站、其他水上运输辅助活动业、运输代理服务业，年营业收入200万元及以上的装卸搬运业。

固定资产项目统计范围为计划总投资500万元及以上的固定资产投资项目。

资质建筑业企业主要包括施工总承包、专业承包和劳务分包企业。

（区统计局）

组织机构及其负责人名录

【区四套班子领导机构】

中共海曙区委员会

书　　记：孙黎明（12月止）
褚孟形（12月始）

副 书 记：褚孟形（12月止）
张启表

区委常委：李晓东
谭国洪
叶警青（4月止）
李冠杰
严仕恩
张宁辉
王　煦
何慧刚（4月止）
刘　宁（10月止）
胡振燕（挂职，4月止）
梁成初（8月始）
薄慧敏（8月始）
孙明忠（10月始）

海曙区人民代表大会常务委员会

党组书记：陈志国

党组副书记：童经纬

党组成员：金　波
林　兵
陈小春
舒建国
俞国平

主　　任：陈志国

副 主 任：童经纬
金　波
林　兵
孙铭龙
陈小春
舒建国
陈　奋（7月止）

海曙区人民政府

党组书记：褚孟形

党组成员：谭国洪
薄慧敏
宣业靖（5月始）
史卫东
毛孟军
金　昕（4月止）
张盈军（5月始）
陈　佳（挂职，4月止）
胡振燕（挂职，4月止）
张　俊（挂职，5月始）
王　飞（10月止）
蔡　宁（11月止）
黄　列
张　勇（挂职，10月始）

区　　长：褚孟形

常务副区长：谭国洪

副 区 长：薄慧敏（8月止）
宣业靖（5月始）

陈早挺（11月止）
史卫东
毛孟军
金　昕（4月止）
张盈军（5月始）
王懿栋（11月始）
金　赟（挂职，8月止）
陈　佳（挂职，4月止）
胡振燕（挂职，4月止）
张　俊（挂职，5月始）

政协宁波市海曙区委员会
党组书记：毕东华
党组副书记：吴军良
党组成员：刘良飞
郁利祥
戴亚珍
主　　席：毕东华
副 主 席：吴军良
袁建树
国　宇
刘良飞
郁利祥
池　逊
秘 书 长：戴亚珍

【区纪委　区监委】
中共海曙区纪律检查委员会
海曙区监察委员会
书　　记：李晓东
副 书 记：汪锡超
贺海宁
常　　委：俞小群（5月始）
邱坚明
蔡军波（5月止）
陈建国
葛荣伟
主　　任：李晓东
副 主 任：汪锡超
贺海宁
委　　员：邱坚明
蔡军波（5月止）
陈建国
曹秉军
办公室主任：单丽君
干部室主任：叶志斌
宣传教育室主任：叶光明（4月始）
党风政风监督室主任：戚圣爱
信访室主任：张　旺（4月始）
第一纪检监察室主任：曹秉军（2月止）
余照华（11月始）
第二纪检监察室主任：金一波
第三纪检监察室主任：孙斌辉
第四纪检监察室主任：邹宁俊（4月止）
案件审理室（申诉复查室）主任：庄立敏
区纪委区监委派驻纪检监察组①组长：
朱朝兴（2月始）
徐琦雄（2月始）
周照宇（2月始）
狄立新（2月始）
区纪委区监委派驻第一纪检监察组组长：
朱朝兴（3月始）
区纪委区监委派驻第一纪检监察组副组长：曾宪道（11月始）
区纪委区监委派驻第二纪检监察组组长：
徐琦雄（3月始）
区纪委区监委派驻第二纪检监察组副组长：
周　真（3月止）
余莉英（6月止）
梁　红（11月始）
区纪委区监委派驻第三纪检监察组组长：
崔茂华（3月始8月止）
黎炜华（11月始）
区纪委区监委派驻第三纪检监察组副组长：
方　轶（3月止）
陈彦彬（11月始）
区纪委区监委派驻第四纪检监察组组长：
戎爱武（3月止）
周照宇（3月始）
区纪委区监委派驻第四纪检监察组副组长：
方　轶（3月始）
区纪委区监委派驻第五纪检监察组组长：
朱朝兴（2月止）
狄立新（3月始）
区纪委区监委派驻第五纪检监察组副组长：
李绍智（正局长级3月始）
区纪委区监委派驻第六纪检监察组组长：
王庭华（3月止）
周家骥（11月始）
区纪委区监委派驻第六纪检监察组副组长：
赵　一（3月始）
区纪委区监委派驻第七纪检监察组组长：
崔茂华（3月止）
卞　燕（3月始）
区纪委区监委派驻第八纪检监察组组长：
戎爱武（3月始）
区纪委区监委派驻第八纪检监察组副组长：
范季宇（3月止）
区纪委区监委派驻第九纪检监察组②组长：
李绍智（正局长级3月止）
区委直属机关纪检监察工委书记：
陈彦彬（11月始）
区纪委区监委驻区卫生健康局纪检监察组组长：顾继红（3月止）
区纪委区监委驻海曙公安分局纪检监察组组长：朱小明
区纪委区监委驻海曙公安分局纪检监察组副局长级纪检监察员：朱永久
区纪委区监委驻区法院纪检监察组组长：陈章君
区纪委区监委驻区检察院纪检监察组组长：
宋培国（4月止）
邹宁俊（4月始）

区委巡察机构
区委巡察办主任：俞小群（2月始）
区委巡察办副主任：葛荣伟（3月止）
阮国梁（4月始）
区委巡察组组长：王海洲
计　锋
忻慧义
费春华（2月始）
区委巡察组副组长：费春华（2月止）
张红红
龚安君（3月始）
王海波（6月始）
余莉英（6月始）

【公安、检察、法院】
区人民检察院
党组书记：李　钟（7月止）
吴　超（7月始）
党组成员：李志雄（12月止）
杨建平
夏年立

① 因派驻机构改革，2月任职时暂未明确派驻机构具体组别，3月又重新任职。

② 3月，根据派驻机构改革，撤销区纪委区监委派驻第九纪检监察组、区纪委区监委驻区教育局纪检监察组、区纪委区监委驻区卫生健康局纪检监察组，区直机关纪工委调整为区委直属机关纪检监察工委，与区纪委区监委派驻第三纪检监察组合署办公。

杨文珍
宋培国（4月止）
许文瑾
邹宁俊（4月始）
范静娟
检 察 长：李 钟（7月止）
代检察长：吴 超（7月始）
副检察长：李志雄（12月止）
杨建平
夏年立
杨文珍
政治处主任：许文瑾
检委会专职委员：范静娟
岑剑平
沈慧红

区人民法院
党组书记：傅 勇
党组副书记：王惠珍
党组成员：任啸雷
周家骥（12月止）
陈章君
曹建波
张丹丹
沙 军
杨锦晶（1月始）
院 长：傅 勇
副 院 长：王惠珍
任啸雷
周家骥
曹建波
张丹丹
政治处主任：杨锦晶（1月始）
审判委员会专职委员：蒲巧俊
戎 波
执行局局长：沙 军

宁波市公安局海曙分局
党委书记：叶警青（5月止）
宣业靖（5月始）
党委副书记：徐联达
邬明汉
党委委员：潘元龙
朱小明
任建明
严立新
励 栋（5月止）
董 文（5月始）
史 强
唐明堂
王 伟（7月始）
局 长：叶警青（5月止）
宣业靖（5月始）
政 委：徐联达
副 局 长：邬明汉
潘元龙
任建明
严立新
史 强
政治处主任：励 栋（5月止）
董 文（5月始）

宁波市公安局交通警察局海曙大队
大 队 长：王 伟
教 导 员：张凯军
副大队长：周浩峰
汪 涛
严 峤（6月始）

宁波市消防救援支队海曙区大队
大 队 长：胡 凯
教 导 员：童力伟（9月止）
杨月华（9月始）
副大队长：应于波
路 庄

【区委工作机构及党群各部门】
区委办公室
主 任：何慧刚（5月止）
张朝晖（11月始）
副 主 任：周建军（兼）
朱飞龙（3月始）
童红琴（兼）
应 彬（兼）
谢宇川
俞小群（兼2月止）
曾桥波（兼）
钟金龙（3月止）
欧益民（2月始）
室务会议成员：范卫东
张琳琳
朱朝兴（2月始）
总工程师：张琳琳（3月始）

区委组织部
部 长：严仕恩
常务副部长：丁松江
副 部 长：崔茂华（11月始，12月止）
曹 蕾
王 翔
崔茂华（兼，12月始）
吕超苏（兼，4月止）
朱彩娟（兼）
余 解（兼，4月止）
钟金龙（兼，4月始）
部务会议成员：崔茂华（11月止）
黎炜华（11月始）
许 晟
毛炯炜（4月始）
高君恺（11月始）
区委直属机关工委书记：崔茂华（8月始）
区委直属机关工委副书记：叶建洋（8月始）
区公务员局局长：崔茂华（8月始）
区委两新工委书记：曹 蕾（2月始）
区委两新工委副书记：
曹 蕾（2月止）
陈 翔（兼）
宋文夫（兼，4月止）
葛巧英（兼，6月始）
区委人才办常务副主任：
王 翔（11月始）
区委人才办副主任：许 晟

区委宣传部
部 长：张宁辉
常务副部长：郭 波（3月止）
王甬明（3月始）
副 部 长：刘 燕（11月止）
汪光辉
周照宇（2月止）
齐海峰（11月始）
文明办主任：王甬明（3月始）
文明办副主任：周照宇（2月止）
齐海峰（3月始）
区政府新闻办公室主任：汪光辉（11月始）
新闻出版局局长：齐海峰（11月始）
部务会议成员：周照宇（2月始）
齐海峰（3月始）

区委统一战线工作部
部 长：李冠杰
常务副部长：郁建军
副 部 长：陈 翔
陆 颖
周国平（11月始）
部务会议成员：周国平（11月止）
狄立新（2月始）

区民族宗教事务局
局 长：周国平（11月始）

副 局 长：周国平（11月止）

区人民政府侨务办公室
主　　任：陆　颖

区归国华侨联合会
主　　席：陆　颖

区委政法委员会
书　　记：张启表
常务副书记：周宏杉（3月始）
副 书 记：谭国洪（兼）
叶警青（兼，5月止）
宣业靖（兼，5月始）
宋亦农（3月止）
石建强
周红萍
政治处主任：汪志佩
委　　员：傅　勇（兼）
李　钟（兼，7月止）
吴　超（兼，7月始）
徐联达（兼）
史亚培（兼）
汪志佩
赵　一（3月止）
朱灵勇（兼）
叶夏凯（兼，4月止）
陈　明（兼，8月止）
严　波（兼）
曾桥波（兼，11月始）
刘燕晨
（挂职，4月始，10月止）
周家骥（11月始）
刘光爱（11月始）

区委政策研究室
主　　任：应　彬（2月始）
副 主 任：张忠汉
陈　伟（11月始）

区机构编制委员会办公室
主　　任：吕超苏（3月止）
副 主 任：王宇峰（3月止）
区委机构编制委员会办公室①
主　　任：余　解（3月始）
副 主 任：王宇峰（3月始）
史明辉（4月始）

区委、区政府信访局
党组书记：童红琴
党组副书记：陈敏龙
党组成员：陈　明
局　　长：童红琴
副 局 长：陈敏龙
陈　明
高秀峰

区档案局
局　　长：谢宇川（2月始）

区档案馆
馆　　长：张越男（2月始）
副 馆 长：钟亦鸣
纪亚峰

区委老干部局
局　　长：朱彩娟
副 局 长：殷丽健
蓝永清

区委党校
校　　长：严仕恩（兼）
常务副校长：李栽正
副 校 长：朱德伟
区行政学院院长：严仕恩（兼，11月始）
区行政学院副院长：
李栽正（兼，11月始）
朱德伟（兼，11月始）
区社会主义学院院长：
王懿栋（兼，11月始）
区社会主义学院副院长：
李栽正（兼，11月始）
朱德伟（兼，11月始）
郁建军（兼，11月始）

区委党史研究室（区地方志办公室）
主　　任：王培良
副 主 任：汪鹤飞

区总工会
党组书记：吕维共
党组副书记：何建林（3月止）
党组成员：顾妮妮
陆千一
汪丛健
马　迪（挂职，4月止）
傅颖维（挂职，4月始）
主　　席：林　兵
副 主 席：吕维共
何建林（5月止）
顾妮妮
陆千一
汪丛健
马　迪（挂职，5月止）
傅颖维（挂职，5月始）
史文娟（兼）
齐小军（兼）

共青团海曙区委员会
党组书记：吴　君（1月止）
林　锦（4月始）
党组成员：曹小波
谢　堃（4月始）
包超杰（挂职）
书　　记：吴　君（1月止）
林　锦（4月始）
副 书 记：曹小波
谢　堃（9月始）
包超杰（挂职）
董继业（兼）
董晶晶（兼，6月止）
潘孝杰（兼）

区妇女联合会
党组书记：葛巧英（6月止）
刘　燕（11月始）
党组副书记：虞晓晓（11月始）
党组成员：许曹弘
陈　莹（挂职，2月止）
欧阳媛斐（挂职，4月始）
主　　席：葛巧英（6月止）
刘　燕（11月始）
副 主 席：虞晓晓
许曹弘
陈　莹（挂职，2月止）
欧阳媛斐（挂职，6月始）
罗红媛（兼）
杜峥嵘（兼）

区残疾人联合会
党组书记：邱少军
党组成员：董一斌（3月止）
蔡静静（挂职，11月止）
王慧兰（3月始）

① 1月，区机构编制委员会办公室更名为区委机构编制委员会办公室。

徐孟雷（2月始）
理 事 长：邱少军
副理事长：董一斌（4月止）
蔡静静（挂职，1月始）
王慧兰（4月始）
徐孟雷（3月始）
何镇飚（挂职，1月始）
李春根（兼，1月始）

区红十字会
党组书记：施剑萍
名誉会长：孙黎明
褚孟形
会　　长：陈早挺
副 会 长：施剑萍
商满邦
周照宇
徐琦雄
於宏华
毛文辉
周祎阳

区工商业联合会
党组书记：陈　翔
党组成员：王万兴
陶香永
主　　席：张江平
副 主 席：陈　翔
王万兴
陶香永
蔡水华
杨　剑
马坚挺
张阿华
徐立勋
张宵华
张龙棋
吴志光
金建新
庄　巍
钱　平
王君平
黄金宝
徐建昌
安　刚
朱复员
何耀光
骆士龙
龚浩强
陈春明

区关心下一代工作委员会
主　　任：陈小春
常务副主任：蔡赛珍

区文学艺术界联合会
党组书记：陈建东
党组成员：陈　鸿
徐红辉（11月始）
主　　席：国　宇
副 主 席：陈建东
陈　鸿

区慈善总会
会　　长：王黎明
常务副会长：赵剑光
副 会 长：黄尚征
管存根
徐孟雷（3月止）
曾垂华（3月始）
秘 书 长：徐孟雷（3月止）
武　懿（3月始）

【区人大常委会、区政协机关】

区人大常委会办公室
主　　任：俞国平
副 主 任：田艳晖（4月止）
邹有武

区人大法制与内务司法委员会
主任委员：郁明标

区人大监察和司法委员会①
主任委员：郁明标

区人大常委会法制与内务司法工作委员会
主　　任：郁明标（4月止）
宋亦农（4月始）
副 主 任：王肖刚

区人大常委会监察和司法工作委员会②
主　　任：宋亦农
副 主 任：王肖刚

区人大财政经济委员会
主任委员：严关忠

区人大常委会财政经济工作委员会
主　　任：许瑾瑾
副 主 任：史召其

区人大常委会农业与农村工作委员会
主　　任：冯惠锋（4月止）
副 主 任：张小军（4月始）

区人大常委会城乡建设环境保护工作委员会
主　　任：林军华
副 主 任：樊华钢（4月始）

区人大常委会教科文卫民侨工作委员会
主　　任：汪则康
副 主 任：张学军

区人大常委会社会建设工作委员会③
主　　任：王田荣（12月始）

区人大常委会代表工作委员会
主　　任：钱　军
副 主 任：张洪良

区政协机关党组
党组书记：戴亚珍
党组副书记：陈绍旗
党组成员：谢晓东
梁德明
孙逸群
杨爱萍
金昌卿

区政协办公室
主　　任：陈绍旗
副 主 任：朱　宁
徐盛芳

区政协提案委员会
主　　任：柳竹青

---

① 1月，区人大法制与内务司法委员会更名为区人大监察和司法委员会。
② 9月，区人大常委会法制与内务司法工作委员会更名为区人大常委会监察和司法工作委员会。
③ 9月，区人大常委会社会建设工作委员会成立。

副 主 任：王月忠

区政协经济科技和城建资源环境委员会
主　　任：王培良（1月止）
副 主 任：孙颖莹（1月止）

区政协经济和城建资源环境委员会[①]
主　　任：谢晓东（1月始）
副 主 任：孙颖莹（1月始，6月止）

区政协教文卫体和文史资料委员会[②]
主　　任：梁德明（1月止）
副 主 任：金昌卿（1月止）

区政协教科卫体文化文史和学习委员会
主　　任：梁德明（1月始）
副 主 任：金昌卿（1月始）

区政协社会法制和民宗台侨委员会
主　　任：孙逸群
副 主 任：王勇伟（6月始）

区政协社会法制与港澳台侨委员会[③]
主　　任：孙逸群
副 主 任：王勇伟

区政协委员工作委员会
主　　任：杨爱萍

【区政府工作部门】
区政府办公室
党组书记：蔡　宁（11月止）
　　　　　裘　骥（11月始）
党组成员：葛　晖（2月始）
　　　　　柴　炜（3月始）
　　　　　周小波（3月始）
　　　　　徐琦雄
　　　　　王萍锋
　　　　　曹新平（4月止）
　　　　　蔡　锐
　　　　　庞勤峰（11月止）
　　　　　张小飞
　　　　　张　勇（挂职，10月始）
　　　　　陈肇俊
　　　　　陈　蕾
　　　　　俞俊波（4月始）
主　　任：蔡　宁（12月止）
　　　　　裘　骥（12月始）
副 主 任：葛　晖（2月始）
　　　　　柴　炜（4月始）
　　　　　周小波（4月始）
　　　　　徐琦雄（2月止）
　　　　　王萍锋
　　　　　曹新平（5月止）
　　　　　蔡　锐
　　　　　庞勤峰（12月止）
　　　　　张小飞
　　　　　张　勇（挂职，10月始）
　　　　　陈肇俊
　　　　　陈　蕾
流管办副主任：俞俊波（5月始）
督查室主任：周春莉

区发展和改革局
党组书记：庄　宏（11月止）
　　　　　朱　波（11月始）
党组副书记：王田荣（4月止）
　　　　　葛石松（2月止）
　　　　　王家栋（11月始）
党组成员：戎爱武（3月止）
　　　　　应鹏辉
　　　　　姚　杰（3月始）
　　　　　但涛波（4月始）
局　　长：庄　宏（11月止）
　　　　　朱　波（11月始）
副 局 长：王田荣（5月止）
　　　　　葛石松（2月止）
　　　　　王家栋
　　　　　姚　杰（4月始）
　　　　　但涛波（4月始）
　　　　　毛坚芬（4月始）
总经济师：毛坚芬（4月止）
　　　　　但涛波（5月始）

区经济和信息化局
党组书记：吴汉元
党组成员：张国龙
　　　　　徐　勇
　　　　　郑利庆（4月止）
　　　　　李　迪（11月始）
局　　长：吴汉元
副 局 长：张国龙
　　　　　徐　勇
　　　　　郑利庆（5月止）
　　　　　李　迪（11月始）
总工程师：夏焕文

区教育局
党委书记：朱子凡
党委副书记：陈　臣（4月始）
党委委员：孙颖莹（3月始）
　　　　　於宏华
局　　长：朱子凡
副 局 长：陈　臣
　　　　　孙颖莹（4月始）
　　　　　於宏华

区科学技术局
党组书记：张　硕
党组成员：李文斌（3月止）
　　　　　乐嘉颖（挂职，11月止）
　　　　　应　君（3月始）
局　　长：杨安妮（1月始）
副 局 长：杨安妮（1月止）
　　　　　张　硕
　　　　　应　君（4月始）
　　　　　李文斌（4月止）
　　　　　林　勇（4月止）

区科协
主　　席：杨安妮（1月止）
副 主 席：乐嘉颖（挂职）

区民政局
党组书记：宋文夫（3月止）
　　　　　葛巧英（6月始）
党组成员：吴鹤立
　　　　　蔡幼琴（11月始）
　　　　　吕洪军
局　　长：宋文夫（3月止）
　　　　　葛巧英（6月始）
副 局 长：韦晓阳
　　　　　吴鹤立
　　　　　蔡幼琴（11月始）
区司法局
党组书记：史亚培
党组副书记：管恩田
党组成员：贺贤文（3月止）

① 1月，区政协经济科技和城建资源环境委员会更名为区政协经济和城建资源环境委员会。
② 1月，区政协教文卫体和文史资源委员会更名为区政协教科卫体文化文史和学习委员会。
③ 11月，区政协社会法制与民宗台侨委员会更名为区政协社会法制与港澳台侨委员会。

狄立新（2月止）
钱帅华（3月始）
朱培珍（11月始）
局　　长：史亚培
副 局 长：管恩田
贺贤文（4月止）
狄立新（2月止）
钱帅华（4月始）
过世荣
政治处主任：朱培珍（11月始）

区财政局
党组书记：曹　杰
党组副书记：金群辉（11月始）
党组成员：童　霞
朱裕高
邱顺年
王　海
局　　长：曹　杰
副 局 长：金群辉
童　霞
朱裕高
总会计师：邱顺年
国资中心主任：王　海

区人力资源和社会保障局
党组书记：余　解（3月止）
钟金龙（3月始）
党组副书记：李苏苗
党组成员：赵开宏
陈莉萍（11月始）
局　　长：余　解（4月止）
钟金龙（4月始）
副 局 长：李苏苗
赵开宏
陈莉萍（12月始）

区住房和城乡建设局
党委书记：路德峰（3月止）
王志刚（3月始）
党委副书记：王甬明（3月止）
王晨涛
党委委员：王　云
朱朝兴（2月止）
卞　燕（3月始）
丁迪辉
徐恒宝（11月始）
朱海伦（6月止）
局　　长：王甬明（4月止）
王志刚（4月始）
副 局 长：王晨涛
屈　庆
丁迪辉
总工程师：王　云
房管处处长：王晨涛
公共项目建设管理中心主任：
朱海伦（7月止）
徐恒宝（12月始）

区交通运输局
党组书记：虞　挺
党组成员：钟宏朝
周　里
胡宁军（11月始）
宋立刚
局　　长：虞　挺
副 局 长：钟宏朝
周　里
胡宁军（11月始）
林　霄（挂职，10月始）
总工程师：吴祖峰

区轨道交通建设推进管理中心①
主　　任：虞　挺（11月始）
副 主 任：宋立刚（7月始）

区农业农村局
党委书记：吴永华
党委副书记：朱建元
党委委员：李绍智（3月止）
姚明华
忻　忠
黄　伟
俞伟军
局　　长：吴永华
副 局 长：朱建元
姚明华
忻　忠
黄　伟
潘宁霞

区商务局
党组书记：方卓毅（3月止）
柴惠群（3月始）
党组成员：竹　琰（2月止）
柳晓波
卢其能
应　君（3月止）
王　易（2月始）
局　　长：方卓毅（4月止）
柴惠群（4月始）
副 局 长：竹　琰（2月止）
柳晓波
卢其能
应　君（4月止）
王　易（2月始）

区文化和广电旅游体育局
党组书记：郭　波
党组成员：郑国芳
齐海峰（3月止）
俞　岚（4月始）
潘剑武（4月始）
徐　平（12月始）
局　　长：郭　波
副 局 长：郑国芳
俞　峰
齐海峰（4月止）
俞　岚（5月始）

区卫生健康局
党委书记：张文莲
党委委员：陈东平（3月止）
柴筱燕
戎爱武（3月始）
刘文虎
周祎阳
林　平（4月始）
顾继红（3月止）
周宇飞（挂职，10月始）
葛晓玲（挂职，5月止）
局　　长：张文莲（1月始）
副 局 长：陈东平（4月止）
柴筱燕
刘文虎
周祎阳
林　平（5月始）
周宇飞（挂职，10月始）
葛晓玲（挂职，5月止）

区退役军人事务局
党组书记：章　静
党组成员：严国苗（3月止）
董一斌（3月始）

① 8月，区轨道交通建设推进管理中心成立。

朱　克
局　　长：章　静（1月始）
副 局 长：严国苗（4月止）
董一斌（4月始）
朱　克

区应急管理局
党组书记：吴兵云
党组副书记：张政一
党组成员：童祖洪
周斌朝
陈　刚
李华国
局　　长：吴兵云（1月始）
副 局 长：张政一
童祖洪
周斌朝
陈　刚
李华国
总工程师：童祖洪（11月始）

区审计局
党组书记：卢纳新
党组副书记：沈海江（12月始）
党组成员：卞　燕（3月止）
沈海江（12月止）
周学军
范　颖
魏雷顺
局　　长：卢纳新
副 局 长：卞　燕（4月止）
沈海江
周学军
总审计师：范　颖

区市场监督管理局
党委书记：张承骏
党委副书记：张传泉（4月止）
党委委员：蔡水华
方晓东
蔡红辉
董　斌
陈　亮
陈国军（11月始）
马连超（12月始）
局　　长：张承骏
副 局 长：张传泉（5月止）
洪　煜
蔡水华
方晓东
蔡红辉（兼）
董　斌
陈　亮
总工程师：陈国军（11月始）

区统计局
党组书记：张春波
党组成员：竺　青
周　琳（挂职）
局　　长：王　数
副 局 长：竺　青
周　琳（挂职）
总统计师：戴飞挺

区医疗保障局
党组书记：金　莹
党组成员：李建召（3月止）
蔡逸平
毛文辉
赖泉添（12月始）
局　　长：金　莹（1月始）
副 局 长：李建召（4月止）
蔡逸平
毛文辉

区综合行政执法局
党委书记：王志刚（3月止）
卢洪波（3月始）
党委副书记：傅　丹（3月止）
党委委员：谢跃伟
樊华钢（2月止）
童　威
袁卫东（3月止）
王庭华（3月止）
徐　峰
林丹枫（挂职，6月止）
史　鸿（3月始）
徐霄雷（11月始）
局　　长：王志刚（3月止）
卢洪波（3月始）
副 局 长：傅　丹（4月止）
谢跃伟
樊华钢（2月止）
童　威
袁卫东（4月止）
徐　峰（2月始）
林丹枫（挂职，7月止）
史　鸿（4月始）

区经济合作局
党组书记：曹　磊
党组副书记：张越男（2月止）
党组成员：邵　辉（4月止）
江朝晖
竹　琰（2月始）
竺志军（4月始）
局　　长：曹　磊
副 局 长：张越男（2月止）
倪耀夫
邵　辉（5月止）
竹　琰（2月始）

天一阁·月湖景区管理委员会
市旅游局副巡视员：李　平（10月止）
综合办公室副主任：斯玉梅（5月始）
景区与文化旅游管理部副部长：
唐震毅
许继忠
天一阁·月湖景区管理服务中心主任：
纪云飞（4月始，11月止）
天一阁·月湖景区管理服务中心副主任：
裘燕萍

区行政审批管理办公室
党组书记：谭国洪（6月止）
党组副书记：王明波（6月止）
王民源（3月止）
党组成员：赵建根（6月止）
史　乐（6月止）
陈明传（6月止）
主　　任：王明波（7月止）
副 主 任：赵建根（7月止）
陈明传（7月止）
史　乐（7月止）
王民源（4月止）

区政务服务办公室[①]
党组书记：谭国洪（6月始）
党组副书记：王明波（6月始）
党组成员：赵建根（6月始）
陈明传（6月始）
陈静儿（11月始）
陆玉珍（挂职，10月始）
史　乐（6月始，11月止）

① 5月，区行政审批管理办公室更名为区政务服务办公室；6月，成立中共宁波市海曙区政务服务办公室党组。

主　　任：王明波（7月始）
副 主 任：赵建根（7月始）
　　　　　陈明传（7月始）
　　　　　陈静儿（12月始）
　　　　　陆玉珍（挂职，10月始）
　　　　　史　乐（7月始，11月止）

区金融工作办公室
党组书记：王宗成（6月止）
党组成员：欧益民（2月止）
　　　　　黄　江（2月始，6月止）
主　　任：王宗成（7月止）
副 主 任：欧益民（2月止）
　　　　　童绍数（7月止）
　　　　　黄　江（2月始，7月止）

区金融服务中心①
党组书记：王宗成（6月始）
党组成员：黄　江（6月始，11月止）
　　　　　陈海云（11月始）
主　　任：王宗成（7月始）
副 主 任：黄　江（7月始，12月止）
　　　　　童绍数（7月始）
　　　　　陈海云（12月始）

区大数据发展服务中心②
党组书记：方卓毅（4月始）
党组成员：周存东（4月始）
　　　　　冯琦峰（11月始）
主　　任：方卓毅（5月始）
副 主 任：周存东（5月始）
　　　　　冯琦峰（12月始）

区全媒体中心
主　　任：汪光辉
副 主 任：周　波（11月始）
　　　　　许玉芬
　　　　　续大治

望春工业园区管理委员会
党工委书记：王　煦
党工委副书记：蔡文质
　　　　　　蔡军波（4月始）
党工委委员：陈晓伟
　　　　　　黄贤波（2月止）
　　　　　　丁良洪（3月止）
　　　　　　胡持恒（3月始）
主　　任：蔡文质
副 主 任：蔡军波（5月始）
　　　　　陈晓伟
　　　　　黄贤波（2月止）
　　　　　胡持恒（4月始）

宁波（国际）电子商务产业园管理中心
党组书记：柴惠群（3月止）
　　　　　俞建江（4月始）
党组副书记：俞建江（4月止）
党组成员：杨忠剑（挂职，5月止）
　　　　　余　妮（4月始）
　　　　　曹卓琼（4月始）
主　　任：柴惠群（4月止）
　　　　　俞建江（5月始）
副 主 任：俞建江（5月止）
　　　　　杨忠剑（挂职，5月止）
　　　　　余　妮（5月始）
　　　　　曹卓琼（5月始）

区机关事务管理局
党组书记：陈肇俊
党组副书记：王海敏
党组成员：李中杰（3月始）
局　　长：陈肇俊
副 局 长：王海敏
接待办主任：李中杰

区供销合作社联合社
党组书记：张忠浩
党组成员：潘信伟
　　　　　张明伦（11月始）
主　　任：张忠浩
副 主 任：潘信伟
　　　　　张明伦（11月始）

区南站广场区域综合管理办公室
党组书记：卢洪波（兼，3月止）
　　　　　陆勇敢（3月始）
党组成员：郑　伟
　　　　　王保学
　　　　　袁卫东（3月始）
　　　　　陈国钦（3月始）
主　　任：卢洪波（兼，4月止）
　　　　　陆勇敢（4月始）
副 主 任：郑　伟（4月止）
　　　　　王保学
　　　　　袁卫东（4月始）

南站区域开发建设指挥部
党组书记：卢洪波（3月止）
　　　　　陆勇敢（兼，3月始）
党组成员：史　鸿（3月止）
总 指 挥：谭国洪（兼，11月止）
常务副总指挥：卢洪波（4月止）
　　　　　　　陆勇敢（4月始，11月止）
副总指挥：史　鸿（4月止）
　　　　　张　明（兼，11月止）

南站区域开发建设管理中心③
主　　任：史卫东（兼，11月始）
常务副主任：陆勇敢（11月始）
副 主 任：张　明（兼，11月始）

客运中心综管办
主　　任：俞小群（2月止）
　　　　　郑　伟（4月始，9月止）

客运站综管中心④
主　　任：郑　伟（9月始）

81890求助服务中心
党组书记：陈　蕾
党组成员：叶央儿（3月止）
　　　　　张建儿（2月始）
　　　　　刘光爱（11月始）
主　　任：陈　蕾
副 主 任：叶央儿（4月止）
　　　　　张建儿（2月始）
　　　　　曾　徐（7月始）
　　　　　刘光爱（11月始）

区房屋征收办公室（区重点工程建设指挥部）
党组书记：郭文光
党组成员：陆海红
　　　　　楼力力
　　　　　王　旭

---

① 3月，区金融工作办公室更名为区金融服务中心。
② 3月，区大数据发展服务中心成立；12月，成立中共宁波市海曙区大数据发展服务中心党组。
③ 8月，区南站区域开发建设指挥部更名为区南站区域开发建设管理中心。
④ 8月，客运中心综管办更名为客运站综管中心。

主　　任：郭文光
常务副总指挥：郭文光
副 主 任：陆海红
　　楼力力
　　王　旭

区旧村改造办公室
党组书记：葛　晖（2月止）
　　路德峰（3月始，8月止）
党组成员：陈小勇（8月止）
主　　任：葛　晖（兼，2月止）
　　陈华峰（5月始，9月止）
副 主 任：陈小勇（9月止）
　　陈华峰（9月止）

区旧村改造管理服务中心[①]
党组书记：路德峰（8月始）
党组成员：陈小勇（8月始）
主　　任：陈华峰（9月始）
副 主 任：陈小勇（9月始）

石碶市场区管理委员会
党委书记：陆勇敢（3月止）
　　李健宏（4月始）
党委委员：张明伦（3月止）
　　张东波（3月止）
主　　任：陆勇敢（4月止）
　　李健宏（5月始，9月止）
副 主 任：张明伦（9月止）
　　张东波（9月止）

石碶市场区管理中心[②]
党委书记：李健宏
党委委员：张明伦（4月始，11月止）
　　张东波（4月始）
主　　任：李健宏（9月始）
副 主 任：张东波（9月始）
　　张明伦（9月始，11月止）

【市直属管理单位】
宁波市自然资源和规划局海曙分局
局　　长：林　峰（2月始）
副 局 长：蔡　洁（2月始）
　　苏敏敏（2月始）
　　邓　勇（2月始）
　　杨幼堂（2月始）
　　刘　纲（2月始）
　　李　峰（2月始）
党组书记：林　峰（2月始）
党组副书记：苏敏敏（2月始）
党组成员：蔡　洁（2月始）
　　苏敏敏（2月始）
　　王爱民（2月始）
　　邓　勇（2月始）
　　杨幼堂（2月始）
　　刘　纲（2月始）
　　李　峰（2月始）
　　尚玉辉（2月始）

海曙区税务局
党委书记：周一伦
党委副书记：周水涌（3月止）
党委委员：汪光明
　　余建平（5月止）
　　叶华龙
　　汪文浩（5月止）
　　邬国菊
　　林　萍
　　薛建新
　　朱识华
　　胡　展（6月止）
　　吴　斌（6月始）
局　　长：周一伦
副 局 长：周水涌（3月止）
　　汪光明
　　余建平（5月止）
　　叶华龙
　　汪文浩（5月止）
　　邬国菊
　　林　萍
　　薛建新
　　朱识华
　　顾明杰
纪检组组长：胡　展（6月止）
　　吴　斌（6月始）

宁波市生态环境局海曙分局
局　　长：江立生（5月止）
　　周宏华（5月始）
副 局 长：王渊高
　　汪元富
　　吴雪峰
　　钟明荣

区气象局
党组书记：周伟军
局　　长：周伟军
副 局 长：曹艳艳
　　邱颖杰
纪检组组长：曹艳艳（12月止）

海曙供电局
局　　长：林日安
副 局 长：蒋激勇
　　凌荣光
　　周仁才
党委书记：蒋激勇
工会主席：沈显伟

中国移动海曙分公司
总 经 理：陈　纲
副总经理：单　娟
　　俞　麒

中国电信宁波分公司海曙分局
局　　长：陆雪君
副 局 长：童激文
　　叶海斌
　　王　飚

【镇（乡）街道机构】
集士港镇
党委书记：王　煦
党委副书记：范建杰（11月止）
　　庞勤峰（11月始）
　　鲍科臻
　　朱灵勇
党委委员：章朝阳
　　成科峰
　　汪莉萍
　　马苏君（2月止）
　　黄贤波（2月始）
　　陈　莹（2月始）
　　严立新
人大主席：朱伟军
人大副主席：葛亚萍
镇　　长：范建杰（11月止）
　　庞勤峰（12月始）

---

① 8月，区旧村改造办公室更名为区旧村改造管理服务中心。8月，中共宁波市海曙区旧村改造办公室党组更名为中共宁波市海曙区旧村改造管理服务中心党组。

② 8月，石碶市场区管理委员会更名为石碶市场区管理中心。

副 镇 长：姚　杰（4月止）
徐　鋆（6月始）
陈明芳
胡雨红
陈　莹（6月始）
纪委书记：章朝阳
妇联主席：汪莉萍
资源配置和审批服务中心主任：王益明
镇综合执法局局长：胡持恒（4月止）
袁浩杰（4月始）
总工会主席：励成静（11月止）
方　宇（12月始）

古林镇
党委书记：周　高
党委副书记：周小波（3月止）
宋林权（3月始）
羊文远（11月止）
何　舜（11月始）
党委委员：吴春波
周　开（11月始）
李晓明
蒋　琳
毛乾伦（3月止）
戴金旭
孙晓飞（4月始）
人大主席：凌旭涛
人大副主席：王剑芳
毛乾伦（7月始）
镇　　长：周小波（4月止）
宋林权（4月始）
副 镇 长：张　亮
周　开（11月止）
袁晓芳
崔凯业
王南鹤（12月始）
纪委书记：吴春波
总工会主席：王南鹤（12月止）
金　琴（12月始）

高桥镇
党委书记：张盈军（11月止）
俞鹏宏（11月始）
党委副书记：陈明珉
叶夏凯（4月止）
谢鸣鸣（11月始）
党委委员：崔　磊
陈　辉（4月始）
何云峰
施鹤峰
周　波（11月止）
舒　沁（11月始）
姚存通
胡意伟（7月始）
人大主席：沈晓东（12月始）
人大副主席：钱　光
施志明
镇　　长：陈明珉
副 镇 长：徐　辉
陆从武（12月止）
叶　华
严邵辉
纪委书记：何云峰
总工会主席：张亚飞（11月始）

横街镇
党委书记：陈晓虎（3月止）
王贤勇（4月始）
党委副书记：李博古（12月止）
杨剑云
马　强（12月始）
党委委员：王　慧
毛亚君
胡永世（2月止）
张　斌（2月始）
陈　辉（4月止）
郑　斌（7月止）
毛　磊（4月始）
人大主席：章红霞
人大副主席：严红杰
镇　　长：李博古
副 镇 长：华　军
许晓彤（2月止）
陈　洪（2月始）
周燕娜
胡　波（2月止）
周鼎立（2月始）
纪委书记：王　慧
总工会主席：毛科杰

鄞江镇
党委书记：陆云峰
党委副书记：王贤勇（4月止）
叶夏凯（4月始）
刘　鸣
党委委员：陈松苗
吕　莲
邱玉良
杨　政（2月始）
叶　彪（4月始）
周风云（3月止）
胡意伟（7月止）
人大主席：陈坚平
人大副主席：童盈国
镇　　长：王贤勇（4月止）
叶夏凯（6月始）
副 镇 长：崔川良
陈　波
陈文烈（2月始）
陈松苗（4月止）
叶　彪（6月始）
纪委书记：周风云（3月止）
陈松苗（3月始）
总工会主席：陈文烈

洞桥镇
党委书记：戚燕枫（11月止）
党委副书记：陈学芳（4月止）
林丹枫
吴建军（4月始）
党委委员：陈　洪（2月止）
林丹枫
贝春芬
胡　杰（12月止）
吴建军（4月止）
李锡备（4月始）
龚安君（3月止）
周风云（3月始）
白艳辉
王　勇（4月始）
人大主席：沈功海
人大副主席：俞国军
镇　　长：陈学芳（6月止）
林丹枫（6月始）
副 镇 长：贝春芬
杨武军
全立伟
应功明
纪委书记：龚安君（3月止）
周风云（3月始）
总工会主席：李　霞（3月止）

章水镇
党委书记：周宏杉（3月止）
陈学芳（4月始）
党委副书记：胡小峰
吕大元
党委委员：严　波
任明海（11月止）
蔡静静（11月始）

王　杰
陈旭亚
陈峥嵘
马森森
人大主席：崔锡朋（11月止）
羊文远（12月始）
人大副主席：李红伟
镇　　长：胡小峰
副 镇 长：陈旭亚
严炳君
陈国军（11月止）
吴　昊（12月始）
徐露鸣（12月始）
纪委书记：任明海（11月止）
蔡静静（11月始）
总工会主席：郑宏国

龙观乡
党委书记：陈健雄
党委副书记：林小红
董共茂
党委委员：毛　磊（4月止）
刘建华
陈　平
徐华儿
陈国钦（3月止）
严　皓（4月始）
人大主席：王良峰
人大副主席：蒋召君
乡　　长：林小红
副 乡 长：徐华儿
李春梅（4月止）
钱剑锐
胡瀚杰
钱文君（5月始）
纪委书记：毛　磊（4月止）
严　皓（4月始）
总工会主席：虞盈浩（7月止）
陈　平（9月始）
妇联主席：曾　徐（7月止）

石碶街道
党工委书记：张朝晖（11月止）
戚燕枫（11月始）
党工委副书记：孙妙芳
陈　锋（4月止）
朱华鑫（4月始）
党工委委员：马　能
马苏君（2月始）
谢鸣鸣（11月止）
应徐捷（11月始）
王军义
朱华鑫（4月止）
陈　桥（4月始）
陈　云
李健宏（4月止）
郑　斌（7月始）
江盈彤
（挂职，4月始，10月止）
人大工委主任：戴利光（11月止）
崔锡朋（11月始）
人大工委副主任：许惠苏
办事处主任：孙妙芳
办事处副主任：高红伟
徐　钢
蔡幼琴（11月止）
董　郑（11月始）
胡　波（2月始，11月止）
江盈彤
（挂职，4月始，10月止）
纪工委书记：马　能
总工会主席：董　郑（11月止）
乐嘉颖（12月始）

月湖街道
党工委书记：沈君达
党工委副书记：潘玲玲（4月始）
宋林权（3月止）
许　骥
党工委委员：李胜泓
杜翼飞
王　燕（3月止）
黄　江（2月止）
李　虎
刘光红
张燕青
陆金明（4月始）
人大工委主任：金凌峰（9月止）
沈君达（9月始）
人大工委副主任：余金莲
办事处主任：宋林权（4月止）
潘玲玲（5月始）
办事处副主任：黄　江（2月止）
刘光红
张燕青
应　俊（5月始）
徐佩娜
纪工委书记：李胜泓
派出所所长：张燕青
人武部部长：李　虎
总工会主席：王　昶

西门街道
党工委书记：金凌峰
党工委副书记：葛石松（2月始）
陈朋豪
党工委委员：郭路群（3月止）
范季宇（3月始）
邬钢环
林　锦（4月止）
马　迪（4月始）
王　亮
张多国
唐善斌
施建新（3月止）
丁朝炯（4月始）
人大工委主任：沈　健
人大工委副主任：盛福林（3月止）
周海君（3月始）
办事处主任：葛石松（2月始）
办事处副主任：张多国
唐善斌
姜文善
孙　琴
纪工委书记：郭路群（3月止）
范季宇（3月始）
纪工委副书记：万代平
派出所所长：唐善斌
人武部部长：施建新（3月止）
丁朝炯（4月始）
总工会主席：徐孝军

江厦街道
党工委书记：陶　宁
党工委副书记：黎炜华（11月止）
邵　辉（4月始）
党工委委员：张莉珠
陈盛杰（12月止）
翟羽佳（12月始）
汪渊群
潘玲玲（4月止）
赵　枫
陈　鸣
任志军
人大工委主任：劳玉莹（3月止）
田艳辉（4月始）
办事处主任：邵　辉（5月始）
办事处副主任：潘玲玲（5月止）
赵　枫
郑　斌（11月始）

李天波
陈　鸣
纪工委书记：张莉珠
派出所所长：陈　鸣
人武部部长：任志军
总工会主席：郑　斌（11月止）
陈育超（12月始）

南门街道
党工委书记：张　明
党工委副书记：王光阳
宋坚勇
党工委委员：王海波（6月止）
陈　照（11月始）
陶伟儿（2月始）
胡宁军（11月止）
陈小意
仇　磊（11月始）
屠德良
林忠华
邓想轩
人大工委主任：张　明
人大工委副主任：叶　华
办事处主任：王光阳
办事处副主任：屠德良
林忠华
张　萍（2月始）
王　斐
纪工委书记：王海波（6月止）
陈　照（11月始）
派出所所长：林忠华
人武部部长：邓想轩
总工会主席：张　萍（2月止）
叶潇滟（12月始）

鼓楼街道
党工委书记：朱　波（11月止）
范建杰（11月始）
党工委副书记：陈有海（6月止）
黄　伟（11月止）
黄　江（11月始）
党工委委员：曹建萍
王芳芳
孟浩军
林江波
胡剑峰（2月始）
谢恒翀
人大工委主任：金郁康（5月止）
张传泉（5月始）
办事处主任：陈有海（7月止）
黄　伟（12月始）
办事处副主任：林江波
胡剑峰（2月始）
徐海平（1月始）
周　甍
纪工委书记：曹建萍
派出所所长：胡剑峰
人武部部长：谢恒翀（1月始）
总工会主席：韩善明

白云街道
党工委书记：李　高
党工委副书记：段谟法
沈东晓（11月止）
崔　昱（11月始）
党工委委员：梁伟建
吕　丹
邵黎颖
陆子凯
沈明华
邵　强
人大工委主任：赵宏桢
办事处主任：段谟法
办事处副主任：陆子凯
沈明华
蔡　成
李　霞（4月始）
王慧兰（4月止）
纪工委书记：梁伟建
派出所所长：沈明华
人武部部长：邵　强
总工会主席：张兴丁

望春街道
党工委书记：俞鹏宏（11月止）
蔡　宁（11月始）
党工委副书记：刘　锋
钱帅华（3月止）
郑利庆（4月始）
党工委委员：崔　昱（11月止）
任明海（11月始）
陶伟儿（2月止）
胡　超（2月始）
叶建洋（8月止）
徐科静
励成静（11月始）
余万儿
周海君（3月止）
张齐文
徐鹏飞
人大工委主任：林华伟
人大工委副主任：徐有富
办事处主任：刘　锋
办事处副主任：余万儿
周海君（4月止）
贺　峰
胡　超（2月止）
张齐文
钱　洪（2月始）
纪工委书记：崔　昱（11月止）
任明海（11月始）
派出所所长：张齐文
人武部部长：徐鹏飞
总工会主席：姚利桥

段塘街道
党工委书记：裘　骥（11月止）
庄　宏（11月始）
党工委副书记：柴　炜（3月止）
陈　锋（4月始）
陈　聪
党工委委员：邹月萍（3月止）
陈　俊（4月始）
虞建东
陈宏虹
徐芦芳（2月始）
金俊飞
林舜文
人大工委主任：崔　宏（4月止）
曹新平（4月始）
人大工委副主任：杨夫昌（4月止）
邹月萍（4月始）
办事处主任：柴　炜（4月止）
陈　锋（5月始）
办事处副主任：金俊飞
李　迪（11月止）
汪　波（12月始）
舒群贤
倪　容
许晓彤（2月始）
纪工委书记：邹月萍（3月止）
陈　俊（4月始）
纪工委副书记：林舜文
派出所所长：金俊飞
人武部部长：林舜文
总工会主席：缪君玉

（区委组织部核对）

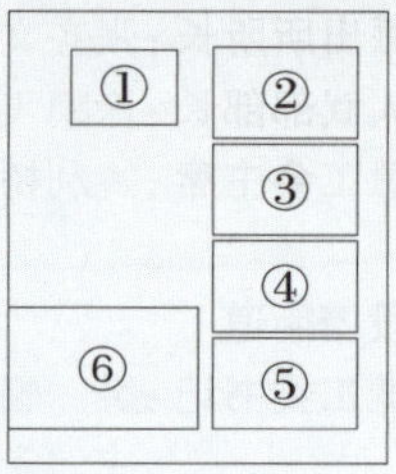

①4月15—18日，海曙区党外代表人士培训班在浙江省社会主义学院四明山分院举办

②8月1日，由海曙区3名退役军人民营企业家联合出资设立的帮扶基金启动，成为全市首个关爱退役军人专项基金

③8月6日，海曙区党的创新理论“飞入寻常百姓家”系列宣讲活动走进武警部队，退伍老兵进军营，重温峥嵘岁月

④8月6日，由区农业农村局主办的“缤纷海曙·甜蜜鼓楼”2019年海曙区葡萄文化节在鼓楼沿启幕

⑤9月18日，海曙区教育系统70名教师代表共绘70米牡丹长卷，向新中国成立70周年献礼

⑥12月，冬季流感高发，区第二医院医护人员向院内患者普及流感防控基本知识

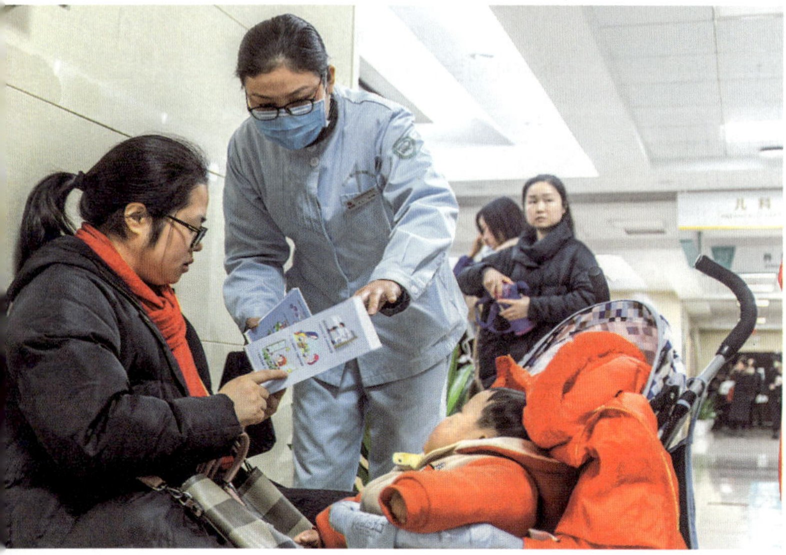

中国共产党海曙区委员会

综　述

【概况】 2019年，海曙实现地区生产总值1170.11亿元，比上年同期增长6.1%，按常住人口计算的人均GDP达12.3万元；一般公共预算收入112.5亿元，增长7.5%。出台实施以“数字经济”为引领促进产业转型升级高质量发展意见，发挥四大研究院牵引带动作用，工业互联网研究院产业园开工，人才团队突破200人，智能技术“两院一园”开园，上海交大宁波人工智能研究院完成首批招生，智能制造技术研究院智云端项目试点推广，建设全省首个5G综合应用示范区。大力发展现代商贸、现代金融、专业服务等产业，推进省批发零售业改造提升试点，空港片区纳入中国（浙江）自贸试验区宁波联动创新区。加快推进制造业转型，全市传统制造业改造提升现场会在海曙区召开。加快农业“三区六园”建设，农业部“数字农业建设”试点项目基本完成。深入推进“凤凰行动”计划，“飞扬旅游”在港股主板上市。积极应对中美经贸摩擦影响，实施外贸实力效益工程，成立全省首个国际贸易发展联盟，海曙海关、邮局海关正式开关，货物出口额增长8%。推进招大引强选优，实际利用外资、大市外内资完成率分别居全市第一、第三。累计减税降费22.96亿元。“德勤”区域总部、“顺丰”人力资源、“爱库存”等一批优质项目落户海曙区，全年新增总部企业26家，大市外内资、“浙商回归”资金、实际利用外资分别完成146.6亿元、73.4亿元、2.3亿美元，实际利用外资完成率居全市第一。

抓住“最多跑一次”改革“牛鼻子”，稳步推进8个方面30项重点改革任务。在实施审批考级制升级版基础上，创新“陪办制+审联体”模式，推进“家门口”智慧审批服务网建设。推进公民和企业全生命周期“一事联办”改革，梳理33项“一件事”，全面实现企业开办全流程一日办结，完成全市首个投资项目在线审批监管平台3.0项目，工业用地100%以“标准地”形式出让。推进政府数字化转型，网上可办率、掌上可办率、跑零次率位居全市前列，97.4%的机关内部办事事项实现“最多跑一次”。深化“亩均论英雄”改革，整治“低散乱”，盘活存量用地111.73公顷，消化批而未供土地259公顷，省级认定小微企业园数量居全市第二，获评省“国土资源节约集约模范”区。实施“百创汇海”计划，全市首家国家级科技领军人才创新驱动中心正式落户，与宁波大学共建智能医学和生物医学工程研究院，市“3315系列计划”和“泛3315计划”入选数蝉联全市第一。海曙有效发明专利拥有量比上年同期增长9%，全社会研发经费投入增长20%，新增“双创”载体面积20万平方米，科技进步综合评价居全市第二，科技投入指数居全省第三；建成省、市级产业创新服务综合体2家，新增“国家高新技术企业”57家、省“高成长科技型中小企业”23家。

全年新开工项目38个，省、市集中开工和省、市、县（区）长“谋划盯引”项目全部开工，竣工项目33个。44个征迁项目实现清零，征迁面积达80万平方米。首次召开城市价值发布会，取得良好成效。城隍庙修缮工程竣工验收，伏跗室永寿街历史文化街区房屋处理项目基本完成签约。完成城中村改造63万平方米、老旧小区改造14.4万平方米、旧村改造新村建设44.7万平方米，拆除违法建筑139.3万平方米。机场三期工程投入运营，省道S214线主体通车，联丰路西延等道路工程稳步实施，姚江堤防、奉化江堤防、风棚碶泵闸、五江口闸工程正式投用。组建五大领域综合行政执法队伍，“执法进小区”工作扩面，三分之一老小区实现物业提价提质，居住小区生活垃圾分类实现全覆盖。小城镇环境综合整治全面完成，新建一批“美丽乡村”示范镇、风景线、示范村，创建省首批“AAA级景区城”。完成“大棚房”问题专项清理整治，违建别墅专项整治通过验收。

城镇新增就业2.4万人，创建首家省级就业实践示范基地，被推荐为省“无欠薪”示范区。建成“三级五有”退役军人服务保障体系，做好社会保险接续工作。新建示范型居家养老服务中心7个，全市养老服务民生实事项目现场推进会在海曙区召开。新投用7所校（园），全面开展校内托管服务，成为全省唯一入选的全国首批“未来学校实验区”。实施紧密型医联体建设，基本公共卫生服务项目评价位居全省第一。建成105个“新时代文明实践站（所）”，承办“一带一路”中国宁波国际攀岩大师赛等重大赛事。建成81890“互联网+”求助服务平台。全省首个社会企业创业园试运营，“开放空间”项目获评中国城市治理创新奖。开展“保平安、迎大庆”专项行动，社会治安形势持续好转，连续14年被评为省“平安区”。推进“无信访积案区”创建，建成区矛盾纠纷调处化解中心，试点实施信访代办、送访下乡制度，初信初访转重比例持续下降，妥善处理“铁路三四线环评公示”等一批重大问题。打掉黑恶团伙83个，查办涉黑涉恶腐败和“保护伞”问题19人。开展安全生产、道路交通、消防安全整治百日大会战，安全生产事故数和死亡人数均下降33.3%，较大以上事故实现“零发生”。积极创建省“食品安全区”。扎实做好防灾减灾工作，成功防御抗击超强台风“利奇马”。

【区委常委会工作】 2019年，区委常委会高度重视自身建设，带头执行民主集中制，弘扬斗争精神，改进工作作风，为全区党员干部作出表率。深入学习、大力宣传、全面贯彻习近平新时代中国特色社会主义思想，出台全面加强党的政治建设的若干措施，构筑“四个意识”“四个自信”“两个维护”的信仰之基。举行庆祝新中国成立70周年系列活动。完成机构改革任务，组建10个区委议事协调机构，切实加强党对重大工作的领导。把握意识形态工作主导权，制定意识形态阵地管理细则，实施“融党课走万家”系列活动，创新农村文化礼堂服务体系，推进基督教私设聚会点规范化治理。启动公务员职务与职级并行制度，健全干部靶向培育、精准考察机制，处理末位干部12人。实施基层党建“六查六改六提升”专项行动，14个后进村党组织完成整转，建成全省首个区级“智慧党建中心”，完成“两新”党组织集中换届，全面推广党建帮办制度。落实“基层减负年”各项措施，“三类文件”发文数、会议数下降幅度和涉及村社、企业“七多”事项清理率达到上级要求。严格落实中央八项规定精神，查处42人，给予党纪政务处分25人。深化推进“清廉海曙”建设，建成一批清廉示范点，开展“警示教育月”活动。保持惩治腐败高压态势，立案163件，给予党纪政务处分136人，其中移送司法机关8人。完成对10个单位党组织的巡察，延伸巡察95个村社。区委总揽全局、协调各方，召开区委人大、政协工作会议，出台“高质量高水平推进新时代人大工作和建设的意见”和“新时代加强和改进人民政协工作”的实施意见，巩固和发展最广泛的爱国统一战线，武装、群团、老干部等工作不断提升。

（王　翔）

9月，宁波市第二幼儿园西成园区建成投用

重要决策和重大活动

【郑栅洁到海曙区调研】 3月7日，省委常委、市委书记郑栅洁到海曙基层一线开展“三服务”调研，在华缘新材料股份有限公司的生产车间，详细了解技术创新和产品市场应用情况，特别是地铁工程配套销售情况。

4月1日，郑栅洁到海曙区调研“扫黑除恶”工作。在海曙区高桥镇民乐村和高桥社区，详细了解当地人口结构、民风社风、基层组织作用发挥及群众对“扫黑除恶”专项斗争的知晓率、参与度等情况。随后到高桥派出所了解派出所警力配置和警情数量、类型等具体情况。

4月9日，郑栅洁调研宁波市产业技术研究院、上海交大宁波人工智能研究院。

6月26日，省委副书记、市委书记郑栅洁到海曙区作主题教育专项调研，实地调研集士港镇山下庄村、白云街道安丰社区宁波旷世网贸园和天一广场党群服务中心。

【“项目攻坚提速年”活动动员大会】 2月11日，全区“项目攻坚提速年”活动动员大会召开。区四套班子领导，区属各单位、区机关各部门、市垂直管理单位主要负责人，镇（乡）街道党政主要负责人，30家2019年度重点建设项目单位代表约250人参加会议。区委书记孙黎明讲话要求全区上下营造良好氛围，讲好项目建设的海曙故事，形成共推项目攻坚的强大合力。区委副书记张启表宣读表彰名单，区委常委、常务副区长谭国洪部署当年度项目攻坚工作任务。会议表彰一批先进单位，区住建局、区交通局、集士港镇、石碶街道、南门街道、开投集团6家单位作项目攻坚表态发言。

【区委经济工作会议】 3月7日，区委经济工作会议召开。区四套班子领导，区属各单位、区机关各部门、市垂直管理单位主要负责人，镇（乡）街道党政主要负责人，辖区企业代表等640人参加大会。会议全面贯彻落实中共

3月7日，2019年区委经济工作会议召开

十九大和中央及省委、市委经济工作会议精神，总结2018年全区经济工作，部署2019年经济工作相关任务。会议表彰“杰出贡献企业家”“突出贡献企业家”“优秀企业家”，表彰“区长质量奖”获奖企业、“人才发展杰出贡献单位”、“服务业亩产英雄10强企业”、“制造业亩产英雄10强企业”和招商选资先进单位和个人等一批经济高质量发展的优秀企业及企业家。

【区委全面深化改革委员会第一次全体（扩大）会议】 3月25日，区委全面深化改革委员会第一次全体（扩大）会议召开。区委全面深化改革委员会成员、各镇（乡）街道党（工）委书记、区有关单位主要负责人、区委改革办及各改革专项小组联络员等约90人参加会议。区委改革办汇报2019年全区改革工作要点安排、有关工作规则修订情况的说明、重点改革项目牵头单位汇报项目推进方案及省级以上重大改革试点项目牵头单位汇报项目进展方案，会议审议2019年工作要点等文件。

【区委农村工作会议】 3月27日，区委农村工作会议召开，会议贯彻落实中央和省委、市委农村工作会议精神，提出要不断增强加快乡村振兴的紧迫感、责任感和使命感，推动海曙“三农”更好更快发展。区委副书记、政法委书记张启表宣读表彰文件，通报“千万工程”和“美丽浙江建设”记功奖励、通报表扬单位及人员名单，表彰2018年度省级“高标准农村生活垃圾分类示范村”、2018年度市级“美丽乡村”示范创建、2017和2018年度“小城镇环境综合整治”、区级“十大乡村振兴精品村”、现代农业发展先进集体、区级“文明村”、区“美丽庭院”创建工作先进集体。随后，副区长毛孟军部署2019年“三农”工作具体任务。

【区委九届六次全体（扩大）会议】 5月28日，区委九届六次全体（扩大）会议召开。会议深入学习领会习近平关于防范化解重大风险的重要论述精神，落实省委十四届五次全会、市委十三届六次全会决策部署，听取和讨论区委常委会工作报告，审议《中共宁波市海曙区委关于坚持底线思维坚决打赢防范化解重大风险攻坚战的意见》，研究部署海曙区防范化解重大风险工作。区四套班子领导，区属各单位、区机关各部门、市垂直管理单位、区巡察机构主要负责人，镇（乡）街道党政主要负责人及原副区级以上离退休老干部，并邀请区第九次党代会部分党代表、区党风廉政建设监督员、区各民主党派负责人等共约170人参加会议。

【区委九届七次全体（扩大）会议】 8月8日，区委九届七次全体（扩大）会议召开。区四套班子领导，区属各单位、区机关各部门、市垂直管理单位、区巡察机构主要负责人，镇（乡）街道党政主要负责人及原副区级以上离退休老干部，并邀请区第九次党代会部分党代表、区党风廉政建设监督员、区各民主党派负责人等共约170人参加会议。会议学习贯彻习近平新时代中国特色社会主义思想和中共十九大精神，落实中央和省委、市委决策部署，按照“不忘初心、牢记使命”主题教育要求，回顾总结上半年各项工作，分析把握当前形势，动员全区上下进一步提振精神、铆足干劲，深入开展“三大主题年”活动，对表对标对责、提速提质提效，确保全面完成全年各项目标任务。

【区委人大工作会议】 11月1日，区委人大工作会议召开。区委书记孙黎明出席会议并讲话。陈志国、毕东华等区领导出席。会议学习贯彻习近平新时代中国特色社会主义思想、中共十九大精神和习近平关于坚持和完善人民代表大会制度的重要思想，传达贯彻省委、市委人大工作会议精神，研究如何加强、改进新时代人大工作的思路和方法。洞桥镇党委、段塘街道党工委、章水镇人大主席团、人大石碶街道工委、人大西门街道工委5家单位作交流发言。

【区委政协工作会议】 12月16日，区委政协工作会议召开。会议学习贯彻习近平关于加强和改进人民政协工作的重要思想，贯彻落实中央和省委、市委政协工作会议精神，全面贯彻落实中央、全国政协和省、市、区委关于人民政协工作的工作部署，深入总结区政协工作的新实践、新经验，研究部署推动新时代人民政协制度更加成熟更加定型、发挥好专门协商机构作用的新思路新举措，开创新时代全区人民政协事业的新局面。区委常委，区人大常委会主任，区政协主席、副主席，区人民法院院长、区人民检察院代检察长，区政协在职原副主席；区属各单位、区机关各部门、垂直管理单位主要负责人；各镇乡街道党（工）委书记、分管副书记；区各民主党派、工商联主要负责人；区政协常委，市政协海曙联络小组成员，界别组第一召集人，联委会专职副主任；区政协机关副处级以上干部，共约170人参加会议。

2019 年海曙区委其他会议情况表

表 2

时间	会议名称	会议内容
1 月 23 日	中共海曙区委常委会民主生活会	通报 2017 年度民主生活会整改措施落实情况和 2018 年度民主生活会征求意见情况，区委书记孙黎明代表区委常委会作对照检查，区委常委逐一进行对照检查发言，作自我批评，其他常委对其提出批评意见。市委常委、市纪委书记、市监委主任傅祖民点评讲话
1 月 24 日	区纪委九届五次全体（扩大）会议	陈志国、毕东华、张启表等区领导出席，区委常委、区纪委书记、区监委主任李晓东代表区纪委常委会作工作报告。区委书记孙黎明出席全会并作讲话
1 月 28 日	全区基层党建和人才工作述职评议会	区委书记孙黎明出席会议并讲话，镇（乡）街道党（工）委书记，以及区教育局、区卫生健康局党委书记作述职发言，其他部门书记以书面形式进行述职。区委书记孙黎明对述职逐一进行点评，并对全区党建和人才工作提出要求
3 月 29 日	全区“温故知新、知行合一”学习实践活动暨“作风建设提效年”活动动员会	部署全区“温故知新、知行合一”学习实践活动和“作风建设提效年”活动总体工作
7 月 11 日	省委第五巡视组巡视宁波市海曙区工作动员会议	省委巡视工作领导小组成员、省委组织部常务副部长张学伟向海曙区委书记孙黎明传达了省委书记车俊关于巡视工作的讲话和指示精神，就配合做好巡视工作提出要求，省委第五巡视组组长李杭就即将开展的巡视作了动员讲话
9 月 12 日	全区“不忘初心、牢记使命”主题教育工作会议	深入学习贯彻习近平新时代中国特色社会主义思想，贯彻落实中央和省委、市委相关部署要求，对全区开展主题教育进行动员部署

2019 年上级党委领导到海曙调研情况表

表 3

时间	会议名称	会议内容
1 月 15 日	省委领导节前慰问活动	省委书记车俊慰问困难户、残疾人、困难党员
1 月 17 日	市委领导调研“大棚房”清理整治情况	市委副书记宋越舜到古林镇，督查天胜“四不用”农场因部分农用地改变用途需“大棚房”清理整治的工作，随后在古林镇政府听取“大棚房”清理整治的情况及问题的汇报
5 月 15 日	省领导调研海曙区“三服务”工作	省委书记车俊先后到雅戈尔集团、宁波杉杉股份有限公司调研
7 月 26 日	全国人大常委会领导到海曙区调研	全国人大常委会领导到海曙区调研，实地考察月湖生态化治理和污水零直排建设情况、石碶街道塘西新村生活污水分散式治理情况
8 月 15 日	省委书记车俊慰问受灾群众	省委书记车俊到海曙区慰问受灾群众和奋战在一线的基层干部，检查指导恢复生产和灾后重建工作
11 月 5 日	省委领导到宁波市调研	省委常委、省纪委书记许罗德率省纪委调研组到宁波调研。在海曙期间，实地走访雅戈尔集团、白云街道安丰社区和宁波 81890 求助服务中心
11 月 29 日	全国人大常委会领导到雅戈尔集团调研	全国人大华侨委员会委员，省十二届人大常委会党组书记、副主任王辉忠到雅戈尔集团调研。观看企业发展介绍专题片，参观企业商务、户外运动、女装、汉麻等系列展厅，对公司勇于开拓创新、取得高质量发展成效表示赞赏

2019 年海曙区委其他活动情况表

表 4

时间	活动名称	活动内容
1 月 7 日	“大爱海曙 德耀盛世”第四届海曙区道德模范颁奖典礼	表彰姜善庭、林展斌、张月华 3 人“道德模范特别奖”。授予夏永元、周惠英“助人为乐”道德模范，鲁立辉、汤文光“见义勇为”道德模范，陈效平、李红伟、王理顺“敬业奉献”道德模范，王贤定“诚实守信”道德模范，张群、陈延文“孝老爱亲”道德模范荣誉。俞爱定、徐渭大、陆剑勇、应增杰、董香茂、励永定、唐亚凤、梁光珠、闻益明、夏方成 10 名先进人物获得“道德模范提名奖”

续表4

时间	活动名称	活动内容
春节前	春节慰问群众	区四套班子领导分别带队走访慰问困难党员、群众及专家人才
	安全生产检查	区四套班子相关领导分别带队开展节前安全生产大检查
3月6日	延边州党政代表团考察接待	吉林省委常委、延边州委书记姜治莹率延边州党政代表团到海曙区，先后考察杉杉新能源基地、雅戈尔集团
3月27日	贞丰县党政代表团考察接待	贞丰县委书记张玉龙率党政代表团一行考察宁波电商园区，并参加海曙区—贞丰县东西部对口帮扶工作座谈会
5月31日	“六一”慰问活动	区委书记孙黎明一行先后到信谊小学、闻裕顺幼儿园丽园园区慰问少年儿童
6月25—26日	婺城区党政代表团考察接待	金华市婺城区委书记蔡艳，婺城区委副书记、区长黄国钧率党政代表团到海曙学习考察，先后参观南塘老街、宁波工业互联网研究院、雅戈尔集团、杉杉新能源基地、东鼓道、天一广场党群服务中心和宁波81890求助服务中心
7月20日	2019年中国（宁波）创新赋能企业家对接会暨“两院一园”开园仪式	在宁波工程学院翠柏校区，省委副书记、市委书记郑栅洁，香港科技大学教授李泽湘及3名人才代表共同按下启动球，宁波智能技术学院、宁波清水湾智能技术研究院和清水湾（宁波）智能产业园正式开园。开园仪式前，郑栅洁一行考察园区展厅和工程中心
7月31日至8月2日	贵州省黔西南州义龙新区党工委书记陈远华率党政代表团赴海曙区考察	义龙新区党政代表团先后到白云街道安丰社区、海曙区社会组织服务中心、宁波市公益一条街、望春街道清风社区、古林镇宁波天胜农牧发展有限公司、集士港镇山下庄村、新后屠桥村等地，考察社区服务管理、“美丽乡村”建设等工作
建军节前	“八一”慰问	区四套班子领导到省军区宁波第一干休所、区人武部、宁波军分区走访慰问
8月7日	慰问坚守在高温一线的工作人员	区委书记孙黎明先后到海旺保洁所、姚丰学校新建项目工地、海曙交警大队、鄞县大道俞家路口，慰问一线环卫工人、项目施工人员、区道路交通安全综合治理攻坚行动领导小组办公室的工作人员和一线交警
8月8日	检查指导防御台风“利奇马”工作	区委书记孙黎明先后到南门街道郎官社区低洼地改造提升泵站、五江口闸及上游配套河道工程地块、区气象灾害预警中心、三防指挥中心，听取当前气象预警情况及全区防汛防台风工作汇报，现场检查指导防汛防台工作
9月上旬	教师节慰问	区四套班子相关领导带队，分别到翰香小学、宁波市第十五中学、高桥镇中心小学、宁波市李兴贵中学、集士港中学、宁波市实验幼儿园、鄞江镇中心初级中学和章水镇中心幼儿园开展教师节慰问活动
12月24日	宁波工业互联网研究院产业园项目开工仪式	宁波工业互联网研究院产业园启动建设。省委副书记、市委书记郑栅洁，市政协主席杨戍标出席开工仪式
12月28日	宁波栎社国际机场三期工程正式投运仪式	省委副书记、市委书记郑栅洁，副省长高兴夫等出席投运仪式并考察新启用的2号航站楼，与工程建设先进代表合影。现场还为国航、东航、南航、厦航、长龙、春秋6家突出贡献航空公司颁奖

（王　翔）

区委办公室工作

【概况】 2019年，区委办公室发挥区委决策的“参谋部”作用，全力服务保障中心工作。推进“不忘初心、牢记使命”主题教育，策划组织区委常委会“周一晨学”“初心讲堂”等载体，保障主题教育“规定动作不走样、自选动作有亮点”。围绕“长三角”一体化、城乡融合、低效用地再开发、“81890”高质量发展等一批事关区域发展、社会关注度高、迫切需要解决的课题，开展深入调研。省委巡视期间，周密部署安排、强化服务保障，做到“工作要求即时部署，当日所需当日送达”；针对反馈问题，建立定期上报整改进度、任务对账销号等机制，推动问题整改到位，区委整改落实情况报告及时上报省委巡视办审阅。

以“交办事务不延误、文件传递不中断、文件办理不积压、各类差错不发生”为原则，全面实行“执行不过夜”机制，对各类文件流转签发明确时限，以战时状态促进服务升级增效。将原有“五办”主任会议制度扩大为区四套班子及相关常委部门“五+四”办公室主任每周例会制度，确保全区重要会议和重大活动精简规范、有序高效。贯彻落实上级基层减负有关规定，涉及村社、企业的“七多”事项清理率达65.9%。限额管理发文、会议数量，实行全区性党政会议预排机制，按照“余额”适当减并，2019年“三类文件”发文数控制在规定数额，会议数下降47.4%。把“项目攻坚提速年”“转型升级提质年”“作风建设提效年”活动作为各项工作主抓手，发挥抓落实专项办、“三服务”办的驱动引擎作用，建立红黄绿三色亮灯管理机制，对问题办结、群众评价等12个方面进行定量动态考核，加快问题上报及处置速度。2019年，全区办理“三服务”事项总量居全市第三，办结率达99.5%，居全市第二。其中，区本级办理事项9137件，办结率达100%。建立紧急信息直报制度，严格按照省市规定的1小时内上报要求，未发生一起因迟报、漏报、瞒报、谎报等被上级通报事件，信息工作在全市名列前茅。围绕重点项目、重点工作预排年度重点督查计划，督查检查事项精简61.2%，考核项目削减52.3%。完善从立项到办理到办结反馈的工作闭环，加大一线督查比例，推进督查事项件件有回音、事事有着落。发挥考核指挥棒作用，建立季度督导机制，完善末位检讨、评优否决、奖金激励等奖惩机制，调动考核责任主体的积极性与主动性，逐渐形成全区上下争先进氛围。

持续优化干部队伍建设，全年有1名干部提拔到正处级岗位、3名干部提拔到副处级岗位，提拔科级领导职务3名，职级晋升4名。通过开展“寻访初心”、支部书记讲党课、“党员干部话初心”等活动，坚定理想信念，提高理论素养，增强运用科学理论指导实践、推动工作的能力。健全跨科室协作机制，实施大兵团工作模式，强化补位配合，全面提升工作效率。由领导班子成员带头，分3组深入农村、社区、企业一线开展调研，帮助解决基层问题23个。建立“双报到双服务”机制，结对共建石碶街道雅渡村，进一步增强服务基层、服务群众本领。

【区委信息工作】 2019年，区委办公室编发本级刊物170期，上报各类信息1200余条。至年底，被上级信息部门录用362条次，获省、市领导批示21条次，录用信息得分居全市各县（市、区）第一。完善镇（乡）街道属地首报责任制及公安、应急管理、卫生健康等职能部门协同配合的工作机制，破解紧急信息报送“中梗阻”问题。完善考核机制，创新引入“谁发现谁报送谁得分”的激励机制，延伸紧急信息报送触角，做到“赶超媒体赶超网络”。采取区级《每日汇报》区委办、区府办合编模式，开发“党政信息工作网”统一报送平台，全区信息工作实现“一份刊物、一个平台、一支队伍、一本账目”。多渠道充实队伍、多形式加强培训，全年各培训逾230人次。在重点科室、重点村（社）建立信息直报点制度，挖掘一批如“共享住宿”“电动车新国标”等反映基层实际情况的调研稿件，被省、市相关刊物录用。

【区委办公室科室调整】 2019年，区委办公室调整优化科室职能，设立档案行政科，实行局馆分设，建立与档案馆协作联动机制；单设机要保密科，在全区设立7个保密协作组，解决管理层级断档和组织领导力延伸困难问题；挂牌设立法规科，落实专人负责，实现规范性文件备案审查全覆盖；建立公务接待领导小组统筹全区公务接待工作；增加对台工作、国安办协调联络职能，为保障各项工作顺利开展提供组织保障。

【“海曙行动3.0”抓落实综合平台建设】 2019年，海曙区深化“海曙行动3.0”抓落实综合平台，设立“六争攻坚”行动推进情况展示墙，依托实景跟踪信息技术、“大数据”智慧分析技术，实现挂图作战、实时通报、亮灯管理、绩效对账。推动20个省、市集中开工项目，13个市领导联系重点项目，5个省、市、县长项目，19个省、市重点工程及164个区级重大项目均按计划稳步推进。

（王　翔）

组织工作

【概况】 2019年，海曙区学习贯彻习近平新时代中国特色社会主义思想，高质量开展“不忘初心、牢记使命”主题教育，实施“党建争强”攻坚行动和“作风建设提效年”活动，履行抓党建、强党建职责，推动海曙组织工作高质量发展。新增基层党组织185个，新增党员729人。至年末，全区实有基层党组织2675个、党员47806人。

首推区委常委会“周一晨学”，举办区管干部专题读书班、党性修养专题培训班，创设“寻访初心”“晨读夜悟1小时”“学习早餐会”“初心讲堂”等学习载体，推行组织生活基地线上预约管理系统“海曙红图”，设立山区集中自学点、党员返乡集中学习站，引

海曙区智慧党建中心

导党员干部深学、常学。举办"使命—海曙民企红色书信诵读大会""锋领天—党建品牌十周年活动",营造主题教育浓厚氛围。推进"调研解难题、深化'三服务'"行动,开展"电视问政",围绕区域发展难题和民生热点问题确定调研课题548个,发现并解决问题1337个。推进主题教育专项整治,采取"三色亮灯"动态评估,发现整改问题709个,完成整治406个。"区委常委会周一晨学""高山巡回医疗队上门解决山区群众就医难问题""稳外贸促发展"等做法被省主题办刊发推广,市级以上媒体报道海曙区主题教育100余篇,主题教育各项任务落细落实。

推进"锋领海曙"全域党建,建成全省首家区级智慧党建中心,构建支部建设"学、诊、研、赛、帮"链式工作模式,开展"锋领支部"竞赛,区级层面分领域筛选56个先进支部开展"书记讲党课""主题党日策划比赛",倒排14个后进村党组织完成整顿,完成全区2400余名支部书记集中轮训和全区"两新"组织党组织集中换届。出台村社书记区委备案管理办法,开展"头雁增能研修班""红色旗手训练营"等加强优秀基层党组织带头人培训,推荐评选市、区"两优一先"324名(个),发动1200余名机关党员到居住地报到认领岗位。推广"党建帮办"制度,为全区企业提供政策帮享、人才帮育、市场帮需、困难帮解、党建帮强"五帮"服务,获市委书记郑栅洁批示肯定。成立商圈党建联盟,出台海曙区商圈党建标准化建设制度,深入实施"名企双强"计划,打造旷世网贸园等一批非公企业党建示范点,职工30人以上企业有党员比例和职工80人以上企业单建党组织比例均达到100%。2019年度基层党建质量综合评价位列全市第一层次。

【人才工作】 2019年,海曙区人才总量23.96万人,新引进"顶尖人才"12人(全职引进外籍院士1人)、"特优人才"23人;入选宁波"3315系列计划"人才项目17个,系列计划入选总数和"泛3315计划"入选数蝉联全大市第一。将人才工作职责纳入成员单位"三定"方案,建立人才工作重点指标体系,首次对人才工作领导小组各成员单位下达年度重点任务书。启动新一轮"双招双引"小分队工作,组织6支小分队到北京、西安等国内重点城市及瑞士、芬兰等国家招商引才,工作获市委书记郑栅洁批示肯定。主动服务对接地方院校,跨区域打造"引才共同体",全职引进加拿大工程院院士姚育东,与宁波大学共建的智能医学和生物医学工程研究院落地海曙区。定期开展"财智合作沙龙""才企牵手"等活动,14家人才企业获得民间资本投资近2亿元,6家企业在甬股交挂牌。建立全市首个青年人才驿站和青年人才服务综合体,开展"人才暖心"系列活动,走访慰问专家人才270余人,解决高层次人才子女就学、家属就业等事宜20余件。安排380套房源,着力解决专家安居需求。

人才工作目标责任制年度考核跃升全市第一,历史性获评全省、市、县党政领导人才工作述职评议考核优秀县(市、区),全市仅两家。

【干部任用】 2019年,区委组织部坚持一线考察识别干部,提拔重用69名在"六争攻坚"等中心工作中表现突出的干部,处理"末位"干部12人,"六争攻坚"专项考察机制完善健全。分类别、分领域、分层级培训区管干部1550余人次,累计选派105人次干部赴"六争攻坚"、招商引智、乡村振兴和对口支援、扶贫协作地区锻炼。有序完成机构改革和人员转隶,得到省委编办主任吴伟斌批示肯定。完成人民警察职务序列改革,启动实施公务员职务与职级并行制度,制定职级晋升制度。有序开展公务员考录和选调工作,新招录地方公务员44人,面向"双一流"及省内重点高校选调应届毕业生9人,探索选调生"一人一档、制定方案、持续跟踪"的培养模式,继续实施"青年卓越计划",5名A类储备干部完成两轮科级领导职务岗位锻炼。落实领导干部个人有关事项报告、因私出国(境)管理、社团兼职清理等工作,"部长夜谈"等谈心谈话工作实施常态化。

【"两新"组织党组织换届】 2019年,海曙区首次以集中换届的方式,采用"公推直选""无候选人直选"为主、"三推一选"为辅的选举方式,指导"两新"组织党组织进行换届选举。通过1个月左右时间,全区439个"两新"组织党组织完成集中换届选举,实现全区"两新"党组织届期相对统一、程序规范到位,85%以上的党组织书记进入高级管理层,进而优化班子结构、助推"两新"组织发展。

【全省首家区级智慧党建中心建成】 2019年7月1日,海曙区智慧党建中心投入使用。中心依托"一网一号一中心"("锋领e家"党建信息管理系统、"锋领汇"微信公众号、大数据监测指导中心)为核心的智慧党建体系,为全区2600余个基层党组织和47000名党员提供全方位、立体化、可视性的党建大数据服务。中心共4层,由海曙党情参观体验区、党建大数据指挥中心、支部讲堂和初心馆等场馆组成,面积2000余平方米,配备专职党务工作者管理运行,同时也是海曙区支部建设指导中心,以"一切工作到支部、支部工作汇总部"为工作主线。区委书记孙黎明,市委组织部副部长、市委"两新"工委副书记朱志坚共同为中心启用揭牌。

【区直机关党组织划片管理】 2019年11月,区委直属机关工委印发《关于进一步调整完善区直机关党建工作划片管理的通知》,按照职能相近、地域相邻、精干高效、便于活动的原则,优化党建片组设置,将全区65个区直单位划分成6个片组。划片管理可进一步调动区直机关党组织积极性、主动性和创造性,推进机关党建工作科学化、制度化和规范化。

(邹 挺)

宣传思想工作和精神文明建设

【概况】 2019年,区委宣传部深入学习贯彻习近平新时代中国特色社会主义思想,通过专题座谈会、领导干部讲课、专家集中授课等形式，开展区委常委会学习17次、区委中心组（扩大）学习会14次。9月，针对省委巡视过程中反馈问题，探索建立“区委常委会周一晨学”制度和“全区政治理论学习荐学”制度，确保理论学习应学尽学。拓展新媒体学习渠道，用好“学习强国”学习平台、“学在海曙”微信公众号，打通领导干部理论学习“最后一公里”。抓实基层党委中心组巡视，指导督促基层中心组规范化运行。

关注让党的创新理论“飞入寻常百姓家”的重点目标，区级层面统筹谋划，探索实施“中央厨房集成化生成，分众分类个性化呈现”的基层宣讲模式。立足时代大主题、选好宣讲小切口，通过文艺党课、有声党课、在线直播、面对面访谈等多种形式，让党的创新理论走进机关单位、田间地头，更加“接地气、聚人气”。“理论宣教‘中央厨房’”项目获2019年度宁波市宣传思想文化工作创新大奖。着重储备比赛型、专家型和草根型等各类宣讲师资，选送的“全国自强模范”陈效平、江厦街道肖云镝分别获浙江省第十届微型党课比赛特别奖和宁波市第十一届微型党课比赛一等奖。

健全道德荣誉奖评体系，扩展先进典型挖掘、选树和宣传渠道，屠呦呦获“共和国勋章”和“最美奋斗者”称号，“钢琴奶奶”莫志蔚获评“2019感动宁波人物”。全年获评“中国好人”1人、“浙江好人”2人、“宁波好人”11人、宁波市道德模范1人、“最美宁波人”1人。启动“海曙好人”评选活动，评选出“海曙好人”22例（23人），围绕先进事迹拍摄《好人》宣传片，设立“曙有爱”好人基金、“好人贷”信用产品，举办发布会现场表彰，引导人民群众见贤思齐。开展“扣好人生第一粒扣子”“春泥计划”等主题活动，培育未成年人良好思想品德。

提升“We志愿”平台和学雷锋志愿服务枢纽站、工作站建管水平，促进服务资源城乡一体化发展，发挥“81890”、区志愿者协会作用，实现统筹联动，强化供需对接，完成志愿信息对接1500余次，服务计时超过7.6万小时。广泛开展志愿服务先进评比，先后获“浙江省‘五个20’先进典型”称号和市“新时代文明实践志愿服务”项目铜奖、优秀奖各1项。

制定《海曙区推进新时代文明实践中心建设工作方案》，依托“81890”建设区新时代文明实践中心，中心二楼展陈设计基本完成，9个涉农镇（乡）街道的新时代文明实践所和57%的行政村（社区）新时代文明实践站开放使用。

围绕“文明助推乡村振兴”主线，选择李家坑村、山下庄村试点“垃圾不落地、河道不洗衣、公共场所不吸烟”文明乡风倡议，探索竹篓式垃圾桶、倾斜式洗衣池、便携式烟蒂盒等系列微载体，推动《宁波市文明行为促进条例》在农村落地见效。“最红章水”“广德乡韵”2条文明示范线开线。提升“清新乡居”文明示范线，新建道德风尚馆、乡愁馆、宣传小品等特色载体，开发专属LOGO，加大宣传力度。对照各级“文明村”创建标准，加强公益宣传、美丽庭院、家风家训等载体建设。

设置在区图书馆的“喜马拉雅”有声读书馆

推进“书香宁波2020”计划，多个指标位于全市前列。完善阅读服务设施体系，推进公共图书馆一体化建设，图书馆流通人次超过202万，建设区图书馆少儿阅读区、月湖金汇小镇“有声阅读书墙”等阅读空间，建成基层“阅读书房”60家。提升书香活动品牌，承办第五届浙江书展主论坛·天一阁论坛活动，建成宁波首个全民新锐知识分享平台“HiTalk”；承办2019年宁波文博会“书香之城”展区，邀请“喜马拉雅”“中文在线”等10余家有声阅读企业参展。持续开展“书香宁波·海曙阅读季”嘉年华，推出4个板块100余场活动，参与人次超10万。创新推出“书香之路”定向跑活动，通过坐标打卡的新颖形式，宣传推广海曙区“书香文化”内涵。

【文明创建工作】 2019年，海曙区印发《五整顿两提升四完善行动方案》《公益宣传实施方案》等制度，聚焦环境秩序、文明素养、窗口单位、公益宣传4个重点，继续推进“文明创建十大行动”。开展文明出行、文明施工、文明餐桌等实践活动和文明单位、文明村、文明校园等创建活动，区级文明校园创建率达100%、区级文明窗口创建率达97%。强化日常全域巡查督查，引入第三方机构测评，通过区级媒体曝光问题，下发督办单26份、反馈问题640个，整改落实率达96%。创新实施社区（小区）销号制度，销号370个、销号率达95.1%；探索小区执法“五步法”，覆盖274个中心城区小区，共整治“牛皮癣”案件169起。开展全区公益广告征集活动，张贴公益宣传海报超12万张，视频《我生在中国》在省、市多个比赛中获奖。

【区第四届道德模范颁奖典礼】 2019年1月7日，“大爱海曙 德耀盛世”第四届海曙区道德模范颁奖典礼在集士港镇广德湖剧场举行。姜善庭等3人获"评委会特别奖"，李红伟等10人获"第四届海曙区道德模范"称号，董香茂等10人获"第四届海曙区道德模范提名奖"。区委书记孙黎明看望道德模范并讲话，市文明办副主任戴建立，区领导张宁辉、胡振燕、孙铭龙、国宇等出席活动。

【"81890"农村文化礼堂服务专线开通】2019年7月9日，海曙区"81890"农村文化礼堂服务专线开通。"81890"农村文化礼堂服务专线是旨在提升基层群众的获得感和满意度，按照"政府主导、社会参与、市场配置"构建模式，建设的集需求收集、供需对接、服务提升等功能一体化的农村文化礼堂综合服务平台。平台围绕群众实际需求，打通政府服务、市场服务和志愿服务三方资源渠道，建立"点单式服务""成效二次回访""服务通报与退出"等机制，推动服务供给提质增效、优胜劣汰，进而促使农村文化礼堂常态运行和长效发展。

【天一阁论坛】2019年10月18日，第五届浙江书展暨2019年"宁波读书节"的核心论坛之一——天一阁论坛在海曙区举办。该论坛由中共浙江省委宣传部、浙江出版联合集团、宁波市人民政府主办，中共宁波市委宣传部、海曙区人民政府承办。敬一丹、阿来、李洱3位"大咖级"文化名人出席活动，分别登台作主题演讲。活动现场，"西湖友谊奖"外国专家家庭、"全国自强模范"和"全国最美家庭"还受聘成为"书香宁波"阅读推广使者。

【市第三届"我最喜爱的习总书记的一句话"宣讲比赛在海曙召开】2019年10月18日，宁波市第三届"我最喜爱的习总书记的一句话"宣讲比赛于石碶街道雅渡文化礼堂举行。区委宣传部的贾文伊、月湖街道的李菲、海曙公安分局的葛思彤参加比赛。在10月26日的决赛中，李菲、贾文伊获三等奖。

【电影《典妻》获省"五个一工程奖"】11月22日，浙江省第十四届精神文明建设"五个一工程"获奖作品表彰会召开，电影《典妻》获省"五个一工程"奖，实现海曙区在此奖项上零的突破。同时，电影《典妻》、电影《会痛的十七岁》、歌曲《小镇守艺人》、话剧《守护》4部作品获得市"五个一工程"奖，数量、质量较往年有显著提升。

梅园革命史迹陈列馆

【区互联网发展联合会成立】2019年12月6日，海曙区互联网发展联合会成立大会暨第一次会员大会举行。会议审议通过《宁波市海曙区互联网发展联合会章程（草案）》，选举产生联合会第一届理事会会长、副会长和秘书长、副秘书长。区互联网发展联合会是由全区范围内从事互联网内容生产发布、信息技术应用开发及关心和致力于推动海曙区互联网行业发展的社会各界人士自愿组成的地方性、联合性、非营利性社会组织，具有社会团体法人资格。旨在统筹协调互联网领域活动组织、宣传引导、对外交流、行业自律等工作，参与和推动属地网络综合治理体系建设。成立之初有成员64人。

【鄞江镇梅园革命史迹陈列馆获评省级爱国主义教育基地】2019年12月，省委、省政府发布第十一批省级爱国主义教育基地的命名通知，海曙区鄞江镇梅园革命史迹陈列馆成为省级爱国主义教育基地。梅园革命史迹陈列馆坐落于鄞江建岙学校旧址，该学校曾是中共鄞西区委、鄞县（鄞奉）县委、四明地委机关的驻地。梅园陈列室占地面积0.17公顷，展厅面积800余平方米，成为海曙区弘扬革命传统、讴歌红色文化的重要阵地之一。

（胡皓鹏）

统一战线工作

【概况】2019年，区委统战部围绕新中国成立70周年和中国共产党领导的多党合作和政治协商制度确立70周年时间节点，组织全区统一战线开展一场"不忘合作初心，继续携手前进"主题座谈、一次爱国主义红色教育、一场庆祝70周年主题文艺会演，一幅70米盛世牡丹长卷等"七个一"系列庆祝活动。通过主题教育、专题培训、革命历史实践教育等形式，增强全区统一战线成员"不忘合作初心，继续携手前进"的思想共识。挖掘"全国民族团结进步模范个人"马富强、"全国自强模范"陈效平等"身边的统战人"先进事迹，激发全区统一战线成员争先意识。

探索无党派人士队伍结构化试点工作。建立区无党派人士核心库、骨干库、基础库三级数据库，出台《宁波市海曙区无党派人士登记制度（试行）》《宁波市海曙区无党派人士有序流动制度（试行）》《宁波市海曙区无党派人士结构化召集人制度（试行）》

《宁波市海曙区无党派人士培训培养制度（试行）》4项工作制度，建立实体化运作的无党派人士联络中心，初步构建无党派人士队伍结构化工作体系。拓展“亲”“清”政商关系构建工作。引入“甬商公共服务平台”运营古林“亲清家园”，开展服务集市活动，增强服务企业能力，并在高桥镇、洞桥镇、横街镇创建“亲清家园”，以点带面促进全区“亲”“清”政商关系构建。创新做好基督教私设聚会点规范化治理。清理、取缔3个基督教私设聚会点，出台《海曙区基督教私设聚会点“以堂带点”管理规范》，通过“以堂带点”、“清单式管理”、审批宗教临时活动地点等形式把全区基督教私设聚会点都纳入有效管理。深化“乡贤汇智促发展”工作。出台《中共宁波市海曙区委统战部关于大力推进新乡贤工作的指导意见》，建立新乡贤工作领导小组，实现新乡贤组织全覆盖，以乡情、校友情促进乡贤回归，助力引进企业12家。配齐配强17个镇（乡）街道侨联负责人，加强基层侨联组织建设，清风社区获评“中国侨胞之家”，章水镇创建浙江省侨务工作示范基地。打响“群新荟海”新的社会阶层人士统战工作品牌。南站商圈新的社会阶层人士同心实践驿站获评省级创新实践基地。在芝士公园创建全市首个教育中介领域的新联组织和阵地，在启运86微电影产业园建立影视行业的新联组织和阵地。建设民主党派“同心惠民”社会服务品牌。开展薄弱村结对帮扶行动，启动“山货下山”“农夫市集”“育婴师培训”等社会服务项目，帮助群众增收创收，助力乡村振兴。

【区委常委会民主生活会党外人士意见建议征求座谈会】 2019年1月18日，海曙区召开区委常委会民主生活会党外人士意见建议征求座谈会。海曙区委副书记、政法委书记张启表主持会议，区委常委、统战部部长李冠杰出席会议，区各民主党派、无党派人士和工商联（商会）有关负责人参加会议，对提升基层统战工作意识、改进招商引资和人才引进工作等提出意见建议。

3月11日，海曙区召开全区统战工作会议

【统战工作会议】 2019年3月11日，海曙区召开全区统战工作会议。学习贯彻习近平新时代中国特色社会主义思想和中共十九大精神，交流基层统战工作亮点，总结2018年全区统战工作，研究部署2019年工作任务。海曙区委常委、统战部部长李冠杰出席会议并讲话。各镇（乡）街道统战委员、区相关部门统战工作分管领导、各民主党派基层组织负责人、无党派人士结构化总召集人、各区级统战社团负责人和区委统战部、区工商联、区台办全体机关干部共80余人参加会议。

【党外代表人士培训班】 2019年4月15—18日，全区党外代表人士培训班在浙江省社会主义学院四明山分院举办。区民主党派、无党派人士、党外知识分子和新的社会阶层人士代表共70余人参加培训。区委常委、统战部部长李冠杰作开班动员，浙江四明山干部学院党委书记、常务副院长徐康林致欢迎词，区委统战部常务副部长郁建军等出席开班仪式。培训期间，学习“不忘初心、牢记使命”、“经济学视角下的政商关系与宁波民营经济发展”、“中国新型政党制度”和“国际国内形势”等课程，并赴浙东抗日根据地旧址群和横坎头村开展红色主题教育学习，参观大丰实业股份有限公司和宁波江丰电子材料有限公司等行业领先企业。

【民主党派半年度工作座谈会】 2019年7月24日，区2019年民主党派半年度工作座谈会召开，共同研究讨论区各民主党派上半年工作进展及下半年工作思路。区委常委、统战部部长李冠杰，区人大常委会副主任、民盟海曙区基层委员会主委孙铭龙及民革、民建、民进、农工党、致公党、九三学社海曙基层组织负责人参加座谈。区委统战部常务副部长郁建军主持会议。

【区委统一战线工作领导小组会议】 2019年9月6日，区委统一战线工作领导小组会议召开。会议深入学习贯彻习近平关于加强和改进统一战线工作的重要论述，审议通过《关于调整区委统战工作领导小组成员名单和职责分工的方案》，传达全省宗教工作基层基础建设现场会精神。区委宣传部、区公安分局、区卫生健康局等成员单位作交流发言。区委书记、区委统战工作领导小组组长孙黎明主持会议并讲话，区委副书记、政法委书记张启表，区委常委、区政府常务副区长谭国洪，区委常委、统战部部长李冠杰，区政协副主席吴军良等领导小组全体成员参加会议。

【民主党派庆祝新中国成立70周年暨中国共产党领导的多党合作制度确立70周年座谈会】 2019年9月19日，为庆祝新中国成立70周年暨中国共产党领导的多党合作制度确立70周年，海曙区召开民主党派座谈会。区人大常委会副主任孙铭龙等14名区各民主党派代表参加，区委统战部常务副部长郁建军主持会议，区委常委、统战部部长李冠杰出席会议并讲话。7个民主党派基层组织代表立足本职，结合实际，先后从加强政治引领、深化民主监督、积极参政议政、倾力服务社会、扎实推进自身建设等方面回顾各党派自成立以来的重要事件及代表性人物，讲述历史、初心与真情，展示各民主党派的精神风貌和责任担当。

（陈　晨）

对台工作

【概况】 2019年，海曙区与台湾地区基层交流合作持续深入，开展海峡两岸沈光文文化节系列活动，接待南投埔里镇"樱花马拉松"参访团、南投县国民党党部、三民区妇女会、台北市宁波同乡会"金秋返乡"参访团等团组20批次404人次。协助推进宁波市半山伴水度假区、三宝集团健康城等一批重点台资项目落实落地，举办海曙区台商爱心助学奖学活动和"中秋送温暖，爱心永传承"慰问活动。做好台胞台属服务，召开海曙区第七次台胞台属代表大会，指导区台联会第六届理事会换届。做好涉台宣传工作，中央电视台《海峡两岸》栏目播出《台商在宁波海曙区爱心助学》《台商在宁波：大自然中找商机》等5篇报道，《打造台商创业"第二故乡"》《文开台湾 情系两岸 宁波海曙区举办2019沈光文文化节活动》等稿件被《两岸关系》《浙江对台工作》等刊物采用。

【南投埔里镇"樱花马拉松"参访团到海曙交流】 2019年4月12—17日，台湾地区南投县埔里镇基层民众一行37人到海曙区考察交流，10名埔里镇女子长跑爱好者参加2019年宁波（醉美樱花）国际女子半程马拉松赛，参访团考察天一广场、东鼓道、老外滩等商业街区及白云街道安丰社区等基层社区，在高桥镇参加"中华一家亲 梁祝故里行"传统文化交流活动，现场观看"王升大"青团制作及茶艺、书法等表演。

【台商助学奖学活动】 2019年8月26日，海曙区台商爱心助学奖学活动在台资企业宁波市半山伴水度假区举行，资助20名优秀贫困大学生每人3000元，共计捐助助学金6万元。同时，为海曙区高桥镇中学70余名优秀学生举行奖学活动，在宁波市半山伴水度假区开展低空素质拓展及户外体验活动。

【2019海峡两岸文化沈光文文化节】 2019年10月19—22日，海曙区举办"文开台湾 情系两岸"2019年海峡两岸文化沈光文文化节系列活动，邀请台南善化庆安宫、台北市宁波同乡会、台南善化小学、两岸沈氏后裔等百余人参加。活动包括海峡两岸沈光文文化交流活动、沈光文407周年诞辰纪念活动、2019年光文故里海曙马拉松赛、"光文杯"2019年宁波市木球竞标赛、"说光文故事话民族未来"小学生交流、乒乓球交流、两岸沈氏后裔纪念沈氏先祖等，促进海曙台湾两地文化体育交流，增进两地基层民众情感交流。此外，参访团还考察海曙区新农村建设，参观具有深厚宁波地方文化色彩的天一阁·月湖景区，在月湖大方岳第"天一荟"观看甬剧、越剧、宁波走书等地方传统艺术表演。

【区第七次台胞台属代表大会】 2019年12月25日，海曙区召开第七次台胞台属代表大会，全区116名台胞台属代表及特邀代表参加会议，大会听取并审议区台联第六届理事会工作报告、章程修改报告，学习习近平在《告台湾同胞书》发表40周年纪念会上的重要讲话，选举产生新一届理事会领导班子。

（徐　鑫）

政策研究

【概况】 2019年，中共宁波市海曙区委政策研究室，加挂"区最多跑一次改革办公室"牌子，并对职能配置和内设机构进行调整，下设综合业务科、政策调研科、改革发展科，主要承担政策研究和深化改革（"最多跑一次"改革）等工作。

区委政研室制定出台《关于推进调查研究工作制度化规范化科学化的意见》，建立区级部门和镇（乡）街道调研队伍；围绕区委、区政府中心工作及重点工作，开展一批事关经济建设、社会发展、党的建设等全局性、战略性问题和改革开放中新问题的调查研究。草拟《中共海曙区委关于坚持底线思维坚决打赢防范化解重大风险攻坚战的意见》和《中共海曙区委关于

10月19—22日，海曙区举办"文开台湾 情系两岸"2019年海峡两岸文化沈光文文化节系列活动

高水平推进区域治理现代化的决定》等重要政策；撰写《海曙区重大风险隐患排摸梳理分析报告》和《以产城融合推进城乡融合发展的对策研究》等重要文稿；创刊《调研与改革》简报，发刊4期。

【调查研究】 2019年，区委政研室梳理、拟订党政领导重点调研课题计划，安排区委、区政府领导重点调研课题15个，内容涉及经济发展、社会管理、城乡建设、党的建设等多个领域。组织并成功申报省级年度党政领导重点调研课题2个、市级年度党政领导重点调研课题4个。

组织参与中心村培育建设、“红色引领绿色发展”努力建设美丽乡村政策实施情况专题调研。结合区委、区政府重大工作部署，围绕基层社会治理、重大区块开发、旅游发展、乡村振兴等专题，组织开展调查研究，形成《海曙完善和创新社区治理体制机制》《关于扩大天一阁·月湖景区影响力和辐射力的对策与建议》《关于海曙区盘活利用农村闲置房屋的调查与思考》等6篇调研报告。

《加强和创新社区治理的几点思考》和《海曙高质量发展问题和对策研究》2篇以区委书记署名的调研报告被省委办公厅主办刊物《政策瞭望》录用；《“镇村联营”破解集体经济薄弱村发展难题》被《宁波调研》领导专报录用，得到省委副书记、市委书记郑栅洁批示；《“业务帮办”助推民营企业高质量发展》被《宁波通讯》录用；“海曙区域高质量发展问题及对策研究”课题获市党政系统“精品调研成果”奖；《关于海曙区盘活利用农村闲置房屋的调查与思考》《打造天一阁·月湖著名景区的对策与建议》分别入选2019年全市政研系统“十大创新力作”和“十大精品文稿”。

【全面深化改革工作】 2019年6月，区委全面深化改革领导小组改为区委全面深化改革委员会，调整优化区委改革委专项小组设置体系，调整优化7个区委改革委专项小组，设立8个部门改革工作组，组建7个“最多跑一次”改革专班。完善全面深化改革各项工作机制，制订《区委全面深化改革委员会工作规则》，建立健全工作例会制度、督查制度、考核评价制度，推动改革任务落地见效。制订《区委全面深化改革委员会2019年工作要点》，确定“家门口”智慧审批服务网等5个重点改革项目；谋划推进30个区级改革要点，新增3项省部级改革试点，超额完成各领域改革任务，改革经验做法先后4次在省级刊物《领跑者》、市级刊物《改革先锋》上刊登。召开区委全面深化改革委员会全体（扩大）会议2次。

各领域重点改革项目推进顺利，海曙区被列入全国首批、浙江首个“未来学校实验区”，夺得省“五水共治”大禹鼎，被推荐为省“无欠薪”示范区，被列入省政府“土地审批权下放扩面改革试点地区”，“开放空间”创建基层民主协商项目获第四届省“公共管理创新奖”和首届“中国城市治理创新奖”，“81890生活通”App入选“2019中国数字政府特色评选50强创新案例”，宁波智尚产业园获评国家级第四批“纺织服装创意设计试点园区（平台）”，“海曙区加快数字产业创新综合体发展改革”和“铁路宁波站枢纽综合治理创新和服务环境优化”先后被列入宁波市第一批、第二批改革项目。

【区委财经委员会组建】 2019年6月，中共宁波市海曙区委财经委员会组建。在区委政策研究室设立区委财经委员会办公室，负责处理区委财经委员会日常事务工作。机构建立后，召开区委财经委员会全体会议，会议审议通过《区委财经委员会工作规则》，推动党领导经济工作制度化、规范化、程序化；部署行政区划调整后涉及的存量资金、债务、资产等划转有关事项；部署重要项目处置有关事项。

（郑　宇）

机构编制管理

【概况】 2019年，区委编办以开展机构改革为重点，推进机关内部“最多跑一次”改革，承担公益类事业单位清理规范改革、镇（乡）街道行政体制改革等重点改革工作，严格控制和优化配置机构编制资源。

召开区委编委会，审议并制定印发《海曙区委机构编制委员会工作规则》《海曙区委机构编制委员会办公室工作细则》。研究制定事业周转编制使用办法，试点报备员额，修订编外用工管理办法，完善机关事业单位编外用工联合管理机制，规范镇（乡）街道编外用工使用管理。重新核定中小学教职工编制，新设6家幼儿园，规范全区公办医院机构编制管理，核定医院领导职数和中层职数。保障民营医院发展，核定和使用普济医院民办报备员额，在应急、退役、交通、治水等重点领域增加事业编制数量80余个，新增设部门下属事业单位11家。针对安全生产、生态环境、应急管理、食品药品安全等各类民生领域，督导27个部门开展126场次培训，培训人员1万余人次。

实施部门实名制月报工作制度，组织开展实名制系统操作培训，网上办理用编685人次，人员出入编1621人次、核准用职615人次，在编人员信息变更1000余项。梳理审核公布36家部门权力事项3209项，审核转报事项15项，公共服务事项147项，浙江政务服务网认领处理部门38家，处理完成事项1712条，17个镇（乡）街道梳理形成权力事项585项，公共服务事项96项，部门延伸事项1353项。

组织开展年度事业单位法人培训，70余名事业单位法定代表人参会。完成年度报告公示工作，办理年度报告审核和公示249家，“双随机一公开”实地核查事业单位4家，协助检查市本级及兄弟县（市、区）事业单位7家。强化事业单位中文域名管理，全区登记机关事业单位续费政务和公益中文域名320家。

组织开展《中国共产党机构编制工作条例》的学习宣传和政策解读，制定《宁波市海曙区机构编制工作执行情况监督检查工作方案》。完成对区民政局、洞桥镇等10家单位的联合巡察，对区业农村局、区妇联、古林镇和西门街道进行“双责联审”。建立整改情况跟踪回访制度，对机构改革后各部门及镇（乡）街道挂牌等情况实施

10月28日，海曙区举办全区事业单位法定代表人培训班

规范性检查。

开展“不忘初心、牢记使命”主题教育，组织“编学进行时、编研破难事、编检实打实、编改零延时”四大专项行动，开展“一周一次集中研学”“一人一篇摘编讲学”“一月一场专题教学”等学习活动。开展服务企业、服务群众、服务基层的“三服务”活动，仅下半年区委编办领导班子带队调研超过30次，走访党政部门和镇（乡）街道20余家，形成专题调研报告3篇。

做好全市机构编制系统重点课题成果报送工作，获得二等奖。拓展信息宣传渠道，中编办录用稿件17篇，省网站和简报录用共34篇，市、区级纸质、网站、微信等各类载体录用宣传信息40余篇。《机构改革实施情况简报》得到省委编办主任吴伟斌批示，《我区布局、开局、破局三步骤提前完成机构改革人员转隶工作》《区委编办组建“小分队”助推机构改革》《我区“三步法”提前稳妥完成机构改革人员转隶工作受省专家肯定》信息得到区委、区政府主要领导批示肯定。2019年，区委编办机关党支部被市委组织部授予“四星级基层党组织”称号。

【机构改革】 2019年，海曙区完成36家党政机构调整组建、挂牌运行、制定印发“三定”等重点工作任务，部门机构编制职数严格控制在总量内。完成区国土规划、城乡医疗保障、退役军人服务保障、应急管理等50余项职责划转和300余名相应人员转隶工作。对全区37家行政类或实际承担行政职能的事业单位进行“还政予政”调整，对10余家局级事业单位和40余家部门下属事业单位进行整合调整。此项工作得到省委编办主任吴伟斌的批示肯定。

推进五大领域（市场监管、文化市场、交通运输、农业、生态环境）综合行政执法改革，明确执法队伍编制适中、现有人员队伍稳定等改革原则，完成执法队伍组建和相关机构编制保障工作。

启动公益类事业单位清理规范改革，推进职能相近事业单位机构整合，198家事业单位经排摸后纳入清理规范。

【镇（乡）街道行政体制改革】 2019年，区委编办统筹优化镇（乡）街道党政机构、事业单位设置，强化党的领导，构建基层组织架构，探索镇（乡）街道职责准入制度，切实减轻基层负担，推进行政执法权限和力量向基层延伸和下沉，围绕基层执法面临的现状问题，深入开展基层“一支队伍”管执法调研。

（高　承）

区委巡察工作

【概况】 2019年，区委巡察工作分2轮完成对章水镇、江厦街道、区民政局、望春工业园区、石碶市场区管理中心等10家单位党组织的巡察，并延伸巡察95家村（居）党组织，共发现问题1272个，移送问题线索41件，追回违规资金148.07万元，“四种形态”处理人员82人次，其中立案12人、党纪政务处分8人。

起草并印发《中共宁波市海曙区委巡察人才库建设和管理办法》，明确巡察人才库建设的主要目的、原则及人才库人员的来源和选配、培训和管理等具体细则。建立的巡察人才库有人员136人，平均年龄38岁，本科及以上学历120人，116人为财务审计、纪检监察、组织人事、综合文字等领域的专业人才。

【九届区委巡察巡前业务培训班】 2019年3月7日、9月20日，区委巡察办组织召开九届区委第七轮、第八轮巡察巡前业务培训班，总参会72人次。区纪委常委、区委巡察办主任俞小群进行巡察动员，并邀请时任区纪委区监委派驻第二纪检监察组正科长级纪检监察员梁红讲解巡察重点内容和相关依据，随后各巡察组开展内部交流。

【九届区委第八轮巡察工作动员部署会】 2019年9月19日，九届区委第八轮巡察工作动员部署会召开，134人参加会议。区委常委、区纪委书记、区监委主任、区委巡察工作领导小组组长李晓东传达中共中央政治局常委、中央纪律检查委员会书记赵乐际在市县巡察工作推进会上的讲话精神；区委常委、区委组织部部长、区委巡察工作领导小组副组长严仕恩部署九届区委第八轮巡察分组安排；区委书记孙黎明作巡察动员讲话。会议启动九届区委第八轮巡察。

【省委专项检查后整改】 2019年10月31日，省委专项检查组向区委巡察工作领导小组反馈检查意见，指出5个方面16个问题，提出针对性很强的4条建议。区委巡察工作领导小组第一时间对专项检查组反馈的问题认真分析研判，成立专项检查反馈意见整改工作领导小组，具体由区委巡察办组织实施。整改工作领导小组倒排时间节

9月20日，九届区委第八轮巡察培训会召开

点，明确责任到人，强化与区纪委区监委、区委组织部、区委宣传部等部门单位的对接沟通，形成专项检查整改方案，并根据整改方案确定的时间表、任务书，紧扣节点狠抓整改落实。区委巡察办制定完善《中国共产党宁波市海曙区第九届委员会巡察工作规划（2019年修订）》《中共海曙区委巡察组工作规则》等9项文件制度，严格工作标准，增强监督实效，巩固整改成果。

（苏　纯）

信访工作

【概况】 2019年，海曙区信访形势总体向好，呈现“两降两高”态势，“两降”，即来信和四级走访总量下降。其中，来信501件、比上年同期下降4.4%；四级走访1229人次，同比下降41.4%（下降幅度列全市第一）。“两高”，即网上信访、区级走访占比高。其中，网上信访5088件，占比74.6%；区级走访1024人次，占比83.3%。“12345”统一平台受理来电33180件，信访规范化办理水平提升，按期受理率达99.98%、按期答复率99.99%，均列全市第二。圆满完成中华人民共和国建立70周年等重大活动和重要节点时期信访保障工作，实现创建“无信访积案县（市、区）”年度目标，年度信访工作考核获得全市一等奖。

【“无信访积案区”创建】 2019年，区信访局推进“无信访积案县（市、区）”创建，化解国家级、省级各类积案6件，化解率100%；国家信访局走访下降33.8%，新增积案下降48%，成功创建“无信访积案县（市、区）”。梳理出全区镇（乡）街道历年旧案105件，通过集中攻坚，按照“一案一化解方案”专班专案，化解旧案45件。

【信访代办制度试点】 2019年，区信访局在全区范围内铺开信访代办制度。在镇（乡）街道设立信访代办中心，在村（社区）设立信访代办点，挑选基层网格员、乡贤、“老娘舅”、有威望的村民代表、老党员等组成信访代办员队伍，通过日常走访排查化解矛盾纠纷、提供跑腿代办服务，通过信访代办推动“一单到底”责任落实，让“群众上访”变“代办助访”。立足乡镇实际，创新探索高山“下访进村”制度，在章水镇组建“高山下访服务队”，每月固定几天时间到村社开展下访进村，主动下访，让群众“一次也不跑”。

【“信访超市”建设】 2019年12月，海曙区社会矛盾纠纷调处化解中心（信访超市）成立。“信访超市”位于区行政中心雅戈尔办公区，建筑面积约1500平方米。中心按照“9+N”的模式，整合区综治中心、人民来访接待中心、诉讼服务中心、公共法律服务中心、行政争议调解中心、“12309”检察服务中心、社会治理综合指挥中心、“12345”统一政务咨询投诉举报平台、公安信访等“线上线下”工作平台成建制入驻。内设诉求调解、信访接待、法律服务、劳动仲裁等13个窗口，采取常驻、轮驻、随叫随驻相结合的方式，整合政法委、信访、司法、人社、公安、法院、检察、民政、住建、综合执法、征收、规划12个部门以及人民调解、社会组织、心理服务、仲裁公证等社会力量进驻，派驻各类工作人员50余名，为群众提供全覆盖、全领域、全过程优质服务，实现矛盾纠纷调处化解及群众办事“最多跑一地”“就近跑一次”。

（郑　怡）

老干部工作

【概况】 2019年，海曙区有离休干部55人，其中区直属离休干部28人（含民政局代管3人）、易地安置27人。有区级退休干部21人、区管退休干部338人。

组织老干部学习中共十九大、十九届四中全会精神，习近平新时代中国特色社会主义思想及“八八战略”等重要指示精神。邀请老干部参加区“两会”及区委、区政府工作报告意见征求会、民主推荐区级领导干部会议。举办老干部区情通报会、全区老干部工作会议、离退休干部党支部书记培训班、“银辉”党支部书记座谈会、“翰香大讲堂”等，500余人次参加各类活动。推进离退休干部党建工作，新建翠中社区等9个离退休干部“银辉”党支部。为易地安置离休干部提供服务，落实“两费”（离休费和医疗费）催汇工作。组织老干部体检、疗（休）养及各类慰问，全年走访慰问老干部近600人次，电话或者短信慰问老干部1200余人次。组织离退休干部开展“走、看、促”活动4次，赴鄞州区塘溪镇、宁波市植物园、慈溪市、宁波高新区参观考察。开展新中国成立70周年系列活动，举办文艺会演1场，面向离休干部发放“新中国成立七十周年纪念章”33枚，举办专题摄影展1次、专题画展1次，为离休干部过集体生日1次，组织开办离退休干部八段锦培训班。

【老年大学建设】 2019年，区老年大学本部设置10个科目，共83个班级，有教职工（含兼职）43人，全校注册学员2780人次，其中新注册学员710人次。在鼓楼街道文昌社区、鄞江镇悬慈村创立2个教学点，开设面点班、越剧教唱、越剧表演等，招生约150人。区老年大学设有老年大学“银辉”党支部，下设9个小组，引导全校14支义工小分队、400余名党员发挥“正能量”。全年义工组织参与各类文化义演20次，约400人次参加。

【“银辉”党建工作推进会】 2019年5月17日，区委老干部局召开全区“银辉”党建工作推进会。会议总结了全区离退休干部工作经验，肯定了成绩突出单位和社区的工作成果，并对下一步全区“银辉”党建工作进行动员部署，会议现场为西门街道翠中社区“银辉”党支部等9个新成立的“银辉”党支部进行了授牌仪式。市委老干部局副局长华代群，区委组织部副部长、区委“两新”工委书记曹蕾，区委组织部副部长、老干部局局长朱彩娟，区委老干部局副局长殷丽健、蓝永清出席会议。

【庆祝“纪念新中国成立70周年”文艺会演】 2019年9月20日，由区委老干部局主办，区关工委、区老年大学联办的“纪念新中国成立70周年——盛世欢歌”文艺会演在宁波市老年大学报告厅举行。来自离退休干部代表、区老年大学的师生、区关工委的“银发”志愿者，以载歌载舞形式为祖国庆生。区委常委、组织部部长严仕恩，市委老干部局副局长华代群，市委老干部局副局长、市老年大学校长张晖等市、区两级领导，部分离退休干部、企事业代表、社会各界人士等300余人观看表演。

【区老干部“智库”成立】 2019年12月25日，区委老干部局成立海曙区老干部“智库”，首批16名离退休干部加入。“智库”设置“以老助老”服务组、法律服务组、文化服务组、体育服务组、“关心下一代”服务组、慈善服务组6个组别，针对居家养老、文化养老、医疗保健等群众特别是离退休干部群体最关心的问题深入开展调研服务。首批受聘的10名“智库”顾问由江伟利、方佳闰、王黎明等副区级（含）以上退休干部担任，顾问根据自身专业领域及兴趣进行分组，各组别均由专业条线退休的老干部担任组长。区委组织部副部长王翔出席会议，并为首批“智库”顾问颁发聘书。

（王高昕）

党校工作

【概况】 2019年，区委党校举办“学习贯彻习近平新时代中国特色社会主义思想”进修班3期、区管干部“不忘初心、牢记使命”主题教育专题读书班4期、公务员“学法用法三年轮训”专题培训班5期、区管领导干部专业化能力培训班4期、海曙区·贞丰县“脱贫攻坚 东西协作”干部培训班、庆元县“问海借力”培训班等主体班次和外训班次34期，培训、轮训党员干部7069人次。组织党校“红‘海’宣讲”服务队送课下基层宣讲58场次，受众6690人次。

参加省、市党校系统理论研讨会，成绩均名列县（市、区）级党校前茅。其中，提交省委党校系统理论研讨会论文5篇，获一等奖2篇，二、三等奖各1篇，入选1篇；提交市委党校系统理论研讨会4篇，获一等奖1篇，二等奖1篇，入选2篇。此外，提交第五届全省党校行政学院系统后勤管理研讨会论文1篇，获优秀奖；提交市党史学界理论研讨会论文3篇，获二、三等奖和优秀奖各1篇；申报省委党校系统规划课题3项，其中立项2项；市委党校系统课题结题2项，申报并立项3项；公开发表论文6篇次。与区纪委、区政协、区委组织部、区政务服务办等部门开展课题合作5项，6篇次资政文章获区领导肯定性批示。

以“悟初心、守初心、践初心”系列活动为载体，开展党校“不忘初心、牢记使命”主题教育。牢固树立“党的一切工作到支部”导向，开展“寻访初心”主题党日活动和“志愿帮扶党校在行动”系列活动，推动支部工作规范有效。实施“清明党风”“清净校风”“清正教风”“清新学风”四大行动，推进“清廉党校”建设。制定出台7个规章制度，对防范意识形态、科学决策、教学管理、安全生产等风险进行制度规范和引导。

【“学习贯彻习近平新时代中国特色社会主义思想”进修班】 2019年4月23日，全区“学习贯彻习近平新时代中国特色社会主义思想”进修班开班，600余名区管干部分3批参加轮训，每期5天。进修班包括专题讲授、现场教学、分组调研、小组讨论等形式，课程包括“习近平新时代中国特色社会主义思想概论”“学习十九大新党章、贯彻党的建设新要求”“习近平社会治理重要论述与五大实践”等专题。区委书记孙黎明出席开班式并主讲第一课，强调全区上下要以更高的站位学习贯彻习近平新时代中国特色社会主义思想，确保学深悟透、入脑入心；要以更大的作为学习贯彻习近平新时代中国特色社会主义思想，确保学以致用、见行见效；要以更优的状态学习贯彻习近平新时代中国特色社会主义思想，确保立说立干、开创新局。

【庆元县“问海借力”培训班】 2019年9月2日，庆元县“问海借力”培训班开班，来自庆元县的36名党员干部代表参加开班仪式，开始为期2周的理论学习、座谈交流、考察参观和对口实践锻炼。培训安排“基层社会治理创新”“海曙文化产业发展”“海曙数字经济发展概况”等课程，并安排海曙区智慧党建中心、“81890”救助服务中心、鼓楼历史文化街、静脉产业园等现场教学。通过开展针对性交流学习，提升经济发展、城市管理、基层治理等方面能力。

4月23日，“海曙区学习贯彻习近平新时代中国特色社会主义思进修班想”开班

【贞丰县“脱贫攻坚·东西协作”业务知识专题讲座】 2019年9月2日，区委党校联合区委组织部、区农业农村局，组织党校教师韩欢和吴颖到贵州省贞丰县开展2019年“脱贫攻坚·东西协作”业务知识专题讲座，内容包括“当前国际国内经济形势与热点问题”“中国茶产业发展现状与贞丰机遇”。贞丰县直各单位部门分管脱贫攻坚工作领导及具体负责人在县主会场参加学习，各村“两委”干部、第一书记、包村干部、固定下沉驻村干部通过“新时代学习大讲堂”电视专区进行同步集中学习。

【区管干部“不忘初心、牢记使命”主题教育专题读书班】 2019年10月9日，区管干部“不忘初心、牢记使命”主题教育专题读书班开班。读书班分4期举办，每期2天，持续至10月16日，覆盖全区近700名区管干部。读书班围绕习近平新时代中国特色社会主义思想，采取专题辅导与个人自学相结合的集中轮训模式，引导全体区管干部认真读原著、学原文、悟原理，为全区主题教育深入开展作示范引领。专题辅导主题涵盖“不忘初心、牢记使命”主题教育内涵解读、“八八战略”论述、社会主义道路经验等，个人自学书目包含党章、《习近平关于“不忘初心、牢记使命”论述摘编》《习近平新时代中国特色社会主义思想学习纲要》等，并组织观看《不忘初心学党章》主题教育片，开展主题教育专项测试。

（陈飞永）

档案工作

【概况】 2019年，区档案馆重点围绕“六争攻坚”、档案“三服务”、机构改革、纪念新中国成立70周年等重大工作展开。召开全区档案史志工作会议，举办“不忘初心、牢记使命”主题教育档案图片展，顺利通过浙江省、市、县国家综合档案馆业务建设评价。

开展电子文件管理统一平台建设，基本建成电子文件归档和管理系统，预归档事项45235件，21家单位共43510件，“最多跑一次”事项电子文件纳入归档范围。做好政务服务事项规范化建设，7个政务服务事项承诺期限压缩比、提交的材料电子化比率、电子证照实现率都实现100%，政务服务事项办事满意率达100%、8个公共服务事项实现“一证通办”。全年接待档案利用1840人次。其中，提供“异地查档、跨馆服务”309人次，调阅档案4084卷、607件。启动新一轮档案进馆工作，接收民生档案54470卷，实现馆藏档案数量翻两番，民生档案占比达80%。

组织召开全区档案员业务集中培训、全区数字档案室建设培训会、农村文化礼堂建档培训，共400余人次参加培训。编制完成《宁波市海曙区重点建设项目档案工作指南（试行）》，指导区农业农村局完成奉化江堤岸防洪改造工程、风棚碶泵闸工程项目档案验收。与海曙开发建设投资集团有限公司、海曙国有资本投资集团有限公司联系，实地指导企业建档。对域内开展档案中介服务的机构实行档案服务水平评估，通过服务水平测试，推动档案中介服务机构业务水平提升。开展村级档案管理现状的调研，梳理村级党务、村务、财务等条块考核与实际工作要求，研究制订“海曙区村级档案清单式管理目录”，促使村级档案归档模块化、菜单式，探索破解村级档案规范化管理难题。

对区委党史研究室、区卫生健康局、天一阁·月湖景区管理委员会、宁波海曙兰慧档案管理咨询服务部、风棚碶泵闸工程等5家单位（工程）进行双随机档案行政执法，并做好省执法监管平台的结果公布及反馈。持续开展年度省级档案工作目标管理认定、省级规范化（示范）数字档案室创建，通过档案目标管理省三级认定2家、通过规范化数字档案室测评1家，数字档案室测评12家。在浙江省行政执法监管平台上公示执法检查事项清单、执法人员、执法计划、任务、结果等，并在掌上执法平台开展行政执法专项检查。对区人大办、区委办、区卫生健康局、区应急管理局和区政研室的档案管理情况进行专项检查，主动告知对方执法事由、执法依据、权利义务等，并按规定出具行政执法文书，记录执法全过程。

印发《海曙区档案馆关于开展重大活动、数码照片、实物档案定期进馆工作的通知》。开展纪念中华人民共和国成立70周年档案资料征集工作，与区档案局联合印发《关于开展纪念建国七十周年档案资料征集活动的通知》，组织区委组织部、区委老干部局、区发改局、区商务局、区侨联等14家单位档案工作分管领导碰头会，部署开展纪念中华人民共和国成立70周年档案资料工作。征集到原宁波市镇明区区长史浩然的实物档案，包括解放华中南、淮海战役、抗美援朝等纪念章共7枚及战争期间使用过的公文包等。

征集代管郑金书、张振美的中国人民解放军浙江军区工作证、复原军人证明书、华东军区政治部功劳证等证书、奖章、纪念章等14件实物档案。征集俞福海收藏的图书资料等近400件。

与区纪委等部门联合编纂出版《清风史话——海曙传统家风家训》。《宁波府城隍庙》进入编纂后期。与区文联联合主办“百狮献瑞”——甬上狮子艺术藏品展。与区金融服务中心、市钱币学会联合布展“浙东红色政权金融货币展”，在香溢融通控股集团股份有限公司、集士港镇巡回展出。

“6·9”国际档案日期间，组织宁波教育学院2017级人文与经贸学院文秘专业学生进行为期半个月的学习。组织“送讲座、送展览、送书籍——档案文化下乡”活动，走进鄞江镇建岙村。组织全区档案工作者走进海曙红色教育现场教学点——梅园革命史迹馆，发出“保护红色档案资源”倡议，现场开展“记忆中的地标”老照片竞猜趣味活动，并通过“海曙发布”进行线上答题竞猜。开展“学思践悟 知行合一”档案业务技能大比武活动。

在“海曙发布”“宁波档案”“记忆浙江”等公众号、“宁聚”App、“甬派”等媒体平台推送档案宣传工作信息21篇，在“海曙发布”微信公众号创新推出“海曙纪事”，以图文形式每月一期盘点海曙大事，全年在各级报刊、网站发布档案宣传报道共182篇，其中4篇被《中国档案报》刊用。借助省档案馆和浙江卫视完成“跟着档案去旅行之宁波章水”的宣传，重温红色历史，挖掘档案背后的故事。

【区档案局、区档案馆机构改革】 2019年机构改革，区档案局、区档案馆创新探索“一套会商机制、一次联席会、一张流程单、一个工作网络”的“四个一”局、馆协同工作模式。档案事业由“单牵引”变成“双驱动”。档案局、馆共同制定《海曙区档案局馆工作会商机制》，加强局、馆工作联系，优化协同高效。联合召开全区机构改革档案工作推进会、档案史志工作会议，完成对37家涉改单位档案处置方案的审核，“三定方案”确定的涉改单位全部开展档案工作“三合一”制度（分类方案、归档范围和保管期限表）报审；区档案馆重新制定撤并单位和新增单位的全宗号调整方案，对机构撤销单位的档案进馆工作开展指导工作。

【区首批农村土地确权登记颁证档案进馆】 2019年3月7日，区档案局、档案馆工作人员到区农村土地确权档案数字化加工场所进行实地调查与指导。9月12日，区档案馆接收首批农村土地确权登记颁证档案入馆，共计3737卷。石碶街道、洞桥镇2个镇（乡）街道及栎社村、东杨、李家村等13个村的土地确权登记颁证档案，成为区划调整后区档案馆首次接收的涉农档案。至年底，全区3个镇（乡）街道共8000余卷土地确权登记颁证档案移交进馆。

【区首届“海曙·兰台匠人”推选】 2019年5月，区档案局、档案馆联合组织开展首届“海曙·兰台匠人”推选、“星级档案工作者”授牌等活动。活动经过网上报名、档案协作组推荐、综合评审等环节，全区共评选出首届“海曙·兰台匠人”10人、星级档案工作者20人。

【农村文化礼堂建档培训】 2019年8月23日，区档案部门联合区委宣传部对全区140余名文化礼堂管理员开展农村文化礼堂建档培训，对2019年农村文化礼堂档案工作提出要求。要求每年对上一年度已建成农村文化礼堂的陈列展览版面电子设计稿，各类电子文稿，数码照片、音频、视频等电子素材资源进行逐一收集，并以村为单位整理后上报至省档案局。

【“不忘初心、牢记使命”主题教育档案图片展】 2019年10月8日，由区档案局、档案馆主办的“不忘初心、牢记使命”主题教育档案图片展开展。此次展览是区档案新馆建成后的首次自主办展，展厅面积近400平方米。展览围绕中华人民共和国成立70周年和区划调整3周年，分成“红色基因”“跨越发展”“共创未来”3个板块，共展陈图片、照片293幅，影像资料近100GB、各类实物档案近200件，为全区党员开展活动提供学习素材和有效载体。展览持续3个月，共接待全区108批次2038人次参观。

【“国家综合档案馆”业务建设评价】 2019年11月26日，区档案馆接受浙江省市县级“国家综合档案馆”业务建设评价。省、市专家组一行7人，对海曙区档案馆业务建设情况开展现场评价检查。专家组听取自评汇报，实地查看档案查阅大厅、档案库房、中心机房、数字化加工现场及馆藏档案陈列室、展览等。随后，专家分成4个检查组，对照《浙江省市县国家综合档案馆业务建设评价标准》要求，围绕档案

9月，区档案馆接收首批农村土地确权登记颁证档案入馆

馆建筑与设备、经费与人员、档案基础业务、开发利用服务等内容，逐条逐项查核4类62个指标近300项迎评佐证材料，核查评价内容及相关数据。同时，随机抽查馆藏档案案卷质量，现场操作档案信息管理系统，对档案接收征集、库房管理、整理著录、档案数字化、鉴定开放、查阅利用、编研成果开发等各项档案基础业务工作进行全面测评。最终，专家组对海曙区档案馆业务建设给予充分肯定，认为海曙区档案馆业务建设发展环境优化、信息化建设先进、档案服务功能齐全，给予通过示范评价测评。

（张丽如）

史志工作

【概况】 2019年，区委党史研究室开展《中国共产党海曙历史（1978—2002）》编纂统稿工作，形成4编20章60节的初审稿。在全区革命史迹（遗址）普查的基础上，编撰出版《红色海曙・史迹卷》。编印《中共宁波市海曙区委执政实录（2018）》。召开全区档案史志工作会议，全区各镇（乡）街道、部门的档案史志工作分管领导、办公室主任、档案史志工作联络员260余人参加。

继续推进基层修志工作，《南门街道志》《高桥镇高桥村志》《洞桥镇沙港村志》通过初审。召开基层修志培训会和城区8个街道地方志编纂现场指导会，对各镇（乡）街道、村志的编撰人员进行针对性培训，解决实际困难。《海曙年鉴（2019）》编纂完成。

参与全区“不忘初心、牢记使命”主题教育活动，到大革命时期中共宁波地委旧址纪念馆为区四套班子领导、区委党校、区委组织部上题为“宁波革命的摇篮——大革命时期中共宁波地委成立前后的峥嵘岁月的微党”课。参加宁波党史学界庆祝中华人民共和国成立70周年学术研讨会，海曙区提交论文6篇，全部入选，4篇论文覆盖所有奖项，获奖数量居全市第一。

【《海曙年鉴（2017）》获全国地方年鉴综合奖二等奖】 2019年1月，中国出版协会年鉴工作委员会发文公布2016—2017年度全国年鉴编纂出版质量评比结果，《海曙年鉴（2017）》获地方年鉴综合奖二等奖，同时获得检索、编校质量和出版时效一等奖、装帧设计二等奖、框架设计二等奖、条目撰写二等奖4个单项奖。

【朱敏烈士家属到海曙扫墓】 2019年4月4日，朱敏烈士的胞弟薛森一行到宁波四明山烈士陵园，为牺牲的革命烈士扫墓。朱敏原名薛家德，1929年5月出生在上海一个铁路工人家庭。1949年2月24日，朱敏在乌岩平桥头与国民党军队遭遇，不幸被捕。在狱中，朱敏经历酷刑，毫不屈服，严守党的秘密，并巧妙地通过看守及时把情报送往党组织。同年3月11日，朱敏和其他3人被活埋在余姚中村牺牲，时年20岁。

（胡东斌）

相关链接：

“三区六园”：指环海曙城区的都市农业生态休闲区、海曙西片半山区的现代农林特精品区、四明山区域的现代生态产业示范区的“三区”；以古林为核心的现代都市农业集聚园区、集士港湖泊河现代农业园区、鄞江四明山区域产业转型科技示范园区、洞桥沙港农业可持续发展示范园区、章水杖锡樱花种质基地为核心的产业观光园区、龙观和章水的中药材生产园区的“六园”。

“凤凰行动”：指浙江省发布的以推进企业上市和并购重组为核心的计划。计划经过4年（2017—2020年）努力，巩固提升浙江省在资本市场上的全国领先地位，建设金融强省，企业上市和并购重组工作促进经济转型升级成效显著。

“谋划盯引”项目：指涉及海曙的项目包括中新创智（宁波）产业园B地块项目、工业互联网研究院总部基地项目、雅戈尔黄鳝研发生产中心项目、“曙科力安年产10亿瓦时锂电池”项目、“三生细胞基因制备临床转化”基地项目。

“四个意识”：指政治意识、大局意识、核心意识、看齐意识。

“四个自信”：指中国特色社会主义道路自信、理论自信、制度自信、文化自信。

“两个维护”：指坚决维护习近平总书记党中央的核心、全党的核心地位，坚决维护党中央权威和集中统一领导。

基层党建“六查六改六提升”专项行动：指查改基础党务工作不规范问题，提升制度执行质量；查改意识形态领域履责不到位问题，提升思想引领质量；查改农村党建基础薄弱问题，提升组织建设质量；查改“两新”党建整体推进不平衡问题，提升有效覆盖质量；查改机关和行业系统党建贯彻落实新要求不及时问题，提升对标看齐质量；查改党建责任落实不到位问题，提升明责履责质量。

“五办”主任会议：指区纪委监委办公室、区委办公室、区人大常委会办公室、区政府办公室、区政协办公室负责人每周五召开的例会。

“五+四”办公室主任会议：指会议参加对象在原“五办”主任基础上，增加区委组织部、宣传部、统战部、政法委4家常委单位的办公室负责人，沟通统筹内容作相应扩展。

“七多”事项：指政务App多、职责事项多、工作台账多、机构牌子多、上墙制度多、考核督查多、创建评比多。

“三类文件”：指具有普遍约束力、可以反复适用的法规和规范性文件，党委规范性文件包括党内法规和决议、决定、意见、通知等，政府规范性文件包括规章和决定、意见、通知等，政府及其部门党组文件不纳入统计范围；设立或者调整议事协调机构制发的议事协调机构成员类文件；通报类文件，包括领导讲话、工作通报。

“双报到双服务”：指通过单位党组织、党员到社区报到，服务社区建设、服务居民群众，实现机关事业单位与社区党组织联建共建。

“三服务”办：“服务企业服务群众服务基层”活动协调督查办公室。

海曙区人民代表大会

综　述

【概况】2019年，宁波市海曙区第十一届人民代表大会实有代表260人。其中，工人代表39人，占15%；党政干部代表66人，占25.38%；专业技术人员68人，占26.15%；非中共党员94人，占35.15%；妇女代表84人，占32.31%；具有大专以上文化程度的代表226人，占86.92%。全年召开常委会会议9次、主任会议12次，听取和审议工作报告24项，作出决议决定16项，检查9部法律法规实施情况，审查规范性文件8件，任免地方国家机关工作人员115人次。

围绕市委“六争攻坚”行动、区委“三大主题年”活动部署，参与“三服务”和“包乡走村”等活动，常委会主任会议成员走访联系重大项目和重点企业67次、调研走进村（社区）75次，坚持在一线研究、在一线协调、在一线服务，推动解决社会高度关注、群众反映强烈、影响项目推进的突出问题45个。赴镇（乡）街道开展专题调研126次，督查指导人大履职规范化、安全生产、抗台救灾等重点工作。落实区委全面深化改革要求，组织实施加强法律法规执行情况监督、推进代表联络站“四化”建设、完善代表建议督办闭环模式3项改革项目。

聚焦数字经济“一号工程”、推动民营经济高质量发展等重点议题，调研走访企业47家，开展专项视察15次，提出意见建议50余条，完成“关于促进海曙民营经济高质量发展研究”课题报告，采用专题询问、审议专项报告等形式，针对提升政策效应、加快创新转型、加大帮扶力度等提出审议意见。加强对“乡村振兴”战略实施、消除集体经济薄弱村等工作的监督。助推政府打好“三大攻坚战”，助力“最多跑一次”改革、“五水共治”等工作。

听取和审议经济运行和计划执行情况报告，关于增强发展质量和效益，保持经济平稳运行提出意见建议。深化预算审查监督，听取和审议预算执行、预算调整、决算、审计及审计查出问题整改情况等报告，专题听取全口径政府性债务管理情况报告，审查批准2019年预算调整方案和政府债务限额。首次安排预算绩效评价审议会，制定加强镇乡人大预算监督工作的指导意见，促进镇乡人大预算审查监督更加规范。加强对2018年度国有资产管理情况和行政事业单位国有资产管理情况的审议监督，力促政府厘清管理机制，完善运营监管，提升使用绩效。

强化法律法规实施情况监督，常委会听取和审议学前教育“两条例”贯彻落实情况、区人民检察院公益诉讼工作情况报告。检查《中华人民共和国建筑法》《中华人民共和国统计法》及《中华人民共和国统计法实施条例》《浙江省农村集体资产管理条例》《中华人民共和国台湾同胞投资保护法》等法律法规实施情况，关于《中华人民共和国精神卫生法》《中华人民共和国残疾人保障法》《突发公共卫生事件

1月13—16日，宁波市海曙区召开第十一届人民代表大会第三次会议

应急条例》实施情况开展视察调研，收集提交意见建议100余条。配合省、市人大征集到法规草案的修改建议178条；获评“全市人大规范性文件备案审查先进单位”。加强和改进信访工作，依法办理群众来信来访来电23件次。

听取和审议2019年度环境状况和环境保护目标完成情况报告，审查批准全区生态文明建设规划。听取“扫黑除恶”专项斗争情况报告，视察调研道路交通建设、居家养老、食品安全、生活垃圾分类、校外培训机构规范办学等工作情况。

区十一届人大三次会议，票决确定2019年民生实事项目8项，各镇（乡）街道票决或会商本级项目121项。常委会主任会议成员牵头组建7个小组，分头开展监督检查，并依托“代表钉”民生实事专栏，实现项目动态监督、情况实时展示。作出关于加强检察机关提起公益诉讼、推动实施“乡村振兴”战略等决定。

区十一届人大三次会议上代表提交的202件议案建议在规定期限内全部办结，代表对办理工作和办理结果满意率分别为90%和85%，建议解决和基本解决率达58%。通过“代表直通车”提交闭会期间意见建议50条，主办部门均在规定时限内答复代表。市十五届人大四次会议期间，海曙代表团共提出议案1件、建议130件，其中列入市人大常委会领导及工委重点督办5件，获评优秀议案建议6件。

组织代表学习培训28次，培训代表1144人次。开展“代表活动月”主题活动，围绕走访代表、联系群众、执法检查、走进部门等，组织镇（乡）两级代表活动168次，代表联系群众1478人次，走进政府部门5个，提出意见建议314条。组织市代表海曙中心组开展集中视察、执法检查19次，提出意见建议41条。制定实施代表履职积分评价办法，定期刊发代表履职风采，补选市、区代表20人，组织89名市、区代表向常委会和选民述职。

开展“不忘初心、牢记使命”主题教育，组织学习研讨10场次，收集意见建议66条，检视问题18个，提出整改措施56条。开展“大学习大调研大抓落实”活动，组织党组学习20次、常委会机关学习15次，形成调研报告7篇。

成立区人大社会建设委员会和常委会社会建设工委。深化人大制度理论研究和新闻宣传，提交调研报告32篇、编辑调研专刊2本，省、市人大录用信息30篇。深化人大履职信息化平台建设，开发的“代表钉”履职App获“宁波人大工作创新奖”银奖。

【人大信息化建设】 2019年，区人大首次召开代表履职信息化建设理论研讨会，推出全省首个“代表钉”，建立12类“掌上履职”应用体系，并同步对接基层治理“四个平台”，为代表履职提供及时全面的信息服务。落实省、市人大深化联络站工作和建设的意见，以硬件标准化、制度规范化、活动常态化、联系信息化的“四化建设”为牵引，建成标准联络站17个。强化代表网上联络站功能完善与数据整合，实现代表“网上接待”到“掌上接待”的迭代升级，构建代表联系群众体系。全年开展实体接待和网上接待557次，参加代表1419人次，接待群众1928人次。

（楼　强）

7月12日，区人大常委会举行“深化基层人大代表履职信息化建设理论研讨会”

重要会议

【区十一届人大三次会议】 2019年1月13—16日，宁波市海曙区召开第十一届人民代表大会第三次会议。会议确定2019年海曙区民生实事项目。表决通过有关专门委员会设立及更名的决定，表决通过区人民政府工作报告的决议、区2018年国民经济和社会发展计划执行情况、2019年国民经济和社会发展计划的决议、区2018年预算执行情况和2019年预算的决议、区人民代表大会常务委员会工作报告的决议、区人民法院工作报告的决议、区人民检察院工作报告的决议。

【区十一届人大常委会会议】 2019年1月3日，区十一届人大常委会举行第十五次会议。会议听取区十一届人大三次会议筹备工作情况的说明，预审区2018年国民经济和社会发展的计划执行情况与2019年国民经济和社会发展计划草案的报告、区2018年财政收支完成情况和2019年预算草案编制情况的报告、2019年海曙区民生实事候选项目相关情况说明的报告及区人大常委会工作报告。会议表决并原则通过区十一届人大三次会议议程（草案）、区十一届人大三次会议有关名单（草案）、2019年海曙区民生实事项目票决办法（草案）、专门委员会设立及更名的决定（草案），通过区人大常委会讨论决定重大事项办法、代表资格审查委员会关于海曙区十一届人大二次会议以来代表变动情况和补选代表的代表资格审查报告。会议投票表决通过区政府提请的人事任免案。区人大常委会主任陈志国主持会议，副主任童经纬、金波、林兵、孙铭龙、陈小春、舒建国出席会议。区委常委、常务副区长谭国洪，区政协副主席池逊列席会议。

4月29日，区十一届人大常委会举行第十六次会议。会议听取阮列敏、黄炎水、洪幼芬、叶明4名市十五届人大代表的述职报告。会议听取和审议《关于海曙区2018年度环境状况和环境保护目标完成情况报告》，听取和审议《关于要求将薛家路（环城南路—中山西路）道路工程（高桥段）项目等国有土地上房屋征收项目列入2019年度国民经济和社会发展计划的报告》，并作出批准决议，听取和审议区十一届人大常委会第十二次、第十三次、第十四次会议审议意见处理情况的报告并进行满意度测评。会议表决通过区人民法院提请的人事任免案，接受了1名市代表辞职，投票表决通过区政府和主任会议提请的人事任免案。区人大常委会主任陈志国主持会议，副主任童经纬、林兵、孙铭龙、陈小春、舒建国出席会议。区委常委、常务副区长谭国洪，区政协副主席吴军良列席会议。

5月15日，区十一届人大常委会举行第十七次会议。会议投票表决通过区政府和区监委提请的人事任免案。副区长张盈军代表新任命干部作表态发言。区人大常委会主任陈志国，副主任金波、林兵、孙铭龙、陈小春、舒建国等出席会议，会议由区人大常委会党组副书记、副主任童经纬主持。区委常委、常务副区长谭国洪，区政协副主席刘良飞列席会议。

7月8日，区十一届人大常委会举行第十八次会议。会议听取和审议海曙区促进民营经济高质量发展工作有关情况的报告、2019年海曙区政府债务限额和新增地方政府债券预算调整方案的报告、海曙区生态文明建设规划的报告、海曙区学前教育工作总体情况的报告。会议表决通过《关于批准2019年海曙区政府债务限额和新增地方政府债券预算调整方案的决议》和《关于批准宁波市海曙区生态文明建设规划（2019—2025）的决定》。

1月3日，区十一届人大常委会举行第十五次会议

会议投票表决通过相关人员辞职事项，区政府、区人民法院、区人民检察院提请的人事任免案及吴超代理区人民检察院检察长职务的决定。区人大常委会主任陈志国主持会议，副主任金波、林兵、孙铭龙、陈小春、舒建国出席会议。区委常委、常务副区长谭国洪，区政协副主席刘良飞列席会议。区委书记孙黎明出席会议并讲话。

8月8日，区十一届人大常委会举行第十九次会议。会议听取和审议关于提请许可对区十一届人大代表汪信康采取刑事强制措施的报告。区人大常委会主任陈志国主持会议，副主任金波、林兵、孙铭龙、陈小春、舒建国出席会议。

8月29日，区十一届人大常委会举行第二十次会议。会议听取和审议《关于开展公益诉讼检察工作情况的报告》《关于海曙区2018年财政决算草案的报告》《关于2018年度海曙区预算执行和其他财政收支的审计工作报告》《关于海曙区2019年上半年国民经济和社会发展计划执行情况的报告》《关于贯彻执行〈中华人民共和国建筑法〉的报告》。会议表决通过《海曙区人大常委会关于加强和支持检察机关提起公益诉讼工作的决定》《海曙区人大常委会关于批准海曙区2018年财政决算的决议》。会议投票表决通过区政府提请的人事任免案。区人大常委会主任陈志国，副主任林兵、孙铭龙、陈小春、舒建国出席会议。会议由区人大常委会副主任金波主持。副区长陈早挺、区政协副主席郁利祥列席会议。

11月8日，区十一届人大常委会举行第二十一次会议。会议听取和审议《海曙区2018年度行政事业单位国有资产的专项报告》《关于区十一届人大三次会议代表议案建议办理情况的报告》。市人大常委会主任余红艺等5名市人大代表向选举单位进行书面述职。会议由区人大常委会副主任林兵主持。副区长毛孟军、区政协副主席池逊列席会议。会议听取、审议并表决通过《关于推动全面实施乡村振兴战略高水平建设农业农村现代化的决定》。会议投票表决通过区政府提请的人事任免案。区人大常委会主任陈志国，副主任金波、孙铭龙、陈小春、舒建国出席会议。

12月13日，区十一届人大常委会举行第二十二次会议。会议投票表决通过区政府、区法院、区检察院和主任会议提请的人事任免案。会议由区人大常委会主任陈志国主持，副主任林兵、金波、陈小春、舒建国出席会议。副区长王懿栋，区政协副主席国宇列席会议。

12月31日，区十一届人大常委会举行第二十三次会议。会议听取并审议《关于2018年度海曙区预算执行及其他财政收支审计查出问题整改情况的报告》《关于海曙区2019年预算调整意见的报告》《关于海曙区全域旅游发展情况的报告》及区十一届人大常

8月19日，区人大常委会举行海曙区2019半年度政府工作通报会

委会第十八次、二十次会议审议意见处理情况的报告。会议表决通过区人大常委会关于批准《关于海曙区2019年预算调整意见的报告》的决议（草案）。会议一并听取、审议并投票表决通过区人民法院提请的人事任免案和市人大代表补选事项，并对区政府处理区十一届人大常委会第十八次、第二十次会议审议意见情况的报告进行满意度测评。区人大常委会主任陈志国，副主任童经纬、林兵、陈小春、舒建国出席会议，副主任孙铭龙主持会议。副区长张盈军列席会议。

【区十一届人大常委会主任会议】 2019年1月12日，区十一届人大常委会召开第18次主任会议。会议听取海曙区人大常委会关于区人大代表联系监督2018年海曙区政府民生实事项目的督查报告，研究2018年度议案建议工作各项先进名单，确定2018年度区人大代表履职积极分子。同时，讨论区十一届人大常委会第十五次会议关于听取和审议区十一届人大三次会议有关事宜、2019年海曙区民生实事项目票决办法（草案）、海曙区人大常委会讨论决定重大事项办法（草案）、代表资格审查委员会关于海曙区十一届人大二次会议以来代表变动情况和补选代表的代表资格审查报告和有关专门委员会设立、更名的决定（草案），预审区2018年国民经济和社会发展计划执行情况与2019年国民经济和社会发展计划草案的报告、区2018年预算执行情况和2019年预算草案报告、2019年海曙区民生实事候选项目相关情况说明的报告，审议区人大常委会工作报告及有关人事任免事项。

3月29日，区十一届人大常委会召开第19次主任会议。会议听取2019年政府投资项目库建立情况的报告、关于调研和审议海曙区促进民营经济高质量发展情况的实施方案（草案）、区十一届人大常委会第十四次会议审议意见。

4月22日，区十一届人大常委会召开第20次主任会议。会议讨论区十一届人大常委会第十六次会议有关2019年区国有土地上年度房屋征收计划，海曙区2018年度环境状况和环境保护目标完成情况报告，区十一届人大常委会第十二次、第十三次、第十四次会议审议意见处理情况的报告，市人大代表述职及人事任免事项。

5月15日，区十一届人大常委会召开第21次主任会议。会议讨论区十一届人大常委会第十七次会议有关人事任免事项。

5月24日，区十一届人大常委会召开第22次主任会议。会议听取关于《中华人民共和国残疾人保障法》贯彻实施情况、全面消除集体经济薄弱村工作推进情况、海曙区“批而未供”和闲置土地处置工作情况的报告。会议研究海曙区人大常委会关于联系监督2019年海曙区民生实事项目的实施方案（草案）和区十一届人大常委会第十六次会议审议意见。

6月28日，区十一届人大常委会召开第23次主任会议。会议讨论区十一届人大常委会第十八次会议关于听取和审议海曙区促进民营经济高质量发展工作有关情况、2019年海曙区政府债务限额和新增地方政府债券预算调整方案、海曙区学前教育工作总体情况的报告、海曙区生态文明示范区规划和人事任免事项。

8月8日，区十一届人大常委会召开第24次主任会议。会议讨论区十一届人大常委会第十九次会议关于许可对区十一届人大代表汪某康依法采取刑事强制措施事项。

8月22日，区十一届人大常委会召开第25次主任会议。会议讨论《海曙区人大常委会规范性文件备案审查工作办法（草案）》和区十一届人大常委会第十八次常委会审议意见，讨论区十一届人大常委会第二十次会议关于听取和审议关于海曙区检察院公益诉讼工作的报告、海曙区2018年财政决算草案的报告、区政府关于2018年度海曙区预算执行和其他财政收支情况的审计工作报告、区政府关于2019年海曙区上半年国民经济和社会发展计划执行情况的报告和海曙区贯彻执行《中华人民共和国建筑法》的报告，研究关于海曙区2019年上半年预算执行情况的报告及人事任免事项。

9月27日，区十一届人大常委会召开第26次主任会议。会议研究海曙区贯彻实施《中华人民共和国统计法》的报告、《海曙区人民代表大会常务委员会关于加强镇乡人大财政预算监督工作的指导性意见（草案）》、《海曙区人大常委会街道工作委员会工作报告制度（试行）》、《海曙区人大代表履职积分办法（试行）》及海曙区十一届人大常委会第二十次会议审议意见。

10月31日，区十一届人大常委会召开第27次主任会议。会议听取海曙区“扫黑除恶”专项斗争开展情况、《中华人民共和国精神卫生法》贯彻落实情况。同时讨论区十一届人大常委会第二十一次会议关于听取和审议关于海曙区2018年度行政事业单位国有资产的专项报告、听取和审议关于实施乡村振兴战略的决议、关于区十一届人大三次会议代表议案建议办理情况的报告、市人大代表述职和人事任免事项。

12月9日，区十一届人大常委会召开第28次主任会议。会议听取海曙区2019年债务管理情况的报告、研究区十一届人大第二十一次常委会审议意见，讨论区十一届人大常委会第二十二次会议关于代表补选、人事任免事项。

12月27日，区十一届人大常委会召开第29次主任会议。会议讨论区十一届人大常委会第二十三次会议关于听取和审议2019年海曙区预算调整情况的报告、2018年度海曙区预算执行及其他财政收支审计查出问题整改情况的报告和海曙区全域旅游发展情况的报告及区十一届人大常委会第十八次、二十次会议审议意见处理情况的报告，以及市代表补选和人事任免事项。

（楼　强）

1月4日，召开市人大代表海曙中心组会前视察座谈会，实地考察开诚餐厨废弃物处理有限公司和杉杉新能源基地

重要活动与代表建议

2019年海曙区人大常委会视察活动情况表

表5

时间	视察主题
3月28日	执行《浙江省学前教育条例》和《宁波市学前教育促进条例》情况检查
4月16日	区人大常委会主任陈志国，副主任林兵、陈小春等参加市人大举办的关于水污染防治“一法一条例”法制讲座
5月14日	赴区人民法院开展视察活动
9月18日	视察食品安全工作
10月17日	在区人民法院旁听行政诉讼庭审

2019年市人大代表海曙中心组视察调研活动情况表

表6

时间	市人大代表海曙中心组组别	视察调研活动
3月29日	第四小组	视察甬商文化园、宁波杜亚机电有限公司
4月1日	第一小组	视察宁波东海集团公司
4月16日	第二、三联组	视察宁波诺丁汉大学
5月17日	市人大代表海曙中心组	开展“走进市水利局”视察活动
5月28日	第二小组	视察宁波宁兴（集团）有限公司
5月29日	市人大代表海曙中心组	督查政府民生实事项目养老助老服务工程进展情况
5月31日	第四小组	视察宁波市部分民宿发展情况
6月3日	省、市、区三级人大代表	开展“走进望春工业园区”暨常委会视察活动

续表 6

时间	市人大代表海曙中心组组别	视察调研活动
8 月 30 日	第二小组	视察市住房和城乡建设局
9 月 25 日	第三、四组联组	视察城市展览馆
10 月 9 日	第四小组	联合海曙区委统战部各民主党派部分成员代表视察市、区交通发展情况
10 月 11 日	第一小组	视察区政务服务中心
11 月 7 日	市代表海曙中心组部分代表和市人大专项监督组	到高桥镇居家养老服务中心（海欣家园）联合开展“养老助老服务工程”民生实事项目跟踪监督活动

2019 年海曙区人大常委会各类会议、活动情况表

表 7

时间	会议	会议内容
3 月 26 日	学前教育“两条例”法制讲座	省教育厅副厅长韩平通过视频对《浙江省学前教育条例》和《宁波市学前教育促进条例》进行授课
6 月 18 日	信息宣传调研工作会议	对区人大信息宣传调研工作进行小结，讲解信息宣传调研工作管理办法调整要点，表彰先进单位和个人
6 月 28 日	“促进民营经济高质量发展”专题询问会	现场解读和答疑区人大代表提出的有关海曙区民营经济发展中存在的问题
7 月 8—9 日	“不忘初心、牢记使命，研究和推进新时期乡镇街道人大工作”主题读书会	常委会部分委员围绕会议主题作交流发言；市人大常委会办公厅主任钱政围绕“如何做好新时期基层人大工作”作主题讲座
7 月 12 日	“深化基层人大代表履职信息化建设”理论研讨会	关于人大工作信息化建设进行商讨
7 月 24 日	区人大常委会党组（扩大）理论学习中心组专题学习会	传达学习贯彻中共中央总书记习近平习近平对地方人大及其常委会工作的重要指示精神及全国人大常委会委员长栗战书在纪念地方人大设立常委会 40 周年座谈会上的讲话精神
8 月 20 日	区人大代表联络站“四化”建设推进会	回顾、总结海曙区人大代表联络站“四化”建设工作，表彰工作先进单位和个人
9 月 12 日	“不忘初心、牢记使命”动员部署会	传达学习中央和省委、市委专题教育会议及孙黎明在区委“不忘初心、牢记使命”动员部署会议上的讲话精神，并根据区人大常委会机关主题教育实施方案作工作部署
9 月 26 日	“不忘初心、牢记使命”主题学习教育研讨会	俞国平等 14 名区管党员干部结合各自的工作实际，分别从党的政治建设、全面从严治党、理想信念、宗旨性质、担当作为、政治纪律和政治规矩、党性修养、廉洁自律等 8 个方面进行学习研讨
10 月 11 日	“寻访故地、恒念初心”活动	到鄞江镇梅园革命史迹陈列馆观展、学习

2019 年各级人大领导到海曙区视察调研活动情况表

表 8

时间	调研领导	视察调研活动
2 月 21 日	市人大常委会党组副书记、副主任翁鲁敏	开展“三联三促”企业服务专项行动
3 月 14 日	市人大常委会党组副书记、副主任翁鲁敏	开展《宁波市全民阅读促进条例》立法调研
3 月 19 日	市人大常委会党组书记、主任余红艺	调研镇（乡）街道人大工作和建设情况
4 月 9 日	全国人大财政经济委员会副主任委员郭庆平率全国人大财经委调研组	考察雅戈尔集团股份有限公司、宁波星箭航天机械有限公司，调研海曙区第一季度经济运行情况

续表8

时间	调研领导	视察调研活动
5月6日	市人大常委会副主任李谦	考察开诚生态技术有限公司、星箭航天机械有限公司，开展促进民营经济高质量发展专项调研
5月16日	市人大常委会党组书记、主任余红艺	到石碶街道博娃幼儿园、横街镇中心幼儿园开展学前教育“两条例”执法检查
6月4日	市人大常委会副主任李谦	开展《中华人民共和国水污染防治法》执法检查
7月11日	市人大社会建设委主任委员卢叶挺	调研家政服务业工作
7月25日	市人大常委会原副主任、市人大工作理论研究会副会长郁和民	开展建筑垃圾管理立法调研
8月5日	省人大常委会副主任李学忠	到白云街道人大代表联络站开展代表接待活动
8月12日	市人大常委会党组书记、主任余红艺	到洞桥镇百梁桥村，看望慰问种粮大户、省人大代表许跃进
8月20日	市人大常委会代表工委主任董学东	在区人大“网上联络站”建设专题研究会上进行专题指导
9月10日	市人大常委会副主任李谦	视察海曙区生活垃圾分类示范小区建设情况
9月10日	市人大常委会副主任王建社	到白云人大代表联络站征集《宁波市养犬管理条例（草案）》意见建议
11月6日	市人大办公厅副主任周成钢	专题调研“代表钉”工作
11月14日	市人大常委会副主任王建社	调研下一年工作思路
12月3日	省人大代表，市人大常委会党组成员、机关党组书记彭朱刚	到集士港镇人大代表联络站开展主题接待活动
12月4日	副市长、市人大代表许亚南	到段塘街道人大代表联络站开展主题接待活动
12月13日	市人大常委会党组副书记、副主任翁鲁敏	到海曙普济医院调研

【区人大常委会主题接待活动】 2019年2月26日，区人大常委会副主任金波在南门街道人大代表联络站接待选民群众，听取选民就环境噪音扰民、雨水分流工程推进等情况的反映。

3月25日，区人大常委会副主任孙铭龙到洞桥镇人大代表联络站，围绕环境保护主题开展代表接待选民活动。

4月19日，区人大常委会主任陈志国到石碶街道人大代表联络站开展“三问三服务”活动，针对“小城镇环境综合整治再提升”主题进行代表主题接待活动。

11月28日，区人大常委会主任陈志国，区人大代表葛巧英、滕辉一行到石碶街道人大联络站，针对广大选民群众关心的民生实事项目开展主题接待活动。

2019年海曙区人大交流接待活动情况表

表9

时间	交流单位	考察调研活动
2月7日	河南省人大农工委主任张琼率考察团	到鄞江镇、龙观乡考察“乡村振兴”工作
4月16日	兰州市人大常委会党组副书记、副主任曹丕玉率考察组	考察海曙区基层人大代表联络站工作
5月7日	上海市黄浦区人大常委会主任、党组书记韩顺芳率考察组	考察海曙区域养老工作开展情况
5月25日	枣庄市人大常委会委员、财经委主任委员任为连率考察组	考察海曙区街道预算管理和审查监督工作
6月14日	湖南省人大考察团	考察海曙区农村人居环境整治工作
6月26日	广州市南沙区人大常委会副主任曾燕萍率考察组	考察海曙区人大预算审查监督等工作
8月22日	上海市浦东新区人大常委会副主任高德彪率考察组	调研海曙区国有资产管理监督情况
8月29日	金华市婺城区人大常委会	考察学习海曙区垃圾分类工作

【代表议案建议】 2019年区十一届人大三次会议期间，区人大代表共提出议案建议202件。其中，转为建议处理的议案10件、建议192件，200件交由区政府有关职能部门办理。各承办单位均在规定办理时限内办结并答复代表。代表对办理工作满意的180件，占90%，基本满意的20件，占10%；对办理结果满意的170件，占85%，基本满意的30件，占15%。

（楼　强）

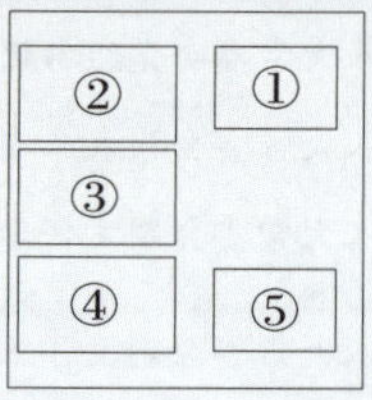

①3月19日，市人大常委会主任余红艺到海曙区调研镇（乡）街道人大工作。听取镇（乡）街道人大工作和建设整体情况及洞桥镇、西门街道相关工作汇报，并进行座谈交流

②4月9日，全国人大财政经济委员会副主任委员郭庆平（前排左4）率全国人大财经委调研组，到海曙调研当年第一季度经济运行情况

③5月16日，市人大常委会党组书记、主任余红艺到石碶街道博娃幼儿园、横街镇中心幼儿园开展学前教育“两条例”执法检查

④8月12日，市人大常委会党组书记、主任余红艺（左1）到海曙区洞桥镇百梁桥村，看望慰问种粮大户、省人大代表许跃进（右1）

⑤10月21日，区委书记孙黎明到段塘代表联络站专题调研人大工作。参观段塘街道人大代表联络站，听取区人大网上联络站、民生实事工程监督等工作汇报，并与部分镇（乡）街道党（工）委书记、人大主席团主席及市、区、镇三级人大代表进行座谈交流

海曙区人民政府

综　述

【概况】 2019年，海曙区实现地区生产总值1170.1亿元，比上年同期增长6.1%；一般公共预算收入112.5亿元，同比增长7.5%；城乡居民人均可支配收入分别同比增长7.9%、9.4%。

实施数字经济“一号工程”，建设全省“数字经济发展先行区”，举办数字经济发展大会。召开全球纺织服装供应链大会，“传统制造业改造提升”工作获省督查激励表扬。建筑业总产值保持全市前列，获评省“钱江杯”项目7个。现代服务业巩固提升，全市唯一入选省“放心消费建设重点区”，商贸创新发展工作居全市第一，“批发零售业改造提升”工作获省督查激励表扬。外贸实力效益工程扎实推进，在全市率先出台“稳外贸促发展”10条举措，空港片区纳入“浙江自贸区宁波联动创新区”，开放型经济综合工作居全市第二。“凤凰行动”海曙计划深入推进，两家企业在香港上市。现代都市农业加快发展，农业部数字农业试点项目基本完工，获评省级“粮食生产先进县”、“农产品质量安全放心县”和“全国主要农作物生产全程机械化示范区”。

重大项目建设稳步推进，首次召开城市价值发布会，38个项目新开工，33个项目竣工投用。区块开发有序推进，栎社机场三期工程建成投运。用地保障有力有效，出让土地26宗，收储土地47.07公顷，消化批而未供土地259公顷，盘活存量土地111.73公顷。环城南路西延、薛家路等44个项目征迁清零，完成征迁80万平方米。基础设施加快建设，省道S214线、毛家岙公路、荷梁线改建工程、福德路等项目建成通车，望春变电站建成。“海绵城市”建设不断深入，姚江堤防、奉化江堤防、风棚碶泵闸、五江口闸等工程投用。“德勤”区域总部、“顺丰人力资源”、“爱库存”等一批优质项目落户，新增总部企业26家，实际利用外资完成率居全市第一，大市外内资完成额居全市第二。重要载体承载力加快提升，国家级临空经济示范区带动效应逐步显现，中新创智（宁波）产业园开工建设，望春工业园区持续转型，月湖金汇小镇、电商园区产出效益持续增强。

“最多跑一次”改革深入推进，网上可办率、掌上可办率、零次跑率居全市前列，98%的机关内部办事事项实现“最多跑一次”，高山综合服务“高山办”入选省《浙里改（领跑者）》专刊。“亩均论英雄”改革持续推进，全面实施“标准地+承诺制”，新增工业用地全部按“标准地”出让，获评省“国土资源节约集约模范区”。科技创新成效明显，全社会研发经费投入比上年同期增长20%，新增“双创”载体面积20万平方米，科技进步综合评价居全市第二。创新平台能级提升，宁波工业互联网研究院产业园开工建设，宁波市智能制造技术研究院“智云端”推广使用，智能技术“两院一园”正式开园，上海交大人工智能研究院完成首批招生，与宁波

宁波市智能制造技术研究院

创建为"国家卫生镇"的集士港镇

大学共建智能医学和生物医学工程研究院。创新主体不断壮大，新增国家高新技术企业57家。"小微企业三年成长计划"深入实施，省级认定小微企业园数居全市第二。

环境面貌持续改善，深入推进"城乡争优"攻坚行动、"城市双修"十大行动，新一轮城中村改造计划编制实施，3个国家级老旧小区改造试点顺利完成。专项整治全面开展，工地围挡整治、"桥头跳车"治理、"两路两侧"、"四边三化"等专项行动持续推进，完成"三改"219.9万平方米、"一拆"139.3万平方米。城市精细管理不断加强，深入开展"执法进小区"行动，物业提质提价工作走在全市前列。全市首个5G移动网络启动建设，"智慧城管"实现全覆盖。垃圾分类成果巩固提升，全域居住小区生活垃圾分类实现全覆盖。"美丽海曙"建设有序推进，"生态文明示范区"创建全面启动，全域创建"污水零直排区"，获"五水共治"大禹鼎。持续开展交通治堵，新增停车位12865个。"乡村振兴"战略深入实施，编制出台区域乡村建设规划，全域完成小城镇环境综合整治。创建"四好农村路"省级示范县，建成"美丽经济交通走廊"80千米。14个独立水站新改建项目完成建设。310座农村公厕完成改造提升，获评省"农村公厕改造工作优秀区"。成功抗击超强台风"利奇马"。

助推贞丰县脱贫"摘帽"、义龙新区楼纳村获批国家AAA级旅游景区，全区经营性收入10万元以下相对薄弱村全面消除。鼓励以创业带动就业，实现城镇新增就业2.4万人，被推荐为省"无欠薪示范区"。社会保障水平不断提升，户籍人口基本养老保险、医疗保险参保率持续保持全市前列。养老服务体系不断完善，获批省"康养体系建设试点单位"。教育均衡化水平稳步提升，入选全省首批"中小学STEM教育项目试点区"，成为全省唯一入选的全国首批"未来学校实验区"。"健康海曙"加快建设，"国家卫生城市"通过复审，集士港镇、龙观乡创建为国家级"卫生镇（乡）"，公立医院综合改革、基本公共卫生服务项目评价居全省第一。全面实施文化惠民"百川工程"，创建省"公共文化服务体系示范区""全域旅游示范区"，天一阁·月湖获评省"文旅融合示范景区"。体育事业加快发展，举办"一带一路"中国宁波国际攀岩大师赛等重大赛事活动。基层基础持续夯实，推进"文明城市"创建，"'开放空间'创建基层民主协商"项目荣获首届中国城市治理创新奖。深入推进"平安海曙"建设，重点企业风险辨识评估实现全覆盖，安全生产事故起数和死亡人数均下降三分之一，圆满完成中华人民共和国成立70周年大庆等安保任务。创建省"食品安全区"。推进"七五"普法，新增省级"民主法治村"5个。"扫黑除恶"专项斗争纵深推进，群众安全感跃居全市第一，获全省首批"一星平安金鼎"。

深入开展"不忘初心、牢记使命"主题教育。自觉接受人大法律监督、政协民主监督和社会各界监督，建立"区政府向区人大报告国有资产管理情况"制度，首次召开区政府区政协重点工作协商对接会，重大事项及时向区人大报告、与区政协通报协商，办理建议提案438件。纵深推进"法治政府"建设，行政首长出庭率达100%，政府信息应公开尽公开。政府"两强三提高"建设行动计划全面实施。推进政府数字化转型，区档案馆晋级国家级数字档案馆，"81890"获中国数字政府"政务服务创新奖"。机构改革完成，区退役军人事务局、区医疗保障局等6个部门组建。"清廉政府"建设不断加强，严格控制和压减一般性支出，"三公"经费预算下降14%。内部审计持续深化，农村集体经济等领域风险防范清单化管理探索推进。"三服务"活动扎实开展。"基层减负年"各项措施落实。全面启动"十四五"规划编制，推进国土空间总体规划编制，第四次全国经济普查和第三次全国国土调查完成。

【"两院一园"开园】 2019年7月20日，宁波智能技术学院、宁波清水湾智能技术研究院和清水湾（宁波）智能产业园（"两院一园"）正式开园。省委副书记、市委书记郑栅洁，香港科技大学教授李泽湘，市委常委、秘书长施惠芳，副市长陈炳荣，区委书记孙黎明等出席开园仪式。"两院一园"由李泽湘团队、海曙区政府、宁波工程学院和宁波职业技术学院四方合作推进，旨在通过智能技术人才培养、产业推广和创新孵化，推动宁波智能技术产业发展，构建国际领先的机器人"政产学研资用"协同创新生态系统。开园仪式上，李泽湘作"构建产学研创新体系，助推宁波"246"产业发展"主旨演讲，"两院一园"与固高科技（深圳）有限公司等现场签订9个合作项目。

【宁波工业互联网研究院产业园开工】 2019年12月24日，宁波工业互联网研究院产业园启动建设。省委副书记、市委书记郑栅洁，市政协主席杨戌标出席开工仪式。产业园位于铁路宁波站南侧地块，用地面积约3.8公顷，预计总投资11亿元，由宁波工业互联网研究院与上海交通大学宁波人工智能研究院联合创建。产业园规划建设科研团队及孵化企业的办公场所、院士工作站、创新实验室、工控安全靶场等多个功能区域。重点整合两座研究院人工智能、工业互联网等领域的高端创新资源，创建集“理论研究、科技创新、产品研发、人才集聚、产业孵化”于一体的产业生态集群战略高地。宁波工业互联网研究院自2018年5月落户以来，累计吸引200余名高科技人才，并成功孵化“浙江蓝卓”“国利网安”“中控微电子”“芯然科技”等7家高科技企业。

（姜　波）

重要会议

2019 年海曙区政府常务会议情况表

表 10

时间	会议名称	会议内容
1 月 24 日	区政府 2019 年第一次常务会议	听取关于确定海曙区 2019 年度国有土地上房屋征收计划项目、储备项目、海曙区农村饮用水安全工作、海曙区承办 2019 年全球纺织服装供应链大会等情况的汇报。审议并原则通过《2019 年政府工作报告目标任务责任分解》《2019 年海曙区民生实事项目目标任务责任分解》《海曙区农村集体资产管理办法》等
2 月 26 日	区政府 2019 年第二次常务会议	听取关于 2019 年区委经济工作会议筹备、2018 年海曙区经济高质量发展奖项评定、2018 年度区长质量奖评审工作等情况的汇报。审议并原则通过《2019 年海曙区政府投资项目库》《关于推进海曙区医疗卫生与养老服务相结合的实施意见》等
4 月 28 日	区政府 2019 年第三次常务会议	审议并原则通过《关于促进贵州省黔西南州（贞丰县、义龙新区）招商引资和劳务合作等若干意见》《关于深化财政预算管理的指导意见》《2019 年区政府领导建议提案领办情况》等
6 月 3 日	区政府 2019 年第四次常务会议	听取环城西路 52 弄危旧房改造地块项目房屋征收、海曙区公共安全领域形势分析等情况的汇报
6 月 28 日	区政府 2019 年第五次常务会议	听取关于全区产业政策统筹工作、海曙区创建省食品安全区工作等情况的汇报。审议并原则通过《关于加快以数字经济为引领 促进产业转型升级高质量发展的若干意见》《2019 年海曙区经济高质量发展奖项评定办法》《海曙区大花园建设行动方案（2019—2022 年）》《海曙区生态文明建设规划》等
8 月 7 日	区政府 2019 年第六次常务会议	听取关于海曙区“十四五”规划编制工作方案等情况的汇报。审议并原则通过《关于全面深化新时代教师队伍建设改革的实施意见》《宁波市海曙区党政领导干部食品安全责任制工作清单》《2019 年宁波市海曙区食品安全工作要点》《海曙区农贸市场改造提升三年攻坚行动实施方案（2019—2021 年）》等
9 月 5 日	区政府 2019 年第七次常务会议	审议并原则通过《海曙区打赢治土攻坚战行动方案（2019—2020 年）》《海曙区打赢蓝天保卫战行动方案（2019—2020 年）》《海曙区防汛防台抗旱应急预案》等
9 月 26 日	区政府 2019 年第八次常务会议	审议并原则通过《关于深入推进城市安全发展的实施意见》《海曙区国土空间总体规划（2020—2035 年）编制工作方案》《关于进一步促进村级集体经济发展壮大的实施意见》《关于加快构建城乡社会养老服务体系的实施意见》等
10 月 23 日	区政府 2019 年第九次常务会议	听取关于海曙区东西部扶贫协作和山海协作前三季度工作等情况的汇报。审议并原则通过《海曙区组织开展危险化学品使用单位及小企业小加工作坊安全生产和消防安全整治百日大会战工作方案》《海曙区生态文明建设示范区创建工作实施方案》《海曙区人民政府 浙江工商职业技术学院战略合作框架协议》等
11 月 20 日	区政府 2019 年第十次常务会议	听取关于海曙区文明城市创建工作情况以及未成年人思想道德建设工作等情况的汇报。审议并原则通过《海曙区生态环境保护工作责任规定（试行）》《海曙区推动外贸高质量发展行动方案》《宁波市体育局 海曙区人民政府打造体育综合体及体育文化建设合作协议》等

续表10

时间	会议名称	会议内容
11月29日	区政府2019年第十一次常务会议	听取关于2018年度工业企业综合评价结果、2019年区百创汇海计划申报评审工作及建议入选名单等情况的汇报。审议并原则通过《海曙区全面深化紧密型区域医疗机构联合体建设实施方案》《海曙区突发环境事件应急预案》《海曙区饮用水水源地突发环境事件应急预案》等
12月31日	区政府2019年第十二次常务会议	听取关于2020年海曙区民生实事候选项目、2019年度区长质量奖评审工作等情况的汇报。审议并原则通过《政府工作报告》《关于海曙区2019年国民经济和社会发展计划执行情况及2020年国民经济和社会发展计划草案的报告》《关于高水平推进美丽城镇建设的实施意见》等

2019年海曙区政府其他会议情况表

表11

时间	会议名称	会议内容
1月3日	区政府全体（扩大）会议	审议《政府工作报告》和《2019年海曙区民生实事候选项目》，部署岁末年初的政府重点工作
1月5日	全区“大棚房”问题专项清理整治行动工作推进会	部署加快推进全区“大棚房”问题专项清理整治行动
2月11日	全区“项目攻坚提速年”活动动员大会	表彰先进单位，部署2019年项目攻坚工作任务
3月6日	全区“城乡争优”工作推进会	总结回顾2018年工作，部署2019年各项任务
3月6日	全区安全生产暨消防工作会议	通报2018年度安全生产目标管理责任制考核结果，总结回顾2018年度全区安全生产及消防工作，部署2019年重点工作
3月11日	全区经济责任审计工作联席会议	总结回顾2018年经济责任审计工作，部署2019年工作
3月16日	全区第四次经济普查工作推进会	总结回顾前阶段经济普查工作开展情况，部署下阶段经济普查重点工作
3月23日	全区生活垃圾分类工作推进会	总结回顾上阶段垃圾分类工作推进情况，部署下阶段重点工作
4月3日	国家卫生城市复审迎检动员部署会暨“健康海曙建设”领导小组全体（扩大）会议	部署“国家卫生城市”复审迎检工作和“健康海曙”建设重点工作
4月3日	全区建议提案办理工作会议	总结回顾2018年建议提案办理工作，部署2019年建议提案办理工作
4月10日	打造数字经济先行区暨“转型升级提质年”活动动员大会	部署“数字经济三年行动计划”“转型升级提质年”活动
4月17日	全区财税审计工作会议	总结2018年财税审计工作，部署2019年相关工作任务
4月28日	全区市容环境整治提升攻坚月部署会	部署“市容环境整治提升攻坚月”相关工作
5月16日	全区食品安全工作会议	总结回顾2018年全区食品安全工作，部署2019年食品安全工作任务及省食品安全区创建工作
5月16日	全区文明城市建设大会	部署“文明城市”建设工作
5月18日	对口工作领导小组暨山海协作领导小组会议	部署东西部扶贫协作、“山海协作”和对口援疆工作
6月12日	美丽海曙建设暨污染防治攻坚战推进会	部署“美丽海曙”建设、污染防治攻坚战工作
6月28日	全区半年度安全生产（消防）工作会议暨道路交通安全综合治理攻坚行动推进会	总结回顾上半年安全生产和道路交通安全工作，部署下半年重点工作
8月8日	全区生活垃圾分类工作推进会	通报全区垃圾分类工作推进情况，部署下一步重点工作
8月8日	全区防御台风“利奇马”会议	部署超强台风“利奇马”防御工作
8月8日	全区道路交通安全综合治理攻坚行动推进会	部署“道路交通安全综合治理攻坚行动”各项任务
8月8日	全区深化“最多跑一次”改革推进政府数字化转型专题会议	部署深化“最多跑一次”改革推进政府数字化转型相关工作

续表 11

时间	会议名称	会议内容
8月13日	区政府全体（扩大）会议	总结回顾上半年政府工作，部署下半年重点工作
8月13日	区政府廉政工作会议	部署全区政府系统党风廉政建设工作
8月16日	海曙区创建浙江省全域旅游示范区、A级景区城、旅游风情小镇动员会议	部署省级“全域旅游示范区”“A级景区城”“旅游风情小镇”创建等工作
8月16日	区农贸市场改造提升工作领导小组第一次全体会议	部署全区“农贸市场改造提升三年攻坚行动”
8月23日	全区助力贞丰县“脱贫摘帽”百日攻坚暨山海协作推进会	通报上半年东西部扶贫协作、“山海协作”工作的进展情况，部署“脱贫摘帽百日攻坚”及“山海协作”工作
8月30日	全区文明城市创建推进会	部署“文明城市”创建工作
9月4日	全区优化营商环境深化企业服务推进会	部署“强服务、优环境、促发展”集中攻坚行动
9月19日	全区深化“最多跑一次”改革推进政府数字化转型第二次专题会议	回顾总结前阶段工作，部署下阶段任务
9月29日	全区优化营商环境深化企业服务联席（扩大）会议	回顾总结上阶段优化营商环境深化企业服务工作，部署下阶段重点工作
10月15日	全区安全生产和消防安全整治百日大会战领导小组（扩大）会议暨2019年冬季防火工作部署会	部署安全生产和消防安全“整治百日大会战”、冬季防火工作
10月24日	全区存量建设用地盘活推进会	部署存量建设用地盘活工作
10月24日	全区农贸市场改造提升工作推进会	部署“农贸市场改造提升三年攻坚行动”目标任务，推进全区农贸市场改造提升和整治规范工作
12月13日	海曙区2020年经济社会发展思路专家咨询会	听取专家对海曙2020年经济社会发展的思路和建议
12月26日	海曙区—庆元县山海协作联席会议	交流经验做法，部署进一步深化两地“山海协作”

（郭　峰）

重要活动

【裘东耀到海曙调研、检查】 2019年2月2日，市委副书记、市长裘东耀赴市自来水公司生产调度中心、国网宁波供电营业厅、宁波车务段调度中心、公交段塘客运中心站、轨道客运中心站和汽车中心站，看望慰问一线工作人员，致以节日问候和新春祝福。

4月17日，裘东耀赴海曙区开展“三服务”活动，检查“美丽河湖”创建工作，实地走访月湖、西塘河，听取姚江船屋整治情况汇报。

7月10日，裘东耀一行检查海曙区垃圾分类工作，实地查看生活垃圾转运站。

8月6日，裘东耀赴海曙区专题督查“五水共治”工作，实地查看河道治理、生活污水处理试点项目。

9月10日，裘东耀赴宁波天胜农牧有限公司和宁波方兴食品有限公司检查

2月15日，海曙区与中国移动宁波分公司签订战略合作协议

生猪生产和猪肉保供应工作落实情况。

【全市首个“5G移动网络建设区”工程启动】 2019年2月15日，海曙区与中国移动宁波分公司签订战略合作协议，双方以同创共建合作模式，启动建设全市首个5G移动网络。把海曙区打造成为全省首批5G商用区域，重点形成“5G产业园区”“5G交通枢纽”和“5G智慧商圈”。加快完善区内网络基础设施建设，实现光纤接入网络基本覆盖全区城乡，重点区域实现“万兆到工业园区，千兆到企业厂区，百兆到全量用户”。同时，全面实现“政务上云”，并扩展至海曙区“智慧政务”“智慧安防”“智慧城管”“智慧农业”“智慧教育”“智慧旅游”及“智能制造”七大领域。

【宁波市海曙区储能学校共建签约】 参见“教育”类目“综述”分目

【打造“数字经济先行区”动员大会】 2019年4月10日，海曙区召开打造“数字经济先行区”动员大会，贯彻全省数字经济大会和宁波市部署落实全省数字经济发展大会精神。区委领导对实施数字经济“一号工程”进行动员部署。强调，全区上下要牢牢把握数字经济发展时代潮流，以数字经济引领高质量发展。区经信局从5个方面对《海曙区数字经济三年行动计划》进行解读，区商务局、望春工业园、洞桥镇3家单位表态发言。

【中宣部大型主题采访活动走进海曙】 2019年4月17日，中宣部“壮丽70年·奋斗新时代”大型主题采访活动走进海曙，新华社、《光明日报》、《中国日报》、《中国妇女报》、《人民政协报》、中新社、《浙江日报》、《宁波日报》等中央及省、市级媒体聚焦海曙区纺织服装产业发展，实地走访博洋集团、雅戈尔集团两家纺织服装企业，了解海曙企业转型升级背后的故事，探究“红帮裁缝”到服装名城的发展之路。

【2019“一带一路”中国宁波国际攀岩大师赛在海曙举行】 参见“体育”类目“竞技体育”分目

【2019宁波—新加坡创智论坛在海曙举行】 2019年6月27日，以“创新甬筑，智绘未来”为主题的2019宁波—新加坡创智论坛在海曙区举行。论坛由宁波市人民政府主办，海曙区人民政府、新加坡《联合早报》和新加坡凯德集团承办。新加坡通讯及新闻部兼文化、社区及青年部高级政务部长沈颖和副市长陈炳荣分别致辞，由海曙区和新加坡凯德集团联合开发的中新创智（宁波）产业园启动建设，为海曙区建设宁波“246”万千亿级产业集群建设新高地增添动能。

【全省首个国际贸易发展联盟成立】 2019年7月5日，海曙区外贸实力效益工程暨国际贸易发展联盟启动仪式举行，成为全省首个国际贸易发展联盟。联盟整合国内外商会资源、联结企业和各政府部门，涵盖银行、信保、海关、律师、商会、外贸企业等领域，为海曙外贸企业搏击国际市场提供强有力的支撑，成为海曙外贸企业抱团谋发展的新“朋友圈”。启动仪式上，40家区外贸实力效益工程企业签署倡议书，狮丹努集团股份有限公司和中宁化集团有限公司分别作为生产型和流通型外贸企业代表作交流发言。国际贸易发展联盟成员单位签署以“发展共谋、信息互通、资源共享、活动共促”为主题的公约，并发布“稳外贸促发展十条举措”。

【首届中国无人驾驶航海器智能帆船项目公开赛暨国际挑战赛及海洋机器人论坛在海曙举行】 参见“科技”类目“综述”分目

【第五届浙大校友创业大赛浙江赛区（宁波站）暨数字经济优质项目青年人才交流会在海曙举行】 2019年9月19日，“与宁波·共成长”第五届浙大校友创业大赛浙江赛区（宁波站）暨数字经济优质项目青年人才交流会在海曙区举行。活动由海曙区人民政府、宁波浙江大学校友总会、杭州浙江大学校友会主办，设有创新创业政策宣讲、创业创投分享、青年创业导师聘任、项目路演、项目落地意向签约等多个环节，“e修鸽”“斑马仓”创始人林子翔、华旦天使投资董事总经理张洁现场作主题分享；海曙团区委聘任林子翔、张洁为海曙青年创业导师；路演的6个项目，1个落户宁波，5个项目与海曙区意向签约。活动实现海曙区和浙江大学在人才项目上的校地联动，为双方构建交流平台。

【宁波邮局海关开关】 2019年10月16日，宁波海关隶属宁波邮局海关开关仪式举行。标志着宁波进入海、陆、空、邮立体化开放发展模式。自2016年6月28日正式运营的位于中国（宁波）跨境电子商务综合试验区海曙园区的宁波国际邮件互换局，开通3年进出境邮件超过4200

11月4日，海曙海关开关仪式举行

万件，日均超过3.5万件，成为宁波外贸增长的新亮点。同步进驻互换局的宁波邮局海关（前身为宁波海关隶属邮局办事处筹备处）对进出境邮件进行监管，实现国际邮件在宁波口岸直接通关。副市长李关定、宁波海关关长顾勤为邮局海关揭牌，并与市口岸办党组书记、主任崔秀良共同启动邮局海关关区代码。区委常委、区政府党组成员薄慧敏等参加仪式。

【海曙海关开关】 2019年11月4日，宁波海关、海曙区人民政府合作协议签署暨海曙海关开关仪式举行。宁波海关关长顾勤、区委书记孙黎明分别致辞，共同为海曙海关揭牌。并签署《宁波海关、海曙区人民政府合作协议》，区委常委、区政府党组成员薄慧敏参加仪式。

【2019年中国纺织企业家年会暨中国时尚生活方式高峰论坛在海曙举办】 2019年11月4日，由中国纺织工业联合会指导，中国纺织工业企业管理协会、海曙区人民政府主办的2019年中国纺织企业家年会暨中国时尚生活方式高峰论坛在海曙区举行。中国国际经济交流中心副理事长黄奇帆、中国纺织工业联合会会长孙瑞哲、中国纺织工业联合会副会长夏令敏、中国纺织工业联合会副秘书长杨峻，副市长陈炳荣，区委书记孙黎明等人出席论坛。

【宁波栎社国际机场三期工程投运】 2019年12月28日，宁波栎社国际机场举行三期工程投运仪式。省委副书记、市委书记郑栅洁，副省长高兴夫，市委常委、秘书长施惠芳，副市长沈敏等人出席仪式。郑栅洁指出，机场三期工程的投运，进一步巩固宁波机场作为全国重要区域性枢纽机场的地位，对于提升宁波都市区功能，加快民航强省建设，服务“一带一路”倡议、“长三角”一体化发展国家战略具有重大意义。活动现场预祝全省机场2019年旅客吞吐量突破7000万人次，并为国际航空、东方航空、南方航空、厦门航空、长龙航空、春秋航空6家作出突出贡献的航空公司颁奖。

2019年各级考察调研团到海曙区调研活动情况表

表12

时间	考察调研团	考察调研项目
3月7日	省统计局党组书记、局长王杰带队	赴海曙区开展“三服务”活动，实地考察雅戈尔集团智能制造生产线，并听取海曙区经济社会发展情况、经济普查工作和统计基层基础建设汇报
6月19日	省体育局局长郑瑶一行	赴海曙区调研体育工作
7月4日	应急管理部总工程师吴鑫带队	赴海曙区调研安全生产工作
9月23日	自然资源部国土整治中心主任范树印带队	赴海曙区调研土地储备专项债券相关工作
12月7日	兰溪市委书记陈峰齐带领党政代表团	赴海曙区考察
7月17—19日	贵州省黔西南州贞丰县委副书记、县长郑梦英率党政代表团	赴海曙区考察
7月25—26日	海曙区党政代表团	赴丽水市庆元县考察，就山海协作工作与庆元县进行对接交流，并举行海曙区—庆元县山海协作联席会议
7月31日至8月2日	贵州省黔西南州义龙新区党工委书记陈远华率党政代表团	赴海曙区考察
8月18—21日	海曙区党政代表团	赴贵州省黔西南州考察。其中，8月18至20日，党政代表团在贞丰县开展对口帮扶考察交流

（姜　波）

区政府办公室工作

【概况】 2019年，区政府办公室创建“周一夜学”制度，建立“递进式”学习研讨模式，从党组班子和党支部两个层面深研细学、走访调研、查摆问题、整改提高，提升党员干部的政治定力和履职能力。

围绕“六争攻坚、三年攀高”行动和“三大主题年”活动要求，立足海曙实际加强统筹谋划、沟通协调，稳步推进区域经济社会转型发展各类重点工作、重大项目。起草修订区政府工作规则，参与制定以数字经济为引领促进产业转型升级高质量发展意见、“稳外贸促发展”10条举措等一系列政策文件。围绕决策参考开展政府信息工作，全年共向省、市府办信息处报送信息587条次，被各级政府办公厅信息处录用270条次，获省、市政府领导批示5条次。

严格按照上级关于整治形式主义突出问题、切实减轻基层负担工作要求，精简文件简报，统筹压缩各类会议，文件会议数量实行总额控制，有序推进机关内部“最多跑一次”改革。

持续提升政务督查力度，办理市、区领导批示件2509件，专题反馈区领导批示件办理报告41期、政务督查专报5期。常态化受理流动人口量化积分申评，全年受理申评15112人，比上年同期增加723%，积分申评系统接入浙江政务服务网，实现“网上办”“掌上办”。协同相关部门做好出租房屋“旅馆式”管理、公共租赁住房细则制定等相关工作。外事管理工作持续规范，全市率先完成外事管理体制调整，举办2019年中芬合作平台高层会谈及项目对接会等重要会议活动，持续强化出国（境）管理力度，坚持人员和经费双项把控。

审核区政府重大行政决策事项4件，出具书面审核意见23条，意见采纳率达100%，区政府行政规范性文件合法性审核实现全覆盖，区政府重大行政执法决定的法制审核规程全面落实。规范合同管理制度。全年完成各类合同法制审核17件，提出审核意见98条，涉及合同标的额1153亿元。全区各部门通过政务公开平台主动公开政府信息30000余条，区本级办理政府信息依申请公开68件，未发生复议、诉讼败诉案件。海曙区政府网站获2019年度中国政务网站优秀奖。加强议提案办理，办理完成市、区两级建议提案476件。持续推进人大代表政协委员直通车平台系统，办理代表委员意见61条。

【中芬合作平台高层会谈及项目对接会在海曙举行】 2019年5月20日，2019年中芬合作平台高层会谈及项目对接会在海曙区举行。会议由市政府主办，市科技局和海曙区政府承办。芬兰驻上海副总领事任爱丽、芬兰乌尔维拉市长尤卡·莫拉讷恩、中芬合作平台芬方负责人海基·佩尔科等30余位外方嘉宾参会。自2016年年底宁波市与乌尔维拉市签署合作框架协议以来，海曙区作为具体承接落实区域，与芬方合作推动建设“中国·宁波·海曙——芬兰·萨塔昆塔·乌尔维拉”合作平台，开展科技项目合作和人才引进培育等。对接会现场推介8个芬兰项目。

（王丽洁）

重点民生实事项目

【概况】 2019年，海曙区重点民生实事项目共8项，各项目均按期完成年度目标任务。

【安置房建设项目】 2019年6月，春城花园北侧安置房项目开工建设，8月底，开始基坑维护施工。

【危旧房改造项目】 2019年9月底，环城西路52弄危旧房地块棚户区改造项目完成居民签约及搬迁工作。

【学校（幼儿园）新建项目】 2019年年底，古林镇蜃蛟幼儿园、石碶街道海曙中心小学雅戈尔校区（暂名）、石碶街道雅戈尔幼儿园（暂名）开工新建。至年底，古林镇蜃蛟幼儿园项目完成土地供地工作，桩基进场施工；石碶街道海曙中心小学雅戈尔校区（暂名）和石碶街道雅戈尔幼儿园（暂名）项目实施设计试桩。

【市“美丽乡村”示范创建项目】 2019年，海曙区成功创建“横街镇示范镇”、“心闲横街”美丽风景线，并创建横街镇水家村、芝溪岙村、毛岙村和洞桥镇沙港村的示范村项目。

【“四好农村路”建设项目】 2019年，海曙区建设“四好农村路”60千米。其中，大庄至观顶公路、龙溪线、广泽路等5个项目的“美丽经济交通走廊”50千米，涉及荷梁线至章溪新村（一期）公路、章水镇杖锡至花桃公路改善工程、龙观乡鄞里公路至岭脚水库公路等6条农村公路改造提升10千米。

【养老服务设施提升项目】 2019年，海曙区建成高桥镇、横街镇、洞桥镇等5家区域性居家养老服务中心。洞桥老年养护院项目主体工程开始施工。集士港镇、高桥镇、章水镇等10个标准化老人助餐点和标准化老人助浴点均完工。适老化改造古林镇葑水港村、横街镇水家村、洞桥镇罗家漕村等5家居家养老服务站及集士港镇敬老院、古林镇敬老院、鄞江镇敬老院等5家公办养老机构，100户困难老人家庭项目完成设施安装与改造。

【农民饮用水达标提标建设项目】 2019年，章水镇童皎村花岩水站、章水镇孔家水站、横街镇惠民水站等14个农民饮用水达标提标建设项目完工，实现通水。

【就业社保服务民生项目】 2019年，海曙区实现城镇新增就业24030人。实施“社保精准扶贫”工程，重度残疾人、低保对象、特困人员城乡居民养老保险参保率达100%，中轻度残疾人、低保边缘户有意愿参保对象城乡

大庄至观顶湖公路

居民养老保险参保率达100%。全区社保扶贫医疗保险应保尽保人员共9858人，有参保意愿的困难群体参保率达100%。

（叶　辉）

外事工作

【概况】 2019年，海曙区办理党政人员因公出国8批8人次。宁波市古林职业高级中学里克·斯蒂（澳大利亚籍）、宁波三悦工业科技有限公司尤卡（芬兰籍）获2019年宁波“茶花友谊证书”。

【主要外事活动】 2019年4月16日，巴西卡希亚斯公爵市代表团一行20人到海曙区访问，参观考察宁波雅戈尔服饰有限公司。

5月20日，2019年中芬合作平台高层会谈在海曙区举行。芬兰国家外贸和发展部长、芬兰乌尔维拉市市长尤卡·莫拉讷恩，宁波市副市长陈炳荣，市政府副秘书长胡望荣，区委副书记、区长等出席会议。

6月27日，2019年宁波—新加坡创智论坛在海曙区举行。新加坡通讯及新闻部兼文化、社区及青年部高级政务部长沈颖，宁波市副市长陈炳荣等出席会议。省委副书记、市委书记郑栅洁会见代表团一行，共商两地在产业发展、科技创新、港航物流、国际贸易、金融服务、城市建设管理等方面的合作。

9月20日，英国诺丁汉市代表团一行8人到海曙区访问，并参观考察太平鸟时尚服饰股份有限公司。

10月27日，韩国顺天市经贸代表团一行14人在万豪酒店举行投资旅游推介会，介绍顺天市的投资环境、招商引资项目和当地旅游资源。

【主要出访】 2019年7月31日至8月4日，海曙区高桥镇中心初级中学师生团一行24人代表宁波市赴韩国大邱市参加2019年大邱—宁波两市青少年交流活动，增进两地青少年之间的相互了解，推动宁波与大邱友好交流活动向纵深发展。

（朱　杰）

6月4日，洞桥镇沙港村乡贤理事会成立

侨务和港澳事务

【概况】 2019年，海曙区稳步推进各项侨务工作。举行以“共话峥嵘岁月 共倡侨台新风”为主题的政协委员协商会。指导望春街道清风社区“侨胞之家”开展国家级“侨胞之家”建设评选、章水镇开展省级“侨务工作示范基地”创建、洞桥镇沙港村开展“侨界人文社区示范点”创建。指导洞桥镇沙港村、章水镇郑家村、高桥镇民乐村、鄞江镇梅园村召开乡贤理事会成立大会，推动乡贤在乡村治理中的示范带头作用。搭建乡贤宣传平台，在《新侨艺报》《乡愁》栏目刊发12篇“海曙新乡贤”专稿，宣传新时代新乡贤为家乡所做贡献。指导侨界代表发挥引领作用，组织区海创会开展“红色引领绿色环保公益行”、“海创TED讲堂”、到北京高新企业交流学习、“同心共建美丽乡村”等海创系列活动；组织侨界群众参加“我和祖国共呼吸——宁波侨界庆祝建国70周年”合唱比赛、“全市统一战线庆祝新中国成立70周年”暨“同心百立方”先锋行动启动仪式；指导基层侨联开展庆祝中华人民共和国建立70周年活动和中秋联谊活动。以“乡贤汇智促发展”工程为乡贤工作主要抓手，把招才与招商、引智与引资统筹结合，组织企业参加高校毕业生就业招聘会侨企专场，完善市外海曙乡贤资料信息，编印《海曙乡贤联系册（第二册）》。

配合做好第二届世界“宁波帮、帮宁波”大会嘉宾邀请及服务工作，组织港澳代表人士到海曙考察投资环境，协助开展在香港“宁波帮”青年到海曙交流访问，建立健全招商引资项目“信息月报送”机制。开展香港同乡社团建设调研，推进在香港同乡社团建设。

【为侨服务】 2019年，海曙区推进涉侨事项“最多跑一次”改革，做好涉侨事项颗粒度细化梳理，5项涉侨事项均实现“即办件”、“跑零次”、材料电子化率100%。持续开展关爱归侨侨眷工作，结合中秋、春节走访慰问贫困归侨侨眷、重点侨眷80余人次，侨企50余家。做好华侨捐赠登记整理工作，组织区内受助贫困生参加香港甬港联谊会学生助学金发放活动。成立区“为侨服务联盟”，发放包含24项优惠内容的“为侨服务卡”。

【《海曙乡贤联系册（第二册）》编印】 2019年，区侨办排摸港澳地区及海外在经济、文化、教育、医药卫生、科技、社会等领域有影响力的知名乡贤80人，从中择优选择50人增补乡贤信息数据库，并在此基础上编印收录251名乡贤信息的《海曙籍乡贤名册（第二册）》。

【全区首批"海创之家"成立】 2019年3月，海曙区"海创之家"成立，集士港镇恒泰创业园、洞桥镇创代科技孵化园、西门街道智慧谷培训中心、江厦街道芝士公园、南门街道龙湾智谷文化产业园、鼓楼街道鼓楼商圈6个各具特色的场所被授牌为全区首批"海创之家"，成为海曙区2000余名海归人士的"资源中转站"。海归人士可以根据自身不同需求，共享优质资源，畅通创业渠道，拓展更为广阔的创业空间。

3月20日，海曙区"海创之家"成立，当天举办第一期"海创讲堂"。图为"海创讲堂"揭牌仪式

【区首届留学生夏令营】 2019年7月22—25日，"海燕归巢·曙你飞扬"海曙留学生夏令营举行，来自美国、英国、加拿大、韩国等国家的22名留学生参加。夏令营为期4天，留学生们先后到龙观乡李岙村、"创客157"创业创新园、南塘老街、天一阁、它山堰博物馆等地参观交流，感受海曙山水，了解海曙区情、人才政策、创业创新政策。

（郑　凌）

机关事务管理

【概况】 2019年，区接待办开展审计自查工作，对大宗物品采购、工程项目招投标、合同管理等运作流程再优化，完善基建房产、公车管理、财务管理等重点领域和关键岗位防控措施。完成区行政中心食堂装修改造工程，新增精品素食馆，推出风味小吃、精品素食等各样菜式，提升菜品、丰富菜库，形成多层次餐饮服务格局。

【公务接待】 2019年，区机关事务管理局接待宾客170批7000余人。比上年同期，接待批次下降16.67%、人数下降22.31%。圆满完成2019年宁波—新加坡创智论坛、2019年中芬合作平台系列合作交流活动、2019年"一带一路"中国宁波国际攀岩大师赛、全市传统制造业改造提升现场会、中国（宁波）创新赋能企业家对接会暨"两院一园"开园仪式、海曙数字经济发展大会、海曙区城市价值发布会等各类重大会议和活动的接待保障任务，配合区招商团队完成"爱库存"、"即刻"、中新创智产业园、皇氏数智集团等多个重大项目落户海曙，保障区党政代表团赴黔西南州贞丰县、义龙新区和丽水市庆元县开展对口协作帮扶工作。

【办公用房管理】 2019年，区机关事务管理局配合事业单位机构改革，做好全区党政机关办公用房调配，主要涉及14个单位，调配办公用房建筑面积19915平方米；完成全省党政机关办公用房信息统计报告，统计分析并上报区级单位信息106条、乡级政府信息23条、街道信息29条。至年底，全区党政机关办公用房总建筑面积25.96万平方米，其中租赁面积9.28万平方米。

【公务用车保障】 2019年，区机关事务管理局为"智汇海曙·赢未来——2019年海曙数字经济发展大会、城市价值发布会、中东欧国家博览会暨国际消费品博览会等大型会议提供公务用车保障。全年出车4758次，行驶总里程超过39.8万千米。做好区划调整后第二批公务用车划转工作，从鄞州区划转11辆公务用车。新购置7辆公务用车，至年底，全区应急调研用车72辆。

【公共机构节能工作】 2019年，通过合同能源管理方式对变压器与中央空调进行技改，全年节省电费12万余元；响应国家及省、市机关事务管理局绿色发展理念，制订科学建设方案，落实技术改造，完成区行政中心的数据中心（机房）绿色认证工作。

（耿晨露）

中国人民政治协商会议海曙区委员会

综　述

【概况】 2019年1月，中国人民政治协商会议第五届宁波市海曙区委员会第三次会议召开。会议听取和审议政协第五届宁波市海曙区委员会常务委员会工作报告、第五届宁波市海曙区委员会常务委员会提案工作报告，并列席宁波市海曙区第十一届人民代表大会第三次会议，听取和讨论政府工作报告及其他有关报告，组织召开协商交流会，审议通过政协第五届宁波市海曙区委员会第三次会议决议。大会共收到以提案形式提出的意见建议273件，立案248件，全部提案按期答复。确定13件重点提案，其中8件全域旅游类提案被政协常委会作为提案办理协商件打包督办，5件被主席会议成员领衔督办。《加快推进重大文旅项目实施，提升西部开发人气和影响力》等18件提案被评为优秀提案。

立足协商主责主业，根据省委、省政协相关文件要求，探索开展“请你来协商”平台建设工作，全年开展35次协商活动，相关做法被《人民政协报》《联谊报》等媒体报道。持续深化委员工作室建设，召开海曙区政协委员工作室工作交流推进会，推动委员工作室建设工作向深向实发展。加强对各专委会、界别、联委会工作的指导，开展“界别活动周”“联委会活动月”等小微协商活动，意见建议通过委员提案、社情民意信息、调研建议等形式反映给党政有关部门。

推进政协工作规范化发展，出台和修订《海曙区政协党组理论学习中心组实施办法》《海曙区政协党组成员联系专门委员会党支部和相关界别党员委员、党员委员联系党外委员制度（试行）》《政协宁波市海曙区委员会关于推进建言资政和凝聚共识双向发力的若干意见》《海曙区政协关于推进“请你来协商”平台建设工作的实施方案》等制度。

以新中国和人民政协成立70周年为契机，开展“砥砺奋进、同心同行”摄影展、全国书画名家邀请展，与区委统战部联合举办海曙区各界人士国庆中秋茶话会。完成《甬城古港》编撰出

1月13—15日，中国人民政治协商会议第五届宁波市海曙区委员会第三次会议举行

版工作。深入农村、社区、山区开展委员“六送”（文化、卫生、科技、教育、法律、体育）服务进基层活动，为群众送去医疗义诊、法律咨询、科普宣传、摄影服务、便民服务等服务项目。

加强宣传信息工作，完善传统媒体与现代媒体相融合的宣传架构，在全国和省、市媒体刊发稿件62篇，其中《光明日报》《人民政协报》等国家级媒体录用21篇。持续深化社情民意信息工作，发挥社情民意特邀信息员队伍作用，形成34篇社情民意信息，《关于改进电子商务经营者登记工作相关问题的几点建议》等多篇信息被转送全国政协，工作居全市前列。

10月24日，区政协五届十二次常委会议召开，开展“请你来协商——加快数字经济发展”活动

召开全区政协系统党的建设工作会议，深化党建工作。按照党的组织对党员委员的全覆盖、党的工作对政协委员的全覆盖“两个全覆盖”要求，制定《海曙区政协专门委员会党支部工作规则（试行）》，设立5个功能型专委会党支部，把96名党员委员全部编入其中。按照省、市政协要求，开展区政协系统“新时代人民政协的新样子”专题讨论活动。结合区委要求，开展区政协系统“不忘初心、牢记使命”主题教育系列活动。

（张　睿）

重要活动

2019年海曙区政协主席会议专题协商（议政、视察）活动情况表

表13

时　间	活动地点	专题协商（议政、视察）活动	活动成果
4月22日	区司法局、海曙区中小学生法治体验馆和古林镇葑水港宪法公园	“七五”普法开展情况	围绕加大社会面普法力度、推进法治领域供给侧改革等内容提出意见建议
5月24日	区妇幼保健计划生育服务中心和南门街道社区卫生服务中心	健康海曙工作推进情况	形成《“进一步推进健康海曙工作”议政建议书》
6月18日	姚丰学校、段塘学校	新校舍项目建设情况	围绕加强施工管理、强化师资储备、合理布点校舍、推进教育均衡化提出意见建议
6月26日 8月7日 8月20日	石碶街道黄隘村、高桥镇芦港村	推进城乡接合部建设	形成《“推进城乡结合部建设”民主监督建议书》
7月24日	新能源动力系统研发制造及应用建设项目和宁波普济医院项目	重大项目建设	围绕海曙在建重大项目提出意见建议
9月26日	宁波中策电子有限公司	省级生态文明建设示范区创建	形成《“生态文明建设示范区创建”议政建议书》
9月27日	区政协4楼会议室，恒一城市广场项目和东鼓道项目	现代商贸业发展	围绕全区商贸业发展提出意见建议
11月27日	鼓楼派出所和高桥派出所	基层派出所执法规范化建设工作	围绕全区基层派出执法规范化建设提出意见建议

2019年海曙区政协委员恳谈会、约谈会情况表

表14

时间	会议主题	会议成果
3月19日	老旧住宅小区整治改造与长效机制建设	围绕共同缔造理念、长效机制建设、部门协作配合、“物居业”作用发挥、改造细节提升、共性问题研究等众多困难和问题提出意见建议
7月18日	农村饮用水质量	围绕提升农村饮用水质量提出意见建议
10月18日	优化创新创业环境·激发企业科技创新活力	围绕当前海曙区创新创业环境存在的短板，就对如何优化创新创业环境、激发企业科技创新活力主题进行协商交流，提出引进科研人才、搭建网络平台、提高创业补助、降低政策门槛等意见建议

重要会议

【区政协五届三次会议】 2019年1月13—15日，中国人民政治协商会议第五届宁波市海曙区委员会第三次会议举行。会议听取和审议政协第五届宁波市海曙区委员会常务委员会工作报告、第五届宁波市海曙区委员会常务委员会提案工作报告，并列席宁波市海曙区第十一届人民代表大会第三次会议，听取和讨论政府工作报告及其他有关报告，组织召开协商交流会，审议通过政协第五届宁波市海曙区委员会第三次会议决议。

会议期间，围绕“城市精细化管理”举行协商交流会，区政府分管领导及海曙公安分局、区住建局、区交通局、区综合执法局、海曙自然资源和规划分局、海曙生态环境分局、海曙交警大队等部门负责人参加会议，施建耀等13名委员提出问题和建议，得到区政府积极回答和表态。会议表彰海曙区工商业联合会等6个界别先进集体、集士港联委会等4个联络委员会先进集体、王英等19名优秀政协委员。

【区政协常务委员会会议】 2019年1月2日，区政协五届八次常委会会议召开。会议协商决定区政协专委会名称变更、人事事项和委员调整事项，听取区政府关于区政协五届二次会议提案办理情况和对区政协2018年度协商、议政、监督意见建议的采纳情况，协商讨论政府工作报告（征求意见稿），审议通过政协第五届宁波市海曙区委员会常务委员会工作报告和提案工作报告及区政协五届三次会议有关事项，审议通过区政协2018年度各项先进事项。

1月15日，区政协五届九次常委会会议召开。会议听取小组与联组讨论情况，听取区政协五届三次会议提案收集情况，审议通过区政协五届三次会议决议（草案）。

3月8日，区政协五届十次常委会会议召开。会议审议通过区政协2019年常委会工作要点，听取区政协五届三次会议以来提案审查立案情况，开展“两院”工作协商。

6月19日，区政协五届十一次常委会会议召开。会议协商通过委员调整和人事事项，开展“推进全域旅游发展”常委会年度重点提案协商办理。

10月24日，区政协五届十二次常委会会议召开，会议审议“关于打造基本解决执行难‘海曙升级版’的建议”课题调研报告，传达学习中央政协工作会议精神和省委政协工作会议精神，并开展“请你来协商——加快数字经济发展”活动。

（张　睿）

重要活动

【政协“六送”服务进基层活动】 2019年5月16日，区政协赴横街镇水家村开展“六送”服务进基层活动，医卫、社保、共青团、总工会、文艺、科技6个界别及横街联委会组织委员和志愿者为当地群众送去医疗义诊、法律咨询、科普宣传、摄影服务、便民服务等16项服务。区政协主席会议成员赴横街镇敬老院慰问老人，并与水家村10名50年以上党龄的老党员合影留念。区政协机关党支部与水家村党支部开展党建共建签约活动。

【“推进城乡接合部建设”民主监督暨“城乡生活垃圾分类处理”专项集体民主监督活动】 2019年5月17日，区政协召开“推进城乡接合部建设”民主监督暨“城乡生活垃圾分类处理”专项集体民主监督工作部署会。会议分别部署“推进城乡接合部建设”民主监督和“城乡生活垃圾分类处理”专项集体民主监督工作，并听取全区推进两项工作的具体情况汇报。

【两级政协民主监督活动】 6月26日，市政协党组副书记、副主席郁伟年率市政协第四监督组到海曙区，围绕城乡接合部建设和城乡生活垃圾分类处理两大主题开展市、区两级政协民主监督活动。市、区两级政协委员实地视察白云街道君澜上府小区的生活垃圾分类处理情况和石碶街道黄隘村的城乡接合部建设情况，并听取海曙区城乡接合部建设和城乡生活垃圾分类处理工作情况汇报及区政协相关民主监督工作情况汇报。围绕完善体制机制、完善城乡配套建设、重视顶层设计、注重规划先行等方面提出意见建议。最终，形成《关于“城乡生活垃圾分类处理”的民主监督建议书》《关于“推进城乡接合部建设”的民主监督建议书》送区委、区政府，并形成监督报告送市政协。

【区政协政情通报会】 2019年8月16日，区政协举行政情通报会。区委常

委、常务副区长谭国洪通报全区上半年经济社会发展情况和下半年主要工作安排。区政协主席毕东华主持会议并通报区政协半年度工作情况和下半年重点工作任务。

【区政协扶贫工作专题座谈会】 2019年8月23日，区政协召开扶贫工作专题座谈会。会议听取区经合局关于海曙区东西部扶贫协作工作的汇报、区农业农村局关于区内扶贫工作开展情况的汇报，并就区政协及政协委员如何进一步发挥作用、参与扶贫工作进行交流建言。

【提案办理“回头看”暨民主评议会】 2019年10月31日，区政协召开2019年度提案办理“回头看”暨民主评议会。会议听取提案委关于五届三次会议以来提案相关情况的汇报，听取区文化和广电旅游体育局、区农业农村局、区交通局3家提案承办单位全年度提案整体办理情况汇报。与会委员围绕提案办理工作进行发言交流，并对3家承办单位进行评议打分。

（张　睿）

重点提案

【关于加快推进重大文旅项目实施、提升西部开发人气和影响的建议】 2019年，区政协关于加快推进重大文旅项目实施、提升西部开发人气和影响力的建议，区文化和广电旅游体育局回复：将加强旅游规划引领，已编制完成《海曙区“十三五”时期旅游发展规划》《海曙区都市旅游专项规划》和《海曙区民宿旅游发展专项规划》，在各个相关镇乡旅游总体规划编制的基础上，因地制宜推进区域性旅游专项规划。海曙自然资源和规划分局开展“海曙四明山区域大花园规划研究”项目编制；完善旅游基础设施，继续推进“厕所革命”，完成全区主干道旅游标识标牌更新完善工作，安装旅游气象自动监测显示系统，全区范围内对各主要旅游景点、文保点安装更新一批中英文对照的介绍标识牌，并配套电

四明山漫山樱花

子语音导览功能，对接区交通局完善旅游公交线路；打造文旅精品路线，在已有路线基础上，设计制作文旅精品线路的相关宣传品，结合线上、线下进行投放；加大宣传促销推介力度，多渠道推广海曙旅游形象，组织参与或开展各类大型活动，充分整合辖区旅游节庆资源；培育树立产业标杆，进一步做好“旅游+”的产业融合文章，打造独具地域文化特色的旅游产品，指导培育产业融合示范单位，以点带面推动文化旅游服务品质的整体提升。

【关于进一步提升海曙区全域旅游发展水平的建议】 2019年，区政协关于进一步提升海曙区全域旅游发展水平的建议，区文化和广电旅游体育局回复：加强规划引领，编制《海曙区游步道发展规划》，促进海曙区休闲旅游深度发展，满足旅游者日益多样化的旅游需求；因地制宜推进区域性旅游专项规划，重点谋划章水、龙观、横街、鄞江等地区的生态旅游发展；加大政策扶持力度，加大资金扶持力度，上年补助800余万元，2019年安排古道专项资金40万元；推动产业融合集聚，做大做精“旅游+”，推动旅游和农业、工业、文化、体育、商贸等多产业融合；继续指导乡镇、旅游企业以创建为抓手，促进产业间优势互补、资源共享，推动旅游产业转型升级；完善旅游基础设施，推进“厕所革命”，完成全区主干道旅游标识标牌更新完善工作，安装旅游气象自动监测显示系统；强化品牌宣传推广，在已有节庆活动基础上，重点组织开展“行读海曙 书香之路”城市定向跑、“嗨文化·惠旅游·乐运动”文旅体惠民广场活动等，打响海曙文旅体惠民品牌。

【关于海西片区旅游资源整合的建议】 2019年，区政协关于海西片区旅游资源整合的建议，区文化和广电旅游体育局回复：目前全市范围内AAA级以上的景区，已实现公交线路全覆盖。市交通局会根据游客季节变化，动态调整公交线路运力配置，适时延伸首末班发车时间，并在旅游旺季的周末组织企业增开相关主要景点的特色公交专线，方便广大市民游玩出行。游客或团体也可通过微信平台或向公交企业申请定制公交。区交通运输局将做好定制公交线路开通的协调、审批等工作；完善旅游基础设施配套和公共服务，将以A级“景区村庄”建设、省级“旅游风情小镇”、市级“乡村全域旅游示范区”创建、“厕所革命”工作等为载体，不断完善海西片区的旅游厕所、停车场、旅游咨询点、标识系统等旅游基础设施；注重旅游宣传推广，充分利用重点节事活动、社会办节等大型活动载体，指导培育旅游节庆品牌，重点推出“海曙旅游”抖音宣传短视频25条，开展“海曙十景”摄影比赛，多维度宣传海西片区生态文化旅游资源，展示四明山乡村旅游魅力。

【关于扩大天一阁·月湖AAAAA景区辐射带动效应、加快推进全域旅游发展、提升全域旅游水平的建议】 2019年，区政协关于扩大天一阁·月湖AAAAA景区辐射带动效应，加快推进全域旅游发展，提升全域旅游水平的建议，区文化和广电旅游体育局回复：在扩大天一阁·月湖景区辐射带动效应方面，将加大宣传营销力度，构筑市场推广体系；深挖景区文化内涵，丰富旅游产品供给；完善旅游公共服务，提升旅游服务品质。在加快推进全域旅游发展，提升全域旅游水平方面，将坚持规划先行，科学指导发展；积极宣传推广，做好市场营销；完善基础设施，提升旅游品质；做好招商引资，强化项目支撑；完善扶持政策，加强政策保障；重视人才建设，提升发展质量。

【关于针对海曙区打造多元化都市智慧休闲旅游圈的建议】 2019年，区政协关于针对海曙区打造多元化都市智慧休闲旅游圈的建议，区文化和广电旅游体育局回复：编制规划引领发展，已编制《海曙区"十三五"时期旅游发展规划》，提出"一轴两核三板块"的空间发展布局，制定充分发展都市休闲及文化体验旅游、打造现代化大都市旅游核心区的规划目标。编制的《海曙区都市旅游专项规划》对海曙现状都市旅游发展背景、基础条件、阶段进行深入分析，确定发展定位和总体目标；推进品牌融合，继续以天一阁·月湖AAAAA级旅游景区为核心，整合都市旅游圈内实体书店、历史建筑、文保单位等文化资源与府城文化、藏书文化等非物质文化遗产资源，以"书香海曙"建设为切入点，开发旅游线路、旅游产品，打造文化旅游、研学旅游、休闲旅游并存的都市旅游品牌；多措并举夯实基础，智能物联网实现高速无线网络全覆盖，在全市首创首建海曙区政务信息资源中心，扩充海曙西部片区数据，实现将人、组织、资源、事件全方位互联，形成集人、企、物、事四位一体的"1+N"城市大数据中枢。依托微信公众号"千年海曙"制作掌上电子地图，实现辖区内各旅游景点、旅游厕所、旅游停车场在区级平台的智能导游导览，旅游信息实时共享。

【关于将海曙区乡镇特色节庆活动升级为区传统旅游系列节事活动的建议】 2019年，区政协关于将海曙区乡镇特色节庆活动升级为区传统旅游系列节事活动的建议，区文化和广电旅游体育局回复：将排摸、梳理、整合节庆活动资源，打造特色节庆品牌；指导帮助各旅游重点镇乡、旅游企业扩大旅游节庆活动的产业带动效应，将节庆活动与"乡村振兴"战略协同推进，推动旅游和农业、工业、文化、体育、商贸等多产业的融合，以省级果蔬采摘旅游示范基地、省休闲农业与乡村旅游示范点、省级工业旅游示范基地、省文化旅游示范基地等创建工作为契机，推动乡村旅游品质提升；谋划乡村旅游基础设施改善。继续深入推进"厕所革命"，引导相关扶持补贴资金向乡村旅游开发建设倾斜，指导帮助完善旅游标识系统、旅游咨询服务点、停车场、餐饮住宿等旅游配套设施。继续开展从业人员的业务培训，加强旅游人才队伍建设，提高旅游服务品质。

【关于打造章水镇细北线旅游精品线的建议】 2019年，区政协关于打造章水镇细北线旅游精品线的建议，区文化和广电旅游体育局回复：关于"提升公路等级，增设沿路景点的停车场地，按旅游精品线的标准设立交通设施"的建议中，道路等级提升涉及道路加宽，需进行一系列政策处理和支持，区交通局已对细北线（K0+000～K22+000）改造提升工程进行前期方案研究，纳入"美丽交通经济走廊"创建。关于"充分挖掘整合西北线沿线的优质旅游资源，做好景点的规划和开发"的建议，引导相关扶持补贴资金向西北线区域旅游开发建设倾斜，加强细北线沿线村庄的旅游基础设施建设；指导梳理排摸当地优质旅游资源，研发精品旅游线路产品，帮助旅游招商引资；指导、鼓励沿线村庄挖掘本土特色文化，举办各类旅游节庆活动，以节庆促宣传、以文化促旅游，努力把西北线打造成四明山最美的旅游观光精品线。

【关于在海曙区打造一批综合文旅品牌的建议】 2019年，区政协关于在海曙区打造一批综合文旅品牌的建议，区文化和广电旅游体育局回复：区划调整后，根据新海曙的实际情况，文化和旅游两块业务纳入到海曙区文化和广电旅游体育局统一管理。全区积极推动文化和旅游融合发展，规划文旅融合线路，打造文旅融合品牌，创新文旅融合产品。区级层面统一将各产业部门政策进行融合，筹备制定全区性的产业政策指导意见，区文化和广电旅游体育局将配合区政府统一要求调整现有产业政策，支持旅游开发建设，促进旅游品质提升，鼓励旅游市场开拓。

保护改造前的秀水街历史文化街区

【关于完善政府购买公共法律服务机制的建议】 2019年，区政协关于完善政府购买公共法律服务机制的建议，区司法局回复：进一步扩大政府购买公共法律服务覆盖面，丰富公共法律服务产品目录，增加公共法律服务购买对象，健全公共法律服务购买模式，保障人民群众共享法治建设成果的权利；进一步加大政府购买公共法律服务资金投入，提高各项法律服务的补助标准，建立公共法律服务专项资金，加大公共法律服务硬件投入，保障购买资金独立性；进一步规范政府购买服务程序、健全考评机制，保障公共法律服务水平和服务效率。区司法局将和区公共资源交易中心商讨公共法律服务购买纳入招标的必要性，为公共法律服务产品目录的各项产品制定绩效考核标准，把评估结果作为量化评分标准，纳入公共法律服务中心、各站点工作人员年度考核内容。

【关于进一步重视并做好秀水街历史文化街区保护利用的建议】 2019年，区政协关于进一步重视并做好秀水街历史文化街区保护利用的建议，区住建局回复：根据《宁波市秀水街历史文化街区保护规划》要求，在已有的保护改造工作基础上，实施秀水街区保护改造：将秀水街项目保护改造定位于保护历史文化遗产而非简单商业开发；与辖区街道共同加大对该街区的基础设施投入及街区环境整治；由国有企业——开投集团与社会企业共同出资对秀水街区进行保护改造，改造后委托专业团队对街区进行管理运营；委托国内一流的古建筑修缮团队对秀水街区改造进行方案设计，并邀请文保、规划、住建等部门及历史建筑保护方面专家对修缮方案进行会审；做好秀水街区内名人故居、文保单位等建筑物的史料收集；加大宣传力度，在改造升级的同时组建优秀运营团队对街区进行全方位运营；同步改造秀水街区周边道路，有机串联起秀水街历史文化街区、鼓楼沿历史文化街区、伏跗室永寿街历史文化街区三大历史文化街区。

【关于农村饮用水建设的建议】 2019年，区政协关于农村饮用水建设的建议，区农业农村局回复：区政府当年计划投入1亿元通过城市管网延伸工程、乡镇水厂管网延伸工程、村村联网工程和独立水站标准化改造工程等方式对区内的农村独立水站进行达标提标改造建设，至2020年年底，基本建成规模化发展、标准化建设、市场化运营、专业化管理的农村供水体系，形成以城市大管网为主、乡镇局域网为辅、村级水站为补充的供水格局，农村独立水站由原先的86个缩减至56个以下。建立以区级统管为方向，镇（乡）街道为基本单元，推行“事权明确、以点带面、专业化管理、市场化运行”管护模式，对全区村级供水站实行统一专业化管护；全面落实农村供水工程建设、水源保护、水质监测评价“三同时”制度，完善农村饮用水水源保护区（范围）划定；建立水质自检、监测和监督体系，由第三方运行单位定期检测。

西门街道胜丰居家养老中心

【关于建立老旧小区环境整治长效机制的建议】 2019年，区政协关于建立老旧小区环境整治长效机制的建议，区住建局回复：持续开展老旧小区改造和环境综合整治；加强老旧小区环境整治综合管理，分级治理确定出资比例，加大监管力度严把质量关口；建立老旧小区环境整治长效机制，建立健全住宅小区执法清单制度。

【关于探索养老新模式，推广社区嵌入式、多功能、综合性养老服务机构建设的建议】 2019年，区政协关于探索养老新模式，推广社区嵌入式、多功能、综合性养老服务机构建设的建议，区民政局回复：进一步深化养老服务机构医疗服务，现有海曙区养老机构和居家养老服务机构基本满足老人基础性医疗服务的需要，每年实现养老服务机构与基层医疗卫生机构签约率超90%；进一步引入嵌入式养老服务机构，已建成的嵌入式养老服务机构均设置在老年人口相对密集的城市社区内，提供20～40张全托与日托床位，并具备助餐、讲座、康复医疗、日常活动等服务功能，融合机构养老与居家养老的基本服务功能，满足周边老年人“就近养老”的愿望；进一步规范服务标准，拟订《海曙区农村地区居家养老服务站运营规范》，加快建立农村地区居家养老服务运作规范，促进城乡居家养老服务的融合；发展多种医养结合模式，与家庭医师制服务相结合，充分发挥社区卫生服务工作室在医养结合工作的优势和前沿功能，开展家庭医生制服务；加强专业化团队建设，完善培养机制，建立岗前教育、岗中培养、继续教育的培养体系。建立激励机制，鼓励卫生专业技术人员到医养结合机构执业。研究制定养老护理员上岗培训、登记制度，开展老年人医疗和特殊护理需求技能培训。利用现有养老服务评估体系、监管体系，适度添加标准，匹配老年人养老需求和医疗专业服务项目，规范医养结合服务流程。

（张　睿）

纪检·监察

综　述

【概况】 2019年，海曙区纪检监察组织坚决接受“政治体检”，全力协助区委，支持配合省委巡视组工作，严格对照省委巡视反馈意见，抓好整改落实。深化落实“三书三查两报告”制度，推行“一书三单”督责制度，发送《监督提醒通知书》《督办单》《建议单》《限期整改单》251份。开展“点名、点题、点评”主体责任评议，协助区委健全主体责任落实体系。贯彻问责条例，37名党员领导干部因落实主体责任和领导责任不力被追责问责。严把干部选拔任用政治关、品行关、作风关、廉洁关，回复党风廉政意见443人次。

严格落实重大事项请示报告清单制度，强化党对反腐败工作的集中统一领导。落实“三为主一报告”要求，协助区委出台深化区纪委区监委派驻机构改革意见和派驻（出）机构改革方案，调整机构设置，优化人员配备，改革后共设派驻机构11家，实现委机关干部与派驻机构干部“六个一体化”管理，增强监督效能。完善“两为主一报告”工作机制，出台《关于加强区纪委区监委对乡镇（街道）纪（工）委、监察办公室领导的实施意见（试行）》。

开展“不忘初心、牢记使命”主题教育和“温故知新、知行合一”学习实践活动。始终把“深入学习贯彻习近平新时代中国特色社会主义思想”作为首要政治任务，将学习习近平重要讲话、指示批示精神作为区纪委常委会第一议题，专题传达学习21次。开展“研读原著、班子领学”活动，带动全区纪检监察干部学深悟透、学以致用。结合“三服务”活动、信访包案、清廉建设等工作，深入一线掌握实情、破解难题、促进工作。开展“三对标三自查”，全面深刻检视问题，动真碰硬整改落实，有效解决一批突出问题和工作难题。

严格落实党建工作责任制和“五张清单一张网”制度，机关党总支获评市级“五星级基层党组织”。开展全员培训和考核测评，采取“你点我讲”点题学、《规则》《规定》专题学、“良师带徒”结对学等方式，提升纪检监察干部的能力素质。组织开展全系统课题调研和特色创新项目创建，10篇优秀课题和10个优秀项目获奖。深化纪检监察干部队伍状况立体研判制度，加强自我监督管理。建立特约监察员制度，主动接受各方面监督。制定《关于开展“十个一”系列活动加强机关文化建设的实施方案》，开展“悦读”品书会、“身边人说身边事、学身边人”先进典型宣讲等活动，营造浓厚团结、向上的机关氛围。

【纪检监察干部队伍状况立体研判】 2019年，区纪委区监委继续深化纪检监察干部队伍状况立体研判制度，开发信息化系统对干部进行立体“画像”，及时研判处置苗头性、倾向性问

1月24日，中国共产党宁波市海曙区第九届纪律检查委员会第五次全体（扩大）会议举行

题，教育提醒21人次，诫勉1人。同时建立干部勤廉档案数据库，全面评价干部实绩，一批埋头苦干、群众公认的优秀干部得到提拔使用。

【区纪委九届五次全会】 2019年1月24日，中国共产党宁波市海曙区第九届纪律检查委员会第五次全体（扩大）会议举行。区纪委委员22人出席会议，列席186人。区委书记孙黎明出席全会并讲话，区委常委和有关区领导出席会议。全会传达学习习近平在十九届中央纪委三次全会上的重要讲话精神和十九届中央纪委三次全会、省纪委十四届四次全会、市纪委十三届四次全会精神，回顾总结2018年党风廉政建设和反腐败工作，研究部署2019年任务。全会由区纪委常委会主持，审议通过区委常委、区纪委书记、区监委主任李晓东代表区纪委常委会作题为《稳中求进、忠实履职，推进纪检监察工作高质量发展》的工作报告，审议通过《中国共产党宁波市海曙区第九届纪律检查委员会第五次全体会议决议》，审议通过区纪委委员辞职事项。

【特约监察员聘任】 2019年3月8日，区纪委区监委印发《海曙区监察委员会特约监察员工作办法》。经层层推荐、精挑细选，区监委聘请14名来自各个领域、各个行业的代表为区监察委员会第一届特约监察员，聘期至2022年3月。10月18日，区监委第一届特约监察员聘请会举行。区委常委、区纪委书记、区监委主任李晓东为特约监察员颁发聘书并讲话，3位特约监察员代表发言。区纪委区监委领导班子成员参加会议。

【"清廉基层联系点"创建】 2019年4月23日，区纪委协助区委发出通知，在"清廉文化""清廉机关""清廉村居""清廉学校""清廉医院""清廉企业""清廉站所""清廉商圈（园区）"等领域部署开展"清廉基层联系点"创建活动，深化"清廉海曙"建设。区纪委领导带队实地走访调研指导，推动各牵头单位、创建单位逐一制订"清廉基层联系点"创建方案、创建标准、考评细则，举办创建启动仪式、推进会、现场会，创建清廉基层联系点32个，形成"清廉创建联盟""清廉从业公约""清廉管家"等一批特色亮点。

【许罗德到海曙调研】 2019年11月5日，省委常委、省纪委书记许罗德率领省纪委调研组在宁波调研期间，实地走访参观雅戈尔集团、白云街道安丰社区、81890求助服务中心等地。市委常委、市纪委书记、市监委主任傅祖民，区委书记孙黎明，区委常委、区纪委书记、区监委主任李晓东等陪同调研。

（王召波）

10月18日，区监委聘请14名代表担任第一届特约监察员

党风政风监督

【概况】 2019年，海曙区纪检监察组织加强对政治纪律和政治规矩执行情况的监督检查，共立案审查违反政治纪律案件5件，处分5人。

开展"四问四提升"护航行动，确保政令畅通。深化联查联治机制，持续推进收送礼品礼金、违规发放津补贴、违规吃喝、利用名贵特产特殊资源牟取私利等突出问题整治，深挖细查顶风违纪、隐形变异问题。开展明察暗访542次；查处违反中央八项规定精神问题30起，处理党员干部42人，党纪政务处分25人，比上年同期分别增长87.5%、90.9%和92.3%；通报曝光典型问题11起，形成持续震慑。严纠形式主义、官僚主义，查处突出问题56起，处理党员干部74人，党纪政务处分25人。落实"基层减负年"要求，开展"基层点题我来办"活动，严肃查处基层反映强烈的贯彻落实重大工作部署、履职担当和服务群众等方面突出问题。"给企业一个清廉承诺"的做法得到市纪委主要领导批示肯定。

根据区委主题教育工作部署，牵头开展民生领域不正之风和侵害群众利益问题专项整治，确定并向社会公布漠视群众利益问题集中整治项目25个，共查处发生在群众身边的腐败和作风问题42起60人，党纪政务处分21人。持续推进扶贫帮扶领域腐败和作风问题专项治理，实地督查东西部扶贫协作，共查处违纪违法问题20个，处理36人。开展"打伞破网"攻坚行动，健全与政法机关的线索移送、会商研判、结果通报等机制，严肃查处一批涉黑涉恶腐败和"保护伞"问题。推进人防部门腐败问题专项治理，督促梳理权力和问题清单，开展机动式巡察，发现问题10个。

【立项监督】 2019年，区纪委区监委深入开展"立项监督"，综合分析研判信访举报、案件查办、党风政风监督、巡察等发现的问题，确定扶贫帮扶、教育医疗、食品药品安全、征地拆迁等民生领域作为年度监督重点。各纪检监

6月19日，区纪委区监委工作人员到区税务局开展减税降费政策落实情况调研督导

察组织参照全区重点监督项目选题，结合被监督单位业务特点、廉政风险点，选定2~3个重点监督项目，经区纪委统筹审核后，确定年度重点监督项目47个。点对点下发《立项监督任务书》，逐一明确落实主体、目标任务、完成时限，坚持"一项一策"加强全程跟踪督导，确保监督任务落地见效。全年共发现问题170个，处理79人。

【"大棚房"专项整治监督执纪】 2019年，海曙区"大棚房"问题专项清理整治行动开展，区纪委推动相关部门落实主体责任，同步跟进监督执纪问责工作。区纪委书记专题听取区农业农村局、海曙自然资源和规划分局等部门关于全区"大棚房"问题专项清理整治行动进展情况，要求严格落实整改主体责任。制订交叉督查工作方案，组建3个督查组，采取实地调查、查阅资料、谈话了解等方式，对镇（乡）街道党（工）委、政府办事处在"大棚房"问题摸排整改工作中履行主体责任和镇（乡）街道纪（工）委履行监督责任情况开展专项交叉督查，掌握违规项目整治整改进度以及存在的问题、困难等情况，实施台账化管理，持续跟踪落实。共开展各类督查32次，约谈党员干部22人次，谈话提醒14人次，下发各类监督提醒文书11份。

【"四问四提升"护航行动】 2019年9月2日，区纪委印发《关于开展"四问四提升"护航"最多跑一次"改革延伸扩面提质工作的通知》，通过"一线"暗访、基层"巡诊"、跟踪督查、告知预警等形式，问"症"、问"需"、问"效"、问"责"，助推政务服务满意度、公共服务质量、机关办事能率、党员干部作风进一步提升，共发现并纠正相关问题16件。同时，紧扣"打赢三大攻坚战"、服务民营经济发展、减税降费、"最多跑一次"改革、违建"大棚房"和违建别墅清查整治、"六争攻坚、三年攀高"行动、"三大主题年"活动等重大部署加强监督检查，确保中共中央决策、省委部署和市委、区委要求落到实处，发送监督提醒通知书170份。

（王召波）

纪律审查和监察调查

【概况】 2019年，海曙区纪检监察组织始终保持惩治腐败高压态势，有力削减存量、遏制增量，呈现"一降三增"的良好态势。共接受信访举报377件，比上年同期下降13.5%；处置问题线索408件，立案163件，给予党纪政务处分136人，分别上升4.3%、23.5%和3.1%。其中，留置7人，移送司法机关处理8人，挽回经济损失1267.5万元，严肃查处一批严重违纪违法案件。

坚持惩前毖后、治病救人，综合考虑事实证据、思想态度和纪法标准，运用监督执纪"四种形态"处理471人次，增长11.6%，其中第一、第二、第三、第四种形态占比分别为70.0%、21.1%、3.6%和5.3%。严格按照"三个区分开来"要求，出台《信访举报澄清及处置诬告陷害行为办法》，为8名受到失实举报的区管干部公开澄清正名。

充分发挥区委反腐败协调小组作用，协助完善区委反腐败协调工作机构和工作规则，强化工作协同。深化监察体制改革，制定《党员及监察对象涉嫌违纪违法犯罪案件及问题线索通报移送工作规程（试行）》，推进纪法贯通、法法衔接。落实审查调查安全责任制，严守安全底线，建成规范化谈话场所。制定《审查调查技术保障工作管理办法（试行）》，开发审查调查智能化管理平台，不断提高工作精准度。健全提前介入、查审协商机制，开展案件审理质量评查，把好案件质量关。强化党纪政务处分决定执行，建立处分执行情况定期对账制度，处分执行到位率达100%。深化"一案五必须"（每查结一起典型案件都必须进行案件通报、必须进行查摆剖析、必须进行警示教育、必须进行整改建制、必须进行回访督促，实现处理极少数、教育大多数的目的，营造风清气正的政治生态。）制度，指导案发单位开好民主生活会，督促健全制度、堵塞漏洞。

【重大疑难复杂案件专家咨询委员会成立】 2019年3月6日，区纪委召开重大疑难复杂案件专家咨询委员会专家成员聘任仪式暨学术交流座谈会，向宁波大学法学院院长钭晓东等12名专家人士颁发聘书，聘期3年。区委常委、区纪委书记、区监委主任李晓东出席会议，并与各位专家座谈交流。

【派出监察办公室规范化建设】 2019年，区纪委区监委选取集士港镇、望春街道作为镇（乡）街道派出监察办公室规范化建设试点单位。建立监察对象动态数据库，设立信访接待（联络）室、纪检监察谈话室，完善监察办公室

1月18—31日，“不忘初心·警钟长鸣——宁波市党员干部违纪违法典型案例专题展”在区档案馆展出，区四套班子领导集体参观展览

工作制度和流程图，明确监察措施使用文书，推动依法、精准、高效履职。集士港镇监察办公室的相关做法在全市镇（乡）街道监察办公室规范化建设推进会上作经验交流。“海曙区试点打造群众家门口‘监委’从严规范基层权力运行”工作获得市纪委主要领导批示肯定。

（王召波）

廉政宣传教育

【概况】 2019年，区纪委区监委会同相关部门打造“四微”联动清廉宣教模式，集聚整合辖区清廉宣教资源，创新开辟专家名嘴“微宣讲”、党纪法规“微考学”、清廉文艺“微创作”、言论行为“微约束”等“四微”联动机制，向干部群众劲吹“清廉之风”。

开展“警示教育月”活动，在强大震慑和政策感召下，2名党员干部主动投案。加强家风家训建设，挖掘整理海曙区21个大家望族的家规家训、家风故事，出版《清风史话——海曙传统家训家风》，开展“扬巾帼正气，树清廉家风”等活动。完成张苍水故居局部改造提升、梁祝公园清廉文化陈列馆建设，推进市清廉家风馆、御史文化陈列馆等清廉教育基地建设。加强任前教育提醒，对97名拟提任的区管领导干部进行任前廉政测试，对29名新任“一把手”开展“三交底”廉政谈话，传递责任压力。

组织开展“我与祖国共成长”艺术作品展、党政机关廉政书法、清廉微小说征集等活动，在全区各党政机关、楼宇商圈、社区等地开展廉政公益广告展播5200余轮次，多渠道传播清廉价值理念。

【党员干部违纪违法典型案例专题展】 2019年1月18—31日，由市纪委市监委主办、区纪委区监委承办的“不忘初心·警钟长鸣——宁波市党员干部违纪违法典型案例专题展”在区档案馆一楼展厅举行。1月18日，区委书记孙黎明等区四套班子领导集体参观展览。孙黎明在参观时强调，要让全区更多党员干部、公职人员参观展览接受教育，以案为鉴，警钟长鸣，增强敬法畏纪意识，严守做人做事底线。全区102家单位、党员干部2500余人次观展。

【“警示教育月”活动】 2019年5月17日，经区委常委会审议通过，区纪委印发《关于深入开展全区警示教育月活动的通知》，要求各党（工）委（党组）提高站位、高度重视，周密部署、精心组织。“警示教育月”活动主要包括“七个一”活动，即组织一次警示教育参观活动、召开一场警示教育大会、剖析一批严重违纪违法典型案例、开展一次廉政风险排查和防范化解、组织一次党风廉政专题培训、召开一次专题民主生活会、开展一次清廉文化创建活动。其间，区纪委编印《党员干部违纪违法典型案例警示录》，摄制《以案为鉴、筑牢底线》警示专题片，组织开展警示教育展，全区共2.5万余人次接受警示教育。

（王召波）

资料链接：

“三书三查两报告”：“三书”，即落实主体责任《分工告知书》《提醒通知书》和《函告书》。“三查”，即年初对主体责任履行情况进行面对面评议审查，年中开展专题督查，年底进行检查考核。“两报告”，即各党（工）委、党组向区委、区纪委报告主体责任落实情况，纪（工）委、派驻机构向区纪委报告监督责任履行情况。

“一书三单”督责制度：即针对监督检查发现的各类问题，向相关单位党组织和纪检监察组织发送《监督提醒通知书》《督办单》《建议单》《限期整改单》，推动管党治党责任落实。

“三为主一报告”要求：“三为主”，即派驻机构查办腐败案件以区纪委领导为主，派驻纪检监察组组长、副组长的提名和考察以区纪委会同组织部门为主，派驻机构干部的管理考核以区纪委为主；“一报告”，即对作出立案审查调查决定、给予党纪政务处分等重要事项以及线索处置、谈话函询、初步核实、立案审查调查、案件审理、处置执行中的重要问题，应及时向区纪委请示报告。

“两为主一报告”工作机制：“两为主”，即镇（乡）街道纪（工）委查办腐败案件以区纪委领导为主，纪（工）委书记、副书记的提名和考察以区纪委会同组织部门为主；“一报告”，即对作出立案审查调查决定、给予党纪政务处分等重要事项以及线索处置、谈话函询、初步核实、立案审查调查、案件审理、处置执行中的重要问题，应及时向区纪委请示报告。

“六个一体化”管理：即实行区纪委区监委机关干部与派驻机构干部选调录用、选拔任用、轮岗交流、教育培训、党建工作、经费保障一体化。

民主党派·群众团体

中国国民党革命委员会宁波市海曙区基层委员会

【概况】 2019年，中国国民党革命委员会宁波市海曙区基层委员会（简称“民革海曙区基层委员会”）新发展党员6人，有正式党员110人。9月，支部扩编，从5个支部扩大到7个支部，配齐配强支部负责人及班子。

全年13篇社情民意被全国政协、省委会、市政协及中共宁波市委等录用。开展5个重点课题调研，其中“走乡村善治之路 同心共建新农村”获得宁波市人大立法工作研讨会三等奖。张新被民革中央评为社情民意先进个人。民革海曙区基层委员会被民革浙江省委会评为社会服务先进集体。钱军被民革浙江省委会评为组织工作先进个人。三支部“党员之家”——知行苑被民革中央评为“首批全国优秀民革党员之家”。三支部获2019年度首批省级示范支部称号。四支部被民革宁波市委会评为市级示范支部。

组织全体党员在鄞州区委党校以授课形式举行主题教育培训会，学习习近平总书记系列重要讲话精神、学习中共十九届四中全会精神等。向市委会推荐支部负责人参加民革中央、民革省委会基层组织负责人培训班、推选骨干党员、新党员参加区委统战部、民革宁波市委会组织的党外代表人士培训班、新党员培训班。各支部以学习会、交流会等形式，引领党员学深悟透中共十九届四中全会公报及中共宁波市委、海曙区委全会精神。组织全体党员到横坎头村开展红色革命教育活动，观看电影《我和我的祖国》。

【民革海曙区基层委员会社会服务】 2019年，民革海曙区基层委员会持续开展乡村振兴之“技能帮扶、山货下山、光明行、法律服务、村社联姻”等五大品牌活动，成效明显。联合市、区人力社保局开展“美丽乡村建设就业创业技能提升帮扶”活动，为高桥镇、集士港镇、洞桥镇220名农村妇女开展技能帮扶培训，并搭建就业创业平台。开展市、区联动的“三问三服务”活动，到党员企业进行走访和需求对接。鼓励党员争当第三届海峡两岸经济社会融合发展的论坛志愿者。与区台办联系，结对困难台属台胞，与区台商联谊会理事们互动交流，参加市区台联组织的学习会、培训会、联谊活动及“文开台湾 情系两岸”——纪念沈光文407周年诞辰海峡两岸文化交流等活动。面向贵州黔西南州贫困户困境儿童，发起“让爱回家”“六一”特别帮扶活动，捐赠衣服、玩具、学习用品等儿童物品15箱，黔西南州发来感谢信。二支部开展“送法进商会企业活动”，区“善集——社区公益集市项目”联合二支部党员走进高桥镇长乐村开展“送法服务”；二支部、三支部联合启动“畅想哆来咪”活动，为鄞江镇外来务工人员子女学校捐赠音乐学

10月30日，民革海曙一支部联合民革宁波市住建总支部开展参政议政骨干业务培训活动，强化党员们参政议政能力建设

具100余件；四支部春节前夕到字岩下村发放“山货下山”销售款，并邀请民革书法家“送春联上山”，签订党派基层支部与中共村支部结对共建协议，联动浙江北宸企业管理有限公司做好共建工作。开展“爱心定向赛”活动，支部党员携手海曙区致和学校学生近60人参加，宣传“海上丝绸之路”相关知识，并把募捐到的学习用品600余件和资金1万元捐赠给致和学校；七支部“光明行”工作推出“爱心”系列，到横街镇和白云街道牡丹社区，为近160人检查眼疾，18人复明，并开展老年病义诊。多项活动被各级媒体报道。

（马囡囡）

中国民主同盟宁波市海曙区基层委员会

【概况】 2019年，中国民主同盟宁波市海曙区基层委员会（简称“民盟海曙基层委员会”）发展新盟员4人，累计有民盟盟员97人，下辖4个支部。盟员中有市管领导干部2人、民盟市委委员2人，市人大代表1人、市政协委员1人，区人大代表4人，区政协委员4人。3名盟员获评民盟宁波市委会先进个人。3篇社情民意被民盟中央、民盟浙江省委会采纳。

组织盟员到鄞州区委党校开展“不忘合作初心，继续携手同行”主题教育培训。发动盟员参加区委统战部组织的“纪念多党合作70周年”系列活动。开展对80周岁以上老盟员的慰问活动。

【民盟海曙基层委员会社会服务】 2019年，民盟海曙区基层委员会持续开展关爱留守儿童“橙”计划公益帮扶活动，受到社会关注。与集士港镇深溪村开展“村团联姻”结对帮扶，邀请宁波市职业技术学院免费为深溪村进行科学规划设计，组织盟员参加深溪村龙鹜游步道开通仪式。盟员张志刚非深溪村民，在深溪村乡贤理事会成立大会上被破例吸纳为“理事”。盟员陈烈燕为10岁女孩捐献造血干细胞，社会反响强烈。

（马囡囡）

中国民主建国会宁波市海曙区基层委员会

【概况】 2019年，中国民主建国会宁波市海曙区基层委员会（简称“民建海曙基层委员会”）发展新会员4人，累计有会员112人。基层委员会下设5个支部。对第四、第五支部进行届中班子调整，通过会员大会，选举年纪轻、能力强、热心工作的会员参与支部工作，增设参政议政、社会服务、会员服务3个专业委员会。会员中有1名省政协委员、4名市人大代表和政协委员、14名区政协委员和人大代表。

上报社情民意信息20篇，其中，徐小勇报送的《浙江宁波会员孙平范：慈星，三十而立》被民建中央录用，曹云的《做新时代称职的政协委员当有“三心”》社情民意被民建浙江省委会、宁波市委会同时录用，7篇被民建宁波市委会《宁波民建》杂志录用。提交提案建议21篇，曹云的《关于“乡村振兴”促进浙贝产业发展的建议》等3篇提案被省政协大会录用，张良武的《关于推进天然气分布式能源项目建设的合同能源管理建议》等3篇被市政协大会录用。解晓东的理论研究文章《商会、企业、学校三方协同，共育现代“港城工匠”》获民建中央优秀奖。陈胤杰参与民建宁波市委会的政协集体提案《关于促进我市工业互联网发展的建议》、调研报告《关于设立甬舟特别合作区的建议》被民建浙江省委会选作立项课题。

【民建海曙基层委员会“四个二”支部工作制度】 2019年，民建海曙基层委员会完善“四个二”支部工作制度。即要求每个支部全年至少开展2次有质量的活动，发展2名高素质会员，完成2篇参政议政调研文章，组织2次社会公益活动，以具体详细的量化标准，促进基层组织各项工作有序开展。增设参政议政、社会服务、会员服务3个专业委员会，分别负责收集、撰写提案、建议、社情民意，谋划、组织社会服务品牌建设，组织会员活动、服务会员需求等。定期召开基层委扩大会，组织骨干会员学习时事政治、通报政府中心工作。

【民建海曙基层委员会社会服务】 2019年，民建海曙基层委员会及专委会与民建宁波市委会老龄委密切联系，并达成5个方面共识。以“优势互补、协同创新”为原则，与宁波财经学院联合建设宁波财经学院“民智”参政议政社会调研实践基地，首批聘请10名专家学者作为基地调研专家。三支部

7月，民建海曙基层委员会组织章水镇小学生夏令营活动

与民建丽水市委会莲都区二支部结成“友好支部”。基层委在宁波四明山烈士陵园等地设立5个学习基地、“静山山庄”等5个活动基地，丰富会员学习活动。

（马囡囡）

中国民主促进会宁波市海曙区基层委员会

【概况】 2019年，民进海曙区基层委员会发展新会员7人，累计会员166人，平均年龄55.2岁。其中在职会员112人，占比67.5%；副高级及以上职称57人，占比34.3%。会员中担任市人大代表、政协委员的3人，担任区人大代表、政协委员的7人。基层委员会下设民进海曙区中心一支部、民进海曙区中心二支部、民进海曙区幼教支部、民进宁波市东恩中学支部、民进宁波市第十五中学支部、民进宁波市实验小学支部等6个支部。中心二支部获评“民进全国先进基层组织”。

市、区两级人大代表、政协委员共提交议案建议17件，撰写社民意信息6篇。其中，周海杰撰写的《建议完善承诺制注销政策 延续税务执法刚性》被民进中央录用。基层委员会共开展5个课题调研，其中，李江美的《汇聚各方力量，助推乡村幼儿园发展》成为民进宁波市委会2019年度集体提案，得到省委副书记、市委书记郑栅洁批示；庄卢波的《城市小型幼儿园“微社区”体验学习模式的实践探究》获民进浙江省委会立项；陈少华的《“农业+教育”模式 推动智慧农业产业发展的建议》在民进宁波市委会立项。组织会员参加各级部门组织的视察调研及座谈活动7项31人次。

基层委员会4名会员分两批参加全国和省级的主题教育培训，80余名会员参加民进宁波市委会“不忘合作初心、继续携手前进”集中轮训，5名会员参加区委统战部组织的党外干部培训班。中心二支部选送的2个支部活动案例获得民进浙江省基层组织建设优秀创新案例“银点子”“好点子”奖。

11月，民建海曙区基层委部分会员参加章水镇蜜岩村“乡村振兴”结对调研

【民进海曙区基层委员会社会服务】 2019年2月28日，宁波民进社区社会服务基地在南门街道柳锦社区揭牌成立。基层委员会相继组织“为春联万家”“老年关怀”摄影、“老少同乐迎中秋”、关爱失独老人等活动，了解并推动解决一些社区治理难题。12月4日，基层委员会赴海曙区章水镇中心小学开展“同心助教”系列活动——师徒结对总结汇报会，对自2017年师徒结对协议签订以来的3年结对成果进行汇报展示，崔杰等3名师徒代表做课堂教学汇报展示。

（马囡囡）

中国农工民主党海曙区总支部

【概况】 2019年，中国农工民主党海曙区总支部委员会（简称“农工海曙总支”）下辖2个支部，分别为海曙总支一支部、海曙总支二支部。新发展党员6人，累计有党员63人。海曙总支被农工党浙江省委会评为2018—2019年度先进基层组织，被农工党宁波市委会评为2019年度“调研工作先进集体”“反映社情民意信息工作先进集体”“宣传工作先进集体”。夏宇被农工中共中央评为2018—2019年度“全党反映社情民意信息工作先进个人”。顾晓明、薄丁旖分别被农工党浙江省委会评为参政议政先进个人。

提交政协提案和社情民意16篇，其中13篇信息被省、市委员会录用。《海曙区紧密性医联体建设调查报告》《关于海曙全域旅游发展的思考》报区委统战部，《基层反映民营企业“民参军”遭遇三大难题阻碍整合进程》被中央统战部录用，《建议加快借助社会力量参与中小学生心理健康教育》被农工中共中央录用，《建议我市布局海洋大科学装置抢占新一轮国家前沿科技领域高地》获省委副书记、市委书记郑珊洁批示。为区政协组织的“请你来协商”暨海曙城市医联体调研活动提出意见建议。组织党员参加各类政情通报会、重大项目评审会，围绕“最多跑一次”“一证统办”督查等主题，提出有效意见建议10余条。

组织党员参加农工党宁波市委会“前进讲堂”、海曙区党外代表人士培训班。组织退休党员召开民主生活会。组织全体党员到横街镇惠民村走“红色古道”，缅怀先烈，接受红色教育。开展庆祝中华人民共和国建立70周年“歌唱祖国”大赛活动。发起“垃圾分类、从我做起”倡议活动。

【农工海曙总支社会服务】 2019年，农工海曙总支开展进社区、进乡村、进敬老院的“医疗服务三进”活动，在南门街道、章水镇、龙观乡及农村敬老院开展包含中医、骨科、口腔、内科、外科、妇科、儿科等多个科目的大型义诊活动，服务群众超过1200余人次。“六一”儿童节前夕，组织口腔医疗专家赴宁波市达敏学校，开展“送口腔健康”服务，为特殊儿童送去特殊礼物。在“村团联姻”结对单位高桥镇民乐村，开展“情系桑榆，健康下乡”综合服务活动，服务内容包括健康讲座、法律咨询、医疗服务、心理疏导等，还推出针对慢性病老人身心健康养护的专业社会工作项目。

（马囡囡）

中国致公党宁波市海曙区总支部

【概况】 2019年，中国致公党宁波市海曙区总支部（简称“致公党海曙区总支”）发展新党员5人，累计有党员50人。致公党海曙区总支有区政协委员4人、市人大代表1人。徐卫民、励娴等3名党员被聘为全市统一战线教育培训师。江辉被任命为区人民法院人民陪审员。戴燕娜被评为宁波市护理先进工作者、东西部协作优秀扶贫专家。原泉等2名党员被致公党浙江省委会评为省级先进个人。

提交社情民意10余篇，其中《关于实行医保药品支付价格全覆盖的建议》《亟须解决外卖骑手的劳动保障问题的建议》得到致公党宁波市委会采用。完成《关于“互联网＋创新、创业”产业落地转化研究》《关于推进癌症筛查和防治工作的研究》2篇调研报告。

在宁波财经学院蓝源家族财富管理研究院举办参政议政党员交流学习活动，新老党员表达对参政议政、社会服务的愿望，结合自身特长和专业优势在党派活动中出力。总支部连续两年对党员参加支部活动、撰写社情民意和调研情况进行记录，对表现优异的党员给予表彰。走访患病、高龄党员，探望生育女党员。

【致公党海曙区总支社会服务】 2019年，致公党海曙区总支设立“致爱驿站”，探索民主党派服务城市社区的新模式。国际象棋大师励娴为牡丹社区“致爱驿站”的孩子授课，并作为市政协委员参与宁波民和文化产业政协委员工作室创建。原泉在宁波市达敏学校和镇海景和学校建立“致爱驿站”，帮助自闭症、唐氏综合症儿童。12月，“初心有爱，幸福牡丹”牡丹社区“幸福驿站”揭牌，副主委邓伦吉牵线市美业联合会，设立“致爱理发屋”，定期为社区及周边居民提供公益理发服务，并对高龄、行动不便的老人定期上门提供免费服务。

（马囡囡）

九三学社宁波市海曙区基层委员会

【概况】 2019年，九三学社宁波市海曙区基层委员会（简称“九三学社海曙区基层委”）新增社员4人，累计有社员64人。其中，正处级及以上干部4人、副处级干部6人；研究生以上学历及高中级职称社员32人，占比66%。提交建议提案、立案10件，多个议案提案被列为重点督办件，其中《关于提升新经济领域企业育才留才能力的建议》获得2018年度社市委参政议政优秀成果二等奖。完成社市委专项调研课题，撰写调研报告《我市再生水应用推广的政策与机制研究》（得到省委副书记、市委书记郑栅洁批示）《关于深化社区减负增效问题分析及建议》《宁波市专业服务业发展情况调研》《关于促进老字号创新发展的调研报告》《“一带一路”背景下推动我市民营企业“走出去”政策研究》《关于81890助力现代化治理体系建设的建议》，参与九三学社宁波市委会“长三角信用一体化”课题。完成区委统战部课题，撰写调研报告《优化营商环境促进海曙民营经济高质量发展》《新形势下科学推进政府投资项目前期工作的思考》。撰写社情民意文章《加快低浓度阿托品滴眼液国产化的建议》被九三学社浙江省委会录用。施惠祥获评“九三学社中央优秀社员”，夏焕文、曾徐、周海滨获评“九三学社浙江省委优秀社员”。九三学社海曙区基层委员会被九三学社浙江省委员会评为2019年度“全省社会服务工作先进基层组织”。

建立长效学习机制，召开班子学习会，重点学习中共十九大精神、习近平总书记系列重要讲话、中共十九大四中全会精神和九三学社中央思想政治工作会议精神等，建立形式多样、积极有效的社员学习制度。开展“不忘合作初心、继续携手前进”主题教育活动，组织观看九三学社在线主题教育课程，督促社员网上自学。组织社员参观宁波樟村四明山烈士陵园、北仑张人亚党章学堂，开展现场教学。选派年轻骨干社员参加九三学社、统战部组织的各类培训班，提升社员思想素质，开拓政治视野。不定期召开支社会议、专题座谈会、青年社员读书会等，分享交流心得体会，巩固学习成果。

【九三学社海曙区基层委社会服务】 2019年，九三学社海曙区基层委员会组织社员发挥优势，参与社会服务，把社会服务工作与参政议政工作有机结合。多次赴革命老区开展“乡村振兴”“最美乡村公路建设”调研。为兄弟支社搭建社会服务平台，与市第二医院、市妇儿医院、市中医院、李惠利医院赴海西山区横街镇毛岙村、龙观乡、章水镇、章水镇李家坑村等山区开展医疗情况调研、免费医疗咨询。参加社市委组织的“九三学社中央院士专家科普宁波行”活动，组建志愿者团队。利用龙观乡“最美女主人手工工坊”、区图书馆、“智慧女人成长园”三大服务基地送知识、送服务。张爱华举办“儿童教育”公益讲座；许宁开展“普惠金融进社区”活动；王数举办“海曙区情及趣味统计进学校”讲座；陈俭利用区图书馆“周末课堂”，组织各类公益讲座；杨红昆受聘为奉化河头路倒楼案、宁海火灾事件专家；王绍峰为延边支教，举办创业创新讲座等。

（马囡囡）

海曙区总工会

【概况】 2019年，海曙区有基层工会组织2563家，其中单建企业工会2296家、联合工会267家。覆盖企业1.61万家，职工入会率达97.7%。有工会会员37.61万人，其中农民工25.40万人。

围绕市委“六争攻坚”、区委“三大主题年”部署要求，开展“三重一新”劳动竞赛、岗位创新竞赛、职工技能大赛和安全生产专项竞赛等各类群英赛、精英赛等活动10场，投入资金120余万元，参赛职工1500余人。全区获评“全国五一巾帼标兵岗”1个，省、市劳模及集体19个，市“工人先锋号”7个，市“劳模工匠创新工作室”4个，“港城工匠”4人，“海曙工匠”12人。

主动参与海曙“无欠薪城区”创建，履行维权服务基本职责，促进劳动关系和职工队伍和谐稳定，全区获评第五轮省级“创建和谐劳动关系暨先进集体”2个、先进园区1个。出台《海曙区工会劳资纠纷预警和处置实施办法（试行）》，“打造工会社会组织工作‘海曙样本’”项目入选区委年度重点改革项目。重视工资集体协商工作，举办全市首场产业技术工人工资集体协商会，组织选手代表宁波队参加全国总工会首届城市工会集体协商竞赛决赛，获团体第六名和优秀组织奖。全年接待职工劳动法律法规咨询求助165件833人次，提供法律援助32件，为620名职工挽回经济损失3250余万元。

开展元旦、春节慰问、“金秋助学”、临时救助、专项救助等工作，累计投入资金56万余元。区、街道（直属、系统）、社区（企业）三级工会劳动保护组织联动，多批次走访检查慰问高温作业重点企业435家、职工6万余名，发放慰问物资170余万元。“体检车进基层”免费体检1321人，一线优秀职工体检休养577人次，全年大病医疗互助参保206802人。开展“心理健康进企业”活动40场次，惠及职工2000余人。举办返城务工人员专场招聘会11场，参加企业826家，推出就业岗位15377个。方兴地产（宁波）有限公司获评第四批“妈咪暖心小屋”示范点。

组织职工赴贵州黔西南州疗休养109批2617人次，赴丽水衢州疗休养28批620人次。在贞丰、义龙新区挂牌“海曙区职工疗休养推介基地”7家。开展消费扶贫，全区各机关单位、企事业单位采购扶贫地区农产品800余万元。投入20万元援建贞丰县异地移民搬迁社区职工（农民工）服务中心项目，2018年度援建的贞丰县水景湾社区职工（农民工）服务中心启用运行，成为贵州省总工会“助推精准扶贫工作现场会”唯一参观点。区总工会获评区“对口帮扶工作考核优秀单位”。

贞丰县水景湾社区工会服务中心

组织开展“我和我的祖国”主题作品征集、劳模工匠宣讲团“三进”等活动，举办优秀职工文艺节目综合展示赛、“书香海曙”公益乐学系列课堂、送演出进基层、“关爱小候鸟”暑期公益话剧展演、第二届职工微朗读大赛、首届职工电子竞技邀请赛等多场具有影响力的活动，打响海曙职工文化品牌。加强工会宣传，在中央及省、市级媒体发表稿件193篇，拍摄制作海曙工会首部微电影《曙·光》，获评第五届宁波市优秀影视作品奖短视频类二等奖，“海曙职工之家”微信平台累计阅读总量达4412592次，开展各类线上活动238场。

组织实施工会组建专项行动，以党建带工建，以党建促工建，重点实施百人以上企业工会集中组建和新“八大员”群体入会工作，区总工会作为全市工会会员实名制工作试点区，采取多渠道开展工会组织和会员实名制工作。11月，全国总工会组织部关于加强区域性、行业性工会联合会组织建设座谈会在宁波市召开，与会代表现场参观海曙区示范点。按照“星级活力工会—示范基层工会—模范职工之家”梯队，共创评五星级93家、四星级139家、三星级225家，全区有市级“厂务公开民主管理工作示范单位”12家。开展“不忘初心、牢记使命”主题教育。区总工会获评2018年度“全国工会财务工作先进单位”及省工会优秀审计项目，区总工会机关一支部获评2018年度区“海曙区先进基层党组织”。

【劳动竞赛】 2019年，海曙区结合区内产业特点，相继举办10场市、区级职工技能竞赛，涉及服装制版、跨境电商、茶艺、护理、美容美发等行业，覆盖参赛职工1500余人，形成“行行有比武、月月有赛事”的劳动竞赛局面。海曙区连续8年举办市、区各级技能大赛80余场，通过以赛代评的模式，共评出技师50余人、高级工3200余人。此外，区总工会广泛开展以“三重一新”为主题的劳动竞赛，引导基层单位开展技能竞赛、经济技术创新、优质服务竞赛、重点工程项目立功竞赛和

10月13—14日，2019年度宁波市“匠心汇海”杯形象设计技能大赛暨第四届美容形象设计职工技能精英赛在梁祝文化产业园举行

安康杯竞赛等活动。

【黔西南贞丰县社区职工服务中心援建】 2019年1月，区总工会援助贵州黔西南贞丰县的水景湾社区职工服务中心建成。作为区总工会“精准”“对口”帮扶项目，中心占地近0.04公顷，涵盖爱心超市、职工书屋、技能培训、子女托管、社区服务等一系列服务项目。

【庆祝“五一”国际劳动节暨先进表彰大会】 2019年4月28日，海曙区庆祝“五一”国际劳动节暨先进表彰大会召开。区委副书记、政法委书记张启表主持，区委书记孙黎明出席活动并讲话，要求全区广大职工群众要始终在思想上政治上行动上同以习近平同志为核心的中共中央保持高度一致，以劳动谱写高质量建设国内一流强区的壮丽篇章，以优异成绩向中华人民共和国建立70华诞献礼。会上通报表彰名单，一批先进集体和先进个人受到表彰。

【微电影《曙·光》开机】 2019年7月24日，由区总工会出品的工会微电影《曙·光》开机。影片讲述了两代工会工作者之间理念的冲突与和解。采用艺术的表达方式，刻画出人物细腻的情感变化。影片充分利用“工创家”、匠道工作室、工会职工服务中心、劳模创新工作室等具有代表性的工会阵地，全方面展现新时代工会的形象。

【劳资纠纷预警和处置实施办法推行】 2019年8月1日，区总工会在全市首推《海曙区工会劳资纠纷预警和处置实施办法（试行）》。构建出一套事前“三预”（预判、预警、预报）一事中调解处置一事后跟踪反馈的闭环式工作机制，明确工作责任，落实工作要求。此办法施行后，区总工会依托“宁波市海曙区群体性欠薪预警信息系统”构建预警信息网络渠道，全区各镇（乡）街道、园区总工会建立预警信息员网络，并指定专职预警信息员负责系统日常运行、及时规范处置各级警示信息。

【区首届职工电子竞技邀请赛】 2019年8月4日，由区总工会举办的2019海曙区职工电子竞技邀请赛决赛举行。比赛吸引全区各行业49支队伍245名职工电子竞技爱好者参赛。通过前期预选赛等阶段，16支队伍入围决赛。经过数轮激烈的排位赛争夺，海曙区城市排水有限公司YGP战队获得冠军。

【“私人定制式”困难职工帮扶】 2019年8月4日，区总工会对困难职工采用“私人定制式”帮扶，过精准把脉，对症施策，实现“一户一档案、一户一计划、一户一措施”。根据不同的帮扶需求制订具有个性化、可操作的帮扶措施，确保真正实现“帮到点上、扶到根上”。同时建立动态管理机制，对建档信息联网核查，条件不符的，即时予以清档处理。至8月，海曙区基本实现地市级以上建档困难职工全部“脱困摘帽”，解困脱困取得显著成效。

【市美容形象设计职工技能精英赛在海曙区举行】 2019年10月13—14日，2019年宁波市“匠心汇海”杯形象设计技能竞赛暨第四届美容形象设计职工技能精英赛在海曙区举行。大赛设置美容、美甲、半永久化妆3个项目，采取理论考试和技能操作双环节。来自海曙安健家政服务有限公司的王培红从全市121名参赛选手中胜出，并被推荐申报为“宁波市首席工人”候选人。

【全国首届城市工会集体协商竞赛在海曙举行】 2019年11月6日，全国首届城市工会集体协商竞赛决赛在海曙区落幕。来自全国的19支城市代表队和1支高校代表队100余人参加比赛。比赛根据给定案例，由每组两支队伍分别代表企业方和职工方，围绕工资增长、福利待遇、劳动保护、技能培训等与职工权益密切相关的议题开展现场模拟集体协商。海曙区选送4名选手，其中南门街道周江岸社区工会负责人夏金和雅戈尔集团工会委员俞华清获得比赛“个人优秀选手”称号。

（李天行）

共青团海曙区委员会

【概况】 2019年，海曙区有基层团委43个、基层团工委11个、团总支19个、团支部752个，专职团干部35人、兼职团干部2271人，团员17129人。有官方微博“海曙共青团”、微信公众号“海曙青年”，统筹发布各类信息要讯。海曙区被列为宁波市青少年事务社会工作专业人才队伍建设试点区；北郊社区、清风社区通过第一批全国“双零”社区（青少年“零犯罪”“零受害”社区）试点创建验收；团区委指导推荐省“五星级青创农场”1家（宁波天胜农牧发展有限公司）、市“三星级青创农场”2家，新创建17家“青少年维权岗”。“为了明天”禁毒宣传项目获得团中央项目经费支持，并获评全省第三届妇女儿童公益项目创业大赛三等奖。授牌成立第一批校少工委，海曙区的“浙江省少先队改革示范点创建”项目被列入市级重大改革项目，并获评“宁波市先进少工委”。建设宁波（海曙）青年人才驿站，强化与“双一流”高校合作对接，吸引浙江大学青年校友创业大赛等活动在海曙区举办，促成5个创业项目落户。

成立十大关爱青少年公益项目，“最多跑一次”改革领跑团，开展“青春帮办员”“青春助跑”等“三服务”项目，推动营商环境优化。挖掘宣传“最美90后”“新时代好少年”等先进典型，选树“海归”医学博士杨嘉莉、“家乡味道”代言人徐佳宁、市“向上向善好青年”李媛媛等9人，发挥榜样人物引领作用。提升“595.5青工场”等新媒体品牌影响力，培育一批传播正能量的网宣志愿者、“网络大V”和青年自媒体。“海曙青年”微信公众号累计推送文章300余篇，获得2万余点赞关注，影响力位居全省全列。

【共青团系统重点工作述职会】 2019年1月8日，团区委召开“对标争先 青年评议”海曙区共青团系统2018年度述职大会。来自27家单位的团组织负责人，通过“我说你评”的方式，围绕2018年共青团重点、特色工作及2019年重点工作思路进行述职。12名来自社会各界的青年代表担任述职会的大众评委，与党政领导共同组成联合评审团，对基层团工作开展评议。江厦街道以平均分94.13分名列第一，月湖街道、鼓楼街道分别以93.74分、93.36分名列第二、三名。会议从单纯的团内评价转变为“党政评价、社会评价、青年评价、团内评价”的“四位一体”评价，是推进共青团改革、优化团工作考核评价方式的一次创新实践。

【关爱青少年公益项目发布】 2019年3月3日，团区委联合区志愿者协会举行“青春助梦 益行海曙”关爱青少年公益项目发布暨海曙青少年公益基金成立仪式。十大关爱青少年公益项目为青少年心理素质提升行动、芝士公园“梦想雨林行动”、重点青少年社会观护行动、“为了明天”青少年禁毒宣传行动、“家燕归巢”就业创业行动、“益起创”技能培训帮扶行动、“微呼百应”圆梦行动、“小骑士”留守儿童关爱行动、“喜憨儿”助残服务行动、“城市萤火虫”换书大会。分别由10家社会公益服务组织签约对接。农行海曙支行现场签约“微呼百应”圆梦行动公益项目。在活动现场，海曙区青少年芝士公益基金正式揭牌。基金由团区委联合海曙区热心青少年公益事业的爱心企业，以现金或等价值青少年公益课程等形式进行注资，用于海曙青少年健康成长事业的专项基金，由区志愿者协会、芝士公园共同监督管理。

【宁波（海曙）青年人才驿站启用】 2019年4月19日，“HI！未来‘曙’于你”海曙区人才日系列活动之宁波（海曙）青年人才驿站启用仪式举行。宁波（海曙）青年人才驿站是由区委人才办、区人力社保局、团区委等部门联合打造。作为首家以就业创业“一站式”服务为特色的青年人才服务综合体，汇集7天免费住宿、工位共享办公、就业窗口服务、创业培训交流、人力信息咨询等服务功能于一体，为到宁波创业的青年人才提供一站式服务，增强青年人才对宁波的认同感、融入感、归属感。

【2019“城市萤火虫”换书大会】 2019年4月21日，海曙区在金汇小镇诗情湖西广场举办2019世界读书日“城市萤火虫”换书大会，8名宁波市知名专家参与书籍把关审核。此届城市萤火虫换书大会分为5块区域——书香品阅区、诗词吟诵区、笔墨书写区、东方筝韵演绎区、西曲民谣表演区，从眼鉴、口诵、手书3个环节营造换书氛围。800余名市民参加活动。

【纪念五四运动100周年主题活动】 2019年5月6日，由区委宣传部、团区委、区教育局、区文化和广电旅游体育局、区退役军人事务局、章水镇党委联合主办的“百年五四 青春传承”海曙区纪念五四运动100周年主题活动在章水镇举行。活动分为两个阶段，第一阶段“青春心向党 建功新时代”特别主题团日活动在樟村四明山烈士陵园举行，团员青年们通过敬献花圈、默哀致敬等环节寄托对革命先烈的哀思。第二阶段举行“青春勇担当 建功创一流”海曙区各界青年学习习近平在纪念五四运动100周年大会上的

11月6日，第五期“万名大学生走进宁波骄傲”活动组织宁波财经学院和浙江纺织服装职业技术学院近百名大学生到博洋集团、宁波旷世智源工艺设计有限公司、君禾泵业股份有限公司3家单位实地考察

重要讲话精神主题分享会，现场举行“青春红色寻访地图”发布仪式和“小红曙”青春宣讲团成立仪式。区直属单位团组织团干部、各行业系统青年代表、学生团员代表等200余人参加活动。

【少先队海曙区第九次代表大会】 2019年5月30日，中国少年先锋队宁波市海曙区第九次代表大会召开。会议回顾和总结区第八次少代会以来少先队工作基本情况，指出此后3年区少先队工作的指导思想和总体要求。大会表彰获“星星火炬奖”，获评双“十佳”学校大队辅导员、少先队员73人。开幕式上，镇明中心小学、冯家小学等10余所学校的少先队员们带来“筑梦新海曙 争当好少年”少先队主题队会，全区各所学校的251名代表和社会各界人士观看开幕式主题队会。

【基层团干部培训班】 2019年7月4—5日，2019年海曙区基层团干部培训班举办。培训班采用专题辅导、分组讨论、团建互动、现场教学等各类形式，其间开展群团改革精神学习、共青团基础业务、新媒体培训、实地参观调研等课程，并召开海曙区共青团系统半年度工作例会。全区各镇（乡）街道团（工）委、区直属单位团组织42名负责人参加培训。

【“双一流”高校青年海曙实习计划实施】 2019年7月13日，2019年宁波（海曙）青年人才驿站暑期实习计划暨浙江大学公共管理学院“青知计划”基层挂职启动仪式举行。此次实习计划推出挂职实习岗位45个，涵盖全区各大党政机关、区级以上人才项目单位、区域龙头骨干企业的重要岗位，前期招募到中国人民大学、浙江大学等国内“双一流”及原985、211高校学生60人，以挂职实习的方式参与海曙区基层党建、经济发展、社会治理。

【共青团海曙区第十四次代表大会】 2019年8月27—28日，共青团宁波市海曙区第十四次代表大会召开。新一届委员会讨论通过《中国共产主义青年团宁波市海曙区第十四届委员会第一次全体会议选举办法（草案）》，并选举产生共青团宁波市海曙区第十四届常务委员、书记和副书记。海曙区委书记孙黎明出席会议并寄语青年：不忘初心，不负当下，不畏将来，不偏不倚。

【第五届浙大校友创业大赛浙江赛区（宁波站）暨数字经济优质项目青年人才交流会在海曙举行】 参见“海曙区人民政府”类目“重要活动”分目

【“我与祖国共奋进——国旗下的演讲”研学活动】 2019年9月25日，团区委组织全体党员赴鄞江镇建岙村梅园革命史记陈列馆开展“我与祖国共奋进——国旗下的演讲”红色研学活动。全体党员学习了解鄞西革命历程及鄞江发展史，并重温入党誓词。团区委还为柳奕超、贾柯、周慧敏、章俊、胡佳慧5名同学颁发海曙区“小红曙”青春宣讲团第二批宣讲员聘书。

【“万名大学生走进宁波骄傲”活动】 2019年11月6日，由团市委主办、团区委承办的第五期“万名大学生走进宁波骄傲”活动举行。宁波财经学院和浙江纺织服装职业技术学院两所高校的近百名大学生到博洋集团、宁波旷世智源工艺设计有限公司、君禾泵业股份有限公司3家单位实地考察，让大学生了解企业经营现状和发展前景，明确自身职业规划。

【新招录年轻干部展示活动】 2019年12月6日，2019年海曙区新招录年轻干部风采展示活动举行。参与现场展示的72名年轻干部经过党团知识竞赛和年轻干部培训班综合表现选拔。年轻干部按照“六争攻坚”6个主题进行分组，通过“青春集结·初心不忘”才艺表演、“一线攻坚·使命担当”主题展示两个篇章，以创意朗诵、歌曲联唱、情景模拟、专题策划等形式进行展示。活动现场通过现场投票和评委推荐方式评选出“最佳风采小组”“最佳智慧小组”“最佳人气小组”。

【年轻干部培训班】 12月4—5日，2019年海曙区基层团干部培训班第二期召开。各镇（乡）街道团（工）委、区直属单位团组织42名负责人参加培训班。其间，开设“党的十九届四中全会精神”学习、青年微课堂、青年工作实务课堂、青年就业创业政策解读、青少年权益维护工作相关法律知识学习等课程，并结合专题辅导、分组讨论、团建互动、现场教学等多种形式开展培训。

（江旭儿）

海曙区妇女联合会

【概况】 2019年，海曙区有镇（乡）街道妇联17个、机关（园区）妇委会9个、村（社区）妇联265个。36个党政工作部门（党11+政25）中，27个部门的领导班子配备女干部44人，占总数的75%，其中正职女干部15人。17个镇（乡）街道中，4个镇（乡）街道领导

“金石榴”女律师进社区服务社区居民

班子配备正职女干部4人，占23.5%。

开展"不忘初心、牢记使命"主题教育，完成专题学习7次，专题党课3次，查摆整改问题24个；开展基层调研33次，参与志愿服务33次。围绕"庆祝新中国成立70周年"主线，开展纪念"三八"国际妇女节系列活动，举办学习会、交流会50余场。开展"她力量"优秀女性、家庭、团体寻访，展示海曙巾帼不忘初心勇担当的时代风貌。"海曙女性"公众号平台推送文章102篇，阅读量超13万次。推出"学习打卡助力海曙妇女儿童"公益项目、"基层妇联工作巡礼"等主题活动，2万人次参加活动。

出台《妇女代表联系服务妇女群众制度》《区妇联执委履职制度》，建成联络站21个、执委工作室7个。推进"妇女微家"建设，白云街道安丰社区的"妇联组织参与社会治理"特色工作，作为现场教学点在全省妇女儿童服务（活动）中心主任培训班中展示。举办全区女性领导力培训班，培训妇联干部70余人次，切实增强妇联干部履职能力。推进女性社会组织覆盖面向农村延伸，举办"城乡共律结对"活动5场，组织服务下乡6次，受益1200余人。推进"老妇女主任关爱"项目，举办关爱活动13场，参与人数400余人。

开展女企业家"巾帼助力·与曙'黔'行"活动，落实贞丰七小学校实验室器材捐赠、困境学生帮扶、学校图书馆建设4个项目。推进"巾帼建功"行动与区委"最多跑一次"改革深度融合。指导5家单位创建省级"巾帼文明岗"、26家创建区级"巾帼文明岗"，天一党群服务中心创建为全国"巾帼文明岗"。举办2019年宁波市家政技能创业孵化基地创业对接会暨第四届女性家庭服务人才就业创业交流会，精准帮助辖区城乡待业或就业困难女性就业创业。

"金石榴"女律师维权站海曙分站启动运营，海曙区婚姻家庭纠纷人民调解委员会获评"全国维护妇女儿童权益先进集体"。妇女儿童维权窗口接待群众来电来访72件，其中接待来访46件、来电26件，调处率达100%。依托"海曙女性"公众号，发布宣教内容20余条，增设"以案说法"官微专栏，开展线上"平安家庭"知识问答和"宪法"知识问答，总阅读量超过3万。举办广场宣传活动20余场，印发"平安家庭""反家暴"知识宣传册、宣传品6.8万份。

4月21日，由区委宣传部、区妇联等举办的2019年"小海狸"亲子阅读嘉年华活动在天一阁西广场举行

【家庭文明建设】 2019年，海曙区持续建设"海"字号家庭品牌，寻访区"书香家庭"110户、"绿色家庭"100户，全区2户家庭获评省级先进家庭、25户获市级荣誉。举办"小海狸"亲子阅读嘉年华、"小海狸"暑期亲子夏令营活动，新增亲子阅读点15个，3家单位获评市级亲子阅读体验基地，3家单位获评省级示范家长学校。举行"为了明天"关爱困境（留守）儿童行动，25名困境（留守）儿童获"爱心爸妈"结对帮扶。协助推进"宁波市家风馆"（宁波市清廉家风馆）项目筹建。

【"金石榴"女律师维权站海曙分站运营】 2019年3月，"金石榴"女律师维权站海曙分站成立运营。维权站吸纳41名优秀女律师志愿者。通过法律咨询、普法讲坛，开设"以案说法"官微专栏等形式，开展普法宣传，提供维权服务。维权站注重"基层导向"，女律师志愿者到17个镇（乡）街道，结对开展法律咨询、广场便民、法律讲座等维权服务26次，成为区妇联维权工作的又一支巾帼力量。

【纪念"三八"国际妇女节109周年主题活动】 2019年3月5日，"建功新时代 巾帼新征程"——海曙区纪念"三八"国际妇女节109周年主题活动举行。市妇联党组书记、主席顾卫卫到会致辞。活动分为"先进引领""精准联系""真情服务"3个篇章，表彰2018年度海曙区"美丽庭院"创建工作示范村、示范户，举行海曙区妇联执委工作室、海曙区妇女代表联络站授牌仪式，举行海曙区妇女儿童家庭公益服务平台启动仪式。全区镇（乡）街道、党委部门（妇工委）、园区妇联分管领导，各级妇联干部，各界妇女代表，家庭代表250余人参加活动。

【区妇联十一届二次执委（扩大）会议】 2019年3月12日，区妇联十一届二次执委会议暨培训活动召开。会议有3项议程，关于《海曙区妇联执委履职制度》向与会执委征求意见，选举产生宁波市第十五次妇女代表大会（海曙区）正式代表39人，开展"生活美学·静柔布艺"培训。区妇联党组书记、主席葛巧英主持会议，区妇联十一届执委30余人参加会议和培训。

【女性领导力培训班】 2019年4月17—19日，由区妇联主办的女性领导力培训班在区委党校教育培训基地举行。培训以"提升战略思维下的决策能力，奋力助推海曙高质量建设国内一流强区”为主题，通过课堂学习与现场教学，提升女性领导综合能力，拓宽导知识视野。区管女领导干部、区妇联十一届执委及女企业家、女性社会组织代表70余人参加培训。区委副书记、区政法委书记张启表参加培训班开班仪式并讲话。

【2019年“小海狸”亲子阅读嘉年华】 2019年4月21日，由区委宣传部、区妇联等举办的2019年“小海狸”亲子阅读嘉年华活动在天一阁西广场举行。现场活动包括2019年“小海狸”亲子阅读嘉年华暨第十五届未成年人读书节开幕式、亲子节目会演、亲子阅读分享、亲子换书派对、“垃圾分类”环保主题活动等，此届嘉年华活动新增区级亲子阅读点15个，吸引全市1000余户家庭到场参与。

【“美丽庭院”创建工作培训班】 2019年5月20日，区妇联“美丽庭院”创建工作培训班在联谊宾馆举行，区妇联主席、党组书记葛巧英出席活动并讲话。培训包括“美丽庭院”创建实务讲解、2018年“美丽庭院”示范村代表典型交流等内容。来自全区各涉农镇（乡）街道妇联副主席及部分行政村妇联主席近90人参加培训。

【区妇联第十一届三次执委（扩大）会议】 2019年6月14日，区妇联第十一届三次执委（扩大）会议在古林镇张家潭村召开。会议包括两项议程，选举通过欧阳媛斐为区妇联副主席（挂职），开展宁波市妇联巾帼“三服务”走家连心专项行动暨海曙区政协妇联届别委员（妇联执委）基层学习调研活动。区妇联十一届执委、政协妇联界别委员、宁波市妇联领导及古林镇妇联干部等46人参加会议和活动。

【“巾帼助跑”垃圾分类推进会】 2019年7月10日，区妇联“我爱我家 垃圾分家”——2019年海曙区妇联“巾帼助跑”垃圾分类推进会在白云街道安丰社区举办。会议现场，白云街道妇联等表演甬剧《垃圾分类真正好》，白云街道妇联、集士港镇广昇村妇联代表作垃圾分类工作经验交流发言，高桥镇中心幼儿园表演情景剧《垃圾分类》，白云街道党员和妇女代表集体宣读《垃圾分类工作倡议书》。随后，参会人员参观海曙区巾帼垃圾分类工作室——白云庄社区绿格子垃圾分类艺术生活中心。各镇（乡）街道妇联主席、副主席，基层妇女代表等80余人参加活动。

【“为了明天”关爱困境（留守）儿童行动】 2019年8月，区妇联启动“为了明天”关爱困境（留守）儿童行动，先后制定出台《海曙区“为了明天”关爱困境（留守）儿童行动方案》《海曙区“爱心爸妈”结对帮扶困境（留守）儿童实施细则》，整合女企业家协会、“金石榴”女律师维权站海曙分站等资源，组建由2名妇联执委、3名妇联干部、5名女企业家、2名女律师、1名女能手、2名爱心志愿者、5个爱心团队和1个“巾帼文明岗”组成的“爱心爸妈”帮帮团，与25名困境（留守）儿童结对。

【“巾帼文明岗”创岗工作培训班】 2019年10月18日，海曙区2019年“巾帼文明岗”创岗工作培训班在联谊宾馆举办。区妇联妇女儿童发展部部长李晓涛作业务辅导，重点讲解“巾帼文明岗”的由来和发展概况、创建机制、考核细则、管理与发展等知识，并结合实际展示创建电子台账、上墙公示内容等。各镇（乡）街道妇联副主席、各部门妇委会主任、2019年各申报创建区级“巾帼文明岗”负责人等60余人参加培训。

【区妇联第十一届四次执委（扩大）会议】 2019年11月29日，区妇联十一届四次执委（扩大）会在南门街道宁波站党群服务中心举行。会议由区妇联党组副书记、副主席虞晓晓主持。会议选举区妇主席，刘燕当选为区妇联第十一届执委会常务委员、主席，区妇联6个执委工作室负责人分别介绍领衔项目执行情况。随后，参会人员参观区妇联回娜执委工作室。区妇联十一届执委、区妇联及南门街道妇联干部等33人参加会议和活动。

（翁赛娟）

海曙区科学技术协会

【概况】 2019年，海曙区制定出台《海曙区院士工作经费管理使用办法》。春节期间走访慰问12名海曙籍院士及建站院士。组织采编《高智汇海——海曙区院士专家风云纪实》，聚焦海曙籍院士、建站院士和在海曙创业创新的院士专家代表与海曙的情缘故事。协办“甬籍院士故乡行”月湖院士林活动。申报创建省级“院士工作者之

7月26日，由省科协与钱江浪花艺术团合作的全省首部大型科普情景剧《加油！科学+》走进白云街道丽雅社区

家”，跟踪走访区内1家省级院士工作站、4家市级院士工作站，了解工作站运行情况。初步排摸区内企业，重点指导符合申报条件的企业，支持工业互联网研究院申报市级院士工作站。与区全媒体中心合作，重点策划院士工作站系列报道，专题报道分期在《海曙新闻》头版刊发。

新建5家企业科协（“宏健康复”“金鸡强磁”“甬嘉变压器”“三生生物”“狮丹努”）、1家园区科协（宁波临空科创园）。5月，海曙区林业特产学会成立，海创园园区成立区首家“科技工作者之家”。海创园园区科协获评“全国2018年新建优秀企业科协”。区科协制定出台《海曙区科普工作联席会议制度》，定期召开秘书长工作例会，指导各基层科协开展各项活动。参加市科协学会服务站培训会议，搭建科技交流平台，推动区级学会专家与镇（乡）街道、社区的交流和项目合作。

贯彻实施“百创汇海”人才新政，协助开展“招才引智”专项行动。承办2019年中芬合作平台高层会谈及项目对接会，推动“中国·宁波·海曙—芬兰·萨塔昆塔·乌尔维拉”合作平台。入选市“泛3315计划”科技服务类项目4项，实现零的突破，总数位居全市第一，推荐申报市“3315计划”和“3315计划资本引才”项目各3项，其中华茂航天周永江团队入选“3315资本引才计划”。自主申报国家级重点人才计划，重点推荐1人，国家引智项目、“茶花友谊奖”实现零的突破。

【区老年益智科普馆开馆】 2019年4月17日，海曙区老年益智科普馆在鼓楼街道秀水社区居家养老服务中心落成开馆。老年益智科普馆由宁波市失智老人关爱项目组指导、区科协主办，是全省、全市唯一的专门针对社区轻度认知功能障碍的老年人推出的创新服务模式。科普馆运用桌面、墙面、电脑益智游戏“三合一”场馆方式预防老年失智症。科普馆每周一、三、五下午向全市老人开放，24名来自宁波市康宁医院的专业志愿者和12名社区志愿者轮流服务。每位老人入馆前先参加评估，志愿者再为老人安排一相对应的24次游戏体验活动。

【科普剧《加油！科学+》在海曙表演】 2019年7月26日，由省科协与钱江浪花艺术团合作的全省首部大型科普情景剧《加油！科学+》走进白云街道丽雅社区，情景剧主要以“答题节目”为主线贯穿全剧，以歌舞等通俗易懂的形式融入剧情，展现生活中的科普知识、科学实验。

【全市首家农村气象科普馆建成】 参见“科技”类目“气象科技与防灾减灾”类目

【“2019甬籍院士故乡行”活动在海曙举行】 2019年10月17日，市科协主办，区科协、天一阁·月湖景区管委会协办的“2019年甬籍院士故乡行”——院士林20周年纪念活动在月湖美术馆广场启幕。徐志磊、周永茂、柴之芳等16名甬籍院士回乡参加第二届世界“宁波帮·帮宁波”发展大会。院士们重游20年前亲手种下银杏树苗的“初心之地”，参观宁波工业互联网研究院。对宁波工业互联网研究院的研究方向、项目及成果表示高度认可和鼓励，并给予建设性意见和建议。

【中芬合作平台高层会谈及项目对接会在海曙举行】 参见“海曙区人民政府”类目“区政府办公室工作”分目

（陈文沁）

海曙区工商业联合会

【概况】 2019年，海曙区工商业联合会有会员1886人，有镇（乡）街道、园区商会18家，注册异地商会2家，注册村级商会6家（新注册4家）。被全国工商联评为“五好”县级工商联、“民营企业调查点工作先进基层单位”；组织的“组织民营企业投身东西部扶贫协作、助力精准扶贫”行动获省工商联专项工作先进表彰；被市工商联评为先进单位，组织的“推进清廉民企试点建设撑起一片晴朗天”工作被评为工作创新最佳案例。

制定下发《“牢记初心使命、坚定发展信心”理想信念教育实践活动实施方案》，引导企业家做爱国敬业、守法经营、创业创新、回报社会的表率和践行亲清新型政商关系的典范。组织狮丹努集团、华缘集团等9家企业家代表以朗读者的身份参与“使命——海曙民企红色书信诵读大会”。与甬商发展研究会联合主办“新中国成立70周年甬商发展路径研讨会”，组织企业家代表、院校专家以及见证甬商发展的老干部40人，回顾70周年甬商发展历程与成就，研讨新时代宁波产业发展与传承。

完善区领导与民营经济代表人士及商会组织联系沟通交流机制，适时调整结对联系名单。举办“奋进新时代、逐梦再启航”民营企业庆元宵活动。完善“亲清家园”建设的目标、功能定位、工作内容、运营机制、保障措施等，使“亲清家园”真正成为亲企的服务中心和护企的维权中心。古林“亲清家园”的探索模式在《宁波商帮》《中华工商时报》刊发。推动高桥、洞桥、横街商会做好“亲清家园”拓面创建工作。制定出台《海曙区清廉民营企业实施细则》，从组织建设、制度建设、文化建设等5个方面制定评价标准。筛选雅戈尔集团、东海集团两家不同规模的民营企业作为创建示范单位。联合海曙公安分局在高桥商会挂牌成立“警企服务中心”，护航民营企业发展。

【工商联“三服务”工作】 2019年，区工商联开展“问千家，进百企”活动，深化“三服务”工作。组织企业负责人参加“问千家、进百企”企业调研座谈会；走访调研区内上市公司，整理问题清单向上级部门反映。联合区人力社保局、区总工会联合对17个镇（乡）街道开展“企业和谐指数”测评和走访调研活动，回收调研问卷340份。组织24家企业赴宁波大学、宁波城市职业技术学院、宁波工程学院参加专场招聘会，提供就业岗位66个。围绕中美经贸摩擦和惠企政策落实情况等，动态排摸民营企业发展情况。组织工商联界别政协委员参加“请你来协商·打造一流营商环境”协商交流

2月18日，区工商联举办海曙区民营企业庆“元宵”联欢会，区委书记孙黎明在会上发表讲话

会，邀请相关经济部门与企业家当面沟通和解答。根据“五个一百”服务民营企业活动安排，选取太平鸟集团、宁波狮丹努集团、宁波帅特龙集团有限公司、宁波星箭航天机械有限公司、宁波华宇电子公司、宁波华缘集团有限公司6家“重点龙头民营企业”与产业链上7家发展薄弱的中小微企业进行结对，提供产销供给、资金、人才、产业等服务。以“走企问需强信心”为主题，协同市工商联对区内重点企业采取实地考察、企业访谈、问卷调查、座谈交流等方式，了解企业生产经营情况及存在的政策需求。组织60家民营企业参与全国工商联开展的“2019年度万家民营企业评营商环境问卷暨2019年第三次民营企业运行状况”网上调研填报和“万家民营评银行”调研，组织区内上规模企业参加“全国民营企业500强”调研评选，区内4家民营企业（雅戈尔集团、富邦集团、太平鸟集团、博洋集团）入选。

【工商联对口帮扶】 2019年，区工商联推进“万企帮万村”工作，49家民营企业结对海曙区内、丽水莲都、贵州贞丰薄弱村项目完成，28个项目落实，区内到位投资金额165万余元，区外到位投资金额330万余元。太平鸟集团“爱心鸟窝”志愿者团队在黔西南州贞丰县开展帮扶活动，对接土布项目，并捐赠价值710万元的物资。巩固“光彩事业”工作成果，太平鸟集团出资500万元，在宁波效实中学设立“太平鸟效实奖教基金”。国骅集团、彩虹大药房、凹凸重工联合出资设立全市首个退役军人帮扶基金，初期规模1000万元。组织“创二代”企业家们分别开展“赴黔西南扶贫考察结对”“走进安养院献爱心”“‘不忘初心跟党走，砥砺前行报党恩’献礼建党节”等活动，在扶贫考察结对活动中，与贵州当地企业签订价值2.2亿元消费扶贫项目。

【海曙区民营企业庆元宵联欢会】 2019年2月18日，区工商联举办“海曙区民营企业庆元宵联欢会”。区委书记孙黎明出席活动并讲话，林兵、薄慧敏、刘良飞等区领导参加。区工商联（商会）主席（会长）、太平鸟集团董事长张江平致辞，区工商联、“创二代”和“海创会”近百位民营企业家参加联欢会齐贺元宵佳节。

【“创二代”联谊会“七一建党日”活动】 2019年6月29日，海曙区“创二代”青年企业家联谊会开展“七一建党日”主题活动。“创二代”联谊会会长吴良浩、党支部书记李昊带队20余名企业家会员参加。青年企业家到宁波樟村四明山烈士陵园祭扫英烈，并参观纪念塔、纪念碑、纪念厅、烈士事迹陈列室，缅怀先烈丰功伟绩，并到章水镇应虞房安老人院慰问老党员，为他们送去营养品、消暑品。随后，青年企业家们赴丹山赤水风景区开展互动交流。

【四川省工商联互学互促工作小组到海曙考察】 2019年9月25日，四川省工商联副秘书长刘德军、会员处二级调研员郑义东和成都市金牛区工商联主席杨伟、达州市宣汉县工商联主席荀志宏4人组成的互学互促工作小组到海曙区考察交流。区委统战部副部长、工商联党组书记陈翔接待。考察组参观古林镇“亲清家园”，区工商联副秘书长、甬商公共服务平台主任曹云介绍“亲清家园”运营情况。

【“请你来协商”座谈会】 2019年10月10日，区工商联组织开展“请你来协商”活动，区政协副主席刘良飞、池逊出席。会议邀请区发改局相关负责人介绍区内营商环境基本情况。企业家与区经信局、区税务局、区人力社保局及区市场监管局等部门负责人进行面对面交流。参会企业家围绕打造一流营商环境，提出加强税务政策解读及宣传、优化建筑项目审批流程等意见建议。

【省工商联到海曙调研】 2019年10月12日，省工商联秘书长陈俊燕到海曙区开展制造业企业发展情况专题调研，区委统战部副部长、工商联党组书记陈翔接待。制造业企业代表汇报各自企业的经营状况、生产经营中遇到的困难及惠企政策落地享受情况。随后，调研组一行考察智尚国际服装产业园。

【“警企服务中心”成立】 2019年12月14日，由区工商联、公安分局联合成立的“警企服务中心”在高桥镇商会挂牌成立。“警企服务中心”将为民营企业提供供给式、需求式、普惠式的服务。以企业在经营中遇到的问题为导向，从法律、经验等角度，向企业推送建议、方案，提供新入职员工背景审查，并协助指导村级经济体建设；不定期通过“线上线下”的方式，开展宣传活动，并通过微博、微信预警进行点对点宣传；结合经侦大数据、大情报，实现新型犯罪手段研判等主战功能；及时总结经济犯罪规律特点，分析经济犯罪发展趋势，为党委、政府指导经济建设提供依据。副区长、公安分局局长宣业靖，副区长张盈军，宁波市公安局经侦支队政委任建威等出席挂牌仪式。

（杨智慧）

海曙区文学艺术界联合会

【概况】 2019年，海曙区文艺家协会新增会员300余人，全区会员总数1885人，比上年同期新增12%。其中，全国级会员93人，新增32.9%；省级会员314人，新增48%；市级会员756人。全区17个基层文联会员总数近4000人，涵盖文学、美术、书法、戏曲、摄影、音乐、舞蹈等文艺协会90余个，有重点文艺社团112个。

先后成立海曙区女书法家协会、区美协江厦街道天封塔书画院分会和海曙区叔孺印社。中国微型小说创作基地在城南书院授牌。

【文艺惠民】 2019年，区文联围绕新中国成立70周年主题组织开展一系列有规模、有特色、有影响的文艺活动。先后举办“曙色辉煌”——庆祝新中国成立70周年海曙区美术作品展、“曙色—美丽新海曙”——庆祝中华人民共和国成立70周年摄影大赛优秀作品展、“曙墨吴风”——庆祝中华人民共和国成立70周年海曙吴江两地书法联展、“古林杯”·“龙腾中华”宁波百龙大赛海曙赛区选拔赛和2019“我和我的祖国”庆祝新中国成立70周年首届宁波市新文艺群体青年歌手大赛暨海曙区群众合唱大赛。联合区纪委、区机关事务管理局在区行政中心大院开展“廉政书法文化进机关”活动。联合区纪委、区委宣传部举办“迎国庆”海曙区清廉微小说作品征集活动。联合区司法局举办2019年海曙区宪法宣传周启动仪式暨“12·4”宪法宣传日活动。

区作协联合城南书院开展“作家领读（作家进校园）”系列活动。区书协在2019年元旦、春节期间继续举办送福写春联“六进”活动，在鼓楼举行“纪念改革开放40周年书法精品展”。区美协在前虞村文化礼堂举办“前虞风情”海曙区美术作品展，举办“十洲新韵 妙笔丹青”——天一阁·月湖名家写生活动。区摄协组织摄影家参加“我为老人留笑影”志愿服务活动；为助推龙观乡打造“摄影小镇”，举办“行摄龙观”大型采风创作活动。区音协举办新年音乐会和专题音乐会。区舞协在高桥镇举办“一人一艺”乡村计划新春慰问演出。区戏协配合区委宣传部，开展“庆祝新中国成立70周年”《我的祖国》曲艺作品创作项目。区民协指导第四届古林米食节、第三届冬耕文化开犁节和宁波府城隍庙塑像样稿展，承办“中国航天日（宁波茂新）航天科普与体验展”。区收藏协在区档案馆举办“甬上狮子艺术藏品展”，在后隆村文化礼堂举办“时代印记”——新中国成立70年以来票证票据类纸质藏品展。区影协、月湖诗社等其他协会也开展形式多样的“送欢乐下基层”活动。

1月21日春运第一天，区文联书法家们到铁路宁波站候车大厅为候车旅客写春联、送“福”字

【文艺精品创作】 2019年，海曙区有20部（件）作品获全国、省、市有关奖项。其中，8部（件）作品获全国奖项，5部（件）作品获省级奖项。钱利娜的长篇小说《两地秋》、纪录片《三字经》持续推进，陈鸿的散文集《斯地放歌》入选市文联2019年文艺精品重点扶持项目。表演唱《小镇守艺人》和群舞《快递小哥》获2019年省“群星奖”。甬剧电影《典妻》获评浙江省第十四届精神文明建设“五个一工程”奖。在全市“爱国爱乡”主题征文比赛中获得“红杜鹃”奖1个、优秀奖2个、入选奖1个，蛟川走书《警笛长鸣》和双档走书《扫黑除恶不留情》获得“红杜鹃”奖，四明南词《中国好梦更精彩》获优秀奖，区文联获优秀组织奖。继续做好区文联常设性内部综合文艺刊物《曙色》编印、出版工作。

【农村文化礼堂文艺结对项目实施】 2019年，在文艺家协会与农村文化礼堂双方选择的基础上，优化调整原有26组“文艺结对”名单，实行跟踪服务。继续做好与高桥镇共建“文艺特色示范镇”项目，通过定期美术、书法指导与培训，帮助高桥镇培养一批书画创作骨干和书画人才。同时，配合区委宣传部，对章水镇茅镬村、龙观乡龙溪村、石碶街道联丰村和车何渡村等文化礼堂运行相对薄弱的村开展“一村一策”帮扶。

（王颖芳）

海曙区残疾人联合会

【概况】 2019年，海曙区有持证残疾人18071人，其中视力残疾2895人、听力残疾2828人、言语残疾356人、肢体残疾7067人、智力残疾1885人、精神残疾2498人、多重残疾542人。

全年发放困难残疾人生活补贴3583人，重度残疾人护理补贴8797人，残疾人家庭“低保”补贴1761户；发放残疾人生活补助金4580人，残疾学生和残疾人子女助学补贴418人；发放城镇企业职工养老保险补贴1181人，城乡居民养老保险补贴718人，城乡居民医疗保险补贴6683人。实现残疾人养老保险覆盖率95%以上，医疗保险覆盖率99%以上。为281名残疾儿童开展康复服务，包括听觉言语康复、孤独症康复训练等，GMS（全身运动）康复训练28人；残疾人家庭医生签约14072人，提供上门巡诊服务2600余人次，完成残疾人辅具配送4773件，对75名成人精神残疾人进行住院医疗救助；与区卫健部门配合，使用精神病服药即时结报信息系统，实现2000余名精神病人服药全覆盖。卓远愈养中心成为全市唯一一家精神作业疗法定点康复机构。

区残联整合“天封塔书画院”、“红烛工作室”等社会品牌助残项目，实施“加油@唐妈唐宝家长增能计划”等19个社会化项目，成立闻华盲人书友会、肢残人阳光合唱团、宋文升管乐公益课堂和葫芦丝队、听障人士摄影俱乐部、唐氏儿童非洲鼓小乐队等残疾人特色文化小组（公益课堂）。汇聚120余家公益组织、爱心企业，与宁波地区10所高校13支志愿服务团队形成高校助残志愿团队联盟，因地制宜开展扶残助残文化活动75场次。依托社会资源及时回应残疾人需求3500余件，认领残疾人“微心愿”709例，服务残疾人9300余人次，参加公益助残服务6600余人次。盲人作家陈效平当选第六届“全国自强模范”，获评“中国好人”，并于5月中旬在北京接受党和国家领导人接见。11月19日，《人民日报》刊登《宁波海曙引入社会力量参与共治——众手助残照料不难》。12月2日，由区残联、段塘街道联合打造的“党建+”助残基地——“王延勤同志事迹陈列馆”揭牌成立。

7月30日，区残联到贞丰县调研帮扶项目

【残疾人扶贫就业工作】 2019年，区残联在海曙区设立8家残疾人扶贫基地、20家“残疾人之家”、6家工疗车间，与近500家用人单位建立联系，为残疾人提供就业岗位。实施就业优先政策，推动企业按比例安置残疾人职工1084人；通过福利企业、残疾人扶贫基地、工疗车间形式集中就业462人。为70名残疾人发放创业补贴，扶持唐明昌等一批新型农业带头人，何宁、李春根两个残疾人电商团队。海曙区“以共建共治共享模式推进‘残疾人之家’建设”工作获《人民日报》等权威媒体点赞。

【残联对口帮扶】 2019年海曙区残联通过精准牵线，推进与贵州省黔西南州贞丰县结对帮扶工作。7月29—31日，区残联扶贫工作组3次组织人员到贞丰县摸清需求，与当地残联签订合作协议，推进项目支援、产业合作、服务拓展。发动爱心企业，向贞丰县捐赠100辆轮椅、50件辅助器具，助困残疾人群150人。借鉴海曙区工疗车间运营模式，投入100万元帮扶资金设立贞丰县残疾人扶贫车间，实现50名残疾人就业；组织专家队伍和师资力量，在经营上对产品承接、市场营销、管理培训等开展专业辅导。动员省级残疾人创业孵化示范基地——“灿益工坊·印象宁波”残疾人文创产品展销中心，为贞丰挖掘、设计研发、生产开展具有当地民族特色的文创产品，研发设计刺绣布包、小挂件、餐垫、工艺竹篮和艺术竹筐等新产品10余件。“宁波市对口扶贫地区残疾人文创产品展销中心”在南塘老街开业。“应用‘扶贫车间+社会化服务平台’模式助力特殊贫困群体脱贫”案例在全国扶贫培训会上作交流讨论。

2019年海曙区残疾人扶贫基地统计表

表15

序号	名 称	序号	名 称
1	宁波市海曙区洞桥南瑞粮机专业合作社	5	宁波市海曙糖街西瓜专业合作社
2	宁波市海曙蓝宝石果业专业合作社	6	宁波市海曙龙观原享农场
3	宁波市海曙民创粮蔬专业合作社	7	宁波市海曙秀章花木场
4	宁波市海曙浩凯果业专业合作社	8	宁波市海曙石碶银恩家庭农场

2019年海曙区“残疾人之家”统计表

表16

序号	名　称	序号	名　称
1	宁波市海曙区段塘街道怡情残疾人服务中心	11	宁波市海曙区夕阳红颐乐园
2	宁波市海曙区月湖街道县学社区银杏残疾人服务中心	12	宁波市海曙区集士港晨阳阳光家园
3	宁波市海曙区满天星残疾人服务中心	13	宁波市海曙区古林镇蜃蛟阳光家园
4	宁波市海曙区白云街道云乐社区添翼助残服务中心	14	宁波市海曙区君乐阳光家园
5	宁波市海曙区西门街道彩虹桥残疾人服务中心	15	宁波市海曙区望春街道徐家漕社区绿森林阳光家园
6	宁波市海曙区鼓楼街道博爱残疾人服务中心	16	宁波市海曙区南门街道尹江岸社区快乐鸟残疾人服务中心
7	宁波市海曙区广安养怡院	17	宁波市海曙区鄞江镇敬老院
8	宁波市海曙区孔舍残疾人康复服务中心	18	宁波市海曙区龙观乡敬老院
9	宁波市海曙区卓远愈养中心	19	宁波市海曙区甬恒阳光家园
10	宁波市海曙区聚乐阳光家园	20	宁波市海曙区江厦街道享复残疾人服务中心

2019年海曙区工疗车间统计表

表17

序号	名　称	序号	名　称
1	宁波奇卓家居用品有限公司	4	宁波弘顺工艺品有限公司
2	宁波茂迪塑业有限公司	5	宁波市启福龙鞋业有限公司
3	宁波聚色工艺品有限公司	6	宁波市海曙天娇针织有限公司

【灿益工坊·印象宁波试营业】 2019年1月26日，全省首家残疾人文创产品展示销售中心——“灿益工坊·印象宁波”在南塘老街试营业，为宁波市各类残疾人庇护机构提供产品展示与销售服务。春节期间，各类残疾人文创产品日均销售额超过6000元。残疾人庇护就业实现“做产品”到“做平台”转变，残疾人文创人员月均收入5000元。新华社、《光明日报》、凤凰网、新浪网站等媒体均报道。

1月26日，全省首家残疾人文创产品展示销售中心——“灿益工坊·印象宁波”在南塘老街试营业

【陈效平获评“全国自强模范”】 2019年5月16日、9月3日，海曙区盲人作家陈效平先后当选第六届“全国自强模范”，获评“中国好人”，受到党和国家领导人接见。全年陈效平赴省、市、区各级机关和街道社区宣讲专题党课19场。

【“党建+”助残基地揭牌】 2019年12月2日，海曙区“党建+”助残基地——王延勤事迹陈列馆落成揭牌。王延勤事迹陈列馆以王延勤生平为主轴，以实物展示、场景还原、故事讲述等形式讲述优秀共产党员事迹，并通过设立开放式组织生活基地、党员干部教育基地、党员志愿助残服务总站等形式，使陈列馆成为兼具助残功能、党建功能的新型服务平台，实现扶残助残事业“共建共治共享”。

（孙燕燕）

海曙区红十字会

【概况】 2019年，区红十字会七届二次理事会召开，出台《关于加快发展红十字事业的意见》。8个街道、2个镇

1月，地铁鼓楼站安装自动体外除颤仪（AED）

（乡）红十字会完成换届工作。新增村（社区）赈济救援队2个，全区6283人次成人会员完成清查登记。建成天一阁·月湖AAAAA级旅游景区红十字标准化救护站，新增备灾救灾仓库150平方米，投入使用可容纳60人的应急救护培训基地。

接受社会捐赠款物459.9万元，台风“利奇马”期间筹措4万元物资慰问受灾群众。对口帮扶贵州省黔西南州贞丰县服装、救护培训设备计114万元。全区范围内安装自动体外除颤仪（AED）21台，86个村文化礼堂开展救护知识推广，执证救护员培训3090人次，普及培训23518人。实现造血干细胞捐献4例、遗体捐献9例、人体器官捐献1例、角膜捐献5例。

区红十字博爱志愿者服务队开展进社区、进农村、进敬老院服务活动，开展志愿服务20余次，志愿者参加358人次，服务群众2100余人。利用“5·8”世界红十字日“5·12”防震减灾日“6·14”国际献血日等活动节点，宣传红十字运动和红十字知识，发放宣传资料2000余份。开展普及性应急救护培训、防灾救灾演练、红十字文化活动，推动校园红十字青少年主题教育活动，雅戈尔中学5名教师参加市红十字应急救护大赛并获奖。

【红会对口帮扶】 2019年，区红十字会了解到贵州贞丰县缺乏教材、师资，导致应急救护培训工作开展困难，给予精准帮扶。区红十字会筹备提供课本教材、医用模拟人等应急救护培训器材，并发挥区红十字救护培训师资志愿者梁光珠在贞丰县人民医院挂职的便利，指导梁光珠在贞丰县二中建立当地第一个红十字应急救护培训点，开展红十字应急救护培训7场，教授学生安全自救和互救课程，普及培训在校师生2300人。

【区红十字应急救护培训基地启用】 2019年1月7—8日，区红十字应急救护员培训在紫金巷28号年度首次开班，新建成的“区红十字应急救护培训基地”投入使用。新启用的区红十字应急救护培训基地建筑面积300余平方米，投入装修、设施设备、教具资金80余万元，有注册志愿者师资64人，可同时容纳60名学员开展应急救护和实操训练培训。

【“红十字博爱送万家”活动】 2019年1月下旬，区红十字会启动“红十字博爱送万家”活动，纳入新春送温暖工作。经过基层组织筛查遴选，购买310份大米、食用油、毛巾等价值47957元的物资分发到10个镇（乡）街道；向龙观乡、章水镇、横街镇、鄞江镇各捐助2万元“送温暖”专款及市红会拨发至基层的价值2万余元的75份运动服、鞋、毛毯等“送温暖大礼包”；分批次对辖区志愿者、困难家庭、易受损害群体等8个类别人群进行慰问。

【红十字会七届二次理事会】 2019年3月29日，区红十字会召开第七届理事会第二次会议，会议表彰2018年度区红十字会工作先进单位和先进个人，听取并审议区红十字会工作报告。全区红十字会理事及相关工作人员等60余人参加。

【“红十字日博爱周”活动】 2019年5月6—12日，海曙区组织“红十字日博爱周”活动，以“爱心相伴，‘救’在身边”为主题，全区各镇（乡）街道、社区（村）红十字会系统开展形式多样的纪念宣传活动。5月8日，区红十字会协同市中心血站、第二百货商店、眼病中心医院等单位在天一广场献血屋前，举行“红‘惠’民生·海曙红十字‘救’在身边”造血干细胞捐献志愿者招募、公益惠民、急救普及等宣传纪念活动，各镇（乡）街道红十字志愿者、社区群众等200余人参加活动。

【造血干细胞捐献】 2019年5月21日，古林镇初级中学教师陈烈燕在市第一医院非血缘造血干细胞定点采集室，采集捐献226毫升造血干细胞混悬液，成为全区第四例、女性首例，也是全区教育系统首例造血干细胞捐献者。10月12日，杨沛宇在宁波市第一医院造血干细胞定点采集室，采集捐献275毫升造血干细胞混悬液，成为全区第五例、全市第88例、全省第507例造血干细胞捐献者。12月3日，海曙金诚汽车公司员工宋明权在宁波市第一医院造血干细胞采集室，采集捐献145毫升造血干细胞混悬液，成为区第六例、市第90例造血干细胞捐献者。12月18日，海曙区某建筑公司员工王剑采集捐献265毫升造血干细胞混悬液，移植到一名患有血液系统恶性肿瘤的外国友人体内，成为全区第七例、全市第94例造血干细胞捐献者，也是第一次在宁波完成的涉外造血干细胞采集案例。

（孟令震）

法治·军事

政法委及综治

【概况】 2019年，区委政法委围绕“平安护航新中国成立70周年”的工作主线，以解决影响社会稳定的源头性问题和影响群众安全感的突出治安问题为重点，完成“平安护航新中国成立70周年”、第六届世界互联网大会以及各级“两会”等重大会议活动的维稳安保任务，确保全区不发生影响社会稳定的群体性事件。全年全区网格累计开展各类人员、场所的走访巡查1434万次，进行人口和企业数据更新维护96万条，累计响应群众诉求和发现问题隐患超过20万件。全区安全生产事故亡人数、交通事故亡人数、火灾发生起数比上年同期分别下降33.3%、71%、36.8%；全区刑事发案、信访总量等核心数据平稳，未发生暴力恐怖事件、危害国家安全和政治稳定的事件，未发生“一票否决”的事项，连续15年获评省级“平安区”。

调处各类矛盾纠纷3585件，调处成功率达97.93%。以“激活行动”为主抓手，激活政府支撑、群众参与、社区自治、社会协同，形成基层党委领导有力、社区平台搭台唱戏、社会组织专业运转、社区居民积极参与的城市治理新局面。创新基层治理工作，区社会矛盾纠纷调处化解中心建成并正式运行，全面推广镇（乡）街道分中心建设，确保各类矛盾纠纷的内部流转、在线调解和就地化解，满足群众“最多跑一地”的需要。章水镇“送访下乡”矛盾纠纷调处新模式，被《法制日报》《浙江政法》刊登；城隍庙商业社区治理做法被中央政法委《长安》杂志刊用。发挥基层治理“四平台”和全科网格作用，实现基层网格多元合一、全域覆盖、无缝覆盖。网格队伍发现苗头性、预警性问题隐患的敏感性加强，以发现重点人员为例，全年网格长协助警方发现网上在逃人员1起。

涉法涉诉信访案件依法办理持续推进，全年接待涉法涉诉信访13件次。坚持每季度一次的涉法涉诉信访情况通报，对6件交办件办理情况、1件不稳定因素和4件重点信访案进行通报预警。此外，依法办理2件市委领导批示重点信访件，50件省委巡视组交办信访件，为信访人挽回经济损失1.3万元，为11名政法干警“正名”。发放司法救助金26万元，争取市级联动救助资金5万元，共救助8起案件16名被害人及未成年人。坚持联席会议制度，统筹解决跨部门、跨领域的重大问题，研究处理事关全局的疑难案件，会商达成对2个旧年积案、复杂案件的统一处理意见。社区矫正中心心理矫正工作室建成运行，规范落实教育帮扶工作机制，实行专项资金使用绩效评估，社区矫正工作得到省委常委、政法委书记王昌荣的高度肯定。

【“平安海曙”建设】 2019年，海曙区的“平安建设”工作以获评省“平安星级金鼎”为目标，打好省平安考核“翻

3月26日，洞桥镇派出所向群众宣传“扫黑除恶”专项行动

身仗”。不断健全“平安建设”约谈、明查暗访、考核抽查等工作机制，建立平安创建责任清单，强化问题落实整改，确保辖区平安建设整体水平提升。“平安三率”（指群众安全感满意率、平安建设知晓率、执法工作满意率。）零失分，群众安全感测评达98.37%，位于全市第一，群众安全感测评创全市平安创建最高分值。众多指标实现大幅提升，“平安暗访”和过程性指标居全市第二。同时，加强平安宣传、平安暗访和平安检查，利用全区网格力量，开展集中性专项拉练6次，出动人员9500余人次，内容涵盖“扫黑除恶”、车棚车库违法住人、食品安全、防溺水、消防安全及“三合一”（住宿与生产、仓储、经营一种或一种以上使用功能违章混合设置在同一空间内的建筑。）场所、平安宣传，协助专业部门排查发现车棚车库违法住人88处、食品安全隐患问题157件、消防安全及“三合一”场所问题205处。

【政法委执法监督】 2019年，区委政法委持续推进政法机关一体化办案系统建设，全年通过系统办理案件1240件，各项协同比例均达100%，继续保持在省、市前列。“移动微法院”建设持续推进，共导入案件17004件，引入率83.3%，运用数14139件，运用率达69.3%。出台《关于为民营经济发展提供优质司法服务的实施办法》，为民营企业健康发展提供全方位法律服务。牵头公检法司及税务、金融等部门联合出台《关于建立民间借贷协同治理机制的实施意见》，建立动态更新的“职业放贷人名录”机制、相互协作办案机制和金融监管联动机制，加大对虚假诉讼、“套路贷”、非法集资、高利转贷等违法犯罪行为的惩戒力度，加强对职业放贷等非法民间借贷的协同治理。成立区产权保护工作协调小组，明确治理重点、把握政策界限、依法分类处理、完善长效机制，坚持边排查、边化解、边攻坚、边完善，妥善化解1条市交办的问题线索，另有1个重点关注案件导入司法渠道，依法保障企业合法经营权，增强政府公信力和企业家信心，为经济社会持续健康发展营造良好的营商环境。

【区委政法工作会议暨“平安海曙”建设工作推进会】 2019年3月29日，区委政法工作会议暨“平安海曙”建设工作推进会召开。各镇（乡）街道党（工）委书记、副书记、政法委员、派出所所长，区属各部门、区机关各部门、区人大法工委、区政协社法委主要领导、分管领导，区委政法委、区信访局、公安分局、区司法局、区法院、区检察院、区委国安办班子成员共178人参加会议。会议传达中央及省市政法工作会议精神，回顾2018年来全区政法工作及“平安海曙”建设工作取得的成就及当前存在的问题，并对2019年全区政法工作和“平安海曙”工作进行部署。区委书记孙黎明，区委副书记、政法委书记张启表出席会议并发表讲话，区委常委、常务副区长谭国洪，区委常委、公安分局局长叶警青出席会议。

（王　诚）

法治政府建设

【概况】 2019年，区政府办公室严格规范政府重大行政决策程序。调研筛选区政府2019年度重大行政决策事项，编制并公布《2019年度区政府重大行政决策目录》，严格履行重大行政决策法定程序。

健全行政规范性文件监督管理制度。对外发布行政规范性文件制定主体清单，建立行政规范性文件发文立项审批制度，明确区政府行政规范性文件发文立项的程序和要求。制发《关于进一步加强行政规范性文件制定和监督管理工作的通知》，切实加强全区行政规范性文件监督管理。2019年，区政府办公室收到起草单位报送审核的文件19件，其中界定为行政规范性文件草案13件，出具合法性审核意见书13份，累计提出审核意见69条，意见采纳率97%。

规范开展行政机关合同合法性审查工作。制发《关于开展2019年行政机关合同管理工作检查的通知》，对各镇（乡）街道及区政府部门的行政机关合同管理制度建立和落实情况进行检查。规范有序开展区政府本级行政合同的合法性审核工作。2019年，对17起行政合同草案进行审核，出具书面合法性审查意见15份。

落实区政府重大行政执法决定的法制审核制度。积极推行政府法律顾问制度，全年区政府法律顾问参与行政合同、行政规范性文件审核20件，参与协议签订协调会议10余次，参与区领导接访活动12次。

【政务公开】 2019年，区政府推进全区政务公开工作，完成机构改革后政府网站整合改版，新增退役军人事务局、医疗保障局等信息公开网络站点5家。强化政府网站平台建设，在中国优秀政务平台推荐及综合影响力评估活动中，海曙区政府网站获2019年度中国政务网站优秀奖。规范政府信息依申请公开办理工作，全年区本级办理依申请公开申请68件，复议0件，发生诉讼1件，未发生复议、讼诉败诉现象。

【区政府规范性文件清理】 2019年，区政府持续推进规范性文件审查清理，组织开展涉及机构改革、“最多跑一次”改革、“民营经济31条”惠企政策等行政规范性文件专项清理，废止“问题文件”10件。继续加强区政府行政规范性文件备案监督，按规定报送市政府、区人大常委会备案，未发生备案纠错文件。全年收到各部门报送备案的行政规范性文件5件。

（项　成）

公安

【概况】 2019年，海曙公安分局有5个内设机构、24个直属机构。下辖17个镇（乡）街道派出所及广场1个治安派出所。5人立二等功，1个集体、29人立三等功，13个集体、136人受嘉奖表彰，33个集体、15人受市局通报表扬。

海曙公安分局以争创全国一流为目标，以城市大脑为中枢，以智能警务亭为节点，以“智慧社区”、单位、学校等为依托，加快建设全国一流的智能治安防控体系。抽调民警成立专班实体化运作，统筹部署，根据《全国公安机关社会治安防控体系建设指南》评价指标及《全市社会治安防控体系建设工作自评情况及推进计划汇总表》，明确24个评价体系项目的牵头和配合单位，并挑选其中治安防控圈、娱乐服务场所和特种行业、“智慧内保”、重点人管理、基层派出所建设、“智慧社区警务”6个重点项目。建设全市首个“平安智慧小区”——集士港镇印象巴黎小区，破解流动人口管理的老大难问题，做到流动人口管理底数清、情况明、信息准，为侦查破案、治安管理和服务群众提供有力支持，并实现居民小区安防建设规范化，提升群众安全感、幸福感和满意度。

【刑事侦查】 2019年，海曙公安分局侦破6起命案和16起“五类”案件，破案率100%。

推进“猎狐”等经济领域犯罪打击攻坚战，高效运作“云端”情报导侦系统，全力防范金融风险，共打掉各类团伙9个，破获经济犯罪案件53起，比上年同期上升117%，挽回经济损失2.19亿元；抓获境外在逃人员2人。破获侵财型案件1243起，刑拘犯罪嫌疑人1130人，分别上升76.5%、11.4%。抓获各类在逃人员403人。

排摸涉黑恶线索512条，中央督导组下发的10条线索全部清零；打掉涉黑涉恶团伙83个，破获团伙刑事案件533起，抓获涉案人员892人；扣押、冻结非法资产3.79亿元；打掉省厅认定“保护伞”19人。高效运作公检法“大三长、小三长”联席会商机制，加大重大案件共谋、共商力度，力争快诉快判，移送检察院团伙77起、584人，法院判决团伙68起、366人。

侦破毒品刑事案件80起、抓获毒品犯罪嫌疑人104名，查处吸毒人员425人次，强制隔离戒毒142人次。

侦破食药环相关案件36起，打掉各类团伙9个，抓获各类犯罪嫌疑人66人，移送起诉86人，提前完成市局、分局下达的任务指标，侦办大要案4起（省督以上），缴获各类假药2100余粒（支），解救各类野生动物200余只。与区食品安全办公室、区市场监督管理局等部门联动，全年破获食品安全犯罪案件5起，抓获犯罪嫌疑人7人，移送起诉食品安全犯罪案件7起10人。

【户籍与出入境管理】 2019年，海曙区户籍总人口63.35万人（2018年为63万人，同比增长5.56‰），登记流动人口53.65万人（2018年为54.98万人，同比减少2.4%）。办理户口迁移36212人次，比上年同期减少6%；受理审批户口4919份，同比减少16%；项目变更308份，同比增加26%；制作第二代居民身份证61229份，同比增加1.37%；发放二代居民身份证58415份，同比减少1.16%。二代临时居民身份证7551份，同比增加7.58%。

出入境方面，共受理公民因私出国（境）42601人次，比上年同期增加3.8%。其中，护照签发21521人次，同比增加63.05%；往来港澳通行证签发13778人次，增加38.85%；前往港澳通行证签发10人次；往来台湾通行证签发7292人次，同比增加31.43%。受理港澳再次签注16461人次，同比增加55.32%；台湾再次签注2371人次，同比增加34.87%。

【交通管理】 2019年，海曙交警大队下辖直属、秩序、事故、指挥中心4个内设中队，下设一、二、三中队与机动中队，以及南站、高桥、栎社、集士港、鄞江、古林、高架中队。辖区发生交通意外死亡事故64起，死亡67人，比上年同期分别下降22.0%和18.3%。查处各类交通违法案件56.5万起。完成中华人民共和国成立70周年安保等重点交通安保任务及各类场点、交通线路警卫任务385批900次。6人立三等功，6人受到市级嘉奖，3人获评市级先进个人。

开展“大巡访、三服务”、“除隐患、防事故、保大庆”交通安全百日攻坚战、道路交通风险隐患排查治理等七大行动。成立海曙区道路交通安全综合治理攻坚行动专项工作协调小组办公室（“攻坚办”）。全面推进“枫桥式交警中队”创建，推动辖区安全、畅通、有序道路交通秩序环境创建。开展“温故知新、知行合一”学习实践活动、“不忘初心、牢记使命”主题教育实践活动和“条例进警营、纪律入警心”专题教育活动。持续强化办案审核、执法检查、定期通报等制度，整改执法工作存在的问题；加强安全防护教育，维护民警、辅警合法权益，维护法律尊严和民警执法权威。

【警卫安保】 2019年，海曙公安分局落实重大项目安保监管工作措施，保障各级重点工程顺利开展。圆满完成元旦、除夕春节祈福、清明节、市“两会”、宁波市第十五次妇女代表大会、2019年“一带一路”中国宁波国际攀岩大师赛、中国浙江投资贸易洽谈会

8月28日，海曙公安分局举行全区公安机关“践行新使命、平安保大庆”动员誓师大会

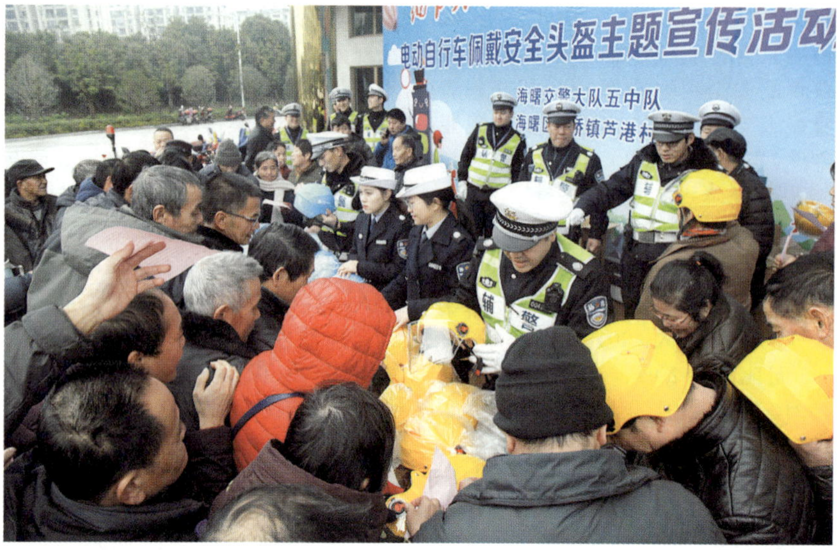

1月8日，海曙交警大队电动自行车佩戴安全头盔主题宣传活动走进高桥镇芦港村

（简称“浙洽会”）、中国—中东欧国家投资贸易博览会（简称“中东欧博览会”）、中国国际日用消费品博览会（简称“消博会”）、海曙区中秋系列活动、“70周年大庆”系列活动、“宁波帮”大会、全国青少年皮艇球锦标赛、鄞江“十月十”庙会、2019年全国徒步大会“双11”持杖联动日、2019年“一带一路”国际跑酷大师赛等重点大型安保工作11个，出动警力3100余人次。同时，结合“70周年大庆”安保，强化大型活动监管，审批并监督实施各类群众性大型活动62个106场次，确保各类活动安全顺利举办。

【危化物品管控】 2019年，海曙公安分局针对区内涉危涉爆企业较多的情况，强化民爆、枪支、刀具、弩等生产使用企业的安全监管力度，严控民爆矿山按资质炸药用量，加大民爆物品的末端管控，取消二次机械搬运民爆物品，规范易制爆等企业的规范化管理，引入第三方治安防范验收机制和保安日常巡控管理制度。全年受理审批民爆项目5个，组织培训民爆物品“三大员”（安全员、爆破员、保管员）126人；公务用枪持枪证换证415人、枪证办理30个，完成海曙西片区民用枪支（猎枪）回购处置和民枪定位芯片安装等工作；对有库房的大剂量易制爆物资使用企业进行全面验收和实行保安巡逻管控。

【校园安全保障】 2019年，海曙公安分局研究制定《关于全区校园警务实施分级分层管控机制的意见》，全年未发生一起校园欺凌案（事）件。全区243家校园建设警务联络室，按“一校一警”标准，配备法制副校长或法制辅导员、专职保安派驻覆盖率达100%，防护器械配备率达100%，城区每所中小学校、幼儿园的门岗均配备联网报警装置（110联网报警系统）和人像识别系统。

【道路交通事故防控机制建设】 2019年，海曙区创建由区政府主要领导牵头，区攻坚办为协调机构，各镇（乡）街道、职能部门共同参与、管理到位、资金到位、整改到位的道路交通事故防控机制。投入交通安全隐患整改经费2500万元，累计排查隐患点1116处，至年底全部整改完成。其中，关闭未经审批擅自开设的公路路口开口51个，安装“一牌一灯一带”安全设施216个，治理影响驾驶员视线的公路路口开口188处，在公路路口安装机非隔离护栏190处，在临水、临崖路段安装路侧防撞护栏133处，增设高落差和临水路段防撞护栏7.78千米，实施“公路生命安全防护工程”63.8千米；排查隐患车辆44251辆，清理未报废货车980辆、未报废挂车627辆；清理未年检货车1251辆、未年检挂车479辆；清理违法未处理的面包车4692辆、违法未处理的货车3966辆。同时，机制特别注重深化“警保联动”“警医联动”，出台各项应急预案，最大限度减少交通事故死亡人数。

【交通秩序优化行动】 2019年，海曙区深入开展交通秩序优化行动，严管酒驾、毒驾、闯红灯、“三超一疲劳”、不礼让斑马线等重点违法行为。重点开展电动自行车新国标实施前过渡期内的专项整治行动和驾乘电动自行车交通违法专项治理行动。设置临时登记上牌点23处，上门服务52次，发放宣传资料2.6万余份，发放牌证8.2万个，免费发放安全头盔3万个，落实56家企业实行佩戴安全头盔门岗责任制，全区共查处电动自行车交通重点违法案件20.5万起，电动自行车安全头盔佩戴率达90%以上。

开展工程运输车辆专项整治行动，深化“双超”整治，现场查处工程运输车辆超限、超载违法行为176起。加强对学校、菜场、医院等周边道路的精细化交通治理，开展整治行动12次，查处违法停车655起、超载95起。清理、报废占用道路停车位、人行道、社区绿地及道路“僵尸车”390辆。调整14处道路路口的交通组织，通过取消人行横道线、设置可变导向车道、改变车道导向设置、封闭路口等交通组织方式，提升道路交通安全顺畅率。

【交通安全宣传】 2019年，海曙区提升交通安全宣传力度，相继开展电动自行车“六个一”宣传、大型货运机动车“内轮差”宣传、“盲区”交通安全主题宣传、“创文明交通、治秩序乱象”忠诚保大庆系列行动的宣传教育活动52场次。全年在中央及省、市级媒体分别刊发报道3篇、12篇、166篇；发布微博672条、微信39条，被各级各类媒体转载61篇。组织“交通安全宣传进农村”活动75次、“进企业”68家、“进学校”47所，摆设宣传展架68块。在全区农村文化礼堂组织开展教育活动124次，受众5.6万人次。在运输企业、快递外卖企业分别开展交通安全教育42次、35次。公布事故多发路段38处，曝光违法车辆236辆、典型事故案例34起。

【破获“宁创财富”非法吸收公众存款案】 2019年6月24日，“宁创财富”非法吸收公众存款案犯罪嫌疑人被移送起诉。犯罪嫌疑人张某自2013年始，先后注册成立宁波宁创财富投资管理股份有限公司、宁波宁创控股股份有限公司、宁波宁创金融科技有限公司，以高额利息回报为诱饵，成立线上平台“宁创贷”、以线下签订书面协议等方式向不特定社会公众对象吸收资金，共涉及投资人数2146名，非法吸收公众存款金额约6.4亿元，未兑付金额4亿余元。公司经营不善，无法正常兑付客户投资资金，造成投资客户重大损失。此案犯罪嫌疑人相继被刑拘、执行逮捕，并于2019年6月被移送起诉。

【破获“宁波星融众创”非法吸收公众存款案】 2019年5月18日，“宁波星融众创”非法吸收公众存款案的犯罪嫌疑人被移送起诉。犯罪嫌疑人王某伙同曹某于2016年3月设立宁波星融众创商务息咨询有限公司（系上海星融财富投资管理有限公司全资子公司），以推广上海佩辉金融信息服务有限公司开发的“微拍贷”网贷平台为主要项目，通过推荐会、集中讲课、开设门店等形式，以投资资金期限为1个月至3年，利息为5%至13%不等的计息方式，推广“微拍贷”网贷平台向社会不特定公众吸收存款。至2018年8月停止兑付之日，宁波各地区及行政中心共计向海曙区杜某等人吸收资金约284175万元，其中未兑付金额80128.14万元（准确数据待审计结果）。2018年12月29日，海曙公安分局立案侦查宁波星融众创商务信息咨询有限公司涉嫌非法吸收公众存款案，2019年1月，犯罪嫌疑人相继被刑拘，5月被移送起诉。

（李鹏展 王宾原）

检 察

【概况】 2019年，区人民检察院全力投入“平安护航新中国成立70周年”会战，采取“清单式监管、针对性处置”方式，研判、化解在办案件风险，维护社会安全稳定。获“全国检察宣传先进单位”、浙江省“书香机关”等省、市级以上先进荣誉57项，2件案件被最高人民检察院评为全国精品案件，3人荣立三等功。

推进诉源治理，做到少捕慎诉，对情节轻微、社会危害性不大的犯罪，不批准逮捕101人，不起诉243人。强化检调对接，有效化解矛盾22起。由院领导带队开展专题调研，加强检察环节传承发展新时代“枫桥经验”理论研究和实践探索。强化对刑事被害人及其近亲属的司法救助，救助14人，发放救助金16万元，防止因案返贫、致贫。针对物业公司人员寻衅滋事、农贸市场恶势力强迫交易等问题，分析查找发案原因和管理漏洞，发送检察建议2份，推动相关行业、领域的源头治理。强化生态环境保护，起诉非法采矿、非法狩猎等犯罪嫌疑人29人。强化食品安全源头整治，办理全市首例涉危害食品安全类犯罪人员从业禁止案，获评全市检察机关保障“千家万户舌尖上的安全”专项监督活动精品案例。落实“一号检察建议”，从严惩处校园性侵未成年人犯罪案件3件3人，向相关部门发送检察建议3份，督促健全校园安全防范机制。落实“教育、感化、挽救”方针，对涉嫌轻微犯罪并有悔罪表现的未成年人，不批准逮捕23人，不起诉18人。完善罪错未成年人精准帮教机制，出台《精准帮教工作指引》，联合团区委引入专业司法社工队伍，精准帮教涉罪未成年人32人。

主动向区人大及其常委会报告工作，并根据监督意见落实整改。区人大常委会专题听取并审议公益诉讼检察工作情况报告。向区人大常委会报备重大事项和重要案件344件次。及时高效反馈代表委员意见建议89项，做到件件有着落、事事有回复。依托“检察开放日”活动，向代表委员等作专题汇报3次。加强代表委员联络，走访镇（乡）街道和代表委员60余人次，面对面走访、心贴心联络。

开展“不忘初心、牢记使命”主题教育。赴梅园革命史迹陈列馆开展“初心之旅”、举行“知行合一践初心”微党课比赛及员额检察官宪法宣誓仪式。依托“海检大讲堂”等平台，开展疑案辨析、名师讲座等活动，为优秀年轻干部脱颖而出创造条件，3人获评全市检察机关“精英人才”，5人获评“骨干人才”。通过开展书记党课比赛、主题党日比赛等活动，提升党支部建设质量，院机关党委获评市“五星级基层党组织”，干警在全市政法系统和全市检察机关微党课比赛中分获二等奖和一等奖。

【司法公开】 2019年，区人民检察院依托互联网，发布程序性信息2346条，公开法律文书1295份。深化“最多跑一次”改革，升级改造“12309”

8月，海曙区人民检察院内设机构改革工作会召开

检察服务大厅，提供“一站式”综合服务，服务群众6000余人次。落实“群众来信件件有回复”制度，办理群众各类信访93件，按期回复率达100%。开展保障律师执业权利专项监督活动，接待律师阅卷800余人次，办理阻碍辩护律师行使会见权案件2起。加强“两微一端”等新媒体宣传矩阵建设，用心讲好检察故事。“海曙检察”头条号再次获评全国检察头条号20强。短视频《守护·以宪法之名》被省普法办、省人民检察院评为全省三类作品和优秀微信作品。3人获评“全国检察宣传先进个人”。

【刑事检察】2019年，区人民检察院受理、移送、审查、逮捕案件715件1102人，批准逮捕603件890人，逮捕人数比上年同期上升8.5%；受理移送审查起诉案件1469件2213人，提起公诉1198件1833人，起诉人数上升13.9%。纵深推进“扫黑除恶”专项斗争，批准逮捕涉黑涉恶犯罪47件159人，提起公诉34件161人。提前介入涉黑涉恶案件18件，监督立案2人，纠正漏捕、漏诉2人。严打群众深恶痛绝的“套路贷”犯罪，提起公诉18件71人。深入“打财断血”，引导侦查机关依法扣押、冻结黑恶犯罪违法所得114万元，督促查封酒店1家、房产6套等涉案财产。相关经验做法获得市检察院主要领导批示肯定。

严厉打击破坏市场经济秩序犯罪，起诉合同诈骗、职务侵占等犯罪嫌疑人48人。防范化解金融风险，起诉非法吸收公众存款、集资诈骗等金融犯罪60人。开展打击制售假冒伪劣商品专项行动，起诉侵犯著作权、商标权、专利权等犯罪嫌疑人48人。依法审慎办理涉企刑事案件，可捕可不捕的不捕，可诉可不诉的不诉，坚决防止“办理一个案件，垮掉一个企业，下岗一批职工”。坚持依法护企与依法治税相结合，对涉嫌虚开增值税专用发票犯罪的11家民营企业和22名企业人员，依法作出不起诉决定，并协助税务机关督缴罚款300余万元。

加强刑事诉讼监督。监督立案9人，纠正漏捕、漏诉31人，其中1人被判处十年以上有期徒刑。对证据不足的，不批准逮捕95人。针对侦查过程中的程序瑕疵，发出纠违通知书13份。加强刑事审判监督，围绕量刑适当、法律适用等问题，提出抗诉1件，提请市人民检察院抗诉2件，均获改判。开展特赦案件检察工作，审查报请特赦人员21人。强化羁押必要性审查，对不适宜继续羁押的，建议有关机关解除或变更强制措施55人。

【民事行政检察】2019年，区人民检察院加强民事诉讼监督，受理案件9件，经审查对其中确有错误的提请抗诉4件，改判3件。围绕审判过程中的程序适用问题，发出检察建议2份。部署开展“打击虚假诉讼”专项行动，提请市人民检察院抗诉虚假诉讼案件2件，均发回重审。加强行政诉讼监督，开展“行政非诉执行”专项监督行动，办理拆除农村违章建筑非诉执行监督案件12件，其中1件获评全市精品案件。与区综合行政执法局、区人民法院等部门建立信息共享和线索移送机制，拓宽案件线索来源，提升监督效果。

6月13日，区人民检察院邀请部分人大代表举办“未检主题开放日”暨“与代表共话检察新征程”活动

【公益诉讼】2019年，区人民检察院贯彻区人大常委会《关于加强和支持检察机关提起公益诉讼工作的决定》，深化支持、协调、配合机制，构建协同推进公益诉讼新格局。部署开展生态环境和资源保护、食品药品安全、实验室危险废物等专项监督活动，共办理公益诉讼案件85件，发出诉前检察建议84份，行政机关回函和启动整改率达100%。“骚扰电话整治”公益诉讼案被最高人民检察院写入向全国人大常委会所作的公益诉讼专题报告。通过公益诉讼诉前程序助推违法用地整治，督促行政机关恢复耕地5.33公顷。加强与环保、教育、市场监管等部门合作，推进调查取证、损害评估等多方面协作，形成公益保护合力。

【司法改革】2019年，区人民检察院稳步推进内设机构系统性、整体性、重塑性改革，实现人员、机构和编制配置向业务一线、短板领域倾斜，民事、行政和公益诉讼检察人员与刑事检察人员的比例从5.8:1调整为3.1:1。落实领导干部带头办案制度，院领导带头办理重大疑难案件193件。全面实行“捕诉一体”办案新机制，同一案件的审查批捕和审查起诉由同一个检察官或检察官办案组负责到底。贯彻落实修改后《中华人民共和国刑事诉讼法》规定，在侦查、批捕、起诉和审判全环节开展“认罪认罚从宽”，办理可适用制度案件685件，占同期提起公诉案件数的57.2%，895名犯罪人员认罪悔罪，量刑建议采纳率达99.4%。

【羁押必要性审查案件获评全国精品案件】2019年，区人民检察院依法办理喻某羁押必要性审查案，取得良好社会效果。此案被最高人民检察院评为全国羁押必要性审查精品案件。该案犯罪嫌疑人喻某因违反取保候审规定而被逮捕，在羁押期间，在同案犯罪嫌疑人未到案前提下，以自己未来的劳动收入向他人借款，用以支付32名工人工资。检察机关经细致评估调查，及时对犯罪嫌疑人变更强制措施，充分反映检察机关不僵化、不机械办案的品质，对全国检察机关办理类似案件起到良好示范和引领作用。

【刘树枝到区人民检察院调研】 2019年4月16日，省检察院党组副书记、常务副检察长刘树枝到区人民检察院调研指导。刘树枝了解区人民检察院在推进代表委员联络和行政装备工作中的亮点、难点，对取得的成绩尤其是精益求精做好人大代表、政协委员意见建议的回复反馈给予充分肯定。要求要区人民检察院加大代表委员联络力度，持续做优做强行政装备工作。

【"海曙检察"头条号获评全国"20强"】 2019年12月27日，2019年度政法新媒体峰会在北京举行。中央政法委、最高检等有关部门领导、中央政法新闻网站负责人、高校专家学者、政法新媒体代表参加会议，交流分享在政法新媒体建设方面的先进理念经验，讨论新时代政法新媒体的定位和担当，现场公布2019年度"两个一百"全国优秀检察新媒体评选结果，"海曙检察"头条号获评全国检察头条号"20强"，连续2年获此奖项。

（刘青松）

法 院

【概况】 2019年，区人民法院共受理各类案件26946件，办结27231件，同比均下降4%。人均结案数全省第十、全市第一，一线法官人均结案数470件。被最高人民法院评为"在司法宣传工作中表现突出的人民法院"。全院获得市级以上集体荣誉6项、个人荣誉29项，其中1名干警获评"全国维护妇女儿童权益先进个人"。

12月13日，区人民法院办理首例司法拘留远程化解案例

秉持"社会调解优先，法院诉讼断后"理念，坚持非诉讼纠纷解决机制，指导行业调解组织化解物业纠纷627件，此类案件收案数比上年同期下降76%，13个小区实现物业欠费清零。选派审判团队入驻区矛盾纠纷调处化解中心，依托中心平台引导群众选择矛盾化解的最优路径。借助"海法护航""海法巾帼"特色品牌，开展未成年人防性侵校园巡回宣讲6场，受众1500余人。

制定18项举措精准服务企业，发布民营企业权益保护典型案例。在5件案件中灵活运用保全手段，以置换担保方式解除对企业1.2亿元存款的冻结，减少对企业生产经营的不利影响。畅通市场主体退出通道，审结破产案件9件，在宁波某网络科技有限公司破产案中，适用股东出资加速到期规定，实现破产债权百分百清偿。关注中小股东权益，审结股东知情权等涉公司、股权类案件91件，加大对投资者的保护力度。

构建现代化诉讼服务体系，优化窗口立案流程，窗口立案平均办理时间缩短8分钟，跨域立案范围扩大至全国，帮助当事人办理省内外法院立案业务117件。改善诉讼服务软环境，为群众提供诉讼辅导2.8万次。深度应用移动"微法院"，运用数占比70.8%，比上年同期上升20个百分点，线上开庭519件，网上送达诉讼材料7万余份，提高群众诉讼便捷度。为当事人缓、减、免交诉讼费13万元，发放司法救助金50万元，劳动报酬执行周转金70万元。

优化人民法庭布局，调整法庭辖区，新成立石碶法庭，方便涉诉纠纷就近化解。量身打造"一庭一品"，3个法庭分别集中专业化审理金融、物业、交通事故案件。推广小纠纷微信化解群，"法官进村社"向线上拓展，接受群众法律咨询300余次，指导基层干部化解纠纷254起，为"美丽海曙建设""乡村振兴"工作提供法律意见30余次。

【刑事审判】 2019年，区人民法院新收一审刑事案件1229件，审结1242件，比上年同期分别上升10%和10.7%。贯彻宽严相济刑事政策，判处罪犯1836人，其中判处3年以上有期徒刑381人，非监禁刑适用率为42.4%。打击危害社会治安犯罪，审结故意伤害、"两抢一盗"和"黄赌毒"等案件451件640人，监禁刑适用率为85.6%。惩处侵害群众"钱袋子"安全的犯罪，审结涉众型经济犯罪案件27件61人，涉案金额12亿元。守护群众"舌尖上"的安全，审结生产、销售"漂白芋头""甜蜜素馒头"等不符合安全标准的食品犯罪案件11件20人。保护未成年人健康成长，依法对16名性侵未成年人罪犯判处监禁刑，最高判处8年有期徒刑。保持反腐高压态势，审结贪污贿赂、渎职罪案件5件5人。配合区纪委区监委加强廉政警示教育，组织110余名党员干部旁听职务犯罪案件庭审。

【民商事审判】 2019年，区人民法院新收一审民商事案件15061件，审结15530件，同比分别下降12.6%和8.6%，涉诉金额79亿元。坚持情理与法理并重原则，审结婚姻家事纠纷案件796件，调撤率65.4%，并以家事调查官为原型拍摄微电影开展法治宣传。审结教育、医疗、劳动争议案件759件，为318名务工人员追索劳动报酬780.5万元。促进建筑市场健康发展，审结建设工程合同纠纷案件286件，涉诉金额2.9亿元。保障电商、物流等新业态良性发展，审结网络购物合同、运输合同纠纷案件48件。尊重和保护创业创新成果，跨地区划片集中审理知识产权案件1045件，审结涉“太平鸟”“福达刀片”等商标维权案件71件，判决侵权人赔偿损失714.6万元。

【行政审判】 2019年，区人民法院新收一审行政诉讼案件231件，审结235件，同比分别上升34.3%和78%。坚持支持与监督并重原则，促进行政机关依法行政。判决行政机关败诉21件，败诉率8.9%，其中辖区内行政机关败诉8件，败诉率6.4%。推动行政争议实质性化解，行政机关负责人出庭应诉117次，协调撤诉率32.8%。在全市首创公租房租金追缴非诉执行机制，强制执行10件拖欠租金超过3年的公租房案件。助力污染防治攻坚战，对14件环保行政处罚案件准予执行。

【案件执行】 2019年，区人民法院新收执行案件9796件，执结9621件，比上年同期分别上升16.5%和7.6%，执行到位金额12.8亿元，上升66.2%，案均执行标的到位率同比增幅高出全省基层法院8.7个百分点。贯彻落实省高级人民法院“史上最强执行措施”，打击规避执行、抗拒执行行为，司法拘留487人，对4297人作出罚款决定，判处拒不执行判决、裁定罪5人。被执行人财产自动查控系统上线，提高财产查控精准度和便捷度。构建“综合治理执行难”工作大格局，在海曙自然资源和规划分局支持下，实现不动产网上查封；与海曙区公安分局共建司法拘留远程化解工作室，两篇案例入选“全省20佳司法拘留案例”。以执行联动机制破解腾房难题，制止“开煤气罐”等抗拒执行行为，强制腾退房屋397套，网拍不动产面积超过41万平方米。

【“扫黑除恶”攻坚战】 2019年，区人民法院受理涉黑涉恶案件19件80人，审结17件71人，判处5年以上有期徒刑20人，重刑率达33.9%。审结全市首例侵蚀农村基层政权涉黑案件，判处“村霸书记”蔡某明有期徒刑18年。审结设陷阱放贷、恶意垒高借款金额、故意制造违约、暴力催债等“套路贷”案件17件62人，判处追缴违法所得500余万元。深化综合治理，排摸22条线索移送侦查，聚焦商务楼宇经济和基层社会治理，提出规范管理的司法建议4份。利用微信公众号开展“扫黑除恶”有奖知识问答14期，参与群众近万人次。

【严惩虚假诉讼】 2019年，区人民法院组建虚假诉讼甄别小组，由1名院领导担任组长，民事、刑事、行政、执行一线办案骨干12人任组员。对作虚假陈述、伪造证据的11名当事人罚款25.1万元，司法拘留1人，对1名以“空白借条”虚增债务的当事人判处刑罚，发布首批不诚信诉讼名单，严惩虚假诉讼工作经验在全省人民法院推广。

【“智慧法院”建设】 2019年，区人民法院开展电子卷宗随案同步生成工作，实现扫描信息自动回填、文书自动生成，提升信息录入准确度。运用电子送达平台，结合邮政“E键送达”，实现诉讼材料线上送达，智能送达成功率超90%以上，有效缩短送达时间。推广庭审智能评查系统和文书智能校对系统，促进庭审规范化，降低文书差错率。在全市首创网上审委会模式，讨论案件11件，部分案件开庭、讨论和宣判当天完成。

【法律职业共同体建设】 2019年，区人民法院创新法官律师互评互督机制，成果转化为省高级人民法院指导性文件，在全省人民法院推广，相关经验在《中国律师》刊登。在全省首创实习律师担任法官实习助理制度，搭建合作培养基地，择优选拔两批12名实习律师到岗履职。推行律师出庭着装、言行和法律文书“三规范”，庭审规范化工作经验在全市人民法院中推广。向市律师协会发送“职业共同体建设”专刊8期，落实改进律师提出的意见34条。法官、律师互换角色开展模拟庭审活动，增进职业间相互理解。

（国媛媛）

司法行政

【概况】 2019年，海曙区监管社区矫正对象共689人，无脱漏管现象发生。调解民间纠纷12202件，成功12086件，成功率99%。办理法律援助案件1599件，其中民事案件981件、刑事案件618件，为群众挽回经济损失1496万元。解答“12348”服务咨询电话6011个，接待来访群众2215人次，办理群体性劳动纠纷案件50件，涉及734人次，挽回经济损失462万元。

履行“全面依法治区”职责，建立健全“全面依法治区”组织体系和工作架构，召开委员会、办公室第一次会议和各协调小组工作会议，制定“两规则一细则”，出台2019年全面依法治区工作要点和“法治海曙”建设重点任务清单，包括5个方面91项工作任务，并建立考核反馈机制，摸清底数，扬长补缺，激发工作动力，建成法治督察员队伍。

开展法治讲座（培训）130余场、广场普法活动60余场、“送法进村（社区）”200余次，发放普法宣传资料20万余份（册）。整合网络、电视、广播、手机、楼宇电视屏、街头大型LED显示屏等各类新媒体，开展全方位普法，“海曙普法”微信公众号共发布、制作微信236期580条。新增省级“民主法治村（社区）”5家、市级16家，全区共有“全国民主法治示范村”1家、省级28家、市级105家。

推进法治文化建设，承办省普法

12月2日，海曙区2019年宪法宣传周暨“12·4”宪法宣传日活动在中山公园举行

办特色普法项目——“‘浙里’光影颂宪法”启动仪式。规模化开展宪法主题宣传活动，“12·4”宪法宣传周“线上+线下”宣传并行，大型广场活动集合现场书法、宪法诗朗诵、宪法快板等特色节目；在改版升级后的“海曙普法”微信公众号开展宪法知识竞猜活动，5000余人参与，粉丝关注数增加1倍。社会化大普法格局不断完善，以区法治宣传服务协会为龙头，社会力量参与，构建“专业+公益”的普法模式。

坚持招商引所与扶弱培强相结合，逐步打开律师服务业发展空间，全年全区律所营业收入比上年同期增长32%，浙江导司律师事务所营业收入突破1个亿。德恒律师事务所实现业务量1年倍增目标，持证律师50人，5家律所乔迁办公新址。持续强化律师行业党建工作，建立海曙区律师行业党委，建设海曙“红色律师”品牌，1位法律人才入选宁波市高层次人才引进“泛3315计划”。

【行政复议】 2019年，区行政复议局挂牌成立，实现一级政府行政复议工作以“一个口子”对外。全年办理行政复议案件93件、行政应诉案件150件，比上年同期分别增长54%、38%，新收案件行政首长出庭应诉率、行政复议结果维持率达“两个100%”。在全市率先建立行政复议基层受理点，创新建立行政复议预审预调制度、同步会审机制，汇编行政应诉常见问题指导清单，强化行政复议与应诉结果运用，其中“行政复议预审预调制度”获评市司法行政系统2019年度“创新项目”。

【行政执法监督】 2019年，区司法局实施行政执法“全景式”监督，推行行政执法公示制度、执法全过程记录制度、重大执法决定法制审核制度，抓好重点领域专项执法监管，落实行政执法人员持证上岗和资格管理制度。建立案卷评查监督全流程规范，组建百人规模的特邀行政执法监督员队伍，探索社会力量参与执法监督模式。深入推进“减证便民”改革，收集全区现行证明事项目录清单1939项，整理部门和乡镇拟取消证明事项46项。

【人民调解】 2019年，海曙区有调解组织317个，调解员1178人，专职调解员151人，其中特级1人、一级6人、二级11人、三级30人。在全区三级调解网络全覆盖基础上，推进“网调融合”，开展矛盾纠纷和风险隐患排查预警。完善“大调解”工作格局，建立基层人民调解队伍“一专多联”模式，开展律师、基层法律工作者“驻会联村”行动，提升矛盾纠纷化解成效，并深化警调、诉调、访调衔接机制，有效助推诉源治理。加强规范化人民调解组织建设，成立区级人民调解协会，加强对各级各类调委会、调解员的培训、指导和引领。全年9个基层调委会、2个行专调委会获评市级“人民调解委员会规范化建设示范点”，新建“云调解”等品牌调解工作室2个，1个调解工作室被命名为全市首批人民调解品牌工作室，推广线上预约、线下调解的“人民调解O2O（online to offline，将线下商务机会与互联网结合）”模式。

【社区矫正】 2019年，区社区矫正中心持续健全社区矫正标准化执行体系，社区矫正监管信息化技术配备全面升级，新建成区司法行政指挥中心，打造涵盖监管、教育、帮扶各环节的标准操作体系，形成社区矫正中心与司法所分工明确、各有侧重、互为补充的社区矫正工作新格局，社区矫正工作质量明显提升。全年撤销缓刑收监执行1人，保外就医对象收监执行1人，提请治安处罚0人，警告52人，申报减刑0人，无脱漏管，社区矫正对象重新犯罪率严格控制在0.2%以下。持续深化“社会力量参与社区矫正”品牌建设，形成“政府主导、协会运管、专业支撑、村居协同”的教育帮扶新模式。全年共开展矫正对象集中教育7997人次、社区服务6872人次、个别谈话3956人次、心理咨询298人次。

【区公共法律服务中心】 2019年，区公共法律服务中心推进法律服务“进村为民”工程，在信访大厅、镇（乡）街道公共法律服务站、热门商圈等地投放公法自助机8台，打造公共法律服务“云体系”。创新建立法律顾问“打包聘任”模式，落实“驻点+预约”值班制，落实乡村法律顾问“六个一”制度。推广推进“公证E通”模式，以集士港镇和鄞江镇为试点先行开启公证业务线下预约办理。至年底，区公共法律服务中心全业务、成建制纳入区社会矛盾纠纷多元调处化解中心，单独设置行政复议窗口，实现矛盾纠纷化解“最多跑一地”。区公共法律服务中心获评“全国公共法律服务工作先进集体”。

【“浙里”光影颂宪法活动启动仪式在海曙举行】 2019年3月10日，由省普法办、浙江政法摄影协会主办，浙江法制报社承办的“浙里”光影颂宪法主

3月10日，“浙里”光影颂宪法主题活动启动仪式在古林镇葑水港宪法公园举行

题活动在海曙区葑水港村宪法主题公园举行启动仪式。省司法厅副厅长、省普法办负责人劳泓出席启动仪式并作讲话。仪式后，摄影师采风团走访葑水港宪法主题公园，拍摄检察官讲课、公职人员宪法宣誓、“法治谜语”竞答等法治宣传活动。

【全市首个基层行政复议受理点设立】 2019年10月15日，海曙区行政复议局洞桥受理点举行揭牌仪式，成为全市首个在基层设立的行政复议受理点，打通行政复议服务群众“最后一公里”。受理点可满足龙观乡、横街镇、章水镇等周边乡镇群众和基层单位就近申办行政复议的需要，节省申请人时间和精力，减少群众复议成本，提高行政复议工作影响力和覆盖面。

（姜一寅）

人民武装

【概况】 2019年，区人武部基本形成“一种威胁多个设想、一项任务多套预案、一种情况多种处置”的方案体系。重点围绕基础训练、业务训练、课题训练三大内容，落实训练时间。组织新任专武干部参加省军区集中训练，精选专武干部参加军分区开展的专武干部“训练月”活动。利用组织民兵应急连训练、对口保障军兵种分队训练、水上救援分队演训、民兵岗位练兵大比武、应征青年役前训练等契机，提高专武干部组训能力。5月下旬和10月中旬，组织民兵应急连训练和补训，采取理论辅导与实际操作、单位自训与集中组训相结合的方式，展开多科目训练；组织安全警戒连和工程抢修连共同基础部分集训；联合区应急管理部门组织应急分队水上救援演练；遴选军事素质过硬、技能水平一流的现役干部、文职人员和应急连民兵参加军分区岗位练兵大比武。开展全区国防动员潜力调查，摸清辖区潜力数据底数。

完成兵员征集任务，无一责任退兵。在宁波财经大学开展“宁波市大学生征兵工作启动仪式”，在辖区两所高校开展征兵现场咨询，向大学生宣传征兵政策；协助镇（乡）街道做好征兵宣传，制作发放10000份征兵宣传手册，通过召开征兵动员会、悬挂横幅、张贴宣传画及标语、上门宣传等形式，广泛宣传兵役法规和优抚安置政策。征兵过程中坚持公开、公平、公正，严格落实廉洁征兵公示与举报制度，公布廉洁征兵监督电话，设立举报信箱，纪检部门全程参与征兵体检、政考与定兵的监督检查，严格执行“三公开”“四张榜”制度，建立健全监督约束机制，增强了征兵工作的透明度。

坚持把思想政治建设作为加强全区党管武装工作的首要任务，作为推进武装工作和后备力量建设思想组织保证。开展“不忘初心、牢记使命”“传承红色基因、担当强军重任”两个主题教育。针对现役干部、文职人员和职工党员，“量身定制”5类23个问题整治清单，开展整治整改。加强作风建设，营造风清气正的工作环境。严肃“三会一课”“党员汇报”“民主评议”等制度，党委委员坚持过好双重组织生活。建立人武部职工每月量化考评制度，对人员履职尽责等7个方面进行量化考核。突出在外人员管控，强化职工遵规守纪意识。落实党委管装议装主体责任，抓好装备“三化”管理。开展安全整顿、安全检查，严格落实每季度安全形势分析，建立日检查、周汇报、月讲评的安全管理制度，突出“人车枪弹密”管理重点，逐级签定责任书，定期开展安全检查。

【民兵调整改革】 2019年，区人武部召开全区民兵调整改革任务部署暨业务培训会，部署明确民兵编组任务。突出应急和新质力量建设，完成普通民兵、基干民兵任务数，完善应急连连部建设和配齐应急连装备器材。挖掘高新技术资源，成立涉及各专业的是基干民兵新质力量，提升科技含量。协调地方党委、政府，向主要领导传达上级民兵调整改革主要精神，调整民兵组织整顿工作领导小组成员，与区应急管理局联合出台《海曙区突发事件联合应急对接机制》，协调市航拍协会、市政建设集团、区交通局等单位专业对口人员编入基干民兵组织，提升基干民兵质量。

【沙忠明到海曙区调研基层人武工作】 2019年4月17日，宁波军分区司令员沙忠明到海曙区调研乡镇、高校人武工作。沙忠明在高桥镇人武部查看武装部规范化建设情况，听取高桥镇人民武装工作汇报。要求增强基层人武工作的责任感和使命感，推进基层人民武装工作和国防后备力量建设向纵深发展。随后到宁波财经学院调研，查看高校征兵工作站建设情况，听取高校征兵工作情况汇报，并与部分退役复学和有入伍意愿的大学生座谈交流。

4月28日，海曙区后备力量基层规范化建设现场会在高桥镇召开

【后备力量基层规范化建设现场会】 2019年4月28日，区人武部在高桥镇举行海曙区后备力量基层规范化建设现场会。区人武部政委孙明忠关于推进全区后备力量基层规范化建设作统一部署，并对基层规范化建设“评星挂牌”工作提出更高要求，要求在年内基层武装部“四星”“五星”标准达到30%以上。

【防汛水上应急救援暨民兵应急分队演练】 2019年6月28日，海曙区2019年度防汛水上应急救援暨民兵应急分队演练在姚江水域举行。区人武部、区应急管理局、区农业农村局和四明户外应急救援队参加此次演练。演练4个科目。演练利用无人机搜索，并同步传送画面至救援指挥现场。

（余　力）

人民防空

【概况】 2019年，区人防办重点做好海曙区人（民）防体验馆建设，维护人防指挥中心信息系统及全区镇（乡）街道、疏散基地民防指挥通信系统，确保指挥信息联通，提高应战应急保障能力。对全区警报设施进行检修测试，针对全区警报社会化管理员开展警报管理技术培训。监管结建人防工程，完成人防工程报建，出具人防设置要求。在区内中小学开展人防宣教活动，“5·12”期间，联合区教育局组织全区186所中小学、幼儿园开展防空防灾应急疏散演练活动，参与师生约12万人。推进人民防空宣传进机关、进学校、进社区、进企业、进网络“五进”活动，结合“3·1”国际民防日、“5·12”防灾减灾日等节点，开展人（民）防系列宣传活动，开展“人防宣讲进百县千区”活动。3月，区人防办通过市级“巾帼文明岗创岗”工作验收。

【“3·1”国际民防日活动】 2019年“国际民防日”期间，区人防办在宁波汽车南站、鼓楼步行街等地现场设点，通过摆放宣传展板、分发人民防空防灾手册、提供现场咨询等形式，向往来旅客和市民宣传人防民防知识，提高应急避险和自救互救能力。利用镇（乡）街道、社区及行政村的公共宣传平台进行专题宣传，张贴人防民防系列海报。民防日宣传活动覆盖1个市级汽车客运站、2个街道、1个步行街，张贴民防系列海报超过20余张次，分发人防宣传手册千余本，宣传活动形式多样，活动覆盖面广。

【人防疏散演练】 2019年5月7—12日，“5·12”防灾减灾日期间，区人防办联合区教育局、街道、社区等单位组织开展人防疏散演练。全区186所中小学、幼儿园开展防空防灾应急疏散演练，师生约12万人参与。区人防办与南门街道联合组织社区居民200余人在南塘老街商业繁华区开展疏散演练，在规定时间内将全部人员疏散至附近人防工程，并进行人防知识宣讲。此次商业繁华区演练科目拍摄成宣传教育视频，在省、市人防宣传周活动期间进行展示。

【暑期大学生人防宣传活动】 2019年8月，区人防办联合浙江大学“青知计划”海曙小分队，组织开展“人防宣传进百县千区”暨大学生暑期社会实践活动。海曙小分队成员通过人防宣传横幅、人防宣传资料、座谈交流等形式进行人防法律法规、防灾减灾知识宣传。活动共发放宣传资料100余份、为群众解答人防相关知识近50人次。

【“9·18”防空警报试鸣】 2019年9月，海曙区人防办组织技术人员对全区所有防空警报器进行检修和升级，重点检查防空警报器的供电系统、信号控制系统、喇叭、仪表指示灯等，升级辖区内所有警报器电台，并对防空警报设备性能和鸣放效果进行测试，9月18日上午10时，防空警报试鸣。

（潘益芳）

相关链接：

刑事五类案件：重点打击严重暴力犯罪；有组织犯罪和盗窃、抢劫、抢夺等多发性侵犯财产权的犯罪；重点打击金融、财税、证券、期货等事关国家经济安全的严重经济犯罪；重点打击赌博、毒品以及利用网络所进行的犯罪；重点惩治知识产权犯罪。

全面依法治区“两规则一细则”：指《中共宁波市海曙区委全面依法治区委员会工作规则》《中共宁波市海曙区全面依法治区委员会协调小组工作规则》和《中共宁波市海曙区委全面依法治区委员会办公室工作细则》。

基层人民调解队伍“一专多联”模式：指在每个社区确保配备一名专职调解员的基础上，通过发动律师、基层法律工作者等兼职调解员队伍，强化调解力量，提升矛盾纠纷调处成效。

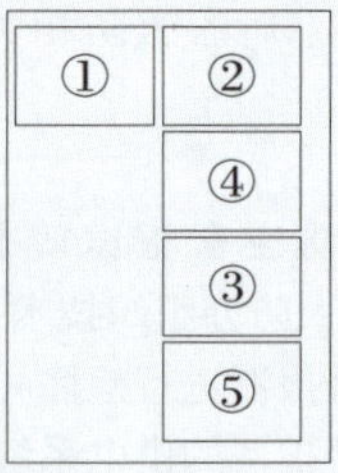

①2月16日，海曙区人民调解协会成立

②3月4日，海曙交警大队在解放北路和义路口设立电动自行车临时备案登记点，为过路市民安装临时过渡号牌

③5月7—12日，区人防办联合区教育局、街道、社区等单位组织开展人防疏散演练

④7月26日，海曙区行政复议与行政诉讼联席会议召开，讨论市场监督管理领域执法普遍存在的问题及法律适用问题

⑤9月6日，特赦宣告大会在区司法局集中教育室召开

农业·农村·水利

综　述

【概况】 2019年，海曙区下辖9个涉农镇（乡）街道，167个行政村有股份制村经济合作社182个，其中集士港镇19个、古林镇24个、高桥镇20个、横街镇28个、鄞江镇12个、洞桥镇20个、章水镇20个、龙观乡10个、石碶街道16个、望春街道11个、段塘街道2个。在册农户10.6万户，在册人口28.1万人，股东28.3万人。

海曙区创建“四好农村路”省级示范县，新改建农村公路42千米，完成农村公路大中修50千米，建成“美丽经济交通走廊”80千米。农村饮用水达标提标工程加快推进，14个独立水站新改建项目完成建设。“厕所革命”持续深化，303座农村公厕完成改造提升，获评省“农村公厕改造工作优秀区”。加快推进城乡一体垃圾分类处理，新实施农村生活垃圾“三化”（无害化、减量化、资源化）处理村70个，农村生活垃圾分类覆盖面达95.8%。高水平实施农村环境综合整治。开展“城乡争优”三年行动和农村人居环境整治提升三年行动，持续推进围挡、“桥头跳车”、“两路两侧”、“四边三化”等专项行动，违建别墅专项整治通过验收，新增5个“无违建乡镇（街道）”。全面推进小城镇环境综合整治行动，小城镇环境综合整治达标比例达100%，其中7个乡镇获评省、市样板。

深入实施“乡村振兴”战略，区域乡村建设规划编制出台，打造具有乡村风韵和海曙特色的美丽乡村。建成市级“美丽乡村示范乡镇”1个、“风景线”1条、“示范村”4个、“合格村”58个，涌现出鄞江镇清源村、集士港镇山下庄村等一批“美丽乡村”建设新典型。围绕“一镇一品”“一村一韵”，持续开展景区化村庄创建和“美丽庭院”创建，建成“A级景区村庄”15个，区级“美丽庭院”示范村12个。

深溪村“美丽经济交通走廊”建设

【“美丽庭院”建设】 2019年，海曙区新创建区级“美丽庭院”示范村12个，区级示范户100户、达标户3000户。1户家庭获评省级“最美庭院”，7户获评市级“最美庭院”，《宁波日报》、“甬派”等主流媒体对此进行报道。海曙区“美丽乡村”建设就业创业技能提升计划实施后，全年培训农村创业就业女性2400余人。全区3家民宿、企业（个人）获得省级荣誉，1家民宿获评市级先进基地。11月，区妇联联合区文明办、区农业农村局，通过听取汇报和现场走访方式，对各涉农镇（乡）街道妇联“美丽庭院”创建进行验收检查。至年底，全区创建“美丽庭院”示范村12个，创建区级“美丽庭院”达标户3000户、示范户100户。

【美丽乡村建设“就业创业、技能提升”服务月活动】

参见“人力资源和社会保障”类目“就业创业”分目

（厉迪桑　翁赛娟　王宁）

农业经济

【概况】 2019年，海曙区耕地面积13333.33公顷，山林面积31333.33公顷。常年粮食播种面积11666.67公顷，产量7.5万吨。其中，早稻播种面积666.67公顷，晚稻播种面积6666.67公顷。蔬菜播种面积3689公顷，产量约8.6万吨。果园面积1135公顷，总产量6.03万吨，其中葡萄323公顷，亩产9686千克，年产值约1亿元；杨梅196公顷，以“东魁”为主，亩产1500千克，年产值超过1亿元。全年实现农林牧渔业增加值15.95亿元，比上年同期增长2.2%。实现农林牧渔业总产值21.68亿元，其中农业产值17.9亿元。

茶园面积700公顷，茶叶总产量1097吨，总产值2802万元。以杨梅、葡萄、柑橘、水蜜桃和蜜梨为核心的1135公顷果树产业总产量60371吨，总效益1.87亿元。毛竹种植面积7353公顷，毛竹笋产量8000吨；雷竹面积197.33公顷，产量4400吨，总产值3600万元。花木销售收入5500万元，其中绿化观赏苗木5000万元。

畜牧业产值9649万元，有15家养殖场，生猪年末存栏数0.78万头，年内生猪出栏数1.86万头。牛年末存栏数363头，其中良种奶牛存栏数135头。家禽年末存栏数6.69万羽，年内出栏数7.96万羽。肉类总产量1761吨。禽蛋产量705吨，牛奶产量314吨。

渔业产值8701万元。水产品总产量2052吨，其中淡水捕捞产量732吨、淡水养殖产量1320吨。淡水养殖面积176公顷。

五龙潭农业绿色发展示范区创建成为省级“绿色农业示范区”，董家桥、新后屠桥、洞桥和大雷4个“农业绿色发展示范区”创建成为市级示范区。

【“它山堰”系列茶叶品质管理】 2019年，海曙举行区规范茶叶品质管理。海曙区它山堰茶叶专业合作社负责全区茶叶包装中心的日常管理运行，实施“它山堰”茶叶的统一包装。茶叶区域公用品牌注册商标为“它山堰”，商品名含有“绿茶”“白茶（黄茶）”“红茶”等通过SC（食品生产许可证）认证的品类茶。

【“古林蔺草”申报国家农产品地理标志】 2019年年初，“古林蔺草”申报国家农产品地理标志登记保护，9月24日全票通过农业农村部农产品地理标志评审会专家组评审，经公示无异议后，农业农村部拟准予登记，依法实施保护。“古林蔺草”农产品地理标志种植地域保护范围为古林镇、高桥镇、横街镇、集士港镇、石碶街道、洞桥镇6个镇（街道）105个行政村。地理坐标为北纬29°44′39″～29°55′19″，东经121°22′41″～121°30′26″，地域保护范围8554.4公顷，生产规模4038.8公顷。

古林蔺草收割现场

【海曙区获评省“农产品质量安全放心区”】 2019年6月25日，省农业农村厅委托第三方对海曙区省级“农产品质量安全放心区”创建工作开展满意度测评（群众满意度得分88.99分）和暗查暗访，经测评，通过检查。7月26日，由省农业农村厅等单位组成的考评组，对省级“农产品质量安全放心区”创建工作进行考评验收，以总评分99.5分[第四批12个县（市、区）第二位]的成绩通过验收。11月，由省农业农村厅、省市场监督管理局、省林业局联合公布第四批省级“农产品质量安全放心县（市、区）”认定名单。

【“它山堰”系列茶叶获全国金奖】 2019年12月，第20届中国绿色食品博览会暨第13届中国国际有机食品博览会上，海曙产“它山堰”系列茶“明州红”红茶获金奖。“明州红”红茶严格按照绿色食品标准化技术生产，创新的发酵、揉捻、烘干等技术，通过国家绿色食品认证。博览会现场，“明州红”红茶与山西、河南等地多家企业达成合作意向。

（厉迪桑）

农业执法

【概况】 2019年，区农业农村局对种子、肥料、农药、兽药（包括鱼药）、饲料及饲料添加剂等农业投入品开展专项执法，主要检查冒用农产品质量标志和植物检疫等问题。累计出动执法人员383人次，检查农资生产经营单位80家、草莓等农产品生产单位30家。抽取农业投入品80批次，其中兽药16批次、饲料及饲料添加剂8批次、农药41批次、肥料10批次、种子5批次。查处违法行为12起，其中农药6起、种子1起、肥料5

起。罚没款37377.3元，没收违法所得9774.95元。

开展内河执法、“一打三整治”、水产品质量安全等专项渔政执法检查，累计出动执法人员644人次，其中内河执法532人次。查获市场违禁渔获物112人次、收缴225千克；检查渔业养殖基地10家、抽取水产品15批次；查处渔业违法行为5起，罚没款8100元。

屠宰生猪46.85万头，屠宰环节处理检疫检验不合格生猪1532头、不合格生猪产品501.7吨。屠宰菜牛2.78万头，处理检疫检验不合格肉牛17头、不合格牛产品19.2吨。推进“美丽生态牧场”建设和存量养殖场生态化改造，以“水、土、气”并治为原则，加大适用技术的应用与推广力度。完成省级“示范性美丽牧场”3家，建成生猪养殖“农牧结合万头猪场”1家，改造提升规模猪场2家，完成“农牧对接绿色循环体”1家。

【动物卫生案件查处】 2019年，海曙区立案查处动物卫生监督案件11起，合计罚款15024.61元。其中，未按规定调入动物及动物产品案5件，罚款9900元；动物诊疗活动案件6件，罚款5124.61元。屠宰环节检出瘦肉精阳性牛12头，全部线索移交公安机关。

【农资包装废弃物统一回收处理】 2019年，海曙区以“市场主体回收、专业机构处置、公共财政扶持”的统一回收处理模式，推进农资包装废弃物无害化处置。按照“市场运作、政府扶持、属地管理”原则，全年投入专项资金79.5万元，回收各类农资废弃包装物113.24吨，无害化处置农资废弃包装物90.4吨。

【非洲猪瘟疫情监测】 2019年，海曙区以区动物疫病实验室为载体，开展非洲猪瘟疫情监测。区动物疫病实验室完善设施设备，提升检测能力，成为省农业农村厅认定的第三批具备非洲猪瘟病毒核酸检测能力的兽医实验室之一。定期开展辖区内养殖企业、屠宰企业、肉品加工企业、无害化收集点等场所的疫情监测。至年底，送样或检测994批次3747份样品，其中为血样852批次2920份，组织样本89批次445份，环境及其他样本53批次382份。为养殖环节、屠宰环节非洲猪瘟检测工作提供技术支持和技术服务，防范疫情传播风险。

“浙东大竹海”景区花海

【生猪产业“百场引领、千场提升”行动】 2019年，海曙区根据全省生猪产业全链条严管“百场引领、千场提升”行动要求，根据2家猪场、1家屠宰场的实际情况，指导制定“一场一策”改造提升方案。严格对标“生物安全改造提升标准”，在封闭、隔离、消毒、安全基础上，确保按期保质完成改造提升任务，并指导建立健全生物安全制度。12月16日，区农业综合执法大队组织专家成立验收组，对龙观乡后隆村养殖场和鄞江镇元辉猪场等猪场、屠宰场和宁波方兴食品公司进行评估验收，验收通过。

（厉迪桑）

农业产业化

【概况】 2019年，海曙区有区级以上农业龙头企业25家，新增农业产业化国家重点龙头企业1家（宁波黄古林工艺品有限公司），市级农业龙头企业1家（宁波绘家家居有限公司）；各类“农家乐”休闲农业经营主体22家。新增鄞江镇它山堰花果园示范基地、集士港镇湖泊河艺术田园示范基地2个市级“多彩农业美丽田园示范基地”，龙观庄园、鄞江金泉庄园、横街白鹭源生态农场3家“现代农业庄园”。新增市级“名牌农产品”1个（“它山堰”茶叶）。

【现代农业园区建设】 2019年，海曙区继续加大现代农业园区建设力度。建成省级现代农业综合区1家、市级主导产业示范区2个，建成2个省级、8个市级、3个区级、19个镇级现代农业精品园，现代农业园区建设总规模达2433.33公顷，涵盖现代种源、精品果蔬、生态畜牧等产业。同时，以“农旅融合”为思路，举办多个文旅节庆，提升产业园影响力与经营收入。

【“浙东大竹海”入选省级“最美田园”】 2019年9月，省农业农村厅、省文化和旅游厅公布2019年浙江省“100个最美田园”名单，横街镇浙东大竹海景区入选。浙东大竹海位于横街镇大雷村，占地160公顷，3466.67公顷竹林成为全国单体面积最大的竹林集中地，每立方厘米释放9500个负氧离子。同时，景区加大农旅发展力度，深挖周边特色资源和文化价值，也带动周边农副产品销售，解决部分农村剩余劳动力，提高当地农民的经济收入。

【"宁波黄古林蔺草—水稻轮作系统"入选"中国重要农业文化遗产"】 2019年12月，农业农村部公布第五批"中国重要农业文化遗产"名单，"宁波黄古林蔺草—水稻轮作系统"入选，为全市唯一。"蔺草—水稻轮作"模式，即"一季蔺草，一季晚稻"种植模式。每年6月底至7月初，在收割后的蔺草田里播种晚稻；10月下旬至11月上旬，晚稻成熟收割后，开始又一季的蔺草种植，循环往复。种植蔺草后的土壤得到改善，与水稻种植所需营养形成互补。

【"龙观茶果特色农业强镇"入选省级创建名单】 2019年12月23日，"龙观茶果特色农业强镇（乡）"入选省级"特色农业强镇"创建名单。龙观茶果特色农业强镇项目以茶叶、水果为主导产业，计划总投资5550万元。重点建设向阳舍慢生活农场茶叶产业提升工程、龙观庄园水果产业提升工程、竹博园建设及农旅融合提升项目等，并涉及一系列农业农村景观工程和公共服务项目。

（厉迪桑）

农业机械化

【概况】 2019年，海曙区农机总动力达13.76万千瓦。新增各类农业机械数量332台（套），其中动力机械24台、烘干机22台、植保无人飞机14架、耕整地机械86台，其他各类机械186台（套）。

全区水稻耕种收综合机械化水平达89.3%，其中机耕、机收率均在99.9%以上。粮食机械化烘干水平进一步提升，全区有谷物烘干机216台，粮食烘干机批次烘干能力达3710吨，粮食烘干率达89.8%。

【农业"机器换人"示范创建】 2019年，集士港镇被省农业农村厅评为省级农业"机器换人"示范乡镇，鄞江镇卧心牧场、龙观乡五龙潭茶业有限公司、章水镇富农浙贝母专业合作社被评为省级农业"机器换人"示范基地。在实现粮食生产全程机械化基础上，海曙区向蔬菜、水果、茶叶、养殖、林果等经济作物领域推进机械化水平。

【海曙区获评"率先基本实现主要农作物生产全程机械化示范区"】 2019年，海曙区被农业农村部评为第四批"率先基本实现主要农作物生产全程机械化示范区"。海曙区推进农业供给侧结构性改革，以粮食产业建设为中心，坚持重点建设和全面推进双管齐下，促进农业增效、农民增收，通过普及农机装备应用、农机农艺融合、农机社会化服务体系建设等途径，加快全区农业领域"机器换人"速度，推动农业机械化向全程全面、高质高效方向发展，促进农业发展方式转型，实现农业生产向机械化、规模化、集约化转变。

（厉迪桑）

农村经营管理

【概况】 2019年，海曙区农经统计范围内共有合作社102家，有区级规范化合作社39家，其中市级示范性12家、省级示范性3家、国家级示范性1家；区级以上示范性家庭农场30家，其中市级示范性家庭农场18家、省级示范性家庭农场9家。

所有行政村经营性收入均达10万元以上，其中经营性收入达30万元以上村占总村数的80%。

完成股权登记信息化工作，182个股份经济合作社29.27万本股权信息录入信息系统，将股东情况、股份份额等信息纳入平台管理，及时更新股权变动情况，实现农村集体资产股权信息化管理全覆盖。

【村级集体资金安全存放管理办法试点】 2019年，海曙区以古林镇为试点，在该镇多个村实施村级集体资金安全存放管理办法。古林镇创新推出的村级集体资金存放管理办法，鼓励各村通过公开招投标形式，或直接从镇级入围开户及资金存放银行范围内选择，经村民代表大会决议确定银行账户，形成一村最多3个账户的模式，按照"公开、竞争、效益、安全"原则，确保村民利益最大化。此办法一定程度上提高村级集体资金收益率，避免出现决策不透明，存在权力寻租、多头开户、异地开户等廉政风险。

【政策性农业保险推广】 2019年，海曙区向全区农村经营户继续推行政策性农业保险，参保险种45个，承保农户1.5万余户，保险金额15.7亿元，保费规模2269万余元。至年底，办理灾害理赔43个险种，理赔户2万余户次，理赔资金2820万余元，简单赔付率达124.3%。其中，大棚及棚内作物1501万元、水稻721万余元、生猪196万余

海曙粮人粮机专业合作社

元、小麦160万余元、蔺草93万余元、农业从业人员雇主责任险（含护林员）65万余元、杨梅26万余元、家禽（鸡鸭）19万余元、梨产量10万余元、奶牛7万余元、农业生产用房3万余元。

（厉迪桑）

水　利

【概况】 2019年，列入海曙区"项目攻坚提速年"的重点水利工程共7个，分别为风棚碶泵闸工程、鄞江堤防整治工程、樟溪河干流整治工程（龙王溪段）、风棚碶河（南新塘河—风棚桥）整治工程、沿山干河（横街镇—大西坝段）河道整治工程、五江口闸及上游配套河道工程、五江河（西塘河—五江口段）河道整治工程。其中，风棚碶泵闸工程、五江河（西塘河—五江口段）河道整治工程和五江口闸及上游配套河道工程完工，鄞江堤防整治工程先后完成立项、规划选址、土地预审、可行性研究报批以及一期工程初步设计报批工作，一期工程监理及Ⅰ、Ⅱ标段施工招标于12月完成，并于12月27日举行开工仪式。沿山干河（横街镇—大西坝段）河道整治工程完成项目可行性研究专家会审。风棚碶河（南新塘河—风棚桥）整治工程因与机场扩建规划有冲突，前期工作暂缓。樟溪河干流整治工程（龙王溪段）完成投资1.11亿元，北岸部分浆砌石挡墙、廊桥、3号桥桥台及台帽完工。

【农业农村用水保障】 2019年，宁波市下达14个农业农村用水建设项目考核任务，新增海曙区目标受益人口9200人，其中省级考核项目6个，新增目标受益人口3300人。至年底，开工建设项目19个，其中14个项目基本完工，完成新增受益人口10038人，完成计划任务的109%。其中，省级考核新增受益人口4682人，完成计划任务的141.9%。

【水环境治理】 2019年，海曙区以"安全流畅、生态健康、文化融入、管护高效、人水和谐"为目标开展"美丽河湖"河道长效管理。至年底，西塘河和姚江（海曙段）创建成为"美丽河湖"。完成19万立方米的河道清淤，完成省、市下达任务指标的380%。鄞江镇南塘河北侧提升工程、洞桥新河生态护岸整治工程完工验收，整治共2.3千米，完成任务指标的230%，完成市级河道划界批复112千米。

3月22日，集士港镇中心小学学生们在集士港公园参加亲水、增殖放流活动

【水资源管理】 2019年，海曙区规范取水许可管理，严格落实水资源有偿使用制度，办理取水许可3件，注销2件。监管43家取水企业，其中，3家为市级审批取水企业，40家为区级审批取水企业。征收水资源费862万元、水费1546万元。落实生产建设项目水土保持"三同时"制度，开展水土保持各项工作，办理水土保持审批176件，征收水土保持补偿费159万元，水土保持设施验收备案19个。

【水政执法】 2019年，海曙区共开展水政巡查553次，处理水事案件5起，立案3起，发涉河项目监督检查表3份，发责令改正违法行为通知书5份，收缴罚金5.5万元，发催告书、行政强制决定书各1份，督促建设、施工、监理等单位进行自查自纠，自行清除各类违法违章行为和隐患。"利奇马"台风期间，重点检查骨干河道行洪排涝的施工围堰、便道、便桥排架等阻水障碍物，检查中塘河、前塘河、南塘河等21个点位，发现问题7处，及时责令有关单位采取有效措施落实整改，消除安全隐患。按照省、市有关开展河湖"清四乱"专项行动的文件精神，将河湖"清四乱"纳入河湖执法工作，取得阶段性成效，排查出问题7个，至年底全部销号。开展全面巡查，拆除沿河两岸河道管理范围内的违章建筑8处，违建面积1736平方米，拆除河道阻水设施（构筑物）3处，完成"无违建河道"创建任务62.74千米。

（厉迪桑）

防旱防涝防风工作

【概况】 2019年，区防指及三防办职能由区农业农村局划入区应急管理局。8月29日，双方签定海曙区防汛防台抗旱有关事项合作备忘录，进一步明确各自相关职责。

区防指按照区、镇、村分级储备原则，充实防汛抢险器材和物资储备。储备麻袋及编织袋8.75万只、救生衣2052件、冲锋舟（橡皮艇）174艘，强排泵车5辆、水泵348台，发电机21台等防汛抢险器材和物资。明确核实全区水库、山塘、山洪灾害防御村等相关防汛责任人，在媒体上予以公示；组织120座水库山塘的管理人员、各镇乡农办负责人开展防汛防台业务培训。组织21座小型水库及25个山洪灾害防御村开展应急预案演练。选取14个防汛重点村（社区）建设基层防汛防台风体系管理示范点，对防汛组织体系、应急预案体系、监测预警体系、安全避险体系、应急救援体系、宣传培训体系、运行保障体系7个方面33个子项提出具体示范性建设达标要求。

应对多个台风及短临暴雨考验，全年启动9次防汛防台应急响应。其中，“利奇马”台风的防台应急响应等级提升至I级；“米娜”台风的全区防台应急响应等级提升至II级，“玲玲”台风和“9·2”强降雨启动IV级应急响应。通过提前预判及联合调度，科学调度全区水库及沿江泵闸预排预泄，在9号超强台风“利奇马”、18号台风“米娜”及梅雨期短临暴雨等影响期间，实现“不死人、少伤人、少损失”目的。

皎口水库泄洪场景

【度汛隐患排查】 2019年春节过后，区防指向各镇（乡）街道、防指成员单位发出《关于开展2019年度防汛防台汛前安全检查暨隐患大排查工作的通知》，明确防汛防台备汛工作、基层防汛防台风体系运行管理、重点行业领域隐患排查等三大类别“5+3+9”个子项的检查内容与对应要求。2月20日，组织由17个镇（乡）街道和7个主要防指成员单位参加的汛前安全检查动员部署会议。其间，督促各地各部门累计投入2476人次，检查水库22座、重要山塘40座、堤防7处55千米、水闸（泵站）7座、水文测站10个、地质灾害隐患点（重点巡查区域）13处、山洪灾害防御村及穿村溪坑防御村25个、涉河工程7处以及一批危房、洪涝低洼地等，共发现隐患251处。3月8日始，以区防指名义组织区应急管理局、区农业农村局、区综合行政执法局、区交通局、海曙自然资源和规划分局等成员单位组成3个检查组43人次分赴各镇（乡）街道开展区级抽查，抽查56处，核实各地上报的度汛隐患点和可能漏查的隐患点，44处隐患列入区级部门牵头整改序列，2个较大隐患问题列入区防汛督办件。6月底前，隐患均妥善处理，整改销号率达100%。

【防汛责任网格化管理】 2019年，区应急管理局重新明确镇、村两级278名基层防汛防台风体系行政责任人、21座小型水库安全责任人和32座重要山塘安全管理责任人、4个山洪灾害防御镇和25个山洪灾害防御村（含参照管理村）责任人，并在《海曙新闻》上登报公示，接受社会监督。4月底，全区257个村（社区）的防汛防台风形势图重新完善更新，明确各类隐患点、监测预警和危险区域转移人员、避灾安置点等。1465名镇村两级责任人纳入基层防汛防台风信息平台动态管理。7月15日主汛期前，再次检查核实镇、村两级基层防汛防台风责任人。以区防指名义草拟区政府与各镇（乡）街道签订的防汛责任状。

【洪涝应急管理信息系统建成】 2019年，区应急管理局建成海曙区洪涝应急管理信息系统。投入近38万元资金，以整合区农业农村局、区气象局、区综合行政执法局、区交通局、区公安分局等部门防汛数据资源为主，新开发集在线洪涝监测、洪涝信息发布、视频集成展示、防汛应急管理、防汛App升级、应急“一张图”等模块功能于一体的信息化平台，为全区防汛调度决策提供重要技术支撑。系统于11月中旬相继通过软件评测和专家验收，投入运行。

【大中型水库泄洪（放水）应急处置机制编制】 2019年，区应急管理局联合福州大学研究评估海曙区境内周公宅、皎口、溪下3座大中型水库泄洪（放水）淹没风险。调查水库区域范围内居住人员、房屋等基本信息，编制区、镇（乡）、村三级水库泄洪（放水）应急处置专项预案，为应急管理大平台中的“一张图”提供重要数据支撑。项目于10月24日完成验收，并结合课题研究完成配套调研报告1篇。

【防汛防台演练】 2019年6月28日，区防指在姚江水域组织2019年度防汛水上应急救援演练活动，区人武部、区应急管理局、区农业农村局、区气象局等单位联合参演。7月4日，与区交通局联合举办海曙区交通运输防台综合演练；督促4个山区镇（乡）按要求组织山洪灾害防御预案演练，10个平原镇（街道）结合各自辖区实际，组织以人员应急转移、内涝应急强排为主要科目的防汛演练活动。

【区防汛应急救援队、抢险队组建】 2019年7月，区应急管理局牵头组建海曙区防汛应急救援队、防汛应急抢险队共2支40人，并由区人武部牵头组建海曙区民兵水上应急救援分队共40人，由区农业农村局牵头组建水利专业抢险队伍1支22人，由区交通局牵头组建公路桥梁与道路运输等专业抢险队伍共5支133人，由区综合行政执法局牵头组建应急排涝队伍5支90人，另指导镇村组建抢险队伍210支，计2953人。

（厉迪桑　金双燕）

工业·建筑业

工业经济

【概况】 2019年，海曙区围绕“246”万千亿级产业集群培育、“225”外贸双万亿行动，聚焦数字经济、传统制造业、商贸流通业和专业服务业四大领域，统筹推进先进制造业与现代服务业深度融合，推动资源要素向转型升级集聚、政策举措向转型升级倾斜、工作力量向转型升级加强，实现全区规模以上工业增加值增长6%以上，工业投资增长10%。

围绕“东商西绿中高新”产业布局，聚力数字经济。依托四大高能级产业技术研究平台以及临空经济示范区、望春工业园区，推动产城融合、产业复合、资源整合、功能聚合，构建以智能经济为引领、现代服务业和先进制造业为支撑、临空经济和体验经济为特色的现代产业体系。发挥数字经济引领作用，围绕宁波“246”万千亿级产业集群建设，召开海曙区打造“数字经济先行区”动员大会，出台《海曙区数字经济三年行动计划（2019—2021）》。以工业互联网研究院为引领，引进培育数字经济领域企业，3个重大合作项目签约落地，总投资约2亿元。建设数字化应用试点示范，蓝卓工业互联网公司的supOS被列入省级工业互联网平台培育名单，广博集团股份有限公司（简称“广博集团”）等3家企业被评为省第二批“上云标杆企业”。雅戈尔集团、宁波杉杉新材料科技有限公司（简称“杉杉新材料科技公司”）2家企业入围省“智能工厂/数字化车间”拟认定名单；杉杉新材料科技公司的国家智能制造专项“新能源汽车动力电池材料智能工厂新模式应用”项目通过验收。

推进重点企业梯队建设，雅戈尔集团股份有限公司等5家企业入围市制造业“纳税50强”，宁波帅特龙集团有限公司（简称“帅特龙集团”）等7家制造业领域企业入选“2019年浙商宁波百强”榜单。15家企业纳入单项（隐形）冠军培育库，杉杉新材料科技公司等3家企业获评国家第四批制造业单项冠军示范企业（产品）。宁波同创强磁材料有限公司的高性能稀土永磁材料入选工信部工艺“一条龙”应用计划第一批示范项目。宁波环球广电科技有限公司获评制造业和高技术服务业类省级企业技术中心，宁波新洲焊接设备有限公司等4家单位产品申报该领域内的省级首台（套）。

加快改造提升传统制造业，实施省级服装制造业改造提升试点对标提升，全国童装设计研发基地落户；宁波嘉乐投资股份有限公司、广博集团股份有限公司入选省级服务型制造示范企业；宁波太平鸟时尚服饰股份有限公司获评2019年度省级工业设计中心。推动“绿色制造”体系创建，宁波利维能储能公司被评为2019年工信部第四批国家级“绿色工厂”。

整治提升“低散乱”企业120家以上。推动小微企业园高质量发展，新建和改造提升3个小微企业园，开

宁波智尚国际服装产业园

展小微企业园绩效评价和星级评定。深化“亩均论英雄”改革，全面拓展评价领域和范围，完善综合评价指标体系，推动评价结果应用，加强向优质企业倾斜。

【宁波智尚国际服装产业园入选国家试点园区名单】 2019年，宁波智尚国际服装产业园入选国家第四批纺织服装创意设计试点园区（平台）名单。该榜单由工信部发布，该园区成为全省3家上榜园区之一，也是海曙区继2017年博洋集团“创客157”创业创新园后，第二家入选该项试点的园区（平台）。产业园位于古林镇，于2018年7月开始运营，入驻设计机构8家、纺织服装设计师110人，网上签约设计师168人，服务对象覆盖全国270余家纺织服装企业，成为全国中小型纺织服装产业转型升级、集合创意设计的样板。

【利维能公司获评国家级“绿色工厂”】 2019年7月，工信部公示第四批“绿色制造”名单，宁波利维能储能系统有限公司（简称“利维能公司”）上榜，“绿色工厂”由工信部组织推荐评审，是国家对符合“绿色发展”倡导要求的企业作出的认定，海曙区企业首次入围。利维能公司位于望春工业园区，主要从事新能源汽车动力电池及系统的研发、生产、销售和服务，2018年度营业收入近亿元。企业引入生态设计理念，研发高密度、轻量化的锂离子电池，对上游供应商实施绿色供应链管理，并利用互联网技术实现动力电池包产品全程可追溯。

【洞桥镇“年产10亿瓦时锂电池”项目开工】 2019年11月，洞桥镇“年产10亿瓦时锂电池”项目领取施工许可证，正式开工。项目为海曙区2019年度5个省市县长项目之一，总用地面积2.53公顷，建筑面积5万平方米。计划建设两条生产线，预计年产值10亿元左右，亩均税收132万元。项目主要产品为高性能锂电池，产品处于世界领先行列，建成后将成为国际锂电池的主要供应商之一。

【雅戈尔集团入选省“雄鹰行动”培育计划】 2019年11月，浙江省公布《关于公布第一批“雄鹰行动”培育企业名单的通知》，雅戈尔集团股份有限公司入选名单，成为全省66家培育对象之一。在第五届世界浙商大会上，雅戈尔集团股份有限公司获评浙江省“高质量发展领军企业”，成为全省15家企业之一。雅戈尔集团以标准化、自动化、信息化、智能化“四化合一”为建设理念，建设拥有花园式生产环境、人性化管理、智能化流水线、信息透明化的中国智能制造精品工厂，并通过强有力的品牌、有竞争力的成本、快速反应的体系、良好的体验平台、高科技手段的应用及“线上线下”融合，跨入世界级时尚集团。

中新创智产业园首期项目效果图

【宁波工业互联网研究院产业园开工】 参见“海曙区人民政府”类目“综述”分目

【全区产业技术研究院技术成果对接会】 参见“科技”类目“科技项目与科技成果”分目

（李　宸）

宁波望春工业园区管委会

【概况】 2019年，宁波望春工业园区有注册企业700余家，职工人数1.4万人。完成地区生产总值25.4亿元，比上年同期增长2.2%；完成规模以上工业增加值17.84亿元，同比增长3.5%；规模以上工业生产总值93.9亿元，同比减少4.7%；固定资产投资6.0亿元，其中工业投资5.7亿元；高新技术产业增加值13.08亿元，同比增长6.6%；研发投入3.93亿元，同比增长22%；财政总收入3.91亿元，同比减少1.1%；一般公共预算收入2.15亿元，同比减少4%。5宗出让地块摘牌，出让土地9.85公顷。引进中新创智（宁波）产业园（首期）项目、宁波三生生物科技有限公司扩产项目。

有各级资本市场挂牌企业13家、高新技术企业25家。国家级“科技孵化器”1家、国家级“众创空间”1家、国家级“小微型企业创业创新示范基地”1家、省级小微企业园4家。博士后工作站3个、院士工作站2个。累计建成各级工程中心60家，其中国家级1家、省级7家、市级9家、区级43家。拥有省“专利示范企业”3家。硕士及副高以上职称的高层次人才240余人。新引进博士1人，硕士40余人，接收高校毕业生168人。

园区龙头企业继续发挥研发投入的主力军与稳定器作用。其中，杉杉新材料科技公司投入6811万元，同比增长44%。园区研发投入占销售比重提高到3.93%（上年同期为3.2%）。新增高新技术企业4家，累计25家；新增区级工程技术中心10家，累计区级以上工程中心60家。由浙江大学流体动力与机电系统国家重点实验室和宁波鸿腾精密制造股份有限公司合作成立的“高端机电液元件与系统联合研发中心”揭牌。

园区商会、新创会不定期邀请专业人士为园区企业、企业家进行海曙区各类产业政策宣讲，开展企业上市业务、产业转型升级、劳动法、安全生产等相关培训近40场。运用园区微信公众号、QQ群及商会、企业办公室主任、统计、财务等各类专用群，针对性做好企业服务工作。

【中新创智（宁波）产业园项目B地块开工】 2019年11月2日，中新创智（宁波）产业园项目B地块开工。中新创智（宁波）产业园是海曙区政府和新加坡凯德集团合作开发的新一代产业园项目，也是新加坡企业与宁波地方政府在市区范围内的首个同类合作项目。产业园位于国家级宁波临空经济示范区的核心范围——宁波望春工业园区内，产业园总规划面积约89公顷，远期总建筑规模可达100万平方米，开发周期预计5～8年。B地块占地面积2.98公顷，总建筑面积10.15万平方米。设计地下1层、地上4栋9层办公楼，计划总投资4亿元，计划于2021年8月竣工。产业园由中新双方共同负责园区的总体规划、基础设施建设、产业导入、配套生活设施开发、园区运营及物业管理，重点吸引智能制造研发、新材料、新能源、新一代信息技术及科技企业总部等海内外优质客户落户。

（任　宁）

建筑业

【概况】 2019年，海曙区有资质内建筑业企业158家，建筑业总产值426.90亿元，比上年同期下降44.7%。其中，在省外完成产值110.7亿元，同比下降71.4%。主营业务收入317.37亿元，同比下降0.8%。利润总额10.99亿元，同比下降0.7%。房屋建筑施工面积3174.84万平方米，同比下降34.5%。其中，新开工面积1103.12万平方米，同比下降51%。区建筑企业承建的7项工程获2019年度浙江省建设工程“钱江杯”。宁波市建设集团股份有限公司承建的宁波银行总部大厦项目获2018—2019年度中国建设工程“鲁班奖”（国家优质工程）。

6月5日，海曙区在气象路地块开展建筑质量安全提升行动现场观摩会及安全事故应急演练

制定《2019年度安全生产目标责任制考核细则》，签订《2019年度安全生产目标管理责任书》。受理安全质量监督项目74个，竣工备案65个，受监项目196个，在监管总面积758万平方米。组织各类检查812次，签发安全质量监督检查记录581份，其中限期整改单509份、停工通知单72份。完成隐患整改3341条。警示约谈22个项目41家企业，通报批评7家建筑起重机械安拆单位、13家施工企业、13家监理企业。开展标化领牌及验收22次，上报市重点监管企业6个项目。通过区级“安全生产文明施工标化工地”9个，申报市级“安全生产文明施工标化工地”4个，4个项目被评为市级“文明标化工地”。新办理的安监登记房屋建筑项目全部参与“平安工地”创建，申请“平安工地示范工程”创建12个，申请市级“平安工地示范工程”9个，其中9个项目被评为市级“平安工地”示范工程。

【建筑业“安全生产月”活动】 2019年6月，海曙区开展建筑业“安全生产月”活动。区住建局投入安全专项资金8万元举办各类宣传活动，在各工地、社区等地悬挂标语（横幅）527条，张贴宣传画325张，出黑板报19期，举办知识竞赛1场，组织参观图片展览1000人次，培训职工2148人，开展安全咨询1次，参加安全演练18场，发放宣传资料500余份，发送短信200余条。

【建筑起重机械安全专项检查】 2019年6月，海曙区开展为期18天的建筑起重机械安全专项检查，检查各责任主体履职情况和建筑起重机械现场运行情况。抽查在建工地塔吊67台、施工升降机61台、物料提升机15台，高空作业吊篮8台。下发停工整改通知书11份，限期整改通知书39份，警示约谈企业5家。责令拆除1台存在重大安全隐患的塔吊，要求有关责任单位定时、定人、定措施处置隐患，保障建筑起重机械安全正常运行。

【建筑工程安全应急演练】 2019年6月5日，海曙区在气象路地块Ⅰ标段（海曙金茂府）项目开展建筑质量安全提升行动现场观摩会及安全事故应急演练。此次活动作为全市第18个安全生产月“防风险、除隐患、遏事故”主题活动的重点内容，模拟火灾事故发生、报告、救援等一系列程序。在建项目的建设、施工、监理企业安全生产负责人、项目经理和总监320余人参加活动。

【宁波交通工程建设集团获批特级资质】 2019年7月，住房城乡建设部发布《住房和城乡建设部关于核准2019年度第六批建设工程企业资质名单的公告》，宁波交通工程建设集团股份有限公司获得公路工程施工总承包特级资质和公路行业甲级设计资质，成为宁波市第一家获批公路工程施工总承包特级资质企业。该集团获得特级资质后，全区特级资质建筑企业增至5家，进一步提升建筑业龙头企业的核心竞争力。

（黄驿雯　杜争辉）

房地产业

【概况】 2019年，海曙区房地产开发完成投资145.73亿元，比上年同期减少29.9%。商品房施工面积581.79万平方米，同比减少10.2%。新开工面积49.62万平方米，同比减少71.7%。商品房销售面积93.2万平方米，同比减少27.9%，其中住宅成交78.92万平方米，同比减少20.8%。

区住建局完成35家暂定三级房地产企业的资质年检及6家房地产企业资质核准。对7个新开房地产项目进行初步设计会审，论证14个地块土地出让前建设条件，完成20个批次房地产开发项目预售许可审批。

【房产交易管理】 2019年，海曙区受理存量房房产交易合同网签备案30009件，其中自行成交备案合同25906件，经纪成交备案合同4103件，购房资格核查10614件。海曙区共备案房地产经纪机构360家，比上年同期增长224%。备案从业人员4021人，增长343%。备案房地产评估机构6家。办结房屋租赁合同备案759家。

（严　波　李亚军）

住房保障和棚户区改造

【概况】 2019年，海曙区住房保障采取“公共租赁住房日常化受理申请、分季度集中配房及轮候”模式，逐步健全以公共租赁住房为主的住房保障制度体系。全区公共租赁住房应收租金为1289.66万元，实收租金为1271.60万元，租金收缴率为98%。开展公租房租金补贴复审工作，1492户家庭参加年审，其中1299户经过复核继续符合保障资格，193户取消保障资格，退房144户。引导有限的保障资源合理分配到最需要的家庭。

出让高塘四村地块土地；完成环城西路52弄危旧房改造项目，共计1.21万平方米。望童路两处零星项目0.4万平方米收购签约，继续推进高塘三村危旧房改造项目的签约及后续工作。完成12户农村困难家庭危房的治理改造，降低C级、D级农村危房的腾空率，落实农村住房人员救助保险机制，做好农村房屋日常监督工作。

继续推进既有多层住宅加装电梯工作。完成并审查通过孝闻花园36号等15部电梯的加装工作，并通过审查。

【公共租赁住房保障】 2019年，海曙区新增公租房家庭1395户，其中租金补贴558户、配租837户，共发放租金补贴1469.55万元。至年底，区内有5757户家庭享受公共租赁住房保障，其中租金补贴家庭1816户、配租3941户，做到全区住房困难家庭“应保尽保”。新增非户籍人员332户，其中配租52户、租赁补贴280户，退出12户，实际净增320户，完成非户籍人员净增目标。

【房屋使用安全管理】 2019年，海曙区完成危房解危14处，建筑面积2.22万平方米。完成国有土地上木结构、砖木结构的非成套房排查与治理。对2000年及以前的3434幢城镇房屋实施“保险+服务”的综合保险服务，时效自2019年10月1日至2020年9月30日。探索落实建筑外墙面第三方责任险，对新芝亭小区16幢房屋实施建筑外墙面第三方责任险。完成房屋安全鉴定154处，涉及建筑面积43.8万平方米。

【应家限价房审核】 2019年，海曙区受理位于江北应家地块的限价商品房申请家庭1078户，占全市总受理量的32.4%，受理户数位列全市第一。至6月3日，审核完毕，最终核准户数851户，占全市总核准量的33.3%。

【公租房纠纷行政非诉司法手段首创】 2019年，区住建局通过提交区人大议题案、与相关部门多次沟通协商，在区人民法院支持下，首创通过行政非诉司法手段，对首批10户公租房欠租租户追缴租金。解决了以往公共租赁房屋合同不能作为民事诉讼案件受理而致使租金催缴困难的问题。至年底，执行完毕2件，达成和解协议7件，收回欠租5万余元。

3月12日，区住建局工作人员在马原公园宣传应家限价房政策

【望童路两处零星项目】 2019年，望童路41弄11—14号、望童路55弄1—4号两处零星危旧房改造项目以100%签约率、100%搬迁率完成改造。两个项目涉及改造户数47户，建筑面积约0.4万平方米。

【高塘四村旧房改造项目】 2019年3月29日，高塘四村危旧房改造地块完成挂牌公告，4月30日完成土地出让，由宁波中海海富房地产有限公司竞得。出让土地面积7.12万平方米，楼面价20750元/平方米，总价33.98亿元，加配建人才安居专用房2.85万平方米。

【高塘三村危旧房改造项目】 2019年8月23日。高塘三村危旧房改造项目完成房屋征收补偿方案论证，并通过公开招投标方式选定宁波德信工程管理有限公司为项目跟踪审计单位。项目涉及改造户数805户，建筑面积4.64万平方米。项目以94.22%通过意愿征询。

【环城西路52弄项目】 2019年9月30日，海曙区环城西路52弄拆迁项目以100%签约率、100%搬迁率完成征收工作。项目涉及改造户数168户，建筑面积1.21万平方米。项目以97%的同意率通过意愿征询，于6月5日作出房屋征收决定。

（王 勇 任芳靓 黄雅静）

老旧小区改造

【概况】 2019年，海曙区完成5个老旧小区改造。其中，偃月小区、迎凤小区、高塘花园3个老旧小区改造工程于5月、6月相继通过竣工验收；后河小区、永寿小区于年底通过竣工验收。

【偃月小区、迎凤小区、高塘花园改造项目】 2019年5月28日，偃月小区、迎凤小区两个老旧小区改造项目通过竣工验收。项目由区住建局负责实施，月湖街道配合。于2018年6月启动，同年8—9月完成项目初步设计与立项审批、进场施工。其中，偃月小区建筑面积约3.8万平方米，项目估算总投资1884万元，涉及户数461户；迎凤小区建筑面积约6.6万平方米，项目估算总投资约3288万元，涉及户数917户。

6月5日，高塘花园改造项目通过竣工验收，项目由区住建局负责实施，西门街道配合，于2018年8月22日完成立项审批，同年10月5日开工。项目总建筑面积10万平方米，项目总投资2281万元，涉及户数935户。

【后河小区、永寿小区改造项目】 2019年12月24日，后河小区改造项目通过竣工验收，项目总建筑面积11.7万平方米，总投资1350万元，涉及户数1355户，由西门街道实施，于2019年5月17日完成立项审批，7月17日开工。

12月27日，永寿小区改造项目通过竣工验收，项目总建筑面积3万平方米，总投资1283万元，涉及户数360户。项目由鼓楼街道实施，于5月24日完成立项审批，9月10日开工。

（杨建军）

10月29日，白云街道环城西路南段52弄危旧房安置房源抽签定位工作启动

相关链接：

“246”万千亿级产业集群培育：是宁波市2018年年底启动的。力争到2025年在全市培育形成绿色石化、汽车制造2个世界级万亿元级产业集群；高端装备、新材料、电子信息、软件与新兴服务4个具有国际影响力的5000亿元级产业集群；关键基础件(元器件)、智能家电、时尚纺织服装、生物医药、文体用品、节能环保6个国内领先的千亿级产业集群。

“225”外贸双万亿行动：是宁波市2019年启动实施的。力争到2025年，通过存量扩张和增量突破，实现进出口总额翻一番，达到2万亿元；机电及高新技术产品出口、能源及大宗商品进口分别达到5000亿元；跨境电商、数字贸易、服务贸易、优质商品进口、转口贸易分别达到2000亿元。

“亩均论英雄”改革：是指浙江省的一项经济改革，用“亩均效益”而非“唯GDP”对经济效果进行评价，建立企业综合评价指标体系，推动资源要素向优质高效的领域集中，实现经济健康可持续发展。

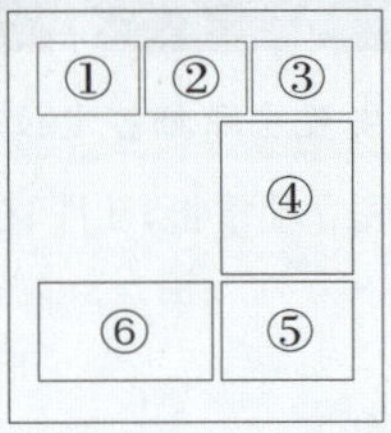

①改造后的后河小区大门

②改造后的小区单元门

③改造后的迎风小区停车位

④1月31日，孝闻花园36号加装电梯完工

⑤改造后的永寿小区内景

⑥绿化改造后的翠柏一里小区

商贸·经济合作

现代服务业

【概况】 2019年，海曙区服务业实现增加值780.52亿元，比上年同期增长6.2%，服务业占地区生产总值比重的66.7%。其中，批发零售业增加值154.09亿元，同比增长6.1%；交通运输、仓储和邮政业增加值112.74亿元，同比增长8.1%；金融业增加值112.04亿元，增长2.4%；营利性服务业增加值120.46亿元，同比增长9.0%；非营利性服务业增加值147.63亿元，同比增长3.7%。服务业完成投资（不含房地产）35.05亿元，同比增长76.7%。

招商引资作为区域经济发展的首要工作之一，细化招商目录，针对目标区域产业特点开展精准招商，重点引进全球四大会计师事务所之一的德勤会计事务所、“顺丰速运”旗下“恒英人力资源”等一批高端中介服务业。引进“爱库存”宁波公司、“即刻”App等2家“独角兽”企业。加大持牌金融机构引进力度，“渤海保险”“同方全球人寿保险”等引进，中天立泰（浙江）数据科技有限公司、广博新材料股权投资基金等服务业项目落地。

12月末，全区金融机构人民币存款余额2478.00亿元，贷款余额2648.05亿元，比上年同期增长4.6%和15.4%。推进“凤凰行动”海曙计划，“飞扬旅游”赴香港上市，全区境内外上市企业累计14家，总量位居全市第二位。增强金融创新驱动，突出“保险+治理”，推进“保险创新示范区”建设。推出全市首创的创新型保险项目——蔺草种植保险、疫苗异常反应补偿责任保险，扩面提质电梯险、文保险，推进第二轮中小微企业财产险，增强中小微企业抗风险能力。推进实体商贸业转型升级提质行动和省批发零售业改造提升试点工作。宁波太平鸟时尚服饰股份有限公司列入省零售模式创新企业。“宁波第二百货”“董生阳食品”创建为第六批“浙江老字号”。鼓楼沿、东鼓道、南塘老街列入年度省级“高品质步行街”创建。推动“文旅融合”模式创新，策划推出“都市文化之旅”、“博古通今之旅”、宁波首条文化夜游线路——“风雅月湖畅游三江”等精品文旅线路；推出“文旅体融合发展”IP（知识产权）品牌——2019年“美好生活”文化节，“书香酒店”建设走在全省前列。引导传统商贸企业开展“线上线下”相结合的商业探索，其中“三江购物”“太平鸟服饰”入选全省零售模式创新工程名单。助力本土电商平台发展，“广博商城”被评为全市重点培育电子商务平台。发展农村电商，有专业从事农产品销售的电商企业254家。提升跨境能级，依托“易站通”“物产中大”“中外运”“顺丰”“菜鸟物流”“中通”六大跨境电商企业，推动邮快件B2C（“商对客”营销模式）出口，做大跨境电商零售出口“9610”代码出口报关模式业务总量。

推进四大平台建设，工业互联网研究院土地摘牌，创建市级产业创新服务综合体，智能制造研究院产业孵

宁波第二百货商店

化器和中试车间建设启动，上海交大人工智能研究院研究生入学20人，意向引进10个创业创新团队，“两院一园”开园。推进实体商贸业转型升级提质行动和省批发零售业改造提升试点工作。完成杉井奥特莱斯广场扩建工程（四期）建设和东方商厦、国际购物中心等6个改造项目。加快“欧尚1分钟无人超市”、苏宁小店、瑞幸咖啡等新零售项目在中心城区布局。统筹推进宁波国际邮件互换中心建设，9月开工建设。

激发宁波（国际）电子商务产业园高质量发展动能，充分利用园区信息统计系统，综合考虑税收效益、经营数据、企业规模、产业导向、行业带动性和影响力，形成明细清单，常态化淘汰低产项目，整理盘活载体资源5000余平方米。博洋集团“创客157”创业创新园新入选AAA级宁波市电子商务产业基地，优淘电商园、厚力网购园、富港电商城等5家园区入选浙江省电子商务产业基地名录。月湖金汇小镇入驻企业税收贡献逐年攀升，至9月底，税收总额已超过2018年全年。制定楼宇经济产业政策，开展“强服务、优环境、促发展”集中攻坚行动，成立工作小组，深度排摸区内楼宇资源，“以服务促整规，以整规促招商”，提高全区楼宇空间资源利用率。

【区现代物流协会成立】 2019年5月，海曙区现代物流协会成立。以浙江中外运有限公司为会长单位，宁波空港物流发展有限公司、宁波顺丰速运有限公司、浙江国美供应链管理有限公司、宁波鸭嘴兽贸易有限公司、宁波鼎航国际物流有限公司为副会长成员。活动现场，海曙区与浙江中外运有限公司签署战略合作协议。

【中国（宁波）现代物流与数字经济融合发展主题大会在海曙举办】 2019年5月29日，由海曙区人民政府、市服务业发展局主办，宁波海蓝会展有限公司执行承办的中国（宁波）现代物流与数字经济融合发展主题大会在海曙区举行。大会以“聚焦数字化供应链 拥抱云物流新时代”为主题，200余名境内外嘉宾、宁波市物流企业代表、政府院校相关负责人共同探讨宁波海曙现代物流产业与数字经济融合发展趋势和方向。何立基、黄鹏、杜琳、潘永刚、肖锋被聘请为海曙区现代物流发展联谊大使。活动现场，成立海曙区现代物流协会，并举行授牌仪式。

（白琼烨）

东鼓道商业步行街

商贸流通

【概况】 2019年，海曙区推进实体商业转型升级，抓好商贸流通、消费促进和民生保障。完成商品销售总额3266亿元，比上年同期增长11.9%；社会消费品零售总额839.3亿元，同比增长6.2%；住宿餐饮业营业额21.91亿元，同比增长2.3%。海曙区被评为宁波市商贸流通工作“综合三等次”“商贸发展创新一等次”“商贸民生发展一等次”“商贸管理三等次”，奖项数创历史新高。

作为省批发零售业改造提升试点一档的县级区，海曙区推进省批发零售业改造提升试点工作和区实体商贸业转型升级提质行动。其中，22个试点项目完成投资9.57亿元，南塘老街和东鼓道列入省级“高品质步行街”试点及培育街区，宁波杉井・奥特莱斯广场四期开业，东方商厦、国际购物中心、1844生活艺术中心、王升大博物馆等项目完成改造，1844・鼓楼开工建设。新零售“苏宁小店”和“欧尚1分钟无人超市”在中心城优化布局。“京东・五星电器无界零售体验店”中山路店、天一店开业。“宁波第二百货”“董生阳食品”创建为第六批“浙江老字号”。

组织开展“全国消费促进月”“宁波购物节”海曙区活动和“浙江金秋购物节”等。

【区首届民生类年货展销会】 2019年1月12—19日，海曙区春节年货展在海曙恒一广场开幕，成为全区举办的首届民生类年货展销会。年货展主打吉林延边及宁波本土特色，共90个摊位，销售各类蔬菜、水产、肉禽蛋、调味品、粮油制品、饮料、水果、乳制品、炒货、蜜饯、干果等年货必备品。

【新增两家“浙江老字号”企业】 2019年3月，省商务厅公布第六批“浙江老字号”认定结果，宁波第二百货商贸有限责任公司、宁波董生阳食品有限公司等两家企业上榜。至此，全区共有16家老字号企业、18个老字号品牌，其中“中华老字号”4个、“浙江老字号”14个。

【商贸系统生活垃圾分类推进会】 2019年3月27日，区商务局组织召开全区商贸系统生活垃圾分类推进会，98家商业广场、购物中心、街区、百货、超市、家电以及住宿餐饮企业参加会议。

市、区两级垃圾分类办就垃圾分类的必要性、紧迫性和商贸企业垃圾分类工作标准进行宣讲；区商务局传达市、区相关文件和部署垃圾分类工作，全力推动商贸系统生活垃圾分类。

【区首届“海曙汽车节”】 2019年8月，作为“2019宁波购物节暨消费促进月”系列活动之一，海曙区举办首届汽车节。“奔驰”、“宝马”、“奥迪”、进口“大众”等16个品牌参展。活动期间，进店客户享受店内礼一份，购车客户享受各店订单好礼一份，同时再送购车礼金券、延保代金券、第二年保险代金券以及提供多种金融优惠。通过参加外展、优惠营销形式，参展企业的销量比上年同期增长33%，销售额增长20%左右。

【2019年“宁波购物节暨消费促进月”海曙区活动】 2019年8月1—31日，2019年“宁波购物节暨消费促进月”举办。海曙区以“缤纷逸夏·畅购海曙”为主题，开展时尚生活、美食生活、多彩生活、闲情生活、汽车生活5大版块、40个主题活动、120余个子活动，辖区商业广场、街区、百货、超市、家电、餐饮、汽车等行业近1000家商户参与。活动期间，天一广场、鼓楼沿、和义大道购物中心、东鼓道、南塘老街等客流比平时增长近二成，商家营业额增加20%以上。重点监测的19家百货、家电、超市实现销售5.34亿元，比上年同期增长约10%。活动结束，区商务局被市组委会授予优秀组织奖，天一广场的“乐享生活·畅购天一”获评为“2019宁波购物节十大亮点活动”。

【“2019金秋购物节”宁波市活动在海曙启动】 2019年9—11月，“2019金秋购物节·浙里来消费”宁波市活动在海曙区举行。活动以浙系、甬系为主题，联动45个行业，策划87项主题活动，形成各行各业并举、重点企业支撑、“线上线下”融合的促消费环境和氛围，增强消费对经济的拉动作用。其间，海曙区以商业广场、街区、百货、家电等为主体，开展13场特色活动，各商家结合中秋、国庆、“双11”等消费热点和周年庆，并通过夜间休闲购物、文艺市集活动，推出各类特色营销促销活动。

【U-Park商业公园开业】 2019年11月17日，U-Park商业公园开业。商业综合体由宁波攸品邻里商业管理股份有限公司与宁波联安集团共同建设管理。项目位于高桥镇学院路，紧邻宁波财经学院，定位为宁波首个“公园+”概念的主题式商业。占地约6公顷，其中商业面积5万平方米，停车位超过900个，集聚电影院、超市、市集街、餐饮等品类业态。作为宁波城西片区特色主题商业体，U-Park商业公园成为居民新的购物、休闲、娱乐、观赏目的地。

11月17日，U-Park商业公园开业

【南塘老街和东鼓道申报省级“高品质步行街”】 2019年年底，海曙区南塘老街列入省级“高品质步行街”试点，东鼓道列入“高品质步行街”培育名单。南塘老街是宁波八大历史街区之一，总建筑面积约8.4万平方米，主街长度1.2千米，是宁波城区内唯一一处体现江南水乡特色的街区。东鼓道处于轨道交通1号线东门口站与鼓楼站区间，总建筑面积3.2万平方米，是全国建筑面积最大的两站一区间单体项目。自下半年始，南塘老街和东鼓道进行省级“高品质步行街”申报、实地调研、试点评定、公示等各项工作。

（施丽英　邵　祎）

石碶市场区

【概况】 2019年，海曙区石碶市场区管理委员会更名为海曙区石碶市场区管理中心，下辖宁波轻纺城股份有限公司和宁波万国有限责任公司两家公司。商品成交额53.82亿元，比上年同期减少6.8%。上缴税务889.41万元。有商铺3777户，总收入3725.76万元。

与经营户签订安全责任书1887份，签订率100%。每月组织开展安全生产检查。3月始，安排105名管理人员，分20批次对2684户经营户进行安全教育培训，实际培训率100%。11月始，开展“安全生产整治大会战”，清查沿街店铺、“三合一”场所，排查安全隐患，整顿严重违规违章店铺。投入15万元，建造5处垃圾桶堆放房、3处大件垃圾堆放房、2个垃圾亭；实行垃圾二次分类制度，对垃圾进行二次清理分类，达到分类标准；落实保洁人员分片分区分桶管理、责任到人的保洁制度，落实垃圾分类检查、考核制度，并对员工开展垃圾分类专业培训。投入约50万元，开办职工食堂，为员工提供早、午餐。开辟职工活动室、设立职工理发室。配备专门活动场地，保障员工休息休闲。

在市场安全生产经营领域继续完善网格管理机制。引入第三方督查，定期、不定期对市场违规行为进行摄录，作为责任网格员和责任领导奖惩

古林粮站

的依据，实现层层监管、实时监控，落实管理常态化。

【石碶市场区副食经营区升级改造】 2019年5—8月，石碶市场区投入170余万元对副食品经营区域进行形象升级改造。其间，统一规范店招雨篷，取消阁楼堆物，严格装修材料、规划商铺结构，扩大单位商铺经营面积。8月15日，改造后的经营区重新营业。

【石碶市场区安全逃生演练】 2019年5月22日和11月5日，石碶市场区的8个经营区域、5条特色街1800余家商铺，分别开展两次消防安全逃生演练，由经营户充当疏散指导员，加强演练效果，参与人数超过2500人。

【"迎国庆保平安"安全专项行动】 2019年6—10月，石碶市场区开展"迎国庆保平安"安全专项行动。查处市场占道经营、违规吸烟、电瓶车违规停放充电、使用大功率电器等违规违法行为。发出处罚警告单503张、"警告加收服务费50元"处罚单203张、"停电加收服务费100元"处罚单74张。

【石碶市场区消防隐患整改】 2019年9—12月，按照区消防大队要求，石碶市场区对灯具棚区开展消防隐患整改。拆除2个连廊顶部四跨阳光屋面板；连廊下过道重铺下水道，改造过道地坪；区域内安装4只室外消火栓、4只消防箱；设置148只灭火器、灯具棚上下两道烟感器242只、手动报警按钮8只。

（李含笑）

粮食流通

【概况】 2019年，海曙区粮食作物播种面积约10000公顷，总产量6.4万吨。聚集"梁桥米业""米氏实业""五龙潭芽菜""英博啤酒""金豆饲料"等一批省、市农业龙头和骨干企业，拥有"AAA""米氏""新潮"等省名牌自主商标。

完成全年储备粮轮换，至年底，共有32200吨储备粮，其中应急成品粮储备1200吨（折原粮1714吨）。以公开招标形式，完成130吨储备油的"散改包"工作。

完成年度订单粮食19833吨，其中小麦587吨、早籼稻谷3284吨、优质晚籼稻谷10375吨、粳稻谷5587吨、"南粳9108"280吨。开展稻谷"优质优价"试点，引导广大农户加大种粮力度，推动农业供给侧结构性改革。

落实三季粮食收购，收购入库地产粮食3.5万吨，其中小麦819吨、早稻3463吨、晚稻31213吨。完善粮食仓储设施，区内完好仓容设施总量4.3万吨，其中古林粮库22800吨、洞桥粮站7800吨。

提升粮食安全与应急保障能力，落实粮食应急供应网点55个、应急输送企业1家、生产企业2家；应急日加工能力达到750吨（"梁桥米业"500吨、"米氏实业"250吨）。冬季于高山地区4个供应点囤放大米10吨，用于保障严寒冰冻气候山区居民口粮。

制定《海曙区优质粮食工程实施方案》，申报创建海曙区"优质粮食工程"示范县。以县级粮食质量安全检验监测站和"中国好粮油"行动计划为重点，加强各项目统筹融合，做到因地制宜、整体推进。贯彻"放心粮油"工程，保持17家"放心粮油"门店、2家"放心粮油"企业创建成效，采取有效措施扩大"放心粮油"工程影响力。落实粮食安全责任制考核的各项目标任务，完善体制机制建设，增强部门统筹协调，提高粮食生产和流通调控能力。在年度粮食安全责任制工作考核中位列全市第二，并连续3年获评优秀等次。

根据区机构改革要求，对接区民政部门，做好物资储备职能的划转工作。加强应急设施建设，反复研究后合理布局选址，改造应急物资专用保管仓库。制定年度工作计划及资金预算，加强应急物资采购及保有量。提升应急物资管理。加强与应急管理局沟通协调，做好应急和抗灾物资储备。

【区粮食和物资储备局归并区发改局】 2019年，按照机构改革精神，区粮食和物资储备局归并于区发改局。区发改局内设粮食物资科，负责全区粮食安全保障体系建设，包括粮油供需平衡、粮食市场调控、订单粮食收购、储备粮油管理、仓储设施建设及流通统计和质量监管在内的行政执法监督管理。下辖国有独资粮食收储企业——宁波市海曙粮食收储有限公司，有粮库1个、粮站7个、分处4个及资产管理点2个，有干部职工65人。

【春粮收购】 2019年6月，海曙区小麦收购工作基本结束，截至6月4日，国有企业累计收购小麦819吨。因长时间雨水气候等影响，2019年小麦平均产量降低、小麦呕吐毒素（脱氧雪腐镰刀菌稀醇DON）普遍偏高、质量普遍偏差，赤霉病粒、黑胚粒等不完善粒明显高于往年。小麦收购价格为每50千克112元，订单小麦每50千克另加价外补贴23元。对种粮大户（生产经营面积和全年粮食种植面积均在50亩以上）投售订单内小麦实行直接补贴方式。

【夏粮收购】 2019年8月，海曙区夏粮收购完成，共收购入库早稻3463吨，其中订单粮食3284吨。为保证收购进度，海曙粮食储备收购站点与农户通过电话、微信等方式衔接，实时掌握收购时间、售粮排队程度、收割和烘干进度，农户根据实际情况合理安排收割、烘干、售粮等工作。

【晚稻收购】 2019年12月，海曙区晚稻收购入库31213吨，订单粮食15934吨，其中优质品种“南粳9108”280吨。晚稻收购工作数量庞大任务艰巨，60余天收购期内，粮站收购人员从上午7点前开秤收粮，下午至烘干粮食全部入库下班，夜间安排职工管理烘箱，提供24小时代烘干服务。下属站点为农烘干粮食千余吨，站点还为农户提供免费上门服务，帮助农户调节烘箱水分、温度、除杂，指导解决烘箱故障。

（陈华章）

供销合作

【概况】 2019年，区供销社有下属事业单位2家、全资企业2家、参股企业1家、基层供销社6个、新型基层社3个、参股资金互助会1个。领办参办的专业合作社18家、管理指导的村级综合服务社47家、农村农资经营加盟店45家。

区供销社与区气象局开展农业气象服务和灾害防御等方面的科研项目合作、科普宣传等，建立对基层农合联会员的气象信息直通服务。助力“它山堰”茶叶获浙江省农业气象中心颁发的“农产品气候品质认证‘优’”标牌。

春笋旺季期间，成立春笋促销领导小组，建立联络员队伍、走访对接笋加工企业，避免横街、章水、龙观等镇（乡）出现春笋滞销问题。组织农合联会员参加市“甬品千创”农产品电商营销活动，20余种农特产在南塘老街展销中心推广销售，并组织4场大型营销活动。配合筹建市农合联电商分会，21家企业参与。组织农合联会员参加各类农超对接会、博览会，帮助开展农特产品进机关、优质农产品推介活动等。高桥镇葡萄种植专业合作社与三江超市开展战略合作，双方签订销售合作协议，销售葡萄140余吨。举办“曙乡至味，好‘米’道”——宁波市海曙区农家特色小吃推介活动。

加强对9个镇级现代农业服务中心功能拓展的指导，提升农合联实体化运作水平。章水镇现代农业服务中心重点围绕贝母的育种、种植、烘干加工以及销售方面提供服务。集士港镇现代农业服务中心突出农资服务特色，并建设区农合联飞防服务中心，开展农作物病虫害防治服务。集士港镇、章水镇的现代农业服务中心被认定为第二批省级现代农业综合服务中心。龙观乡现代农业服务中心被认定为宁波市第二批“镇级农合联现代农业服务中心建设示范（基层服务示范窗口）”。

加强对产业农合联运作的指导，发挥产业农合联作用。3月春茶集中上市，茶叶产业农合联举办“来海曙邂逅一杯正宗明前茶——‘曙色茶味’茶事体验”活动，活动通过短视频宣传、现场采茶体验、茶知识问答等，进行海曙茶叶宣传推广。贝母产业农合联牵头研发新品种“浙贝三号”，提高贝母亩产量；6月贝母收获季节，贝母产业农合联组织会员单位赴金华市磐安县开展产销对接活动，调研了解磐安贝母市场情况、学习其产业发展经验；海曙富农浙贝母专业合作社与当地两家企业签订合作协议，约定合作销售本地产浙贝母干品近百吨。

再生资源回收管理职责划转至区商务局。对全区109家证照齐全、正常经营的再生资源企业开展两轮安全生产检查，累计发现并整改问题20余个。推进“垃圾分类+资源回收”两网融合工作，在城区街道设置“搭把手”智能回收箱95台，流动回收车、定时定点物流回收等20余个。制定再生资源回收行业“十不”制度等4项行业规范，为70家企业统一制作制度版面。帮助落实再生资源回收分拣中心建设选址。

加强对社有房产的管理，开展安全生产检查，重点检查消防安全、水电安全、电梯安全等，实现房产安全生产检查全覆盖。对于检查发现的问题，能现场整改的现场整改到位，不能现场整改的要求制定整改方案并督促落实，适时展开“回头看”，确保整改落实到位。组织下属各基层供销社的安全管理人员及社有房产承租单位负责人等40人开展消防安全培训，提升安全管理能力及应急救护能力。

【农资供应服务】 2019年，海曙区组织区内两家主要农资供应企业——宁波市海曙区禾丰农资连锁有限公司及其连锁网点、宁波金惠利农业科技服务有限公司开展农资供应、农技推广、测土配方、统防统治、专业培训等服务。春耕期间，两家公司共储备农资商品约10800吨，其中化肥10500余吨、农膜80吨、农药1880万元；配送化肥4210吨。其中，早稻配方肥925.63吨，农药474.5吨；开展统防统治面积超1800公顷。3月，区农业农村局与区供销社联合开展“放心农资、普法宣传下乡”活动，通过发放宣传资料、现场咨询服务、低价销售放心农资等，服务农业生产。8月，针对台风“利奇马”对全区大部分农田造成严重影响的情况，组织农资公司、保险公司排摸灾情，给予技术指导及保险方面的支持，向受灾严重的专业合作社和种粮大户无偿供应尿素80吨，优惠供应尿素、复合肥250吨、优惠金额4万元，优惠供应农药、农膜金额3万元。

【涉农信用贷款贴息补助项目启动】 2019年年初，区农合联涉农信用贷款贴息补助项目启动。针对符合条件的农合联会员、涉农主体的信用贷款可进行贴息，根据会员星级确定，贴息的贷款申报额度为10万～50万元，贴息率为1.8%～2.5%。区、镇两级农合联在农合联会员中排摸贷款需求、帮助对接办理，与金融机构联合开展驻点宣传、打通网上办理渠道。至年底，86户农户申请贴息补助贷款，可贴息的信用贷款金额超过1400万元。继续与宁波鄞州农村商业银行股份有限公司、宁波市市区农村信用合作联社共同推行“农合贷”“丰收农合贷”项目，给予农合联会员贷款5%～15%的利率优惠。

【两区供销社人员、资产划分完成】 2019年7月，海曙区与鄞州区基本完成关于两区供销社资产、债务、人员的划分工作。划转到海曙区的包括基层供销社及新型基层社、房产、资金、投资公司，以及遗属，精减、退休等人员170人。人员各类经费、补贴等于7月1日起，由海曙区供销社负责发放。

【区葡萄产业农合联成立】 2019年9月，海曙区葡萄产业农合联成立，首批加入会员30家。10月，组织会员参与海曙区葡萄协会经纪人培训班；每季度印发一期《宁波市海曙区葡萄通讯》，介绍葡萄春季生产管理、坐果后的技术措施、秋季葡萄生产管理、冬季修剪等问题，通过微信和纸质资料发送到种植户手中，让葡萄种植户学习葡萄种植技术，并在实际生产中应用，指导种植户下一年的生产计划。

【区农合联第一届理事会、监事会第二次会议】 2019年9月19日，区农合联第一届理事会、监事会第二次会议召开，区农合联理事会、监事会全体成员及区农合联执委会干部等40余人参加。会议传达省、市关于农合联改革工作要求；调整部分理事、会员、监事，调整后区农合联会员数变更为104家（名）；选举产生监事长；审议表决并通过《宁波市海曙区农民合作经济组织联合会农民合作基金管理暂行办法》及2019年农民合作基金股权投资情况的议案。

【“海曙供销”平台网销农特产】 2019年12月，“海曙供销”微信公众平台与“阿拉优鲜”App及小程序进行功能对接，开通农特产网购，设置海曙名特优农产品、宁波名特优农产品、东西部扶贫（含“山海协作”）三大专栏。平台发掘区、镇农合联会员的资源优势，重新梳理全区农产品，挖掘海曙农产品的特色亮点，整合网上销售、微信支付、线下配送等功能，促进农产品销售，助力农户增收。

“海曙供销”微信公众平台

【海曙时鲜农特产地图发布】 2019年12月，海曙时鲜农特产地图发布，地图涵盖9个涉农镇（乡）街道的鲜果、蔬菜、花卉、茶叶等24种时鲜信息，汇集近百家农合联会员的农产品。地图依托“海曙供销”微信公众平台传播，页面为“1+n”分级形式，用户点击进入可了解时鲜农产品的产地、面积、地址、联系方式等信息，帮助农户拓宽销售渠道。

（舒　力）

总部经济

【概况】 2019年，海曙区新增总部企业26家，包括德勤会计事务所宁波分公司、“爱库存”华东区总部、宁波工业互联网总部等优质项目。其中，德勤会计事务所是全球“四大会计师事务所”之首，为《财富》杂志排名的“世界500强”中超过95%的中国企业提供服务；宁波工业互联网产业园规划建设科研团队及孵化企业的办公场所、院士工作站、创新实验室、工控安全靶场等多个功能区域，重点整合两座研究院人工智能、工业互联网等领域的高端创新资源，建成集“理论研究、科技创新、产品研发、人才集聚、产业孵化”于一体的产业生态集群战略高地。

【温州商会总部大厦项目签约】 2019年，顺德华庭南侧2号地块出让，由宁波新温商业置业有限公司竞得，规划建设温州商会总部大厦项目。项目计划总投资不少于3亿元。建成后，引进约100家优质温商企业入驻，承担商会办公、温商归国华侨和青年温商在宁波的创业基地和高科技孵化基地等功能，并配套部分商业设施等。

【总部经济发展规划制定】 2019年，海曙区总部经济“十三五”发展规划（2016—2020年）定稿。规划总体目标是坚持培育和引进并举、内外资源利用并重，通过5年攻坚，重点扶持培育一批本土优势总部企业，引进一批区域性总部企业，建成一批税收亿元总部大楼，不断扩大全区总部经济规模，将海曙区发展成为全市总部集聚高地和区域性总部企业基地。

（丁 彬）

电子商务

【概况】2019年，海曙区实现网络零售额205.3亿元，比上年同期增长19.5%，样本企业数据报送率100%。培育电商平台经济4家，农村电子商务人才培训100人，对口帮扶农产品销售1500万元，开展电商扶贫，扶贫资金共2011万元。围绕全市“国际电子商务中心城市”和“宁波跨境电子商务综试区”建设部署，加快构建电商产业发展支撑体系，做大做强农村电商、跨境电商和服务业电商，全面培育新兴功能。

出台《2018年海曙区现代商贸业、外向型经济、电子商务专项扶持资金实施办法》，鼓励电商企业申报，对电商平台企业、电商服务企业、跨境电商等企业，给予电商园区、网上销售额、人才培训、农村电商等一系列政策扶持。经审核，44家企业符合扶持条件，兑现金额293.8万元。组织企业申报《宁波市跨境电子商务发展资金支持计划》，对跨境电商企业零售、物流、海外仓等进行政策扶持，扶持资金共计283万元。

引导各类电商园区完善功能、优化经营，园区能级进一步提升。“创客157”创业创新园被评为市AAA级电子商务产业基地，海曙电商城、富港电商城被评为市级跨境电商产业园，中国（宁波）跨境贸易电商园被评为市级跨境电商物流园。发挥海曙区服装产业集聚优势，推进“服饰家纺产业集群跨境电商发展”试点工作开展，引导产业集聚，海曙区入选“全省产业集群跨境电商发展试点区（B级）”。推动企业转型升级，引导传统商贸企业开展“线上线下”相结合的商业探索，“三江购物”“太平鸟服饰”入选“全省零售模式创新工程”名单。

传统外贸企业转型跨境电商业务42家。“狮丹努”通过与国际知名热销快时尚品牌及知名品牌合作，跨境销售额规模近1.6亿美元，是上年同期的1.2倍。“银湖云商”“派瑞特户外”入选“宁波跨境电商标杆企业”。

宁波（国际）电子商务产业园

专业从事农产品销售的电商企业254家，开展农村电商人才培训120人次。其中，电商销售类平台逐步发展，“邮乐网”为当季本地农产品限时特价销售；“天胜牧业”出产蔬菜、水果、稻米、畜禽、淡水鱼、食用菌6类200余种产品，以会员制网络订购为主要经营方式，24小时内将新鲜蔬果肉蛋送达指定地点。全区完成“乡村振兴”考核任务，申报“电商村”评选，“电商村”13个、“电商镇”2个。

落实全市电子商务高层次人才引进培养工作意见。动员“泛3315计划”电子商务领域海曙区申报，引导申报企业开展现场模拟答辩会，邀请电商领域专业人员担当评委，宁波小吉电子信息科技有限公司、宁波霓螺信息科技有限公司获评“泛3315计划”创新人才。发动企业参加各级电商竞赛，进行指导培训。在跨境电商职业技能大赛中，宁波捷时进出口有限公司获得一等奖，宁波邦尼智能家居有限公司、宁波伊司达洁具公司获得二等奖，宁波君禾泵业股份有限公司获得三等奖。

【DST战队获市电子商务群英赛一等奖】2019年7月，“宁波市电子商务群英赛”举办，42支队伍参与比赛，海曙企业组成的“DST战队”在电商群英赛中获得一等奖。比赛通过宣传报名及项目评选、路演展示及现场答辩的方式开展，参考电子商务职业技能如跨境电商、农村电商等电商相关专项能力要求，评委由电子商务专家担任，给予获奖选手相应的奖金奖励。

【第四届电商武林大会总决赛在海曙举办】2019年8月，由宁波市、杭州市商务局等主办的“聚智前行·燃势腾飞”2019年第四届电商武林大会总决赛在宁波南苑环球酒店闭幕。2016年启动的电商武林大会是宁波电商交流学习的重要平台，此届大会历时4个月，征集350余家参赛企业，经过深圳、杭州、宁波三地分赛区角逐，选拔出9家优秀电商企业入围总决赛。区属企业宁波鑫义信息科技公司、“三个阿姨”家政服务公司获宁波赛区三等奖。

【海曙—贞丰县电子商务培训班】2019年11月14日，海曙区组织人员赴贞丰县举办电子商务培训，当地的25家电商企业参加培训。电子商务领域的教师讲解电子商务发展趋势等理论知识，分享电子商务的创新经验和应用的新领域，引导贞丰县电商企业重点强化电商领域的一些弱势和不足，海曙区完成电商扶贫1500万元考核任务。

【"广博商城"获评市级电商平台】 2019年11月，2019年度宁波市重点培育电子商务平台企业名单公布，广博集团股份有限公司旗下专业文化物资集采平台"广博商城"入围。广博集团创建于1992年，是一家集办公文具、印刷纸品、塑胶制品和进出口贸易等为一体的现代企业集团，重点发展创意、低碳、多元化办公文化产业，建立省级研发中心、省级研究院，通过聘请韩国、日本、美国等国家及中国香港地区设计师和技术人员，加强研发创新能力，成为国内综合文具一体化供应商。产品为全球连锁超市和文具经销商"沃尔玛""STAPLES""迪斯尼"青睐，远销欧美、东南亚等地区。

（成振江）

宁波（国际）电子商务产业园

【概况】 2019年，宁波（国际）电子商务产业园加速向数字总部园和科技孵化园转型升级，获评市级跨境电商产业园区和跨境电商物流园区。新引进电商、互联网企业507家，注册资金近30亿元。宁波国际邮件互换局监管进出境邮件1579.7万件，同比增长7.4%。推进宁波国际邮件互换中心项目建设。举办2019年中国（宁波）数字商务资源对接会。

借助中国—中东欧博览会、世界互联网大会、全国电子信息博览会、浙洽会、消博会等平台，以招商小分队为抓手，赴北、广、深、杭等地开展精准招商。加快引进信息科技、软件研发、生物科技领域重点企业等落户，其中生命技术交叉创新中心项目被引入园区。

对接多所高校建立实习委培联动模式，推进电商人才产教融合、科教融合。建立银企常态化对接机制，拓宽企业融资渠道。组织知识产权、税务等沙龙讲座，帮助企业申报高新技术企业认定，推动企业品牌化建设。解决企业注册登记、团队组建、用地需求等方面困难，针对个性化需求提供针对性解决方案。

【2019年中国（宁波）数字商务资源对接会】 2019年5月31日，"智汇海曙·赢未来+数字商务"2019年中国（宁波）数字商务资源对接会在宁波（国际）电子商务产业园召开。对接会以"数字经济时代，电商的挑战与机遇"为主题，电商园区向与会人员介绍跨境电商综合平台、"一带一路"国际商事调解中心、综合人才资源平台等优质平台，帮助电商企业对接优质平台资源，推动传统电商企业向数字经济转型升级。

5月31日，"智汇海曙·赢未来+数字商务"2019年中国（宁波）数字商务资源对接会召开

【宁波（国际）电子商务产业园"清廉园区"创建】 2019年8月20日，宁波（国际）电子商务产业园联合区市场监管局、望春街道，开展"清廉园区自律公约"签约暨"清廉电商"征文、书画、摄影大赛活动，园区11家企业代表签署《宁波（国际）电子商务产业园企业廉洁诚信从业自律公约》。宁波（国际）电子商务产业园以"清廉电商"为主线，以园区企业为主体，以"开展一系列廉洁教育活动、构建一个服务企业体系、签署一份清廉从业自律公约、举办一场清廉文化大讲堂、评选一批清廉企业、建设一个清廉园区文化长廊"的"六个一"活动为载体，开展"清廉园区示范点"创建活动，优化亲商安商富商的营商环境。

【宁波国际邮件互换中心开工】 2019年9月底，宁波国际邮件互换中心工程进场施工，海曙区完成2019年度市级"产业争先项目"目标任务。项目位于古林镇、宁波栎社保税物流中心东侧，计划投资4.75亿元，主体用地面积4公顷，建筑面积约7万平方米，是全市邮路口岸建设和跨境电商试点的重大功能性基础设施，对加快推动宁波跨境电商综合试验区、"一带一路"综合试验区建设有重要意义。

【宁波邮局海关开关】 参见"海曙区人民政府"类目"重要活动"分目

（盛泳杰）

对外经济贸易

【概况】 2019年，海曙区有进出口实绩企业2479家，进出口总额超过730亿元，比上年同期增长6.8%。其中，出口额628亿元，同比增长8.0%；进口额103亿元，同比增长0.1%，进出口规模居全省第七。参加第二届中国进口博览会。参加中国进出口商品交易会（简称"广交会"）、中国华东进出口商品交易会（简称"华交会"）、中国国际日用消费品博览会（简称"消博会"）三大展会的区内企业达302家次、808个展位，参展商品涉及家用电

繁忙的宁波国际邮件互换局

器、机械设备、餐厨家具、玩具、服装、办公用品、户外休闲用品等386家企业。全区有浙江省重点出口名牌17个、宁波市出口名牌8个。

对“一带一路”沿线国家市场出口增长20.3%。其中，机电产品出口增长8.95%，日用消费品出口增长20.32%。境外投资核准中方投资额19954.46万美元，完成考核指标的117.38%；境外承包工程营业额19359万美元，完成年度考核指标的101.89%。

完成服务贸易进出口总额76.62亿元，同比增长38.9%，其中服务贸易出口总额56.62亿元，同比增长35.72%。

完成跨境电子商务23.45万票，累计金额15.73亿美元，完成年度考核指标的108.77%。

【全省首个国际贸易发展联盟成立】 参见“海曙区人民政府”类目“重要活动”分目

【全市首个外贸实力效益工程实施】 2019年，海曙区在全市范围内率先实施外贸实力效益工程。工程区内遴选20家流通型、20家工贸型外贸企业，在全市范围内率先实施外贸实力效益工程，遴选20家流通型和20家工贸型外贸企业，在政策、信息、信保、法律及贸易便利化等方面予以重点扶持，建强外贸稳增长的第一梯队，守住出口存量。1—11月，40家区实力效益工程企业实现出口220亿元，占全区出口总额的40.1%，平均增幅达9.6%，拉动增幅1.1个百分点。

【跨境出口平台“易站通”开通】 2019年，海曙区依托机场海关、邮政海关的“双口岸”联动优势，协调税务、海关、邮件互换局等多部门，建设基于“9610”代码业务的跨境小包出口平台“易站通”。“易站通”自8月正式运营，至年底，在机场、邮局的单日通关量最高达20万单。“易站通”的开通，落实跨境电商零售出口“无票免税”政策，实现“进出境邮件全国联网传输数据”运行。

（赵　伟）

招商引资

【概况】 2019年，海曙区新引进企业5991家（不包含自然落户企业），注册资金278.21亿元。其中，注册资金5000万元以上企业130家。新批外资企业123家，实现合同外资75057万美元，实际到位外资23000万美元，完成市对区考核目标任务的115%，完成率居县市区第一。实际完成大市外内资146.60亿元，完成市对区考核任务的124.2%。“浙商回归”项目完成73.37亿元，完成市对区考核任务的118.3%。

海曙区完成外资设立和变更备案305件，其中新设123件。102家以“一口办理”方式推送数据，占比92.7%，实现提前办结率100%，企业满意率达100%。

【2019年海曙数字经济发展大会】 2019年5月30日，“智汇海曙·赢未来”——2019年海曙数字经济发展大会举行。大会以数字经济为主题，10名社会知名人士受聘为海曙区招商大使，23个数字经济项目在会上签约，其中落户协议项目11个、意向协议项目12个，总投资63.92亿元，其中合同利用外资5100万美元。随后，宁波工业互联网研究院创始人褚健、中国信息协会副会长朱玉、腾讯研究院首席经济学家闫德利分别作了主题为“智能制造工业操作系统与安全”“数字经济时代下智慧城市的应用与创新”“数字经济中国创新增长新动能”的演讲。来自工业互联网、人工智能、大数据领域的专家学者，来自英国、马来西亚等国家及中国香港、台湾地区的客商代表及在外投资创业的浙商甬商、关心海曙发展的各方人士220余人参加活动。

【“双招双引”专题培训班】 2019年8月12日，根据全区招才引智和招商引资工作实际需要，海曙区举办“双招双引”专题培训班。培训班由区委组织部和区经合局联合组织，各镇（乡）街道、职能部门分管领导和招商引智小分队成员参加。培训班为期一周，邀请上海市商务委等多位讲师，分享政府机构对人才引进和指标申报的方法和“长三角”招商引资实战经验等内容。培训期间，组织考察余姚江丰电子集团、方太集团杭州湾分公司和复旦大学宁波研究院（复旦科创园），探讨学习吸引高素质人才团队与助力企业发展的工作经验。

【组团参加宁波（上海）招商引资推介会】 2019年8月22日，宁波（上海）招商引资推介会在上海举行。海曙区现场签约重大合作项目3个，总投资20亿元，包括总投资5亿元的“即刻”App、总投资10亿元（其中外资6000万美元）的“爱库存”华东区总部和总投资5亿元的“蓝海”检测基地项目。

【组队参加宁波与央企名企（北京）专题对接会】 2019年12月12日，宁波与央企名企（北京）专题对接会在北京国际饭店召开，区委书记孙黎明带队，区委办、区商务局、区经合局负责人参与。海曙区政府与中国外运华东有限公司签约“长三角”（宁波）港航服务中心项目，总投资10亿元。

（戚亦萍　孙鸣飞）

国内合作与交往

【概况】 2019年，海曙区围绕助推贞丰县“脱贫摘帽”攻坚目标，抓住组织领导、资金支持、产业合作、劳务协作、人才支援、“携手奔小康”6方面的核心内容，推进东西部扶贫协作。区委、区政府主要领导分别于5月、8月带队赴贵州省贞丰县、义龙新区实地对接东西部扶贫协作工作，并联合贞丰县、义龙新区召开双方联席会议6次，制定出台《2019年海曙区与贞丰县、义龙新区扶贫协作工作要点及任务分解》《2019年海曙区东西部扶贫协作工作考核办法》等政策文件。召开助力贞丰县“脱贫摘帽”攻坚动员会暨山海协作推进会。

深入推动“山海协作”，把“山海协作”工作纳入区年度目标考核项目。制定实施《2019年海曙区“山海协作”工作要点及任务分解》《海曙区“山海协作”考核办法》等政策文件，区总工会、区商务局联合下发《关于组织全区工会积极实施消费扶贫助力脱贫攻坚的通知》。

【东西部扶贫协作】 2019年5月22—24日，区委书记孙黎明等20余人到贵州省贞丰县、义龙新区开展对口帮扶协作，贞丰县召开两地联席会议，双方签定2019年东西部扶贫协作框架协议、2019年对口帮扶项目协议。帅特龙集团、三生（中国）健康产业有限公司、狮丹努集团、宁波市恒厚实业有限公司4家海曙企业与贞丰县有关部门签订定向捐赠协议，捐赠360万元，考察团慰问贫困户，并实地考察贞丰县土布小镇土布刺绣产业（扶贫车间）建设项目、者相镇旗上村花椒产业基地、义龙新区楼纳村等多个项目。8月18—21日，区委副书记、区长等20余人到贞丰县、义龙新区开展对口帮扶工作，贞丰县召开两地联席会议，双方签发东西部扶贫协作考核迎检联合领导小组文件，为宁波市首创。8月20日，海曙区五谷画坊创意助残服务中心作为与贞丰县结对的5家海曙区社会组织代表，与该县鲁贡镇弄洋村签署结对帮扶协议。雅戈尔集团捐赠200万元，并举行捐赠仪式。在义龙新区召开东西部对口协作联席会议，考察楼纳村等项目。

向西部选派专业技术人员54人，完成党政干部培训22期2104人次，完成专业技术人员培训74期3377人次。安排财政帮扶资金6000万元，其中贞丰县5200万元、义龙新区800万元，全年实施对口帮扶项目38个，覆盖贫困人口19332人。引导汇聚社会帮扶资金2787万元。社会扶贫网注册12455人，网上认领“微心愿”17万元。组织50余家企业赴对口地区投资考察，至年底，落地企业10家，实际到位资金9.44亿元。

联合对口地区开展实施脱贫攻坚“春风行动”和“东西部协作”现场专场招聘会3场，新设两个劳务协作（服务）站。帮助对口地区贫困人口到宁波市就业数302人，在当地就近就业数2143人，到其他地区就业数511人，接收对口地区贫困学生到宁波市就读职业院校数15人，开展对口地区贫困人口就业培训数3097人次。

【山海协作】 2019年3—12月，丽水市庆元县与海曙区互派党政代表团考察10余次，商议“山海协作”在产业合作、部门联动等方面事宜，并在产业合作、乡镇结对、村企结对、产销对接等方面签订合作协议。同时，区科技、教育、卫生、文广等部门相继与庆元县对接签订对口合作协议。

7月25—26日，海曙区党政代表团赴庆元县考察交流，两地党政代表参加。7月26日，海曙区—庆元县山海协作联席会议举行，对接交流2019年“山海协作”工作，双方签署共建“乡村振兴示范点”合作协议，上海本来生活信息科技有限公司与庆元县农业农村局签署消费帮扶合作协议。两地科技部门签订促进科技资源共享合作协议、教育部门签订“互联网+义务教育”结对帮扶协议、卫健部门签署山海协作中医药特色专科紧密合作协议、文广部门签署山海协作结对共建协议。在庆元期间，海曙区党政代表团到庆元县屏都街道座谈，听取蔡段村（坑里村）乡村振兴示范点规划方案介绍，实地考察海曙—庆元“山海协作”乡村振兴示范点。

2019年海曙区“中西部扶贫协作”资金拨付情况表

表18

时间	拨付单位	拨付款项
3月	贞丰县	挂职干部工作经费50万元
7月	新疆库车	库车馆项目资金补助30万元
9月	义龙新区	挂职干部工作经费20万元
11月初	贞丰县	追拨贞丰县对口帮扶资金200万元

2019年海曙区“山海协作”和省级结对帮扶资金拨付情况表

表19

拨付单位	拨付款项
庆元县	财政援建资金250万元、慈善帮扶资金20万元、村企结对帮扶资金50万元
平阳县	财政援建资金130万元、慈善帮扶资金50万元、规划编制工作经费30万元

安排援助庆元县资金250万元，重点支持“乡村振兴示范点”建设。区慈善总会连续5年、每年安排20万元慈善帮扶资金。海曙区的5个镇（乡）街道与庆元县开展镇（乡）街道结对，安排5家区内企业与庆元县开展村企结对，每家企业每年出资10万元专项用于提升结对村经济社会发展。

【消费帮扶】 2019年，海曙区实现东西部消费扶贫1.32亿元，直接或间接带动600余人就近就业，实现月增收3000元以上。组织赴帮扶地区疗休养102批次2205人次。建成“贞丰一品”黔西南州农特产品展销店。

实现“山海协作”消费帮扶815万元。在海曙区“果忆鲜果”门店开设庆元县农产品“飞柜”；在恒茂商业广场开设庆元特色农产品专营店；与“本来生活网”对接，促进网购平台与庆元县签订消费帮扶合作协议；协调“匠品汇”生态农业有限公司与庆元县贤良镇举办“甬城市民走进贤良生态休闲旅游”启动仪式，并签订合作协议。组织全区机关事业单位赴丽水疗休养18批403人次，非公企业组织职工赴丽水疗休养36批889人次。海曙区获评2019年度市“消费帮扶优秀单位”。

【贵州省考察团到海曙考察】 2019年3月27—29日，贵州省贞丰县委书记张玉龙、义龙新区党工委书记田涛带队赴海曙开展考察学习暨招商引资活动，实地考察海曙区电商园区、行政服务中心、龙观乡李岙村、古林镇、天一阁博物馆、金汇小镇、广博集团、雅戈尔集团、南塘老街及“贞丰一品”农产品直销店等，并召开海曙区—贞丰县东西部协作高层联席会议。7月17—19日，贞丰县县长郑梦英带队到海曙开展考察学习活动，实地考察华茂集团、太平鸟集团、宁波三生（中国）公司、君禾泵业股份有限公司劳务协作情况等单位，前往家政、市政服务行业企业考察，洽谈劳务输出事宜，并召开海曙区—贞丰县东西部协作高层联席会议。7月31日至8月2日，义龙新区党工委书记陈远华带队到海曙开展考察学习暨招商引资活动，实地考察社会组织服务中心，安丰社区、清风社区社区管理工作及“千村示范，万村整治”美丽乡村建设，并召开东西部协作高层联席会议。

【全区对口工作领导小组暨山海协作领导小组会议】 2019年5月18日，海曙区对口工作领导小组暨山海协作领导小组会议召开。会议通报表彰全区对口工作和山海协作考核情况，审议通过《2019年海曙区与贞丰县、义龙新区扶贫协作工作要点及任务分解》《2019年宁波市海曙区山海协作工程工作要点及任务分解》《2019年海曙区对口支援新疆库车县排孜巴格村和一师幸福农场三连工作任务分解计划》等文件。

【专项扶贫协作激励机制出台】 2019年5月，海曙区在全市率先出台实施《海曙区促进贵州省黔西南州（贞丰县、义龙新区）招商引资和劳务合作实施办法》。重点围绕产业合作、劳务协作、订单式定向扶贫攻坚等，鼓励引导辖区各类企业赴贞丰县、义龙新区投资兴业，最高给予30万元补助。此做法获市委、市政府肯定并予以推广，实现宁波企业到国家级贫困县投资落户零的突破。

【“全国扶贫日”系列活动】 2019年9月20日至10月20日，海曙区开展为期1个月的“不忘初心·情系帮扶”暨海曙区“全国扶贫日十个一”主题系列活动。具体包括中国社会扶贫网注册及“微心愿”认领活动，新增注册爱心人士3874人，共计8074人；举办“益起黔行，为爱赶集”海曙区2019年“全国扶贫日”主题集市活动，包括对口地区农特产品展销、爱心义卖、扶贫集市活动等；段塘街道社区卫生服务中心开展“千里送温暖，精准帮扶在路上”行动，募集爱心款2万元，向贞丰县鲁容中心小学捐赠100条爱心冬被、被套和1台电脑；区人力社保局和区总工会走访慰问46名通过“爱心岗位”对接就业的建档立卡贵州省贞丰县、义龙新区籍务工人员；太平鸟集团捐赠贞丰县价值710万元的物资，惠及学生352人；派驻贞丰县对口帮扶医疗队与当地医院联合开展免费义诊活动，发放价值2000元的免费药品。

【丽水市庆元县考察团到海曙考察】 2019年12月24日，庆元县委书记蓝伶俐带领党政代表团到海曙区考察，召开海曙—庆元山海协作联席会议。会议交流两地“山海协作”、经济协同发展的成效，探讨深化两地交流合作。

（江朝晖　龚牡丹）

① 5月22日，海曙区委书记孙黎明，区委常委、组织部部长严仕恩，副区长毛孟军等一行8人赴贞丰县人民医院，慰问挂职、对口帮扶医护人员

② 7月25—26日，海曙区党政代表团赴庆元县考察交流

③ 8月19—20日，海曙区人社局联合贞丰县和义龙新区人社部门举办“真情相携·甬上乐业”专场招聘会

④ 12月13日，庆元·海曙“山海协作”文化走亲文艺晚会在高桥镇蒲家村文化礼堂举行

⑤ 12月24日，庆元县委书记蓝伶俐带领党政代表团到海曙区考察

⑥ 开设在南塘老街的“贞丰一品”黔西南州农特产品展销店

交 通

交通建设

【概况】 2019年，海曙区交通局完善“交通强国”示范城市海曙方案，谋划构建现代化综合交通体系，统筹推进全区“十四五”综合交通发展规划等综合性规划和集疏运体系等专项规划。推进重点项目建设，累计完成交通固定资产投资7.16亿元，完成率达141%，连续3年超额30%以上，促投资稳增长作用显著。

横街至章水公路工程、省道S214线改造提升等交通重点工程建成通车；S310荷梁线（鄞江镇—章水镇）改建工程（一期）主体完工；联丰路西延（环镇路—桃源书院段）新建工程开工；规划G228（通途路—荷梁线）完成选线规划、设计招标等前期工作；荷梁线二期、鄞县大道（同德路—阳光路）、汇士路和云林路等一批储备项目前期工作推进。宁波必利盛物流配送码头建成并试运营，终结杭甬运河宁波段“有河有水无货运码头”的历史，促进宁波内河航运发展。

【国道G228线新建工程规划】 2019年，海曙区规划国道G228线海曙段新建工程。工程向北跨余姚江大桥连接江北区、余姚市，对内串联海曙中部高桥、集士港、横街、古林、鄞江、洞桥等多个乡镇，向南连接奉化区，全长约17千米。全线分江北界至通途路与通途路至荷梁线两段。其中，江北界至通途路段起于江北连接线，跨余姚江大桥，向南沿民乐村东侧与通途路相接；通途路至荷梁线段起于通途路，终于荷梁线，串联海曙中部多个乡镇。建成后可促进海曙中部多个乡镇的沟通联系，成为打通海西片区与江北、余姚连接的快速通道。

12月，省道S214线主体全线贯通通车

【“美丽经济交通走廊三年计划”提前完成】 2019年，海曙区交通局完成“美丽经济交通走廊”建设80千米，提前一年完成“美丽经济交通走廊”三年创建任务。区内路域环境基本达到“畅、安、舒、美”的美丽公路标准和“洁化、序化、美化”的生态航道标准。其中，大庄至观顶、古高线两条公路入选2019年度市级“美丽公路走廊”，杭甬运河航道（海曙段）入选2019年度市级“美丽航道走廊”。

【横街至章水公路工程完工】 2019年5月31日，横街至章水（毛家岙至樟村段）公路工程完工。项目于2015年11月1日开工，后经区划调整，于2017年10月由海曙区交通局重启开工建设。工程主线北起横街镇毛家岙村，以至章水公路（大雷至毛家岙段）为终点，呈东北—西南走向，以隧道方式穿越大岙岭。工程路线全长5.29千米，为三级公路设计标准，设计速度30千米/小时，全线设置长396米的隧道1座、小桥9座、涵洞17道。

【联丰路西延新建工程开工】 2019年11月，省级重点工程项目联丰路西延（环镇路—桃源书院段）新建工程发放施工许可证。工程位于横街镇域内，全长2.26千米，采用一级公路设计标准建设，兼顾城市道路功能，设计速度60千米/小时，双向四车道，总投资4.25亿元。项目建成后可推进联丰路西延区域路网通达性和服务水平，进一步加强横街镇、四明山区及桃源湾地块与外界联系，缓解机场路以西区域堵车严重问题，保障四明山区旅游开发及桃源湾地块开发，带动横街镇镇区向四明山麓谷地延伸。

【省道S214线改造提升工程完工】 2019年12月26日，省道S214线（鄞州大道至奉化段）主体全线提前两个月贯通通车。项目于2017年10月重启开工，工程起点为鄞州大道交叉口，终点为海曙与奉化交界处，是海曙区重点推进项目。线路全长12.2千米，采用一级公路技术标准，结合城市道路功能设计，设计速度为80千米/小时。其中，鄞州大道至栎高线段采用双向6车道标准，路基宽44米；栎高线至终点采用双向4车道标准，路基宽30米。省道S214线全线通车后，可极大缓解海曙城南往奉化、宁海方向交通压力。

【S310荷梁线改建工程（一期）完工】 2019年年底，S310荷梁线改建工程（一期）项目完工。项目于2018年11月开工，全长11.47千米，起自沿溪线交叉口，终点位于海曙与余姚交界处，是省级"美丽经济交通走廊精品示范线"创建项目。项目分为两段，沿溪线交叉口—蜜岩交叉口段，长1.13千米，维持现状三级公路标准，设计时速40千米/小时，双向两车道，路基宽度9.5米；蜜岩交叉口—余姚界段，长10.34千米，维持现状四级公路标准，双向两车道，路基宽度6.5米。工程全线采用沥青混凝土路面，另外包括交安设施、科技设施、排水、绿化、停车场、公路服务站、临路建筑物立面改造等配套设施建设。

（王一波）

运输管理

【概况】 2019年，区交通局加大运输市场监管力度，相继开展"秋风"系列、宁波中东欧国际博览会期间出租汽车集中整治、暑期客运市场整治等各类整治稽查行动17次。新建成海曙区公路治超电子检测点位5个，组织"铁腕""利剑"及百日联合治超行动8次；打击非法违法、治理纠正违规违章行为1587起，处罚金额853.2万元。累计开展道路交通、水上交通及建设施工督查检查308次，整改安全隐患3125个。配合做好"蓝天保卫战"，首度开展老旧营运车辆淘汰工作。完成春运、清运、"五一"、暑运和国庆等重大节假日运输及恶劣天气公路保畅任务，累计保障旅客出行142万人次，未发生一起重大安全责任事故。

1月，海曙区"秋风"系列专项运输整治

【老旧营运车辆淘汰】 2019年，海曙区交通运管部门配合做好"蓝天保卫战"，开展老旧营运车辆淘汰工作，排摸辖区内2207辆符合奖励政策的"国三营运车"，安排专人逐一进行政策解答。超额完成362辆提前淘汰目标，共完成400辆老旧营运车辆淘汰工作。

【"秋风"系列专项运输整治】 2019年，海曙区交通运管部门在辖区内开展3次"秋风"系列专项整治行动，历时219天，出动交通执法力量5000余人次，检查各类营运车辆2.1万余辆次，累计查处违法案件839件，完成行政处罚648件，处罚金额239.34万元。做好客运秩序保障，整治客运车辆违规经营行为，加强出租车行业的检查，加强危险货物运输车辆及营运工程车辆等重型车辆的检查。其间，采取"5+2""白+黑"模式全天候检查监管，增强专项整治效果，为广大旅客提供良好出行环境。

【公路超限运输专项整治】 2019年，海曙区交通公路部门继续以多部门联合执法为模式，开展"铁腕""利剑"等8次治超专项行动，重点查处车货总重49吨以上和超限100%以上的货运车辆。其间，加大电子设备利用率，实现科技治超与联合治超相结合。全年查处违法超限运输车辆1898辆（移交交警处理268辆），卸载货物10910吨，收缴罚没款430.5万元。新建成5个海曙区公路治超电子检测点位。

【重大节假日运输保障】 2019年春节、清明、国庆等重大节假日期间，海曙区道路客运市场累计保障辖区旅客出行142.11万人次。春运期间，公路客运旅客运输发送量86.59万人次，到站旅客63.37万人次；清明期间，开辟公交扫墓专线4条，投入车辆150辆次（机动运力15辆次），公路客运站安排扫墓班线运力130辆，其中汽车南站50辆、客运中心站70辆、机场客运站10辆。"五一"期间，发送旅客15.17

万人次，发车5163班次。中秋、国庆期间，发送旅客30.32万人次，发车1.1万班次。海曙区成立专项领导小组，落实分工，完善紧急预案；在主要客运站点、高速路口、重点运输企业有针对性开展宣传活动，实现节假日期间道路"安全有序、便捷畅通、服务优质"运输目标。

（王一波）

铁路宁波站

【概况】 2019年，铁路宁波站发送旅客2112.12万人次，到站旅客2128.93万人次，日客流量11.62万人次。广场区域配备执法管理人员245人，采取24小时无休模式，实行重点地段定点管理与全区域步巡结合，提高路面见警率、管事率。查处"黄牛"538人次，抓获网上在逃人员130人、吸毒运毒37起、诈骗149人次，拘留216人，查获管制刀具357把；查处非法营运124起，查处出租车、大巴违规经营192起；处理乞讨流浪人员197人次，机动车人行道违停抄告50起，清理查扣违规停放"共享单车"1159辆，查处无证兜售26起，"智慧城管"处置1521起，一般程序案件13起；查处机动车、非机动车、行人等交通违法行为1.9万余起。

春运、国庆等重大节假日期间，发挥铁路宁波站区域综合管理领导小组作用，加强与汽车南站、轨道交通等部门的统筹协调，联勤联动，完成节假日保障任务。完善运输保障、滞留旅客疏散、冰雪清扫、防台防汛等相关应急预案，做好旅客疏运、治安管理、交通组织、环境保洁、执法保障等各项工作，实现节假日平安、有序、畅通。

【中国—中东欧国家博览会交通保障】 2019年6月8—12日，首届中国—中东欧国家博览会在宁波召开。南站综管办以铁路宁波站枢纽、周边交通线路为重点，出台《海曙区南站综管办市容环境整治提升攻坚行动工作方案》《铁路宁波站区域综合秩序整治提升攻坚专项执法工作方案》，推动周边环境综合整治提升，强化综合秩序执法，建设整洁有序的城市窗口。开展乘车咨询、"爱心电话"、零钱兑换、失物招领、困难帮扶等10余项志愿服务，在广场设置大型花卉景观，展现宁波港城新形象。

【宁波—绍兴城际铁路开通】 2019年7月10日，宁波至绍兴城际铁路开通试运行，成为全国首条利用既有线路改造的跨市区域城际铁路。列车在原有宁波至余姚城铁列车"阳明号"基础上，继续向西贯通运行至绍兴钱清站，初期每天开行3对。首班于8：00从宁波出发，末班于16：25由绍兴（钱清）驶出，全程最快1小时18分钟。宁波—绍兴城铁开通对实现杭绍甬设施共联、资源共享，逐步建立一体化交通体系，形成同城化发展新局有重要意义。

【"我和我的祖国"音乐快闪活动】 2019年9月29日，南站综管办牵头联合宁波广电集团交通广播、南门街道党工委（"712"工作室）、公安火车站地区分局、铁路宁波站、汽车南站等单位在宁波火车站南广场举办"我和我的祖国"音乐快闪活动，庆祝中华人民共和国成立70周年。表演中国舞、《我和我的祖国》小提琴演奏、大型合唱《我和我的祖国》等节目，并放飞70只和平鸽。

（刘妍珣）

宁波汽车南站

【概况】 2019年，宁波汽车南站新增至上海浦东国际机场班车；优化岱山县秀山、象山县鱼山等线路；持续推进运游结合项目，推出携程线上宁波—朱家尖旅游专线产品。

对照大众对更好出行体验的新期待及优化服务效率的新目标，以"最多跑一次"理念推动服务质量大提升。迎接市公共窗口文明指数测评、垃圾分类"双百"示范检查。在"全国文明城市"迎检期间，通过建立长效落实机制，动员各部门安排志愿者，中层经理室加强值班管理，每日动态巡查整改，严格按标准保持创建工作的达标水平。做好"综合运输服务示范城市"创建迎检工作，营造出行高效化、服务优质化的道路运输服务氛围，助力打造"交通强国"宁波样板。3561服务班与市轨道交通畅行服务队开展结对共建交流活动，探讨"最美窗口"服务提升，实现服务资源共享，优化旅客出行体验。

更新改造多项站内设施，1月"妈咪暖心小屋"母婴室全面升级改造并正式对外开放，满足哺乳期妈妈和婴幼儿出行的服务需求。铁路宁波站到达层的交通咨询处更新升级，使公铁衔接服务更加便捷。同时，为保障军人及消防救援人员依法优先出行权

宁波汽车南站

益，在购票、安检、候车等环节提供优先服务。

加大对安全生产相关法律法规知识的学习和普及力度，开展以学习贯彻落实《中华人民共和国安全生产法》《中华人民共和国消防法》《中华人民共和国反恐怖主义法》《浙江省安全生产条例》等法律法规和企业内部各种规章制度内容为素材的各层次大安全会议及员工安全教育培训学习会议132次，参加1277人次。对修订后的《汽车客运站安全生产规范》进行解读分析，进一步明确安全生产管理职责和要求。采取多种形式开展全员培训教育。参加红十字会应急救护培训，结合岗位实际开展业务知识培训等，提高员工的政治、业务素质及适应市场经济的竞争能力。开展岗位练兵及技术比武活动，组织季度服务员星级考试，举办第26届站务操作运动会。

【“3561”服务班】 2019年，宁波汽车南站持续强化“3561”服务班服务品质，相继开展“温暖春运 情满旅途”“品饺子迎新年”“缅怀之情系相思 文明出行伴清明”“‘候鸟’学分类 共筑绿色梦”等活动。年初，推出“3561帮帮帮”QQ群，为旅客提供“线上线下”联动服务。通过零距离、一对一的VIP模式，随时解决旅客预约接站、失物寻找、快递代寄等多样需求。在“学雷锋日”期间，服务班走进孙文英小学讲述车站里的雷锋故事；与宁波站广场综管办、海曙区运管所、各大高校志愿者等共同开展以“我志愿 我奉献 共快乐 共和谐”为主题的学雷锋志愿服务活动。“3561”服务班班长沈霞波被授予浙江省劳动模范称号。

【汽车南站垃圾分类工作】 2019年，宁波汽车南站加大人员与经费投入力度，组织垃圾分类知识竞赛和专项培训；在车站候车厅、停车场及办公场所等地规范分类标准，强化宣传教育，逐级明确各部门职责和任务，安排专人负责指定区域卫生，落实垃圾分类引导员，加强保洁巡查频次，做到站容整洁、分类准确。同时，为迎接各类会议与检查，整体清洗候车厅外墙，并刷白地下层立柱，修剪补种绿化调整公益广告，维护中央空调，完善各类设施设备，清理地下室及楼道杂物。

【沈霞波获评省劳模】 2019年4月30日，浙江省庆祝“五一”国际劳动节暨表彰劳模先进活动在省人民大会堂举行。宁波汽车南站3561服务班班长沈霞波被授予浙江省劳动模范称号。沈霞波曾是宁波汽车南站售票窗口售票员，2011年调入“3561”服务班，相继创建“3561”官方微博和微信公众号，搭建与旅客沟通的新平台。推动“3561”服务班和10余个兄弟单位联动，实现服务关口前移。

【“地空联运”服务启动】 2019年6月始，宁波汽车南站与中国国际航空公司启动“地空联运”服务。把“3561”品牌优势和国航的地面增值服务结合，重点优化旅客的订票流程、缩短差旅时间、提高出行效率，进而稳固汽车南站的客运市场。

【“3561”服务班抖音视频开播】 2019年7月25日，宁波汽车南站“3561”服务班抖音视频开播。以短视频形式记录车站动态信息和“3561”服务班日常服务，让旅客更全面、直观了解车站动态，提高“3561”的品牌知名度。至年底，抖音号短视频点击量突破5万次。

（沈霞波）

汽车客运中心

【概况】 2019年，宁波市汽车中心站日均发车248班次，日均发送旅客3100人次。城西客运站日均发车9班次（含配载），日均发送旅客62人次。

客运中心站区域综合管理中心联合古林派出所，在客运中心区域开展22次黄牛专项整治，出动警力350余人次，传唤惩治“黄牛”98人次，劝离720余次。开展“人、证、票”合一工作，准确核实身份信息，为未携带身份证旅客开具临时乘车证明2.87万人次。通过警务大数据对比，查获法院临控人员34人。通过固定岗位和巡查，提高路面见警率。接处警151次，调解纠纷45起，为旅客找到遗失物83件，其他服务群众工作970起。做好国庆、互联网大会等重大节庆活动外围安保。

结合“五整顿两提升”的工作要求，城管中队调整人员队伍，改进工作方式，全面摸底辖区情况，建立相关店铺的档案资料，处置区域内无照经营、违规广告灯箱、跨门经营、垃圾处置、机动车和非机动车违停、乱涂写乱张贴等违规现象。处置无照经营18起，实施人行道机动车违停抄告65辆，整改移除违规空调外机4台，“智慧城管”处理案件11件，拆除违规店招广告12块，规范“共享单车”停放1400余辆，

1月28日，鄞江中学志愿者在市汽车客运中心站开展志愿服务

与辖区12家单位签订"市容环境卫生责任书"，清理乱张贴、乱涂写126处，劝离无证摊贩126次，垃圾分类宣传和督导检查110余人次，辖区内无明显违规现象。

运管、公安人员联合执法，重点开展非法网约车、"黄牛"喊客拉客整治专项行动，打击无证经营、超范围经营等违法违规行为。查纠出租车违章81起，大巴车违章移交违章处理室19起，查处网约车14起，教育劝离"残的"400余次。

【客运中心春运保障】 2019年春运期间，市汽车中心站发车9715班次，发送旅客16.96万人次；城西客运站发车405班次，发送旅客0.45万人次。客运中心站区域综合管理中心完善春运各项工作方案、落实值班制度、畅通信息渠道、建立物资储备库，做好旅客疏导、转乘服务、维稳应急保障等工作，落实区域执法管理力量，强化巡查管理。查获刀具68件、违禁品147批次、法院临控人员4人、吸毒人员1人，处理"黄牛"拉客31人次，接群众求助70起，现场处理纠纷13起。联合运管部门整治"黑车"非法营运等违法行为，规范大客车营运14起，劝导教育违规出租车110起；处理机动车违停27起，规范"共享单车"、非机动车停放310辆次；纠正占道、跨门经营28起，劝离流动摊贩76起；联合区交通、城管及高校、社会爱心团体，组织志愿者280余人次，服务旅客5万人次。区域内交通安全事故"零发生"，文明执法"零投诉"。

（丁红艳）

轨道交通建设

【概况】 2019年，为进一步推进轨道交通工程建设工作，结合海曙区实际工作需要，海曙区轨道交通工程建设办公室不再与区房屋征收办公室（区重点工作建设指挥部）合署办公。8月起，正式更名为宁波市海曙区轨道交通建设推进管理中心。

中心成立后，继续协助、配合各区级部门做好轨道交通建设及运营开发过程中的房屋拆迁、政策处理等各项工作，做好项目建设的要素保障和资金管理工作，确保海曙区轨道交通建设推进顺利。

【区轨道交通建设推进管理中心成立】 2019年8月，海曙区轨道交通建设推进管理中心成立，设置事业编制12名，其中主任1名、副主任2名、科级领导职数3名。单位下设3个内设机构：综合保障科、征迁保障科、政策保障科。中心是区政府直属事业单位，为正局级。单位的人事、党务、后勤等工作由区交通局管理。

（张丰钰薇）

11月20日，"智利—宁波"东航物流洲际货运航班首航

宁波栎社国际机场

【概况】 2019年，宁波栎社国际机场完成旅客吞吐量1241.4万人次、货邮吞吐量10.6万吨、航班起降8.9万架次，为全省机场年旅客吞吐量突破7000万人次作出贡献。新增三明、信阳、鄂尔多斯、西双版纳等11个国内通航城市以及东京、首尔、仰光、曼德勒等5个国际通航城市，其中首尔、东京航线的开通，填补宁波至东北亚主要经济中心城市无定期航班的空白，出入境旅客占比提升至12%，国内外通航城市达96个。

出台及修订完善应急预案39项，启用安全信息管理系统，开展"安全生产月""安康杯""119消防日"等活动，组织各类应急演练85次，实现第34个"安全年"。提高航班运行品质，首批完成A-CDM系统改进，获评A级。与民航宁波空管站完成机坪塔台运行管理移交，航班放行正常率提升至71.73%。提升旅客乘机体验，推出"阳光帮"服务等9项便民服务举措。贯彻落实"最多跑一次"改革向公共场所延伸工作要求，结合服务质量重点攻坚行动要求，完成31项服务改进任务，获评2019年华东地区"民航服务质量重点攻坚专项行动先进集体"。

成立宁波栎社国际机场三期工程投运工作指挥部，梳理投运工作任务，优化资源分配方案，开展业务培训及综合演练。12月28日，宁波机场2号航站楼投运。至年底，除货运区、景观绿化及场道工程二阶段外，宁波机场三期工程其余项目全部竣工验收。

【宁波机场单日旅客运输量突破4万人次】 2019年2月6日（农历正月初二），宁波机场当日客运量首次突破4万人次大关，达41648人次，单日旅客运输量创下宁波民航通航35年来新高。其中，出港21368人次、进港20280人次，均创下历史峰值。

【宁波机场A-CDM建设评估获评A级】 2019年3月13日，国家民航局运行监控中心A-CDM建设评估督导组、专家

7月，志愿者在城区街道规范停放“共享电动车”

组、工作组对宁波机场A-CDM建设情况进行评估，经过综合评估，评估组肯定“宁波机场运管委+ACDM”模式，给予宁波机场A-CDM系统A等级评价。

【宁波栎社国际机场2号航站楼启用】 2019年10月16日，宁波机场三期工程2号航站楼项目通过竣工验收，三期工程全面具备投运条件。12月28日上午10点，宁波栎社国际机场三期工程投运仪式在2号航站楼出发厅举行。12月29日，2号航站楼全面启用，当日5时起所有国内、国际及地区进出港航班转场至2号航站楼运营，1号航站楼同步停止运营。

【智利—宁波东航物流洲际货运航班首航】 2019年11月20日上午10时，中国货运航空航班号为CK252的B777型全货机满载百余吨智利车厘子到达宁波栎社国际机场，智利—宁波东航物流洲际货运航班正式首航。航班采用“原产地直达”模式，通过洲际全货机航线，扩大两国交流合作。宁波机场举行“水门迎接”仪式。

（周　虹）

公共停车管理

【概况】 2019年，海曙区有独立、配建、结合地块建设、临时建设及学校、医院、机关企事业单位等各类公共停车场296家，泊位43477个，公共停车场面积90.07万平方米。

【咪表管理】 2019年，海曙中心城区有计咪表管理路段33条，咪表设备436台，咪表收费泊车位831个。其中，重点治堵路段8条，咪表124台，泊车位241个；一级区域路段22条，咪表291台，泊车位550个；二级区域路段1条，咪表21台，泊车位40个。配备现场咪表管理工作人员65人。全部咪表可以用微信、新市民卡、咪表卡进行支付。

（林桂玲）

相关链接：

A-CDM系统：是指要通过包括大数据在内的信息系统应用，使机场与空管、航空公司等驻场单位建立信息共享、协同管理的工作机制，在保障安全前提下，提高飞机放行效率，提升机场运行品质。

2019年海曙区公共停车场基本情况表

表20

单　位	停车场数量（家）	泊位数量（个）	面积（万平方米）
江厦街道	45	5628	9.11
月湖街道	38	5290	10.15
鼓楼街道	34	5028	16.39
西门街道	25	3479	8.38
南门街道	35	4489	7.12
白云街道	29	2743	5.05
望春街道	31	7400	15.17
段塘街道	32	4042	8.04
石碶街道	10	1308	2.50
古林镇	9	1264	2.46
高桥镇	6	975	1.80
鄞江镇	1	90	0.16
集士港镇	1	1741	3.13

邮电·信息

邮　政

【概况】 2019年，中国邮政集团有限公司宁波市分公司海曙区分公司业务收入6920万元。其中，金融业务完成3264万元，成为分公司的重点业务收入；函件业务完成458万元，比上年同期增长13.54%；报刊业务完成694万元，同比增长12.68%；集邮业务完成108万元，同比增长64.51%；寄递业务完成2111万元，特别是“双十一”期间，邮政业务收入近230万元。全区有邮政从业人员493人，设有23个邮政营业点、18个金融网点、11个经营部。高度重视安全生产，全年无重大事故发生。

【邮政职工后勤保障】 2019年，海曙邮政分公司专门设立3个“城市投递之家”、19个“职工小家”、1个职工图书室，帮助一线员工解决午餐及休息场所事宜。其中，“城市投递之家”“职工小家”均配备休息室、冰箱、电饭煲、微波炉等设施，成为一线职工餐饮及休息的场所。

（费晓春）

通　信

【概况】 2019年，中国电信股份有限公司宁波分公司海曙分局（简称“海曙电信”）累计完成主营业务收入5.89亿元。有移动手机用户44.2万户、4G用户25.8万户、宽带用户20万户、“天翼高清”用户11.2万户、物联网出账用户16万户。共规划5G基站606个，至年底，建设开通516个，完成率85%，实现海曙核心城区和重点乡镇的信号连续覆盖。海曙城区DT路测覆盖率指标达96.18%，上、下行速率分别达到150Mbps和1.6Gbps，符合城区路测指标要求。全年规划目标107个，分布于横街镇、章水镇、龙观乡、鄞江镇、集仕港等乡镇，实现市区、县城、乡镇镇区及周边经济带连续全覆盖。下设支局17个，服务网点190余个。海曙电信获评市“劳模工匠创新工作室”，解放南路营业厅获评市“青年文明号”。

中国移动海曙分公司（简称“海曙移动”）完成出账收入13.09亿元，通信用户102.77万户，通话用户99.71万户。累计开通基站1601个、室内分布252个、小微站46个、宏站1001个、5G站点302个，实现海曙区无线网络全覆盖；光纤覆盖39万户，覆盖率99.8%。海曙分公司获评中国移动浙江省“卓越班组”，青林湾营业厅获评省“青年文明号”，高桥网格获评中国移动浙江公司“模范职工小小家”与宁波移动“青年文明号”，古林网格获评宁波移动“青年文明号”。

中国联合网络通信有限公司宁波市海曙分公司（简称“海曙联通”）全年通信业务收入超2亿元，收入比上年同期增长2%。4G新建站点110余个，其中宏站70个左右、室分40个；3G新建站点70个，其中宏站40个、室

4月，白云街道白云庄社区老年人智能手机培训

分30个；新建光缆接入小区及楼宇50个，覆盖用户18000余户。开展"美丽乡村"建设及老旧小区整治的线路改造工程，完成老机房南门汽配市场、世纪伟业、高塘花园、时代金领等8个机房退租，5个老旧小区完成改造。新建城域网光缆300千米、7520芯千米。参与市政建设及拆迁等光缆割接，如新丰路、学院路改造及轨道交通5号线等大小光缆几百条，合计超1万芯。海曙联通下辖5个支局、10家营业厅、2家社区服务网点、3个县分部门（综合支撑部、政企客户部、网络运行部），有员工120余人。

【海曙移动"智慧乡镇"项目启动】 2019年，海曙移动分公司与鄞江镇政府达成战略合作协议，在鄞江镇共建全区首个"智慧乡镇"。项目依托移动互联网、云计算、物联网等新技术，建设八大系统，助力乡镇街道管理智能化。具体包括高清视频监控系统、高空大场景监控系统、秸秆燃烧监控系统、渣土车监控管理系统、客流动态分析系统、城市事件智能分析系统、AR违建智能分析系统、多场景"智慧乡镇"智能系统。

【海曙联通智能手机操作技能普及工程】 2019年3月，海曙联通公司参与宁波市智能手机操作技能普及工程。与区科协合作，组建15个讲师团队，分公司全员参与，前往各街道、社区、村庄及养老院等场所开展培训授课，累计开班300余班次。至年底，全区1.6万余名中老年人实现智能手机"脱盲"，超额完成市科协下达的培训指标。

【海曙电信医疗影像服务项目实施】 2019年4月，海曙电信在市第一医院实施医疗影像云存储及图文报告服务项目，此项目是全市深化医疗服务"最多跑一次"改革而推出的重点医疗卫生服务项目。群众在市第一医院看病，有诊断需要时可随时随地调阅全部检查记录及原始影像，缓解群众看病难、看病烦问题。

【海曙电信参与老小区改造项目】 2019年，海曙电信承接高塘花园、迎凤小区、偃月小区、后河小区、永寿小区等老旧小区的通信基础设施提升改造项目，投入专项资金百万余元。利用云计算、大数据、物联网技术，发挥综合智能通信设施在信息化建设中基础性作用。至年底，基本实现综合通信基础设施智能化管理、资源可管可控，形成信息化应用生态，助力海曙区社会治理、产业发展和民生应用服务。

（任红斌　高佳颖　潘岱玲）

宁波智能技术研究院

智慧城市建设

【概况】 2019年，海曙区智慧城市建设成效显著提升，博洋集团"创客157"创业创新"双创"平台被工信部列入2019年制造业"双创"平台试点示范项目名单。蓝卓工业互联网被列入2019年度省级工业互联网创建名单。宁波智尚国际服装产业园入选省级数字化试点园区。

先后出台《关于加快以数字经济为引领促进产业转型高质量发展的若干意见》《海曙区数字经济专项资金管理办法》等，推动政府、经济、社会数字化转型，实现高质量发展。推动企业深度"上云"，实施《海曙区深化推进"企业上云"三年行动计划》，新增企业"上云"3247家，帅特龙集团和富邦控股集团列入省第三批"上云标杆企业"，省级"上云标杆企业"总数达8家。

52家软件和信息技术服务业企业实现软件业务收入44.13亿元，比上年同期增加32%。其中，软件产品收入1.83亿元，信息技术服务收入20.3亿元，电子商务平台服务收入21.09亿元，信息安全收入0.91亿元。宁波工业互联网研究院产业园、中新创智（宁波）产业园开工建设，宁波市智能制造技术研究院的"智云端"列入市级优秀工业互联网平台，平台在区内300余家制造企业施用。"两院一园"正式开园。雅戈尔集团列入宁波市首批"5G+工业互联网"试点，纺织服装行业基于"5G+边云协同的制衣行业全连接示范平台"建设项目启动。雅戈尔集团和杉杉新材料科技公司被列入省级"数字化车间/智能工厂"名单。

建成全市首个区级品牌产业服务平台——海曙区"企服通"平台。有效整合政策发布渠道、优化项目申报和审批，创新服务企业方式。区政务信息资源中心整合海曙公安分局、区市场监管局、区卫生健康局等35个业务部门124个资源7900余万条数据，对外开放7700余万条数据，实现基层数据和部门数据间闭环流转，为群众性欠薪预警系统、流动人口管理、基层社会服务管理等应用系统提供数据支持。

【城乡网络补强工程实施】 2019年，海曙区实施城乡网络补强工程，通过铺设光缆、增设4G及"4G+"站点、开放5G试点等措施，补足乡镇区域的网络基础设施短板。出台《关于加快推进海曙区5G通信基础设施建设的实施意见》，加快5G网络建设，累计建设5G基站476个，开通398个。

【全省首家区级智慧党建中心建成】 参见“中国共产党海曙区委员会”类目“组织工作”分目

【公安智能防控平台投用】 2019年，海曙区公安智能防控平台投用。平台投用后，区域刑事案件发案数比上年同期下降23.5%，刑事打击数上升28.8%，通过信息化方式破获各类刑事案件占破案总数的82%以上，平台获公安部“移动警务突出成效奖”。

【“创客157”入选国家级“双创”平台】 2019年9月，工信部发布2019年“制造业双创平台示范项目”名单，博洋集团“创客157”创业创新平台被评为“基于互联网的制造能力开放平台方向的试点示范项目”，成为该批次全省唯一一家面向纺织服装设计互联网孵化领域的示范试点项目。“创客157”创业创新园原为博洋集团旧厂房，因位于启文路157-6号得名，由集团投入7000余万元改造为集办公空间、创业孵化、投融资服务、人才公寓、体育场馆、餐饮于一体的全市首家民营全资创办的特色孵化基地。园区完善院校合作机制，每年吸纳全国各地的纺织服装院校大学生实习，补充设计团队力量，并安排其设计产品接受市场销售检验；合理布局内部产业结构，从源头盘活入园企业资源。至年底，园区入驻企业近60家，其中内部孵化的8家企业中，有7家年销售额突破亿元大关。

（管文颖）

大数据发展服务

【概况】 2019年，海曙区大数据发展服务中心成立。依托省市数据交换平台和数据共享平台，区级数据交换平台与省、市平台实现无缝衔接、三级联通，160个民生事项100%实现“一证通办”。推动“无证明城区”建设和个人可信身份认证应用，为证明事项相关信息跨区域、跨部门共享提供技术保障和数据支撑，开设“身份证网证”窗口，对接浙江省可信身份认证平台，为开展“刷脸办事”服务打好基础。强化智慧大厅建设，“海曙区无差别收件系统”上线，为群众和企业提供精准化跑前指导，为窗口人员和部门审批人员提供标准收件知识库支持。对接省“好差评”系统，完成省“最多跑一次”改革专项评估“好差评”数据上报。

推进全区投资项目3.0平台上线运行，提高投资项目在线审批监管平台的应用水平，引导企业和群众网上申报、网上审批、办件回传“三个百分百”要求，位居全市前列。按照全省统一要求，实现2174个政务服务事项集中部署到“浙里办”App，实现“掌上办”。全区各级党政机关全面接入“浙政钉”，总注册用户超过1万人，激活率达99%，日均活跃率78%，信息完善率100%。

完成国家平台监管事项认领、检查实施清单录入及省监管事项目录清单动态管理系统上线异常数据处理等。完成2019年全区各部门50个信息化项目的申报审核、专家评审、财政资金报批及5批资金拨付。

负责全区性视频会议联调和会议保障，共保障46次机要视频会议、2次水利视频会议、36次全国电视电话视频会议、32次视联网视频会议的调试和会议保障，6次组网保障区政府的的会议内容通过视联网线路的方式传达到镇（乡）街道。实现全年会议保障“零差错”。完成春节、“五一”、国庆70周年等重要时间、重大节日的网络安全保障6次，政务服务网资源区服务器漏洞修改、区政府基础网络系统安全评估、区政府应急演练、政务外网网络接入等技术支持8次，安全加固4次，主机漏洞检测5次，新系统上线及变更5次，网站后门检测4次、设备巡检等安全巡检服务12次，应用安全检测5次。

【政务网络体系优化】 2019年，海曙区优化各机关部门、镇（乡）街道、村（社区）三级政务网络体系，重点整合区统计局、区人力社保局、区卫生健康局等6个部门的专网。整合公安、市场市监、卫生健康等35个业务部门的124项资源，实现7900余万条基层数据、部门数据在政府部门间闭环流转。强化机房运维和系统运维，保障全区政务网络安全稳定运行，为各部门200余个应用提供运维服务。开展“数据共享攻坚”行动，依托省、市数据平台，完善应用海曙区数据交换平台，编制完成2019年海曙区政务信息资源补充目录360条，调用省市共享接口407个300余万次。

【区大数据发展服务中心成立】 2019年，海曙区整合原区经信局的大数据开发应用、组织管理职责，电子政务项目统筹管理职责，政务和社会公共服务信息资源开发利用等职责和区府办公共数据和电子政务及政府门户网站建设管理等职责，组建区大数据发展服务中心。中心为区政府直属事业单位，机构规格为正局级，经费形式为财政全额拨款，分类类别为公益一类。内设机构综合规划科、数据资源和应用科、基础设施和安全科，人事、党务、后勤等工作由区府办管理。核定区大数据发展服务中心事业编制10名，核定主任1名、副主任2名；总工程师1名；科级领导职数3名。中心的主要职责是统筹推进区大数据发展工作，牵头协调和推进政府数字化转型工作，负责全区大数据中心平台建设、推进大数据信息基础设施建设和管理、指导数据资源安全体系建设。

【行政执法部门纳入全省执法平台】 2019年，海曙区面向全区行政执法部门推广应用浙江省行政执法平台，实现30个相关部门培训全覆盖、账号全开通、人员全入库。至年底，全区行政执法人员入库数694人，掌上执法激活率达99.86%。开展检查任务设置数517次，任务涉及检查对象7934户次，检查18356户次，人均检查19.86户次，检查问题3508户次，检出问题率19%。

（洪银姿）

临空数创园

数字经济和信息产业

【概况】 2019年，海曙区先后出台《关于加快以数字经济为引领促进产业转型高质量发展的若干意见》《海曙区数字经济专项资金管理办法》等，推动政府、经济、社会数字化转型，实现高质量发展。推动企业深度上云，实施《海曙区深化推进“企业上云”三年行动计划》，新增企业“上云”3247家，帅特龙集团和富邦控股集团列入省第三批“上云标杆企业”，全区省级“上云标杆企业”累计8家。

全区52家软件和信息技术服务业企业实现软件业务收入44.13亿元，比上年同期增加32%。其中，软件产品收入1.83亿元，信息技术服务收入20.3亿元，电子商务平台服务收入21.09亿元，信息安全收入0.91亿元。

宁波工业互联网研究院产业园、中新创智（宁波）产业园开工建设。宁波市智能制造技术研究院的“智云端”平台列入市级“优秀工业互联网平台”，平台在区内300余家制造企业实施。李泽湘教授团队“两院一园”开园。雅戈尔集团列入宁波市首批“5G+工业互联网”试点，纺织服装行业“基于5G+边云协同的制衣行业全连接示范平台”建设项目启动。雅戈尔集团、杉杉新材料科技公司被列入省级“数字化车间/智能工厂”。

【区“数字经济产业园区”培育单位评选】 2019年，海曙区首次评选区级“数字经济产业园区”培育单位和重点平台。众创空间、宁工知识产业园、临空数创园和高桥数字经济产业园被列入区“数字经济产业园区”培育名单，宁波智能制造技术研究院有限公司“智云端设备互联互通与工业物联服务平台”和浙江蓝卓工业互联网信息技术有限公司“supOS工业操作系统”被列入区“数字经济重点平台”。

【《海曙区数字经济三年行动计划》发布】 2019年年初，海曙区发布《海曙区数字经济三年行动计划》，把数字经济作为全区经济社会发展的“一号工程”。具体围绕“三化融合”，即数字产业化倍增发展、产业数字化全面覆盖、城市智慧化全省领先，实现创新能力和主体培育大幅增强、成效明显。规划至2021年，海曙数字经济总量占GDP比重达50%，数字经济核心产业增加值超过120亿元，建成全市领先的“海曙1+N城市数据中枢”、3家以上省级制造业创新中心和产业创新中心。

【全市首个“5G移动网络建设区”工程启动】 参见“海曙区人民政府”类目“重要活动”分目

【打造“数字经济先行区”动员大会】 参见“海曙区人民政府”类目“重要活动”分目

【5G应用发布会】 2019年4月23日，海曙区人民政府与中国电信宁波分公司联合举办宁波市5G应用发布会。区委领导代表海曙区致辞，并在发布会上打通宁波本地（省内）第一个基于正式网络的多媒体电话，与正在和义路电信营业厅的宁波电信网络建设部经理王晓东进行5G VoNR(5G新空口承载语音)高清通话。发布会上展示辖区企业雅戈尔集团近年来研发的5G赋能制造业场景、宁波市第二医院基于5G赋能的远程医疗和医疗资源共享等宁波本地5G应用项目成果。

【参展第九届智博会】 2019年9月，2019年世界数字经济大会暨第九届中国智慧城市与智能经济博览会（简称“智博会”）在宁波举办，海曙区组织宁波市智能制造技术研究院、宁波工业互联网研究院、宁波智能技术研究院、宁波鑫义信息科技有限公司等6家区内优势企业参展。参展企业聚焦高端装备、智能制造等热点领域，集中展示海曙区智云端系统、“明星机器狗”、无人援助艇、机器人帆船和指静脉技术等领域的前沿科技成果。

【宁波工业互联网研究院产业园开工】 参见“海曙区人民政府”类目“综述”分目

（蔡　哲）

金　融

金融监管

【概况】 2019年，海曙区内一级支行人民币不良贷款余额9.66亿元，不良率0.59%，比上年同期增加0.23%；本外币不良贷款余额12.86亿元，不良率0.76%，增加0.21%。

区金融服务中心承接“7+4”类地方金融组织监管（融资担保、融资租赁、小额贷款和典当等地方金融组织），使地方金融行业监管业务在区级层面率先实现统一归口管理。开展区内典当和小贷公司企业年审现场核查和不合规企业整改，融资租赁公司法人机构和融资租赁分支公司正常经营状况排查和融资担保机构规范性检查。开展涉嫌非法集资风险专项排查，重点针对P2P（peer-to-peer lending，点对点信贷）网贷平台、借贷领域以及资金密集企业的非法集资风险，进行扫楼式、扫街式排查，对重点机构建立“一企一档”。同时，高度关注投资受损群体维权情况，处理投资人现场信访和电话信访投诉48起，未出现投资者大规模上访维权情况。

【地方金融组织监管】 2019年，海曙区地方金融组织监管职能统一移交至区金融服务中心，专门设立地方金融科，配备2名专职监管员，主要负责初审地方金融组织的转报事项，提出初审意见并向市金融办转报；列席小额贷款公司股东会、董事会、监事会，实地走访各地方金融组织，督促引导企业合规经营；在相关部门接到地方金融组织受损群体维权投诉举报后，立即组织开展调查，查明问题原因，并按时反馈。全年，监管员列席各小额贷款公司股东会、董事会、监事会7次，走访地方金融组织累计51家次，协助处理金江小额贷款信访投诉件21件。

【互联网金融风险专项整治】 2019年，海曙区对互联网金融风险进行专项整治。全年底，排查出宁波市口径注册在海曙区的P2P（peer-to-peer lending，点对点信贷）机构39家，其中立案19家、已销号19家、正在清退1家，按时完成省市机构数、未兑付金额、未兑付人数“三降”目标。持续加强输入型P2P（peer-to-peer lending，点对点信贷）机构排查挤压整治，累计打击输入型P2P（peer-to-peer lending，点对点信贷）机构8家，挤压3家，重点关注在营仍存在风险隐患机构12家。协助做好追赃挽损，探索P2P（peer-to-peer lending，点对点信贷）网络借贷机构立案后续资产和债权处置方式，通过服务外包的形式，与律师事务所合作，最大限度挽回群众经济损失。推动鼓楼街道金融风险网格化排查市级试点工作，建立区、镇（乡）街道和网格三级立体化排查体系，落实“地毯式”扫楼扫街排查，建立“一企一档”。

（余倩妮）

金融服务

【概况】 2019年，海曙区金融业增加值112.04亿元，比上年同期增长2.4%；金融业贡献税收2.34亿元，同比增长16.82%。区内银行中，宁波市级分行7家，一级支行52家，村镇银行2家，二级支行、社区支行及分理处191家。保险行业中，市级分公司（含宁波中心支行）17家，营业部、支公司、营销服务部39个；证券公司中，市级分公司5家，证券营业部22家；期货公司中，市级分公司、营业部12家。

至年底，全区人民币存款余额2478亿元，比上年同期增长4.56%，较年初增加105.02亿元；人民币贷款余额2648.05亿元，同比增长15.35%。保险保费收入20.89亿元，赔付支出5.84亿元。

区政府性转贷基金实现转贷金额7.34亿元，累计转贷服务企业475家次，转贷金额55.69亿元，转贷金额同比增长36.06%。

【预防接种异常反应商业补充保险推行】 2019年，海曙区推行预防接种异常反应商业补充保险，为辖区百姓提供进一步保障。5月23日，月湖街道社区卫生服务中心实施“预防接种异常反应商业补充保险”项目。11月4日，海曙区预防接种异常反应商业补充保险推广会议召开，在全区全面推开此项保险，每户保费在396元至900

元范围，保险即时生效。

【全市首创蔺草种植保险】 2019年7月，海曙区推出宁波市创新型保险项目蔺草种植保险。保险对象为种植在海曙区行政区域内的蔺草秧苗种植户。该保险项目以种植在海曙区行政区域内的蔺草秧苗种植户为对象，保险责任期间自保险蔺草秧苗在田间第二次移栽成活开始，至保险蔺草秧苗第三次移栽时止。保险期间一般自当年7月1日起至当年11月31日止。12月，出险理赔支付工作结束，理赔金额总计约95万元。

【城镇既有房屋建筑外墙面使用安全责任保险推行】 2019年10月，西门街道新芝小区与中国太保产险宁波分公司签订城镇既有房屋建筑外墙面使用安全责任保险。协议规定，保险期间内，在保单载明的承保区域内，小区因意外事故、自然灾害或外墙面潜在缺陷造成既有城市房屋建筑外墙面发生脱落，导致第三者人身伤亡或财产损失，依法由被保险人承担经济赔偿，保险人按照约定负责赔偿。

【"文物保护保险+监测服务"项目推广】 2019年12月30日，海曙区文物保险扩面推广会在张苍水故居召开，由区金融服务中心牵头协调，区文物管理所和中国人民财产保险股份有限公司宁波市海曙支公司举行金汇小镇"文物保险+动态监测"服务签约仪式，发挥保险风险防范的优势，为文物建筑提供保护服务。

（余倩妮）

上市管理

【概况】 2019年，海曙区加快推进"凤凰行动"海曙计划，资本市场运行稳中有进。持续加强上市后备企业培育，8家企业入选区拟上市企业名单。牵头举办"海曙区企业赴港上市交流会""海曙区上市后备企业资本助航对接会"等活动，组织参加科创板企业上市业务专题培训会等，涉及企业75家。截至12月底，全区在境内外上市的企业14家，总量排名全市第二。

6月28日，飞扬国际控股（集团）有限公司在香港联合交易所主板挂牌上市

【飞扬集团在港交所主板上市】 2019年6月28日，飞扬国际控股（集团）有限公司（以下简称"飞扬集团"）在香港联合交易所主板挂牌上市，股票简称：飞扬集团，发行股份12500万股，发售价每股1.05港元，总募集资金1.31亿元港币。飞扬集团主要提供出境旅游、国内旅游，以及其他旅游配套产品及服务。成为海曙区第三家在香港主板挂牌的上市企业，也是内地旅行社行业赴港上市第一股，填补内地旅行社港股空白。

【上市后备企业资本助航对接会】 2019年11月6日，区金融服务中心于月湖金汇小镇举办"上市后备企业资本助航对接会"。对接会汇集海曙区18家上市后备企业，会上，区金融服务中心介绍省、市、区三级"凤凰行动"计划和企业上市过程中可享受的政策补贴，并由上海证券交易所和招商证券分别对科创板发行上市规则、A股上市关注事项等进行解读，通过政、企和中介合作，加快推动企业与资本市场接轨，加强对区内上市后备企业的精准服务。

（余倩妮）

月湖金汇小镇

【概况】 2019年，月湖金汇小镇新入驻企业52家，注册资金33.6亿元。累计入驻企业800余家，注册资金近700亿元。小镇整体实现税收超12亿元，其中新引进的企业实现税收2.2亿元，比上年同期增长120%。搭建企业对接平台，先后在融资需求、项目对接、投贷联动、帮困解忧、金融创新等方面提供对接服务。同时，组织金融机构、投资机构参与，如组织国投高新技术创投基金、上市公司发展基金、电商基金等产业基金高管到辖区企业参观、考察、调研。累计协助48家企业与小镇金融、投资机构融资对接，达成融资意向超4亿元。

月湖金汇小镇全年接待上饶市副市长、贞丰县党政代表团等各类政商领导调研考察22批508人次。"小镇客厅"（屠氏别业）累计举办海曙区企业赴港上市交流会、"金汇沙龙"等各类活动12场次。

【月湖金汇小镇招商活动】 2019年，月湖金汇小镇管理中心结合精准招商，参与海曙区招商引智小分队行动，相继到北京、上海、深圳等地开展宣传推介，参加第十三届中国（深圳）私募基金高峰论坛、老阿里茶馆投资信息线下聚会、财通证券资本市场培训会、墨创科技企业孵化培训会等活动20余次。

（余倩妮）

银 行

【概况】 2019年，海曙区有宁波市分行7家、一级支行及村镇银行52家、二级支行、社区支行及分理处194家。全区银行业人民币各项存款余额5037.17亿元，比上年同期增长6.3%，人民币各项贷款余额6312.51亿元，同比增长8.6%。基本形成全国性、区域性、地方性和国际性银行机构并存及服务性功能互补的银行机构体系。

【中国农业发展银行宁波市分行】 2019年年末，中国农业发展银行宁波市分行年末各项贷款余额215.53亿元，日均贷款213.65亿元，较年初减少11.54亿元；各项存款余额44.24亿元，日均存款余额43.02亿元；实现中间业务收入457.08万元，账面利润33014.31万元。现金清收不良贷款866万元，收回表外欠息86.49万元，不良贷款余额4380.49万元，较年初减少866万元，不良贷款率0.21%，较年初下降0.05%。支持保障粮食安全，累计发放粮油购销储贷款11.04亿元，支持购入粮食55.76万吨、油0.18万吨。巩固和发展粮油客户，粮食市场供应量份额达18.49%，较上年提高3.32个百分点。服务农业农村基础设施建设，累计发放农业农村基础设施建设贷款23.29亿元。支持实体经济发展，累计发放产业化龙头企业贷款11.3亿元。

【中信银行宁波分行】 2019年年末，中信银行宁波分行总资产856.8亿元，自营存款余额615.0亿元，较年初增加133.9亿元，增幅27.8%。其中，对公存款余额501.4亿元，同比增加99.8亿元；个人存款余额113.6亿元，增加34.2亿元。各项贷款余额798.7亿元，较年初增加134.9亿元，其中对公贷款余额457.7亿元，增加74.9亿元；个人贷款余额286.6亿元，增加54.5亿元；分行不良贷款余额7.2亿元，较年初减少3.4亿元，不良率为0.9%，下降0.7个百分点。实现营业净收入20.4亿元，比上年同期增加3.0亿元。获得宁波市公积金（贷款、提取）业务承办银行资格和市本级住房公积金存放定点银行资格。

【临商银行宁波分行】 2019年年末，临商银行宁波分行人民币存款余额45.08亿元，比上年同期下降18.11%，较年初下降8.16亿元；人民币贷款68.34亿元，比上年同期增长6.98%，较年初增长4.77亿元。不良贷款2.62亿元，不良贷款率为3.84%，利润减少2.04亿元。

【渣打银行宁波分行】 2019年年末，渣打银行宁波分行各项存款总额本外币27489万元，各项贷款总额本外币合计21625万元。其中，不良贷款余额123.28万元，不良贷款率0.57%。

【工商银行东门支行】 2019年年末，工商银行东门支行自营存款余额116亿元，较年初增加13.0亿元，自营贷款余额151亿元，较年初增加15.5亿元，其中个人贷款余额超100亿元，增加11.7亿元，增量居宁波分行第二。不良贷款余额3712万元，较年初减少1840万元，不良率0.13%，较年初下降0.07个百分点。实现拨备前利润6.7亿元、净利润4.6亿元。

【工商银行鼓楼支行】 2019年年末，工商银行鼓楼支行各项存款余额224.51亿元，较年初增加17.86亿元；各项贷款余额233.33亿元，较年初增加34.89亿元。不良贷款余额2033万元，不良率仅0.09%。支行首笔总行理财资金投资落地，投资海曙开投公司债券1.6亿元。

【工商银行明州支行】 2019年年末，工商银行明州支行实现人民币各项存款余额27.75亿元，比上年同期增长9.63%；本外币各项贷款余额47.29亿元，增长11.89%。支行下辖1个营业部，7家二级网点，员工人数113人，全年纳税1331万元，增长超过30%。

【农业银行宁波海曙支行】 2019年年末，中国农业银行海曙支行本外币各项存款余额81.59亿元；本外币各项贷款余额96.2亿元，支行有9个二级支行和1个支行营业部。定制“抵押e贷”“纳税e贷”“税银通”“甬贸贷”等产品，为“双创”型企业提供便捷融资服务；推广“E党费”“E农管家”“E商管家”等产品，为政府和企业提供高效结算渠道。依托党建互动平台，推出“惠渔贷”产品，较同类贷款降低2%～3%的融资成本，为渔民提供省时、省力、省资金的金融服务，至年底，累计发放贷款700余万元。

【农业银行明州支行】 2019年年末，农业银行明州支行本外币各项存款余额134.43亿元，比年初增加13.67亿元；本外币贷款余额106.88亿元，比年初增加4.60亿元。支行下设6个一级部门，辖属机构13家，其中营业部1家、二级支行9家、分理处3家，有员工213人，实现营业收入4.4亿元。2019年度，支行营业部获得分行“五一”巾帼标兵岗，石碶支行荣获分行党建特色品牌、分行先进基层党支部等荣誉。

【中国银行海曙支行】 2019年年末，中国银行海曙支行本外币各项存款余额89.7亿元，本外币各项贷款余额117.28亿元。支行下辖13个二级支行和1个支行营业部，有员工245人。2019年度，加入宁波城管义工协会，并开展“甬城送清凉”活动。

【建设银行海曙支行】 2019年年末，建设银行海曙支行实现税前利润2.09亿元，本外币贷款余额120.65亿元，比上年同期增加19亿元。截至12月底，支行住房租赁上线房源4155套；普惠贷款客户数1098户，较年初新增706户，余额合计82213万元，较年初新增59699万元。全行17家营业网点全部配备基础惠民服务设施，为环卫工人、出租车司机、快递员及“老弱病残孕”等提供饮水、休息场所。

【交通银行海曙支行】 2019年年末，交通银行海曙支行本外币存款余额

37.1亿元，本外币贷款余额43.76亿元。支行下辖营业部1个、二级支行4家，年末实有员工95人。2019年获评"中国银行业协会2019年银行业文明规范服务百家单位优秀创建奖"。

【平安银行海曙支行】 2019年年末，平安银行海曙支行各项存款余额12.9亿元，本外币各项贷款余额28.4亿元，本外币5级分类不良贷款余额1391万元，实现净利润4067万元。在分行"开门红"评选中获"复杂中收"、"AUM提升"、零售综合经营等多个项目的优胜奖，获得"全年综合经营KPI达成"团队亚军、"AUM增速"团队冠军、"财客经营"团队季军、基金销量团队季军。

【宁波银行海曙支行】 2019年年末，宁波银行海曙支行实现本外币存款余额123.9亿元，比上年同期增加27.9亿元；本外币贷款余额66.3亿元，增加22.2亿元。海曙支行下辖8家营业网点，有员工253人。支行营业部连续两年获海曙区首批区级"公共服务窗口文明单位"，并成为两家申报"宁波市文明窗口单位"之一。

【宁波银行湖东支行】 2019年年末，宁波银行湖东支行有8家网点，员工近240人。全年日均存款139亿元，年末存款余额144.3亿元，较年初新增20.3亿元；日均贷款37.5亿元，年末贷款余额38.4亿元，较年初降低4.3亿元；资产质量保持良好，年末不良率0.26%。公司业务逐渐形成"财资大管家""外汇金管家""票据好管家""政务新管家"和"易收宝"的"四管一宝"产品新体系，为客户提供资金管理、汇率管理、结算管理等方面解决方案。零售业务以"税务贷""政采贷"等拳头产品为抓手，累计走访对接客户近2500家，解决中小微企业融资难题。个人业务方面，成立消费信贷专营团队，专门对接居民融资需求，同时，加快推动财富业务转型升级，重点围绕资产配置、保值增值、私银服务等业务领域，累计为35万余名客户提供财富管理服务，管理资产超120亿元。

【泰隆银行海曙支行】 2019年年末，泰隆银行宁波海曙支行本外币各项存款余额6.3亿元，本外币各项贷款余额7.6亿元。有网点数2家，支行员工48人。

【海曙国民村镇银行】 2019年年末，海曙国民村镇银行各项存款余额5.04亿元，比年初增加2.02亿元，增幅66.92%，各项贷款余额5.03亿元，比年初增加0.89亿元，增幅21.51%。其中，普惠型小微企业贷款余额4.13亿元，占贷款总额的82%，增速27.13%；小微企业贷款户数367户，比上年末增加43户。涉农贷款余额3.77亿元，占贷款总额的75.02%，比年初增加0.85亿，较年初增速28.96%。推出"续贷通"业务，"续贷通"产品的对象贷款到期时无需偿还本金，仅需办理相关贷款手续，即可完成续贷。

【海曙浦发村镇银行】 2019年年末，海曙浦发村镇银行资产总额8.78亿元，负债总额7.45亿元，比年初增幅分别达7.86%和9.24%。各项存款余额7.2亿元，增幅11.96%；年末各项贷款余额4.12亿元，降幅18.02%；当年累计处置清收不良资产1128.15万元，年末不良率1.18%。市场份额各项指标在宁波市13家村镇银行中均名列前三，年末总资产占比10.1%，各项存款占比11.72%，税前利润占比9.47%。被评为区级"治安保卫重点单位"。

（余倩妮）

保　险

【概况】 2019年，海曙区保险机构有市级分公司（含宁波中心支公司）17家，保险支公司、营业部及营销服务部41家，专业中介机构17家。保险机构实现保险业务收入20.89亿元，其中财产险和人身险分别实现收入4.38亿元和16.51亿元，各类赔付给付5.84亿元。

【人保财险宁波分公司】 2019年，中国人民财产保险股份有限公司宁波市分公司对接国家"一带一路"和宁波"246"万亿级产业集群，实现保费收入54.78亿元，比上年同期增长7.17%。建立巨灾保险的"宁波样本"，首创全国城镇住房综合保险，自主研发"保险+服务"电梯险，首推"保险+救援"模式全域旅游保险，探索"保险+安全服务"新型生产责任险，首推民办教育培训机构风险防控综合保险，创新"保障+服务+补偿"模式生态环境绿色保险，开发宁波市建筑工程起重机械保险项目，设立15家"警保联动"车驾管社会服务站，服务区域涵盖宁波市区和各县（市、区）。

【人寿财险宁波分公司】 2019年，中国人寿财产保险股份有限公司宁波市分公司实现保费收入13.47亿元。食品安全责任保险、司法援助保险、新材料保险、商标专用权保险、全域旅游保险等项目不断推广。响应脱贫攻坚战略，开展宁海扶贫贷款保证险项目，为本地涉农企业发放贷款2890万元，帮助289户农户增产增收。在抗击"利奇马"台风中，向客户发送防灾信息54万条，受理案件1390起，支付赔款3529万元。开发多个应用工具，提升客户的业务办理效率，持续提升服务质量和服务能力。开展"客户节健步走""星光守护进校园"、防灾防损培训、警保合作等项目。

【中银保险宁波分公司】 2019年，中银保险宁波分公司完成保费收入10048.32万元，保费达成率85.88%，比上年同期下降4.92个百分点。实现已赚保费9071.11万元，同比增加1.35个百分点。综合成本率102.74%，同比增加12.41个百分点。综合赔付率66.00%，增加20.22个百分点。综合费用率36.73%，同比下降7.81个百分点。利润总额下降202.43万元，所得税3.95万元，净利润下降206.38万元。首推个人账户安全险、首台（套）综合保险等两款新产品破零；参与市场招投标项目9个，其中中标4个，实现保费收入830.19万元。

【新华人寿宁波分公司】 2019年，新华人寿保险股份有限公司宁波分公司总保费收入3.6亿元，比上年同期增长17.3%，其中，续期保费累计完成2.7亿元。推出“健康无忧重大疾病保险（C3款）”“多倍保障重大疾病保险（A1款）”等产品。举办“7·8保险扶贫健步走”大型户外活动；举行“城市因你而美·新华伴你而行”——新华保险关爱全国环卫工人大型公益行动捐赠续签仪式，新华人寿保险公益基金会向全市1.45万名环卫工人捐赠人身意外伤害保险，捐赠保额14.5亿元。

【太平人寿宁波分公司】 2019年，太平人寿保险有限公司宁波分公司实现保费收入12.62亿元，比上年同期增长17%；赔付支出1.18亿元。向普天乐健康乐园开展爱心捐助活动——“益己助人，与爱同行”，筹集善款59150元。

【太平洋产险宁波分公司】 2019年，中国太保产险宁波分公司实现保费收入33亿元，比上年同期增长8.1%。其中，车险保费收入23亿元，同比增长4.7%；非车险保费收入10亿元，同比增长17.1%。覆盖建筑业全生命周期的建设工程综合保险为建筑企业释放保证金超过1.4万笔、计50.5亿元。政策性小微企业财产保险初步实现全大市覆盖，为1343家小微企业提供保障8.03亿元，支付420万元的保险补偿款。城乡小额贷款保证保险为中小企业提供融资保证2933笔，承保贷款本金26.7亿元，比上年同期增长39.03%。关税保证保险落地，为宁波市进口报关货物提供高达30.49亿元的关税担保。

【大都会人寿宁波中心支公司】 2019年，大都会人寿宁波中心支公司实现总保费收入3.494亿元，比上年同期增长91.57%，其中电话销售的保费收入8143.02万元，同比增长0.67%；银行保险渠道的保费收入16956.88万元，同比增长216.01%；顾问行销渠道的保费收入9841.13万元，同比增长105.7%。大都会客户服务全面推行“微客服”，客户在手机客户端能完成理赔、保全变更等服务，提高时效和便捷性。

（余倩妮）

地方金融组织

【概况】 2019年，海曙区有小额贷款公司4家、典当企业10家、融资租赁公司12家、融资担保公司7家（市级2家、区级5家）、资产管理公司1家、信用互助社1家。

【海曙永鑫小贷公司】 2019年，海曙永鑫小贷公司为区内39家小微企业发放小额信贷0.48亿元，年末贷款余额1.67亿元。

【海曙德丰小贷公司】 2019年，海曙德丰小贷公司为区内5家小微企业发放小额信贷0.19亿元，年末贷款余额0.71亿元。

【海曙鹏源小贷公司】 2019年，海曙鹏源小贷公司年末贷款余额0.39亿元。

【海曙金江小贷公司】 2019年，海曙金江小贷该公司年末贷款余额0.44亿元。

【海曙浙江香溢德旗典当有限责任公司】 2019年，海曙浙江香溢德旗典当有限责任公司共发生业务1415笔，年末典当余额1.79亿元，典当总额8.15亿元。

【海曙宁波典当有限责任公司】 2019年，海曙宁波典当有限公司共发生业务3265笔，年末典当余额0.043亿元，典当总额0.35亿元。

【海曙宁波十鼎典当有限公司】 2019年，海曙宁波十鼎典当有限公司共发生业务382笔，年末典当余额0.17亿元，典当总额0.67亿元。

【海曙宁波鑫义典当有限公司】 2019年，海曙宁波鑫义典当有限公司共发生业务27笔，年末典当余额0.11亿元，典当总额0.44亿元。

【海曙宁波和裕典当有限公司】 2019年，海曙宁波鑫义典当有限公司共发生业务94笔，年末典当余额0.088亿元，典当总额0.47亿元。

【海曙浙江香溢融资有限责任公司】 2019年年底，海曙浙江香溢融资有限责任公司发生客户22户，年度融资租赁资产总额3.38亿元，均为售后回租资产，不良租赁资产率12.92%。

【海曙国骅融资租赁有限公司】 2019年年底，海曙国骅融资租赁有限公司资产总额2.83亿元，其中融资租赁资产总额0.77亿元、不良租赁资产率19.62%。

【海曙宁波富博融资租赁有限公司】 2019年年底，海曙宁波富博融资租赁有限公司资产总额0.9亿元。融资租赁资产总额0.81亿元，其中直接融资租赁资产总额0.35亿元、售后回租资产总额0.46亿元。

【海曙宁波渔业融资担保有限公司】 2019年年底，海曙宁波渔业融资担保有限公司在保余额3.58亿元，全部涉农，放大倍数为5.26倍，代偿率为0。

【海曙宁波京泰担保有限公司】 2019年年底，海曙宁波京泰担保有限公司在保余额2.94亿元，其中小微企业担保在保余额为4316万元，占比1.36%，放大倍数为4.83倍，代偿率为0。

【海曙宁波农信融资担保有限公司】 2019年年底，海曙宁波农信融资担保有限公司在保余额0.5亿元，其中小微企业担保在保余额4976.6万元，占比56%，涉农担保在保余额0.49亿元，占比99%，放大倍数为1.28倍，代偿率为14.35%。

【海曙中小企业融资担保有限公司】 2019年11月，海曙中小企业融资担保有限公司成立，注册资本金1亿元，并于12月底正式开业。当年在保余额2042万元，均为政策性小微企业担保。

（余倩妮）

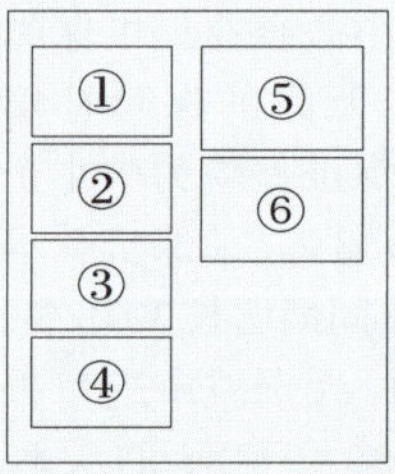

①2月18日，江厦街道新街社区与共建单位宁波银行浙东支行为辖区青少年组织一堂“压岁钱去哪儿”理财培训课

②5月17日，海曙区企业融资交流对接会在月湖金汇小镇举行

③11月4日，区卫生健康局召开预防接种异常反应商业补充保险推进会

④11月21日，月湖街道平桥社区举办“金融普惠”“防范非法集资”“防范套路贷”等金融知识进万家系列活动

⑤12月5日，集士港镇井亭社区开展“金融普惠”“防范非法集资”“防范套路贷”等金融知识进万家系列活动

⑥2019年，海曙区创新推出“零抵押零担保”小微企业信用贷款。图为9月26日，鄞州银行为宁波市海曙龙观天博建材店提供融资服务

旅　游

综　述

【概况】 2019年，海曙区接待国内外游客2119.15万人次，比上年同期增长17.23%。实现旅游总收入314.93亿元，比上年同期增长19.82%。其中，接待国内游客2105.24万人次，同比增长17.42%；国内旅游收入310.81亿元，同比增长20.17%。国内客源市场前三位分别是浙江、江苏、上海，占国内客源总人数的54.65%、17.07%、10.71%，其次是山东（3.7%）、安徽（2.85%）、广东（2.39%）。“长三角”地区是全区国内旅游最大的客源市场。接待入境游客13.91万人次，比上年同期下降6.13%。实现旅游外汇收入5960.95万美元，同比下降3.98%。入境客源国前五位分别是美国、日本、德国、韩国、英国。

【全区智慧导览平台实现双向打通】 2019年，全区75处景点、文保点完成中英文介绍铜牌的安装，铜牌上标注所在景点、文保点的二维码，通过扫码可提供语音讲解服务。所有二维码均同步接入“千年海曙”微信公众号上的智慧导览平台，平台提供电子导览、语音讲解等多项服务，界面语言支持中英双语选择，适用于国内外游客。自此，全区智慧导览平台实现双向打通，游客可通过智慧导览平台，全方面了解海曙区“吃、住、行、游、购、娱”各种信息。

（毛静娜）

旅游开发与建设

【概况】 2019年，海曙区全方位、系统化提升城市文化旅游功能和公共服务水平，以建设宜居、宜业、宜游、宜养的“书香海曙”为目标，重点做好争创“浙江省A级景区城”工作。指导月湖街道、龙观乡创建“浙江省A级景区镇”，集士港镇深溪村等15个村创建“浙江省A级景区村”（AAA级2个、AA级10个、A级3个）。至年底，龙观乡获评“浙江省旅游风情小镇”。

加速产业融合，指导浙江茗盛食品有限公司创建“浙江省工业旅游示范基地”，宁波·杉井奥特莱斯和向阳舍·慢生活农场创建为市级特色休闲旅游基地。完善旅游基础设施建设，新改建旅游厕所20座（新建14座、改建6座），对景点、文保点统一安装铜制中英文介绍牌75个，并提供扫码语音讲解服务。

【“茗盛食品”获评省级工业旅游基地】 2019年12月18日，省文旅厅、省经信厅发文认定浙江茗盛食品有限公司（简称“茗盛食品公司”）为浙江省工业旅游示范基地。茗盛食品公司主要生产粽子、月饼、年礼等节庆食品，是国内最大的粽子和月饼生产基地，多次获国内多项优秀称号。为形成新的产业增长点，公司以“旅游+工业”的新组合为思路，改造老旧厂区，完善服务功能，增强互动体验，融入旅游元素，将厂区布局成为浙江省食品行业

向阳舍慢生活农场

唯一的“观光旅游工厂”。

【龙观乡获评省“旅游风情小镇”】2019年12月24日，省文旅厅公示第三批省级“旅游风情小镇”名单，龙观乡成为全区首个入选的乡镇。2019年，龙观乡以“乡镇·景区一体化”为目标，继续实施全域旅游战略，按照“连点、成线、促面”步骤，推进重点项目建设、特色业态集聚、文旅产业链培育，通过建设美丽交通网、构建智慧旅游体系、培育民宿集聚群、打造特色文商旅品牌等，逐步形成“一区三带”全景化旅游发展格局。

（毛静娜）

旅游营销和节庆活动

【概况】2019年，海曙区开展“美好生活”文化节惠民活动。海曙旅游宣传片中英文广告片制作完成，开发制作“海曙旅游指南（更新版）”、旅游线路宣传折页、海曙旅游画册、“海曙十景”明信片等旅游宣传品。在宁波汽车南站、轨道交通2号线广告灯箱等地投放旅游宣传广告，在《上海时报》开辟专栏，推介海曙旅游。运营维护“千年海曙”微信公众号平台，组织开展2019年“海曙旅游网络狂欢节”活动。

鼓励旅游企业及各镇（乡）街道开发各具特色的旅游宣传品，获全市旅游宣传品评审单项奖1项。组织企业参加“活力浙东南醉美山海游”“2019上海世界旅游博览会”“5·19中国旅游日”、南京国际度假休闲及房车展览会、“跟着高铁游宁波文化旅游（河南）推广年”、2019浙江（江苏）旅游交易会等国内外多个旅游市场的推广活动以及“宁波国际旅游展”“中国国际旅游交易会”等大型专业展会。重点参与“宁波旅游重点节事”活动，凭借“好风明月是生涯”——天一阁·月湖中秋活动获节事评选一等奖，2019宁波浙东大竹海第二届竹粉文化节、“龙腾中华”百龙大赛暨2019年中国梁祝文化节、宁波饭店“徽菜文化美食节”及“甬味快捷惠民季”、“云之味”——云海龙虾美食节获三等奖。

【“行读海曙”都市旅游线路发布】2019年4月21日，天一阁广场举行“书香宁波·海曙阅读季”嘉年华启动仪式，“行读海曙”都市旅游线路在现场发布。该旅游线路始于天一阁，终于大方岳第，串联起区内12个文化旅游景点，游客在一天内可穿越百年时光，行读千年海曙。活动当日同步发布配套的手绘版“行读海曙”都市文化旅游地图，向游客提供海曙都市旅游食、住、行、游等多方面信息。

【“海曙十景”评选发布】2019年9月，经寻找“海曙最美”摄影比赛征集评选，“海曙十景”发布。此次摄影比赛共收到作品千余幅，最终评选出获奖作品50幅，经网上投票、专家评议，确定全区最具代表性的十大景点，包括“天一书香”（天一阁博物馆）、“十洲潋滟”（月湖）、“鼓楼声韵”（鼓楼）、“天封揽月”（天封塔）、“梁祝蝶恋”（梁祝文化园）、“龙潭飞瀑”（五龙潭风景区）、“竹海飞仙”（浙东大竹海景区）、“它山奔水”（它山堰）、“杖锡漫樱”（杖锡樱花园）、“海曙云霞”（三江口）。

【海曙“美好生活”文化节】2019年9—11月，海曙“美好生活”文化节举行。文化节围绕“惠游·惠玩·惠动”主题，整合海曙区文化、旅游和体育资源，通过文创产品推广、“非遗”项目展示、旅游产品推介、体育互动活动等形式，展示文旅体融合发展的成果。活动举办期间，54家文、旅、体企业推出近百项惠民活动，惠及市民游客10000余人，拉动文化、旅游、体育3类消费总计500余万元。开幕式活动现场，开通全市首创的海曙全域旅游“81890”专线；为10名海曙区旅游行风监督员颁发聘书；举行“美好生活”文艺晚会和“美好生活”游园会。闭幕式现场发布“非遗”特色的美食清单——“海曙十碗”与“海曙十点”。

（毛静娜）

旅游行业管理

【概况】2019年，海曙区域内有星级宾馆19家。其中，五星级酒店4家（宁波南苑饭店、宁波凯洲皇冠假日酒店、宁波华侨豪生大酒店、宁波万豪酒店），四星级酒店4家（宁波大酒店、浙海大酒店、嘉和大酒店、宁波新园宾馆），三星级酒店9家（宁波饭店、宁波云海宾馆、宁波中山饭店、宁波海俱大酒店、宁波香溢大酒店、宁波丽嘉盛业大酒店、宁波福莱顿商务酒店、宁波天成酒店、维也纳国际酒店城西店），二星级酒店2家（宁波永耀大酒店、宁波宏通苑大酒店）。花级酒店有7家，其中五花级酒店2家（汉宾酒店、南塘阅居酒店），四花级酒店4家（南苑E家城

9月，“海曙十碗，海曙十点”美食清单发布

南店、南苑E家集士港店、星程酒店、宁波天港漫非酒店奥特莱斯机场店），三花级酒店1家（海怡大酒店）。国家金树叶级绿色旅游饭店有5家（石浦大饭店华府店、威斯汀酒店、海曙天港禧悦酒店、富邦大酒店、阳光豪生大酒店）。

旅行社65家，分社36家。其中，五星级旅行社2家（浙江飞扬国际旅游集团股份有限公司、宁波中国青年旅行社有限公司），四星级旅行社3家（宁波市锦江旅游汽车服务有限公司、浙江飞扬联创旅游有限公司、宁波大地国际旅行社有限公司），三星级旅行社3家（宁波市职工旅游有限责任公司、宁波市旅游集散服务中心开发有限公司、宁波旅行社有限责任公司）。

与区内137家旅游企业（4家景区、35家饭店酒店、98家旅行社）签订2019年旅游安全责任书。开展旅游市场整治规范专项活动，累计检查企业58家，查出安全隐患27处，企业整改率100%。开展旅游车辆安全检查，覆盖6家出境社及其分社、8家在线旅游企业和15家旅行社的旅游车辆。推动全国旅游监管服务平台在全区旅游企业应用，66家旅行企业接入平台，使用率达70%。

在64家（60家旅行社、4家景区）旅游企业的醒目位置悬挂“全域旅游综合保险服务救援热线”标牌，推广“86870000”宁波市全域旅游综合保险服务救援热线。协助完成62家旅行社关于全域旅游综合保险（涉旅）企业高风险企业保险的退款事宜。

2家单位（梁祝文化园、凯州皇冠假日酒店）创建为“城市生活垃圾分类双百示范单位”。35家单位推广垃圾分类工作，其中A级景区4家、星级饭店19家、绿色旅游饭店5家、花级酒店7家。

【“书香酒店”创建】 2019年2月始，海曙区在全市率先推进“书香酒店”创建计划，包括4个阶段。其中，2—7月为准备阶段，走访调研全区大中小各类型的酒店，召开酒店与书店的协调会，并带领10家酒店总经理赴杭州的4家书香主题饭店考察相关建设经验。7—11月为试点阶段，选取2家高星级旅游酒店（南苑饭店、富邦大酒店），开展“书香酒店”试点建设，2家酒店按照不同的定制方案，11月始，联合“喜马拉雅”有声阅读、“甬上枫林晚”实体书店、区图书馆等，创建有海曙特色的“书香酒店”。12月为总结阶段，出台“书香酒店”建设奖励补助政策，总结“书香酒店”建设经验。至年底，在全区建成2家以上“书香酒店”。

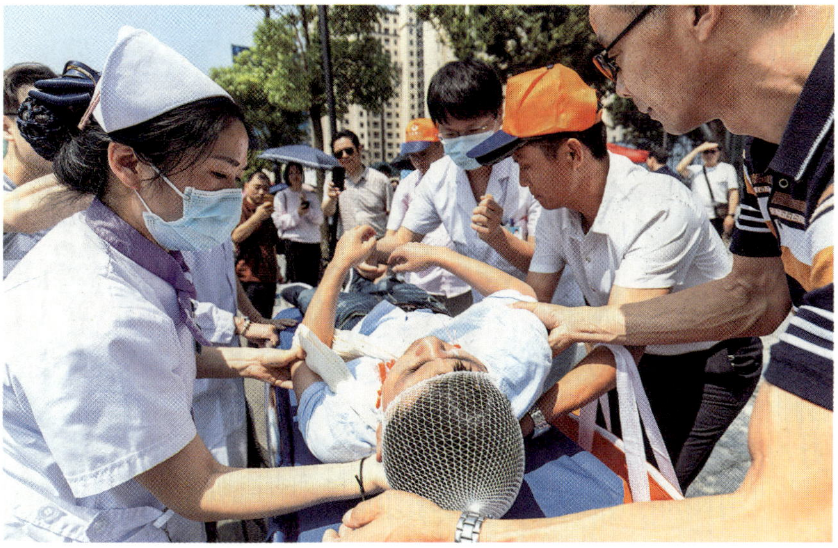

6月27日，海曙区开展旅游客车反暴恐重大事故救援应急演练

【区旅游协会成立大会】 2019年3月5日，海曙区旅游协会成立大会暨第一届第一次会员大会召开。市文化广电旅游局副局长杨雄鹰、副区长毛孟军等出席。区内各景区、饭店、旅行社等98家企业作为旅游协会会员参加，宁波市锦江旅游汽车服务有限公司总经理梁勇经会议投票选举，担任第一任会长。协会负责统筹海曙区各旅游企业的相关资源，增强各企业间互动与资源共享，避免同质化竞争，推动海曙区旅游事业的持续健康发展。

【旅游客车反暴恐安全演练】 2019年6月27日，海曙区开展旅游客车反暴恐重大事故救援应急演练。演练现场模拟旅游大巴遭遇持刀抢劫伤人事件，测验应急预案启动、求救信号发布、游客自救组织、公安逮捕、120急救等各个环节。旨在提升全区旅游安全管理水平、应急处置能力，98家旅游企业的130名职工参加演练。

【导游风采大赛】 2019年9月19日，2019年海曙区导游风采大赛举办，全区各旅行社、景区的36名选手参赛。大赛以“讲好宁波故事，提升城市形象”为主题，分中文组、英文组，设置有精品线路讲解、风采展示与“非遗”故事、才艺表演等项目。来自浙江飞扬国际旅游集团股份有限公司吴敏、浙江省中国旅行社集团有限公司宁波分公司王旭斌等12人获奖。赛后，其中的11位参赛选手被推介参加全市导游风采大赛，获得团体总分第一名。

（陈宇骏）

天一阁·月湖景区

【概况】 2019年，天一阁·月湖景区是国家AAAAA级旅游景区。管委会注重规范化开发建设，提升景区综合形象。统筹推进景区二期提升工程，完成前期准备工作；配合市级部门牵头的“大月湖”规划调研基础性工作，完成景区南北地下通道可行性报告及设计方案；参与“文化紫道”镇明路示范段设计研究；牵头推进宁波二中东侧危旧桥改造工程；优化改造卢宅游客服务点、读书亭，增设公益广告牌，进一步构筑文明旅游环境。推进景区东区国有区管文物建筑、历史建筑及仿古建筑的归口管理，指导落实文物建筑保护修缮，历史文化研究及开放单

5月1日,“十洲雅韵 千载华裳”——天一阁·月湖景区汉服游园会举行

位业态调整提升。

完成“天一阁·月湖文丛”首部专集《天一阁·月湖历代诗词汇编》编写整理审校。宣传推广景区文化语音库,定时在景区内播放,并在景区微信公众号设置诗词鉴赏栏目,增加跟读互动模块,成为展示景区文化的新载体。提炼景区诗词文化内涵,设计制作北宋“神童诗”书签、名家书法帆布袋,编印新版景区旅游攻略折页,突出天一阁·月湖文创纪念品的独特性。

举办“十洲雅韵 千载华裳”五一汉服游园会、“好风明月是生涯”——2019年中秋诗词朗诵晚会等传统文化类活动,其中“好风明月是生涯”——2019年天一阁·月湖中秋诗会获“2019年度宁波重点旅游节事活动”一等奖,开展“十洲新韵 妙笔丹青”天一阁·月湖名家写生、“我心中的母亲湖”市中小学生手绘创作展等书画摄影特色活动。举办首届中国无人驾驶航海器智能帆船公开赛暨国际挑战赛、第二届全国青少年皮艇球锦标赛等国字号体育赛事,以及2019年“迷恋宁波”文化旅游生活节、甬籍院士故乡行院士林20周年纪念活动。设立“皓哥读书”阅读基地,组织“天一阁·月湖迎春诗词朗诵会”“五一·亲子阅读”等系列活动。

首次以天一阁·月湖国家AAAAA旅游景区形象组织参加2019年宁波国际旅游展,获2019年宁波国际旅游展最佳组织奖。景区文化宣传片获2019年度宁波市旅游宣传品二等奖,并于宁波旅游节期间在全市公交、地铁移动电视上投放。设计制作景区道旗、公交候车亭广告、宣传栏。继续组织“景区文化进课堂”活动,向师生、家长宣传景区文化。游客中心获2018—2019年度省级“青年文明号”、市级“巾帼文明岗”称号。

【天一阁·月湖景区获评省级示范景区】 2019年4月19日,由省旅游协会和浙江日报报业集团联合开展的“第七届浙江旅游总评榜”结果公布,天一阁·月湖景区获评“2018浙江旅游总评榜之年度文旅融合示范景区”。

【“十洲雅韵千载华裳”汉服游园会】 2019年5月1日,“十洲雅韵千载华裳”——天一阁·月湖景区汉服游园会在天一阁·月湖景区举行。活动设6个表演点,演出越剧、舞蹈、吟诵、国画、武术等节目,近200位游客通过“穿汉服、学礼仪、赏美景、看节目”形式,提升景区人气。

【海曙区首次参展宁波国际旅游展】 2019年8月30日至9月1日,第六届宁波国际旅游展在宁波国际会展中心举办,天一阁·月湖景区作为国家AAAAA级旅游景区首次参展。展位设计取材于吴冠中作品《双燕》,在白墙青瓦的立体画作里展示天一阁·月湖的千年风采。经评选,景区管委会获“2019宁波国际旅游展最佳组织奖”。

【“好风明月是生涯”中秋诗词朗诵晚会】 2019年9月12日,“好风明月是生涯”——天一阁·月湖中秋诗词朗诵晚会在天一阁·月湖景区西广场举行。晚会以诗词朗诵为主,穿插古琴、越剧、歌舞、茶艺等表演,与晚会同步开展的灯展持续4天,同时举办灯谜兑奖和汉服表演活动。此次活动获“2019年度宁波重点旅游节事活动”一等奖。

(陈鲁萍)

五龙潭景区

【概况】 五龙潭是国家AAAA级旅游景区和省级风景名胜区,位于龙观乡境内,距宁波市区约30千米。景区于2000年10月1日试营业,2001年4月28日正式营业。2019年,景区共接待游客近30万人次,旅游收入1000余万元,以青云峡漂流、7D观瀑水景玻璃天桥等新项目为景区特色,经济效益显著提升。其中,玻璃天桥接待游客15万人次,漂流接待游客8万人次。

景区新建设生态木栈道、旅游停车场、生态旅游厕所等配套设施,升级匝道系统和智能化计票系统,拓宽五龙潭景区通景公路弯道。

【五龙潭景区旅游厕所新建】 2019年第一季度,五龙潭景区投资50万元,新建三潭停车场AAA级旅游厕所。公厕面积107平方米,内有无障碍厕位。建成后,景区内共有AAA厕所2座。

【三潭小广场改造提升】 2019年第一季度,五龙潭景区投入20万元改造提升三潭小广场。工程内容包括广场铺砖、新建花坛等,改造后广场面积拓展为150平方米,为游客提供更舒适的休憩场所。

(王超亚)

城乡建设与管理

城乡规划

【概况】 2019年，海曙自然资源规划分局推动全区国土空间总体规划编制工作全面启动。开展姚江南岸、丁家地块、桃源湾区块、尹江岸区块“未来社区”等重点区域规划研究和城市设计。深化完善高桥老镇、宁波财经学院、高桥南、望春工业园区4个控制性详细规划编制。局部调整鄞江镇、洞桥镇、火车南站地段等控制性详细规划。设计宁波国际互换邮局、五江口区块等项目的规划条件。推进全区村庄规划应编尽编。

推进和保障西洪大桥及接线工程、轨道交通4号线与5号线等重点工程建设和宁波海曙区实验学校、雅戈尔西部医院、杭甬高速原段塘立交地块等重点区域周边配套市政项目建设。做好全区10个历史文化名村保护规划的批复和秀水历史文化街区、永寿历史文化街区的提升改造等工作。

制定《宁波市自然资源和规划局海曙分局2019年“项目攻坚提速年”活动实施方案》，结合“三服务”活动，开展项目规划审批服务，完成宁波广新纳米材料有限公司、城隍庙地块项目、机场三期扩建、雅戈尔纺织城地块二期、广博集团厂房、洞桥中心幼儿园等项目的建筑工程许可证核发。完成长途汽车客运中心扩建、中医院西侧2号地块、新星商业3号地块、妇儿医院改扩建工程、宁波三生电子商务有限公司、北辰府小区、高桥镇老年活动中心等项目的验收。

开展测绘与基础地理数据管理，完成1:500地形图测图(约46平方千米)、区三维地理信息综合平台开发建设项目验收、绕城以内区域面积约150平方千米的三维实景（航飞倾斜摄影）建模等。组织无人机应急测绘保障演练2次。梳理基础数据类型和地理信息数据库，收集原海曙及原鄞西片区的基础地形图数据21510幅、遥感影像773幅、三维模型20余套、竣工管线110余项。完成1:500、1:2000基础地理信息数据坐标转换260余件、修复损坏地形图数据10件，向辖区294余家企事业单位提供数据服务。

【历史文化名村保护】 2019年，海曙区第二批历史建筑完成挂牌，10个历史文化名村的保护规划完成报批。其中，李家坑等5个省级历史文化名村保护规划获省政府批复，鲍家磡等5个市级历史文化名村保护规划获市政府批复。

【市政专项类规划整合】 2019年，海曙自然资源规划分局推进海曙区交通市政、基础设施等专项规划编制，完成新海曙市政专项规划梳理整合，组织开展翠柏路区域雨污管网规划研究论证，完成海曙区2019年度城市交通基础数据调查等工作。协同有关部门完成鄞江镇镇区生活污水综合治理工程规划，编制“四好农村路”中长期发展规划，开展石碶片区“打通断头路”规划方案研究。

【规划项目“双验合一”服务推出】 2019年5月，海曙自然资源规划分局创新推出“双验合一”服务，即规划核实和

2019年海曙区历史文化名村基本情况表

表21

村　名	历史文化名村等级
李家坑村	国家级
蜜岩村	省级
新庄村	省级
大西坝村	省级
凤岙村	省级
崔岙村	市级
鲍家磡村	市级
建岙村	市级
前虞村	市级
蜃蛟村	市级

11月5日，全区国土空间总体规划编制工作领导小组（扩大）会议暨工作部署推进会召开

土地复核同步受理、同步办结。利用此项服务模式，徐家漕牛奶场2号地块、中医院西侧2号地块、高桥镇高桥村老年活动中心等重点项目的办理周期从12天缩短至2天办结。

【国土空间规划编制启动】 2019年11月5日，海曙区召开全区国土空间总体规划编制工作领导小组（扩大）会议暨工作部署推进会，启动海曙区国土空间总体规划编制工作。同时，印发《海曙区国土空间总体规划（2020—2035年）编制工作方案》，成立由主要领导挂帅的工作领导小组，负责规划编制过程中重大事项的指导和决策，办公室设在海曙自然资源规划分局。

（谢作衷）

房屋征收

【概况】 2019年，海曙区围绕旧城改造（危改）、基础设施建设，启动24个（含3个跨年度项目）征收改造项目，涉及征收面积23.36万平方米，征收户数为2331户。其中，薛家路（环城南路—中山西路）道路工程项目（高桥段）、环城西路52弄危旧房改造项目、环城南路西延项目（高桥段）、环城南路西延项目（集士港段）项目等16个项目实现征收清零。

依法作出征收补偿决定6件、参与行政诉讼48件，完成扫尾清零8户。推进年度征收项目，做好房源筹措管理等工作，筹措望春佳苑、望童北苑、丽象佳苑等地块的安置现房1113套，并协调春城花园北侧、信谊小学东侧、高桥安置房等期房地块约1000套。

【房屋征收重点工程项目】 2019年，海曙区启动薛家路（环城南路—中山西路）道路工程（高桥段）项目等5个道路重点工程项目的征收。其中，薛家路（环城南路—中山西路）道路工程（高桥段）项目、薛家路（环城南路—中山西路）道路工程（古林段）2个项目实现100%签约；鄞奉路（环城西路—三孔碶桥）拓宽改建工程项目、联丰路（机场路—薛家路）项目2个项目为跨年度道路重点工程项目，2019年12月30日作出征收决定。另有环城南路西延项目（高桥段）、徐家漕路北侧地块（配套道路）等13个项目采用收购形式完成签约，签约率达99.88%，小杨家旧房改造项目剩余1户未签约。

【危旧房改造项目】 2019年，海曙区启动环城西路52弄、高塘三村等2个危旧房改造项目。至年底，环城西路52弄危旧房改造项目实现100%签约；高塘三村危旧房改造项目为跨年度项目，2019年11月29日作出征收决定，12月26日开始签约。

【房屋征收遗留项目清零】 2019年，高塘一村危旧房改造项目，肖家巷99号、101号、103号、105号、109号 零星危旧房改造地块项目，福德路工程零星国有房屋征收项目，徐家漕北侧地块项目，薛家路（环城南路—中山西路）道路工程项目（古林段）5个遗留项目实现搬迁清零，扫尾清零8户，完成年度目标。

【历史文化街区改造项目启动】 2019年，海曙区配合启动4个历史文化街区改造项目，包括永寿街历史文化街区项目，南永宁巷6号危旧房改造项目，三支街48号、54号、62号危旧房改造地块项目，紫金巷35号、36号危旧房改造地块项目。

（黄玉琼）

旧村改造

【概况】 2019年，海曙区印发《关于调整宁波市海曙区旧村改造办公室机构编制有关事项的批复》与《宁波市海曙区旧村改造管理服务中心职能配置、内设机构和人员编制规定》，原海曙区旧村改造办公室更名为海曙区旧村改造管理服务中心，并调整为全额拨款全民事业单位。

投入旧村改造资金13.04亿元，其中土地征收、拆迁补偿、安置房工程建设投入12.97亿元，银行利息支出0.07亿元。

制定海曙区新一轮城中村改造计划，涉及7个镇（乡）街道共21个项目、1.3万户拆迁户、287.8万平方米土地。从2019年至2021年分3批次启动。启动新一轮城中村改造“一区一规划”“一村一方案”编制。其中，“一区一规划”范围为宁波绕城高速以内区域，总面积147.73平方千米，涉及村庄89个。“一村一方案”经海曙自然资源规划分局审核，完成初稿编制。

配合做好五江口地块19.12万平方米的土地规划条件出具，供地勘测图出具、国安、文保、无压覆矿等土地出让前期准备，完成地块出让前期储备入库审核涉及地块平整及水、电、通信设施迁移。7月，该地块挂牌成交，实现合同出让金收益39.84亿元。保障粮丰街（环城南路—段塘东路）道路工程项目、薛家路（环城南路—中山西路）道路工程项目（望春街道姚丰段）、鄞奉路（三孔契桥—环城西路）道路工程项目和“在水一方”小区南侧1号、2号地块配套道路工程等4个项目，划拨用地3.6万平方米。

调整新一轮城中村改造计划，确定拆迁项目26个，投入征地拆迁资金7.89亿元。继续推进环城南路西延、西洪大桥、轨道交通5号线等项目剩余拆迁量，并启动联丰路西延、学院路改造、集士港镇树桥头自然村等项目拆迁。集士港镇横港村II-08地块、石碶街道奉化江“风棚碶”泵闸工程等项目拆迁清零，完成签约2872户59.01万平方米，完成率96.3%。

在建安置房工程项目2个、新开工项目1个，投入建设资金5.08亿元。其中，姚丰安置房进入地下室一层垫层施工和底板浇筑阶段，累计完成工程总量24.1%；段塘安置房（粮丰街以东地块）完成主体施工的80%，累计完成工程总量的48%；段塘安置房（环城西路以西2号地块）6月开工，完成桩基施工，累计完成工程总量的10%。完成段塘安置房（环城西路以西1号地块）前期各项准备。

清查和筛选舒沁苑、丰馨苑、澄波华庭等10个已安置小区的未安置房源，向区开投公司移交住宅695套73977平方米、经营性用房3055平方米、地下停车位3501个，合计资产总值13.44亿元。配合做好城拆棚户区改造，向区旧村改造管理服务中心提供185套住宅用于安置拆迁户，折合资金约3.2亿元。推进泽民临时过渡房腾退，保障萧甬铁路复线工程建设。

【段塘安置房项目开工】 2019年6月，段塘安置房（环城西路以西2号地块）项目开工。项目东至环城西路，南至段塘西路，西至看经路，北至段塘中路，总用地面积4.85公顷，总建筑面积19.25万平方米，其中，地上13.06万平方米，地下室一层，局部两层，建筑密度22.01%，容积率2.7，绿地率30%。规划建设住宅16幢高层，最高23层，总户数1235户，概算总投资19.69亿元。建设单位为海曙区旧村改造管理服务中心，代建单位为海曙区城市开发投资有限公司，施工单位为宁波建设集团和国骅建设，工期1150天。

（陈嘉伟）

市政建设

【概况】 2019年，区住建局承建市、区两级城市基础设施建设项目44个，其中新建项目11个、续建项目6个、前期项目27个。至年底，完成福德路二期道路工程、荣安中学周边道路、“海上花院”小区东侧路、“中都置业”配套路、牛奶场2号地块配套路、徐家漕（柳鸣路—庙洪路）道路、恒威地块配套路、顺德路整治工程、“阳光天地”小区南侧路9个市政道路项目建设。新开工建设皎河路（鄞县大道—万兴路）道路工程、学院路（望童路—联丰路）道路工程、宁波市海曙区实验学校配套道路、阳光豪生大酒店西侧及北侧道路工程、鄞奉路（长春路—长春桥）工程、三市路周边配套工程、庙洪路（徐家漕路—望春路）工程、新丰路（中山西路—春池路）工程、解放路沿线街区延伸整治工程、翠柏路—苍松路（柳丁街—蔡家河）整治工程、鄞县大道综合整治工程等11个项目。

【福德路道路工程验收】 2019年10月，福德路（沁园路—望春安置房配套一路）道路二期工程完成初步验收。项目于2017年10月开工建设，道路南起望春安置房区间道路，北至望春安置房配套一路，全长875米，宽24米，建设标准为城市次干路。

【荣安中学周边道路验收】 2019年6月，荣安中学周边道路工程完成初步验收。项目于2018年9月24日开工建设，道路北起气象路，南至新典路，长约330米。南侧道路东起庙前河，西至丽园南路，长约320米。建设标准为城市支路。

【“海上花院”东侧道路工程验收】 2019年7月，“海上花院”小区东侧道路工程完成初步验收。项目位于宁波市中医院西侧，全长345米，南起规划16米道路，北至范江岸路，与广安路呈T型交叉，并在广安路建设一座跨河桥梁，单跨23米，建设标准为城市支路。

【中都置业周边道路工程验收】 2019年7月，中都置业周边道路完成初步验收，项目包括配套一路及配套二路。其中，配套一路北起祖关山河，南至配套二路，长165米，道路标准断面宽度

6月，段塘安置房（环城西路以西2号地块）项目开工

16米。配套二路西起配套一路，东至三支街，长300米，含新建桥梁一座，标准断面宽度12米。建设标准均为城市支路。

【原宁波牛奶场2号地块配套道路工程验收】 2019年9月，原宁波牛奶场2号地块配套道路工程完成初步验收。项目包括北侧路和西侧路。其中，北侧路西起牛奶场2号地块西侧路，东侧至庙洪路，全长267米，道路标准断面宽度20米；西侧路南起徐家漕路，北至牛奶场2号地块北侧路，长309米，道路断面标准宽度20米。建设标准为城市支路。

【“阳光天地”南侧路工程验收】 2019年11月，望春街道“阳光天地”小区的南侧路工程完成初步验收。项目起于关爱小区北侧出入口，止于关爱小区西侧配套道路，全长88米。建设标准为城市支路。

【徐家漕路（柳鸣路—庙洪路）道路工程验收】 2019年12月，徐家漕（柳鸣路—庙洪路）道路工程完成初步验收。项目位于高桥镇，东起庙洪路，西至柳鸣路。道路全长约170米，标准断面宽36米。建设标准为城市次干道。

【恒威地块民办学校配套道路工程竣工】 2019年年底，海曙恒威地块民办学校配套道路工程竣工。项目包括南侧路和东侧路，南侧路西起“海上花院”东侧路，东至丽园北路，全长365米；东侧路南起恒威地块民办学校南侧路，北至广南路，全长约145米，路宽16米。建设标准均为城市支路。

（常　润）

公用项目建设

【概况】 2019年，区公建中心承建全区公共建设项目32个。其中，董孝子庙迁建工程、新芝幼儿园新建工程、区图书馆改造工程等13个续建项目完工，海曙区致和学校维修工程、宁波市第二幼儿园西城园区装修工程、吴氏支祠修缮工程等12个新开工项目完工。海曙区中医院迁建和气象路社区卫生服务中心合建工程、段塘学校扩建工程2个续建项目在建，姚丰学校新建工程、鼓楼街道党章学堂、江厦街道灵桥小区677号679弄4号污水零直排工程等5个项目开工。

5月31日，宁波市新芝幼儿园新建工程完工

【董孝子庙迁建工程完工】 2019年1月17日，董孝子庙迁建工程完工。董孝子庙为清代建筑，1984年被公布为区级文物保护单位，2010年因铁路宁波站改建工程需要，经省政府批准同意，对其实施异地迁移保护，规划迁建新址位于宁波市委党校南侧、规划公园绿地内。项目总用地0.34公顷，建筑面积0.21万平方米。

【姚丰学校新建工程开工】 2019年2月26日，海曙区姚丰学校新建工程开工。工程位于蓝天路以北，福德路以西，沁园路以南，薛家北路以东，总用地面积4.79公顷，总建筑面积5.78万平方米。建设内容包括综合教学楼、图书馆、艺术教室、报告厅、食堂等主要建筑物和300米田径运动场、篮球场、排球场等教学设施，以及道路、绿化等相关配套工程。

【新芝幼儿园新建工程完工】 2019年5月31日，宁波市新芝幼儿园新建工程完工。项目位于西门街道高塘花园小区内，建筑总面积0.19万平方米，建筑占地面积0.11公顷，在原有房屋拆除后，新建两层教学用房，建筑高度8.1米。

（李丽红）

南站区域开发建设管理

【概况】 2019年8月，原海曙区南站开发建设指挥部更名为宁波市海曙区南站区域开发建设管理中心，挂宁波市海曙区铁路建设推进管理中心牌子。全年投入5.68亿元用于南站区域项目各类项目建设。

至年底，南站区域内的南广场设施、南广场两侧公园、马园坊西侧广场、甬水桥路、北广场绿化及非商业区、南站西路绿化已完成移交至南站综管办。

【宁波铁路枢纽庄桥至宁波段增建三四线工程】 2019年，铁路庄桥至宁波段增建三四线工程前期工作稳步推进。8月，完成胜丰泵站选址。9月初，明确蔡江河、胜丰河、西塘河孔跨改造方案。12月底，明确项目设计红线。

【火车站北广场地下商业连廊租赁合同签订】 2019年3月始，铁路宁波站北广场地下商业连廊开始公开招投标，由上海歆翱实业有限公司中标。11月，签订《铁路宁波站北广场地下商业连廊整体租赁合同》及补充协议，由宁波亿润商业运营管理有限公司负责开发运营。该商业项目总建筑面积约10000平方米，其中东区约3500平方米、西区约6500平方米，经营业态主要以零售和餐饮为主。

（降　旭）

公用事业

【概况】 2019年，海曙区协调推进年度全区电网建设。完成电（配）网建设投资15350万元。宁波望春220千伏输变电工程（续建项目）继续推进；宁西——澄浪π入望春变电站220千伏线路工程（续建项目）年底竣工投产。宁波望春220千伏变电站110千伏送出工程于3月开工建设。

完成石碶塘西村、洞桥沙港村等7个村的新农村电报配套工程。马园变迁建工程初步完成迁建地址及进出线路径规划方案的编制。

完成机场变电站、明州变电站和望春（望春—古城）变电站政策处理费拨付，拨付562.13万元，其中机场变电站78.33万元、明州变电站163.8万元、望春变电站320万元。全市电网建设考核名列全市第二位。

（王伟忠）

城市管理

【概况】 2019年，海曙区城市化管理区域"智慧城管"覆盖率达100%，全区发现城市管理问题317350件，立案276159件。其中，区级部门应解决245660件，至年底已解决245660件，解决率100%，及时解决率99.94%。七镇一乡的"智慧城管"三级平台均完成协同网络建设和平台软硬件配备，初步实现全区网格全覆盖目标。

加强"两会"、首届中国中东欧博览会等重大会议、活动以及元旦、春节等重要时间节点的市容秩序保障，累计出动2万余人次。开展全区洗车行业专项整治，引导125家洗车店办理排水许可证，加大对洗车店违规行为查处力度，立案29起，关停转11家。开展餐厨垃圾"百日攻坚"、"共享单车（电动车）"、建筑垃圾等专项整治，共检查各类餐饮单位逾2600家次，执法立案81件。在中心城区全覆盖基础上，6月在龙观乡李岙村试点"执法进小区"，共发现小区城市管理相关问题2999起，解决问题2999起，解决率100%。

【"智慧城管"建设】 2019年，区综合行政执法局在9个街道"智慧城管"全覆盖基础上，加快建立西片区七镇一乡"智慧城管"分中心工作机制，健全镇（乡）街道"智慧城管"运行体系，推进镇乡城市管理部件、事件标准化、精细化管理进程。累计完成七镇一乡三级平台协同网络建设及平台软硬件配备，并试运行，初步实现建成区城市化管理区域"智慧城管"覆盖率100%的目标。同时，加强平台运行工作指导，突出流程监督，逐步启动三级平台考核评估。

【综合行政执法队伍规范化建设】 2019年，区综合行政执法局推进全区综合行政执法基层中队规范化建设。在2018年第一批6个中队通过规范化创建验收基础上，专门制定《关于进一步落实2019年度基层中队规范化建设工作的通知》，将2019年度参加省基层中队规范化达标验收名额由原定的8个增加至14个。9—10月，各中队接受市局的规范化考核，通过上级验收。

【"行走甬城、马路办公"专项行动】 2019年，海曙区开展"行走甬城、马路办公"专项行动，累计整改市级下发的相关案件4540件。针对部分疑难杂症问题，专门成立案件督办专项小组，督促解决"智慧城管"平台疑难"挂账"案件1670余件。制定出台城区线缆下垂专项整治方案，整改480余件下垂线缆案件，落实率100%，解决该类案件定责难的问题。

【"综合执法进小区"行动】 2019年，区综合行政执法局深化"综合执法进小区"行动，在全面覆盖中心城区9个街道75个社区274个小区的基础上，3月开始向西片乡镇延伸，以集士港镇3个小区为试点，探索可在镇乡推广的社区共建模式。6月18日，在全市范围内，率先在龙观乡李岙村推行试点，把"执法进小区"行动扩展到行政村。至年底，累计发现并解决小区城市管理相关问题4000余起，开展城市管理类顽疾集中整治600余次，立案查处1500余件案件。小区"老大难"问题得到改善，实现综合执法由"问题找上门"转变为"上门找问题"。

【餐厨垃圾及废弃食用油脂专项整治】 2019年2月，区综合行政执法局全面开展餐厨垃圾及废弃食用油脂专项整治行动，累计出动执法人员2600余人，检查各类餐饮单位3400余家，发放宣传资料3800余份，送达责令限期改正通知书460余份，执法立案81宗，罚款62310元。820家企事业单位与区环卫服务中心签订统一收运合同，并完成电子注册。宁波开诚餐厨废弃物处理有限公司处理海曙区餐厨垃圾32017.98吨，日均处理餐厨垃圾114.52吨，比上年同期增长120%；回收废弃油脂毛料679.39吨，日均回收废弃油脂毛料2.24吨，增长90%。做到餐厨垃圾收运处置全过程执法监管。

【"共享单车（电动车）"专项整治】 2019年4月始，区综合行政执法局联合区交通、交警等多部门联合开展"共享单车"联合集中整治行动，累计清拖互联网租赁自行车31860辆，清拖互联网租赁电动车2371辆，立案处罚11家，罚款19189元。同时，建立"执法中队强化监督考核"模式，把线内摆放不整齐单车摆放整齐，无序停放、随意投放的单车统一搬移或清拖。并建立"序化队员24小时巡查"制度和互联网快速反应平台，建设"城管执法员+网格员+'共享单车'企业工作人员"快速管理队伍。

【菜场周边专项整治】 2019年5月24日，区综合行政执法局制定并发布《海曙区综合行政执法局菜场周边及背街小巷整治方案》，部署各中队开展菜场周边专项整治。累计教育劝阻无照流动经营7781起，处罚147件，罚款19854元；教育占道经营5564起，立案查处72起，罚款28056元；人行道违停教育劝离4986起，抄告5358辆；教育乱吊挂、晾晒2291起；制止损坏市政设行为109起。

【洗车行业专项整治】2019年7月始，区综合行政执法局开展洗车行业专项整治，经过走访调查和排摸，确定全区城镇排水管网覆盖区域内有137家门店涉及洗车业务，其中有排水许可证的仅48家，存在有营业执照但未申领排水许可证违规洗车的突出问题。至年底，累计出动队员738人次，责令整改103起，立案29宗，11家停止洗车项目，1家采用沙漏环保洗车技术，其余125家全部按要求领取排水许可证。

（陈闻宁　胡亥好）

市容管理

【概况】2019年，海曙区保洁面积780.79万平方米。区综合行政执法局承担152条主要道路保洁，机械化清扫、洒水及2446组果壳箱、11307只垃圾桶的养管任务。中心城区内有垃圾中转站3座，年清运垃圾16.14万吨，清运粪便2.84万吨，实现日产日清。122座公厕通过市场化方式养管。修订《海曙区道路清爽行动考核办法》，通过"执法+管理+市场化运作+考核"四位一体模式，对9个街道和3家市场化运作单位共315条道路实施量化考核。

9月底，实现海曙城区、农村居住小区生活垃圾分类100%覆盖目标。办理全市首例社会服务折抵罚款案件。实施居民小区厨余垃圾和其他垃圾公交站点式的二次收运模式，试点住宅小区垃圾"夜间收运"模式。海曙区"撤桶并点"等工作得到《浙江日报》"宁波市生活垃圾分类"专版肯定。

对天一商圈、鼓楼沿、天一阁·月湖景区等重点区域周边实施常态化高标准管理。缓解新高路、西湾路"无证早市"等市容乱象，咏归、白云、南苑等菜场周边秩序得到规范。至年底，教育劝导各类无照经营、占道经营、垃圾堆放等行为115785起；无照流动经营处罚729件，罚款190172元；占道经营立案查处116起，罚款37407元。

持续开展垃圾乱堆放整治专项行动，对9个街道275条道路实施严格的量化考核。

抓好中山路一体化养管和"精美街区"建设，建立"序化队员24小时巡查+执法中队监督考核"工作模式。精准开展路面保洁、垃圾分类专项整治，江厦街道、集士港镇、高桥镇、古林镇的部分街区开始创建首批"精美街区"镇（乡）街道。

【"精美街区"创建】2019年，区综合行政执法局创建"精美街区"，确定江厦街道、集士港镇、古林镇、高桥镇为创建区域。整合现有设在镇（乡）街道的党建、综合治理、社区治理、数字城管等各系统指挥信息资源，建立综合一体化指挥平台，城市管理各类问题解决率达100%，市民满意度超过97%，建立完善全覆盖、全天候、全过程管理指挥体系。根据"精美街区"创建的要求，镇（乡）街道完善与市级、区级部门的联动，重点落实好一体化保洁与一体化养护。同时，整合执法、巡查力量，将各部门多支执法力量整合成一支执法、巡查队伍。

【市容环境卫生责任区管理制度推行】2019年，海曙区确定责任范围，通过前期签订责任书、制度上墙等，建立市容环境卫生责任区管理机制。至年底，全区有责任区单位7012家，签订责任书3710家，上牌888家。其中，签订引领性单位646家，上牌547家。在《宁波市综合行政执法局（城市管理局）关于2019年中心城区市容环境卫生责任区制度推进情况》通报中，第一、二、三季度的考核得分排名均为第一名，第四季度为第二名。

【中山路一体化养管】2019年1月，区综合行政执法局按照"行政执法+序化管理"模式，推进中山路路段人行道违停、占道、无照经营等违法行为处置。当月，开展人行道专项整治5次，抄告违停车辆1873辆，拖离违停68辆，规范"共享单车"37614辆，整治商户占道经营1713起，清理乱堆放的杂物1071处。同时，制定《中山路（海曙段）沿街店铺装修指导意见》，组织属地执法中队，协调公安保障力量、一体化养管公司对全路段270余家沿街店铺和街面开展集中整治。

【垃圾"公交化"收运模式实施】参见"专记"类目"生活垃圾分类"分目

【居住小区"撤桶并点"行动】参见"专记"类目"生活垃圾分类"分目

【小区垃圾"夜间收运"模式试点】2019年10月23日始，海曙区针对13个小区试点开展夜间分类收运，将早间5：30-11：00收集时间变更为夜间19：30-22：00，减少夜间垃圾在小区停留的时间。

（郑水萍　李　蓓）

设施养护

【概况】2019年，海曙区实有道路设施245条，长度163千米，面积252万平方米，排水管网长度305.43千米。综合运用各种举措提升城区河道水质。至年底，50条河道（河段）实施水质维护提升项目。推进排水管网提标升级，针对性治理积水点46处，完成1638米管网的改造和新建及560千米的管网疏通。做好花卉大道建设、天封公园改造提升、花漾街区建设、"转角遇到绿"等绿化提升项目，完成中东欧博览会等重要节点的绿化景观提升。

【桥梁养护】2019年，海曙区有桥梁159座，其中D级桥梁2座（长春西桥封闭停止使用；向荣桥在拆迁范围设置警示限载标志，只准行人通行），桥梁完好状况合格率98.7%，较上年合格率提升明显。1月始，区综合行政执法局在5座新接管桥梁的接管过程中新增桥检环节，严把检测质量关，并把桥梁巡查和检测两项合并打包推出市场化，由专业桥检单位对区管155座桥梁根据养护等级开展每周1～7次日常巡查和每年1次常规检测。依照检测结果，再抽取14%的桥梁进行结构检测，6至7年一周期，实现结构桥梁全覆盖。逐年在C级桥梁中选取部分交通流量较大的桥梁实施特殊检测，进行荷载试验，校准允许通行的荷载能力。

【市政道路养护】 2019年3月，海曙区陆续启动沥青、混凝土板块大中修工程。至年底，累计完成108901.85平方米沥青和3138平方米混凝土板块维修。同时，针对盲道断连、触感不明显、残疾人设施不合理、路面不平整及人行道板块松动、缺失、破损等问题，开展对症治理，全年累计整修25327.65平方米。为规范辖区停车，规模化推进停车位施划和挡车石安装工作。全年累计施划非机动车车位62387米，安装挡车石2869个。

【老解放南路道路综合治理】 2019年，区综合行政执法局启动实施老解放南路（大沙泥街至灵桥路）道路大修工程。针对性处置该路车行道沥青路面裂缝、沉陷、坑槽；人行道板块松动、拱起、缺失，井盖陈旧、破损等道路病害，进一步优化、提升道路设施配置，升级人行道铺装及侧平石材料；结合先进施工工艺，运用新型防沉降井盖替代原传统型铸铁井盖；增设立篦式雨水口，增大收水面积；安装挡车石，规范停车；修复树框，美化街景。整个工程维修车行道14417平方米，整修人行道1368平方米，更换侧平石1545米，修复树框67个，更换防沉降井盖102个，增设立篦式雨水口50个及安装车挡106个。

【“桥头跳车”专项整治】 2019年，海曙区启动辖区部分桥梁“桥头跳车”专项治理。治理区域包括望春街道、段塘街道、石碶街道的24座桥梁。“跳车”是因桥梁两侧接坡部分下沉严重，造成与桥面高度存在一定落差，发生“桥头跳车”现象，极大影响行车安全和舒适度。区综合行政执法局经前期全方位摸底排查和持续性现场踏勘后，确定原因，以“四步走”精准治理：侧平石线性调整，调整侧平石高度；修复人行道外侧挡墙；调整人行道铺装；根据桥梁实际情况对桥梁伸缩缝至桥头接坡段末端车行道进行路面铣刨和沥青摊铺。至年底，完成更换侧平石4034米，提升人行道铺装2400平方米，摊铺沥青38900平方米。

【积水点改造】 2019年，区综合行政执法局利用“互联网＋”推进智能管护，建立独立控制系统，15座泵站设施、23座截污井实现智能化管理，实现数字化操控和24小时远程实时监控。适时查看各项设备运行状况、下穿立交积水情况及井内液位，台汛期间及时远程启闭。同时，有序开展管网疏通，确保安全度汛。3—6月间，完成城区104条路街巷104千米低洼及易积水路段、区域专项疏通清淤，全年疏通总量560千米。

【“转角遇到绿”绿化提升工程】 2019年，区综合行政执法局在区内人流量较大的6个点位实施“转角遇到绿”景观提升工程，具体包括解放桥西侧转角绿地、琴桥与灵桥路交叉口转角绿地、环城西路与蓝天路交叉口转角绿地、环城西路与柳汀街交叉口转角绿地、环城西路与气象路交叉口转角绿地、环城西路与新典路交叉口转角绿地。绿化工程于3月开工，改造后的转交绿地增加蒲公英、蝴蝶等各种元素景观灯。解放桥西侧转角绿地及环城西路与柳汀街交叉口转角绿地被建成两处“口袋公园”，见缝插绿，为市民提供小巧精致、环境优美的街头小型活动场所。

【节庆期间绿化景观提升工程】 2019年，区综合行政执法局实施首届中国·中东欧国家博览会暨国际消费品博览会、第21届中国浙江投资贸易洽谈会期间景观提升工程。总投资400余万元，摆花总量约90万盆，对南塘老街、阳光广场、太阳广场、机场竖琴状绿地开展花卉布置，鄞县大道海曙段两侧、通途路（新芝路—环城西路）两侧、江厦街（中山路—灵桥路）两侧、新芝宾馆大门两侧等绿地进行景观提升。其中，宁波栎社国际机场竖琴点状造型摆花工程的布景面积超过5000平方米，选择矮化一串红、孔雀草、鼠尾草等50万盆花期长、抗性强、耐旱耐涝的花卉进行造型摆放，以红、黄、紫色系为主，搭配中东欧博览会的会徽和吉祥物，同时以竖琴、城堡、清真寺等元素，体现中东欧沿线国家特色。

【丽园北路花卉大道提升工程】 2019年，海曙区完成丽园北路花卉大道提升工程。改造区域包括中央绿化隔离带改造提升、景墙与花钵建造、中央隔离带侧石翻新和中山西路口沿河绿化改造。改造以品种月季为主要景观特色，改造范围内道路全长1837米，改造面积约6000平方米，项目总投资约325万元。改造后，丽园北路以树桩月季为特色，突出“丽”字，端头以品种月季结合其他多年生宿根草本做植物造景，中间段布置树状月季，沿栏杆布置攀援月季，整体形成“月季大道”。

【“绿艺之家”志愿者服务队获奖】 2019年，海曙区“绿艺之家”志愿者服务品牌在浙江省第11届插花艺术交流展上获得1个一等奖和1个三等奖。“绿艺之家”志愿者服务队于2012年成立，常规性到社区、学校、机关单位开展公益性插花课程及花艺讲座，宣传绿化小知识、城市绿化管理条例。全年累计公益授课2200课时，成为宁波市的知名公益品牌。

（陈小军）

① 2月20日，市政施工人员疏通国医街和义路口的排水管网，保障阴雨天气排水顺畅

② 11月，绿化养护人员对解放南路隔离带上的花卉进行整理、补种

③ 12月，绿化养护人员对树木进行涂白防护，保障树木安全过冬

④ 2019年，城区西塘河、北斗河、护城河等46条内河的水面保洁通过招投标的形式委托专业的第三方养护单位分为两个标段实施养护，根据河道等级采取动态保洁和一天四次巡回保洁形式

⑤ 丽园北路花卉大道——“月季大道”

⑥ 中国—中东欧国家博览会绿化景观布展

国土资源管理·生态环境保护

国土资源管理

【概况】 2019年，海曙自然资源规划分局全面开展永久基本农田划定成果核实整改补划，划定储备区面积约780公顷；落实耕地占补平衡，新增耕地13.59公顷，完成116.8公顷异地指标的调剂和60公顷表土剥离再利用，预拨土地整治补助资金3000万元。

完成农用地转为建设用地13个批次（含单独选址）、56个项目，涉及总用地面积216.9公顷，完成征收集体土地49个项目，征收面积210.69公顷，争取到跨省建设用地增减挂钩指标35.35公顷、跨省补充耕地指标33.5公顷，保障包括机场4期拆迁安置、轨道交通5号线一期、望春工业园区中新凯德3个地块和西洪大桥及接线工程（环镇北路—北环快速路）、宁波至杭州湾新区引水工程等市、区攻坚提速项目的用地需求。

供应具体建设项目用地71宗，土地面积228.46公顷。其中，出让土地25宗，面积81.87公顷，实现合同出让金182.25亿元；划拨土地41宗，面积144.96公顷；集体使用土地5宗，面积1.63公顷。

开展生态修复治理，累计完成19座废弃矿山修复开工任务，2个带治理方案的采矿权出让，年度开工率达86%；开展森林抚育266.67公顷，新植珍贵树7万株，发放森林生态效益损失性补偿资金5101万元，清理758株松材线虫病疫木。推进全域土地综合整治与生态修复工程2个存量项目、2个新增项目的实施。

制定《宁波市自然资源和规划局海曙分局建立健全安全工作体系建设实施方案》，全覆盖野外实地核查6处地质灾害点、7处不稳定斜坡和其他可能存在的危险区域，完成市民生实事项目——横街镇大雷村地质灾害隐患点的治理核销任务；落实地质灾害应急响应，完成“利奇马”“米娜”台风期间的防御救灾；落实1080人次开展拉网式护林巡查，确保实现全区森林“零火灾”。

开通不动产登记“就近办”“快速办”“同城通办”“陪办”等业务，实行“绿色便民通道”、特殊业务上门等服务，启用不动产登记“进法院”“进银行”的不见面办理及“网上办”“掌上办”等新模式，实现国有土地非独立宗不动产转移、抵押登记60分钟办结。

海曙区被省政府列入土地审批权下放扩面改革地区，涉及事项包括省政府审批的农村土地综合整治项目（城乡建设用地增减挂钩项目）、建设用地项目〔包括城市分批次建设用地、单独选址建设用地和调整（撤销）建设用地批文盘活批而未供土地转用指标〕、农用地转用、土地征收省级审批权限等。

开展动态巡查965次，日常执法里程3.52万千米，核实卫片执法图斑347宗741.59公顷，立案查处土地违法行为81宗14.8公顷、耕地4.4公顷。核查国家自然资源例行督察疑问图斑9宗5.59公顷，整改往年例行督察反馈问题181宗110.71公顷，并通过国家级验收。

开展“扫黑除恶”“2019雷霆行动”“绿盾2019”“2019绿卫行动”专项工作，印发《海曙区自然资源领域扫黑除恶专项斗争攻坚活动实施方案》，联合公安协查自然资源领域“黑恶”线索24条；出动巡山警力50余人次，查处非法毁坏林地、林木行政案件20起，非法狩猎刑事案件12起，取保候审26人。

【个人住宅划拨补办出让平稳过渡新政出台】 2019年，海曙自然资源规划分局印发《海曙区划拨补办出让过渡期应急工作方案》，采取形势提前预判、社区深入宣传、应急有预案、基层快速受理点等措施，率先实施预约办理服务，办理个人住宅划拨补办出让件2.5万宗，新旧政策得到平稳过渡。

【区保护耕地和全域土地综合整治与生态修复领导小组成立】 2019年8月20日，海曙区成立保护耕地和全域土地综合整治与生态修复领导小组，主要负责全面贯彻落实省市全域土地综合整治与生态修复工作部署，实施“山水林田湖草路村”系统治理，助推“乡村振兴”战略实施，并承担原海曙区土地整治工作小组领导小组职能，办公室下设于海曙自然资源规划分局。

【省“国土资源节约集约模范区”创建】 2019年12月，经过数据分析、策划宣

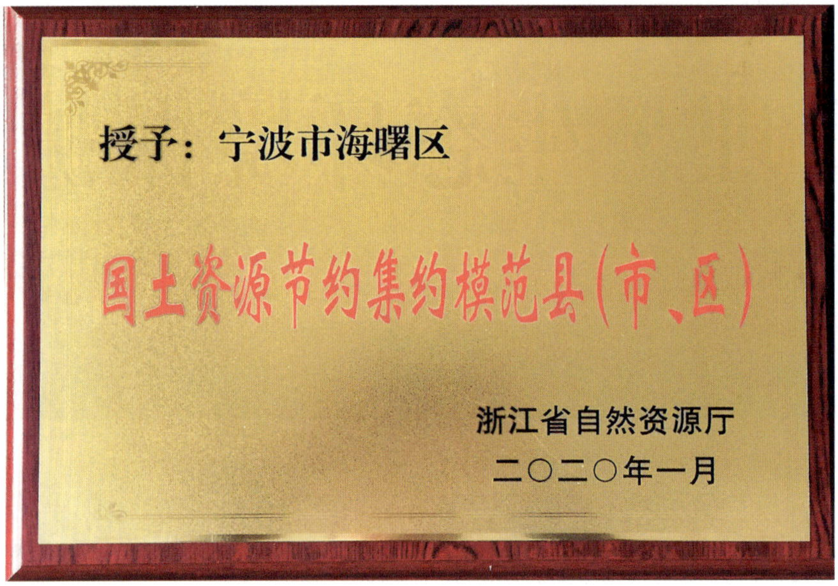

12月，海曙区获评2018年度省级“国土资源节约集约模范县（市、区）”

传、社会认知度和公众满意度调查、挖掘典型、提炼总结、申报迎检7个工作环节后，海曙区获评2018年度省级“国土资源节约集约模范县（市、区）”，并获得新增建设用地计划指标300亩的省级“国土资源节约集约模范县（市、区）”专项奖励。2018年度，海曙区土地供应面积429.39公顷，消化批而未供土地315.86公顷，盘活存量建设用地113.53公顷。

（谢作表）

环境综合治理

【概况】2019年，海曙区全面推进污染防治攻坚战。制定实施《海曙区打赢蓝天保卫战行动方案》，实施散乱污企业清理整治和涉气行业（企业）整治，全面管控建筑扬尘污染，推进柴油货车污染治理，整治工业炉窑5家和无组织排放企业10家，低氮改造燃气锅炉27台，整治散乱污企业200家，10家VOC（有机挥发物）企业，淘汰“国三”营运货车400辆。制定实施《海曙区打赢治水提升战行动方案》，深化落实“河湖库长制”标准化管理，确保水环境安全。

开展“千吨万人”（供水人口在1万人或日供水在1000吨以上）水源地环境状况调查评估和保护区划分，完成溪下水库、周公宅水库和皎口水库饮用水源保护区重新划分的方案编制。推进表面处理、有色金属、食品加工、砂洗水洗和废塑料5个行业，淘汰关停12家违法企业，整治提升16家工业企业，完成加油站地下油罐更新改造。

制定实施《海曙区打赢治土攻坚战行动方案》，推进土壤污染防治行动，开展23家重点行业企业用地土壤污染状况调查，提升固废减量化、资源化、无害化处理水平，全区危险废物安全处置率达100%。

【生态环境质量公众满意度提升】2019年，海曙区广泛利用传统媒体与新媒体，在学校、基层组织展开宣传，提升海曙区生态环境质量公众满意度。向185个中小学校和幼儿园分发11万份《生态环境公众满意度调查告家长书》和7.7万份配套宣传课程表；发放6.5万份宣传海报、14万份《生态环境公众满意度调查告村民（居民）书》和2.5万个环保宣传袋到17个镇（乡）街道。此次调查，生态环境质量公众满意度大幅提升，位居全市第三。

【“生态环境议事厅”举办】2019年，海曙生态环境分局举办“倾听企业心声，助力合规发展”“共商共议环保管家”为主题的2期“生态环境议事厅”。生态环境议事厅定期邀请镇（乡）街道、其他相关部门和企业负责人等共同探讨环保疑难问题，为企业答疑解惑，搭建起生态环境部门、企业、镇（乡）街道和园区、环保专家、社会公众等各方沟通交流、释疑解惑的议事平台。

【省“生态文明建设示范区”创建】2019年，海曙区启动省“生态文明建设示范区”创建，开展编制规划书、专家评审以及实地调研、交流经验等系列工作。6月21日，《海曙区生态文明建设规划（2019—2025）》通过专家评审会。7月8日，区人大常委会审议通过《海曙区生态文明建设规划（2019—2025》，10月26日，区委常委会审议通过《海曙区生态文明建设示范区创建工作实施方案》。

【市生态环境局海曙分局挂牌成立】2019年4月3日，宁波市生态环境局海曙分局（简称“海曙生态环境分局”）挂牌成立。市生态环境局局长尹文德、海曙区常务副区长谭国洪出席挂牌仪式。新组建的海曙生态环境分局作为市生态环境局的派出机构，在原市环境保护局海曙分局的相关职责上，划入区发改局的应对气候变化和减排职责，区农林水利局的监督指导农业面源污染治理、编制水功能区域、排污口设置管理、流域水环境保护职责，海曙国土资源分局的监督防止地下水污染职责。同时，不再保留宁波市环境保护局海曙分局。

【《海曙区畜禽养殖禁养区划分方案》编制完成】2019年9月，海曙生态环境分局启动《海曙区畜禽养殖禁养区划分方案》编制工作。通过全面摸底排查和多方调研，将原海曙区划定的46个、面积为398.22平方千米的禁养区，按照《中华人民共和国畜牧法》《畜禽规模养殖污染防治条例》等法律法规和排查要求共划分四大类，分别为饮用水水源保护区（保护范围）、风景名胜区、城镇居民区、文化教育科学研究区等人口集中区域和依照法律法规划定的其他区域，禁养区数量调整为11个，禁养区总面积为239.03平方千米（其中已扣除11.37平方千米重叠部分），占全区面积（595.03平方千米）的

40.17%。《方案》初稿于10月底完成。

（陈 燕）

环境质量监测

【概况】 2019年，海曙辖区空气质量优良率（达标天数比例）为90.4%，PM2.5浓度为28微克/立方米，比上年同期下降3微克/立方米，无重度以上污染天气。参评断面水质综合评价为优，优良率达到100%，比上年同期上升11.1个百分点，水功能达标率100%。集中式饮用水源地水质继续保持100%达标，地表水质优良率达到自宁波市实施监测评价以来最好水平。

【环境质量网格化监测】 2019年，海曙区每月对36条区级河（湖）长制278个点位和86条镇（乡）街道级河道86个点位开展检测。下半年，增设河长制河道124个断面检测点位，完成姚江流域海曙段大横河水质自动监测站建设，形成每月水质检测分析报告，为水质提升治理做好数据分析支持。同步推进小微大气环境质量监测站建设，开展望春工业园废气监测点、镇（乡）街道7个国标站、9个非国标站和8个降尘点建设，掌握各镇（乡）街道的空气质量，分析污染原因，为环保精准治理提供高效、科学依据。

【海曙区获“五水共治”大禹鼎】 2019年，海曙区获评2018年度全省“五水共治”大禹鼎，是全省“五水共治”最高荣誉。海曙区推进河（湖）长制标准化管理，出台区河（湖）长制实施方案，实现区、镇、村三级河（湖）长全覆盖，完善“一河（湖）一策”、“一河（湖）一档”工作。全区河道依托区“五水共治”网站平台和“海曙河（湖）长制”App，建立电子档案，市民可实时查询全区所有河道的基础信息、巡查记录及投诉情况，形成全民参与的治水氛围。

【第二次全国污染源普查】 2019年，海曙区面向纳入第二次全国污染源普查范围的各类污染源企业10112家，完成清查建库、入库详查和数据信息输入、普查数据处理、污染物产排污核算等工作，并对国家、省、市下发和区自查的44批15689条问题进行核实和整改，核算完成率和审核通过率均达100%，通过国家、省普查办的质量核查。

【温室气体排放清单（2018）编制完成】 2019年10月11日，生态环境局海曙分局召开2018年度温室气体排放清单编制启动会，启动清单编制工作。通过查阅资料、数据分析、现场调研等方式，于12月初完成清单报告初稿，并通过专家评审。编制温室气体排放清单是应对气候变化的一项基础性工作，有利于准确掌握温室气体排放源和吸收汇的关键类别，为制定切实可行的节能减排目标和任务措施提供基础数据支撑。

（陈 燕）

环境执法

【概况】 2019年，海曙区组织开展“蓝天保卫”“护水斩污”“清废净土”“斩污护绿”执法月等专项执法行动，结合环境监管“双随机”抽查、环境安全检查等各项工作，对辖区内各类工业企业污染情况全面检查，结合新环保法4个配套办法，注重环境执法的“行刑衔接”，打击环境违法行为。

清理规范“两违”（违法用地和违法建设行为）企业1215家，排查整改突出环境问题48项，调处信访1090件，比上年同期下降15.6%，查处环境违法案件50起，4家违法企业设备设施被查封扣押，罚款457.47万元，达历年最高水平。

海曙区政府常务会专题研究第二轮中央环保督察迎检。成立第二轮中央环保督察迎检工作小组，制定迎检方案、成立迎检机构、召开动员部署会，全面梳理突出环境问题，基本完成排查整改问题31项、突出生态环境问题17项和重复环境投诉件356件。

【柴油货车环保执法专项行动】 2019年，海曙生态环境分局开展柴油货车环保执法专项行动。海曙生态环境分局联合市机排中心、海曙交警大队，在通途西路与学院路路口、机场路与新典路路口两处设卡，开展执法检查9次，检测柴油货车225辆，27辆因尾气排放超标受到行政处罚。

【区生态环境保护综合行政执法队挂牌成立】 2019年10月28日，宁波市海曙区生态环境保护综合行政执法队成立挂牌成立。组建后，生态环境保护综合行政执法队整合有关部门相关污染防治和生态保护执法职责，依法统一行使污染防治、生态保护、核与辐射安全的行政处罚以及与行政处罚相关的行政检查、行政强制等执法职责。

【焚烧秸秆专项巡查】 2019年11月，海曙区开展秸秆露天焚烧专项巡查行动。对辖区内城乡接合部、重点路段等重点区域和群众反映强烈的重点点位开展检查，现场发现并扑灭焚烧点位45处，并探索形成秋冬秸秆焚烧长效应对处置机制。至巡查结束，立案查处1人，罚款1100元，此案成为全区首例对个人焚烧秸秆行为实施处罚的案例。

（陈 燕）

节能降耗

【概况】 2019年，海曙区GDP能耗比上年同期下降4.5%，GDP电耗下降3.9%，规模以上工业增加值能耗下降6.1%，在全大市中分别排名第三、第二和第三。“十三五”规划期间海曙区单位GDP能耗下降15.7%，完成目标进度的84.9%，列全市第二位。能源总量和强度“双控”形势平稳，完成实绩位居全市前列。

起草海曙区2019年度能源工作要点，基本明确海曙区能源工作的指导思想、工作任务和要点。依据年度节能目标责任状，完成2018年度区对各镇（乡）街道和工业园区管委会节能目标责任考核，洞桥镇、古林镇、鼓楼街道和龙观乡被评为区级“节能降耗年度优胜单位”。评选表彰宁波明州环境能源有限公司、区发改局等12家单位和31人为区节能降耗工作先进单位和个人。6家重点用能企业（机构）和6人受到市级表彰奖励。

4月、7月、9月，与中航油宁波分公司开展海曙区域全线巡查，对重点高后果区（3个2级）逐个实地走访、察看，提出有针对性的风险分级管控措施和责任清单，督促企业加快整改。联合环保分局、区应急管理局、区法院和中航油宁波分公司等单位，于“6·5”世界环境日“6·14”低碳日，在白云一村、高桥镇菜场开展节能降耗和长输油管道安全主题宣传活动。做好“迎大庆、保平安”安全生产大检查大排查各项工作，确保长输油管道安全运行。

开展能源监察工作排摸，建立能源监察项目库，“双随机”选定能源监察企业名单，确定10家工业企业、3家非工企业开展能源监察。市、区能源监察机构联动，对中华纸业有限公司开展热电联产行业能效专项监察。对市级重点用能企业宁波金鸡强磁股份有限公司、海曙恒一商业广场和盛业酒店开展年度能源监察。联合镇（乡）街道，对9家工业企业、3家非工业企业进行能源监察，保质保量完成市下达的能源监察工作任务。

开展能源领域“最多跑一次”改革，加大长输油管道监管力度、区域能评等行政事项认领，进一步缩短行政审批时限，绝大多数能源许可（审批）实现即时办理。修改完善固定资产投资项目节能审查、审批流程。审查固定资产投资项目（能评项目）21个。制订发布《关于下达全区固定资产投资项目节能审查事中事后监管计划的通知》，对“十三五”规划期间12个区级节能主管部门负责重点节能审查的固定资产投项目开展事中事后监管。与行政审批等部门合作，继续推行并规范区域能评改革工作，实现“特色小镇”“标准地”节能审查全覆盖。

加强与市、区两级经信局、财政局对接，完成2017—2018年度部分节能降耗专项（节能改造、合同能源管理、淘汰落后产能、光伏发电、节能年度先进、绿色企业等）资金拨付，共计240.25万元。拨付2018年度清洁生产审核和第四批光伏发电补助资金共计99.36万元。开展非自然人家庭屋顶光伏发电认定，拨付光伏发电（第一批）补助资金10.63万元。

编制完成《海曙区大花园建设行动方案（2019—2022年）》。落实“生态文明先行示范区”建设任务，目标任务分解到部门和镇（乡）街道。望春工业园区循环化改造完成方案编制。完成中央预算内投资项目——宁波先锋新材料股份有限公司“年产300万平方米一体化隔热保温新颖节能窗及其关键配套材料”项目的完工审核。

【年度能源工作要点起草】 2019年，海曙区起草能源工作要点，基本明确海曙区能源工作的指导思想、工作任务和要点。2019年度能源工作的优先方向包括进一步理顺能源工作体系，建立健全能源考核体系；能源“双控”以及煤炭管控；严控煤炭增量，完成35蒸吨以下高污染燃料锅炉淘汰；完善电网建设，加强农村用电保障能力提升；落实中央及省市环保督查整改及“回头看”；开展能源监察；综合供能服务站建设；海曙区“大花园”建设等。

【节能降耗职能划归区发改局】 2019年，根据机构职能改革方案要求，原区经信局的节能降耗职能划归至区发改局。1月，完成人员转隶；3月底，梳理科室职责，基本完成能源职能归并；4月中旬，区委编办发文，明确区发改局“三定”方案。

【节能宣传活动】 2019年，海曙区2019年度“节能宣传月”总体活动方案确定，开展七大主题宣传活动，具体包括区节能降耗和生活垃圾分类主题宣传活动，镇（乡）街道“生态海曙·美丽家园”节能宣传系列活动，举办全区节能降耗研修班，举办工业园区能源、安全生产与绿色制造公共讲座，“世界环境日”主题宣传活动等。

【沈阳市发改委调研海曙区域能评改革工作】 2019年5月22日，沈阳市发改委环资处到海曙调研区域能评改革。调研组听取望春工业园区关于开展区域能评情况简要介绍，并与园区管委会关于工业园区开展区域能评工作的流程、成效以及遇到重难点问题（负面清单如何制定、区域能评时效性、高能耗行业入驻园区时，园区能耗总量如何控制等）等进行交流。

【能源与绿色制造公共讲座】 2019年6月14日，区发改局联合望春工业园区管委会举办能源与绿色制造大型公共讲座，宁波华豪节能环保科技有限公司承办。讲座是2019年“节能宣传月”七大主题活动之一。区发改局、浙江大学清洁生产中心、市节能监察中心和深圳环通认证中心有限公司相关专家和官员，先后对“海曙区节能降耗形势分析及应对之策”“绿色发展与绿色制造”“空压机节能与能效提升”“能源管理体系标准解读”等主题进行讲解，帮助企业把握能源和绿色制造发展趋势、提升企业能源管理和绿色制造水平、推动园区企业绿色发展。望春工业园区50余家企业能源管理负责人参加。

【夏季电力迎峰度夏暨空调温度设置专项督查】 2019年7月31日，区发改局牵头，联合市节能监察中心、区机关事务管理局，开展夏季电力迎峰度夏暨空调温度设置专项督查活动。联合督查组集中督查海曙区政府大院、集士港镇政府、区行政服务中心集士港分中心、奥特莱斯商业中心，涉及政府部门、镇乡政府、银行网点、餐饮企业、商厦商铺等30余家单位。在督查中发现不少银行网点、商贸企业空调温度设置过低、灯光照明设置不尽合理等现象，个别公共机构使用大功率电器普遍，开空调开窗现象、空调温度设置偏低、“长明灯”等问题依然存在。联合督查组当场提出整改意见。

【民爆行业、长输油管道安全生产大检查】 2019年9月20日，由区发改局牵头，联合区应急管理局、区综合行政执法局、区公安分局等多部门开展民爆行业、长输油管道安全生产大检查活动。检查组在各企业听取工作汇报，查阅台账资料，并开展现场督查巡查。指出企业在落实安全制度上存在的薄弱环节和隐患问题，对部分企业部分问题提出整改意见和建议。

（王伟忠）

综合经济管理

发展规划管理

【概况】 2019年，海曙区实现地区生产总值1170.11亿元，按可比价计算，比上年同期增长6.1%，三次产业占比调整为1.3:32.0:66.7。一般公共预算收入112.48亿元，比上年同期增长7.5%；固定资产投资同比下降4.9%；社会消费品零售总额839.30亿元，同比增长6.2%；城镇居民人均可支配收入68641元，同比增长7.9%；农村居民人均可支配收入37199元，同比增长9.4%。

9月始，启动"十四五"规划编制相关工作，编制印发《海曙区"十四五"规划编制工作方案》，起草"十四五"规划基本思路。谋划部署重大工程项目、重大发展平台和重大政策措施。

【《海曙区2019年国民经济和社会发展计划》编制】 2019年年初，区发改局对照"十三五"规划各项目标任务，编制《海曙区2019年国民经济和社会发展计划》，经区人大审议批准后实施。9月，对年度计划实施情况进行年中总结，按程序向区人大常委会汇报。至年底，基本完成计划规定的各项目标任务。

【"双底线"考核】 2019年，海曙区以"双底线"管理为导向，强化和完善经济运行监测联席会议制度，形成集指标分解、目标下达、统计监测、协调会商、对策研究、跟踪评估、督查落实于一体的综合性工作推进方式。在2019年市对区"双底线"管理考核7大指标11盏灯中，海曙区实现12绿2黄4红，排名全市第四位，比上年度提高4个位次。

（卢姣姣）

财　政

【概况】 2019年，海曙区财政总收入184.35亿元，比上年同期增长4.8%。其中，一般公共预算收入112.48亿元，同比增长7.5%，占GDP的9.6%，占全区财政总收入的61%。税收收入93.8

中山路

亿元，同比增长4.6%，占一般公共预算收入83.4%。非税收入18.68亿元，同比增长25.2%。一般公共预算支出94.66亿元，同比增长11.1%。

与税务部门紧密联系，深挖可用财力，科学测算收入规模。多渠道盘活各类资金资产，推进区划调整存量资金划转事宜，带动非税收入高位增长。适应国地税征管体制改革后组织收入形势变化，强化收入的联动与分析机制。科学预判减税降费规模和影响，防范因收入波动带来的财政运行风险。

依据市对区集中财力办大事财政政策体制调整，调整区镇（乡）街道体制。加强土地出让收入征管。加强非税收入管理，提高收入质量。压实部门主体责任，重点关注涉及8项支出的重点单位（项目），加强部门预算执行监督。严格落实厉行节约有关要求，控制和压减一般性支出，削减取消低效无效支出。强化预算刚性，严控预算追加和调剂事项。做好一般公共预算中以收定支事项、政府性基金预算项目统筹使用相关工作，优化财政资源配置。加强政府投资项目资金预算计划管理，加大对重点项目和关键环节的保障力度。遵循“集中财力办大事”原则，提高财政支出的公共性、普惠性和精准度，保障财政平稳运行。

加大政策支撑力度，配合区委、区政府修订出台《关于加快以数字经济为引领促进产业转型升级高质量发展的若干意见》，确立数字经济为主的产业体系。

加大民生领域财政投入，2019年度全区一般公共预算支出三分之二以上用于民生。重点保障姚丰学校建设、老旧住宅小区环境整治、城中村改造、违规违建清理整治、5G智慧城区建设、农村饮用水提升、“四好”农村公路和新村建设等项目。加大脱贫攻坚财政扶持投入，确保每年对口扶贫有效落实。

【重点项目财政保障】 2019年，海曙区在有限财力下，保障重点项目投入，筹措安排资金支持智能制造技术研究院、工业互联网研究院、智能技术“两院一园”、上海交大人工智能研究院等项目落地建设。承接国家级临空经济示范区、栎社机场四期建设等重大项目。破解土地要素制约，通过盘活存量建设用地、清理批而未供（供而未用）土地等措施，为制造研究院、工业互联网研究院、中新创智（宁波）产业园等优质项目腾挪土地空间。

【财政管理深化改革】 2019年，海曙区大力压缩一般性支出，对“三公经费”实施“预算+执行”双控管理。陆续出台12项加强国有企业监督的制度文件，建立完善“1+X”国资监管制度，规范国有资本运作制度体系。出台深化财政预算管理的指导意见，强化预算单位主体责任，形成良性互动改革合力。全面实施绩效管理，实现部门预算单位专项资金绩效管理全覆盖。推进“最多跑一次”统一公共支付平台建设，实现国库支付电子化试运行，规范单位银行账户和公款竞争性存放管理。

“四好”农村公路——童深公路

【政府债务管理】 2019年，海曙区进一步强化政府债务管理。把控区域综合债务率，充分利用限额空间，争取新增政府债券额度，统筹用于在建和新开工公益性项目建设。发行自求平衡专项债券，支持重大项目建设，遏制隐性债务增长。有序化解存量债务。有序开展隐性债务化解，围绕既定化债目标，保证现有债务规模可控性和可持续性。监测隐性债务，利用信息化手段逐月分析地方债务及风险状况，守住不发生重大风险的底线。立足全区实际，严格实施5年化债计划，通过国企集团化改革，清晰政府债务和企业债务，实现隐性债务逐步有序消化。

（高　瑜）

国有资产管理

【概况】 2019年，区国资中心围绕集团化改革3年攻坚任务，促进企业国有资产质量及规模显著提升，国有资本服务全区社会经济发展贡献作用日益凸显，初步形成国资国企集中统一监管格局。

聚焦国企改革，促进国有资本助力区域发展。国企经济运行稳中有进，集团化改革推进有力，投融资能力显著提升。集团公司融资结构有效改善，融资成本更优化，投融资体制改革成效显著。同时，企业资产实力显著加强。至年底，区国有企业总资产633.28亿元、净资产223.64亿元，较2017年年底（集团化改革前）分别增长33.07%、33.28%。2019年度，全年经营性营业收入4.17亿元，较集团化改革前增长28.3%；全区国有企业资产负债率59.1%，较2018年同期降低6%，企业资产结构进一步优化，债务风险化解能力进一步提高。

【国有企业监管】 2019年，区国资中心先后出台《关于深化海曙区属国有企业负责人薪酬制度改革的实施意见》《海曙区属国有企业负责人经营业绩考核与薪酬管理办法（试行）》《海曙区国有企业银行账户和公款存放管理办法》《关于进一步加强区国有企业对外担保、对外融资及对外拆借管理有关事项的通知》《海曙区国有企业投资监督管理办法》等文件，进一步健全企业负责人薪酬管理、业绩考核、银行账户、投资管理等国有资本运作制度体系。同时，全力推进落实国有资产管理情况报告制度，通过区人大监督指导，促使国有资产管理实现规范化、市场化、金融化。

10月30日，区税务局举办房地产企业座谈会

【行政事业单位资产管理】 2019年，区国资中心升级融合原有的资产管理信息系统平台，初步搭建成区本级与镇（乡）街道国有固定资产管理系统的对接整合框架，完成与西片区国有资产管理系统的对接整合。同时，加强行政事业单位国有不动产监管。按季统计各部门单位房屋租金收缴情况，督促存在欠租情况的单位。租金收缴及时率、完成率显著上升，基本建立国有房屋租金收缴监管机制。针对国有资产管理中仍存在的账实不符、权证不全、权属不清等问题，开展国有不动产权证补办和在建工程清理，盘活国有资产。

【国有企业集团化改革】 2019年，海曙区加快区开投集团、区国投集团组建进度。区开投集团围绕区域开发、基础设施建设等五大板块整合企业12家，完成17万平方米住宅、1.1万平方米商业及6427个车位等资产整合注入。区国投集团围绕产业投资、文化旅游、城市服务业等五大板块整合企业11家。区开投集团组建1年即取得“AA+”公司债券信用等级，成为全区第二家拥有“AA+”信用等级的区属国企，同时集团获批非公开发行公司债30亿元，打开集团公司投融资能力新通道。11月，区开投集团发行公司债券10亿元，票面利率为4%，创近3年全国“AA+”同期非公开公司债最低发行价格。同期，区国投集团发行中期票据20亿元。

（高　瑜）

税　务

【概况】 2019年，海曙区累计组织税收收入169.84亿元（不含海关），比上年同期增长3.68%。其中，中央级收入76.03亿元，同比增长2.6%；地方级收入93.81亿元，同比增长4.57%。城乡居民“两费”（基本养老保险和基本医疗保险费）实现全面征收，机关、企事业单位社保费和3项新划转非税收入征缴平稳，全年完成非税收入5.15亿元，同比增长5.5%；社保基金收入86.95亿元，同比增长6.51%。办理出口退税67.4亿元。

落实“减税降费”，统筹推进个人所得税、增值税改革及社会保险费和非税收收入减税降费等工作，确保减税降费覆盖面达100%。至12月征期结束，累计新增减税降费减免22.96亿元，其中增值税新增减税10.19亿元，企业所得税新增减税2.5亿元；个人所得税新增减税8.62亿元，其他“六税两费”（资源税、城市维护建设税、房产税、城镇土地使用税、印花税、耕地占用税和教育费附加、地方教育附加）合计减税1.65亿元。支持民营经济纳税人新增减税15.3亿元，占新增减税总额的66.64%。

全面推行“三项制度”实施，运用内控监督平台，开展税收执法督察自查，规范执法行为。严格落实征管规范、纳税服务、出口退税等工作规范，统一执法服务标准。参与全市征管规范创新版试点，探索优化征管流程、简并涉税事项、减少纳税人资料报送。加强税收风险管理，探索“信用+风险”动态管理，做到无风险不打扰、低风险重服务。统筹实施纳税评估、大企业税务审计、反避税等风险管理，挽回税费损失1.7亿元。落实增值税发票风险快速反应机制、出口退（免）税预警风控体系，加强对虚开骗税的源头防控。加强与第三方联动，提高车船税、环境保护税、土地增值税、社保费和非税收入等税费管理水平。深入开展“扫黑除恶”专项斗争，维护公平正义税收环境。

优化税收营商环境，开展“新税务·新服务”便民办税春风行动，推出59条便利化服务举措，助推“最多跑一次”改革。

【税务执法“三项制度”推行】 2019年，区税务局全力推行执法过程“三项制度”（行政执法公示制度、执法全过程记录制度和重大执法决定审核制度）。“三项制度”涉及税收执法事前、事中、事后各环节，覆盖执法主体、执法资格、执法行为、执法监督、执法责任等各方面。促使税务执法能力和水平大幅提升，税务执法社会满意度显著提高，为推动全区税收现代化建设提供强有力法制保障。

【个人所得税改革】 2019年，新修改的《中华人民共和国个人所得税法》全面实施，区税务局落实中共中央、国务院更大规模减税降费重大决策部署，确保个人所得税改革各项措施落地生根。全年采集专项附加扣除信息的自然人12.5万人，10万人实际享受专项附加扣除，占有税款纳税人的45.5%，个人所得税改革减税效应显现。同时，提前谋划、部署个人所得税首年度汇算清缴，面向市、区两级政府多部门及企业开展宣传辅导，累计组织个人所得税新政培训150余场次，让纳税人装用“个税”App，了解新政，确保政策红利应享尽享。

【社会保险费征管职责划转税务局】 2019年1月1日，城乡居民社保费征管职责划归税务部门征收，1—9月，城乡居民社保费征缴实行9个月的重叠并行期。10月1日始，在区委、区政府和市税务局主导及多部门配合下，“金税三期”社保费（自然人）征管信息系统上线，城乡居民社保费开始使用税务新系统征收，城乡居民“两费”征收率接近100%，顺利度过城乡居民“两费”全面划转税务征收的第一个集中征收期。12月始，通过“金税三期”系统征收灵活就业人员社保费，通过“宁波税务”微信公众号、手机App、银行查缴、银行账户协议批扣等多途径缴费方式进行缴费，实现社保缴费“不出门”目标。

【增值税发票系统2.0版试运行】 2019年8月，区税务局协助市税务局做好增值税发票系统2.0版系统测试和上线前准备，并在全市范围内开具系统的首张发票。发票系统2.0版充分考虑纳税使用体验和操作习惯，整合防伪税控和货运税控系统税务局端应用，优化发票查验、选择确认和发票信息归集推送等功能，强化征退税衔接，实现增值税发票服务和管理功能的全面升级，提升纳税人和税务人员的办税效率。

【“甬税钉”试点】 2019年11月，区税务局作为全市试点单位，开展“甬税钉”试行工作。“甬税钉”拥有便利税企沟通、优化咨询质效、提升宣传效果、提供“非接触式”服务四大功能，税务人员和纳税人通过“甬税钉”可实现无缝“非接触式”沟通和征纳管理，消息可定点精准有效推送，系统配备的智能客服“税小蜜”能提供全天候快速便捷的智能咨询服务。至年底，41427家企业纳税人下载“钉钉”，使用该平台。

【“退税云管家”上线】 2019年8月，区税务局推出“退税云管家”服务，升级个性化风险提醒服务，为纳税人开出“出口风险诊断书”。“退税云管家”针对企业财务人员单证备案易疏忽造成的低风险查漏补缺，依据企业出口增长异常、出口国别异常、出口风险产品增长异常等高风险“对症下药”，精准分析，提醒纳税人防控风险，时刻关注风险指标变化，防止发生更大涉税风险。

（李　晔）

市场监督管理

【概况】 2019年，海曙区将原区市场监督管理局（区工商行政管理局、区质量技术监督局、区食品药品监督管理局、区食品安全委员会办公室）的职责，区发展和改革局（区物价局）的价格监督检查与反垄断相关职责，区科学技术局（区知识产权局）的知识产权保护协调指导和协助专利行政执法职责，区商务局的打击侵犯知识产权和假冒伪劣商品、协助反垄断调查等相关职责整合，重新组建区市场监督管理局，作为区政府工作部门，保留区知识产权局牌子。

新设立内资企业9404家，注册资本（金）340.66亿元，比上年同期分别增加16%和下降30.7%。其中设立私营企业9020家，注册资本（金）302.6亿元，比上年同期增加19.5%和下降15.2%。新设立个体工商户10409家，资金数额8.65亿元，分别增加0.9%、减少1.4%。新设农民专业合作社5家，出资额498万元，分别下降50%、80.5%。新登记外商投资企业及分支机构172户，投资总额17.64亿美元，注册资本16.91亿美元，其中外方认缴11.23亿美元，分别增长22%、4倍、4.5倍、3.3倍。

查处行政处罚案件536件（万元以上案件253件），罚没款总额1126.42万元。受理消费者举报投诉10559件，为消费者挽回经济损失542.33万元。

【“亚洲举重锦标赛”安全保障】 2019年4月17—29日，亚洲举重锦标赛暨2020年东京奥运会资格赛在宁波举行，宁波万豪酒店、南苑饭店和凯洲皇

12月20日，海曙区民营企业协会“红帮裁缝”服装分会授牌

冠假日酒店3家单位承担会务接待任务。区市场监管局自4月10日始，派出多批次执法人员对酒店进行食品及特种设备先期检查指导。签订《重大活动餐饮服务提供者食品安全责任承诺书》《重大活动食品安全告知书》，严格审查食谱，查看厨房冷菜间、烹饪、洗消等设备，督促食品留样、酒店从业人员健康证及晨检等制度落实，全程把控食品原料、储存条件、制作环节，确保食品安全工作到位。同时，执法人员重点检查酒店电梯、热力系统锅炉、压力容器等特种设备的安全管理。

【市场监管综合行政执法队成立】 2019年10月31日，宁波市海曙区市场监管综合行政执法队挂牌仪式举行。新成立的区市场监管综合行政执法队整合食品、药品、物价、商标、计量、专利、商务、盐业等相关领域执法职责，构建覆盖生产、流通、消费全过程、全领域、全方位的市场监管执法体系，并由市场监管部门统一行使行政处罚权及相关行政检查、行政强制权，进而实现“一支队伍管市场”，市场监管综合执法“一盘棋”。

【海曙民营个体协会获评全国先进】 2019年12月，国家市场监管总局、中国个体劳动者协会发布《关于表彰全国先进个体工商户、全国个私协会系统先进单位和先进工作者的决定》，宁波海曙区民营企业、个体劳动者协会（简称“区民个协会”）获“全国个私协会系统先进单位”称号。区个体劳动者协会成立于1984年。区民营企业协会成立于1993年，下设10个个协分会和11个街道民协联络站。

（夏　静）

工商行政管理

【概况】 2019年，海曙区推行企业开办全流程“一件事”、一日办结制度，完成企业开办网上设立登记7288户，鼓励引导企业注销“一网服务”。办理“先照后证”（先申领营业执照后，再办理有关许可证）企业设立、变更事项7068件，认领6996条，“双告知”事项信息认领率超过98.99%。试行食品经营许可“先证后核”改革，在餐饮和食品流通领域，此模式共办理事项590件。

引导行业协会培育适应新消费升级需求的集体商标。“月湖金汇小镇”申请服务类商标注册。指导海曙区民营企业协会成立“红帮裁缝”服装分会，并申请注册区域品牌集体商标。拓展辖区企业知识产权金融服务范畴，知识产权质押融资4.88亿元，超额完成预期目标304%。12月12日，宁波御坊堂生物科技有限公司以30件商标为质押，获临商银行宁波鄞州支行担保债权金额3.63亿元。

主动介入服务企业，助力“瑞幸咖啡”落户海曙。对48家重点企业开展多轮走访，了解并助力解决企业在经营过程中实际困难。搭建企业融资平台。联合多家金融单位，面向不同的小微企业分别推出“通用版”“实体版”和“初创版”3个政银合作融资产品，通过区民个协会融资平台共帮助668家小微企业获得融资1.66亿元。

强化主体资质监管。做好各类市场主体年度报告，登记企业年报比例达91.2%，个体工商户年报比例为87%。实施企业信用监管，依法把4333家企业列入经营异常名录，1057家企业经申请审核予以移出经营异常名录，445家企业主动办理注销、自动移出经营异常名录，73家企业被列入严重失信企业名单。

【“农贸市场改造提升三年计划”启动】 2019年，海曙区出台《宁波市海曙区农贸市场改造提升三年攻坚行动实施方案（2019—2021年）》，以民生需求为导向，因地制宜开展农贸市场改造提升工作。改造以市场改造提升星级化、高星市场创建精品化、市场业态发展多元化、市场监管服务智慧化、市场环保治理绿色化等“十化”为抓手，以点带面，统筹推进全区农贸市场一体化发展，全面促进海曙区农贸市场提档升级。实现2个100%、1个突破，即到2020年，实现城区二星级及以上“文明规范农贸市场”100%覆盖，乡村一星级及以上“文明规范农贸市场”100%覆盖；实现全区城区三星级及以上“文明规范农贸市场”覆盖率突破市级规定的50%以上，力争达到60%。12月，城区首家列入改造计划的月湖菜市场投入使用。

【全区首张电商营业执照核发】 2019年1月4日，区市场监管局石碶市场监管所核发全区第一张电子商务营业执照。根据2019年1月1日正式实施的《中华人民共和国电子商务法》规定，电子商务经营者必须依法办理市场主体登记，依据电子商务平台名称和网络经营场所网址作为经营地址。此张营业执照全流程网上报送，通过邮寄送达，实现领取营业执照“零次跑”。

【新版营业执照启用】 2019年3月1日始，海曙区全面启用新版营业执照。对经登记机关准予设立、变更登记及补发营业执照的各类市场主体，颁发新版营业执照。宁波齿街食品有限公司通过互联网全流程登记方式完成申报后，于3月1日领取全区首份新版营业执照。新版营业执照除调整尺寸版式，新增二维码功能，规范民族文字使用外，重点推进电子营业执照应用：领取新版纸质营业执照的同时，同步生成新版电子营业执照并存入电子营业执照库，各类市场主体可通过微信、支付宝搜索“电子营业执照服务（管理）”小程序，下载、使用本企业的电子营业执照。

【企业开办全流程“一件事”一日办结】 2019年4月9日，宁波优畅供应链管理有限公司在区行政服务中心市场监管窗口，通过“企业开办全程网上办平台”一次性提交并办结营业执照领取、公章刻制、银行开户和发票申领等所有手续，成为海曙区首家开办全流程“一件事”一日办结的企业。为进一步优化营商环境，4月始，区市场监管局通过深化企业开办审批改革，企业所需提交的材料由原先的20份压缩为6份，办理环节压缩到4个，办理时间压缩到1个工作日。

【全区首例预付卡群体诉讼案件胜诉】 2019年6月，海曙区内因卡罗利美容美发店预付卡无法使用的群体司法维权案判决。位于新芝路128号卡罗利美容美发店突然闭门失联，导致200余名消费者预付卡无法使用。区消保委、区商务局等相关部门通过聘请法律顾问、代写诉状、收集证据等措施，引导消费者通过司法途径维权。首批4名余额证据确凿的消费者胜诉，另有2名消费者提起诉讼并调解成功，6人共返还金额2.4万余元。此案件为海曙区内首例在消保委支持下胜诉的预付卡群体诉讼案件。

【"放心消费在浙江"行动】 2019年8月底，海曙区被省市场监管局确定为"放心消费建设工作重点县（市、区）"，系全市唯一。2019年，海曙区全域推进"放心消费在浙江"行动，新增"放心消费单位"399家、"无理由退货承诺培育单位"254家、"放心市场"5家、"放心餐饮"26家，市级"放心消费示范街区"1家、"放心社区"1家。妥善处置各类投诉举报10559件，为消费者挽回经济损失542.33万元，"12345"转办件满意率99.8%。根据机构改革要求，增加物价监督检查、知识产权相关职能，同步整合"12315""12365""12331""12358""12330"热线，做到举报投诉处理"无缝衔接"。

（夏　静）

9月2日，区市场监管局对东鼓道餐饮企业进行检查，实施餐饮行业"红黑榜"机制

食品药品监督管理

【概况】 2019年，海曙区印发《宁波市海曙区党政领导干部食品安全责任制工作清单》，明确区党政领导、监管部门食品安全工作职责。探索社会餐饮智慧监管，在天一商圈试行食品安全智慧监管体系建设，"蜀大侠"天一店、石浦大酒店月湖店实行"智慧后厨"监管系统。推进大数据监管，完成辖区学校（幼儿园）、镇（乡）街道食安办等食品安全基础数据采集。新建食药安全宣传科普站19家，在万安社区设立全市第一家保健品宣传工作室。推行餐饮行业"红黑榜"机制，通过微信公众号以视频、图文形式展示现场检查过程，通过与市、区级媒体深度合作，扩大"红黑榜"影响力。至年底，推出餐饮"红黑榜"6期，涉及单位34家。"海曙发布""海曙市场监管""宁波来发"等新媒体阅读量达7.6万余次。

新增商业食责险投保单位171家，建设"名特优食品作坊"和"亮化达标小微食品生产企业"12家，新建"阳光厨房"72家，建设26家"放心消费示范餐饮单位"、9家"农村家宴放心厨房"。华润万家生活超市（宁波）有限公司和义大道店获评2019年度省级"放心肉菜示范超市"。

完成300余家药品零售企业现场许可及换证核查，开展化妆品委托生产企业备案，检查产品300余种。检查医疗器械经营企业375家次。辖区医疗机构检查覆盖率达100%，整改394家。

【食品安全信息公开】 2019年，海曙区以"e食安"食品安全综合管理平台建设为抓手，推进食品安全领域的信息公开。高鑫广场、"东鼓道"地铁商业街的119家食品经营单位的资源数据经统一整合、归集，接入平台，向社会实时公开食品安全信息，实现"餐前可溯源、餐中可监控、餐后可建议"目标。至年底，高鑫广场32家餐饮经营单位全部完成"阳光厨房"改造，"东鼓道"上线餐饮商户73家。

【集士港镇小餐饮"联管"模式创新】 2019年，集士港镇食安办牵头，联合镇市场监管、综合执法、生态环境等部门，成立集士港镇小餐饮整治和规范领导小组办公室（简称"小餐饮办"）。实行"联合审批、信息共享、联合执法、风险共担"的运作模式，业务咨询、营业执照和食品经营许可证（登记证）办理等采取"一窗式受理""内部流转闭环"模式，解决业主多头咨询、来回跑等难题。同时，联系楼盘物业，划定餐饮禁设区域；开展定期巡查，由镇小餐饮办协调指定相关单位联合执法，共同处理、统一回复民生热点问题。

【家庭过期药品回收长效机制】 2019年，区市场监管局在人口密集区域的社区居委会、医疗机构和零售连锁药店设置家庭过期药品回收定点单位50家，包括36家药品零售连锁企业门店、8家卫生服务中心和6家社区居委会，基本覆盖17个镇（乡）街道。过期药品由回收单位定期送至区市场监管局统一保管，委托有资质的第三方在执法人员监督下完成销毁。同时，加强定点回收监管，一旦发生回收药品销售或外流行为，取消其定点单位资格，并依据相关法律法规予以处理。

【保健市场乱象联合整治百日行动】 2019年1月18日至6月底，海曙区多部门联合开展保健市场乱象整治行动，重点查处一批大要案。其中，查处浙江盛世红瑞健康产业有限公司虚假宣传案获市委书记郑栅洁批示肯定，并入选国家市场监管总局“保健市场乱象百日整治行动”典型案例，被中央电视台《焦点访谈》《第一财经》栏目、中央人民广播电台《中国之声》专题报道。该案例作为全市唯一入选案例参选国家市场监管总局“反不正当竞争典型案例”，入选全国十佳案件。海曙区代表宁波市接受国家联合整治保健乱象督导组“回头看”检查，整治情况得到督导组肯定。

【直营连锁餐饮企业食品经营许可“申请人承诺制”实施】 2019年1月30日始，区市场监管局率先试行直营连锁餐饮企业食品经营许可“申请人承诺制”。该制度试行对象为在宁波大市范围内有10个及以上直营门店，或总部设在海曙区且在宁波大市范围内5个以上直营门店的品牌餐饮连锁企业新增门店。只要符合“统一名称、统一采购、统一储存、统一配送、统一核算、统一管理”条件的新开办连锁门店，企业负责人书面承诺符合许可条件并依法承担相应法律责任的，且材料齐全的，区行政服务中心受理窗口可直接核发食品经营许可证，许可时限大幅缩短，最快情况当日即可办理。

【“3·15”晚会曝光问题产品排查】 2019年3月，针对中央电视台“3·15”晚会曝光的“虾扯蛋”辣条、“亲嘴牛筋”、成人纸尿裤等问题商品，海曙区第一时间下发《关于迅速开展央视“3·15”晚会曝光问题产品排查工作的通知》，全面开展排查工作。其间，畅通举报投诉渠道，对涉及中央电视台“3·15”晚会曝光问题的举报投诉重点予以关注。此次排查突出以商场超市、便利店、农村集贸市场、农产品集中交易点、批发市场、学校周边小食杂店、妇婴用品商店等为重点单位。共出动执法人员90余人次，排查各类经营户200余家，未发现曝光的问题产品，未收到相关举报投诉。督促经营者主动下架湖北神丹健康食品有限公司生产的“神丹”牌保洁鸡蛋21盒及其他可疑食品350包。

【“送药上山进岛”便民服务点建设】 2019年6月27日，为解决偏远山村群众购药远、购药难问题，区市场监管局联合辖区药品零售连锁企业，建设“送药上山进岛”便民服务点。全区首个便民服务点在横街镇上阵村设立。便民服务点与四明大药房合作，采用设立非处方药柜的模式，形成药品信息采集、保障、配送全链条服务。服务点内放置有用于中暑、感冒、肠胃不适及皮肤损伤等常见疾病的非处方药品，如遇到服务点内没有的药品，可拨打四明大药房服务热线电话，一键购药送药到手。需要用药咨询还可扫描二维码，与执业药师进行“面对面”远程交流，确保用药安全。至年底，全区建成4个“送药上山进岛”便民服务点。

【全区首张新版“药品经营许可证”颁发】 2019年11月6日，区市场监管局向宁波市海曙参仁行贸易有限公司颁发海曙区首张新版“药品经营许可证”。相较旧版许可证，新版增加了企业社会信用代码、日常监管机构名称、签发人和监督举报电话等信息。同时，新证印有二维码，群众用手机“扫一扫”，可查询药店许可证详细信息，实现许可证信息的在线识别。

（夏　静）

质量技术监督

【概况】 2019年，海曙区制定《开展全面质量提升行动深入推进“质优海曙”建设的实施计划》，开展全面质量提升行动。组织实施汽车及零部件制造业、纺织服装业的质量提升项目建设。4家企业获2019年度“区长质量奖”。推动宁波东海集团申报省级“先进质量管理方法示范单位”，蔺草制品产业申报省级“质量提升示范特色产业”。跟踪指导宁波思明汽车科技股份有限公司等7家企业开展市级以上质量提升项目，并通过市级验收。宁波市向阳舍慢生活农场授牌“浙江省中小学质量教育社会实践基地”。开展“百城千店”浙江制造品牌产品体验活动。提升产品国际标准“采标率”，比上年提升3.5个百分点。

开展特种设备安全隐患专项整治，完成“两会”、亚洲举重锦标赛、“平安护航新中国成立70周年”等系列重大活动和重点时段特种设备安保任务。服务老小区加装电梯民生工程，按规定并联审查加装电梯28台，投入使用16台。联合鄞江镇政府在百威英博啤酒有限公司开展液氨泄漏事故应急演练，提高公众特种设备安全意识、企业特种设备安全管理水平和应急处置能力。

加强重点产品质量安全监管，加大对重点监管产品监督抽查。组织开展危险化学品和危险化学品包装物及容器产品、电动自行车、儿童和学生用品安全守护行动、儿童服装生产领域、特种劳动防护用品等六大专项检查。提高工业产品生产许可证监管有效性，全面规范认证主体和认证市场。计量监管和标准督查常态化，开展出租车计价器计量监督检查，立案5起，推进强制检定计量器具备案工作。新推动1家企业开展测量管理体系认证。

推进“第三批“浙江制造”品牌培育试点区”工作，新增“品字标”企业4家，新增“浙江制造”产品证书5张，国际认证证书1张，3个“浙江制造”标准立项成功。实现辖区消费类“品字标浙江制造”品牌产品全部贴标。

【全区首例特种设备违法销售案查处】 2019年5月，区市场监管局对洞桥镇某木材市场进行叉车专项整治，发现市场内多台二手叉车无车辆合格证和相关技术资料。通过对出售叉车的经营单位突击检查取证，发现其销售的二手叉车未随车附带车辆合格证和相关技术资料，未建立特种设备检查验收和销售记录制度，该行为违反《中华人民共和国特种设备安全法》第二十七条规定，予以立案查处。

【全区首家省级中小学质量教育社会实践基地建立】 2019年9月，省市场监管局、省教育厅联合命名海曙区企业宁波市向阳舍慢生活农场有限公司为2019年“浙江省中小学质量教育社

10月21日始，海曙区开展特种设备安全整治百日大会战

会实践基地”，实现海曙区省级中小学质量教育社会实践基地零的突破。向阳舍慢生活农场申报实践基地过程中，区市场监管局从企业质量管理、基础条件、教育内容、教学方式、接待条件和安全保障等方面入手，指导企业合理安排工作环境、参观路线、教学场地、学习内容、人员师资等，帮助企业结合生产和检测工作特点，针对不同阶段学生的认知能力，设计茶叶采摘、手工炒茶、泡茶讲学等质量教育内容，策划能够提供适合中小学生操作、体验的检测仪器或能够动手制作的相关产品或生产环节。

【特种设备安全整治百日大会战】 2019年10月21日始，海曙区开展特种设备安全整治百日大会战，重点检查液氨冷库、气体充装单位、LNG点供、低温液体储罐（液氩、液氮、液氧、液态二氧化碳）使用单位以及其他涉危化工企业。同时，根据经信部门提供的规模以上企业名单，排查出中小企业锅炉使用清单；根据年度重点检查计划名单，梳理大型游乐设施、旅游观光车等清单，明确整治对象明细。整治采用企业自查自纠和监督检查相结合方式开展。对检查中发现的安全隐患问题，及时督促整改到位；对于设备本体疑难问题，与市特检院对接沟通，取得技术支持。同时针对公众聚集场所电梯，结合日常监督检查，开展“回头看”，逐一复查，落实闭环管理。至11月20日，检查特种设备使用单位101家，治理隐患63个，下达安全监察指令书17份，责令停止使用特种设备17台。同时，组织监管人员开展业务培训1次，面向企业安全负责人开展培训2次。

（夏　静）

物价监督管理

【概况】 2019年年初，价格监督检查与反垄断相关职责划归区市场监管局，区市场监管局成立物价监督检查大队负责相关工作。开展涉企收费检查、转供电主体电费降价及退费情况、排除限制市场准入行为、商品房销售价格、殡葬服务收费、生猪价格、天然气价格、医疗机构“双随机”等专项检查。处理价格举报投诉976件，涉及商品零售、物业管理、房地产、殡葬服务等行业，责令18家转供电主体清退多收电费150余万元。查处价格违法案件5件，其中停车收费价格欺诈案处罚金额27.5万元。

在自查自纠基础上，联合对16家单位开展涉企收费检查。对检查发现的转嫁社会团体变更登记离任和注销清算报告审计费、转嫁防雷装置检测费、违规设立马路冲洗费、转嫁水土保持方案报告书专家评审费等问题，发出责令整改函4份，要求限期整改，确保收费合法合规。

【公平竞争审查制度推行】 2019年，海曙区出台《2019全面落实公平竞争审查制度工作要点》，规范公平竞争审查流程制度，推动落实主体责任和监督责任。建立由区市场监管局为召集人，区发改、财政、商务和司法等部门为副召集人，26个区直部门组成的公平竞争审查联席会议制度。举办公平竞争审查业务培训12场、各形式宣讲活动15次，促成59家单位建立内审制度。按照“谁起草、谁清理”“谁起草、谁审查”原则，开展存量文件清理和增量文件审查，通过发函督促、建立通报制度、加强整改督查等方式，严防出台排除、限制竞争的政策措施。共审查各单位报送增量文件293份、存量文件85份，废止文件5份，及时清理违规文件2份。

【医疗服务行业价格检查】 2019年，区市场监管局对177家公立医疗机构进行“双随机”检查，共抽取21家单位。重点检查自2018年1月始，医疗机构是否按规定的医疗服务项目和标准收取费用；使用一次性医用卫生材料是否按政策规定进行收费；有无重复收取一次性卫生材料费；医疗机构销售高值植（介）入类医用耗材有无超过规定的价格水平或加价率销售；是否进行明码标价与价格公示执行情况以及药品价格政策执行情况等价格行为。通过检查住院病历（结算清单）、门诊费用清单、采购平台数，核对医疗材料、药品价格等方式，对医疗机构收费情况进一步检查。现场检查中发现个别医疗机构存在医疗服务收费标准、药品价格明码标价不规范的情况，均已要求立即整改。

【殡葬行业价格专项检查】 2019年4月，区市场监管局联合区民政局、区发改局开展清明节期间公墓价格专项巡查，涉及辖区内芝山公墓及殡仪馆等3家殡葬单位相关收费情况。重点检查公墓墓穴价格、墓穴管理服务费是否符合政府指导价规定，收费项目和收费标准有无公示，丧葬用品有无明码标价，公墓配套停车场是否收费及做好收费公示等。检查后发现，海曙区内公墓、殡仪馆相关服务费用包括墓地价格、管理修缮费用、遗体接运、火化等殡葬服务项目收费均明码标价，公示到位。检查要求公墓管理单位及殡仪馆各项收费严格明码标价，不得随意涨价，确保殡葬市场价格稳定。

【天然气价格检查】 2019年12月，区市场监管局联合区发改局、区应急管理局，对辖区内兴光燃气、新奥燃气、东方燃气等6家大型供气企业的天然气价费政策落实情况进行突击检查，具体检查居民用天然气、非居民用天然气、天然气车辆加气站等不同用途的天然气价格。检查利用电子化登记平台先行摸排相关企业信息，确定重点后，以查带访了解行业概况及基本信息。检查结果发现，各供气企业均及时执行宁波市定价规定，未发现违规行为。

（夏　静）

审　计

【概况】 2019年，区审计局完成审计项目15个，查出问题金额4942万元，督促审计整改落实有关问题金额366万元。递交各类审计报告、审计专报37份。移送司法机关、纪检监察机关和有关部门处理事项2件，移送处理人员10人，移送处理金额141万元。

借力区委巡察、内部审计、社会协审，实现对辖区二、三级单位审计的延伸覆盖。抽调审计人员14人次，参与省委巡视、涉改单位专项审计、严肃财经纪律检查，参与全区党费收缴情况检查、社保资金检查等专项工作。

开展区本级预算执行情况审计，促进区产业扶持资金、国有资产管理、公车维修等方面9个制度修订完善，督促2480.36万元相关税费缴交到位。提升政府资金审计管理系统的应用成效，为区人大出台《关于开展预算联网监督试点工作的实施方案》以及细化预算联网监督工作提供参考依据。

推进信息化建设及审计应用，1人新入选省厅计算机骨干人才，1人通过审计署计算机中级考试。在全省、全市审计信息化工作会议上，区审计局就审计信息化工作和网络安全工作作交流发言。与区信息中心、区经信局协调，打通与区相关部门大数据交换共享平台的通道，为与上级机关实现数据分享、共享机制奠定基础。

【专项审计调查】 2019年，海曙区完成区行政事业单位和国有企业房产管理情况专项审计调查，基本摸清全区相关单位房产管理情况。开展小城镇环境综合整治情况专项审计调查，揭示项目管理中的风险隐患，移送相关线索2例。赴贵州省贞丰县开展扶贫政策落实情况跟踪审计，监督检查扶贫政策资金落实情况。实施区2018年度教育专项经费管理使用情况审计调查，促进全区教育专项资金规范使用和效益发挥，保障资金安全、高效运行。

3月28日，区委审计委员会召开第一次会议

【投资审计改革】 2019年始，全区投资审计所需经费由区财政全额保障，审计独立性加强。同时，按照投资审计工作相关规定，退出传统的工程造价结算审核，集中清理历史遗留项目，提高预算执行审计和竣工决算审计覆盖面，并通过投资审计项目管理和分类实施，提升审计效率。

【领导干部经济责任审计】 2019年，区审计局完成对9家单位13名领导干部的经济责任审计。审计过程中，以“一拖多”方式，同步开展预算执行审计、“三公经费”和专项审计调查、扶贫资金专项审计及全区公益林专项审计调查。其中，重点选取原区农林水利局开展领导干部自然资源资产离任（任中）审计。在经责审计中，同步推进内部管理，把内控制度执行情况的测试评价作为现场实施的重要环节，促进被审计单位加强内审工作。

【区委审计委员会及审计委办公室成立】 2019年，海曙区成立区委审计委员会及审计委办公室，召开第一次会议。在此基础上，落实区委审计委员会各项工作部署，促进全区各单位加强内部控制，提高管理水平。向各镇（乡）街道、部门下发“三清单一汇编”，即《海曙区农村集体经济风险防范清单》《海曙区镇乡街道领导干部履行经济责任风险防范清单》《海曙区政府投资项目风险防范清单》和《宁波市领导干部经济责任典型案例汇编》。以区委办、区府办名义下发《海曙区关于进一步加强内部审计工作的意见》，加强对相关单位的日常督促、指导、培训和考核。

（马　路）

统　计

【概况】 2019年，区统计局加强统计基层基础建设，推进17个镇（乡）街道挂牌成立镇（乡）街道统计工作站，合理配备专职统计人员。结合“三服务”活动，走访指导企业、项目、住户1174家次。组织、受邀各类培训70场次，累计培训3000余人次。

继续加强和完善重要指标进度监测，形成快报142期，其中预警信息8篇，做到统计信息“短频快”。加强部门沟通，做好月度转型升级提质指标体系、竞技指标体系的监测。研究落实高质量发展指标监测体系，对近两年完成情况分析研判。开展文创产业季度分析，新增对重点园区、特色小镇、重点区块、卫星城的季度发展状况分析。各类分析文章被国家统计局录用7篇，被省统计局录用41篇；完成统计分析和专题报告47篇，编印《数说海曙》分析合集4期。课题“海曙区高质量建设国内一流强区指标体系研究与实证分析”被国家统计局发布录用，并在省级刊物《统计科学与实践》上刊印，成为唯一一个获评2018年度宁波市统计研究课题优秀奖（最高奖）的县（市、区），连续11年获得该奖项。

完善《统计月报》，新增固定资产投资、民营经济、高质量指标体系等相关指标。继续推出中英文版《海曙概览（2019）》，内容全面、数据翔实。运用微信等新媒体平台宣传，发布微信文章186篇，其中原创微信156篇，在全国统计系统月度排名居县（市、区）第一。拍摄的短视频《穿越版最美普查员》获全国第四次经济普查微视频最佳创意奖。开展中华人民共和国成立70周年海曙发展宣传，撰写《奋斗七十年，谱写新篇章》一文，在市级宣传册上刊印。组织开展“最美统计人”评选活动。

【统计法制工作】 2019年，区统计局制定《2019年海曙区统计法制工作要点》，结合“双随机”和“回访制”制度，稽查52家单位，其中经济处罚3家。落实“互联网＋监管”，提高“浙政钉·掌上执法”系统使用率。配合区人大对《中华人民共和国统计法》贯彻落实情况的执法检查。区政府常务会议专题听取《中华人民共和国统计法》解读；《中华人民共和国统计法》专题讲座列入区公务员“学法用法三年轮训”培训班课程。深化诚信单位示范点创建，建立诚信企业和诚信统计人员信息库。多渠道加强普法宣传，利用“海曙统计”官方微信，开展普法宣传有奖问答活动，设立“以案说法”专题，发布以统计法制宣传内容为主的原创微信13篇。设计制作防范统计造假宣传笔记本，将防范统计造假、《中华人民共和国统计法》等相关文件内容纳入其中。组织开展“坚守统计初心 践行时代使命”主题的“统计开放日”系列活动，增强《中华人民共和国统计法》宣传力度。

【统计调查】 2019年，海曙区做好月度劳动力调查，完成新旧样本更替。开展“最多跑一次”预调查、改革满意度企业问卷调查、5‰人口抽样调查暨“平安浙江”调查、城市公共交通分担率和交通满意度调查等社情民意调查。出台《住户调查质量管控办法》，修订住户调查专项资金使用管理办法以及住户调查镇级数据评估方案，推行完善台账制度。推进住户调查电子记账，全区电子记账户达52.33%。加大住户调查培训力度，实行季度业务培训制度，针对调查员变动的调查点进行重点辅导。

【“防范和惩治统计造假弄虚作假”专项行动】 2019年，区统计局推进“防范和惩治统计造假弄虚作假”专项行动。出台《海曙区统计数据质量管控办法》，加强数据核查力度，提高源头数据质量。开展核查50余次，覆盖企业2600余家、调查户400余户，修正数据差错400余条。健全镇（乡）街道、园区数据反馈机制，研究制定分镇（乡）街道、园区GDP核算办法。

（潘灵琳）

应急管理

【概况】 2019年，海曙区整合原区安监局（除职业安全健康监督管理）、区府办应急管理、区民政局的救灾减灾，市国土资源局海曙分局的地质灾害防治，区农林水利局的水旱灾害防治、森林防灭火，区科技局的震灾应急救援以及区防汛防旱防台指挥部，区减灾委员会等职责，组建成立海曙区应急管理局。成立后，加强机构与下属事业单位改革，保留海曙区安全监督执法大队牌子，承担执法检查、事故调查、行政处罚和生产安全及自然灾害事故信息统计等职能；新成立区应急救援服务中心，承担应急救援服务、灾险监测预警、灾情发布等重要职责。

推进“综合减灾示范社区”创建和28个省级“标准避灾安置场所”规范化建设，修订完善防台风防汛、地震、地质灾害等专项应急预案。

抓好防汛抗台风，在超强台风“利奇马”和“玲玲”“米娜”期间，全面检查防汛设施、防汛物资储备及避灾安置场所；协调中保财险海曙支公司开展灾情查勘、评估，查勘评估4500余户，定损赔付金额304.75万元。联合区财政局拨付“利奇马”灾后重建专项资金115.5万元，做好灾后重建。

【区应急管理局挂牌成立】 2019年1月3日，海曙区应急管理局挂牌成立。区应急管理局以安全生产监管和自然灾害事故防范为主要职责，同时挂区安全生产委员会办公室、区森林防灭火指挥部办公室、区防汛防台抗旱指挥部办公室、区减灾委员会办公室等牌子，内设7个科室，2个下属事业单位。主要承担全区安全生产的综合监管、工矿危化企业的安全生产行业监管、自然灾害防范的综合协调和应急救援指挥四大职能。

（金双燕）

消防救援

【概况】 2019年，海曙区发生火灾210起，无人员伤亡，直接财产损失338.7万元。区消防救援大队接警2580起，出动消防车4546辆次、警力2.71万人次，抢救被困人员287人，疏散人员133人，保护财产价值3059.1万元。开展“11·9”消防日全民公益行动主题活动。落实消防安全知识常态化宣讲，累计开展社会

11月13日，区消防救援大队在江厦街道天封社区开展消防安全演练

单位消防安全培训680场，受众8万人；落实消防监督员“每周一日”宣传教育机制，累计培训440场，受众3万人，重要节点向目标人群发送短信提示9万条。充分发挥消防队站和消防安全体验馆作用，组织单位员工和社会群众参观体验，累计对外开放220场。在中央和省级媒体累计发稿30篇。

【火灾隐患整治】 2019年，海曙区检查社会单位6829家，发现并督改火灾隐患或违法行为6942处，下发行政处罚决定书328份、临时查封决定书94份，责令“三停”（停止施工、使用、生产）单位104家，处理举报、投诉案件264起。办理开业前检查229个，指导服务企业264家，为企业直接节省资金3000余万元。联合公安、应急、住建等部门先后开展文博场所检查、大型商业综合体整治、电气火灾综合整治、电动自行车消防安全综合治理等专项行动。推动区政府和省消安委对国家级文保单位林宅（清朝建筑）的挂牌督办，并启动征迁工作。联合住建、规划、江厦街道等单位成立专班，强化灵桥广场消防安全整治。集中约见16类重点场所责任人，巩固工业厂房改建公寓楼、群租房、沿街店铺、高层建筑、老旧小区等整治成效。30人以上公寓楼、出租房全部按消防安全标准化要求升级改造。依托社会机构系统排查高层建筑（住宅和公共建筑）700余幢，固定消防设施的完好使用率超过90%。遏制沿街店铺住人现象，排查出风险隐患较大的“多合一”店铺1050家，其中住宿3人以上店铺262家，整改205家、拆除26家。15个老旧小区完成升级改造，提升消防安全环境。白云街道、高桥镇2个省级火灾重点镇（乡）街道摘牌。

【消防演练】 2019年，海曙消防大队先后组织开展8次全要素、全过程的大实战拉动演练，战例研讨12次，开展单位熟悉664次，灭火演练487次，其中夜间演练159次。组建大队应急保障小分队，加强无人机飞手人才储备，专业力量明显提升。开展辖区消火栓实地排查，完成80个消火栓建档成册。

【消防救援力量培养发展】 2019年，海曙消防大队加强专职救援力量与社会力量结合发展，坚持“以赛促训，以训促战，交流互动，协同发展”，每季度召开专职队长例会、微型消防站站长联席会议，定期组织轮训、协同演练、实地帮扶，与专职队联合演练24次，举办“文旅体”微型消防站安全技能比武大赛、全区“119”多种形式消防队伍大比武两次大型比赛，64支队伍300余人参与活动。加强与微型消防站的联勤联训，建立微型消防站档案台账，上门指导，定期拉动演练，形成作战合力。提请区政府确定集士港、洞桥两个专职队作为提档升级试点单位。

（全杭湖）

安全生产监督管理

【概况】 2019年，海曙区上报各类生产安全事故8起，死亡8人，比上年同期减少4起、4人，分别下降33.3%、33.3%。其中，工矿商贸领域发生亡人事故4起，死亡4人；道路交通领域发生经营性亡人事故4起，死亡4人；未发生生产经营性火灾亡人事故，未发生较大及以上生产安全事故。安全生产形势总体稳定。

完善监管机制，巩固双重预防机制建设。督促指导重点企业推进安全风险动态辨识、分级管控和隐患排查双重预防机制建设，危化生产储存、烟花爆竹批发、“两客一危”和民用爆炸物品储存等重点单位全部完成风险辨识评估；195家金属冶炼、涉氨制冷、涉爆粉尘等“三场所二企业”单位全面完成风险辨识评估。

加强综合整治，强化各类节后复工复产检查，开展多次专项督查。整治“低散乱”行业，整顿企业100家。推进隐患挂牌治理，明确道路交通、消防、工贸等领域15个区级以上重大隐患挂牌单位，完成治理12家，整治率达80%。部署开展“百日大会战”专项整治行动，全面排查整治危化品使用单位、“两小”（小企业、小加工作坊）企业、沿街店铺安全生产及消防隐患，排摸工业企业19915家，检查“两小”企业8868家，发现整改隐患4094件，拆除违章28家，面积近25万平方米。

【“安全生产宣传咨询日”活动】 2019年6月22日，区应急管理局、区文化和广电旅游体育局、区交通局等部门会同高桥镇政府、各村（社）安全干部、社区居民、企业代表、志愿者等数百人，参加在高桥镇举行的2019年安全生产宣传咨询日活动。当日围绕“防风险、除隐患、遏事故”主题，组织开展有奖竞答、文艺会演、现场急救体验等，提高群众安全意识、法治意识和应急逃生救护能力。

【省安委办督查林宅隐患整改情况】 2019年9月26日，省安委会督查海曙区重

6月22日，区应急管理局在高桥镇组织开展2019年“安全生产宣传咨询日”活动

大火灾隐患督办单位——林宅隐患整改情况。督查发现室内电线未套管、电线私拉乱接、生活用火煤气灶连接软管老化等隐患仍存在，老年群体消防安全知识宣传仍需加强。林宅占地面积0.31公顷，建筑面积3268平方米。共有前后三进，前进产权为国有，后进多年来为居民居住，有公房28户、私房11户。督办要求下达后，区委主要领导多次到现场检查督导，属地责任单位月湖街道落实主体责任，成立林宅重大消防安全隐患整治工作小组，相关职能部门配合，以重大火灾隐患整改为思路进行全方位整改。

【安全生产和消防安全专项整治】 2019年10—12月，海曙区开展安全生产和消防安全整治百日大会战行动，重点排摸危化品使用单位、“两小”企业、沿街店铺安全生产及消防隐患。共排摸工业企业19915家，检查“两小”企业8868家，发现整改隐患4094条，拆除违章28家，面积近25万平方米。

（金双燕）

行政审批管理和公共资源交易管理

【概况】 2019年，海曙区受理各类审批服务事项116.78万件，按期办结率100%。区级交易平台完成常规统计类交易项目1029宗，比上年同期减少13.09%。其中，工程建设项目139宗，同比减少42.32%，节资率为7.66%；政府采购项目795宗，节资率8.85%。政府采购公开招标222个，同比减少29.30%，交易额7.61亿元，同比增长17.80%；工程建设公开招标137个，交易额36.58亿元，分别比上年同期减少40.69%、32.35%；其他交易项目95宗，同比增长120.93%。镇（乡）街道交易平台完成交易项目467宗，同比增长10.93%。

【政府采购“全省一张网”企业审核】 2019年，区公共资源交易中心发挥“政采云”采购平台功能，开展“全省一张网”企业主体和商品审核。4月9日始，开展入库企业和商品审核，实行“两小时一次”审核制，落实专人最长每隔两小时查看企业新注册申请。并以购买劳务的方式，聘请咨询公司专业人员入驻中心，开辟专线接受“政采云”业务办理咨询，解答企业在平台遇到的问题，帮助企业更快更好推广业务，参与全省投标活动。

【“家门口”智慧审批服务网试点】 2019年，海曙区各镇（乡）街道试点建设“家门口”智慧审批服务网。高桥镇按照“应进必进”原则，建设方便群众“家门口”办事的一站式服务中心，推进镇各职能科室权力审批事项进驻中心，实现区级各基层站所向服务中心窗口进驻；白云街道运用“四全工作法”助推街道层面的“最多跑一次”改革工作，通过特殊群体“全事代办”、打破壁垒“全域通办”、本级业务“全程帮办”等方式，确保居民在街道权限范围内的事项办理不出家门、不出社区，全力跑出便民服务加速度；横街镇实行高山代办服务，通过镇、村工作人员代跑代办来解决偏远山区村群众办事难的问题，实现让群众办事“最多跑一次”，切实让群众体验方便、快捷、高效的政务服务。

【审批联合体设立】 2019年，海曙区引入办事群众、企业代表、行业专家、法律人士等多方主体和社会力量，设立审批联合体（简称“审联体”）。“审联体”在“陪办制”解决“关键小事”基础上建立，致力于解决需要多部门单位（包括社会组织）共同参与解决的、部门改革意愿不强而群众改革呼声较大的、部门改革承诺不兑现的、政策解释不到位或群众不理解的事项。至年底，此工作方式率先被应用于区内各医院体检报告结果互认事项上。

【窗口“星·心”服务评价机制推行】 2019年3月，海曙区推出区行政服务中心无差别全科受理人员“星·心”服务评价机制。工作机制引入岗位“定星”制度，根据审批考级制《技能等级考核管理办法》《海曙区行政服务中心“星级窗口”考核评选办法》，按一至五星对窗口受理人员的业务技能水平进行等级测评。结合历年开展的全员文明礼仪及心理素质培训，引入职业性格测试，对窗口工作人员性格进行匹配，依托多维度考察，将窗口工作人员的耐心、倾心、热心、细心、公心程度，划分为一至五级评定。此外，创新竞聘考核制度，制订行政服务中心“一窗式”岗位竞聘实施方案，鼓励窗口工作人员自主竞聘协调管理、综合受理、咨询帮办、总台引导、一事联办、出件六类岗位。同时，将岗位待遇与“星·心”评定等级挂钩，完善岗位激励机制。

（俞锐雯）

人力资源和社会保障

综　述

【概况】 2019年，海曙区城镇新增就业24030人，城镇失业人员再就业12799人，就业困难人员再就业2554人，城镇登记失业率为1.72%。新增大学生创业555人，累计发放创业贷款11322万元。举办各类就业招聘活动74场，发放就业、援企稳岗等各类补贴2.83亿元。户籍人口养老保险参保率超过99%，实体社保卡持卡率为100%。引进各类人才3.16万人，人才总量达23.96万人。

深化“无欠薪海曙”创建，被宁波市推荐为省“无欠薪示范区”。开发全省首个“在建工程项目工资支付预警平台”，海曙区欠薪技防水平达到全省领先水平。

【“无欠薪海曙”百日专项行动】 2019年6月20日至9月30日，海曙区开展“无欠薪海曙”建设百日专项行动，排查辖区企业和在建工程项目欠薪隐患，确保辖区劳资关系和谐稳定。整治过程中，严巡查、重预防，严打击、重调解，明确重点区域、重点内容，明确方式方法、问题表现、处置依据等事项，保证每次整治精准有效。全年共立案查处劳动用工违法案件75件，行政处罚28件，罚款金额12.8万元；行政处理4件；下达限期整改指令书48件。

（冯汝洁）

人才工作

【概况】 2019年，海曙区继续深化“百创汇海”计划，“3315”系列计划和“泛 3315 ”计划入选数蝉联全市第一；新建博士后工作站3个。强化“一产业一院校”校地合作模式，完善产业院校人才合作引导目录，先后组织10场“全国高校巡回招聘”活动，精准匹配意向产业人才1000余人次。搭建政校企合作平台，成立全市首个“人力资源发展研究学会”。

发放购房补贴共9035.22万元，人才人事档案实现数字化管理。申报中级以上专业技术职称1188人，新增高技能人才5813人，累计接收高校毕业生10981人。

扩大地方就业创业政策环境宣传，举办高校巡回招聘引才和人才交流活动，与长春大学、浙江工商大学等3所高校建立合作关系，举办招聘活动11场，提供就业岗位1829人，达成意向1890余人次，吸纳就业实习大学生911人。

【欧美精英创业家协会优秀创业项目对接海曙考察活动】 2019年4月10日，欧美精英创业家协会优秀创业项目对接海曙考察活动举行，21名欧美精英创业家协会代表参会。活动现场，7名精英创业家分别携物联网、VR技术、装备制造、新材料研发和环境保护等项目上台路演。

【宁波（海曙）青年人才驿站启用】 2019年4月19日，“HI！未来‘曙’于你”海曙区人才日系列活动之宁波（海曙）青年人才驿站启用仪式举行。宁波（海曙）青年人才驿站是全市首家以就业创业“一站式”服务为特色的“青年人才服务综合体”，主要汇集7天免费住宿、工位共享办公、就业窗口服务、创业培训交流、人力信息咨询等服务功能于一体，为到宁波的青年人才提供一站式贴心服务，增强各类人才对宁波的认

海曙区人才开发广场

宁波（海曙）青年人才驿站

同感、融入感，多渠道引进青年人才。

【全市首个人力资源发展研究学会成立】 2019年4月23日，海曙区成立全市首个人力资源发展研究学会。该学会由区人力社保局牵头筹建，宁波汇丰人力资源服务有限公司、浙江省对外服务宁波分公司、宁波力易达人力服务资源有限公司3家规模较大的人力资源公司共同完成前期工作。有会员69人，其中个人会员主要由重点企业负责人、院校高层次专业技术人才组成，单位会员主要由人力资源机构组成。学会主要指导服务人力资源行业做好全区人才引进工作，并配合开展人才招聘会、人才论坛和项目路演等人才活动。

【"数字经济国家特聘专家海曙行"活动】 2019年5月31日，"数字经济国家特聘专家海曙行"活动举行。活动主题为"智汇海曙·赢未来"，22名海外高层次创新创业人才、54家海曙本土企业、4家风险投资公司，聚焦信息科学与技术开展交流。会后，各创新创业人才参观考察宁波工业互联网研究院、望春工业园区、石碶街道和高桥镇部分企业。

【宁波时尚纺织服装产业发展之版师技艺研讨会】 2019年11月29—30日，宁波时尚纺织服装产业发展之版师技艺研讨会在博洋集团"创客157"创业创新园区举行。活动由区人力社保局主办，宁波市服装协会、纺织服装产业专家服务联盟承办，省服装行业协会版师分会、浙江纺织服装职业技术学院、博洋集团"创客157"创业创新园、宁波继明红帮研究所共同协办。研讨会邀请4名专家授课并分享经验，博洋家纺有限公司、罗蒙集团股份有限公司、太平鸟时尚服饰有限公司、雅戈尔服装制造等35家企业的50余位职业制版师参加。

【市"246"产业高层次人才精准对接会】 2019年12月13日，宁波市"246"产业高层次人才精准对接会暨海曙区人力资源服务产业园授牌仪式在富邦大酒店举行。宁波工业互联网研究院等3家企业现场宣讲，49家参会企业共收到260余份简历，其中25%的人才有硕士以上学历，112人达成初步意向。对接会上，海曙区人力资源服务产业园举行授牌仪式。产业园计划2022年前聚集30家以上人力资源服务机构，涵盖招聘、猎头、培训、互联网平台、外包服务等一体化产业链。

（王　宁　冯汝洁）

就业创业

【概况】 2019年，海曙区发放各类就业补贴1.23亿余元，惠及5034家企业、48411人。举办"海曙之星"青年大学生创业大赛总决赛，15个获奖项目签约，认定市级创业孵化基地4家，博洋集团"创客157"创业创新园获推省级创业孵化基地。实施"竞赛成长计划"，举办"匠心汇海"职业技能竞赛10场，培养、选拔技能人才1600人。

培训城乡劳动力19778人，新建省、市技能大师工作室各1家，获评市级"企业自主评价示范引领企业"2家，市技能竞赛"技能之星"2人，初步建成企业新型学徒制培养基地。实施"东西部扶贫帮困"计划，累计提供就业岗位5000余个，吸纳黔西南州建档立卡人员在甬就业285人，区人力社保局获评2019年"黔西南州脱贫攻坚先进集体"。

【东西部脱贫攻坚现场招聘会】 2019年2月13—14日，海曙区与贵州省黔西南州贞丰县、义龙新区联合举办脱贫攻坚现场招聘会。广博集团、宁波元元伟业服饰有限公司等33家海曙企业参展，提供岗位2609个，8000余名贞丰县、义龙新区的贫困劳动力参加。初步达成就业意向1000余人。

【市家政技能创业孵化基地创业对接会在海曙举行】 2019年2月22—23日，2019年宁波市家政技能创业孵化基地创业对接会在市成功育婴职业培训学校举办。活动由区人力社保局主办。现场举行第四届女性家庭服务人才交流会启动仪式、市技能创业孵化基地揭牌仪式和妇联执委工作室授牌仪式。优秀学员进行家庭服务技能展示，并邀请技能创业学员代表传授创业经验。随后进行技能创业项目推介路演活动。

【"扬帆入海·曙途同归"新春招聘会】 2019年2月27日，海曙区春季大型招聘会在市人力资源大厦举办。236家企业参会，提供教师、技工、销售、设计、服务员、人事经理、厨师等就业岗位5573个，涉及教育、销售、房地产、金融、网络、外贸等多个领域，部分高薪岗位年薪达25万元。5000余名求职者参会求职，现场初步达成就业意向528人。

【"海曙之星"青年大学生创业大赛】 2019年4月24日，海曙区举办"海曙之星"青年大学生创业大赛总决赛，20个项目进入总决赛。比赛首次为各类项目分组，按项目成熟度分为成长组和新秀组，分类设置评分标准。比赛现场采用项目路演、评委提问的方式，最终每组评选出一等奖1人、二等奖2人、三等奖3人，并另设决赛入围奖8人。

【市"一带一路"茶艺师职业技能竞赛决赛在海曙举办】 2019年6月21日，2019年宁波市"匠心汇海"杯"一带一路"茶艺师职业技能竞赛决赛在宁波开元名都大酒店举行。俄罗斯、乌克兰、乌兹别克斯坦、尼泊尔等10个国家以及国内400余位选手和茶艺爱好者开展茶艺竞技。经过初赛，300余组选手中产生10组中国选手和2组外籍选手晋级决赛。最终评选出一等奖1人，二等奖2人，三等奖3人，以及最佳创意奖、技能奖、文采奖、舞台奖。

【美丽乡村建设"就业创业、技能提升"服务月活动】 2019年7月12日，海曙区美丽乡村建设"就业创业、技能提升"服务月活动启动。活动是2019年宁波市"7·15"世界青年技能日主题宣传活动分活动之一。主要开展家政育婴、农村电商、跨境电商和SYB创业项目技能培训，举办培育新型职业农民队伍农村电商职业技能竞赛，并为企业和群众"一对一"做好涉及就业、社保、劳动、婚姻和水利等专项法律政策宣传服务。活动期间举办技能培训班7次、乡村职业技能竞赛1场，485名农村劳动者免费享受到职业技能培训。

【"真情相携·甬上乐业"专场招聘会】 2019年8月19日、20日，区人力社保局联合贞丰县和义龙新区人社部门分别在当地举办"真情相携·甬上乐业"专场招聘会。招聘会有广博集团、宁波仁亿人力资源服务有限公司及贵州山水鞋业有限公司等25家企业参加，为各类求职者提供普工、淘宝客服、质检员、装配员、包装工、餐厅传菜、船员、电厂运行操作工等易上手、专业技能要求不高的就业岗位2379个，其中海曙区提供就业岗位819个，贞丰县企业提供就业岗位1560个。3000余名当地劳动力参加招聘，初步达成就业意向423人。

【"匠心汇海"杯美容美发技能竞赛】 2019年8月28日，海曙区"匠心汇海"杯美容美发职业技能竞赛举行，各美容美发行业208名从业人员参加。大赛以"匠心筑梦技创未来"为主题，通过"以赛代评"方式加快培养和选拔美容美发技能人才，评选出一等奖1名、二等奖2名、三等奖3名以及最佳创意奖和优秀奖。

4月24日，"海曙之星"青年大学生创业大赛总决赛举办

【市跨境电商职业技能竞赛决赛在海曙举办】 2019年9月26日，由海曙区承办的2019年宁波市跨境电商职业技能竞赛决赛举行，"阿里巴巴""eBay"等平台100余支团队的跨境电商领域技能人才参加比赛。4组社会组选手和5组高校组选手进入决赛，浙江工商职业技术学院的陈德伟和宁波捷时进出口有限公司的王燕分别获得院校组、社会组一等奖。

（王　宁　冯汝洁）

社会保障

【概况】 2019年，海曙区户籍人员养老保险参保率超过99%，居全市前列。完成2019年度社保基数调整，申报率达98.2%，涉及人数29.2万人，涉及申报单位2.1万家。企业职工社保缴费单位3.5万家，养老保险、医疗保险、失业保险、工伤保险以及生育保险缴费人数分别为36.9万人、37.8万人、34.4万人、39.5万人、32.8万人；各类待遇享受领取人数累计204.2万人次，待遇发放总额41.65亿元。

【"12333"全国统一咨询日活动】 2019年3月30日，"12333"全国统一咨询日活动在南塘老街举行，省人社厅副厅长葛平安，市委组织部副部长、市人力社保局局长陈瑜等出席。现场通过多种形式，宣传人社惠企惠民政策和便民举措，为企业和群众办事提供便利。提供咨询服务2000余人次，发放各类宣传资料4000余份。

【"点亮电子社保卡"大型宣传活动】 2019年9月8日，海曙区联合鄞州银行、宁波银行，在鼓楼步行街开展"点亮电子社保卡"大型宣传活动。工作人员通过发放社保卡宣传手册，开展"你问我答"活动，对电子社保卡进行全方位宣传。现场开通电子社保卡300余人次，"一对一"接待群众500余人次。

【海曙人力社保虚拟专网建立】 2019年9月10日，区人力社保局完成政务外网整合工作，建立海曙人力社保虚

9月8日，海曙区在鼓楼步行街开展“点亮电子社保卡”大型宣传活动

拟专网（VPN3）。并依托电子政务外网资源共享区（VPN2），逐步实现与区公安分局、区民政局、区卫生健康局等单位的数据互联互通，电子政务外网资源共用共享，以“数据跑”代替“群众跑”。

【养老保险待遇领取人员资格认证宣传会】 2019年4月17日，区社会保险管理所联合17个镇（乡）街道社会保障和公共就业服务中心，在鼓楼步行街开展养老保险待遇领取人员资格认证宣传活动。活动现场提供咨询服务1000余人次，发放政策宣传小册子1200余份，下载“宁波人社”App100余人，现场进行线上办理资格认证200余人。

（王　宁　冯汝洁）

劳动关系

【概况】 2019年，海曙区深化“无欠薪海曙”品牌建设，开展“百日治理”专项行动，被推荐为省级“无欠薪示范区”，相关工作做法被中央电视台《新闻直播间》等媒体报道推广。开发全省首个“在建工程项目工资支付预警平台”，织密实时动态监测网络，欠薪技防水平全省领先。推行劳动仲裁庭审“三规范、三标准”建设，实施工伤案件“要素式”办理，规范化、科学化办案水平提升。

仲裁立案处理劳动人事争议案件1133件，结案率达92.9%。完善基层多元化调解模式建设，全区推广取得初步成效，成功化解劳动纠纷1084起，调解率达95%，年度劳动争议调解成功率87%。强化源头治理、主动预防，深入推进“双爱”活动，开展工伤、仲裁“普法进企业”等活动，指导企业规范管理和用工。

【在建工程项目工资支付预警平台试运行】 2019年8月21日，全省首个“在建工程项目工资支付预警平台”上线试运行。全区所有在建工程项目从项目开工建设之日起，必须在平台录入项目基本信息，完善项目基本资料和基础台账，按月上传工资支付相关凭证。对未及时上传凭证资料的项目，平台将触发预警信息，由各行业主管部门和劳动保障部门实地检查核实、督促整改，从根源上杜绝在建工程项目欠薪隐患。至年底，全区137个在建项目纳入平台监督，实现在建项目全覆盖管理。

【“根治欠薪冬季”攻坚行动】 2019年11月22日，海曙区“无欠薪海曙”建设再推进暨根治欠薪冬季攻坚行动动员会召开。区根治企业欠薪工作领导小组办公室成立联合执法检查组，加强行动组织领导和督查，针对欠薪隐患、欠薪案件及突发群体性欠薪事件，高效处置欠薪问题。共检查在建项目51个，发现问题12个，涉及金额超200万元，及时完成整改。

12月18日，区人力社保局联合区教育局组成工作专班，开展根治欠薪冬季攻坚行动跨部门“互联网+监管”联合检查，对区域范围内教育培训行业外来务工人员工资支付情况进行专项检查，确保全区教育行业欠薪问题、隐患在春节前及时清零。共检查辖区教育培训机构10家，未发现欠薪问题。

【天港控股集团获评国家级模范企业】 2019年12月，海曙区企业天港控股集团有限公司获“全国范劳动关系和谐

12月，“根治欠薪冬季”攻坚行动期间，联合执法检查组审核在建工程项目

企业”称号，为全市3家获企业之一。天港集团多年把构建和谐劳动关系作为重要工作，深入开展“双爱”活动，营造“企业关爱职工、职工热爱企业”的氛围。在维护和保障员工各项权益、建立两级劳动争议调节机制、健全和完善协商沟通渠道、搭建员工成长平台，推动企业与员工实现共创共享共赢等方面取得较大成效，保证企业劳动关系和谐稳定。

（王 宁 冯汝洁）

人事管理

【概况】 2019年，海曙区完成事业单位人员招聘172人。组织和指导开展各类招考招聘活动12次，招录446人，其中硕士研究生以上超过40人。在全区推广运行事业单位信息管理系统，采集人员信息8279条，事业人员基本信息管理实现数字化、信息化，更在业务办理流程上实现智能化、一体化。

【事业单位人事管理系统启用】 2019年9月，海曙区启用全区事业单位人事管理系统。系统由市人力社保局统一开发建立，集事业单位人员信息管理、业务办理、数据统计分析等功能为一体，实现事业单位人员信息化管理，同时在业务办理流程上实现“跑零次”。至年底，录入有效数据8279条。

【大规模事业单位公开招聘】 2019年11月，海曙区首次组织实施大规模事业单位公开招聘，总报考人数8254人，6252人完成缴费，进入面试318人，至年底，录用105人。这是历年来宁波各县（市、区）级最大规模的事业招聘，报考人数创全区历史新高。

（王 宁 冯汝洁）

流动人口服务管理

【概况】 2019年，海曙区有流动人口53.65万人，按性别分，男性29.47万人，女性24.18万人；按年龄分，16周岁以下7.52万人，16～60周岁44.09万人，60周岁以上2.04万人；按学历分，本科及以上学历1.42万人，大专2.31万人，高中（中专、中技、技工学校）5.68万人，初中及以下44.24万人。

全区招收流动人口随迁子女8005人入读义务段学校。符合条件的流动人口子女全面纳入公益普惠性学前教育公共服务体系，共招收18061名流动人口随迁子女入园。

落实国家关于做好流动人口基本公共卫生计生服务的指导意见，组织开展“把健康带回家”和流动人口健康促进“三进”活动，向流动人口发放健康包1800份、健康小折页9000份。2019年国家规定的免费计划生育技术服务覆盖率达100%，登记管理的流动人口适龄儿童免疫规划接种率达98%。

推进流动人口公共租赁住房货币化补贴，制定《关于调整和完善海曙区公共租赁住房管理实施细则（试行）部分政策的通知》，280户流动人口家庭获得公共租赁住房租赁补贴；新增流动人口公共租赁住房保障家庭4户12人，累计保障流动人口家庭47户121人。16户流动人口家庭取得应家保障性住房准购资格。持有居住证的流动人口被纳入临时救助范围，2户4人获临时救助。

9月，马富强获评“全国民族团结进步模范个人”

【群租房及车棚车库整治】 2019年，海曙区成立区群租房及车棚车库排查整治工作领导小组，全面排查整治群租房安全隐患。制定《全区群租房及车棚车库整治工作方案》，集中整治一批群众反映强烈、安全隐患突出的居民小区房屋群租及车棚车库违规出租等违法违规行为，清退违规住人车棚车库1804间，整改违规群租房335间。9月7日，全市违规出租房屋清理整治现场会在海曙区举行，海曙区政府作经验交流发言。

【出租房屋“旅馆式”管理推行】 2019年，海曙区在全区范围内试点出租房屋“旅馆式”管理方法。23个流动人口5000人以上的村（社区）都建有“旅馆式”总台，1.6万间居住出租房屋被纳入“旅馆式”管理。

【马富强获评“全国民族团结进步模范个人”】 2019年9月，宁波市清真寺阿訇、海曙区民族团结促进会会长马富强获评“全国民族团结进步模范个人”。海曙区有超过3万人的少数民族流动人口，马富强在多年民族管理工作中，逐步探索形成“构建微组织、打造微窗口、畅通微热线、点亮微心愿”的“五微”工作法，破解涉少数民族流动人口服务管理难题，平均每年调解大小矛盾约400起。

（陈 颖）

①2月27日，2019年海曙首场春季大型招聘会举行

②4月23日，海曙区人力资源发展研究学会成立

③5月26—27日，区人力社保局联合黔西南州贞丰县、义龙新区人社部门连办两场“携手促就业 全力助脱贫”易地扶贫搬迁专场招聘会，成为海曙区首次在对口帮扶地区举办的易地扶贫搬迁招聘会

④7月12日，海曙区美丽乡村建设“就业创业、技能提升”服务月活动启动

⑤8月28日，海曙区“匠心汇海”杯美容美发技能竞赛举行

⑥12月13日，宁波市“246”产业高层次人才精准对接会暨海曙区人力资源服务产业园授牌仪式举行

科　技

综　述

【概况】 2019年，海曙区通过引导企业加大研发投入、培育创新主体、精准服务创新平台等各项举措，科技进步综合评价最新排名为全省第17位，较上年提高49位，名列全市第二，2018年度科技进步目标责任考核首次获评优秀单位。

全社会研发投入占GDP比重近2%，高新技术产业投资17.2亿元，比上年同期增长37.2%；技术交易额15.2亿元，有效国家高新技术企业数达162家。

【上海交大宁波人工智能研究院事业单位设立服务】 2019年1月，上海交大宁波人工智能研究院获批设立事业单位，区科技局第一时间征集研究院筹建方需求，系统梳理所需材料、流程，协助做好申报材料准备。同时，区委组织部、区委编办、区人力社保局、区财政局等多部门建立专事专办制度，推动研究院事业单位注册登记，运营、科研经费、科研项目、科研人员公共服务保障等各项工作开展，克服事业单位设立流程复杂、政策细则尚未明确等难题。2月26日，研究院完成事业单位注册登记。至年底，研究院启动科研人才招聘、研发团队组建、人才基地建设和入驻研究团队前期调研等重点工作。

【中芬合作平台高层会谈及项目对接会在海曙举行】 参见“海曙区人民政府”分目“区政府办公室工作”分目

【浙大高端机电液元件与系统研发中心在海曙成立】 2019年6月，由浙江大学流体动力与机电系统国家重点实验室和宁波鸿腾精密制造股份有限公司合作成立的“高端机电液元件与系统联合研发中心”在望春工业园区揭牌成立。联合研发中心主要在产品制造过程中精密检测、机械的信息化系统等方面展开项目研究，以柔性化的机器人生产线、装配线作为主要抓手，提升海曙制造业企业的行业竞争力。

【首届中国无人驾驶航海器智能帆船项目公开赛暨国际挑战赛及海洋机器人论坛在海曙举行】 2019年8月26日，以“扬科技之帆、领智甬之航”为主题的首届中国无人驾驶航海器智能帆船项目公开赛暨国际挑战赛及海洋机器人论坛在天一阁·月湖国家AAAAA级景区拉开帷幕。赛事是全球规模最大、影响最广的智能化无人帆船运动，来自国内外23个团队128人参加比赛，包括南安普顿大学、普利茅斯大学、考文垂大学、亚伯大学及西蒙·玻利瓦尔大学的5支国际队伍和沈阳自动化研究所、中国海洋大学、浙江大学等国内团队。大赛包括三角竞速、虚拟锚定与避障、协作区域搜索及捉迷藏4个竞赛项目。参赛队伍通过微型计算机技术，结合风向、图像等外部感知单元，实现帆船模型的无人驾驶。比赛中的部分硬件及技术由宁波工业互联网研究院提供支持和保障。

海洋机器人论坛于8月30日举行，来自美国、英国、新加坡及国内海洋机器人领域的专家学者作前沿技术报告。同日举行“海洋机器人运动”主题开放日活动，面向宁波中小学生及帆船运动兴趣、人工智能爱好者，开展科普活动。

【海曙区科技进步综合评价跨越式晋级】 2019年9月，省科技厅、省统计局联合发布《2018年度浙江省各县（市、区）科技进步统计监测评估报告》，海曙区科技进步变化情况综合评价排名为全省第17位，全市第二，较上一年度全省第66位的排名，实现跨越式晋级。评价体系涵盖科技投入、技术创新、科技产出、转型升级和创新环境5个一级指标，海曙区“科技投入”指数列全省第三位，较上年排名上升80位；“技术创新”指数列全省第20位，较上年排名上升62位。

（何海丰）

科技创新

【概况】 2019年，海曙区科技进步综合评价最新排名全省第17位，较上年提高49位，排名全市第二。2018年度科技进步目标责任考核首次获评优秀单位。高新技术产业投资17.2亿元，比上年同期增长37.2%；技术交易额超15.2亿元。新认定"国家高新技术企业"56家，有效"国家高新技术企业"总数达162家。新增省级"高成长科技型中小企业"23家，"高成长科技型中小企业"总数达73家。新增市级"创新型初创企业"175家，"创新型初创企业"总数达1114家。科技信贷风险池累计授信额度超1亿元。市"泛3315"计划科技服务领域入选数位居全市第一。国家引智项目、"茶花友谊奖"取得零的突破。新增市级"产业创新服务综合体"1家。

针对领军企业，加大重大项目、科学技术奖励、研发投入补助、市级以上研发载体等政策扶持，激发企业创新动力。新申报市"科技创新2025"重大专项9项，立项5项下达区研发专项政策兑现资金超1700万元，推荐申报省科学技术奖1项，获评市科学技术奖3项。加快推进"小微企业升格为高新企业"工程，新出台"高新技术企业苗子企业库"政策，高新技术企业所得税优惠减免额近2亿元。按175%加计扣除落实研发费用，加计扣除减免税额超4亿元。新认定省级企业研究院2家，市级企业研究院3家，新认定省级高新技术企业研发中心8家，市企业工程技术中心11家，区级企业工程技术中心41家。发放科技创新券150万元，设立智团创业计划项目30余项，惠及企业超50家。加快社会资本参与科技成果转化，推动20家科创企业在宁波股权交易中心挂牌。

宁波工研院产业园项目开工，并创建为市级企业院士工作站。上海交大人工智研究院产业孵化器和中试车间建设启动，研究生入学20人，意向引进10个创新创业团队，"两院一园"项目开园。14个重点人才项目落地，全市首家国家级科技领军人才创新驱动中心落户，中芬合作平台高层会谈及项目对接活动开展，承办首届中国无人驾驶航海器智能帆船项目公开赛，探索国际合作、人才引进新模式。双创平台体系基本形成，创新空间进一步保障，"产业研究院+双创平台"产业孵化，新增"双创"载体面积20万平方米、新申报市级以上双创平台3个。

【海曙时尚服装服饰产业创新服务综合体入选省级培育名单】 2019年2月，省科学技术厅公示《关于第二批浙江省产业创新服务综合体创建与培育名单》，海曙时尚服装服饰产业创新服务综合体入选培育名单，成为全区首个省级产业创新服务综合体。综合体聚焦服装服饰新动能培育和传统动能修复以及服装服饰的各类创新资源集聚，为服装服饰企业创新发展提供全链条服务的创新服务系统。嘉乐投资控股有限公司为主体运营方，智尚服装产业园为综合体平台，实现政府引导，企业主体与高校、科研院所、行业协会以及专业机构共同参与。

【新增112家区企业获评市"创新型初创企业"】 2019年8月，市科技局公示2019年度第一批市级"创新型初创企业"名单，宁波创涵自动化设备有限公司、宁波尚高机电科技有限公司等112家海曙区企业入列，涵盖新材料、生物医药、新能源与节能、电子信息等高新技术领域。至此，全区市级创新型初创企业达1114家。

【全市首家国家级科技领军人才创新驱动中心落户海曙】 2019年9月17日，全市首家国家级科技领军人才创新驱动中心落户海曙区。人才创新驱动中心由科技部指导，科技部人才中心联合全国各省市科技管理部门和有关单位共同建设的国家高层次人才服务区域发展的新平台。截至9月，全国累计创办24家，浙江省仅2家。中心的服务内容涵盖信息发布与共享、咨询指导、招才引智、合作研发、成果转化、人才与团队培养、评估评价等方面，具体包括面向地方创新发展实际和准确需求，向各地人才驱动中心推荐科技领军人才资源；联合地方科技管理部门共同对人才驱动中心开展业务指导、监督和评估，建立奖励和退出机制；每年组织人才驱动中心相关人员开展交流和培训；建立网络化协作机制，强化各地方人才驱动中心的工作协同及信息共享，指导地方建设科技人才数据库，并制定重点支持措施等。活动当日，帅特龙集团等8家企业与中心现场对接。

（何海丰）

知识产权保护

【概况】 2019年，海曙区专利申请量和授权量分别为5372件和3527件，比上年同期分别增长0.17%和12.4%，其中发明专利授权424件、实用新型授权1916件、外观设计授权1187件。鼓励企业实施贯标认证、申请高质量发明专利、申报高价值专利组合培育项目、PCT国际专利。累计有效发明专利拥有量2164件，每万人发明专利拥有量23.3件，通过国家标准《企业知识产权管理规范》（GB/T29490—2013）体系认证5件，PCT国际注册21件，宁波先锋新材料有限公司和宁波帅特龙集团有限公司分别通过宁波市"高价值专利组合培育项目和专利导航项目"复审。

新认定国家知识产权优势企业3家，市级专利示范企业3家，累计培育国家级知识产权优势企业7家，省级专利示范企业12家，市级专利示范企业15家。下发2018年度区级专利专项资金659.6万元，宁波帅特龙集团有限公司享受国家专利补贴20万元。拓宽企业融资渠道，专利质押融资1.25亿元，其中宁波福特继电器有限公司专利质押融资1.01亿元。

【知识产权"抵押融资"】 2019年12月12日，宁波御坊堂生物科技有限公司以30件商标为质押，获临商银行宁波鄞州支行担保债权金额3.63亿元。6月始，区市场监管局落实知识产权强省战略，拓展辖区企业知识产权金融服务范畴，建立知识产权优势企业和中小微发展潜力企业库，首批纳入优质企业16家。其间，召开座谈会，进行专项政策说明，减轻企业顾虑；与银行共同建立完善知识产权质押相关政策，推行《宁波市知识产权质押融资风险池基金管理办法（暂行）》，进一步降低银行贷款风险，提升银行放贷积极性和主动性。至年底，完成知识产权质押融资4.88亿元，超额完成预期目标的304%。

（夏 静）

科技项目与科技成果

【概况】 2019年，宁波工业互联网研究院完成土地招拍，产业园项目开工，并创建为市级企业院士工作站。上海交大人工智研院人员规模约200人，硕博士人数占比达30%，具有一定规模的人才梯队建设基本完成，智研院产业孵化器和中试车间建设启动。宁波工业互联网研究院下属产业化公司浙江蓝卓工业互联网信息技术有限公司发布supOS工业操作系统2.0，公司市场估值13亿元。宁波清水湾智能技术研究院完成园区装修建设、研究院组建及开园、部分工程中心和和实验室建设，下属机器人学院和中德智能制造学院组建完成并招收首批学员。上海交大宁波人工智能研究院召开研究院建设管理工作委员会第一次会议，通过研究院章程建设、人事聘任程序、薪酬体系、研究院战略规划及2019年年度工作计划等相关制度，首批硕士研究生入学20人，意向引进10个创新创业团队。

依托科技大市场海曙分市场线上服务平台，推动“政产学研用”全面开展。以企业为主导的协同创新体系逐步建立，对接浙江大学、上海交通大学、中国科学院等重点高校院所高端科技创新资源，建立长期紧密合作关系，并通过组织专家进企业“一对一”技术需求对接洽谈等方式的技术问诊活动，加快实现企业、高等院校和科研机构在实际应用层面结合。通过与上海交通大学等开展专项“产学研”科技合作活动。鼓励企业联合高校院所实现科技项目由单体性向产业链有机延伸。

【10项科技成果入选省科学技术奖】 2019年5月14日，2018年度浙江省科学进步奖励名单发布，海曙区的阳光汽配有限公司、华缘新材料股份有限公司等单位的10项科技成果入选，获奖数较2017年度增长233.3%。

【全区产业技术研究院技术成果对接会】 2019年12月12日，全区产业技术研究院技术成果对接会在宁波工业互联网研究院举行。这是海曙区企业与新引进高能级产业技术研究院的首次技术对接会，电子信息、先进制造、人工智能、环境保护等领域的25家海曙企业与4家上年新引进的高能级产业技术研究院进行面对面交流，通过实地走访、现场推介、合作洽谈等形式，对接发展需求与产业技术，加快促进科研成果转化落地。

【尤卡获评“茶花友谊证书”】 2019年，宁波三悦工业科技有限公司执行总裁尤卡入选宁波市“茶花友谊证书”名单，系区内首个获该证书的外籍人士。茶花友谊奖是为感谢在甬外籍人士推进宁波市与各国友好交流合作、为宁波市经济建设和社会发展中作出积极贡献而专门设立的奖项，海曙区2019年的获奖总数位列全市第一。尤卡以创新引入项目化形式，为企业定制技术解决方案，提高企业边际利润。同时，古林职业高级中学客座教授、名誉校长里克·斯蒂芬、宁波外事学校德语外教希尔德获得“茶花纪念证书”。

【全区首个国家高端外国专家引进计划申报】 2019年7月，经科技部审核，海曙区中星新材料研究院有限公司的“舰载燃气轮机控制系统组件的动态模拟仿真”战略科技发展类项目获批列入2019年国家高端外国专家引进计划，实现海曙区国家高端外国专家引进计划零的突破。乌克兰教授Zelenski领衔的控制系统专家团队在发动机及航改型燃机的结构、强度、控制、诊断和健康管理方面有突出成就，自1975年起着手与发动机设计、飞机设计企业合作，创建发动机建模的综合程序，建立乌克兰开发的所有发动机及航改燃型发动机的动态模型。中星新材料研究院有限公司引进该团队后，针对国家航改型舰载燃气轮机产品，共同开发数学仿真模型，进一步提高国内航改型舰载燃气轮机动力系统的创新能力。

（何海丰）

科普工作

【概况】 2019年，海曙区科学技术协会依托“创新海曙”微信公众号，推进“线上线下”互动。发动全区各级科协，推广“科普中国”App，完成科普信息员注册1093人。在《海曙新闻》开辟《科普知网》专栏，每周一期介绍科普知识。推进基层科普场馆建设，区老年益智科普馆在鼓楼街道秀水社区居家养老服务中心开馆，是全市唯一针对社区轻度认知功能障碍的老年人推出的创新服务模式。助推区内优秀企业和文化旅游景点申报市级科普教育基地、旅游路线。宁波天胜农牧发展有限公司和明州环境能源有限公司获评市级科普教育基地；“海曙区科普文化之旅”被列入宁波市科普旅游路线。新建农村、城区标准科普画廊各10座，完成对全区科普画廊数量、质量、运行情况的核对。

主办海曙区“全国科普日”活动——老年人益智运动会，8个城区街道的60余名老年人参与数字接力、拼图、智力问答等小游戏。承办以“科技强国科普惠民”为主题的2019年宁波市科技活动周开幕式，围绕“展示科技创新成果、体验美好生活活动、服务乡村振兴战略、促进科技成果惠民”，集中展示科技成果转化带来的新技术、新产品和新产业。承办省科协《加油！科学+》科普剧在丽雅社区巡演。实施中老年人智能手机普及工程，开展科普“五进”惠民行动，完成智能手机培训14259人次，开展科普讲座39场。

实施科普惠农兴村计划，参加市文化科技卫生“三下乡”启动仪式现场活动和区政协“六送”服务进基层活动，分别为高桥镇和横街镇等乡镇送科普服务，联合开展送科技服务进农村活动。结合农村文化礼堂建设，举办科普讲座、科普展览，举行咨询服务、培训教育等活动；指导帮助有条件的村在文化礼堂内设立科普展览展示和建设小型科普馆，推进农村科普工作。在西片区原有基础上，加强农村科普示范基地建设，扶持农村科技示范户，发挥科技示范引领作用。

【公民具备科学素质比例排名全市第一】 2019年2月，中国科普研究所公布2018年宁波市公民素质调查结果，海曙区具备科学素质比例达16.4%，位列各县（市、区）首位，高出全市平均水平2.6个百分点。市科学技术协会委托中国科普研究所于2018年8—10月对10个县（市、区）开展公民科学素质抽样调查，采用网络线上调查和实地线下调查相结合方式，分3个阶段开展不等概率抽样。其中，涉及海曙的调查覆盖全区18～69岁公民，样本量1000份，回收有效样本1050份。调查结果显示，海曙区具备科学素质的城镇居民占比18.6%，18～54岁的公民占比43.7%，高中以上文化程度公民占比64.7%。近六成公民每天利用互联网及移动端获取科技信息，公民对新发明和新技术等科技新闻感兴趣比例达70%，公民参观各类科普场馆的机会较多，其中参加过科技展览和科普讲座的比例分别为31.7%、28.9%。

【全省首家老年益智科普馆成立】 2019年4月17日，鼓楼街道秀水社区成立全省首家老年益智科普馆。科普馆立足海曙区进入中度老龄化阶段的实际（2018年年底区内60周岁以上老年人口占比达26.03%），依托专业志愿服务者为老年人提供益智服务。通过开发多种形式的益智游戏，对老年人的运算能力、判断力、反应能力、注意力等进行认知训练，综合评估老人智力、认知和抑郁情绪等，针对轻度认知功能障碍的老年人提前干预，延缓老年人认知功能减退，减少失智症和老年抑郁症的发生。宁波市失智老人关爱项目及康宁医院“同义”志愿者为科普馆提供专业支持指导，由失智老人关爱项目“阿拉伴”志愿者及街道社区招募志愿者等负责场馆维护，场馆建设得到宁波市荣誉市民、台胞朱英龙支持，每周开放3个半天，并立足鼓楼街道，辐射全区，全年服务老人6000人。

【市“科技活动周”活动在海曙开幕】 2019年5月19日，2019年宁波科技活动周开幕式在天一广场举办。现场对宁波天胜农牧发展有限公司“星创天地”、宁波市镇海箭湖农业开发有限公司“星创天地”等11家国家级“星创天地”和海曙区科技服务志愿小分队进行授旗。活动周聚焦“科技强国、科普惠民”主题，设计6方面26项大众创新和群众性科技活动。其间，组织专家教授、科技工作者、科普工作者、医务工作者深入农村、企业、社区和学校，开展“快乐科普行”、科技讲座、科技论坛、现场诊断、技术推广等集中科技服务活动。全市高校、科研机构、企业等单位中，具有科普功能、非涉密的实验室、陈列室等场所、设施在科技活动周期间举办开放日活动，免费或优惠向公众开放。

（何海丰）

4月17日，鼓楼街道秀水社区成立全省首家老年益智科普馆

气象科技与防灾减灾

【概况】 2019年，区气象局结合地方实际开展气象课题研究，重点开展茶叶气候品质认证，提高本地茶叶品牌附加值。开展茶叶低温霜冻害研究，为茶叶减灾和低温霜冻灾害保险理赔提供数据技术支撑。开展樱花花期预报技术研究，为樱花节等旅游活动提供科学依据。

以生态文明建设为抓手，推进清新空气项目建设，在皎口水库建立空气质量监测站。利用五龙潭、皎口水库等负氧离子观测资料，开展四明山区域空气清新度研究。配合海曙区“单季晚稻百亩方超高产”攻关项目，开展气象因子对水稻产量影响研究，总结本地水稻高产有利气象因子，并做好气象保障服务。

按照基层气象防灾减灾体系建设“五有标准”（有乡镇分管领导、有气象协理员、有气象灾害应急预案、有自动气象站、有气象灾害预警接收设施），建立乡、村两级气象服务与防灾减灾网络。开展省级气象防灾减灾标准化村（社区）建设，新创建省级气象防灾减灾标准化村（社区）11个。加强气象信息发布和接收能力建设。完善气象信息发布渠道，建立传真、短信、电视、电子显示屏和微信公众号等预警信息传播发布渠道，确保在每次重大灾害性天气来临之前，通过上述渠道能及时向政府及相关部门和社会公众发布预报预警信息。完善气象灾害防御和避险知识科普宣传教育机制，全年开展气象科普电影下乡10次、广场社区活动5次、科普讲座进校园5次，组织区少年宫气象模型拼图比赛1次，开放参观1次；在“海曙气象”微信公众号上推出系列防灾减灾知识宣传10余期，组织气象科普宣传推广活动1次。

【省级“气象防灾减灾标准化村（社区）”创建】 2019年，区气象局开展省级气象防灾减灾标准化村（社区）创建。区气象局严格按照省级气象防灾减灾标准化村（社区）须具备完善的防灾计划、气象服务组织、信息员队伍、应急准备和科普培训宣传等条件以及具备一定的气象防灾减灾能力要求，安排业务人员多次到创建村（社区），实地检查指导软硬件设施，查看台账资料，并对相关内容提出建议。至年底，新建11个省级“气象防灾减灾标准化村（社区）”，全区总数为76个。

【气象灾害防御知识科普活动】 2019年，区气象局联合多个中小学及区青少年宫、部分村（社区）等，开展“世界气象日”科普宣传活动。3月20日，高桥镇中心小学举办专题讲座、开展气象实验、学生参观气象应急车等，向学生科普世界气象日来历和气象灾害防御知识，开辟气象展板知识走廊，流动科普设施，举办气象科普大讲堂、手抄报比赛、“流浪地球”气象征文、评选“气象小主播”等一系列气象科普宣传活动。科普人员向学校赠送气象书籍、实验套装等多种气象科普宣传品。5月18日，区少年宫以“科技强国 气象万千”为主题，开展气象科技宣传活动，展陈防灾减灾宣传片，设置雷电、暴雨、冰雹等灾害防御主题展板，组织气象模型拼图比赛等活动，200名学生和家长参与活动。5月26日，区气象局科普人员到石碶街道雅渡村和古林镇龙三村向村民发放《气象科普历书》《农业气象灾害防御知识手册》等300余份气象科普材料，播放多场气象科普视频，推进气象防灾减灾知识进农村。6月11—12日，在宸卿小学和宁波市实验学校开展防汛防台安全知识和气象科普专题讲座，用视频动画、实物模型等方式向学生讲授各类天气现象以及各类气象灾害的防御措施等知识，百余名学生参加。

【四明山区域空气清新度研究】 2019年，区气象局根据《四明山区域空气清新度预报模型研究》申报项目安排，利用四明山地区布设的10个负氧离子观测站以及相应的气象观测站，获得环境观测资料，分析该区域空气清新度时空变化特征、空气清新度与气象要素及环境要素的关系。利用宁波区域数值预报产品和宁波城市尺度霾模式预报系统的输出产品，建立负氧离子浓度预报模型，进行空气清新度等级预报。建立四明山区域空气清新度预报业务系统，通过宁波市县一体化智能预报预警平台等实现空气清新度、负氧离子浓度、人体舒适度等预报产品在宁波大市共享和发布，为该地区旅游活动提供参考。

【樱花花期气象预测首次发布】 2019年，区气象局联合市生态环境气象中心首次发布四明山（杖锡）樱花花期气象预测。章水镇地处四明山区，以杖锡村为核心区域，樱花种植面积达400公顷，获称“樱花之乡”。为满足樱花种植户气象服务需求，区气象局组建樱花花期课题研究组，多次到章水镇樱花种植区实地考察，探讨樱花种植的技术要点和气象服务需求。10月，成功申报浙江省气象局科技项目——“宁波四明山樱花花期预报研究”。12月，两台樱花实景监控设备安装完成。

【茶叶气候品质认证】 2019年1月，区气象局以“它山堰”茶叶为研究基地，在五龙潭茶场设立农田小气候站，组织推进茶叶气候品质认证。3月，与区农合联联合召开茶农座谈会，介绍茶叶气候品质认证及重要意义，得到茶农认可；邀请省气候中心、市生态环境中心农气专家和区农业部门相关负责人组成考察小组，先后到海曙茶叶种植基地开展三级联动茶叶气候品质认证工作调研。同月，浙江省农业气象中心认定“它山堰”茶青气候品质等级为“优”，自此，“它山堰”茶叶拥有“气候身份证”，扫描二维码可查看茶叶的出产地、气候条件、采摘气象条件及当年的气候品质认证结果。认定后，茶叶定价可提高15%，销量增长30%，提升名优茶叶的品牌附加值。

【全市首家农村气象科普馆建成】 2019年12月12日，全市首家农村气象科普馆在古林镇龙三村建成启用，科普馆由区气象局、古林镇人民政府共同合作，是面向农村，以农耕气象为主题的气象科普馆。科普馆位于龙三村农村文化礼堂二楼，展览面积120平方米，分为气象简史、古今气象人物、二十四节气、防灾减灾等主题展区，运用实验模型、触摸屏、投影、VR等现代科技，设置模拟降雨、仿真雷电、气象抢答、VR体验等多个互动体验项目，将知识性、趣味性和参与性有机地融合为一体，系统介绍我国气象文化的发展、农业生产与气象的关系以及各类常见气象灾害的防御知识。

（王晓慧）

3月30日，区气象局向“它山堰”品牌茶叶代表颁发茶叶气候品质认证证书

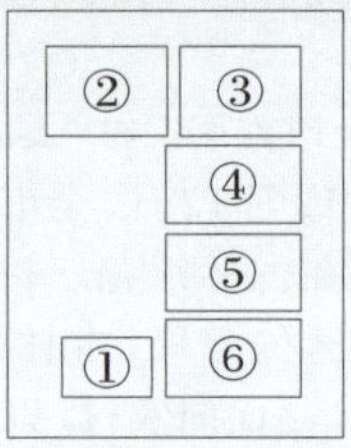

①1月，广安社区获2019年度“全国气象科普教育基地”称号，系全区首家

②7月26日，浙江省首部大型科普情景剧《加油！科学+》走进白云街道丽雅社区，向居民们展现生活中的科普知识

③8月26日，首届中国无人驾驶航海器智能帆船项目公开赛暨国际挑战赛在天一阁·月湖景区启幕

④10月17日，“2019年甬籍院士故乡行”——院士林20周年纪念活动在月湖美术馆广场启幕，甬籍院士们回乡参加第二届世界“宁波帮帮宁波”发展大会

⑤⑥12月12日，全市首家村级气象科普馆在古林镇龙三村文化礼堂开馆

教　育

综　述

【概况】 2019年，海曙区有中小学64所，其中初中12所、九年一贯制学校10所、小学41所、特殊学校1所，在校中小学生78459人；有幼儿园129所，在园幼儿33508人。义务段入学率、中小学巩固率均为100%，初中升入高中段比例为100%，“三残”（智残、体残、肢残）儿童入学率100%。有事业编制教师4911人，其中省特级教师11人、正高级教师7人、高级教师790人，市“名（骨干）校长”18人、市“名教师”25人、市“学科骨干教师”59人、市“名（骨干）班主任”6人，10名教师入选“宁波市领军与拔尖人才”第一、二、三层次培养人选。

开工新建古林镇蜃蛟幼儿园、石碶街道海曙中心小学雅戈尔校区（暂名）、石碶街道雅戈尔幼儿园（暂名）3个海曙区民生实事项目，建成投用江湾城幼儿园、西成幼儿园、丽象幼儿园、新芝幼儿园、集士港镇科创幼儿园、石碶街道雅悦幼儿园、赫威斯学校7所学校（幼儿园）。获评全国首批、浙江首个“未来学校实验区”，入选全省首批“中小学STEM教育项目试点区”，“文明校园”创建实现全覆盖。

推进“最多跑一次”改革，完善“教师一件事”“学生一件事”全流程网上办理工作，23个事项的网上办理开通率、掌上办理开通率、“跑零次”实现率均达100%。区教育局获省“教育宣传工作先进集体”、省“教育新媒体创新奖”、市“重视教育科研先进集体”、市“最佳妇女组织”、区“安全生产工作先进集体”等荣誉。

【宁波市海曙区储能学校共建签约】 2019年3月26日，海曙区人民教育基金会和宁波市效实中学正式签约，双方合作共建宁波市海曙区储能学校。宁波市海曙区储能学校是在原爱菊艺校教育集团初中部基础上独立登记成立的民办学校，实行理事会领导下的校长负责制，理事会由效实中学、海曙区人民教育基金会双方组成。效实中学选派管理力量直接参与储能学校办学，在校内建立“名师工作室”，由效实“名特优教师”担任导师，通过导师带徒，开展讲座、论坛、教研等活动，指导教师专业发展；加强对学生进行个性化培养，在课程建设、社团活动开展和综合素养培养等方面进行重点指导。与效实中学合作，是海曙区首次探索与市属优质高中合作办学的新举措。2019年招收4个班，每班30人，共120人。

【区教育学术委员会成立】 2019年4月22日，区教育学术委员会成立，会上审议通过《海曙区教育学术委员会章程》，并选举产生学术委员会轮值主任3人、秘书长1人。学术委员会是全区教育系统最高学术机构和区教育局党委决策咨询机构，统筹行使学术事务的评定、审议与建议等职能。学术委员会由10位特级教师、正高级教师，5位市“名校长”、市“名教师”、市“学科骨干”组成。

【海曙区获评省“中小学STEM教育项目试点区”】 2019年4月25日，省教育厅公布省“中小学STEM教育项目试点区”名单，全省10个地区上榜，包括2个地级市、8个县（市、区），海曙区系宁波市唯一，试点为期3年。“STEM”是科学Science、技术Technology、工程Engineering、数学Mathematics的英文单词首字母缩写。年内，区教育局制定《海曙区STEM教育三年发展规划》，计划用3年时间，将STEM教育作为区域课程教学改革的重点项目，组织学校以STEM教育为载体，推进课程整合实施，推动学习方式变革，开展项目化学习。

【海曙区成为全国首批“未来学校实验区”】 2019年5月22日，教育部学校规划建设发展中心与海曙区教育局签订战略合作协议，海曙成为全国首批、浙江首个“未来学校实验区”。未来学校是系统性的学校形态变革，为“未来学校研究与实验计划”的核心，由该中心于2017年10月推出。至年底，区教育局启动“未来校长”和“未来名优骨干教师”培育项目，确定为25位校（园）长、50位中小学（幼儿园）骨干教师进行为期3年的培养。

【甬沪杭三区教育战略合作关系建立】 2019年6月11—12日，区教育局与上海市黄浦区教育局、杭州市拱墅区教

4月25日，海曙区入选省“中小学STEM教育项目试点区”名单

育局签署合作协议，与两地通过线上互联、线下互访方式，定期开展学术研讨、管理论坛等活动。至年底，区教育局共选派8名教师到两区8所优质学校开展为期3个月的跟岗锻炼。

【暑期校（园）长（扩大）学习会】 2019年8月14—15日，区教育局召开全区2019年暑期校（园）长（扩大）学习会，全区各级各类学校（幼儿园）校（园）长等460余人参加。会议总结回顾上半年教育工作，研究部署下半年主要任务，并邀请中国教育学会副会长、上海市教育学会会长、国家督学尹后庆和华为大学特聘教授李华作主题报告。

【“海曙教育先锋”党建公众号开通】 2019年11月22日，区教育局开通“海曙教育先锋”党建公众号平台，展示海曙教育系统党建成果和风采，实现党建与“互联网+”融合。结合“不忘初心、牢记使命”主题教育，开设《初心领航话担当》专栏。至年底，刊发基层党支部书记谈初心、话担当专栏17期。

【“月湖之约”中小学校长论坛】 2019年12月24日，区“月湖之约”中小学校长论坛暨沪杭挂职干部主题论坛在海曙外国语学校五江口校区举行。副区长王懿栋出席，各中小学校长等近200人参与论坛。4名挂职校长代表以“精致管理、链接未来”为主题进行交流发言，上海市黄浦区卢湾三中心小学校长王平、上海市黄浦区第一中心小学校长张烨、上海市曹光彪小学校长卢雨和上海市第八初级中学校长章健4位校长作点评并作专题报告。

（范平海）

学前教育

【概况】 2019年，海曙区推动实施学前教育第三轮行动计划，出台《海曙区幼儿园课改协作片工作实施指导意见》《海曙区幼儿园课程园本化实施方案编制指导意见》《海曙区幼儿园课程审议实施方案》等课改配套方案，修订学前教育专项资金使用管理办法，推进基于“儿童立场”的幼儿园课程建设。

海曙区石碶培星幼儿园由省三级、市一星升格为省三级、市二星。海曙区集士港镇格兰春晨幼儿园（总园）等9家幼儿园被预评为省二级幼儿园，省等级幼儿园比例达94.6%。

【幼儿园园长工作会议】 2019年3月20日，全区幼儿园园长工作会议暨幼儿园青年教师专业发展共同体活动在古林镇布政幼儿园开展。会议回顾2018年的重点工作及取得成果，分析面临的形势和机遇，并对下一步重点工作提出具体要求。区教育局党委书记、局长朱子凡，基础教育科、区学前教育发展中心相关负责人、全区幼儿园园长、共同体部分导师和成员150余人参加会议。

【“海曙学前教育”微信公众号开通】 2019年6月25日，区教育局开通“海曙学前教育”微信公众号。微信公众号以“共创、共研、共享”为理念，以“传播海曙学前教育，形成区域课改影响力”为目的，下设“课程孵化”“研修速递”等子版块，提升区域课程建设经验分享与传播力度。

【区“筑梦幼教公益联盟”成立5周年活动】 2019年11月9日，海曙区“筑梦幼教公益联盟”成立5周年。5支“筑梦”小分队分赴余姚市5个乡村幼儿园开展“筑梦”公益活动。同日，向陕西省延安市甘泉县的4所幼儿园306名幼儿捐赠过冬物资。5年来，“筑梦幼教公益联盟”成员从3个人发展到420余人，在余姚、奉化、慈溪、象山、宁海等地202所乡村幼儿园助教幼儿19000余人次，并多次为陕西、内蒙古、新疆等地的幼儿园送去爱心物资或视频教程。

（范平海）

义务教育

【概况】 2019年，海曙区以促进教育公平为重点，推进义务教育课程改革，创建“全国义务教育优质均衡区”。深入实施素质教育，与多个地区、行业及部门合作建立教育战略，推进“互联网+”义务教育模式，促进区域义务教育优质、均衡发展。

【古林镇中学校园书店入选全国“校园书店”】 2019年1月8日，在中国书刊发行业协会主办的“2018时代出版·中国书店年度致敬盛典”活动上，古林镇中学的“悦读时光”书店获评年度“校园书店（中小学）”，成为宁波唯一获此荣誉的校园书店。“悦读时光”书店是由古林镇中学和新华书店共同建设的精品校园书店，从设计施工到图书、商品的挑选以及空间布置，硬件设施、功能服务等都按师生需求个性化定制。学校每周在书店举行一次语文阅读课；双休日书店面向师生开放。同时，校园书店还承担举办读书沙龙、阅读分享、名师讲座功能，成为古林镇中学集文化阵地、教育园地、实践基地为特色的文化空间。

【“互联网+义务教育”工程实施】 2019年3月，区教育局出台《海曙区“互联网＋义务教育”中小学校结对帮扶民生实事工作实施方案》，确定14所学校参与中小学结对帮扶这一省级民生实事项目。至11月，所有结对帮扶学校均按要求完成基本任务，并通过省级审核。累计开设结对帮扶“同步课堂”335节，参与师生14812人次；推送“远程专递课堂”63节，参与师生3315人次；推送“名师网络课堂”30节，参与师生806人次；开展“教师网络研修”218次，参与教师2458人次；上传“之江汇”结对空间过程资料601条。宣传报道信息被省级及以上录用1篇、市级2篇、区级29篇、校级88篇。

【信谊小学安全教育活动被中央电视台报道】 2019年3月25日，信谊小学联合市交警大队开展“学生体验车辆视觉盲区”安全教育体验活动，通过模拟汽车驾驶员、设置汽车驾驶体验区，宣讲交通安全重要性。此活动被中央电视台13台《新闻直播间》播出，宣传海曙区校园安全教育活动。

【区学生合唱团获金牌】 2019年7月25日，第七届中国童声合唱节在广东肇庆举行，海曙区学生合唱团表演《五指山的掠影》《新·清平乐·村居》，获得金牌。该赛事为国内最高水平和最具权威性的童声合唱比赛之一，全国17个省及港澳地区的69支参赛团队、4个特邀表演团队，近5000人参加比赛。

【“我们开学啦”大型欢乐秀】 2019年8月31日，海曙区“我们开学啦”大型欢乐秀活动在区文化体育中心举办，22所学校840名学生参演，2000余名师生参与。活动以“欢乐、穿越、传承、创新”为主题，分为“遇见”和“相约”2个篇章，由5堂课、6场秀组成。运用现代舞美技术打造声光魔幻舞台，立体展现海曙学生德智体美劳的综合素养。

【全省首本校园垃圾分类手册编印】 2019年10月8日，区教育局组织编写的《海曙区校园垃圾投放指南》向全区中小学、幼儿园发放，成为全省首本专门针对校园垃圾如何投放的指导性手册。内容包括校园内垃圾分类标准、分类投放要求、分类标志等，并对校园内常见或易混淆的20类140种废弃物逐一归类。校园垃圾分类歌谣《环保一起来》被收录其中。

古林中学的“悦读时光”书店

【海曙区参加全国新样态学校论坛】 2019年10月20日，第二届全国新样态学校论坛暨盐湖教育创新峰会在山西省运城市召开，海曙区3所学校在论坛上作主题发言。海曙中心小学副校长周静珠的《致知力行：小学生综合素质评价改革的实践和探索》，市实验小学副校长沈晨芸的《“3S”项目课程建构及多元整合学习研究》，市机关第二幼儿园园长郭琦的《快乐“玩”数学——园本数学特色课程探索》，收获听众好评。

【区第七届课堂节】 2019年12月，区教育局举办全区第七届课堂节活动。课堂节以“优化教学方式，建构‘三动’课堂”为主题，各学科聚焦课堂教学质量，从不同角度开展“主动、互动、灵动”的“三动”课堂构建研究，共同思考有效途径和方法。课堂节历时20余天，涵盖15门学科，分16个专场，37名骨干教师以课堂教学、学术论坛和专题报告等形式作展示，17名全国、省、市著名专家、教授、特级教师作专业指导，全区中小学教师3000余人参与课堂节活动。

（范平海）

民办教育

【概况】 2019年，区教育局建立校外培训机构信用管理制度和第三方风险防控机制，规范校外培训机构管理，逐步完善培训机构“白名单”制度，每季度向社会公布。继续严把民办教育审批准入关，依法规范、优化审批程序，建立行政审批的“容缺”与承诺制度，实行行政审批标准化，确保许可事项“最多跑一次”。全年对223家民办学校进行办学许可证年检，其中合格单位202家、基本合格15家、不合格5家，撤销1家。

【第三方风险防控机制建立】 2019年3月，市教育局联合市银保监局推出“保障+服务”模式的风险防控综合保险。此保险替代民办教育原有的风向保证金，通过第三方保险“托底”风险防控机制，减轻民办教育机构经营压力。保险分为营业场所安全类风险和合同履约责任类风险，分别给予最低200万元、30万元的保障额度。至年底，区内111家培训机构购买风险防控综合保险，退返风险保证金390万元。

【校外培训机构专项整治】 2019年8月始，区教育局联合市、区两级相关职能部门和新闻媒体，分片区开展4轮校外培训机构联合整治。共出动113人次，发现存在问题隐患的机构48家，发放限期整改书44份。至年底，完成整改32家，关停11家，抽检民办培训机构数75家，抽检率达30.6%，整改完成率100%。

【258家校外培训机构列入“白名单”】 2019年12月，区教育局对面向普通中小学生开展学科类培训的机构进行全面摸排整治，将证照齐全且无不良行为的258家校外培训机构列入“白名单”，促进民办培训机构管理全方位、长时效。为保证进入“白名单”的学校合规合格，先行制定培训机构标准化建设要求，通过“双随机”抽查制度、委托第三方诚信评估办学等方式，多措并举评估办学机构办学标准化、信息公开等情况。

（范平海）

社区教育

【概况】 2019年，海曙区通过开展“海贝计划”、“家庭教育宣传月”活动、“全民终身学习活动周”、“我和我的祖国”传统经典美文家庭诵读比赛、“海之梦”中小学社会实践活动等系列活动，推进终身教育和学习型社会建设。2个课题被列为全国重点课题；636人次参加成人高中双证制考试，252名学员参加扫盲培训；8名教师在宁波市终身教育教师技能（才艺）比赛中获奖，成绩在全大市居于首位。

【“宁波教育大讲堂”第一期讲座在海曙举办】 2019年3月16日，由市教育局主办，区教育局、宁波大学园区图书馆承办，区家庭教育发展指导中心和镇明中心小学承办的“宁波教育大讲堂”2019年第一期公益讲座“海贝计划”之“慧智明家教”专场在宁波逸夫剧院举办。中国教育学会家庭教育专业委员会常务理事、首都师范大学家庭教育研究中心副主任李文道博士作题为《新时期，如何做智慧型父母》的讲座。

【区家庭教育宣传月闭幕式暨家风建设论坛】 2019年6月9日，由区教育局主办、区家庭教育发展指导中心承办、爱菊艺术学校协办的区家庭教育宣传月闭幕式暨家风建设论坛活动在宁波市爱珂音乐剧院举办。爱菊艺术学校的各年级家长代表和教师代表参加论坛，针对理想中的家风、孩子对自由的渴望、父母和睦关系、承诺的兑现、言传身教、优秀孩子的标准等关注问题进行交流。随后，宁波大学教师教育学院副院长、心理学教授原献学关于家风家训开设讲座，全区中小学、幼儿园教师和家长代表近500人参加。

【“海之梦”中小学生社会实践活动】 2019年7月8—26日，“海之梦”中小学生社会实践活动举行。活动首次实现城乡全覆盖，同时开通手机端和网页端的报名平台。全区17个镇（乡）街道共开发实践基地243家，推出岗位297个，应聘2946名学生。首次启动“我为‘海之梦’代言”和“我为‘海之梦’打卡”活动，超过10万人成为“海之梦”代言人。

“海之梦”中小学社会实践活动走进高桥

【“全民终身学习活动周”开幕】 2019年11月27日，海曙区“全民终身学习活动周”开幕式暨“我和我的祖国”传统经典美文家庭诵读比赛在雅戈尔国际会议中心举办。开幕式上，表彰区内获得省、市级终身教育项目的先进单位和个人。在随后进行的“我和我的祖国”传统经典美文家庭诵读比赛中，章水镇中心小学的王睿家庭、广济中心小学的盛誉宁家庭和爱菊艺校的季诗妤家庭获得大赛一等奖，其余12组参赛家庭分别获得二、三等奖。

（范平海）

特殊教育

【概况】 2019年，海曙区推动实施第二轮特殊教育提升计划。建立完善特殊教育体系，推进普通学校特殊教育资源教室建设，开展“示范性（规范性）资源教室”创建活动，提高中小学随班就读教育质量。推进特殊教育向学前延伸，尽力满足各类残疾儿童接受早期教育和康复训练的需求。

开展“随班就读实现城区学校全覆盖”工作，每个乡镇选取中学1所、小学1所作为试点铺开，至年底，接收近百名特殊学生随班就读。

【区首届特殊教育课堂教学技能比赛】2019年5月，由区教育局、区教育工会主办，宁波达敏学校承办"曙之光"——海曙区首届特殊学校课堂教学技能比赛。比赛以提高海曙特殊教育课堂教学质量、促进特殊教育教师专业发展、提升教师综合素养为目的。评委由省特级教师、市名师、高级教师等骨干教师组成。18名选手参赛。比赛从学生实际出发，选手通过运用多种教学手段，重点做好支持性策略的运用，展现自身的教学理念和对课堂的把控能力。

【特殊儿童入学评估与安置首次开展】2019年6月，海曙区面向全区特殊儿童首次开展入学评估与安置工作。由区教育局牵头，区民政局、区卫生局等多部门联合各个行业的专业人员成立海曙区特殊教育专家评估委员会。由委员会对特殊儿童进行跨领域综合性评估，并给予安置建议。

【余沁获全国特奥会首金】2019年8月26日，全国第十届残运会暨第七届特奥会在天津举行，达敏学校学生余沁（14岁，新九年级学生）代表浙江队获得特奥会首金，获得滚球项目比赛女子双打12—15岁F01组冠军。

【达敏学校参加日本特殊教育学会大会】2019年9月20—25日，应日本特殊教育学会和筑波大学邀请，由香港顾国华、顾国和慈善基金会资助，达敏学校参加日本特殊教育学会第57回大会。会议以"中国特殊教育领域的自闭症教育课程开发与实践研究"为主题，以日本筑波大学和宁波市达敏学校合作3年的自闭症教学项目为基础，把达敏学校自闭症教育模式扩展到中西部特殊教育学校中。校长周旭东作主旨报告，介绍达敏学校在原有自闭症教学模式上实践的三类自闭症学生分层分类教学方法。同时，展示个训课和集体融合课视频、教学情境、结构化视觉呈现及不同的支持场景。

【区第四届随班就读学生运动会】2019年11月13日，海曙区第四届随班就读学生运动会在集士港镇广德湖小学举行。运动会由区教育局、区支持性教育资源中心主办，达敏学校和集士港镇广德湖小学承办，主题是"快乐健身融合共生"。24所学校的47名学生参加运动会。

（范平海）

教师队伍建设

【概况】2019年，海曙区出台《关于全面深化新时代教师队伍建设改革的实施意见》，修订区"名优教师（校园长、班主任）"管理办法，建立"名师"（"名校（园）长""名班主任"）工作室35个，推进特级教师乡村工作室建设。

实施"区管校聘"改革，推进义务段教师校长交流，新增正高级教师1人，市"名（骨干）校长"6人，市"骨干教师"11人，新入选市"领军与拔尖人才"4人，新招录教师137人。

创新干部培养体系，组织干部赴上海、杭州等地开展蹲点学习、跟岗体验、挂职锻炼。开展教育对口帮扶工作，签订共建共享协议161个，选派7名优秀人才赴贵州支教，为贞丰县、义龙新区培训教师2000余人。

【6人获评市"名优校（园）长"】2019年7月11日，宁波市第七批中小学幼儿园"名校（园）长"和首批"骨干校（园）长"评选结果公示，海曙区6名校（园）长获评。其中，"名校（园）长"2人，分别是鄞江镇中心小学叶杰军、章水镇中心幼儿园俞华萍；"骨干校（园）长"4人，分别是东恩中学王剑平、段塘学校章民、范桂馥小学车益明、市第二幼儿园王晓璐。至年底，全区累计培养市"名校（园）长"14人、市"骨干校（园）长"4人。

【中青年教师干部跟岗锻炼】2019年7月，区教育局选派14名中青年干部到部分社区，与社区主要领导结对，开展为期6周的跟岗锻炼。其间，青年干部担任社区见习主任，学习掌握处理社区复杂矛盾和问题的方法。至锻炼结束，重点完成了解社情民意、助推中心工作和破解实际难题3项任务，为社区完成6件事务，包括为社区居民办一件实事、记一本民情日记、走访了解社情民意不少于20次，走访排查辖区居民对教育的意见建议等。

【胡金伟获全国青少年科创大赛一等奖】2019年7月，由中国科协、教育部、科技部等多部委和澳门特别行政区政府共同主办的第34届全国青少年科技创新大赛在澳门大学举办。古林镇中心小学教师胡金伟代表浙江队参赛并获科技辅导员创新项目一等奖（全省唯一）。获奖作品为《多模块光与热实验仪》，针对教科版小学科学五年级上册"光"单元的课堂教学实验装置进行改进设计和创新开发，遵循科学性、人文性、应用性等维度，实现9项突破性改进与创新设计。

【40人获评首批市"四有好老师"】2019年8月5日，经各有关学校（单位）、各县级教育行政部门按规定程序逐级推荐、公示，500名教师纳入首批宁波市"四有（有理想信念、有道德情操、有扎实学识、有仁爱之心）好老师"宣传选树对象名单。海曙区教研室牟秀玲、储能学校郑燕、第十五中学李骏等40名教师入选。

【第35个教师节庆祝活动】2019年9月10日，海曙区举行庆祝第35个教师节先进表彰大会，500余名教师参加。大会对获得2019年度省"教坛新秀"、市"名校（园）长"的各级各类优秀教师进行表彰。孙黎明等区领导在教师节前夕分路看望慰问教育工作者。

（范平海）

①5月10日，宁波实验学校消防安全演练

②5月13日，石碶街道举办“校园法治文化节”活动

③5月15日，石碶实验小学举办首届口琴音乐会

④5月22日，海曙区小学生运动会举行

⑤5月27日，海曙区中小学生舞蹈比赛举办

⑥6月13日，海曙中心小学推出“校园精灵手环”智能评价活动，同学们利用手环给学校的拓展课程教学成果进行评价

⑦爱菊艺校艺术体操展演

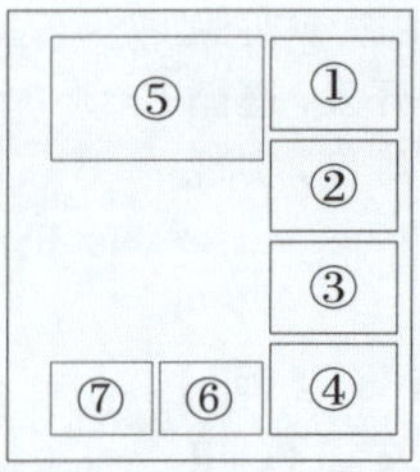

文化·新闻

公共文化

【概况】 2019年，海曙区以第四批“浙江省公共文化服务体系示范区”创建标准为抓手，持续加强公共文化服务体系创新，公共文化建设投入稳步增长，城乡公共文化服务设施不断改善，公共文化服务效能明显提高。通过第二批《浙江省基本公共文化服务标准（2015—2020）》认定和13个省“十百千”重点村建设验收，古林镇获评省“文化强镇”、天一家园社区获省“文化示范村（社区）”。在2018年“全省基层公共文化服务评估指标数据”排名中，海曙区排名全省第十七位、全市第三位。

【“寻找读书有福人”活动】 2019年2月1—10日，海曙区9家书店联合举办2019“己亥开福·新春书市”——寻找读书有福人活动。活动分成寻找“读书有福人”、新春福袋、新春书市三大系列，包括购书打折、进店送礼、充值送券、名家讲座、书画分享会等26项活动，近万名市民参与活动。

【“书香宁波·海曙阅读季”嘉年华】 2019年4月21日，海曙区“书香宁波·海曙阅读季”嘉年华启动仪式在天一阁举行。嘉年华自4月持续至6月，开展“小海狸”亲子阅读嘉年华暨第十五届“未成年人读书节”、“世界读书日”宁波城市萤火虫换书大会、《宁波往事》新书首发仪式等活动130余场。启动仪式现场，发布3条“书香海曙”文化旅游线路，分别是万卷线、海丝线和典藏线；区图书馆与浙江工商职业技术学院图书馆签约；发布“书的旅行”循环阅读计划倡议。同日，“行读海曙·书香之路”城市定向跑开赛。

【公共文化服务“百千”工程省级验收】 2019年7月8日，省公共文化服务“百千”工程对海曙区工作开展情况进行验收。检查组全面评估海曙区公共文化服务重点薄弱村（社区）建设情况，了解文化基础设施建设、文化活动开展、文化队伍建设、管理服务等情况，对下一步工作推进提出指导意见。最终，海曙区公共文化服务“百千”工程通过验收。

【话剧《甬商，1938》巡演】 2019年7月14日始，作为海曙区“经典艺术美享计划”的重要内容之一的区话剧中心原创话剧《甬商，1938》，首次前往集士港镇、章水镇、古林镇和白云街道进行5场巡演，观看群众超过2000人。

【庆祝中华人民共和国成立70周年主题晚会】 2019年9月28日，“永远的初心”——海曙区庆祝中华人民共和国成立70周年主题晚会在区文体中心体育馆举行。活动是海曙区历年规模最大的一次大型主题晚会。晚会由序《在灿烂阳光下》和《初心·赤色心》《初心·蓝色情》《初心·金色梦》等篇章构成，以时间为线，串连起中华人民共

“书香宁波海曙阅读季”嘉年华活动之“行读海曙 书香之路”城市定向跑开赛

和国成立、改革开放和中共十八大3个重要时间节点，以不同年代的人物、时代声音和海曙地标场景引入，演绎不同阶段的代表性事件，回顾70周年来的发展历程。

【区首届“Hi Talk”论坛】 2019年10月17日，海曙区首届“Hi Talk”(海拓客)论坛在宁波国际会展中心举办。“Hi Talk”是海曙区创建的全市首个高端、新锐、全民参与的新知识分享演说平台，第一届论坛主题为“致敬新知识，打开新世界”。每期活动邀请两位相关领域专家、学者，为听众进行60分钟的演说。

【话剧《守护》在国家话剧院上演】 2019年12月7日、8日，区话剧中心大型原创话剧《守护》在中国国家话剧院演出。话剧根据党章守护人张人亚事迹进行演绎，由区话剧中心历时2年创作、研究。演出当天，话剧获得国务院参事、中国话剧协会主席蔺永钧，总政宣传部艺术局原局长、中国话剧协会党组书记汪守德等专家好评。

（刘洋洋）

文化产业

【概况】 2019年，海曙区有规模以上以及限额以上文创企业329家。规模以上文化产业增加值56.17亿元，比上年同期增长16.7%。其中，制造业实现增加值16.02亿元；批发零售业实现增加值9.6亿元；住宿餐饮业实现增加值3.57亿元；服务业实现增加值26.98亿元。有各级文创园区14个，其中市级文创园区3家、市级培育文创园区9家。

【董孝子庙公益文化项目完成征集】 2019年1月，海曙区区管文物建筑董孝子庙迁移保护主体工程竣工并通过初验，拟作为公益文化项目向社会开放。9月，区文化和广电旅游体育局牵头向社会公开征集此文化项目的后续管理方案，经公开招标、项目评审，在海曙新闻网公示。12月，确定董孝子庙租用给宁波长笙文化传播有限公司开办宁波孝道文化展览馆，每周开放时间不少于6天。

洞桥镇百梁桥

【区非物质遗产馆项目启动】 2019年12月29日，海曙区首个综合性非物质遗产馆设计方案确定，项目进入招投标阶段。海曙区“非遗”馆选址于宁波府城隍庙二楼东厢房，依托城隍庙的地理位置和文化氛围，作为展示和宣传海曙区非物质文化遗产的窗口。馆内以多媒体沉浸式展览方式，游客通过视、听、嗅、味、触五维感官，全方位了解海曙区非物质文化遗产的保护与利用情况。

（吴安娜）

文物和文化遗产保护

【概况】 2019年，海曙区文保部门继续落实重要文物的安全保护，重点落实大运河（宁波段）的保护管理。完成省级以上文物保护单位“四有”档案备案工作，上报、复核13处不可移动文物和樟村四明山烈士陵园内可移动革命文物的基本信息。

做好天封塔、祖关山墓葬群、郡庙、观宗寺、延庆寺等市级文保单位的保护范围与建设控制地带的划定。推进文物保护重点工程项目建设，省级文保单位中山公园旧址独秀山保养维护工程、市级文保单位宁波府城隍庙修缮工程、区级文物保护单位董孝子庙迁移保护工程相继通过竣工验收。完成省级文保单位中山公园旧址逸仙楼和百梁桥保养维护工程、市级文保点吴氏支祠和湖心寺旧址修缮工程。4月，全国重点文保单位全祖望墓园内的全祖望雕塑制作安装完成并揭幕。严格按照省、市有关要求，做好浙东大运河（宁波段）内大西坝旧址、西塘河等运河文化遗产的监测、巡查工作，并结合监测平台每月开展安全巡查工作。

以推动文物“活”起来为目的，在多个文保点举办多种活动，更积极向市民推广宣传区内文物。在省级文物保护单位石碶街道星光沈氏宗祠（沈光文纪念馆）举行“文开台湾情系两岸”沈公光文407周年诞辰纪念活动，两岸沈氏后裔及社会各界共同缅怀沈公光文先生。在天一阁·月湖景区举办庆祝第11个“宁波市历史文化名城保护日”暨“一带一路”2019年海曙古城寻宝记比赛。自6月15日始，举办“海上丝绸之路”文化系列讲座（第二季）活动5期，邀请当地文化名家，借助传统媒体和新兴媒体传播平台，促进市民对“海上丝绸之路”文化遗产的认识与了解。

【文物安全联合巡查】 2019年，区文保所和区文物执法大队联合对区内重要文物开展各类安全巡查。4月3—

10日，全面排查辖区文物建筑消防设施，在梳理、总结西片区各镇（乡）街道文物建筑安全检查情况基础上，更换、提升各镇（乡）街道内木结构类文物建筑的消防器材。8月9—10日，台风登陆前，对辖区内重点文物建筑开展安全隐患排查，派专人现场查看施工中的重要文保单位（点）修缮工程。

【第七批区级文物保护单位公布】 2019年1月，海曙区公布第七批区级文物保护单位。此次公布的文物保护单位类别涵盖广，其中包括古遗址8处、古墓葬4处、古建筑32处、石窟寺及石刻8处、近现代重要史迹及代表性建筑20处、其他种类1处，共计文物73处。8月，完成该批区级文物保护单位标志碑的安装。12月26日，文物保护单位（点）基础信息表录入及备案完成。

【不可移动文物登录点田野调查】 2019年11月4日，区文物部门以西片区9个镇（乡）街道为重点，启动全区不可移动文物登录点田野调查工作。工作小组有针对性走访查看登录点的保存现状、保护利用情况等，实时进行详细文字记录及照片存档。在后期基础信息整合中，文物部门对建筑本体现状、所有权情况、使用人及用途等信息进行有重点地更新调整。

【望京门遗址公园建设】 2019年11月19日，海曙区组织召开区级文保单位明州罗城遗址（望京门段）——望京门遗址公园设计方案专家评审会。各参会单位听取设计单位对望京门遗址公园项目设计汇报及文物影响评估报告，市、区两级文物部门专家提出在设计及后续施工过程中，做好对城墙遗址本体的保护，尊重文物原状。明州罗城遗址（望京门段）于2016年发现并进行考古发掘，市文物考古研究所联合厦门大学在抢救性考古发掘中，发现能集中反映宁波城市发展脉络的明州罗城遗址（望京门段）及相关遗迹、遗物。2018年8月，被海曙区人民政府公布为区级文物保护单位。

【“一带一路”2019年海曙古城寻宝记活动】 2019年12月7日，由区文化和广电旅游体育局主办、区文物管理所承办的“芳草遍月湖书香藏古今”——庆祝第11个“宁波市历史文化名城保护日”暨“一带一路”2019年海曙古城寻宝记活动在天一阁·月湖景区开赛。200余名市民从天一阁广场出发，途经天一阁、湖心寺旧址、袁宅等14处遗迹点，参赛选手按各自规划的路线，在行走中回寻古城历史，在解题中了解文物知识。

【文物保护“保险+服务”模式试行】 2019年12月30日，由区金融服务中心、区文物管理所及中国人民财产保险股份有限公司宁波市海曙支公司联合主办的海曙区文物“保险+服务”签约仪式，在省级文物保护单位张苍水故居举行。选取林宅、张苍水故居、镇明岭庙、赵叔孺故居、金宅、宁安坊、横河街虞宅7处木结构类古建筑为投保对象，借助保险公司成熟的风险管控能力，通过“保险+动态监测服务”，对文物本体结构安全、消防设施设备和周边环境可能的影响事件进行动态监测，提升文物安全风险管理水平，实现事前风险管控。

（章之润）

2019年海曙古城寻宝记活动在天一阁·月湖景区开赛

文化市场监管

【概况】 2019年，区文化市场执法大队加强对网络文化市场、娱乐场所、网吧、印刷等行业的重点监管，出动检查人员2139人次，检查4914家次，发现违规企业29家次，立案调查29件，办结案件29件，开展“双随机”检查35次，联合执法行动23次，取缔“黑网吧”4家，拆除地面卫星接收天线12个，发现安全隐患并抄告消防部门5次。办理1起擅自从事印刷活动案件；与公安部门合作，破获全区首起微信传播淫秽色情视频牟利案，该案被全国“扫黄打非”办挂牌督办。

发挥海曙区文化市场三级联动智慧监管平台作用，推进17个镇（乡）街道全覆盖，加强对属地文化市场监管的组织和协调。17个镇（乡）街道上报日常检查日志2013条，其中镇（乡）街道文化市场管理工作主要领导带队检查105起，上报检查信息117条，执法大队依据镇（乡）街道和村（社区）上报线索办理案件11件，建成基层“扫黄打非”工作站161家，石碶街道东方社区“扫黄打非”工作站获评省级“扫黄打非”基层示范标兵。召开两次海曙区“扫黄打非”和文化市场管理工作会议。开展文化旅游市场“防风险、保平安、迎大庆”百日攻坚行动；组织开展联合执法行动15次；开展“防风险、保平安、迎大庆”文旅体消防安全技能比武；促进文化执法和旅游质监“互联网+监管”联合安排、联合培训、联合落实，联合上报执法数据，共同录入认领执法事项，做到录入认领率达100%。运用"浙政钉"掌上App开展执法检查，检查使用录入率达100%，文化执法数字化执法设备与旅游质监、智慧执法监管平台等实现共享。

加大"绿书签"宣传，4月21日，在天一阁西广场开展"绿书签行动"知识竞答、法律法规咨询、播放网络安全公开课、"扫黄打非"版面宣传、发放"绿书签"、"绿书签行动"倡议书和"扫黄打非"宣传资料等活动，2000余人参加。发放定制书包、雨伞、帽子、笔记本600余份，宣传资料1800余份。镇（乡）街道全年开展"绿书签行动"宣传进村（社区）、进书店、进图书馆、进文化礼堂、进基层示范点活动50余场次。组建"绿书签"校园、社区宣传宝贝，开展驻点宣传。

【区首批"文明示范网吧"命名】 2019年1月17日，海曙区多部门联合评选并表彰全区第一批"文明示范网吧"。年初，制定《海曙区"文明示范网吧"创建工作方案》，此项工作被列入区"文明创建十大行动"之一。区文化市场行政执法大队创新评选模式和办法，制定最严测评标准，现场确定分值；首次引入第三方测评，人员随机抽取；远程网络监督，测评实时跟踪；测评注重常态，多轮巡回检查机制，并结合相关部门日常检查和行政处罚等情况，评选出首批9家"文明示范网吧"。

【区第二届"绿书签"中小学生征文比赛】 2019年8月，区委宣传部、区"扫黄打非"工作领导小组办、区文化和广电旅游体育局、区教育局联合组织开展第二届"绿书签"征文比赛，比赛以保护未成年人文化权益、净化网上网下文化环境、提升青少年网络素养、养成良好阅读习惯等为主题，共收到征文250篇，并于9月14日召开"绿书签"征文比赛颁奖活动。

【区文化市场综合行政执法队挂牌成立】 2019年10月29日，按照中央和省、市关于5个领域综合行政执法改革的部署，宁波市海曙区文化市场综合行政执法队挂牌成立，市文化广电旅游局局长张爱琴、副局长王水维等出席挂牌仪式。挂牌后，执法大队整合文化、文物、出版、广播电视、电影、旅游领域行政执法职责，继续承担"扫黄打非"等有关工作任务，以文化和广电旅游体育部门名义统一行使行政处罚权及与之相关的行政检查、行政强制权。

（仇璐娜）

图书馆

【概况】 2019年，海曙区图书馆有馆藏图书205070种354032册，地方文献新增471种603册。订购报刊500余种。图书借还120万册次，图书借还约12万人次。总持证总人数达到20885人，其中新增持证读者3659人。建成基层"一卡通"（通借通还）点87个，图书流动点117个。

举办各类读者活动214场，其中"海曙讲堂"48场、展览11场、"小海狸"亲子故事会41场、"我们的节日"系列活动6场、微信抢书活动12场、"阅读马拉松"等其他阅读推广活动96场。继续加大青少年的阅读推广活动，参与5000余人次，并通过不断摸索和发展，逐步形成"小"字系列阅读品牌，如"小海狸"亲子阅读故事会活动、"小牛顿"科学公益课、"小鲁班"乐高公益课等。其中，"小海狸"亲子阅读家族在全省图书馆学会第二届优秀图书馆服务品牌评选活动中获"最佳影响奖"。

建成海曙区特色项目"城市书房"2家；文旅结合"书香酒店"2家。送书下乡73次，送书8.2万册，重点对西片区的10个薄弱文化礼堂提供送书、送讲座、送展览等特色帮扶。在横街镇惠民村、梅梁桥村，鄞江镇建岙村、清源村等地开通"一卡通"图书借阅点，根据需要，配送图书至村阅读书房，并送讲座、展览进村，丰富村民精神文化生活。

组织开展社会实践活动，为大、中学生提供社会实践场地，暑期开展"海之梦"圆孩子"我体验我成长"主题教育活动。与白云街道牡丹社区结对，开展垃圾分类，文明检查等各种志愿者活动。参与申报第二批全国家庭亲子阅读体验基地。

海曙区图书馆

【区图书馆扩容开放】 2019年3月1日，区图书馆扩容后启用。改造后的图书馆，借阅场地从1层增加到2层，面积增加1500余平方米。服务功能从单一的成人服务，扩大到成人、少儿、视障等综合性服务。服务硬件新增"喜马拉雅"有声图书馆、朗读亭、大数据平台及全市第一台"瀑布流"电子图书借阅机等。

【地校文化合作签约】 2019年4月22日，区图书馆与浙江工商职业技术学院签约。区图书馆作为浙江工商职业技术学院社会实践基地，为师生开展社会调查、理论研究、毕业实习等提供支持；学校图书馆向市民开放，为市民提供更丰富的阅读资源。至年底，两方合作举办茶艺鉴赏、中华人民共和国70周年朗诵等各类活动，通过加强地校合作，助推“书香海曙”建设。

（张　晴）

博物馆

【概况】 2019年，海曙区有各级非国有博物馆11家，博物馆总面积5.7万平方米，馆藏藏品近1.5万件。博物馆组织展览、教育等文化活动469场，参观人数13.54万人次。有各级非物质文化遗产项目76项，其中国家级非物质文化遗产名录3项、省级名录8项（包括国家级）、市级名录30项（包括国家级、省级）、区级名录76项。

【致敬达芬奇500周年艺术展】 2019年4月12日，由区属文化企业宁波海山堂文化发展有限公司执行策展的“致敬达芬奇500周年艺术展”在第四届宁波文博会开展。展览分成“达芬奇研究成果及数字艺术展览”“达芬奇机械设计模型展览”“达芬奇手稿复刻展览”3个部分，展出展品64件。33.7万人参观展览。

（吴安娜）

文化馆

【概况】 2019年，区文化馆选送的《天南地北唱中华》《歌唱新时代》《荷池清影》3支舞蹈参加“祖国礼赞”庆祝中华人民共和国成立70周年——宁波市广场健康舞展演活动，其中，《天南地北唱中华》《歌唱新时代》获得大赛金奖。群舞《快递小哥》获第12届中国艺术节暨第18届“群星奖”决赛入围奖，获浙江省“群星奖”。

男女声表演唱《小镇守艺人》获浙江省“群星奖”、宁波市第14届精神文明建设“五个一工程”奖。区文化馆“月亮湖”女声合唱团获中国第15届合唱节老年组金奖。区文化馆的“文化馆群文精品创作团队”被命名为“浙江省文化和旅游创新团队”。

12月29日，海曙区“海之韵”2020新年音乐会在逸夫剧院举行

【“我们的节日”迎元宵文化大联动】 2019年2月12日，“我们的节日”2019年海曙区迎元宵文化大联动在集士港镇广德湖剧院举行，杭州、台州、嘉兴、温州等省内10个县（市、区）联合开展“文化走亲”活动，展示、交流各地文化特色。此活动逐渐成为全省各地多层次文化交流的平台。

【“一人一艺”全民艺术普及社会联盟成立】 2019年5月24日，海曙区“一人一艺”全民艺术普及社会联盟成立大会及现场采购大会举行。17个镇（乡）街道的文化站站长和12家文化培训机构负责人参加。成立大会现场宣读联盟章程，并为12家入选的培训机构授牌。培训项目涉及舞蹈、越剧、化妆、烘焙、书画等52项课程，共1091课时。

【群舞《快递小哥》参演“群星奖”颁奖晚会】 2019年5月31日晚，第18届“群星奖”颁奖晚会在上海东方艺术中心举行。此届“群星奖”有7905个作品参加初选，由区文化馆选送的群舞《快递小哥》作为入围节目之一，被特邀参加颁奖晚会，成为近年来全区首个登上“群星奖”舞台表演的文艺节目。

【“画就华夏七十载”百人百米长卷绘制活动】 2019年6月6日，区委宣传部、区文化和广电旅游体育局、区文联、区文化馆举办“我们的节日·端午”——“画就华夏七十载”海曙区喜迎中华人民共和国成立70周年百人百米长卷绘制活动。活动邀请周律之、李羡唐等市内书画名家及来自基层的“草根”艺术家参加。

【海曙—庆元“文化走亲”活动】 2019年8月14日，区文化馆携39幅书画作品到丽水市庆元县，与庆元县人民政府共同举办“我和我的祖国”海曙—庆元“文化走亲”书画展。其间，举办书画赠送仪式、两地文化座谈交流会等活动，双方就文化馆建设、业余团队管理、文艺精品打造、公共文化服务等进行交流和分享。12月3日，区文化和广电旅游体育局同庆元县文化和广电旅游体育局举行“山海协作”结对共建协议签约仪式，庆元县文化馆还在高桥镇蒲家村文化礼堂为当地群众表演具有浓郁地方特色的节目。

【市新文艺群体青年歌手大赛暨海曙区群众合唱决赛】 2019年9月12日，“我们的节日”迎中秋、2019“我和我的祖国”、“庆祝中华人民共和国成立70周年”——首届宁波市新文艺群体青年歌手大赛暨海曙区群众合唱决赛及颁奖晚会在广德湖剧院举行。比赛由区委宣传部、区文化和广电旅游体育局、区文联、市音乐家协会主办，区文化馆、区音乐家协会承办。通过前期的海选、初赛，15支合唱团队、8名美声、民族组歌手，14名流行组歌手进入决赛，1000余人到场观看。同时，比赛还进行网络直播，35万余名观众观看。

【“海之韵”2020新年音乐会】 2019年12月29日，海曙区“海之韵”2020新年音乐会在逸夫剧院举行。音乐会特邀德国汉诺威交响乐团作为主要乐团参加。该乐团由德国青年杰出音乐家组成，集中欧洲专业音乐团体中著名演奏家，是世界一流乐团，平均每年获得50余个国际音乐比赛大奖。700余名观众观看演出。

（曹　燕）

新　闻

【概况】 2019年，区全媒体中心《海曙新闻》报刊出刊148期，《海曙新闻》电视、广播栏目分别播出节目266期、250期，海曙新闻网更新稿件8000余条。承办录制两期《电视问政》栏目并进行网络直播。在中央及省、市各级媒体刊播宣传海曙区新闻稿件2400余篇（条），中央级主流媒体（含网媒）发稿180余篇（条）、省级主流媒体80余篇（条）。

【《海曙新闻》报刊】 2019年，《海曙新闻》共刊登自采新闻稿件12600余篇，发行量1.71万份。相继推出《我和我的祖国——庆祝中华人民共和国成立70周年 海曙全媒体记者走基层系列》《精准帮扶 携手小康》《三问三服务》《改革攻坚勇探索 海曙在行动》《不忘初心 牢记使命》等专栏、专题。围绕区委、区政府中心工作，重点策划报道庆祝中华人民共和国成立70周年系列专题，2019年区“两会”、2019数字海曙发展大会等重大活动专版专刊宣传报道。

全媒体中心抖音制作团队

【《海曙新闻》电视】 2019年，《海曙新闻》栏目保持原有每个工作日日播制度。2月始，每周六增设一档新闻集锦类栏目《海曙周刊》，筛选、归纳与提炼每周海曙区发生的重要新闻事件。至年底，共播发电视《海曙新闻》及《海曙周刊》节目266期、新闻2375条。其中，播发“六争攻坚，三年攀高”主题报道111篇、“庆祝中华人民共和国成立70周年”主题报道34篇、“不忘初心、牢记使命”主题报道121篇、区“两会”报道27条、“精准扶贫，携手小康”15条。

【《海曙新闻》广播】 2019年，《海曙新闻》广播每周一至周五（节假日停播）17:00播出，每期节目时间5分钟，共播出250期。重点宣传海曙区“六争攻坚”与“三问三服务”工作、“扫黑除恶”行动、持续推进垃圾分类工作建筑垃圾资源化利用、开展对黔西南州贞丰等地的东西部扶贫协作、“山货下山”精准帮扶、优化创业创新环境引进人才、持续推进党风廉政建设、积极推行“最多跑一次”与“代跑员”模式、社区“开放空间”“社创空间”等热点新闻。

【新媒体建设】 2019年，海曙新闻网原创稿件4700余条；“@海曙”官方微博累计发布信息2000余条；“海曙发布”微信公众号保持每日更新，累计发布1047篇；政务抖音号“海曙最宁波”视频播放量超50万次；开展“融党课·走万家”党的创新理论“飞入寻常百姓家”宣讲直播6场，累计观看超10万人次。统筹全区42家单位组成新媒体矩阵平台，实现音、视、平面、网络四合一“融合推送”，报、网、广、电和新媒体融合传播。

（李玉飞）

体　育

综　述

【概况】 2019年，海曙区完成市级体育民生实事工程1个、社区多功能运动场2个和12个“小康体育村”提升工程建设，各镇（乡）街道新建或改建登山健身步道6条。举办2019“一带一路”中国宁波国际攀岩大师赛、全国青少年皮艇球锦标赛、“双11”持杖行走联动日宁波海曙主会场活动、“一带一路”国际跑酷大师赛四大品牌体育赛事。组队参加宁波市第18届运动会并承办3项赛事。举办“全民健身月月赛”系列活动。创建完成浙江省“四提升四覆盖”全民健身工程。

全区经常参加体育锻炼人数比例（不含学生）为29.2%，组织开展三级社会体育培训班，180名指导员通过考核。国民体质监测合格率为94.2%。

（林　瑜）

体育设施建设

【概述】 2019年，海曙区体育设施场地总面积191.38平方米，人均体育场地面积1.96平方米。城区内更新健身路径14套。完成市级体育民生实事工程——古林镇体育公园建设。省级项目古林镇葑里村多功能运动场和洞桥镇张家垫村多功能运动场及12个“小康体育村”提升工程等一系列体育设施建设完成。做好登山健身步道提升，出台专门的补助办法，各镇（乡）街道新建或改建登山健身步道6条。

【体育场馆建设市、区合作】 2019年1月16日，2020年全市体育工作会议召开。会上，副区长王懿栋代表海曙区政府与市体育局签署合作协议，关于2020—2023年体育运动场馆及体育博物馆建设开展合作。针对海曙城区缺乏游泳场馆的情况，计划启动宁波市社体中心二期工程，新建一座建筑面积约2000平方米（含一层停车场）的室内游泳馆。协议还计划依托中山广场体育馆设施，筹建宁波市体育博物馆。

【龙鹭登山步道开通】 2019年9月8日，集士港镇深溪村龙鹭登山步道开通，百余名登山爱好者、游客、村民等在开通仪式后登山健步。龙鹭登山步道是深溪村提振乡村旅游的一项重要工程，步道全长5.2千米，起于龙王堂九龙潭入口，终于深溪岭脚潭，途中串联起长生禅寺、柴经石刻、灵鹭禅寺等10余处景点，是一条集生态和健康于一体的文化走廊。

（林　瑜）

竞技体育

【概述】 2019年，海曙区组队参加宁波市第十八届运动会的29个大项比

9月8日，集士港镇深溪村龙鹭登山步道开通

赛，获得65.5金、86银、70铜，其中短式网球、散打、艺术体操、跆拳道获得团体总分第一名。举办2019年“一带一路”中国宁波国际攀岩大师赛、全国青少年皮艇球锦标赛、“一带一路”国际跑酷大师赛和宁波市第18届运动会短式网球比赛。

宁波爱菊艺校晋升为“宁波市高水平训练基地”，海曙区鄞江攀岩基地申报“浙江省高水平训练基地”，栎社小学凭借田径项目、鄞江小学凭借壁球项目申报“宁波市传统学校”获得通过。原各体育传统（训练点）学校全部通过市体育局的复查评审。鄞江小学、广德湖小学、华天小学布局攀岩项目，蜃蛟小学新布局射箭项目，海曙区第二外国语学校新布局高尔夫项目。与区财政局联合下发《海曙区运动员、教练员成绩奖励暂行办法》，明确各级大赛中获奖的海曙籍运动员及教练的奖励标准。区少体校招聘首批2名攀岩和举重教练。

【少体校改革】 2019年3月，海曙区政府常务会议专题审议批准《关于海曙区青少年业余体育学校组建方案》。7月，区委编办发文，明确区少体校为区文化和广电旅游体育局下属的正科级全额拨款事业单位，核定事业编制教练员6名。至年底，招聘首批2名攀岩和举重教练，提升海曙区竞技教练水平，进推动区少体校实质性运行。

【2019年“一带一路”中国宁波国际攀岩大师赛在海曙举行】 2019年5月11—12日，“金帝厨电杯”2019年“一带一路”中国宁波国际攀岩大师赛在鄞江攀岩公园举行，来自世界20余个国家和地区的75名选手参加比赛。比赛设男、女速度赛和难度赛共4个项目。相较上年，此届赛事规格更高、选手水平更强、竞争程度更激烈。最终，中国选手陈知行、倪明薇分别获得男子、女子速度赛冠军。俄罗斯选手德米特里·法基里扬诺夫、日本选手大田理裟分别夺得男子、女子难度赛冠军。

【2019年全国青少年皮艇球锦标赛在海曙举行】 2019年10月19日，“御海天下杯”2019年全国青少年皮艇球锦标赛开幕式在天一阁·月湖景区举办，比赛为期3天，设置男子U9、U11、U13、U15，女子U11、U13、U157个组别的竞赛项目，采用联赛赛制进行比赛。杭州、上海等8个城市的39支参赛队伍参加。东恩中学获得U15男子组冠军。

（林　瑜）

群众体育

【概述】 2019年，海曙区注册体育社团19个，包括1个体育总会和18个单项体育协会，其中AAAAA级体育社团1家（区老年体育协会），AAAA级体育社团1家（区跆拳道协会），AAA级体育社团4家。创建完成浙江省“四提升四覆盖”全民健身工程。承办宁波市首届全民运动会中的三人制篮球、柔力球等3个比赛项目；组队参加45个总决赛项目，参赛率全市领先，获健美操13周岁以下组自编花球啦啦操第一名、三人篮球比赛男子公开组第一、皮艇球青少年男子与女子冠军、健身气功集体五禽戏一等奖、广场舞自选套路一等奖等。海曙全讯队参加在内蒙古乌海市举办的2019年全国沙滩足球锦标赛，获得冠军。海曙区棋协参加全国象棋特色学校比赛，获得小学A组团体银牌与小学C组团体银牌。

继续开展海曙区“全民健身月月赛”系列活动品牌创建，举办“月月赛”活动23个。以“体育+旅游+文化”全面融合为思路举办系列活动，包括“爱在梁祝”马拉松嘉年华、宁波四明山（杖锡）樱花节中国宁波国际女子半程马拉松、2019年海曙区“书香宁波·海曙阅读季”嘉年华启动仪式暨“行读海曙·书香之路”城市定向跑活动等。开展2019年区机关事业单位围棋、跆拳道、击剑等推广活动，评定8家单位为第二批海曙区非奥运动项目训练基地。

【区老年体协广场舞代表队获市赛奖项】 2019年9月13—15日，宁波市首届全民运动会广场舞总决赛在市国际会展中心举行。由区老年体协组队参加的海曙代表队全体人员获得自选动作一等奖和规定动作二等奖。

【海曙全讯队获全国沙滩足球锦标赛冠军】 2019年9月28日，2019年全国沙滩足球锦标赛总决赛在内蒙古乌海市举办，宁波海曙全讯队在6场比赛中均获胜。其中，总决赛对手为上届冠军青岛西海队，海曙全讯以总比分5:3获胜，赢得总决赛冠军。这是该球队第二次获全国沙滩足球锦标赛冠军。

【“双11”全国持杖行走日活动】 2019年11月10日，2019年“双11”全国

10月19日，2019年全国青少年皮艇球锦标赛在海曙举行

持杖行走日“半山伴水”杯全国主会场在龙观乡举行。海曙区连续两年举办该项活动，2020年晋级成为全国主会场，3000余名来自全国和世界各地的徒步爱好者参与。活动分为14千米挑战组、11千米争先组两个组别，其中14千米挑战组的行走路线从半山伴水度假村出发，经白龙潭、大峰岭古道等，至外派楼水库；11千米争先组从半山伴水度假村出发，经中坡山路口、大松湾古道口等，至观顶湖。此次活动被中国登山协会评定为2019年创新赛事活动。

【“一带一路”国际跑酷大师赛】 2019年12月14—15日，由中国极限运动协会主办，市体育局、海曙区人民政府承办的2019年“一带一路”国际跑酷大师赛在天一广场举行。比赛设个人竞速赛、个人技巧赛、单项挑战赛3个项目。除高水平选手参加外，还以全民体验、时尚青春为目标，举办极限运动嘉年华等活动。来自中国、加拿大、俄罗斯、摩洛哥等国家的50余名选手参赛。

（林 瑜）

10月，古林公园足球场对外开放

体育产业

【概述】 2019年，海曙区加大企业申报省、市各类体育产业发展项目库的指导力度，其中4家单位入选宁波市体育产业库，2家列入省体育产业发展资金项目库。组织10家骨干体育企业参展第三届市体育产业博览会。龙观乡创建省“运动休闲小镇”，至年底完成前期调研和申报指导工作。

【郑瑶考察海曙体育产业】 2019年6月19日，省体育局局长郑瑶、市体育局局长张霓一行到海曙区体育产业重点企业——宁波市羽航体育发展有限公司考察。公司总经理王忆俊关于公司羽毛球及相关体育产业整体运营、赛事组织和高架桥下无人看管球场规划与设计等向考察组汇报。考察组肯定海曙区为体育事业和产业、羽航公司为体育产业和智能化建设做出的成绩。

【“活力海曙”参加体博会】 2019年9月，2019年中国（宁波）体育产业博览会在宁波国际会展中心举办，海曙区以“活力海曙激情体育”为主题，建成海曙馆在体博会首次亮相。海曙馆融产品展示、互动体验、品牌推广于一体，展示涉及健身休闲、体育用品制造等多个领域，宁波市羽航体育发展有限公司、宁波甬飞体育发展有限公司、宁波玉博体育文化发展有限公司等10家辖区体育产业骨干企业，龙湾智谷体育产业园、创建中的龙观乡“运动休闲小镇”入驻参展。

（林 瑜）

2019年海曙区重点体育企业基本情况表

表22

企业名称	主营业务	企业名称	主营业务
浙江美日健身服务有限公司	健身服务	宁波欧西亚文体用品实业有限公司	冲浪板批发
宁波蓓蕾五金制品有限公司	健身器配件	宁波市世界波体育用品销售中心	体育用品批发
宁波德泰机械实业有限公司	自行车训练器材制造	宁波市海曙浩洋康体工程有限公司	体育健身场地安装
宁波开沃精工渔具有限公司	钓具的生产研发销售	宁波满分体育发展有限公司	体育培训
宁波腾隆户外用品有限公司	户外运动照明灯具	宁波昂赛体育发展有限公司	攀岩体育运动
宁波威骏休闲用品有限公司	户外用品批发	玉博体育文化发展有限公司	击剑培训
宁波维泰克体育用品有限公司	体育用品批发	宁波艇酷体育运动有限公司	体育赛事的组织策划
宁波首发足球俱乐部有限公司	青少年足球培训；足球体育赛事	宁波飞想拓展有限公司	户外拓展活动的组织策划
宁波富邦汉贵体育文化传播有限公司	体育场馆运营	宁波骑际马文化传播有限公司	马术服务
宁波市羽航体育发展有限公司	体育运动场馆运营、赛事活动组织、培训、竞训	宁波市雪狼户外服饰有限公司	服装等文化体育用品
宁波市海曙龙豪健身器材有限公司	健身器材制造	宁波甬飞体育发展有限公司	科技模型器材
宁波凯骏机械制造有限公司	马具制造		

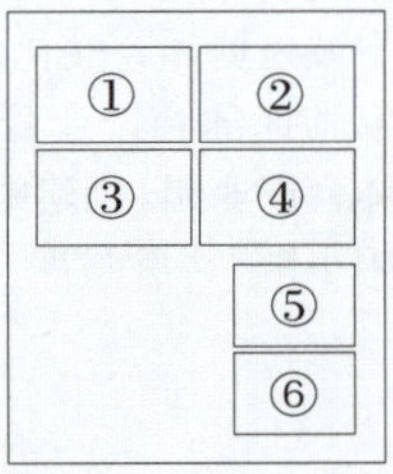

① 1月1日，海曙区太极协会首届展演大会举办

② 4月12日，海曙区代表队参加市运会短网比赛

③ 4月13日，四明山（杖锡）樱花节女子半程马拉松比赛在章水镇开跑

④ 11月10日，2019年“双11”全国持杖行走日“半山伴水”杯全国主会场在龙观乡举行

⑤ 11月26日，四明国际越野赛在章水开跑

⑥ 12月14日，“一带一路”国际跑酷大师赛在海曙举行

卫生·计划生育

综　述

【概况】 2019年，海曙区有各级各类医疗卫生机构483家。其中，区级专业公共卫生机构4家，区级综合性公立医院1家，区级公立中医医院、口腔医院各1家，社会办医院20家，社区卫生服务中心9家，乡镇卫生院8家。全区每千常住人口执业（助理）医师数为3.07人，每千常住人口注册护士数为2.76人。区属医疗卫生单位年门、急诊病人771万人次。

区卫生健康局以"大卫生、大健康"理念为指引，深入、持续推进《健康海曙2030行动纲要》健康海曙十大行动，深化医疗卫生领域"最多跑一次"改革。代表宁波市接受省基本公共卫生服务考核，绩效现场评价全省第一；2018年度全省公立医院综合改革评价为全省第一；2018年度"健康浙江"建设获考核"优秀"；通过"国家慢性病综合防控示范区"复评复审、第四轮"国家卫生城市"复审。

【卫生系统"不忘初心、牢记使命"主题教育】 2019年，海曙区卫生系统以"医者初心""健康使命"为切入点，突出思想建党、理论强党，强化分类指导、分层推进，隶属区卫生健康局党委的16个基层党组织、440名党员实现全覆盖。建立"区管领导干部晨学早读"机制，组织开展专题研讨8次、"周一晨学"9期，各基层医疗机构党组织通过错峰学习、分批学习等手段，灵活推进主题教育，破解工学矛盾。建立"项目化推进"机制，结合党建98周年和新中国成立70周年，实施系统"红色引擎"工程，按月、分阶段、分主题逐步落实"五个红色"子项目，优化"高山巡回"等品牌，充分发挥系统党员医务队伍"红色力量"。区卫生健康局党委成立主题教育领导小组、正风肃纪工作组及3个巡回指导小组，建立自查自纠及交叉检查机制，融入各单位纪检小组和结对支部力量，严密组织网络，形成督查合力，保障学习教育成效。

【宁波普济医院续建】 2019年，省、市、区三级重点项目——宁波普济医院工程住院楼结构完成60%、国际医疗中心结构完成80%、裙楼结构完成75%、地下室砌筑完成80%、住院楼砌筑完成15%，年度累计完成投资约5.5亿元。8月26日，完成民办事业单位登记，取得"事业单位法人证书"，完成首次核编。

【卫生健康工作会议】 2019年1月22日，2019年度海曙区卫生健康工作会议召开。会议总结2018年海曙区卫生健康工作，研究部署2019年卫生健康工作任务。区卫生健康局与各区属医疗卫生单位、区献血办、区爱国卫生运动委员会办公室（简称"区爱卫办"）、各镇（乡）街道公共卫生联络员、计生业务主任或计生专职干部；局离退休老干部党支部书记，社会办医疗机构联合党支部书记；社会办医

宁波普济医院续建工程

疗机构（医院以上）主要负责人参加会议。

【国家卫生城市复审迎检动员部署会暨“健康海曙”建设领导小组全体（扩大）会议】 2019年4月3日，海曙区组织召开国家卫生城市复审迎检动员部署会暨“健康海曙”建设领导小组全体（扩大）会议。会议部署“国家卫生城市”复审迎检工作，通报2018年度“健康浙江”“健康宁波”市级考核情况。海曙区爱国卫生运动委员会成员、“健康海曙”建设领导小组成员、各镇（乡）人民政府和街道办事处主要负责人及相关镇和街道的分管领导出席会议。

【“清廉医院”建设现场会】 2019年9月20日，海曙区“清廉医院”建设现场会在古林镇卫生院举行。区纪委副书记、区监委副主任贺海宁，区卫生健康局党委书记、局长张文莲等参加会议。示范点单位古林镇卫生院在会上交流经验做法，区卫生健康局部署“清廉医院”建设的重点工作及要求。现场会将“清廉医院”建设与“不忘初心、牢记使命”主题教育、公立医院改革、“全国文明城市”创建、紧密型医联体建设等重点工作紧密结合，实现同部署、同推进、同落实。

（汪　儿　褚婷婷　江文敏　金　芹　杨燕芬）

疾病防控

【概况】 2019年，海曙区报告各类法定传染病17种14096例，报告总发病率1517.32/10万，比上年同期上升34.89%。其中，甲类传染病无病例报告，乙类传染病11种1715例，发病率184.61/10万；丙类传染病6种12381例，发病率1332.72/10万。

继续推进第三轮国家级“艾滋病综合防治示范区”建设，探索精准防治方法，新拓男性60岁以上、社区戒毒者两类人员艾滋病监测，监测各类人群301005人次，占全区常住人口比例33.11%。作为宁波艾滋病“十三五”重大科技专项项目点，按要求开展日常快检工作和100例MSM（男男传播）人群横断面调查。

6月11日，月湖街道组织灭蚊消杀

继续强化肺结核规范管理、定点门诊的指导和联系，实施中盖结核病三期项目，报告肺结核疑似病例2040例，登记肺结核病人462例。组织开展全区土源性线虫病监测，检测粪样标本1023份，检出钩虫阳性标本5份；肛拭法检测蛲虫75例，检出阳性5例，土源性线虫感染率为0.98%。

加强慢性病管理，海曙区被国家卫生健康委员会办公厅重新确认为国家级“慢性病综合防控示范区”。经统计，海曙区居民期望寿命为83.96岁，其中男性81.67岁，女性86.38岁。人均健康期望寿命为73.54岁。海曙区4种慢性病早死概率为7.01%。5月28日，“身后事一事联办系统”开始试运行。组织第四届“万步有约”职业人群健走激励大赛，26家单位的28支队伍425名选手参与为期100天的万步健走比赛。《探索综合干预模式 职场健康管理得实效》的“职场人群慢性病干预”案例入选由中国疾病预防控制中心慢病中心主编，人民卫生出版社出版发行的《慢性病综合防控践行探索精选（第一集）》，为全国慢性病防控工作提供思路和借鉴。开展第一次儿童青少年近视调查，对全区12所中小学校和5所幼儿园开展针对6～18周岁儿童青少年近视调查工作，调查4707名儿童青少年，近视率为64.6%。

加强严重精神障碍患者管理，规范管理率97.92%。制作《海曙区社会心理服务工作手册》和《心理健康核心知识宣传手册》。促进基层医疗机构精神科门诊建设，推进精神障碍患者管理治疗新模式，组织实施精神分裂患者接种长效针剂，提高患者管理依从性。区委政法委、区卫生健康局等部门联合下发《关于建立海曙区严重精神障碍患者肇事肇祸预防处置信息交换反馈机制的通知》，开展患者救治救助、红色预警、应急处置等信息交换。进一步完善社会心理服务体系建设。

【登革热防控】 2019年，全区共报告19例登革热病例，所有病例均为输入性病例。制定发布《海曙区登革热防控工作方案》和《海曙区登革热疫情防控技术规范》，对门诊机构HIS（医院信息系统）进行升级改造，采用小喇叭广播宣传方式，运用普通话和宁波话两种语言切换播放登革热防控知识。9月，举办全区卫健系统登革热应急演练，现场模拟出现登革热病例时，片区启动登革热应急联防联控的运行情况，并附加理论笔试。强化因地制宜，各镇（乡）街道提高登革热防控技术能力，科学有效应对登革热等突发急性传染病疫情和其他突发公共卫生事件，确保年度登革热无本地病例发生。

【疫苗管理和预防接种】2019年，海曙区在宁波市率先开展接种门诊预防接种异常反应补充保险，引入保险补偿新机制，全年共投保376单。加强《中华人民共和国疫苗管理法》培训，举办3期免疫规划工作资质培训班，745人参加培训，做到免疫规划人员全覆盖。汇编整理印制《海曙区2019年免疫规划文件汇编》，并分发辖区各单位，确保基层工作按最新、最严规范开展；开展全区21家接种单位现场指导95次。推进接种门诊摄像头安装，覆盖所有接种台和冷链设备。推动产科接种门诊扫码接种，确保新生儿接种更安全、透明。加快全区预防接种门诊信息化建成，推动疫苗全程扫码接种，建成率超过100%。1月28日始，海曙区为市民提供9价HPV疫苗（用于预防人乳头瘤病毒感染引起的宫颈癌）的预约接种服务。

【疾控系统现场流行病学培训】2019年，全区疾控系统现场流行病学培训班第一届结业暨第二届开班典礼举办。第一届24名学员结业，第二届22名新学员入学。11月28日，举行全区疾控系统青年学术论坛，为青年专技人员提供交流、借鉴的平台。

（潘　妍）

卫生监督

【概况】2019年，海曙区开展“双随机一公开”卫生监督工作模式，完成国家级双随机抽查任务408家，抽取并完成省级双随机抽查任务265家，任务完成率达100%。全区各类发证公共场所经营单位1697家，其中住宿场所469家、美发美容场所910家、沐浴场所129家、游泳场所35家、其他场所154家，量化等级评定率达100%。监督抽检各类公共场所顾客用品用具及空气质量292家，监测二次供水、集中式供水单位25家次，游泳场所水质103家次。持续推进医疗市场监管，履行传染病防治、学校卫生及生活饮用水等监督监管职责，案件查办力度不断加大。全年承办各类违法案件455件，罚没款金额95.93万元，移送公安机关追究刑事责任1起。

【“清廉卫监”创建】2019年，海曙区卫生监督所开展以党风清正、所风清朗、行风清新为主题的“清廉卫监”建设。梳理出重大决策、采购事项、行政执法等9类23项小微权力，制作完成办事流程图手册、内部管理制度手册、清廉执法手册；将“卫生监督员誓词”等内容制作成“清廉卫监”文化墙、清廉走廊，建立以科室（分所）为基础的清廉监察员，强化科室“清廉建设”，为单位规范化运行奠定基础。

【非法行医整治】2019年，海曙区依托镇（乡）街道“四个平台”，对非法行医进行严厉打击。加强巡查力度，定期回访已取缔的非法行医窝点。联合公安部门，及时移送公安部门1起符合入刑标准的非法行医案件。完善医疗机构管理“E点通”平台相关数据，新增非法行医征信信息，全年收录411个医疗机构点基本信息，非法行医“黑名单”129条，平台访问量达38万余人次。

【公共场所禁烟监管专项行动】2019年，海曙区继续巩固“文明城市”创建成果，开展公共场所禁烟监管专项行动。针对部分文化娱乐场所尚存在的警示和标志不够明显、顾客休息区放置吸烟器具等问题，检查医疗服务场所、公共电梯间、影剧院等各类禁烟场所88户次，立案查处12家。从检查结果看，各场所禁烟工作总体开展情况较往年有明显改善。

【中小民营医疗机构信誉等级评定】2019年，海曙区按照《宁波市民营医疗机构依法执业质量提升专项行动方案》要求，对辖区203家中小医疗机构进行信誉等级评级，其中三星级3家、二星级71家、一星级104家、不予评级11家、未评级（新发证未满一年）14家，根据信誉评定结果实现择优就医、放心就诊。

【消毒产品生产企业分类监管试点】2019年9月，海曙区开展深化推进消毒产品生产企业分类监管试点。区卫生监督所选取4家消毒器械生产企业和2家卫生用品生产企业作为试点单位。10月中旬，对6家试点单位开展监督检查和综合评价，3家消毒器械生产企业评价结果为优秀，1家消毒器械生产企业和2家卫生用品生产企业评价结果为合格。

（张　征）

妇幼保健

【概况】2019年，海曙区孕产妇管理率达96.60%，3岁以下儿童保健系统

4月10日，区妇幼保健计划生育服务中心主任何姣儿在横街镇林村文化礼堂开展讲座

管理率96.29%，孕产妇签约服务率99.65%，0~6岁儿童签约服务率54.68%（有偿）。孕早期建册率98.29%，产前筛查率95.37%，产后访视率98.63%，新生儿听力筛查率99.17%，新生儿疾病筛查率99.54%，新生儿破伤风发生率为零。孕产妇自然分娩率55.57%，围产儿死亡率2.25‰。

基本公共卫生妇幼惠民项目提供免费产前检查48780人次、儿童体检98242人次，合计减免545.36万元。3921名新生儿参加新生儿疾病筛查、3301名孕妇进行产前筛查，享受免费金额102.21万元。对7564名24个月龄以下儿童进行孤独症筛查，23名疑似儿童转至上级医院，并全部确诊为孤独症患者，均继续随访监测中。

区妇幼保健计划生育服务中心举办区级“两校”（孕妇学校、育儿学校）妇幼健康讲座36场，培训595人，发放健教资料1000余份。4月，婚姻登记处体检室撤回到区妇幼保健计划生育服务中心，对婚前青年男女进行“面对面”“一对一”宣教，接受宣教2230人次，发放孕前保健健康教育资料1115份。区孕妇学校开课753次，受众8873人次，其中网上课堂126次；育儿学校开课390次，受众10959人次，其中网上课堂68次；大型宣传活动136场，惠及19166人次；现场咨询175场，受众4545人次；制作健康处方34760份。

海曙区妇幼保健计划生育服务中心获2018年度市级“母亲安全银奖”，被宁波市产前诊断中心评为2018年“产前筛查工作先进集体”。

【妇女“两癌”检查服务】 2019年初始，作为省“两癌”（乳腺癌、宫颈癌）信息平台运行的试点单位，海曙区制订辖区“两癌”检查方案、工作计划、流程及各项规章制度，提供健康教育和“两癌”检查技术服务，加强辖区内异常病例追踪随访，全年乳腺癌检查2887例，宫颈癌检查2746例。配合省卫生部门，做好区内初筛及进一步接诊机构信息平台运行的各项准备，开展网络信息平台操作培训。至年底，省“两癌”信息平台的个案录入率达100%。

（郭绍龙）

计划生育

【概况】 2019年，海曙区户籍人口出生4491人，其中两孩率38.56%，较上年下降1.3%，出生人口孩次结构趋于合理。自然增长率-0.5‰。

持续推进计划生育“最多跑一次”服务管理改革。进一步推广“浙里办”App生育登记，服务窗口生育登记“一证通办”和“全区通办”服务。加强“出生一件事”“婚育户”联办工作的部门协同。

推进公共场所母婴设施配置标准化建设，公共场所母婴设施新建19家，总数达54家，配置率93.1%。开展“预防出生缺陷”宣传活动。开展流动人口健康进企业、进学校、进家庭和“流动人口把健康带回家”主题宣传活动。全区户籍人口性别比为112.68。

全面落实计生奖励奖扶政策，确认计生奖扶对象23844人、计生特扶对象1695人、并发症8人，发放计划生育奖励扶助金4345.68万元。继续实施计生特殊家庭一次性补助政策。完善计生特殊家庭档案信息库，建立双岗联系人制度、家庭医生免费签约和就医就诊“绿色通道”服务制度。

【“特殊家庭‘暖心家园’”项目申报】 2019年，区计生协向中国计生协申报“特殊家庭‘暖心家园’”项目。项目点设在西门街道居家养老互助中心二楼，建筑面积约180平方米，以此为中心，向城区9个街道辐射，覆盖户数293户474人。依托西门街道社会组织服务中心的圆梦公益平台，发挥中心“圆梦”义工团队作用，为辖区计生特殊家庭提供社会化关怀服务，逐步搭建起优先服务、帮扶活动、自助互助三大平台。

【“青春健康同伴”教育项目点申报】 2020年，海曙区指导推荐浙江工商职业技术学院申报国家级和市级高校“青春健康同伴”教育项目点，组建30余名学生组成的“青春健康同伴”教育师资队伍，完成2019级新生3000余人的同伴教育80余次，活动100余次，全校“青春健康同伴”教育覆盖率超过95%。

（郭绍龙）

医疗管理

【概况】 2019年，海曙区以全民健康为目标，以紧密型医联体建设为抓手，完善分级诊疗服务体系，深化医疗卫生领域“最多跑一次”改革，强化医疗质量管理，提升医疗服务能力。全面深化紧密型医联体建设，推动医联体内人才、服务、信息联动。探索推进卫生健康服务领域供给侧改革，组建“高山巡回卫生健康服务队”。持续提升医疗质量安全，开展医疗质控联合检查行动。

强化全员医疗安全的教育培训，加强医疗技术事中事后监管，指导各医疗机构制定本单位医疗技术目录和手术分级目录。结合紧密型医联体建设，强化区域医疗质控体系全覆盖，完成新一轮15个区级质控中心挂靠单位遴选，进一步完善质控中心运作机制和标准体系建设。组织开展药事、检验、护理、门急诊、放射等岗位技能竞赛，提升全区业务水平。

强化医疗行为监管，组织开展社会办医疗机构医疗质量及质控检查，检查覆盖所有社会办医院，中医、口腔、医疗美容等医疗机构共170余家。组织开展全区医疗质量专项检查行动月，共检查20余次覆盖180多家医疗机构。

举办2019年度海曙区中医药健康文化“六进”活动启动仪式，共开展相关活动8场，向居民推广中医药健康理念和文化知识。“寿全斋中药”入选市级中药类特色学科，为全区首家。新增3人被列入浙江省“基层名中医”培养计划。由上海中医药大学指导牵头的“上海中医药大学名中医工作室”在上海中医药大学海曙协爱中医医院挂牌成立。创建中医药工作先进单位经验在全市中医药工作会议上作交流发言。

推进科教工作，提高人才队伍建设。推进区级重点学科建设，区中医院将中医儿科、针灸推拿科等作为重点学科。做好特色专科培育，以群众

8月27日，2019年海曙区中医中药中国行暨中医药健康文化“六进”活动启动

需求为导向，结合单位原有专科特色基础，传承好区级非物质文化遗产经验，推进特色专科建设。各医疗机构科研项目立项7项、通过验收1项。其中，省医药卫生科技计划项目立项1项；市医学科技计划项目立项6项，验收通过1项。在一、二级期刊发表论文14篇。参加卫生专业技术人员在职学历教育培训48人次；选送中青年专业技术人员外出进修69人；参加省、市级培训447人次，参加宁波市远程继续医学教育培训1651人。

【医疗教育培训】 2019年，海曙区开展基层医疗机构儿科诊疗能力提升培训系列活动；组织开展“线上线下”儿科诊疗知识培训11场，培训儿科、儿保科及全科医师700余人次。发挥各区级质控中心对全区质控的培训指导作用，组织开展全区性各质控培训20余场，参加人员1000余人次。

【区中医“治未病”联盟组建】 2019年，海曙区依托市中医院资源，组建区中医“治未病”联盟，以辖区各基层医疗卫生单位为成员。联盟重点开展高脂血症、慢性阻塞性肺疾病这两类试点病种的“早防、早诊、早治”。

【高山巡回医疗服务】 2019年，海曙区依托紧密型医联体，开展高山巡回医疗服务。组织医务人员1524人次，开展相关服务275次，举办健康讲座41次。邀请对口支援单位参与高山巡回医疗服务67次，服务高山群众12598人次。定向捐赠一辆高山巡回卫生健康服务救护车，投入50余万元经费用于配备便携式彩超、十二导心电图、干式生化仪、台式全科诊疗系统、尿液分析仪、快速血糖仪移动心电图机、移动B超机等设备，提升专用服务车硬件服务水平。

【医疗对口帮扶】 2019年，海曙区深化与黔西南州贞丰县、丽水市庆元县的健康扶贫工作。按要求开展重点学科对接帮扶，选派优秀专业技术人员和管理干部驻点帮扶，实施远程会诊和学术指导。累计派驻至贞丰县3名6个月、1名12个月、1名18个月涉及神经外科、超声诊断、临床医学等学科的专家骨干，8名1～2个月包含神经内科、眼科、全科、护理等专业骨干。4人在庆元县开展为期一年的对口帮扶工作，与庆元县建立推进中医特色专科建设项目，区中医医院分批次安排人员赴庆元县中医院，推动两地中医药事业发展。

（司徒碧波）

医疗服务行政审批

【概况】 2019年，海曙区参照省、市卫生健康部门“最多跑一次”权力事项指导目录，核对行政权力事项库的日常变动。至年底，梳理出涉及卫生健康领域的的“最多跑一次”政务服务事项147项，其中权力事项98项、服务事项49项，均实现“零次跑”；“网上办”“掌上办”与即办、承诺期限压缩比、材料电子化实现率均实现100%；办理结果提供电子证照的事项实现率99.3%（目标90%）。办理各类卫生健康行政许可5315件，所有许可件均在规定时间内办结，无行政复议、行政仲裁、行政诉讼案件。

针对不同类别的大型医疗机构定制“开业套餐”，一次告知各部门所需办理的证件及本部门多个审批事项所需材料及流程，惠及宁波整形外科医院、宁波恩华骨科医院、宁波海曙协爱中医医院等大型医疗机构，助力企业早开业。

【非营利性民办医疗机构事业单位登记管理】 2019年，区卫生健康局与区委编办商讨拟订《宁波市海曙区非营利性民办医疗机构开展事业单位登记管理暂行办法（讨论稿）》，规范非营利性民办医疗机构申请事业单位登记工作。8月26日，市、区重点项目宁波普济医院（筹）取得区委编办核发的“事业单位法人证书”；12月10日，区委编办核定宁波普济医院民办事业单位报备员额288名。

【医疗机构审批简化】 自2019年6月6日始，根据《关于深化放管服改革简化医疗机构医务人员审批工作的通知》要求，海曙区推进二级及以下医疗机构设置审批与执业登记“两证合一”工作。规定除三级医院、三级妇幼保健院、急救中心、急救站、临床检验中心、中外合资合作医疗机构、港澳独资医疗机构外，拥有其他医疗机构的，卫生健康行政部门不再核发“设置医疗机构批准书”，仅在执业登记时发放“医疗机构执业许可证”。截至12月31日，全区通过“两证合一”申请执业登记的医疗机构22家。

【“互联网+”政务审批服务】 2019年来，海曙区深化医师、护士电子化注册管理。全面应用医师、护士电子证照，实行医师执业注册、护士执业注册等事项全流程网上办理，通过扫描二维码，实现基本信息电子化与“零次跑”。办理医护人员网上注册3569人次。推行网站、微信公众号及App等多种预约挂号方式，并接入宁波市公众健康服务平台；通过自助结算、诊间结算、移动终端医疗费用结算等方式，开展“快捷支付”，试行“刷脸支付”。

（许智蕾）

爱国卫生运动

【概况】 2019年，海曙区组织开展除害防病、卫生创建、健康促进、整洁行动、“厕所革命”等工作。4月，以“共推‘厕所革命’共促卫生健康”为主题，组织开展第31个“爱国卫生月”活动；5月，以“烟草和肺部健康”为主题，组织开展第32个“世界无烟日”宣传活动，引导广大群众积极参与爱国卫生运动。做好季节性病媒生物防治，病媒生物防治信息化应用实现全覆盖。高水平通过“国家卫生城市”第四轮复审，集士港镇、龙观乡创建为“国家卫生乡镇”，古林镇通过“国家卫生镇”复审。新创省级“卫生村”11家，市级“卫生村”9家，市级“无烟单位”6家。实施健康“细胞”培育工程，开展“健康社区”、“健康家庭”、“健康步道”和“健康主题公园”建设，新创“健康支持性环境”8家。创新登革热防控宣教综合模式，在全区范围内组织开展统一杀灭越冬蚊及BI（布雷图指数）大于20的专项整治行动，督促各监测点开展以环境卫生整治为重点的登革热防控措施，全年未发生本地病例。

【“爱国卫生月”活动】 2019年4—5月，海曙区开展以“共推‘厕所革命’共促卫生健康”为主题的第31个“爱国卫生月”活动。4月29日，区爱卫办联合望春街道爱卫办在徐家漕社区举办卫生月现场宣传活动，发放健康宣传资料，提供健康服务，传递健康理念。年内，结合城乡环境卫生整治行动、推进“厕所革命”等工作内容，集中组织开展形式多样的专题专项活动。

5月31日“世界无烟日”，海曙区组织开展“烟草和肺部健康”主题宣传活动

【“世界无烟日”活动】 2019年5月31日第32个“世界无烟日”，区爱卫办联合海曙区疾控中心、鼓楼街道办事处在鼓楼步行街组织开展“烟草和肺部健康”主题宣传活动。活动现场进行控烟知识宣教，开展“以烟换礼（香烟换绿色盆栽）”，组织门诊医生现场坐诊。各乡镇、街道爱卫办利用多种形式同步开展相关宣传活动。

（褚婷婷）

卫生健康改革

【概况】 2019年，海曙区深化医药卫生体制改革，推动卫生健康事业高质量发展。升级医联体网格布局，开展“1+‘1+X’”紧密型医联体建设。调动区域内各级各类优质医疗卫生健康服务资源，做好高山巡回卫生健康服务，不断延伸卫生健康服务覆盖范围，满足边远山区居民的基本卫生健康服务需求。加快推进“最多跑一次”改革向全区医疗卫生服务领域深层次延伸，推进改革向纵深发展。开展紧密型医联体建设框架下的基层卫生工作，开展基层医疗机构补偿机制改革，推进基本公共卫生服务项目，推进家庭医生签约服务等内容。

【紧密型医联体建设】 2019年，海曙区拟订《海曙区全面深化紧密型区域医疗机构联合体建设实施方案》，升级医联体网格布局，开展紧密型医联体建设，以区第二医院和区第三医院为核心单位组建两个医疗健康集团，并分别以市第一医院和中国科学院大学宁波华美医院（宁波市第二医院）为牵头单位，通过全面托管区第二医院、区第三医院构建两个紧密型医联体，具体明确医健集团和紧密型医联体工作内容，包括医联体服务形式、资源共享、人员柔性使用、薪酬制度完善、财政投入保障、服务能力清单、健康服务管理平台、医联体党建共建等内容。

【区医疗机构经费结算平台运行】 2019年1月1日始，海曙区运行全区统一的基层医疗卫生机构经费结算平台。16家镇（乡）街道卫生院（社区卫生服务中心）实行统一管理，并对应政府会计制度改革要求，优化升级各基层单位财务管理系统，更新报表模块和固定资产管理模块，推进基层医疗卫生财务管理一体化和规范化。

（朱　平　司徒碧波　金　芹）

健康教育

【概况】 2019年，海曙区组织实施“相约健康社区行”系列活动，包括健康科普知识巡讲活动、讲师团成员演讲技能比武、“健康素养促进”农村文化大礼堂活动、养老机构老年人健康促进活动、公民健康素养展板进社区（村）活动、镇（乡）街道健康教育宣传栏统一规划行动。组建由214名讲师组成的区级健康素养讲师团，面向社会公众宣传预防接种、传染病防治、慢病防治、健康生活方式、健康素养、楼宇公共卫生等知识；举办“传播健康理念 共筑健康海曙”健康科普演讲比赛；将农村文化礼堂作为重要的健康科普教育基地，试点开展健康讲座、健康咨询等服务；开展“结核病日”“预防接种日”“疟疾防治日”“全国肿瘤防治宣传周”“登革热宣传月”“世界无烟日”“爱牙日”“精卫日”“高血压日”“联合国糖尿病日”“5·20全民营养周”等卫生日宣传活动，根据宣传主题与内容要求，选择不同的重点人群和场所进行宣传。

开展健康素养监测，居民健康素养水平为26%，全区居民健康素养水平稳步提升。开展居民烟草使用行为监测，15～69周岁居民吸烟率为17.64%，烟草使用率逐年下降。

集士公园、横街村健康步道等8家单位通过市级“健康支持性环境”建设验收。至年底，累计建成“健康支持性环境”9类147个，其中“健康社区”27个、“健康单位”23家、“健康食堂”36家、“健康餐厅（酒店）”17家、“健康小屋”14个、“健康学校”15家、“健康步道”11条、“健康主题公园”3个、“健康一条街”1条。

【学生用眼卫生干预】 2019年，宁波市爱菊艺校、海曙外国语学校作为浙江省干预试点学校，以“科学用眼、保护视力”为工作核心，对学生开展用眼卫生干预工作。包括制定相关工作制度（保证户外体育锻炼、规范眼保健操、定期检测视力等）、改善教学环境（课桌椅高度、黑板反光等）、开展用眼行为健康宣传（征文比赛、眼保健操比赛、视力保健讲座等）、家校联合督促视力保护等一系列措施，同时，全区教育、卫生部门继续加大力度普及小学生科学用眼知识、培养正确护眼行为，发挥学校在学生正确用眼健康教育的主体作用。

【楼宇公共卫生服务】 2019年，海曙城区各街道的社区卫生服务中心为86幢楼宇建立楼宇公共卫生服务工作手册，推行楼宇公共卫生服务，并重点突出其中13幢特色楼宇。通过建立“流动健康驿站”、实施疾病监测、开设健康知识讲座、进行健康咨询等活动，免费为商务人员开展健康服务。

【“海曙云健康”平台运行】 2019年，区疾控中心与宁波华数广电网络有限公司合作，建设“海曙云健康”宣教智能管理系统。全区云平台点位144个，平台主页包括健康联播、名医简介、传染病防治、中医养生、慢性病防治、预防接种、健康素养、心理健康、时事热点9个模块。西门街道出品的《街头巷尾话健康》栏目运行上线，栏目结合新媒体健康宣传趋势，通过街头采访结合专家分析解惑的形式，解答群众卫生健康知识盲点。每期节目皆在“海曙云健康”平台展播。

【“登革热宣传月”活动】 2019年7月18日，海曙区在集士港镇岳童村文化大礼堂举办登革热防控健康教育宣传月启动仪式。至年底，全区全方位多渠道开展登革热防控集中宣传，培训及各类讲座累计开展68场次，受众7800人次。进社区、企事业单位、养老机构、工地、楼宇等场所开展以传单、折页派发为主要形式的现场咨询义诊活动73次。发布微信制作内容38条，利用电子大屏幕15个，制作横幅23条，宣传展示版面61块，张贴海报2500张，发放健康教育宣传折页17700份，云平台视频播放宣传8280次，13.5万名群众接受宣传。

（潘　妍）

无偿献血

【概况】 2019年，海曙区8533人参加无偿献血活动，捐献血液12476.5人份。其中，区内高校完成4058.1人份，占全年总完成量的32.53%；团体单位完成2056人份，占16.48%；各镇（乡）街道完成6362.4人份，占50.99%。

献血300毫升及以上有6143人次，占比80.9%；大中专院校献血参加献血活动的学生2246人，献血量为3249单位；特殊季节献血参与人数1973人，献血量为2949.5单位。参与捐献机采血小板248人次，捐献血量为369个治疗单位。

【无偿献血活动】 2019年1月10日，宁波海关开展无偿献血活动，133名工作人员献血43500毫升。2月20日，

1月31日，海曙区启动应急流动血库，来自区卫生健康系统的100余名工作人员主动献血

亚洲浆纸业有限公司（宁波中华纸业）的85名员工献血26200毫升。9月23日，洞桥镇政府组织175人，献血41320毫升。10月14日，高桥镇政府组织168人，献血38950毫升。

【宁波财经学院千人献血活动】 2019年3月27—29日，“骄子情怀 热血青春”无偿献血活动在宁波财经学院杭州湾校区举行。献血活动持续3天，1200余名师生报名，成功献血849人，献血量折合1243.2人份，创造宁波市单次献血活动报名人数、献血成功人数、单次采集量三项第一，初步缓解全市用血紧张局面。

（司徒碧波）

医疗保障

【概况】 2019年，海曙区医疗保险参保72.82万人，其中职工基本医疗保险50.65万人、城乡居民医保22.17万人，户籍人口参保率持续保持在99%以上。全区定点医药机构494家，其中定点医疗机构149家，定点零售药店345家。窗口年受理医保申报、零星报销、生育结算、医疗救助等业务逾10万件。全区社保扶贫应保尽保人员9858人，有参保意愿的参保群众实现参保率100%。

区医疗保障局成立后，加速职能融合。3月，区医疗保障局在全市率先完成医疗救助职能划转，7月承接生育保险业务。全面推进区、镇乡街道两级经办机构联办制，参保登记、医疗救助受理等7个事项下沉到基层服务平台，基层办件量显著提升，极大方便群众办理业务。

推广“网上办”，19个服务事项全部纳入浙江政务网，“网上办”“掌上办”实现率均达100%。2019年度6.9万名居民通过在线或银行完成城乡居民医保参保缴费。

保持基金监管高压态势。制定《宁波市海曙区医疗保障基金监管三年行动计划（2019—2021年）》，对海曙区490余家定点医药机构开展一轮地毯式检查。稽核扣款131.57万元，审核扣款355.4万元，总计追回违规金额486.97万元。

【区医疗保障局成立】 2019年1月3日，区医疗保障局挂牌成立。根据机构改革方案，区人力社保局的医疗保险、生育保险职责，区卫生健康局的药械集中采购和监督管理职责，区民政局的医疗救助职责和区发改局的药品和医疗服务价格管理职责统一整合划入新成立的医疗保障局。设3个行政科室，下属2个事业单位（1个参公事业单位医保中心、1个事业单位信息技术中心），核定行政编制6名，参公编制23名、事业编制4名。

【“两送一听三服务”基层调研】 2019年5—6月，区医疗保障局开展“两送一听三服务”基层调研走访，以送政策服务参保群众、送培训服务经办队伍、听建议助力服务再升级为主题，分3个阶段展开。共走访17个镇（乡）街道的24家社区卫生服务中心和卫生院，收集意见建议24个，现场解答15个，9个问题持续跟进解决。调研过程中，创新优化“代配证”制度，通过病人家属、医保药师、经办机构三方联动，让群众“少跑路”“就近办”，提升群众获得感。此做法入选海曙区“三服务”好案例摘编。

【“督院问保”专项督查行动】 2019年7月始，海曙区开展“督院问保”专项督查行动。7月4日，全区490余家定点医药机构，10个县（市、区）医疗保障局负责人参加会议。行动通过“督院”和“问保”，了解基层医保基金使用情况，实地宣讲医保政策和基金安全法律法规，推进医保事业发展。

【生育保险和职工基本医疗保险合并实施】 2019年11月1日始，海曙区对生育保险和职工基本医疗保险实行统一参保登记措施。2020年1月1日始，基金征缴和管理、医疗服务管理、经办和信息服务均实现统一标准。

【医疗保障工作会议】 2019年11月18日，全区第一次医疗保障工作会议召开。会议重点讲解海曙区医疗救助家庭社会工作服务项目，并聘请首批6名医保基金义务监督员，为医疗保障事业注入社会力量。分管副区长、各镇（乡）街道分管领导、医疗保障基金监管联席会议成员单位分管领导、医保基金义务监督员等40余人参加会议。

相关链接：

“1+‘1+X’”紧密型医联体建设：指在区域内划分两个网格，以区第二医院和区第三医院为核心医院，组建两个医疗健康集团，并分别以市第一医院和中国科学院大学宁波华美医院（市第二医院）为牵头医院，通过全面托管区第二医院、区第三医院构建两个紧密型医联体。

（王 祯）

11月18日，全区第一次医疗保障工作会议召开

社会生活

人民生活

【概况】 2019年，海曙区居民人均可支配收入61746元，比上年同期增长8.8%。其中，城镇居民人均可支配收入68641元，同比增长7.9%；农村居民人均可支配收入37199元，同比增长9.4%。海曙区的城乡收入比为1.84:1。

全体居民人均生活消费支出35627元，其中城镇居民人均生活消费支出40361元，恩格尔系数为26.2%，比上年同期下降0.6个百分点；农村居民人均生活消费支出23101元，恩格尔系数为31%，比上年同期下降1.7个百分点。

【城镇常住居民人均可支配收入】 2019年，海曙区城镇居民人均工资性收入38714元，占城镇居民人均可支配收入56.4%；人均经营净收入11875元，占城镇居民人均可支配收入17.3%；人均财产净收入8785元，占城镇居民人均可支配收入12.8%；人均转移净收入9267元，占城镇居民人均可支配收入13.5%。

【农村常住居民人均可支配收入】 2019年，海曙区农村居民人均工资性收入21836元，占农村居民人均可支配收入58.7%；人均经营净收入7663元，占农村居民人均可支配收入20.6%；人均财产净收入2374元，占农村居民人均可支配收入6.4%；人均转移净收入5326元，占农村居民人均可支配收入的14.3%。

【城镇常住居民消费支出】 2019年，海曙区城镇居民人均消费支出40361元。其中，食品烟酒支出10575元、居住支出11087元，分别占城镇居民人均消费支出的26.2%和27.5%，食品烟酒支出和居住支出仍是城镇居民消费支出中最大的两个组成部分；交通通信支出4792元，教育文化娱乐支出4839元，医疗保健支出3691元。每百户家庭拥有汽车55辆；拥有移动电话215部，移动电话可以接入互联网的有177部；拥有计算机86台。

【农村常住居民消费支出】 2019年，海曙区农村居民人均消费支出23101元，其中食品烟酒支出7168元、居住支出6103元；食品烟酒支出和居住支出是农村居民消费支出中最大的两个组成部分，占农村居民人均消费支出的比重分别为31%和26.3%；教育文化娱乐支出2564元，医疗保健支出2495元，交通通信支出2432元。每百户家庭拥有汽车35辆；拥有移动电话193部，移动电话可以接入互联网的有99部；拥有计算机43台。

（陈　娜）

2012—2019年海曙区城镇居民人均可支配收入及增长速度情况表

表23

年份	城镇居民可支配收入（元）	增长速度
2012	39251	11.3%
2013	43215	10.1%
2014	47190	9.2%
2015	51201	8.5%
2016	55127	7.7%
2017	59482	7.9%
2018	63636	7.9%
2019	68641	7.9%

民政工作

【概况】 2019年，海曙区新增社会组织271家，其中社会团体20家、民办非企业251家。至年底，累计有社会组织843家，其中社会团体150家、民办非企业单位693家。新登记民办社会工作服务机构2家，增加社会工作岗位20个。118人取得社会工作者职业水平证书。2家民办社会工作服务机构成为宁波市第四批社会工作示范基地。

有城乡低保对象2957户3879人，其中低保边缘家庭544户848人、特困人员203人、困境儿童326人。为城乡低保对象发放低保金3966.79万元。发放临时救助资金817.73万元、司法救助资金21万元。特困人员基本生活费标准为每人每月1602元。社会散居孤儿和困境儿童基本生活保障标准调整为每人每月1794元。

大中型水库移民扶持人数15326人，小型水库移民350人。移民后期扶持人数为15286人，其中直补到人的方式为14062人，项目扶持方式为1224人。农村移民人均收入为32124元，占当地农村居民人均收入的94.5%，人均耕地为1.05亩，平均住房面积约45平方米。投入后期扶持项目资金1277万元，落实大中型水库项目14个。

成立海曙区殡葬业协会，首次引入社会组织开展清明殡葬宣传。4—10月，开展违法违规私建“住宅式”墓地等突出问题专项整治行动，查处村民私建坟墓31座，配合乡镇追缴违法资金12.6万元。

【区社会企业创业园开园】 2019年1月，海曙区社会企业创业园在富田小镇产业园内开园。创业园为一家综合性、枢纽型社会组织，由市社会组织管理局和区民政局共同指导举办，采用与富田集团合作办园模式，为初创期社会企业（社会组织）的创新创业提供成长所需各项服务。园区设社创总部孵化区、苗圃区、成长区、加速实验区、社创学院、社创咖吧等功能区块。至年底，园区先后入驻9家机构。

【惠民殡葬政策提标扩面】 2019年1月，区民政局、区发改局和区财政局联合下发《关于进一步完善〈海曙区惠民殡葬政策实施办法〉的通知》，扩大惠民殡葬享受对象，提高惠民殡葬补助标准。按照新的标准，海曙区行政区域内见义勇为牺牲的外来人员、查实不了身源与无人认领的无主（名）遗体、父母一方是宁波市户籍的未登记户口婴幼儿，均列入惠民殡葬政策范围。此外，新增免费领取普通骨灰盒1个（不超过300元/个）；乡村公益性生态墓地墓位免除费用，财政核销标准每穴不低于2500元等。

【高级社工人才培育沙龙】 2019年3月6日，海曙区开展高级社工人才沙龙，20余名来自专业社会工作机构和社区的资深社工参会。沙龙以“社会工作者如何申报课题”为主题开展学习和讨论，并详细阐述社会工作课题申报方法，鼓励学员参与各级政府的课题申报。

【社会组织“东西协作”交流考察】 2019年7月23—27日，区民政局组织海曙区社会组织“东西协作”交流考察团赴对口援建地区贵州省黔西南州贞丰县交流考察，并与贞丰县民政局签署20万元的技术支持项目，以集中培训、远程培养、跟踪督导等方式帮助贞丰县建立社区、社工、社会组织三方联动的基层服务模式。8月中旬，和义社工师事务所、区社会组织服务中心、五谷画坊、区心理援助协会、星荟社会工作服务中心5家社会组织参与海曙区党政代表团赴黔西南州考察交流，与贞丰县5个极度贫困村签署结对帮扶协议。

【婚姻信息化建设】 2019年9月，区婚姻登记处结合登记信息规范化创建要求，完成1995年1月1日以来的婚姻登记历史数据核对工作，共192148条。在此基础上，所有历史数据全部完成电子签名，避免婚姻登记数据及档案资料的错误率。此外，在办理婚姻登记过程中，每份档案材料均严格按照《婚姻登记档案管理办法》要求收集、复印、整理、编号和归档，确保婚姻登记档案材料齐全、编号正确、装订整齐、没有活页。对已整理好的档案，及时归档，严格保管。

【全市首个未成年人救助保护中心成立】 2019年9月6日，海曙区未成年人救助保护中心揭牌暨区未成年人救助保护服务联盟启动仪式在广安养怡院举行。区民政局、区教育局、团区委及各镇（乡）街道的儿童督导员、各相关社会组织代表参加。中心以为流浪乞讨的未成年人提供临时安置服务为主要服务内容，定期开展儿童关爱活动、未成年人保护政策宣传、相关业务培训等，将儿童关爱服务落到实处，逐步形成长效帮扶机制。

（王彦禎）

4月，海曙区首次引入社会组织开展清明殡葬宣传

基层民主自治和社区建设

【概况】 2019年，海曙区有社区103个，行政村167个，城镇居委会5个，

南门街道柳锦社区“清风公益亭”

社区专职工作者936人。598名社工取得社会工作职业资格证书，新招聘社工70人。开展社区书记“头雁”培训、新上岗社工培训、全区全体社工轮训、社会工作资格证书考前培训等各类主题培训。重点开展“斜杠社工”宣传活动，鼓励和支持社工利用自身潜在的技能和本领服务社区居民、开展社区活动。

出台《关于调整海曙区专职社区工作者工资待遇的通知》，落实专职社区工作者薪酬待遇调整，细化等级认定标准，明确专职社区工作者“三岗十八级”认定标准。保障专职社区工作者的基本权益，维护队伍稳定。同时，强化考核，突出规范，推动基层社会治理按绩效实行。

【海曙区获评首批省“农村引领型社区”】 2019年1月，浙江省首批“农村引领型社区”名单公布，集士港镇岳童村、古林镇葑水港村、龙观乡李岙村和章水镇李家坑村4个农村社区上榜。集士港镇岳童村通过加强制度建设，规范民主管理，充分发挥村民自治，村民代表直接参与每项工程；古林镇葑水港村以“法治”为纲，以“德治”为领，以“自治”为基，逐步构建“三治融合”基层治理新体系；龙观乡李岙村不断完善新型农村管理体制，加强农村组织建设，强化农村服务功能；章水镇李家坑村按照“先规划、后开发”的总体思路，在保留古村自然风貌、山水风光、绿色生态景观基础上，建设集古村旅游、休闲养生、长寿宜居为一体的特色村。

【“清廉社区”建设】 2019年4月，海曙区开展“清廉社区”建设，集士港镇明馨社区等6个社区为“清廉社区”建设示范点，南门街道柳锦社区等8个社区为首批试点。要求“清廉社区”建设与社区治理紧密结合，品牌社区建设、社区公共空间布局、社区治理项目推进过程中都加入清廉元素，如莲桥社区新启用的社区办公场所加入“清廉文化”展示，新建成“清风廊”“清风文化”教育馆以及清风学习角“一品清莲”等平台；县学社区结合社区内名人纪念碑、故居纪念馆等原有资源，建成“清风园”廉政教育阵地，展示廉文化墙绘。

【“开放空间”创建基层民主协商项目获国家级入围奖】 2019年6月，在首届“中国城市治理创新奖”选拔与颁奖大会上，海曙区“开放空间”创建基层民主协商项目获入围奖，成为全市唯一入围项目。“开放空间”是群众参与基层治理的新路径，即在社区开辟一处议事空间，由社区、居民、物业等多方人员不定期就某一民生事项进行开放性讨论与决策，由第三方机构队讨论结果开展评估，评估后推动相关决策有效运行。海曙区自2013年起试点和推广，通过购买专业机构的项目服务，加强人员培训，委托第三方对项目实施效果评估等，促进“开放空间”不断成熟，逐渐建立“一套流程、一个议事厅、一个地方标准”工作模式。项目实施6年，解决大小问题7400余个，居民满意度达95%。

【区级社区治理中心成立】 2019年7月24日，海曙区社区治理中心在周江岸路16路揭牌成立。社区治理中心是全区基层自治的“智库”，以解决社区治理问题、培养社区治理人才、引领社区治理发展为目标，首批邀请27位专家，汇集市内外理论层次高、实践经验丰富的社区治理各个领域的理论专家、部门政策专家以及一线实务专家，通过“两中心一学堂N基地”（创研中心、评估中心，善治学堂，实训基地）实现具体运作，开展课题研究、理论指导、发展评估、能力培训以及项目结对等工作。

【“品质宜居”社区评估】 2019年9月，区社区建设指导委员会开展海曙区首轮“品质宜居社区”评估。评估历经集中申报、联合评估、满意度测评、结果公布、后续宣传5个阶段。社区集中申报后，由区社区建设指导委员会牵头，区委组织部、区委政法委、区文明办等部门组成联合评估组，分组实地对各申报社区开展联合评估。同时，由第三方测评公司以上门入户调查形式，统一测评品质宜居度和群众满意度。望春街道水岸心境社区等12个社区被评估为“品质社区”，西门街道胜丰社区等31个社区被评估为“宜居社区”。

（王彦祯）

地名工作

【概况】 2019年，海曙区完成55个项目的实地踏勘和门牌编制，核准地名13个，编设门牌1555块、楼幢牌476块，区地名办出具地名证明189份。测量定位镇乡道路交叉口路名牌位置，制作安装路名牌626块。补更章水镇通远路临时门牌177块。

组织开展界线领域纠纷隐患排查

专项行动，重点完善《边界纠纷应急处理制度》《界线界桩管理员制度》，签订《平安边界协议书》9份，消除界线毗邻地区日常生活和潜在的争议纠纷与隐患，确保界线领域的安全稳定。

认领地名服务颗粒化事项，推进机关内部涉及地名办理事项的“最多跑一次”。《宁波市海曙区地名志》通过评审。先后完成《浙江省标准地名志》和《浙江省标准地名词典》海曙卷的编撰工作。

【不规范地名整治】 2019年，海曙区推进不规范地名整治。4月3日，全区清理整治不规范地名工作会议召开，下发由多部门联合发文的《海曙区进一步清理整治不规范地名工作实施方案》。随后，组织各镇（乡）街道对居民区、大型建筑物、道路、街巷4类地名中“大、洋、怪、重”等不规范地名摸底排查，形成清理整治清单28个，对重点对象、重点路段进行重点整治。至年底，实地勘查南塘兴茂府项目4次，拆卸该项目不规范楼幢牌24块；实地勘查鄞城大道（洞桥段）2次，变更荷晓东路、荷晓西路路名牌13块。并在海曙电信支持下，整改海曙区固定电话中仍旧含有“鄞州”字样的彩铃12370个。

【《宁波市海曙区地名志》通过评审】 2019年8月27日，区民政局组织地名专家对《宁波市海曙区地名志》进行评审。《宁波市海曙区地名志》自2016年1月开始编撰，历时3年，完成初稿。志书记述时间范围上限起自唐代大历六年（771年），下限止于2016年年底。共收海曙区各类地名5000余条，约74万字，采用辞书体、条目体，以地名释文为主，为海曙区第一本系统记载海曙地名的专业书籍。评审会上，专家对有关地名的建制沿革、文献出处进行考究，讨论志书的框架结构和相关内容，并提出修改意见。

（蔡久勇）

8月，《宁波市海曙区地名志》通过专家评审

退役军人事务管理

【概况】 2019年1月，海曙区退役军人事务局挂牌组建，下设海曙区退役军人服务中心1家事业单位，承接从区委组织部、区民政局、区人力社保局划转的转业安置、双拥优抚、军休管理等职能，新增思想政治建设、权益维护、就业创业服务保障等职责。

4月，成立海曙区委退役军人事务工作领导小组，并召开区委退役军人事务工作领导小组第一次（全体）扩大会议，全区17个镇（乡）街道均建立退役军人事务工作领导小组。区退役军人服务中心和全区17个镇（乡）街道、271个村（社区）服务站均于4月底前挂牌成立，完成“三级五有”服务保障体系第一阶段建设任务，并开展工作。

落实部分退役士兵社保接续工作，建立由区人力社保局、区医疗保障局等多部门参与的工作专班和联席会议制度。至年底，部分士兵社保接续申请受理基本完成。

推进退役士兵返乡安置报到“一站式”服务，将原由6个部门办理的10项业务整合为区退役军人服务大厅集中受理，退役士兵通过“一站式”服务完成返乡安置报到。完成接收安置军转干部、随调随军家属工作。

筹划开展“重整行装，逐梦海曙”退役军人就业创业促进活动。调研走访部队、企业、园区、人力资源机构等单位，召开企业、军地、退役士兵座谈会，探索“职业测评+顾问面试”精准就业模式，召开退役军人精准招聘洽谈会和2019年退役士兵专场招聘会。开展为期3天的退役士兵全员适应性就业培训，有计划推出订单式定向技能培训，提高退役军人技能培训质效。

做好“双拥模范城”迎检，召开“双拥”工作领导小组和军地座谈会。组织开展清明和“烈士纪念日”祭扫活动，及时调整和足额发放各类抚恤补助金，为优抚对象及时调标，发放抚恤、补助金。开展“爱在优抚”社会化活动，举行“光荣牌”悬挂活动启动仪式。结合“三服务”活动，开展走访送温暖活动，各级领导和各级退役军人服务中心（站）在元旦、“八一”建军节、春节等节日走访退役军人、军属，慰问困难家庭、优抚对象，悬挂“光荣牌”。

开展“你为国尽忠、我为你助力”八个一系列活动，选树1名省级“最美退役军人”、2名市级“最美退役军人”和10名海曙区“最美退役军人”，召开区“最美退役军人”表彰大会暨退役军人“圆梦”帮扶基金启动仪式。

【退役军人服务保障体系实现全覆盖】 2019年，海曙区按照行政机关、服务体系、社会力量共同参与要求，推动退役军人工作组织体系建设。截至4月底，区退役军人服务中心和全区17个镇（乡）街道、271个村（社区）服务站均挂牌成立。以打通退役军人政策落实、服务保障“最后一公里”为目标，先后3次召开服务保障体系建设会议，推进"三级五有"退役军人服务保障体系建设，全面统一各级服务中心（站）来人接待、信息登记、办理反馈、档案留存等工作流程和环节，落实服务中心（站）就业创业扶持、政策保障、权益维护、走访慰问、谈心交流等工作职责。按照"全覆盖"和"有机构、有编制、有人员、有经费、有保障"的总体要求，完成海曙区"三级五有"服务保障体系第一阶段建设任务，并开展工作。

【区退役军人事务局挂牌成立】 2019年1月3日，海曙区退役军人事务局挂牌成立，完成人员转隶，承接从区委组织部、区民政局、区人力社保局划转的转业安置、双拥优抚、军休管理等职能，新增思想政治、权益维护、就业创业服务保障等职责。下设3个科室和1个事业单位（海曙区退役军人服务中心）。区退役军人服务中心于4月30日挂牌成立，地址为海曙区灵桥路229号3号楼1楼和5号楼2楼，面积200余平方米。

【"最美退役军人"表彰大会暨退役军人"圆梦"帮扶基金启动】 2019年8月1日，海曙区"最美退役军人"表彰大会暨退役军人"圆梦"帮扶基金启动仪式举行，10名退役军人获"最美退役军人"奖杯。活动现场成立全市首个"退役军人圆梦帮扶基金"，助退役军人圆"创业梦"。同日，海曙区"四叶草"退役军人社会工作室、横街镇"崇君驿站"退役军人社会工作室、安丰社区"红营"退役军人工作室授牌成立。

【退役士兵就业招聘会】 2019年9月，区退役军人事务与相关部门、企业合作开展多场退役士兵就业培训会、招聘会。9月23日，与杰博人力资源公司合作举办为期3天的2019年退役士兵返乡欢迎仪式暨适应性培训动员会，重点围绕经济形势、就业现状简析、面试技巧、心理调适与情绪管理等方面进行培训，帮助退役军人了解目前社会就业现状，规划职业生涯。9月25日，以"岗位+培训"为模式，举行

9月25日，2019年海曙区退役士兵专场招聘会举办

2019年海曙区退役士兵专场招聘会，引入"职业倾向测评+职业顾问访谈"的专业测评，27家企业、培训机构、人际资源机构提供"订单式、高质量、可成长"的就业岗位，多人达成初步就业意向，其中25人的岗位属于订单式培训岗位。

（金丹宁）

老龄工作

【概况】 2019年，海曙区有60周岁以上老年人口16.8万人，占户籍人口数的26.53%。其中，80周岁以上老年人2.5万余人，占老年人口的14.93%。有养老机构41家，养老床位8568张。有居家养老服务机构269个，其中区域性居家养老服务中心17个。

出台《海曙区政府购买养老服务考核实施办法（试行）》《宁波市海曙区人民政府办公室关于加快构建城乡社会养老服务体系的实施意见》《宁波市海曙区居家养老服务补助资金使用管理办法》等文件，为全区养老服务提供政策保障。贯彻《宁波市居家养老服务条例》暨养老服务民生实事项目现场推进会在海曙区召开。海曙区被确定为省"康养体系建设试点单位"。

举办海曙区2019年"中国人寿杯"养老护理员技能大赛，选手郭素玲获得全国养老护理员技能大赛一等奖。广安养怡院郭淋红赴贵州扶贫挂职，为贫困地区带去康复治疗技术。

实行养老服务机构政策性保险和民生综合保险，涉及41家养老机构、265个居家养老服务机构。建立第三方评估机制，开展居家养老服务机构质量评定专项行动，专项检查153个居家养老服务机构的设施设备、人员配置、制度建设、服务行为等，形成综合性居家养老服务机构评估报告，并向全部机构反馈问题、督促整改，改善与提高全区居家养老服务机构运营管理能力。

完善老年大学教学体系，征订《共和国历史中的浙江记忆》《岁月静好——做个优雅的老人》等省老年电大教材7610册，分发至各教学点。

【老年人优待服务】 2019年，海曙区每月向约2.5万名80周岁及以上老人发放高龄津贴，累计发放高龄津贴1746万元。继续落实免费安装老年人"一键通"电话机。完善"81890"老年人应急求助服务系统，审核、发放"一键通"电话机110余台。办理老年人优待证约7000张。向高龄独居（空巢）困难、失能老人提供政府购买上门服务，向烈属、伤残军人、失独老年家庭等提供自选式"81890"加盟企业政府购买服务，为无子女或子女不在宁波的独居老年人提供政府购买探望服务。5月始，为全区80周岁及以上老

年人、70周岁以上计划生育特殊家庭老人及6类人员开展市基本居家养老服务。至年底，提供各类购买服务对象1.3万人。

【居家养老服务机构建设】 2019年，区民政局成立专项工作领导小组，印发《宁波市海曙区民政局关于开展养老服务机构“防风险保平安迎大庆”消防安全执法检查专项行动暨消防安全提升工程的通知》等文件，对全区养老机构开展安全生产与服务质量集中检查与整改。完成8个区域性居家养老服务中心建设，对100户困难老年人家庭开展适老化改造，建成10个标准化助餐点与10个标准化助浴点，老年助餐配送餐覆盖95%以上城乡社区（村）。至年底，全区建成区域性、镇（乡）街道级、村（社区）级在内的居家养老服务机构269个，基本实现城乡养老服务设施全覆盖。

【“智慧养老”服务平台建设】 2019年，海曙区养老服务信息平台搭建完成，成为全区“智慧养老”的最新成果。信息平台集老人信息库、政府购买服务审批、评估管理、服务公司管理、统计分析、数据交互等模块为一体。建设之初，采集老年人基本信息数据，奠定全区老年人基本信息数据库基础，并逐步建立老年人补贴、服务等远程申报评估审核机制。11月底前，5个镇（乡）街道接入系统，启动试运营。

【海曙区获评省“康养体系建设试点单位”】 2019年6月，海曙区被省民政厅批准为省“康养体系建设试点单位”。海曙区聚焦康复产业与养老服务，分析现状问题、研判发展趋势，探索建立康养教育培训和指导的梯度体系，探索医养结合向康养结合延伸，向养老院、乡镇（街道）居家养老服务中心和社区延伸；构建新平台，突出养老护理康复技能培养、居家老年人失能预防和康复资源统筹利用，推动“大养老”体系建设。服务开展后，因疾病、事故等导致生活自理困难，经治疗后仍然需要后期康复的老年人或机体功能退化、生活质量需提高的老年人此两类人群可直接获益。

【广安养怡院护理员获省技能竞赛一等奖】 2019年8月31日，由省民政厅、省人社厅主办的浙江省养老护理员技能竞赛在宁波卫生职业技术学院举行。全省11支代表队33名选手参加。竞赛分理论知识、操作技能、职业才能展示3项考核。接轨国家养老护理员比赛，首次将理论知识考试由以往的选择、判断客观题改革为“情景设计题”，对养老护理员的综合能力提出更高要求。海曙区广安养怡院的护理员郭素玲以87.44的总分获得个人综合第一名，被省人社厅授予“浙江省技术能手”称号，并代表浙江省参加在北京举行的全国比赛。

8月31日，海曙区举办2019年“中国人寿杯”养老护理员技能大赛

【临终关怀志愿服务项目获市级比赛铜奖】 2019年9月6日，团市委、市文明办、市民政局等联合举办宁波市新时代文明实践志愿服务项目大赛。大赛申报项目265个，涵盖关爱服务、环境保护、改革攻坚、社区服务等方面。海曙区北斗心灵生命关怀服务中心的“临终关怀——安宁病床前的烛光”志愿服务项目获得铜奖。服务中心成立5年，提供临终前陪伴、临终关怀陪伴、善终/善后（指导服务）、丧亲家属心灵疏导等“临终关怀志愿服务”。通过提供志愿服务、在社区宣传临终关怀服务理念，减少居民对死亡的恐惧、焦虑情绪，更注重生命质量。中心有志愿者210人，有效记录服务1210场（含培训、户外拓展、上门服务等）；志愿者服务时间超过12000小时，惠及300余人，送走善终患者78人。

（章洁吉）

民族工作

【概况】 2019年，海曙区继续实施民族工作“石榴籽”工程，深化“五微”建设，开创有特色的社区民族群众服务体系。区民族团结进步促进会会长马富强获评“全国民族团结进步模范个人”。

继续开展全省民族乡村振兴计划“双百村结对行动”，投入帮扶资金10万元翻修温州市文成县西坑畲族镇旁边垟村通村公路。开展民族团结进步宣传“六进”工作，举办海曙区民族工作巡回展。

【庆祝中华人民共和国成立70周年民族联谊活动】 2019年，区各级民族团结促进会举办“贺中秋迎华诞民族团结一家亲”联谊活动、“民族携手一家亲、同心共筑中国梦”民族团结主题晚会等国庆庆祝活动。民族界代表参演、观看宁波市民族宗教界庆祝新中国成立70周年文艺会演。少数民族群众参与“70周年7界各70名代表画7幅70米牡丹长卷”等庆祝活动。

【民族工作巡回展】 2019年，海曙区组织开展为期2周的民族工作巡回展，作为第九次“民族团结进步宣传月”重要活动。展出展板19块，包含文字7000余字、图表2套、各类照片35张，普及民族政策知识常识20条。展览内容精选习近平总书记在全国民族团结进步先进表彰大会上的讲话原文节选、中央民族工作会议通稿节选等有关条文；介绍海曙区民族人口情况、民族工作概况和民族团结进步宣传情况；宣传“全国民族团结进步先进个人”马富强事迹；展示区民族团结促进会、望春街道、西门汪弄社区、宁波市清真寺民族团结进步创建工作成果。在区政府行政中心、望春街道办事处、广泽社区、五江口社区、宁波市月湖清真寺等地展出。同时，天一社区等地利用多媒体屏幕，滚动播放展板内容。

【马富强获评“全国民族团结进步模范个人”】 参见“人力资源和社会保障”类目“流动人口服务管理”分目

（陈三省）

宗教事务

【概况】 2019年，按照中央机构改革部署要求，首次由区委常委、统战部部长牵头，召开伊斯兰教“开斋节”“古尔邦节”有关工作协调会，部署安全、场地协调等工作事项。

建立宗教领域场所“四人驻场所”联络制度，镇、村两级领导干部纳入“四人驻场所”联络小组名单，宗教管理职责压实到人。深化“平安宗教活动场所”建设，在“国旗进场所”全覆盖、宗教财务系统上线、法制宣传栏全覆盖等基础上，率先在全市范围内实现平安宗教活动场所“1+9”指标体系全满分。

开展“十百千万”普法工程，古林基督教堂被评为省级普法基地。创新开展基督教领域规范化管理，举办首届海曙区义工传道培训班，100余名义工传道获得传道证书。2个基督教临时活动点获批，成为全省首批。开展基督教聚会点“以堂带点”规范化管理，基督教聚会点与教堂、村（社区）签约率超过80%。

8月20日，全区宗教界人士培训班举办

推动宗教界开展各类慈善活动，区佛教协会被表彰为“海曙区慈善楷模单位”；宁波居士林全年各项慈善支出累计超过30万元。资教禅寺出资80万元用于“五水共治”项目。基督教界开展“爱邻舍”义务献血活动，全区宗教界累计献血超过6.5万毫升。宗教活动场所实现分类垃圾桶全覆盖。

【2个聚会点获批全省首批基督教临时活动点】 2019年6月，经审批，石碶街道基督教上王聚会点和鄞江镇基督教建岙聚会点成为宗教临时活动地点，成为新《宗教事务条例》实施后，浙江省获批的首批宗教临时活动地点。其间，区宗教管理部门对上述两个活动地点开展“点对点”指导，严格按照相关标准进行规范化建设，并多次邀请省、市民宗部门视察指导。

【区首届义工传道培训班】 2019年8月始，区基督教两会开办海曙区首届义工传道培训班，对全区所有义工传道人员开展培训。11月，在后隆基督教堂举行结业仪式，100余名义工获得传道证。按照区基督教两会规定，从2019年起，没有教职证或海曙区义工传道证的人员不得在海曙区范围内从事相关活动。

【庆祝中华人民共和国建立70周年宗教界活动】 2019年9月，海曙区民族界、宗教界人士在70处宗教活动场所开展庆祝中华人民共和国成立70周年各类活动。各佛教寺庵举行祈福活动“庆祝建国70周年、护国佑民祈福”，童传禅寺、居士林等场所举办“迎国庆名家书法展”“庆祝新中国成立70周年文艺会演”等活动。海曙基督教界举办“赞美上帝，歌唱祖国”主题音乐会和书画展，参演参展作品均为本地教职人员及信众创作编排。区伊斯兰教界举办“庆祝中华人民共和国成立七十周年暨清真寺重新开放四十周年图片展”，展出300余张图片回顾宁波清真寺历史变迁，展现70年来宁波发展变化，穆斯林群众3000余人次观看展览。国庆当天，组织教职人员和信众举行升旗仪式。

【基督教聚会点“以堂带点”规范化管理】 2019年10月，区民宗局下发《关于印发〈海曙区基督教聚会点以堂带点管理规范〉的通知》，要求进一步做好全区基督教聚会点“以堂带点”规范化管理。各基督教聚会点需与教堂、所在村（社区）签订管理协议，签约率超过80%。至年底，相关村（社区）在属地镇（乡）街道领导下，按照乡一村（社）两级宗教工作责任制要求，做到底数清、情况明、纳管好，与聚会点加强联系走访频率，实现常态化巡查与日常监督。

（陈三省）

慈善公益

【概况】 2019年，海曙区慈善总会慈善资金收入首次过亿，约达2.3亿元，再创历史新高。其中，捐赠收入2.24亿元（包括雅戈尔集团定向助学1.2亿元），慈善资金利息等收入594万元。212家企事业单位建立慈善基金，基金规模达5.4亿余元，基金到位6296.5万元。

区慈善工作纳入区委年度目标管理考核任务范围。完善慈善分会建设，新成立住建分会。深化部门合作，与区女企业家协会签订合作协议，建设“善集·益起创”鼓楼慈善义卖集市；与区团委等合作，设立“区青少年发展基金”；与区残联合作，设立“夏日送清凉 微爱传真情”助残“微心愿”认领项目；与公安部门合作，建立500万元的海曙公安慈善关爱基金等。

区慈善总会累计支出慈善资金1.04亿元，救助111065人（次）。

联合区卫健慈善分会，定向捐赠救护车一辆用于高山巡回医疗服务。规范推进“造血型”扶贫，2019年是新海曙行政区划调整后的新一轮慈善扶贫，区划调整后鄞州区移交的扶贫基地项目全部结束。至年底，全区有慈善扶贫基地4家，其中市级1家、区级3家。加大对口扶贫援助力度，除对认领的贵州省贞丰县句容乡、省内丽水市庆元县两个对口扶贫地区展开扶贫救助外，区慈善总会向宁波援疆对口地区阿克苏地区的拉尔市塔里木第二幼儿园捐助20万元，用于购置教学设备，另外向困难学生发放慰问金2万元；向新疆库车建设兵团九师捐助15万元用于购买救护用车；在宁波慈善胡杨公益林项目中，支出20万元用于敦煌市10亩胡杨林种植培育。

【慈善义工活动】 2019年，海曙区开展各类慈善义工活动396次，服务受助对象24000余人次，义工参加服务3500余人次，累计服务4290小时。在市“十大”慈善评选中，海曙区美发美容化妆行业协会秘书长李丽华被评为市十大慈善义工，望春街道徐家漕社区的及时雨就医陪护队被评为市“十大慈善义工组织”，鼓楼街道文昌社区百岁粥坊被评为市“十大慈善义工项目”。

【慈善“五送”活动】 2019年，海曙区开展两场以“送政策、送医疗、送光明、送服务、送文艺”为主题的“五送”系列公益活动。4月25日，区慈善“五送”横街站活动在横街镇东村文化礼堂举办。9月4日，以“大爱海曙，慈善同行”为主题的区慈善“五送”系列活动在白云实验剧院举办，作为庆祝中华人民共和国成立70周年暨第四个“中华慈善日”活动。

【区慈善总会理事大会暨慈善义工代表大会】 2019年3月14日，区慈善总会召开理事大会暨慈善义工代表大会。会议审议通过区慈善总会2018年工作报告、财务收支情况报告。会议选举曾垂华为区慈善总会副会长。大会听取区慈善总会第一届慈善义工分会会长徐孟雷的工作报告，选举第二届慈善义工分会会长、副会长、秘书长人选，任命31支慈善义工大队正、副大队长人选，并表彰33家第一届先进慈善义工集体、45位优秀慈善义工。

【慈善工作大会】 2019年6月11日，海曙区慈善工作大会召开，对在慈善公益领域做出突出贡献的第六届“海曙慈善奖”获奖对象予以通报表彰并颁奖。41家企业获评得区“慈善楷模奖”，14名个人获评区“慈善之星”，20家单位获评区“慈善工作先进集体”，20名个人获评区“慈善工作先进个人”，178家单位获得区“慈善贡献奖”。慈善楷模人物“爱心爷爷”黄斌和“爱心老人”姜善庭获奖。

【区慈善总会首家慈善商店开业】 2019年7月20日，区慈善总会首家慈善商店在洞桥镇开业，商店义卖筹得款项用于开展慈善救助、爱心帮扶、义工团队建设等项目。此外，每个月定期组织义工在商店门口开展公益便民服务，引导更多居民参与慈善活动。

【“善集·益起创”鼓楼慈善义卖集市】 2019年11月30日，“善集·益起创”鼓楼慈善义卖集市暨帮扶协作特色农产品推介会在鼓楼启动。活动由区慈善总会与区益起创公益服务中心联合发起，活动当天设24个摊位，市民在了解帮扶地区的民俗文化及特色产品后，以购买形式作为爱心捐赠，义卖集市所得款项均用于慈善事业。2019年，区慈善总会联合公益“善集”，以引导更多爱心企业、爱心人士参与慈善工作为目标，打通义卖物品“线上线下”销售双渠道，既可在集市现场

7月20日，区慈善总会首家慈善商店在洞桥镇开业

购买，还可通过线上小程序购买，其中集市固定在每月第三周的星期六举行。

（陈超琼）

关心下一代工作

【概况】 2019年，海曙区关心下一代工作以“腾飞中国，辉煌70年”为主题，弘扬社会主义核心价值观，经常性开展主题教育、法制教育、孝德教育、社会实践等活动，各镇（乡）街道共举办假日学校117个，接收青少年14320人，开展各类教育活动1150场（次），教育青少年24500人次，参加的“银发志愿者”1995人。实施关爱服务青少年公益项目16个，资金15.5万元。区关工委获评省“关心下一代工作先进集体”，方佳闰等5名“五老”获评省“关心下一代工作先进个人”，黄斌等3名“五老”获评省“关心下一代突出贡献奖”。

【“腾飞中国，辉煌70年”系列主题教育活动】 2019年，海曙区各级关心下一代工作委员会围绕“腾飞中国，辉煌70年”开展系列主题教育活动。区级层面，清明节期间，区关工委组织“五老”和青少年参观革命纪念馆、烈士陵园等爱国主义教育基地，开展“老少同祭，缅怀先烈”祭扫活动。6月，对“高桥王升大博物馆”等5家“关心下一代校外教育基地”授牌。国庆前夕，与区委老干部局、区老年大学联合策划“盛世欢歌举国同庆”庆祝中华人民共和国成立70周年文艺会演，开展“辉煌70年 我心中的祖国”征文比赛，收到征文35篇。基层关工委层面，南门街道关工委开展“不忘初心、牢记使命”等各类教育实践活动；洞桥镇关工委组织开展“我为祖国点赞”主题教育读书和征文活动；龙观乡关工委举办“红色故事”主题演讲比赛；江厦街道关工委开展“我关怀、我奉献、我快乐”、多才多艺“夕阳红”护航青少年健康成长活动；章水镇关工委组织200余名学生开展“讲好民间故事，传承中国文化”活动；集士港镇关工委联合镇综治办、镇禁毒办开展“禁毒讲座进校园”宣传活动；月湖街道关工委依托天一阁·月湖景区，拓展青少年实践活动基地及思想建设基地，开拓市第一医院作为青少年活动新基地；高桥镇关工委邀请浙江财经学院师生对青少年开展国学礼仪培训、亲子培训、绘图书写等活动；望春街道与辖区企事业单位共建合作，创造更多“第二课堂”；石碶街道开展“垃圾分类进家庭进村社”主题实践活动和“垃圾分类”主题知识竞赛，加强青少年的环保意识，将学校教育逐步延伸到家庭、社区；鼓楼街道以银发才艺工作室和社区青少年俱乐部为平台，通过老少文艺互动，加强青少年和老年人间的关爱服务互动。

4月19日，银发红烛工作室组织残障青少年外出活动

【关爱青少年项目建设】 2019年，区关工委实施关爱服务青少年公益项目16个，资金15.5万元。银发红烛爱心工作室专门为残疾未成年人设计“同一片蓝天”暑期班，教学内容涉及国学朗读、手工美术、表演声乐等，工作室长期与市特殊教育中心学校1—3年级学生结对助学，开展助残公益活动。银发特殊教育工作室有志愿者老教师25人，辅导点7个，义务辅导特殊学生25人，全年累计辅导时间约1320小时。银发护苗工作室在区人民法院的业务指导下，办理案件28件，其中违法犯罪的未成年人公益代理案件20件、担任家事调查官案件8件，开展法制教育进校园、进社区活动，并在辖区学校中以模拟法庭等形式开展法制教育，惠及师生1000余人，到监狱看望服刑青少年，开展赠书帮教活动。银发家庭教育指导工作室开展“新宁波丽人素养培育”项目，面向中原小学50名四五年级女生和家长开展为期1年的培训，帮助女生重新定位社会价值和人生价值，到课率超过90%，做到孩子满意、家长满意、学校满意、志愿者满意、上级满意。银发“非遗”传承工作室重点培训青少年风筝制作和放飞、空竹舞龙项目，工作室设有宁波市实验学校等4个固定教学点，有银发志愿者30余人，培训青少年学生10000余人次，组织培养青少年参加省、市乃至全国的风筝比赛项目。银发才艺工作室组织开展困难家庭孩子义务艺术培训，在对市特殊教育学校盲童学生义教基础上，对40余名自闭症孩子进行每周一次辅导，内容有剪纸、电子琴、葫芦丝等。银发影像制作工作室向爱好摄影的小学生教授基本摄影知识和技巧，在中国关工委举办的纪念新中国成立70周年摄影大赛中，影像工作室选送16幅作品，获得二等奖2个、三等奖1个、优秀奖4个。银发护航工作室编印《初心和成就》800本，下发到各镇（乡）街道、社区、村、学校，制作课件《猜成语知识竞赛》《动脑筋知识竞赛》等，在街道、社区、学校，实物展出“中华人民共和国建立七十周年”图片、“伟大复兴——改革开放40周年”图片、《党旗飘飘——党史上

革命先辈》邮票等。

（徐凡芝）

物业管理

【概况】 2019年度，海曙区有物业项目352个，管理面积2869万平方米。其中，住宅项目276个，管理面积2510万平方米。住宅项目中，1998年以前交付使用且实施物业管理的老小区有80个，总建筑面积约600万平方米；2000年以前交付使用且实施物业管理的普通住宅老小区有98个，总建筑面积约680万平方米，约占全区住宅小区总数的40%，占市三区老小区总数的60%。

开设小区公共账户109个，通过账户共拨付款项248万元，主要用于房屋维修、电梯养护、监控维护更新及绿化养护等。在规定时间内，制定公示表并进行公示的项目322个，公示率92%；利用物业管理服务中心微信公众号对80个老小区进行公示（部分小区是合并管理，合并公示）；针对无原因未公示的物业项目进行信用记录。

加强物业管理协调，完善物业管理信息畅通渠道，要求辖区各物业小区设立多层级咨询投诉热线，公布“本企业、业委会、街道物管站、辖区物业主管部门”四级咨询投诉电话，确保矛盾纠纷的及时反映、及时协调、及时解决。组织多元调解活动13次，成功调解纠纷27起；处理各类信访826起。

【物业提价工作】 2019年，各镇（乡）街道依据《关于宁波市中心城区老旧住宅小区物业服务收费的指导意见》文件精神，鼓励、指导物业小区提升物业服务费标准，做好提价工作的宣传、服务工作。发掘、推动社区内基础设施好、物业服务质量优、群众满意高的物业住宅小区率先开展物业服务费标准调整工作，并引导专业社会中介组织为小区物业服务费标准调整提供相应服务，如物业服务费测算、物业服务评估、业主大会的召开等。至年底，45个小区完成物业费提价提质工作，超额完成三分之一老旧小区物业服务费提至最低标准的目标。

【业委会成立（换届）工作】 2019年度，海曙区完成50个物业项目业委会成立（换届）工作。全年召开三方议事会议250余次，对小区物业费提价、物业企业退管和选聘、停车改造等问题进行商讨，促进三方共同参与小区管理，提高业主自治能力。9月，举办海曙区业委会成立（换届）法规、理论知识和实务操作培训讲座。

【物业专项维修资金】 2019年，全区物业专项维修资金管理工作划转至区住建局，严格按照《宁波市物业专项维修资金管理办法》《宁波市物业专项维修资金管理办法操作细则（试行）》开展物业专项维修资金归集、使用、管理工作。经过两次招投标程序，资金分别存放于宁波银行、工商银行、交通银行、中信银行等8家银行。全年新建项目物业维修资金缴交30个，共计资金1.8亿余元；个人退款105笔，资金4万余元；中修以下划拨130笔，资金1000余万元；中修以上划拨26笔，涉及资金400余万元；电梯加装划拨1笔，资金3万余元。完成华联大厦、天一家园等6个物业项目维修资金补缴，以428元/平方米、超过原有维修资金标准（50元/平方米）的价格进行补缴。

9月，海曙区举办业委会成立（换届）相关法规、理论知识和实务操作培训讲座

【住宅小区电梯综合保险投保】 2019年，海曙区开展住宅小区电梯安全综合保险投保，并对首次投保电梯的保险费（410元/年）提供80%补助。同时，对每台电梯维保服务提供补助资金100元/年。22个物业项目的88台电梯完成电梯保险投保工作。

【西门街道物业环境管理委员会机制建立】 2019年，西门街道西湾路69弄、钱东小区、胜丰东苑小区先后成立物业环境管理委员会。在社区党委领导下，发挥小区党员骨干及热心业主作用，以“共建、共治、共享”为原则，开展环境整治、垃圾分类、公共设施优化、物业费提价、物业公司选聘等工作，不断改善小区环境，提升居住品质。至年底，在尚未成立业委会的小区继续推广此机制。

【南都花城小区“党建引领物管”模式推行】 2019年1月，段塘街道南都花城小区根据《海曙区强化党建引领推进业委会和物业公司建设的实施方案》，先行成立业委会党支部。在社区党委引领下，小区三方议事制度更加畅通，物业的困难、居民的反映、业委会的工作安排等都能通过平台及时沟通、有效落实。4月，南都花城小区完成提价工作，快速推进顽疾整治工作，党建工作对业主自治和物业服务管理的统领作用更加显现。

【《海曙区物业服务工作提质实施意见》出台】 2019年11月26日，海曙区出台实施《海曙区物业服务工作提质实施意见》。文件包含进一步完善管理体系、强化物居业三方协调机制、继续完善物业服务业扶持政策、持续规范物业服务行为、加快海西片区物业管理融合、发挥业主委员会的自治作用、倡导机关党员干部发挥模范带头作用、加强舆论宣传引导等内容。

（冯　珊）

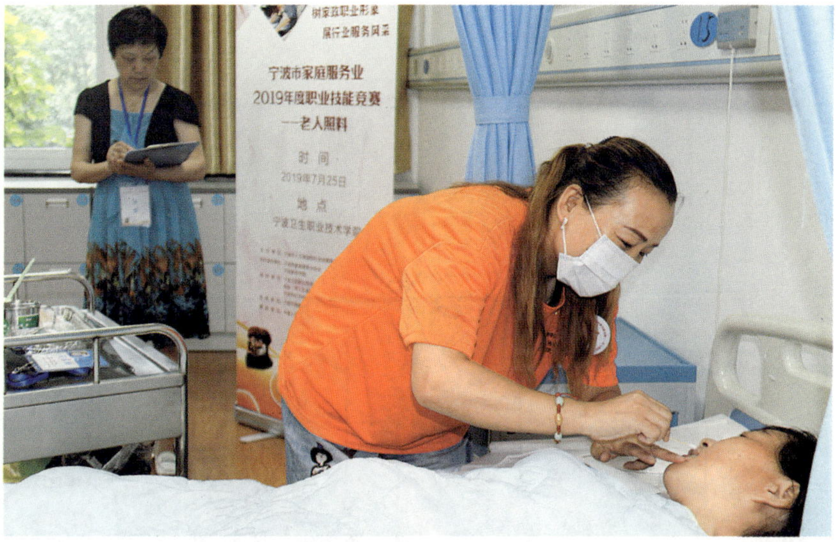

7月25日，宁波市家庭服务业2019年度职业技能竞赛——老人照料竞赛举行

81890公共服务

【概况】 2019年，宁波市81890求助服务中心有职员67人，开通电话热线23条，实行24小时服务。加盟企业1362家；有81890呼叫平台、失物招领中心、老年人应急呼叫系统、海曙“全域旅游”热线等60个服务功能。服务中心网站点击量累计超过5673万人次。“81890”官方微信公众平台推送微信文章44次、图文153篇，54980人点击阅读。

为市民解决求助事项74.74万件，结案率100%，满意率99.87%。日均接听量2048件。其中，咨询类占总求助量的62.8%、服务类占11.9%、事务类占0.2%；另有求医订号14.36万件、志愿服务平台1412件。“81890”官方微博求助受理454件。“微服务”上线单位119家，处理微信公众号求助629件，市民通过微信下单166件。社会综合指挥中心共处置三、四级上报事件60202件；其中三级事件共上报59478件，办结58093件，办结率97.67%；四级事件受理724件，办结率83.29%。接待全国各地学习考察团81批次。

与多家单位合作，建立多个专项服务平台。开通农村文化礼堂专线、“一带一路”法律专线、“81890510”工会热线、海曙“全域旅游”热线，新增宁波市眼科医院门诊预约挂号服务平台。

新吸纳加盟企业117家，办理加盟企业注销67家，变更企业资料187次，年审加盟企业371家，核实非年检企业信息329家。组织座谈会3次，加盟企业参加112家次。西片区共发展加盟企业62家，除龙观乡未有企业加盟外，其他乡镇都有企业入驻加盟“81890”。组织会员单位进行“81890”App业务培训，350余家单位的1100余人参加“81890”App后台数据录入与维护、服务需求订单流转的业务培训。

统计发布2018年度加盟企业信用评价结果，其中4家单位被评为AAA级，219家单位被评为AA级，124家单位被评为A级。12月6日通过《家政服务员从业健康管理规范》团体标准专家评审，正式出台《家政员从业健康规范》。

81890志愿服务中心累计发展注册志愿者335313人，志愿团队2208个，志愿服务时长2945274小时。累计对接各类志愿服务信息8473条。开展“甬志愿公益大篷车”“随手公益”“美丽乡村”“垃圾分类”“青少年德育公益宣教”“公益助学”等活动729场。依托“We志愿”推进海曙志愿服务管理体系和阵地拓展，配置7支团队为海曙农村16家敬老院开展常态化敬老助老服务，对接5支志愿服务团队的400余名志愿者，实现石碶街道、横街镇、古林镇志愿服务供给全覆盖。起草《宁波市志愿服务基本规范》《宁波市专业志愿者认定细则》《宁波市专业志愿服务认定细则》。

【“81890”下属协会活动】 2019年，81890光明俱乐部组织开展第11届“盲人春游节”等活动8次，参加的盲人会员479人次。光明电影院组织播放电影8场，参加的盲人会员520人次。“光明网吧”发布600余条健康消息。“爱循环”小分队联络员电话慰问盲人856次，上门维修盲表127块，上门发放慰问品112次，寄送慰问品20次，代买代购服务8次。市出租汽车协会下的14个品牌车队300余辆出租车与光明俱乐部签订爱心互助协议，出车参与出租车接送服务211辆。

81890常青藤俱乐部有会员592人，为癌症肿瘤患者提供医疗咨询、沟通交流、娱乐活动等各类服务14场次，参加会员1098人次；参加义工346人次，其中专家22人次。

81890鹊桥会注册登记单身青年近2000人，红娘志愿者为3000余人次会员牵线，志愿服务时长超过7000小时，开展各类相亲活动5次，志愿者培训活动1场，促成20余对青年男女结为夫妻。鹊桥会网站非会员浏览近19000次，会员登录查询近18000次，受理会员自助相亲申请754次。

81890爱心超市接收群众、企业等捐赠衣物、家电、生活用品等2048件，现金2910元；捐出衣物、家电、生活用品等2053件，现金2400元。“心

12月3日，"融党课·走万家"系列宣讲活动走进81890求助服务中心

声沟通"联谊俱乐部有会员2914人，志愿者13人。

【"随手公益·文明倡导"活动】 2019年5月27日，宁波市81890志愿服务中心组织召开"随手公益·文明倡导"活动暨宁波市81890志愿服务中心工作会议。会议表彰宁波市81890志愿服务中心3—5月的"81890志愿之星"，2018年度81890志愿服务中心优秀团队、志愿骨干、志愿者。宣读《关于广泛开展文明引导志愿服务的倡议》，160余名志愿者参加活动。

【市家庭服务业职业技能竞赛在海曙举行】 2019年7月25日，"树家政职业形象，展家政服务风采"为主题的宁波市家庭服务业2019年度职业技能竞赛——老人照料竞赛在宁波市卫生职业技术学院举行。活动由市人力社保局主办，市家庭服务业协会、市81890求助服务中心、宁波家政学院承办。竞赛内容包括口腔护理和烫伤护理两大项目。1名选手获得"首席工人"提名，2名选手获得"技能之星"提名，17名选手获得优胜奖。

【"81890"成立18周年便民服务活动】 2019年8月18日，81890成立18周年纪念日暨第18个"81890便民服务日"，100余家加盟企业开展各类便民服务活动。服务实行优惠打折，特别对孤寡老人、残疾人、特困家庭等弱势群体提供免费服务，其中的20余家加盟企业集中设摊开展便民服务活动。

【《家政服务员从业健康管理规范》团体标准通过评审】 2019年12月6日，宁波市海曙区81890服务业协会组织召开《家政服务员从业健康管理规范》团体标准评审会，经由商务部国际贸易经济合作研究院、市卫生健康委员会、市商务局、区81890服务业协会标准化技术委员会等单位专家组成的评审组一致同意，通过该标准。《家政服务员从业健康管理规范》团体标准于当年10月编制完成。由区81890服务业协会作为提出和归口单位，由宁波卫生职业技术学院、市标准化研究院、市家庭服务业协会等科研单位和行业协会及7家81890服务业协会会员单位联合起草，包含家政服务员的健康要求、健康检查和健康管理等方面内容。其中，家政服务员的心理健康及管理要求作为可选项，成为创新性内容。标准的提出旨在贯彻落实国务院"家政36条"新政要求，规范会员单位的健康管理和家政员健康体检，促进行业提质发展。

【"融党课·走万家""81890"宣讲活动】 2019年12月3日，"融党课·走万家"系列宣讲活动走进81890求助服务中心。宣讲围绕81890这一社会治理领域的"样板"，分为微党课、专家访谈、文艺党课3个环节，通过网络直播形式吸引3.3万余名观众观看。中心原主任胡道林、中心主任陈蕾、81890义务监督员宋兰英作为宣讲嘉宾，讲述"81890"的实践和探索之路，市委党校公共管理教研部副教授巢小丽以"81890"发展历程为切入口，宣讲阐释中共十九届四中全会及省委十四届六中全会精神。

【"81890生活通"App试运行】 2019年12月31日，"81890生活通"App上线试运行。"81890生活通"设生活照料、搬迁搬运、水电维修等14大类服务模块，细分304小类服务项目，满足衣食住行乐全方面生活需求；同时开通24小时客服，全天候回复求助。App开通当日，注册会员698人，入驻加盟企业341家，企业发布并审核通过的服务项目1339个。

（吴　君）

相关链接：

民宗工作"五微"建设："微组织""微平台""微活动""微团队""微心愿"。

"三级五有"服务保障体系：指建成省、市、县、乡、村五级退役军人服务中心（站），并做到"有机构、有编制、有人员、有经费、有保障"。

镇（乡）街道

集士港镇

【概况】 集士港镇位于海曙区西北，东北邻高桥镇，南毗古林镇，西南依横街镇，西北与余姚市接壤，镇域面积47.1平方千米。2019年，辖19个行政村、5个社区和2个渔业社，总户数18607户，总人口9.7万人，其中户籍人口4.7万人。

完成地区生产总值47.9亿元，比上年同期增长5.2%。实现财政总收入10.2亿元，同比增长7.2%，其中一般公共预算收入5.6亿元，同比增长5.8%。粮食播种面积1586公顷，粮食总产量1.18万吨，土地流转面积1191公顷，土地流转率达89.1%。规模以上工业企业实现总产值62.2亿元，比上年同期增长1.9%。限额以上商贸业销售额49.8亿元，比上年同期增长22.9%。宁波杉井奥特莱斯广场年营业额13.5亿元，杉杉永达国际汽车城年销售额11.5亿元。全年研发经费支出1.8亿元，比上年同期增长12%，申报发明专利118件、授权36件。增加3家国家级高新技术企业，2家企业申报市级企业研究院，5家企业申报区级工程技术中心。宁波科创助手科技服务有限公司、宁波同舟文化传媒有限公司两家企业申报市“泛3315”项目，宁波斯蒂罗科技有限公司等3家企业申报区“百创汇海”人才项目，宁波市房屋设计研究院3人入选市“领军和拔尖人才培养工程”，全年引进本科以上人才223人。

碧玥府小区、荣安桃花源小区、井亭张三号安置房竣工交付，集士港历史街区一期B区块工程改造完成，董家桥A地块完成主体结构施工；全年商品房销售面积9.86万平方米；1090户居民通过新村建设乔迁新居。宁波杉井奥特莱斯广场四期项目投入运行，董家桥商业地块基本完成主体施工。完成栎高线一期、工贸四路、蕙兰路紫钰名苑段等道路工程建设，启动实施栎高线二期、布政西路、蕙兰路、日葵路等配套道路工程。建设完成广蔺路、集丰路、碧莲路等道路两侧绿化带与绿岛公园一期，镇区基本形成较为完整的生态绿廊闭环，通过省级“园林城镇”创建现场验收。巩固小城镇环境综合整治成果，持续开展城镇环境综合治理，查处镇容环境类案件113起，查处建筑垃圾偷倒车辆57辆次，拆除违规户外广告108处，累计整治10.4万平方米，创建为市级“基本无违建镇”。开展生活垃圾分类处理，获评市级“农村生活垃圾分类处理工作示范乡镇”。西陆村、广昇村“美丽庭院”创建通过区级验收。完成栎高线二期污水管网铺设1.7千米，疏浚河道5.6千米。累计改造提升公厕238座。

科创幼儿园竣工并开园，集士港镇中学扩建项目完成土建主体施工，海西实验学校、古林职高迁建项目完成立项。镇中心小学获评市“文明校园”，成人学校“乐学集士港”老年课堂获评省“社区教育优秀工作品牌”。推进“健康集士港”建设，通过“国家卫生镇”创建，新后屠桥村等4个村成

3月，集士港镇后屠桥村“油菜花节”

为省级、市级“卫生村”。普济医院项目地下室完工，海曙三院加大力度引入优质医疗资源，购置磁共振等大型医疗仪器。完成“广德乡韵”文明示范线一期工程，组建“集士广德”新时代文明实践志愿服务团队。举办“四季逐梦”丰收年主题系列活动，组织开展庆祝中华人民共和国成立70周年“我爱你·中国”歌咏大赛等镇村级群众文化活动293场。全镇户籍人口养老参保率达97.9%，城乡居民医保参保率98.9%。落实208万元救助救济困难群众469人。建立镇退役军人事务办公室，安排专人落实优抚政策，补助60周岁以上农村籍退役士兵。

2019年集士港镇各行政村基本情况表

表24

行政村	户数（户）	人口数（人）	总收入（万元）	总支出（万元）	净收入（万元）	总资产（万元）
万众村	1153	2992	718.00	473.88	244.12	9769.90
集士港村	628	1575	259.08	232.77	26.31	1526.75
元禾村	556	1441	164.86	160.54	4.32	2710.93
董家桥村	845	2202	1178.10	932.51	245.59	3924.47
新后屠桥村	841	2105	1181.60	454.23	727.37	1820.74
祝家桥村	1358	3527	1235.91	982.60	253.31	6300.88
杨家村	643	1792	1541.70	992.06	549.64	11211.21
丰成村	750	1963	751.63	832.84	−81.21	52580.19
横港村	607	1563	1482.83	898.19	584.64	4292.48
卖面桥村	1348	3186	5630.62	788.29	4842.33	8036.71
西陆村	424	1040	228.12	265.48	−37.36	1043.70
翁家桥村	533	1381	304.87	254.69	50.18	2330.07
岳童村	655	1654	388.28	299.51	88.77	8014.62
广昇村	727	1822	569.24	511.21	58.03	1654.08
湖山村	703	1775	500.62	374.63	125.99	4061.40
四明山村	485	1282	803.92	2418.81	−1614.89	3150.77
深溪村	647	1467	982.80	1076.42	−93.62	1435.34
双银村	443	1119	1359.33	1246.86	112.47	2067.01
山下庄村	637	1419	1770.14	2017.06	−246.92	4716.38
合计	13983	35305	21051.65	15212.58	5839.07	130647.63

说明：表格中数据为调查数

【集士港镇创建省“园林城镇”】 2019年，集士港镇获省“园林城镇”称号，成为全市仅有的2个获选乡镇之一。2016—2019年，集士港镇累计投入绿化建设资金近4000万元，建成春华路滨水公园、绿岛绿地及3条绿道，改造提升海曙西片区最大的社区公园——集士公园。至2019年底，全镇建成绿地面积170.31公顷，人均公园绿地面积9.31平方米，道路绿化普及率和达标率分别为90.9%、83.2%，建城区道路保洁率100%，形成绿地布局合理、功能设施齐全的城市园林景观。其间，注重景观建设与历史文化特色有机统一，严格保护46个区级以上文保单位、35处历史建筑、16棵古树名木；完善各类城市设施，建成优化各类公厕20座、免费公共停车位660余个。“三改一拆”累计整治面积10.4万平方米，实现生活垃圾集中收运率100%。

【聚力公司获评“国家高新技术企业”】 2019年，宁波聚力新材料科技有限公司（简称“聚力公司”）获评“国家高新技术企业”。公司成立于2013年，从事节能照明产业LED硅胶的研发生产，并在透明（耐黄变）、高导热（纳米材料及导热填料表面处理）、增粘（合成增粘剂）等方面取得核心技术优势，成为国内领先的LED硅胶应用企业，并申请多项专利。公司拥有设施先进的技术研发中心，配备完整的化验、分析、检测、试验、合成、性能测试等开发和实验设备，2017年获评区级工程中心。

【集士港镇中学扩建项目建设】 2019年初，集士港镇启动镇初级中学建设。项目位于初中原校区西侧，占地面积

1月25日,集士港镇“集士年 新春荟”新春祈福活动举行

2.98公顷,总建筑面积2.6万平方米,总投资约1.8亿元。拟建设行政综合楼(行政办公室、会议室、报告厅以及实验室等)、3幢教学楼、体艺中心(包括教师生餐厅、室内篮球场等),工期一年半。

【集士港镇“国家卫生镇”创建】 2019年1月,“国家卫生镇”创建工作通过省级暗访考核,省爱卫会于8月1—29日公示,集士港镇完成创建各项工作。集士港镇2012年创建省级“卫生镇”,2017年通过省级“卫生镇”复评并启动“国家卫生镇”创建工作。同年,新后屠桥村创建成省级“卫生村”,杨家村、丰成村、广昇村创建成市级“卫生村”。

【第二届“集士年 新春荟”新春祈福活动】 2019年1月25日,集士港镇第二届非物质文化遗产“集士年 新春荟”新春祈福活动在镇文化广场举行。由各村社、兄弟乡镇组成的24支队伍集中展示各自的民俗文化,翁家桥村“大头和尚”、万众村“舞龙”“大头娃娃”、集士港村“鼓舞”、卖面桥村“腰鼓”吸引2000余人观看。展示后,队伍按照既定路线走街游行,为群众送新春祝福。

【“四季花海里·诗意广德湖”四季逐梦丰收年启动】 2019年3月30日,“四季花海里·诗意广德湖”四季逐梦丰收年启动仪式暨第二届新后屠桥油菜花节在新后屠桥村举办。“四季逐梦丰收年”主题贯穿一年四季,以庆祝丰收、弘扬文化、振兴乡村为主题,集中呈现集士港镇强农建设新成果、产业发展新成就、乡村振兴新面貌。主要活动包括花海农事活动、“厨娘争霸赛”、“永达汽车城”露天汽车电影节等,辐射集士港镇多个行政村、产业带,通过带动产业融合,推进文旅融合,打响“都市卫星城,魅力集士港”品牌。

【“广德乡韵”文明示范线开线】 2019年10月29日,集士港镇“广德乡韵”文明示范线开线仪式启动,成为海曙区第四条农村文明示范线。示范线建设分两期工程,串联广昇、四明山、深溪、双银、山下庄、西陆、岳童、新后屠桥村8个新农村,其中一期工程包括广昇村、山下庄村、新后屠桥村。仪式上,对集士港镇特有志愿服务品牌“集士广德”志愿者团队理事会代表进行授牌,参与群众游览各村环境风貌。

(钟 凯)

古林镇

【概况】 古林镇地处海曙区西南部,东临望春街道、白云街道、段塘街道,北靠高桥镇、集士港镇、横街镇,西傍鄞江镇,南望石碶街道和洞桥镇,由原古林、布政、匽蛟3个乡撤并而来,区域面积47平方千米。2019年,辖24个行政村、2个居委会、2个渔业社、5个社区,户籍人口约6万人,在册流动人口约11万人。

实现财政总收入9.42亿元,比上年同期增长8.1%,其中一般公共预算收入5.11亿元。农机综合服务管理中心投用,初步建成现代农业服务中心。开展16个省级“现代农业园区”建设项目,启动农业双创园等项目建设。宁波市城郊十园——“智农茂新”农业园区试运营。建成“多彩美丽田园”示范基地1个。

4家企业挂牌宁波股权交易中心文创板。增加“小升规”企业16家、规模以上文创企业10家,新注册文创企业近百家。恒英人力资源服务(宁波)有限公司运营,上海中医药大学“名中医工作室”落户宁波海曙协爱中医医院(筹)。被评为“中国淘宝镇”。有国家高新技术企业12家,申报区级智团项目4个。嘉乐智尚国际服装产业园入选“国家纺织服装创意设计试点园区(平台)”和省级“数字化试点园区”,区民营企业协会“红帮裁缝”服装分会落户。实施市级重点节能改造项目2项,创建节水型企业1家。宁波旷世居家用品有限公司被认定为区级专家工作站,安瞿医疗入选区“百创汇海”创业团队项目,宁波市凹凸重工有限公司入选市级“劳模工匠创新工作室”,公司的“朱良军技能大师工作室”入选省级“技能大师工作室”;邱武建入选浙江省“百千万”高技能领军人才培养工程“优秀技能人才”项目。

陈横楼新村二期建设地块、礼嘉桥新村建设B地块拆迁清零,薛家剩余地块基本清零。配合做好薛家南路、启运路改造。古林镇卫生院布政分院、古林中心幼儿园分园、镇环卫垃圾中转站、古林镇中心小学膜结构网球场等项目投用,广德景苑小区竣工验收。藕缆桥路排水工程、藕池村段沿河截污工程和段梅路(西洋港—三星村)主体工程完成。匽蛟幼儿园新建工程开工。薛家四期完成验收,礼嘉桥新村建设B地块一期完成分房。

完成“三改一拆”12.5万平方米，整改“两路两侧”等督办点位80余处。召开环境提升现场会，通过“国家卫生镇”复评。办理排水许可证18家，改造公厕33座，铺开垃圾分类工作。启用镇区静态智慧停车系统，改造升级鄞县大道候车亭12座，新增路灯100盏。完成“大棚房”问题专项清理整治12处。基本完成12个村的土地整治项目，启动建设“美丽风景线”。清理河道12.7千米，清淤6.3万立方米，基本完成照天港河一期生态河道整治工程，启动里龙港河、千丈镜河生态河道整治项目。完成污水零直排工程方案设计，创建市级“水环境示范镇”，推进古林镇活水调水工程。改造区级“美丽庭院”示范户16户、达标户410户，郭夏村被评为区级“美丽庭院”示范村。

户籍养老保险参保率达97.5%，企业社会保险基数申报率99.3%。强化对广安古林养怡院和卓远愈养中心两家托管机构的监管，28个村社开展居家养老政府购买服务，享受服务对象763人。受理创业贷款58家，发放贷款总额居全区首位，创建“高质量就业村”2个。与贵州省贞丰县结对认领“微心愿”，新增“合一青少年艺术发展慈善基金”100万元。

李兰娟院士牵头的国家“十三五”科技重大专项乙肝防治项目落户。1256人次参与无偿献血活动，被评为市级“无偿献血爱心镇”。建成仲一村家风家训主题公园。镇中心小学体育教研组被评为省“先进教研组”，1名教师获评省“教坛新秀”，4名教师获评市“学科骨干教师”、市“四有教师”，43名教师获评区“学科骨干教师”、区“优秀教师”、区“优秀教育工作者”，2位教师分别赴贵州省黔西南州和新疆支教。

开展中华人民共和国成立70周年各项庆祝活动。完成8家区级“文明单位”复评，新评2家区级“文明单位”。开展第二届“感动古林”人物评选，周永娣、张益均获得“海曙好人”称号。新建文化礼堂3家，全镇累计13家，全市首家村级气象科普馆落户龙三村文化礼堂。举办全国象棋男子甲级联赛，镇中心小学首次举办打击乐希望课程音乐会。“善·爱”志愿服务联盟吸纳志愿者团队56个，注册志愿者1000余人。镇“阅读公园”获评市“4星级图书馆”，黄古林草编博物馆获评市级爱国主义教育基地。启动建设宁波市家风馆、中国（海曙）御史陈列馆。全域推进村史编纂。国家级重要农业文化遗产“古林蔺草—水稻轮作系统”、省级“文化强镇”通过专家评审和公示。

以主题教育为抓手，持续开展“三进三有三提升”活动。纵深推进“最多跑一次”改革，梳理乡镇本级事项34项，延伸下放到乡镇97项，延伸下放到基层站所221项。新增社工11人，建成镇、村社两级社会组织服务中心，2个社区获评区首批“宜居社区”。推进镇、村退役军人服务站建设。

开展社会治理隐患排查走访13万余次，办结网格事件14万余件，深入推进“平安海曙”创建活动，全面提升平安“三率”。打击治理通信网络新型违法犯罪专项行动。调处民事纠纷620件，调查企业劳动和谐指数15家，办结劳动仲裁案件131件。开展“防风险、保平安、迎大庆”消防安全执法检查，推进“安全生产百日攻坚战”，开展车库车棚住人整治，排查“两小”企业1800余家、沿街店铺2350余家。对32家“三场所”等重点企业进行风险辨识管控，创建三、四级标准化企业22家，完成社会化服务企业150家。动员各村社为居民配备烟感、灭火器等消防设施。整改交通隐患点位410余处，完成鄞县大道、云林路等6条主要道路的交通安全隐患整治，安装河埠头防护网1200余个。77家厂房改建公寓楼全部完成整治。

2019年海曙区古林镇各行政村基本情况表

表25

行政村	面积（公顷）	户数（户）	人口数（人）	集体经济总收入（万元）	集体经济总支出（万元）	集体经济净收入（万元）	总资产（万元）
西洋港村	250	649	2569	626.48	119.97	506.51	3109.93
葑里村	250	924	2323	496.78	127.98	368.8	2730.02
古林村	168	700	1740	834.7	115.76	718.94	6483.19
施家村	110	463	1201	494.44	192.19	302.25	4541.76
俞家村	130	658	1611	911.58	180.72	730.86	8639.33
郭夏村	100	442	1126	1036.54	148.95	887.59	5232.15
鹅颈村	110	710	1820	773.11	229.1	544.01	16866.89
戴家村	60	858	2455	546.82	138.83	407.99	5741.14
共任村	350	969	2476	535.96	112.04	423.92	3477.14
仲一村	183	616	1777	730.59	188.15	542.44	7616.85
布政村	91	863	2270	1361.04	181.95	1179.09	9880.89
葑水港村	180	502	1395	1879.4	161.38	1718.02	26003.54

续表25

行政村	面积（公顷）	户数（户）	人口数（人）	集体经济总收入（万元）	集体经济总支出（万元）	集体经济净收入（万元）	总资产（万元）
张家潭村	350	1016	2669	1113.09	183.03	930.06	17965.06
宋严王村	120	596	1609	1118.71	188.51	930.2	15379.22
陈横楼村	100	521	1377	1426.89	524.56	902.33	26259.39
藕池村	100	470	1280	1598.06	306.41	1291.65	15755.37
礼嘉桥村	167	872	2432	3108.79	349.31	2759.48	75983.92
薛家村	253	1642	4624	2552.68	303.55	2249.13	19715.37
包家村	150	760	2030	735.32	172.8	562.52	40334.42
蜃蛟村	210	959	2400	289.68	260.97	28.71	3191.67
龙三村	204	614	1528	427.98	127.09	300.89	1286.08
茂新村	160	643	1728	378.93	535.1	−156.17	5737.66
三星村	230	579	1500	510.28	252.69	257.59	1856.79
前虞村	320	870	2537	324.94	153.78	171.16	528.18

说明：表格中数据为调查数

【古林镇村史编纂全域推进】 2019年3月1日，古林镇召开全镇村志（史）编纂推进会议，成为在全区首个全域推进村志（史）编写的乡镇。至年底，包家村等4个村启动村志编写，蜃蛟、藕池等7个村完成初稿，另有部分村开始续编工作。

【古林镇“善·爱”志愿服务联盟成立】 2019年3月4日，古林镇举行“善·爱”志愿服务联盟启动仪式，50余支志愿服务团队、1000余名志愿者被吸纳进入联盟。启动当日，结合扶贫工作，开展“微心愿”认领活动，并为市民提供修理指甲、理发、家电检修、讲解防诈骗知识等公益服务。志愿团队组建期间，该镇强调党建引领，将多个零散队伍全面整合，并按功能进行分类。联盟成立后，相关资源信息汇总至公众号，以增加志愿服务的黏性，所有志愿者可通过志愿服务获得积分，并兑换有关就学、就业、停车、购物等方面的服务。

【古林镇“国家卫生镇”创建复审】 2019年6月27日，古林镇通过浙江省国家卫生镇复审组的现场考核。该镇于2013年获评“国家卫生镇”，2016通过复审，为海曙区唯一获此称号的乡镇。2019年，将国卫复审工作与环境品质提升、乡村振兴战略、健康中国战略等工作相结合，不断优化镇域环境。

【宁波智尚国际服装产业园入选国家级试点园区】 2019年11月22日，在2019中国纺织服装品牌大会上，由古林镇嘉乐企业建设的宁波智尚国际服装产业园入选工业和信息化部评定的第四批“纺织服装创意设计试点园区（平台）”。宁波智尚国际服装产业园围绕创意设计、赋能孵化等功能，致力于建成集设计、打样、制造、销售等于一体的服装全产业链。至年底，近90家企业入驻园区。同时，充分发挥国家纺织面料馆（宁波馆）辐射效应，引进国家级童装设计研发中心，建成启用打样中心。与浙江纺织服装职业技术学院组建宁波现代纺织服装产业学院，与中国纺织工程学会组建宁波纺织服装技术创新研究院。

【古林镇卫生院布政分院投用】 2019年11月25日，古林镇卫生院布政分院

12月，古林镇“广德锦苑”安置小区竣工验收，用于机场三期拆迁项目安置

建成投用。分院建筑面积近4000平方米，至此，古林镇实现镇区卫生院的“两点平衡”。覆盖布政片15个村（社、居）的10万余名群众，可实现家门口便民就医。

【第五届古林米食文化节】 2019年12月，第五届古林米食文化节在蜃蛟村举行，文化节以“感动常在，‘乡’聚古林”为主题，在展示传统米食基础上，挖掘古林文化底蕴。除常设的米食集市、米食制作技艺展示、非物质文化遗产项目展示及体验、古林绿色农产品展销、“画韵古林，米食之乡”主题绘画作品展等活动外，还安排传统祭祖仪式表演、水上龙舟巡游、蛟龙出巡、戏曲专场、文艺会演等多项活动。

【上海中医药大学“名中医工作室”落户古林】 2019年12月11日，上海中医药大学“传承精华·守正创新”中医药发展研讨会暨海曙区“名中医工作室”挂牌仪式举行。挂牌后，上海中医药大学利用学科优势，全程对海曙协爱中医医院进行同质化管理指导，以“名中医传承工作室”方式，搭建高规格学术传承平台，开展中医药领域创新研究，培养一批高层次中医药人才，为市民提供优质健康服务。

【宁波大学智能医学和生物医学工程研究院落户古林】 2019年12月20日，由海曙区、宁波大学与加拿大工程院院士姚育东三方共建的宁波大学智能医学和生物医学工程研究院（简称“医工院”）正式签约落户。“医工院”定位为产、研、医相结合的创新型研究院，采取“院士提需求、高校出编制、政府给保障”的合作模式，面向全球培育智能与生物医学工程的高端人才。

（徐浩跃）

高桥镇

【概况】 高桥镇位于海曙区西部，东靠望春街道，南连古林、集士港、横街3个乡镇，西接余姚市大隐镇，北枕姚江，与江北区隔江相望，镇域面积53平方千米。2019年，辖20个行政村、1个渔业社、5个社区，总人口超17.5万人，其中户籍人口约6.2万人。

2月18日，高桥镇卫生院中医馆建成并投用

完成地区生产总值67.4亿元，增幅4.6%；实现财政总收入16.1亿元，比上年同期增长12.8%；实现一般公共预算9.7亿元，同比增长11.6%。全年规模以上工业企业完成总产值71.1亿元，其中上亿企业占规模以上工业总产值的54%，上亿企业数量居全区前列。实现限额以上商品销售额约204亿元，比上年同期增长73.7%；货物出口额38亿元，同比增长13%。镇商会大厦、高芯技术产业园（八方厂区）、人力资源服务产业园共入驻企业68家。以威斯巴特科技（宁波）有限公司、寰采星科技（宁波）有限公司、宁波众远新材料科技有限公司等为代表，一批填补国内先进制造领域空白的高科技企业陆续投产。共引进16个高层次人才创业项目，实现高新技术产业增加值6.4亿元，特优人才引进数居全区第一，获2019年度“海曙区人才工作先进”金奖。

完成西洪大桥、环城南路西延、薛家南路、学院路、新丰路5个省、市、区重点项目的征迁任务，涉及居民住宅655户、企业40家，拆迁土地面积5.78万平方米，拆迁建筑面积11.9万平方米。镇重点工程安置地块项目进场施工，上施安置地块二期项目、高峰5号居住地块项目前期准备工作完成。文体中心、市民广场项目基本完成主体结构施工。梁祝文化园2号B地块项目完成主体工程的60%。万科印象城、万科印悦里项目结顶，并开始内部装修。联丰路污水泵站工程完工。拆除违建面积22.3万平方米，完成区任务数的186%；完成19个村的生活垃圾分类创建，对全镇41个小区实施垃圾分类考核，44座公厕完成升级改造。深化“五水共治”，完成8条河道水质提升及4条河道疏浚工程，获2019年度海曙区“项目攻坚提速年”活动突出贡献奖。

高桥镇中心小学被评为市“精准教学实验项目培育学校”，高桥成人文化学校被评为市“特色示范成人文化技术学校”。持续深化“最多跑一次”改革，服务中心窗口接待业务6.9万件，其中办结总数4.2万件，当场办结3.9万件，一次性办结率94.8%。加大“助跑代办”力度，累计办理助跑代办业务669件。坚持文化礼堂“建、管、用、育”一体化建设，累计开展各类文化活动500余场，参与群众5万余人次。大力弘扬文明新风，累计推荐好人好事2000余人次，3人被评为区“道德模范”；建立志愿服务站点25个，志愿服务团队30个，志愿服务队伍2.8万余人。新联村创建为区“美丽庭院”示范村，区级“美丽庭院”示范达户14户。

完成省重点工程西洪大桥建设规划环保公示和开工建设的项目保障。推进三级联调，排查调处矛盾纠纷624起，调处成功624起，调处成功率100%，建立27支562人的“邻里守望”志愿队伍，促进全民参与平安共建工作。全面推广“村民说事”制度，推进“民主法治村”创建，分别完成蒲馨社区、高桥社区的市级和省级“民主法治示范社区”创建，培育申报国家级“民主法治示范村”。提升食品安全水平，加强特种设备监管，扎实推进“安全生产百日大会战”，排查“两小”企业1807家，全力保障人民群众生命财产安全。

2019年海曙区高桥镇各行政村（渔业社、社区）基本情况表

表26

行政村（渔业社、社区）	面积(平方千米)	户数（户）	户籍数（人）	集体经济总收入（万元）	集体经济总支出（万元）	总资产（万元）
宋家漕村	1.70	889	2083	1608	131	15336
藕缆桥村	0.70	437	1115	898	109	4822
新庄村	1.20	546	1408	248	157	2302
红心村	2.20	1015	2611	1277	254	9556
联升村	1.10	528	1440	120	34	18885
秀丰村	2.10	879	2355	465	85	1790
新联村	1.80	769	2129	215	171	3695
蒲家村	1.80	646	1871	829	130	12541
长乐村	1.10	1130	2672	2033	457	7836
合心村	1.20	589	1552	277	142	1448
望江村	3.30	1184	3005	912	168	4106
梁祝村	1.80	853	2151	181	97	3155
芦港村	2.30	1164	3082	628	163	15983
高峰村	1.40	640	1755	583	114	34625
高桥村	3.40	1378	3870	647	183	16200
江南村	3.90	1212	3421	342	948	62831
石塘村	2.60	858	2370	356	132	525
岐阳村	4.70	879	2214	1025	184	8117
岐湖村	6.90	856	2216	719	111	3558
民乐村	4.90	600	1502	715	140	2932
渔业社	—	78	171	146	23	943
长乐社区		1218	2762			
高桥社区		1613	4074			
紫薇社区		721	1652			
学院社区		985	2738			
蒲馨社区		2226	5249			

说明：表格中数据为调查数

【高桥镇卫生院中医馆投用】 2019年2月18日，高桥镇卫生院中医馆建成并投入使用。中医馆面积300平方米，馆内设有中医科、治未病室、针灸推拿科、康复科和中药房，国医馆科室负责人、主任医师应爱飞入选省“基层名中医”培养对象。中医馆实行上级医院专家坐诊制度，群众在家门口可享受优质便捷的中医药服务。

【全区首个村级新闻发布会召开】 2019年4月12日，全区首个村级新闻发布会在高桥镇民乐村召开。发布会围绕加强党组织建设、加快新村建设、加强环境整治、推进文明建设4个方面，发布2019年度村级重点工作。民乐村100余名村民参与。这是海曙区新闻发布规范性建设的实战演

练，通过发布会形式，提升基层群众监督积极性，进一步提升基层治理水平。

【必利盛物流配送码头运营】 2019年5月6日，杭甬运河宁波段首个内河货运码头——宁波必利盛物流配送码头正式运作。必利盛码头位于杭甬运河宁波段高桥镇民乐村岸线段，属于宁波内河港城西港区，毗邻杭甬高速及宁波绕城高速，距三江口20千米，距离宁波舟山港镇海港区45千米，是杭甬运河沿线宁波市区首个由企业投资建设的码头工程，有4个500吨级泊位（水工结构按1000吨级设计），可成为宁波舟山港的集疏港通道之一。码头建成可为企业节省运输成本、增加经济效益，也带动一批水运、物流企业集聚，分流沿线建材运输，缓解交通压力。

【环城南路西延工程高桥段拆迁清零】 2019年6月10日，环城南路西延工程高桥段征迁完成扫尾清零，比原计划的6月底全部完成提前20天。工程全长8.9千米，其中高桥段7.5千米，涉及新庄、红心、蒲家、新联、高桥、高峰6个自然村，总拆迁住宅276户、非住宅14家（其中保通便道3家），总拆迁面积5.04万平方米。

【U-Park商业公园开业】 参见“商贸·经济合作”类目“商贸流通”分目

【全区首家人力资源服务产业园成立】 2019年12月20日，海曙区首家人力资源服务产业园在高桥镇宁波海心科创产业园挂牌成立，园区占地2公顷，建筑16000平方米，内有2幢国家级专家创业楼，芯片基地、人力资源及大学生创业楼与研究院各1幢。至年底，28家企业入驻园区。园区除提供劳务派遣、就业创新、法律服务等基础服务外，重点致力于人才招引，助力企业引进高级工程师、博士、院士等高端人才项目；联合宁波辖区的大专院校及职高，联合培养企业实用性技能人才，缓解企业高级蓝领用工荒。

（严　健）

横街镇

【概况】 横街镇位于海曙区西部，东北依集士港镇，南接古林镇、鄞江镇，西南连章水镇，北邻余姚市，镇域面积121.7万平方米。2019年，辖28个行政村、2个居委会。在册户籍人口3.8万人，暂住人口1.9万人。

实现地区生产总值25.8亿元，比上年同期增长9.4%，实现公共财政总收入4.54亿元，完成年初预算的136.6%。获评市级“美丽乡村示范乡镇”，通过“小城镇环境综合整治”验收并被评为市级“样板镇”。早、中、晚稻种植面积866.67公顷，推广调入优质良种0.75万千克。基本完成13个村的土地承包经营权确权登记，下发权证3425本。完成4个集中式污水管网及毛岙村、应山村农村污水治理工程，在惠民村等6个村开展山区饮用水提升工程。57家规模以上企业工业增加值9.44亿元，比上年同期增长19.3%，完成固定资产投资6.28亿元，其中工业投入4.36亿元。规模以上工业企业研发投入1.63亿元，比上年同期增长28.3%，宁波重强电器公司创建成为市级工程中心，华茂航天集团的周永江团队申报市“3315”资本引才项目。宁波市海曙两山资产经营公司通过网络竞拍底价收购原联华食品厂地块，探索通过经营性模式提升经济薄弱村集体收入的“精准消薄”道路。

镇区内14.45千米弱电管道完工。横街南路、育才路等沿街立面改造分别为2.99千米、4.8万平方米，镇区主干道“白改黑”（水泥路面改为沥青路面）完工3.45千米。3579只公共分类垃圾桶分发到户，在镇区主干道和居民区附近设置48个垃圾分类亭，宣传生活垃圾分类常识。累计拆违12.55万平方米，完成7个点位“大棚房”的整治整改。新建停车场5个，新增停车位1435个，清理各类“僵尸车”143辆。水家村创建“AAA级景区村庄”、竹丝岚村创建“AA级景区村庄”、毛岙村提升为“AA级景区村庄”。加强安全生产监管，共检查生产经营单位759家次，排查各种隐患1358处，当场整改隐患956处。

在鄞县大道两侧新建1.6千米的“横街绿道”。横街公园改建项目竣工，内有室内足球场、羽毛球场和休闲步道。新建改建6个行政村文化礼堂。完成46个公厕改造。慰问各类困难对象893人次，发放慰问金103.63万元，累计发放残疾人生活保障金200余万元。

推进“最多跑一次”改革向基层延伸，增加村（居）代办点建设，推出“高山代办”服务，13名“竹乡助跑员”与30名“竹乡代办员”累计办理业务216件。110个基层党组织、2224名党员参加第二批“不忘初心、牢记使命”主题教育。

4—10月，横街镇举办“竹农下山”竹文化旅游节

2019年海曙区横街镇各行政村基本情况表

表27

行政村	面积（平方千米）	户数（户）	人口数（人）	集体经济总收入（万元）	集体经济总费用（万元）	总资产（万元）
东村	1.51	423	1029	378.12	299.19	12807.15
凤岙村	5.44	420	1017	243.67	140.12	1017.74
梅梁桥村	3.49	260	642	165.53	162.11	1248.01
水家村	1.01	317	778	828.49	1148.08	4123.41
万华村	3.34	880	2231	573.00	788.58	2940.35
桃源村	2.72	754	2103	410.36	492.39	29553.52
应山村	3.3	394	1078	522.43	402.71	1160.67
横街村	0.75	185	453	209.94	296.73	1145.17
凤林村	1.44	296	720	736.32	407.19	1732.17
林村	1.89	726	1802	320.02	616.82	3053.32
盛家村	2.64	330	798	310.57	148.78	1334.65
溪下村	3.65	600	1518	252.10	200.65	3054.41
上阵村	2.5	503	1386	724.56	140.66	2248.27
半山村	3.95	722	1821	162.41	281.1	1483.41
雷庄村	3.66	438	1073	225.43	323.48	8960.6
芝溪岙村	1.99	223	545	268.36	130.05	7810.53
芝岭村	3.1	265	685	334.59	290.24	1054.36
毛岙村	4.41	372	874	393.66	441.7	2933.55
新洞山村	1.76	186	485	138.70	249.5	3363.13
大雷村	8.55	1191	2649	185.66	136.85	1031.01
凤凰村	5.19	720	1789	683.35	169.51	919.16
云洲村	7.77	1051	2528	248.83	145.32	582.36
竹丝岚村	4.84	552	1342	550.40	408.4	1671.05
惠民村	3.38	492	1209	280.26	208.35	848.05
乌岩村	6.89	928	2198	1209.14	1163.57	745.66
朱敏村	2.12	1051	2635	250.34	370.87	2505.54
爱中村	3.02	737	1776	183.75	236.7	718.67
爱岭村	4.25	555	1346	240.36	201.49	792.9

说明：表格中数据为调查数

【横街镇获评市级“样板镇”】 2019年，横街镇小城镇环境综合整治经过3年努力，通过市级验收并获评市级“样板镇”。工程涉及项目16个，总投资3.47亿元，至年底，完成横街南路、育才路等沿街立面改造2.99千米、4.8万平方米，统一安装店招7787平方米、卷帘门835套。完成101家“低、小、散”企业整治。镇区主干道“白改黑”3.45千米。在鄞县大道两侧新建1.6千米的“横街绿道”，新建拥有室外篮球场、羽毛球场和广场舞场地的文体公园。

【“竹农下山”竹文化旅游节】 2019年4—10月，横街镇举办“竹农下山”竹生活文旅节。文旅节包括“品味竹乡”“文化竹乡”“魅力竹乡”“辉煌竹乡”4个篇章的主题活动，依托竹文化旅游资源，使“竹农走出去、游客请进来”的城乡休闲生活互动模式成为新的旅游方式。4月12日，举办开幕式，现场进行“最美竹乡代言人”评选，播放“江南味道—竹香盛宴”专题片，举行浙东大竹海国家AAA级旅游景区授牌仪式、发布“2019最美竹乡精品旅游体验线路”。德润书院、迪赛公社、宁波野店、竹海望宿等旅游项目在活动现场签署投资意向书。

【联华食品厂地块竞拍】 2019年9月，横街镇企业海曙区两山资产经营有限公司（简称“两山公司”）以近3000万元底价拍得原联华食品厂总计22亩土地及8000平方米厂房，折合价格每亩136万元，远低于周边工业地块亩均300万元左右的转让价。两山公司由横街镇资产经营公司和8个经济薄弱村共同持股，以探索“自我造血、精准消薄”的脱贫攻坚新路子为目标，通过整合村集体可用资源、盘活租赁资产、加大招商选资等手段，促进横街镇部分村脱贫，改善全镇经济环境。

（刘　飞）

鄞江镇

【概况】 鄞江镇地处海曙区西南部、四明山东麓，东接洞桥镇、古林镇，西临章水镇、龙观乡，南抵奉化区江口街道、萧王庙街道，北依横街镇，镇域面积63.9平方千米。2019年，辖12个行政村、1个居委会和1个社区，户籍人口2.23万人。

实现地区生产总值21.5亿元，比上年同期增长7%；规模以上工业增加值7.2亿元，同比增长7.1%；财政收入2.6亿元。完成工业技改投入8076万元，高新技术产业增加值3.07亿元，同比增长28.8%；限额以上商品销售额6.2亿元，同比增长17.1%。提升全镇产业核心竞争力，列入市、区二级技改重点项目8项，对9家企业实施技改升级。企业“小升规”3家、完成智能诊断2家。申报浙江路润集团有限公司、宁波腾隆户外用品有限公司、宁波拓铁机械有限公司等10家企业的科技项目，上报新产品试产计划6项。强化项目招引，宁波东福园大酒店有限公司完成注册，宁波格兰特制冷设备有限公司的制冷研发项目竣工验收。加快产业园区建设，实现九龙桥工业地块5家企业投产。2家企业在宁波股权交易中心挂牌。

11月2日，鄞江镇“十月十”庙会开街仪式上，鄞江镇新时代文明实践所揭牌

完成花海二期、南塘河北侧提升改造工程，实施大坑、里夹岙山塘整治，清源溪堰坝工程进场施工，中华水韭野生保护基地完成招投标。全年疏浚河道1.5千米，清淤5700立方米。它山堰花果园获评区级“多彩农业美丽田园示范基地”，金泉农庄获评区“现代农业庄园”。

《鄞江镇全域旅游发展总体规划》和《鄞江镇旅游风情小镇专项提升规划》通过终审，确立“一十百千万”的鄞江核心旅游资源体系，推出“它山访古地、四明寻幽处”主题旅游导向。申报清源村和建岙村为省“AA级景区村庄”、它山堰村为省“A级景区村庄”，举办2019年“一带一路”中国宁波国际攀岩大师赛，完成鄞江艺术粮站项目签约，开展鄞江农旅文创体验馆方案设计。“丰和鄞江”“栖居”等特色民宿投入运营，枕溪民宿集聚群雏形初现。

规划镇区东部区域，开展镇东新区城市设计，完成1.5平方千米的新区设计方案初稿。完成梅园片区全域土地综合整治与生态修复工程方案设计调研及审批。趣湾地块挂牌出让，城郊十园——“农创金陆”美丽乡村综合体建设实施方案通过市级评审。古镇区域商贸1号地块、游客服务中心挂牌出让，庙会广场、府前桥确定设计方案。

四明路道路改造工程和核心区拆迁安置2号地块二期项目主体验收，集中C地块（二期）完成施工招投标，初级中学迁建工程完成设计图扩初评审，集中居住区A地块和鄞江菜场实现竣工验收。基本完成横鄞线沿线立面改造和景观提升工程，完成四明路第一批13户房屋原拆原建，第二批20户进场施工。开展横鄞线、清源溪沿溪公路、梅园工业园区道路等9条道路建设，投入1030万元，完成建岙茶场至寻芝岭古道、它山桥至钟家桥、晴江岸村至麻滩、鄞江工业园区4条总长4.25千米的道路建设。新建改建农村公厕17座，基本完成3千伏桃源水厂输电线路政策处理，四明路“上改下”和沿线“三网合一”完工。完成沿山、芸峰、东兴村庄规划。完成金陆二期施工招投标，启动梅园二期建设规划，清源佳苑小区、卢王小区二期竣工，丽景苑小区主体结顶。

实施“污水零直排区”创建，开展全镇管网污染源排摸，编制完成鄞江镇镇区污水专项规划，完成南塘小区雨污水提升、沿山村污水处理终端安装、光溪西路截污纳管工程，开展横鄞线污水管网、毛家坪水厂至横鄞线管网方案设计。推进农村生活污水处理设施运维，清源村运维获评市级示范项目。推动农村饮用水提质，完成南部区域自来水管网建设施工图设计。

开展小溪采石场等7个废弃矿山

整治，梅园扇子洋启动建设，小溪采石场、大桥一场、凤山二场完成施工招投标。推进渣土消纳建设，柴家渣土场进场施工，岭墩渣土消纳场完成协议签订。调处环保信访案件52起，关停企业8家。

开展“三改一拆”，实施清源溪沿线违建整治，清理违章搭建、农田棚所22个。开展横鄞线、四明路沿线等地块违章整治，古镇停车场和四明公所地块完成拆迁，它山堰西路南侧、庙会广场2号地块攻坚清零，拆违14.39万平方米、拆迁3667平方米。镇新环卫站投入使用，实现全镇12个村垃圾分类全覆盖，金陆村创建省级“农村生活垃圾分类示范村”。专项整治跨门营业170起，取缔无证摊贩15起，劝离游街商贩280起。

受理社会保险办件28310件，办结率99%，创建市级“青年文明号”。在企业春季招聘会中提供就业岗位近400个，发放小额贷款420万元，创业补贴20.8万元，就业补贴167万元。开展农民工工资支付和人力资源市场中介整顿等专项行动5次，检查用工企业390家次，受理工伤认定申请74起、工伤调解29起、劳资纠纷5起，涉及金额128万元。为低保群众发放各类救助补助金172万元。完成兵役登记，输送新兵，为现役军人家庭及退伍军人家庭悬挂“光荣牌”。

镇中心幼儿园开设马灯教学，中心小学推进轮滑、锣鼓、壁球等特色社团建设，燕玲学校获评省“青少年飞镖训练基地”，飞镖社团获得省中小学团体冠军。华天小学、广德湖小学、行知实验小学、宁波职业技术教育中心等6所学校被授予市“攀岩运动推广训练基地”称号，推动攀岩项目进校园。集中整治环境卫生5次，清除卫生死角50处，消除病媒生活滋生地2000余处，芸峰村获评省级“卫生村”，中心卫生院获评市级“特色专科”及“五星级健康管理中心”。

与浙江卫视合作发布《浙里镇美丽》鄞江小城镇视频，原创微视频《初心》入选学习强国App，在国家及省、市、区累计发布稿件169条，“政务双微”发布信息157条。新建文化礼堂3座，创建星级文化礼堂8座，建岙村获评“四星级文化礼堂”。梅园革命史迹陈列馆创建省级“爱国主义教育基地”，建立“新时代文明实践所”6处。举行一年3届的鄞江庙会，并首次推出鄞江小龙虾IP形象“六六”和“老鄞江·最宁波”、“十月十”主题庙会。同月湖街道、白云街道合作开展“文化走亲”活动，举办庆元宵、“我爱你中国”文艺演出、全民健身日等系列活动30余场。

定期开展矛盾纠纷排查，调解矛盾纠纷60起，成功率100%，涉及金额150余万元。强化流动人口管理，专项整治群租和“三合一”现象，登记流动人口8900多人，出租房屋4700余间。完善安全生产责任体系，签订安全责任书455份，开展企业法人、安管员安全培训400余人次，覆盖生产企业300余家。开展安全专项检查，排查企业864家，消除安全隐患200余处，安全生产整改指令书等执法检查文书发出90份，整改复查意见书90件，立案13起，罚款12.2万元。

加强“清廉鄞江”建设，落实“一岗双责”，严防“四风”抬头。健全完善国资管理、农村“三资管理”、公共交易等制度，出台《鄞江镇国有资产管理办法（试行）》《鄞江镇行政事业单位国有房产出租管理暂行办法》。公共交易站累计完成招投标项目40个，涉及金额4934万元，中标价4610万元，节约资金324万元，综合下浮率6.56%。

开展“不忘初心、牢记使命”主题教育。10月30日，主题教育专题党课报告会在鄞江镇政府召开。镇领导班子成员、各支部书记陆续开展讲党课活动，结合各自工作，围绕学习主题，深入开展调查研究，查找剖析差距，提出改进思路举措。

2019年海曙区鄞江镇各行政村基本情况表

表28

行政村	户数（户）	总人口数（人）	集体经济总收入（万元）	集体经济总支出（万元）	总资产（万元）
清源村	410	988	1139	952	5833
金陆村	379	938	361	287	14627
芸峰村	420	1018	330	329	1363
悬慈村	1109	2676	249	318	2883
它山堰村	743	1713	577	599	6758
鄞江村	660	1668	219	163	1564
光溪村	905	2167	746	720	9211
东兴村	637	1582	920	788	14507
建岙村	982	2413	343	608	2841
大桥村	434	989	324	305	3703
梅园村	503	1258	468	475	4889
沿山村	486	1465	191	153	1503

说明：表格中数据为调查数

【2019年“一带一路”中国宁波国际攀岩大师赛在海曙举行】 参见“体育”类目“竞技体育”分目

【“学习早餐会”制度实行】 2019年8月始，鄞江镇结合当地红色资源，探索全镇领导班子成员实行“学习早餐会”制度。“学习早餐会”包括建立每周早读制度，领导班子利用梅园革命史迹陈列馆等载体资源，以“晨读”方式学习《习近平新时代中国特色社会主义思想学习纲要》等重要著作。同时，发挥班子成员在特色党建阵地平台的率先作用，把梅园革命史迹陈列馆建为开放式组织生活基地，涵盖梅园片区党建联盟4个行政村和“两新”党组织，营造“不忘初心”的氛围。

【全区首家水利法治主题馆建成】 2019年9月，由市、区两级司法局与鄞江镇共同建设的水利法治主题馆建成并试运营。主题馆位于它山堰村养正堂内，分成序厅、水法相依、相伴而生、甬水留痕、水法新篇5个展区，利用他山水利文化与旅游特色，将法治与治水、传统和科技相融合。成为全镇乃至全区展示法治文化新形象的又一平台。

【鄞江镇“百日大会战”整治】 2019年10月21日，鄞江镇召开“安全生产和消防安全整治百日大会战”工作部署会。至10月25日，全镇完成排摸，排查864家危险化学品使用单位及“两小”企业。通过现场核查，发现安全、消防问题200余个，限期、分批进行立查立改。

【“十月十”庙会开街】 2019年11月2日，鄞江镇“十月十”庙会开街。围绕“老鄞江·最宁波”主题推出“乐荟”“跃动”“咏唱”“韵动”4个篇章。开街仪式上，镇“新时代文明实践所”揭牌，并启动“新时代文明实践站”建设，以站、所为平台，开发传承鄞江文化、服务群众新阵地。庙会还联动鼓楼等区内文化地标，在鼓楼一楼展厅的“老鄞江·最宁波”鄞江风物影像展上展出摄影作品30余幅，主要表现鄞江人文风物、历史文化。并将白云街道的“白云庄”特色文化介绍进鄞江，形成全区范围内的传统文化交流。

11月2日，鄞江镇“十月十”庙会开街

【全国老年人健步走大联动活动在鄞江举行】 2019年11月10日，由区老年人体育协会主办，鄞江镇政府承办，镇老体协、镇居委会协办的“我运动、我健康、我快乐”2019年海曙区全国老年人健步走大联动活动在它山堰旁举行。由志愿者和老年协会、镇老体协健身队、武术队等350余人组成的健步走队伍从它山堰旁出发，环它山湖、晴江大道，沿佛界庵、百心亭至岩庵山塘水库，过它山公园、桂花岭健身道，走它山千年堰板，返回起点，行程共5千米。

【《两厘米探究+》栏目组到鄞江拍摄】 2019年11月16日，由上海SMG旗下SITV制作的少儿益智节目《两厘米探究+》摄制组到鄞江镇它山堰拍摄首期节目，该栏目全年共54期，在全纪实频道及上海生活时尚频道播出，并在上海公共交通内移动电视全年滚动播出。栏目展现“长三角”一体化下，各地区在少儿科教文卫方面的特色内容，鄞江古镇、它山堰等鄞江特色资源通过该栏目，在上海及“长三角”各地区得到推介。

【梅园革命史迹陈列馆入选省级爱国主义教育基地】 2019年12月，第11批省级爱国主义教育基地名单公布，鄞江镇梅园革命史迹陈列馆名列其中。史迹陈列馆建于鄞江建呑学校旧址上，曾是中共鄞西区委、鄞县(鄞奉)县委、四明地委机关驻地，是早期中共地下党员以教书为名开展党活动的地点。管理员唐亚凤于2018年被评为第一届省“最美文化礼堂人”。

【全区首个村级老年大学教学点揭牌】 2019年12月30日，区老年大学鄞江镇悬慈村教学点揭牌，成为全区首个村级老年大学。开班之初教学点设在悬慈村文化礼堂，每周二有越剧老师进行授课，并计划在此基础上逐步开设其他文化班。

（马中龙）

洞桥镇

【概况】 洞桥镇位于海曙区南部，东连石碶街道，西临鄞江镇，北靠古林镇，南接奉化区江口街道，面积31.27平方千米。2019年，下辖20个行政村和1个社区，总户数9600户，户籍人口22107人，外来人口23793人。

全年地区生产总值35.60亿元，比上年同期增长6.7%。实现财政总收入4.25亿元。农业经济稳步发展，粮食种植面积1137.4公顷，申报“绿色高产方”3个，引进“嘉禾318”等优良品种，并建成“优质稻米示范区”3.33公顷，“甬优12号”晚稻高产项目在全市竞赛中获第一名。新增土地集中流转51.33公顷；推进全域土地整治，完成罗家漕村和潘家奋村73.33公顷高标准农田建设项目，“大棚房”问题专项整治通过省、市、区三级验收。村级资产租赁款收缴率达98.7%，总收入2348万元。

实现工业总产值101.22亿元，比上年同期增长3.1%，首次突破100亿大关。其中，规模以上工业总产值75.26亿元，同比增长6.2%；高新技术产业企业产值48.05亿元，占规模以上总产值63.8%，规模以上企业研发经费投入2.52亿元，同比增长25.3%。商贸零售进出口总量21.58亿元，比上年同期增长12.6%，其中，出口19.97亿元，同比增长14.2%。不断提速智能制造，“智云端”系统获评市“优秀工业互联网平台”，并入选首批区“数字经济重点平台”，帅特龙集团入围全省第三批上云标杆企业名单。新引进博士10人、硕士31人，硕士引进数比上年同期增长78%，完成各类人才计划申报13人次，入选2019年度“泛3315计划”、区“百创汇海”创新团队、市“领军和拔尖人才”第一层次各1个。

推进三李村后马断头河打通工程、宁锋片河道疏浚工程、洞桥新河（洞桥村段）生态河道建设工程等水质提升项目。作为全区唯一推荐名单，入围宁波市水利“大禹杯”先进集体。开展“撤桶并点”百日攻坚行动，完成104座公共厕所改造。沙港村获评市“美丽乡村示范村”。

“三改一拆”工作中，省道S214线拆迁清零，拆违面积12万余平方米，超额完成年度目标任务。上报循环产业园区控规调整11处。获批农转用地块15个。沙港村1号商住地块完成招拍挂手续，沙港村1号、2号工业地块完成表土剥离及围挡工程招投标。镇中心幼儿园项目开工，中心学校体育馆工程主体建筑基本完成，宣裴村新农村建设项目主体结顶，上水碶国防光缆移位工程、张鄞线至马湖路公路工程、鄞城大道及谢山路综合管线建设工程等土建工程完工。三李村上周、陈家二期项目建成189套，惠民新苑二期进入验收阶段。

深化“最多跑一次”改革，窗口基本实现“一窗通办”。推广“互联网+政务”新模式，提升“网上办”“掌上办”使用率。增加就业岗位2500余个，薪酬调查考评位列全区排名第一。镇中心小学列入全区首批“未来学校”创建试点。镇卫生院在基本公共卫生服务评价中获全省第一，获评市“无偿献血爱心乡镇”。镇居家养老服务中心开通运营，镇、村两级退役军人服务站建成使用，发放困难帮扶和拥军优属等救助款项562万余元。完成新建或改建村文化礼堂5个，镇图书馆获评市三星级图书馆，张家垫标准篮球场和羽毛球场建成并投用，“亲清家园”完成布展，镇居家养老中心开通运营。

举办海曙区第二届丰收节暨“梦枕江南、桥韵古今”迎国庆旗袍秀、“2019洞桥向前冲”全民健身快乐跑等文体活动，《洞桥故事》文化旅游丛书出版发行。古砖瓦项目通过宁波市“非遗”传统技艺类项目“三位一体”评估。

2019年海曙区洞桥镇各行政村（居委会）基本情况表

表29

行政村（居委会）名	面积（平方千米）	户数（户）	人口数（人）	集体经济总收入（万元）	集体经济总费用（万元）	集体经济净收入（万元）	总资产（万元）
石臼庙村	2.5	319	740	1988	63	1925	3538
沙港村	1.9	706	1699	349	104	246	31844
王家桥村	1.8	618	1522	316	201	116	5652
上水碶村	1	304	740	223	83	140	1555
上凌村	1.1	245	607	122	57	65	746
孙王村	1.2	278	669	111	39	73	1043
李家村	1.3	259	679	123	40	83	3829
程家村	1.7	300	761	181	48	133	3118
洞桥村	2.6	568	1342	275	121	154	7462
百梁桥村	2.3	591	1375	234	117	118	1975
蕙江村	1.3	418	961	193	78	115	1724
罗家漕村	1.01	185	425	163	94	69	800
潘家奋村	1.18	355	890	167	85	81	4701
宣裴村	2.9	526	1262	486	77	408	8907
三李村	1.7	321	740	427	127	299	8178
鱼山头村	2.3	506	1144	320	69	251	4297

续表29

行政村（居委会）名	面积（平方千米）	户数（户）	人口数（人）	集体经济总收入（万元）	集体经济总费用（万元）	集体经济净收入（万元）	总资产（万元）
张家垫村	1.8	461	1078	175	72	102	6892
前王村	1	296	681	429	73	355	2182
树桥村	1.8	515	1157	105	83	23	2780
周公宅村	0.9	404	836	140	38	101	3661
明苑社区	0.2	1425	2799	648	643	641	71
合计	33.49	9600	22107	7175	2313	5498	104955

说明：表格中数据为调查数

【“2019洞桥向前冲”全民健身快乐跑】 2019年1月12日，“2019洞桥向前冲”全民健身快乐跑活动在洞桥中心学校操场鸣枪开跑。全镇各村（居）、企事业单位60支队伍参加。活动全程7千米，5人一队，团体冲线计算成绩，洞桥村队、帅特龙集团队、新冠联公司二队分获前三名。

【“追梦人联盟”成立】 2019年4月18日，由洞桥镇、鄞江镇、章水镇、龙观乡4个镇（乡）组建成立“追梦人联盟”。联盟成为乡镇中层及青年干部沟通、学习与资源共享的平台，以资源联享、活动联办、经验联学和管理联通4个“联”为基础。联盟成立现场，28名“90后”干部围绕基层党建、优化财政支出、环境整治长效机制、农村社会治理、服务企业转型升级等展开讨论。至年底，联盟相继举办“无领导小组讨论”、联盟导师团帮教学等活动。

【“梦枕江南 桥韵古今”旗袍秀】 2019年9月27日，海曙区第二届丰收节暨“梦枕江南 桥韵古今”迎国庆旗袍秀在洞桥镇南塘河两岸举行，各镇（乡）街道的15支队伍300名旗袍秀队员组成二列方阵，从王家桥村文化礼堂出发，经休闲公园、洞桥中街、章远路、南塘河（王家桥—羁仙桥），抵达全祖望故居，并在故居前举行活动闭幕仪式。

【区行政复议局洞桥受理点揭牌】 2019年10月15日，海曙区行政复议局洞桥受理点揭牌仪式举行，这是全市首个在基层镇（乡）街道设立的行政复议受理点。受理点覆盖洞桥及龙观、横街、章水等周边乡镇，群众可直接在该点递交申请材料。相较以往受理方式，程序简便、效率高，满足群众和基层单位就近申办行政复议的需要。受理点的成立是全区行政复议体制改革试点的实质举措。

【歌曲《桥的归途》参演省“村晚”】 2019年11月24日，洞桥镇文化站选送的原创声乐作品《桥的归途》参演浙江省农村文化礼堂“村晚”编导培训成果展演赛。《桥的归途》立足于延续宁波千百年历史的“浙东学派”思想和洞桥“桥”文化，以“思乡”“归乡”为主题，融入洞桥特有的全祖望文化、“鸬鹚捕鱼”、光溪河等文化元素，用歌曲表达甬城人对水道交织、桥梁横错的家乡的思念和眷恋之情。

【洞桥镇“多企共享”新型学徒制开班】 2019年12月29日，洞桥镇在全区率先成立新型学徒制培养服务基地，首批30名工作满5年的工人完成首期课程“工业4.0”培训。基地将宁波第二技师学院与镇内多家企业实行“定向搭配”，由镇政府先行排摸企业性质、职工人数、规模等，确定学徒数量与培训主题；技师学院根据企业实际需求，定期选择1个主题为多家企业学徒集中授课，每月开设1～2期课程，授课场所主要在镇内的企业孵化中心及企业内部。培训基地的建立，解决原有企业单打独斗以及培训时间、课程分散问题，利用技师学院的教育资源实现“多企共享”。

（赵昊杰）

4月18日，4个乡镇联合成立“追梦人联盟”

章水镇

【概况】 章水镇位于海曙区西南端，东北接鄞江镇、横街镇，东南接龙观乡，西南依奉化区，西北靠余姚市，镇域面积146平方千米。2019年，辖20个行政村。总户数10344户，户籍人口2.2万余人。

实现地区生产总值9.87万元，比上年同期增长3.9%。一般公共预算收入3859万元，同比增长-10.8%。工业总产值8.41亿元，其中规模以上工业总产值4.23亿元、销售额4.27亿元、利润0.88亿元，分别同比增长-9.49%、-8.8%、9.19%；规模以下工业总产值4.18亿元。规模以上工业增加值1.18亿元，比上年同期增长0.2%；规模以下工业增加值1.07亿元，同比增长7.8%。

乡村振兴发展投资有限公司运营，旗下核心产业——红溪电站正常运营。光伏发电项目并网投运，收入达26万余元（未计省市补助）。各行政村年经营性收入达10万元，完成预期目标。

统筹实施农民饮用水达标提标专项工程。完成王吞、花岩、孔家、小皎片联村并网，半坑、北山等6个独立水站改造工程；杜岙片联村并网工程及上坪坎水站改造工程、大甘岭水站改造工程开工；李家坑独立水站完成招投标；赤水联村并网工程进入招投标阶段，解决群众“喝水难”“水难喝”问题。

交通路网联通水平进一步提升，S310荷梁线（鄞江—章水）改建工程（一期）项目、大皎至小皎“最美乡村公路”提升改造工程、杖锡至花桃公路改造提升工程、章溪新村至荷梁线联网公路工程等道路竣工验收。液化气储配站东侧泥石流整治工程、童皎村小皎不稳定斜坡治理工程完工。新建公厕12座，改造公厕8座。实现小城镇环境整治成果向坝上延伸，开展蜜岩村至赤水景观改造提升工程项目——“坝上十景”，主要为沿线村庄立面及景观改造提升，其中大皎村段基本完工，蜜岩村段进场施工。完成“大棚房”问题专项清理整治，累计排查疑似点位26处，问题点位3个，违法违规面积0.55公顷，并通过市级验收。

章水镇1号集中居住地块（樟桂园）竣工验收并交付使用。新建章水镇2号地块集中居住地块，并进场施工。宇岩下村宇丰点危房解危移民6户，安置在玉屏家苑；赤水村、杖锡村高山移民户合计131户，安置于樟桂园。李家坑村百步阶新村85套联排别墅建设完成验收并分房；杖锡村化龙庄新村一期17套住宅建设完工。启动郑家村桂家、章溪村象岩一期新村建设。

建立“三访二调一督”工作机制，组建信访代办员队伍，成立“高山下访服务队”，建成章水镇矛盾纠纷调处中心，构建全方位的基层信访处理体系。开展“美丽庭院”和“最红章水”文明示范线等创建，建立“新时代文明实践所”，并带动沿线各村成立“新时代文明实践站”。探索构建“乡贤理事”模式，村级层面，郑家村率先成立乡贤理事会；镇级层面，健全乡贤数据库并选定在鄞县民主政府旧址建设“乡贤馆”。区域性居家养老服务中心竣工验收，与已完成的19家村级居家养老服务站构建起覆盖全镇的现代化居家养老服务体系。

2019年海曙区章水镇各行政村基本情况表

表30

行政村	面积（平方千米）	户籍户数（户）	户籍人口（人）	集体经济总收入（万元）	集体经济总费用（万元）	总资产（万元）
章溪村	3.13	599	1265	148.75	215.03	1139.91
郑家村	5.31	1067	2352	569.88	440.32	6650.35
樟村村	5.43	1287	2764	318.63	436.58	1241.10
崔岙村	5.83	703	1547	131.88	103.20	763.84
朱梅村	4.16	713	1504	146.30	111.82	646.21
许岩村	4.09	635	1369	184.32	122.02	274.36
蜜岩村	7.02	719	1552	472.62	129.37	1312.76
童皎村	9.23	484	1066	189.42	89.17	940.78
大皎村	10.23	487	987	201.34	93.07	3970.01
杜岙村	7.32	602	1279	261.64	280.40	1069.82
梅龙村	4.56	540	1164	174.39	72.75	597.73
宇岩下村	3.67	278	544	136.65	64.89	555.48

续表30

行政村	面积（平方千米）	户籍户数（户）	户籍人口（人）	集体经济总收入（万元）	集体经济总费用（万元）	总资产（万元）
赤水村	6.76	340	730	659.97	257.04	1540.98
茅镬村	1.88	133	312	291.13	106.81	816.78
低坪村	2.67	175	323	173.84	268.00	1700.98
箭峰村	2.98	146	324	432.10	395.58	4050.53
杖锡村	4.98	498	1051	177.81	110.29	1346.45
李家坑	4.05	361	719	1171.87	869.35	5538.82
燕麻村	6.49	295	630	173.02	146.30	403.18
里梅村	4.83	282	626	259.87	139.07	566.11

说明：表格中数据为调查数

【章水镇1号集中居住地块交付使用】 2019年1月15日，章水镇1号集中居住地块（樟桂园）竣工验收并交付使用。项目主要用于拆迁安置和高山移民，位于郑家村区域内，西以新建规划路为界，南靠章水镇主干道菏梁线，东北侧临接建设中的后溪河。地块规划用地1.77公顷，建造7幢5层共159套带车库、车棚多层住宅，1幢4层社区配套用房及部分社区和物业办公经营用房，总建筑面积23043平方米，容积率1.15，绿化率30%。设置机动车停车位124个。

【“最红章水”文明示范线启动】 2019年4月13日，“最红章水”文明示范线启动。章水镇依托山水资源和生态优势，将7个地域相邻、文化相近、生态相似、风俗相仿、经济相融的村庄景点连点成线。示范线贯穿“红色引领、绿色发展”理念，突出“文明+农旅融合”“文明+志愿服务”“文明+文化自信”“文明+产业提升”“文明+乡村振兴”五大聚合，形成“创新朱梅”“人文蜜岩”“生态大皎”“宜居赤水”“秀美茅镬”“古意李家坑”“花漾杖锡”的“红色景观线”，带动沿线农村环境面貌和文明水准整体提升。同日，四明山（杖锡）樱花节女子半程马拉松比赛开跑，11个国家和地区的千余名马拉松爱好者参与。

10月12—20日，海曙区“中国农民丰收节”之2019年宁波李家坑第七届吊红节开幕

【章水镇频繁发生小震级地震】 自2019年5月16日始，章水镇共计发生大小地震百余次，最大震级为5月28日16时52分35秒的Ms2.8级地震，地震感明显，但未对当地及周边地区造成人员伤亡和严重经济损失。

【全区首个村级乡贤理事会成立】 2019年6月28日，郑家村成立章水镇首个村级乡贤理事会。理事会利用章水镇乡贤资源众多的优势，发挥乡贤在“美丽乡村”建设、“乡村振兴”实施、基层治理参与的作用。理事会吸纳73名会员，涵盖商界人士、文化名人和地方爱心企业家等。郑家村是继集士港镇深溪村、洞桥镇沙港之后，海曙区第3个成立乡贤理事会的村。

【章水镇2号集中居住地块动工建设】 2019年9月20日，章水镇2号集中居住地块开工建设。地块主要用于高山移民安置，地处郑家村、樟村村交界处，西靠规划道路，北临通远路，南接中溪河，东靠后溪河。地块一期建设用地面积2.87公顷，总建筑面积38695平方米，容积率1.34，绿地率30%。建造住宅315套、机动车位180个。

【第七届吊红节开幕】 2019年10月12—20日，由章水镇政府主办，李家坑村承办的海曙区“中国农民丰收节”之2019年宁波李家坑第七届吊红节开幕。除采摘吊红外，还以“走绿色发展道路，绘乡村振兴新篇”为主题，举行翰墨丹青描古村、唐装汉服游古村、天籁李家坑、民宿篝火晚会、乡贤话振兴、民宿农创沙龙座谈会、传统手艺展示大会、“最美天坑”摄影比赛、善教堂私塾少儿诗文争霸赛等系列活动。

【纪录片《情怀》发布】 2019年11月16日，章水镇首部红色专题纪录片《情怀》发布，纪录片分为“碧血丹心”“蹈锋饮血”“履险如夷”3个篇章。镇党委挖掘利用区域内红色资源，在制作期间专门邀请“三老人员”（中华人民共和国成立前入党的农村老党员、老游击队员和老交通员）和部分烈士家属，以口述历史、视频访谈形式，真实反映章水镇革命历史，展现革命先辈理想信念与家国情怀。

【“四明问秋”国际越野赛】 2019年11月24日，“四明问秋”国际越野赛在章水镇鸣枪开跑。赛事由区文广旅游体育局、章水镇政府联合主办，设置53千米大师组（爬升3044米）、33千米精英组（爬升2186米）以及18千米挑战组（爬升588米）3项6个组别。来自世界11个国家的越野跑爱好者近800人参与。

（当　驰）

“美丽交通走廊”——庄顶线

龙观乡

【概况】 龙观乡位于海曙区西部，东临鄞江镇，南连奉化区，西北靠章水镇，乡域面积73平方千米。2019年，辖10个行政村和1个居委会，总户数4784户，户籍人口10971人。

实现地区生产总值5.4亿元，比上年同期增长1.9%。一般公共预算收入3139万元，财政总收入5700万元。固定资产投资6500万元，工业投入1024万元。进出口总额11199万元，限额以上商贸业销售3192万元，限额以上社会消费品零售总额427万元。实际利用外资100万美元，“浙商回归”到位资金700万元。

通过省“旅游风情小镇”创建单位验收、省“体育运动休闲小镇”培育单位验收和市“乡村全域旅游示范区”复评，龙溪、桓村完成省“AA景区村庄”创建。举办中华人民共和国成立70周年暨“满陇桂香”文化旅游节活动。承办2019年“双11”全国持杖行走联动日主会场活动，游客104万人次，旅游收入7200余万元。投资3亿元的宁波半山伴水度假村试营业。龙谷村“天民”、李岙村“诗情画意”、龙溪村“龙溪晓苑”等大众民宿建成，龙谷村创建成为市“民宿集聚村”。开展五龙潭景区“云端漫步·五龙祈福”、向阳舍慢生活农场“海曙区首届开茶节”、龙观禅那（民宿）“禅那之夜”等文化活动。

推进投资总额2.5亿元的龙王溪改造工程，其中一期投资1.5亿元，通过拆迁安置，实现河道拓宽美化、桥梁改建增设，建成集防洪、观光、休闲于一体的亲水溪流。累计新建或改造提升公厕16个。提升乡垃圾中转站的污水处置能力，出水水质达到标准排放。提升旅游基础配套，乡游客中心完成装修。提升中坡山森林公园门户区环境，完成庄顶运动环线“最美旅游公路”建设。五龙潭景区建成生态木栈道，提升青草湾区块外立面形象。完善龙观全域智慧旅游系统。大路村新村一期完成分房，雪岙新村201套联排结顶，龙谷天井岙新村进入主体结顶阶段。龙兴路沿线26套联排住宅主体工程完工。

推动农业园区建设，申报省级“特色农业强镇”。向阳舍慢生活农场的茶叶、水蜜桃等实现错季上市。宁波汇亨精品果园、龙观庄园的农产品销售额达300余万元，初步形成“春赏花，夏尝桃，秋闻桂，冬品酒”的发展路子。建成乡农合联现代农业服务中心，成为全市示范中心之一。帮助会员企业申请信用贷款超50万元。4家企业入选区“技术改造项目计划库”。建立“专精特新”企业培育库入库企业8家。“低、小、散”块状行业整治完成5家。创建“国家卫生乡”，巩固提升小城镇整治成效。

投入200余万元，龙观乡党群服务中心和志愿者工作驿站建成并投用。提升社会保险参保服务质量，办理养老、医疗等五大险种14350余人次。为47家企业提供社保补贴近39万元，发放灵活就业人员办理社保补贴约9万元，发放失业金104万元。发放民政、残联、慈善等各类救助资金65万元，惠及3000余人。建成乡居家养老服务中心并投入运营，泰利颐养院投入运营。“清新乡居”文明示范线代表海曙区参加2019（中国）宁波特色文化产业博览会。投入100万元的乡中心幼儿园门户改造工程完工。与海曙区第二医院加强联动，推进双向转诊，专家下沉；家庭医生普通人群签约率达36%，重点人群签约82%，续约率73%；高山巡回医疗车车载设备配备完善，定点定位服务乡域高山村民。实施“百川工程”“送电影下乡”工程，完成第七次浙江省体育场地普查。

2019年海曙区龙观乡各行政村（居委会）基本情况表

表31

行政村（居委会）	面积（平方千米）	户数（户）	人口数（人）	集体经济总收入（万元）	集体经济总费用（万元）	总资产（万元）
金溪村	1.90	406	979	409	357	1526
后隆村	6.10	881	2069	170	430	6212
龙谷村	17.50	613	1435	417	345	2845
桓村村	5.90	613	1584	262	477	12067
龙溪村	15.20	508	1136	224	337	587
龙峰村	9.80	281	626	206	197	2335
大路村	4.10	320	770	80	291	10586
山下村	2.50	200	497	237	262	10855
李岙村	3.60	243	576	263	914	1372
雪岙村	6.40	335	751	344	147	9695
龙观社区	0.09	384	548	39	47.6	63

说明：表格中数据为调查数

【龙观乡大路村新村一期分房】 2019年1月，龙观乡大路村新村一期246套新房分房到户。大路村“旧村改造新村建设”工程于2015年启动，总投资1.1亿元，包括联排310套、多层140套。按照村庄建设规划，将大路村大路沿、吴岙两个自然村拆并至杏村，公共服务配套设施共享共用；通过土地综合整治，将撤并自然村宅基地还耕，节约土地1.39公顷，实现农村土地节约集约利用。

【樟溪河干流整治工程（龙王溪段）开工】 2019年1月2日，樟溪河干流整治工程（龙王溪段）进场施工，治理范围西起五龙潭风景区，东至后隆村樟溪河处，途经青草湾、天井岙、南苑风景区等地。工程总投资2.33亿元，拟拆建跨溪桥梁7座，新建护岸3.5千米、亲水步道8.6千米，建设两岸沿溪防汛通道4.7千米、沿溪景观绿化3万平方米。

【龙观乡获评市“乡村全域旅游示范区”】 2019年1月7日，宁波市第三批“乡村全域旅游示范区”验收结果公布，龙观乡成为此批次海曙区唯一乡镇。龙观乡自2017年起，围绕“规划引旅、服务促旅、项目强旅、招商活旅、节庆兴旅、合力扶旅”，加大软硬件基础设施建设力度，在乡域交通重要节点新建停车场5个、改造公厕30座、新建“驿站+旅游”公厕6座、光伏厕所3座；开发数字化旅游地图，完善标识导览、智慧指引系统。同时，推进“农旅融合”，推广半山伴水度假村、龙观庄园和李岙花海等项目，建设集“休闲、旅游、养生、居住”于一体的“美丽乡村”群。

【全区首个智慧旅游平台上线】 2019年4月29日，龙观乡全域智慧旅游系统一期平台上线投用。包括景点导览、720度全景地图、电子商城等3个模块9项功能，市民可通过该平台察看景点、在线购票、预订餐饮和民宿或酒店、购买特产，了解游玩攻略，实现玩转龙观“一条龙”。该智慧旅游平台共两期，建成投用后，全乡可实现重点景区无线网络覆盖，配有车辆管理系统，五龙潭景区形成内部智慧系统。

【龙观乡获评市级体育先进单位】 2019年8月31日，龙观乡获评2015—2018年度市“体育工作成绩突出单位”。2019年，龙观乡结合“乡村振兴”战略，以“体育+休闲+运动”产业为乡域经济新的增长点，在体育产业中融合旅游、文化等元素，举办全国徒步大会“双11”执杖行走联动日宁波海曙站、“江南100千米”越野赛、宁波市第六届群众登山大会等赛事，提升影响力。同时不断完善接待能力，至年底，全乡有度假酒店、精品民宿和“农家乐”等相关企业47家，可提供客房220余间、餐位2500余个。

【龙观乡文化旅游节】 2019年9月28日，龙观乡在宁波半山伴水度假村举行文化旅游节开幕式。开幕式表演以“桂花”为主题，包含献桂、咏桂、品桂等7个部分。文化旅游节包含“初秋赏桂游走千亩桂花园”活动、体验美丽经济交通走廊“路即是景”迷人风采、感受龙观庄园高山露营基地独特风光等。活动持续至11月中旬。

【宁波半山伴水度假村试营业】 2019年9月，投资约3亿元的宁波半山伴水度假村试运营。项目是国内首个以户外拓展和企业团建为主要特色，集休闲度假、户外活动、亲子游乐等功能于一体的休闲度假旅游综合体。内有音乐广场、商业街、青年酒吧、房车营地、可同时容纳1500人就餐的阳光宴会厅等。度假村提供8个主题100余个游乐项目，包括高空绳索、云霄滑索、

9月，宁波半山伴水渡假村试营业

自由落体等，其中户外设备水晶塔可同时容纳120人游乐拓展。

【龙观乡首家居家养老服务中心开业】2019年10月10日，龙观乡居家养老服务中心开业，覆盖全乡所有居家老年人。中心按照公建民营的社会化养老模式运营，提供配餐服务（每餐最高达300份）、生活照料、康复保健、文体娱乐等多样服务，满足老年人"食、住、医、养、学"多层次需要的"1+X"一站式照护需求。

【"双11"全国持杖行走日活动】 参见"体育"类目"群众体育"分目

【全区首家旅游行业工会联合会成立】2019年12月18日，龙观乡旅游行业工会联合会成立，成为全区首个专门为旅游组织、企业职工提供精准服务，引导职工助力旅游产业升级，开展人才引进、文化提升的组织。联合会由旅游服务、"农家乐"、民宿、采摘、农副产品5个产业组成，涵盖全乡32家企业，覆盖职工350余人。

【龙观乡获评省"旅游风情小镇"】2019年12月24日，省文旅厅公示第三批省级"旅游风情小镇"名单，龙观乡入选。龙观乡制定全域旅游战略，以建成"乡镇·景区一体化"为目标，推进重点项目建设、特色业态集聚、文旅产业链培育，形成"一区三带"的全景化旅游发展格局。畅通旅游交通网，建成龙溪隧道公路，打通海曙与奉化的两地阻隔，使五龙潭景区和溪口景区车程缩短至15分钟；建成"美丽交通走廊"庄顶线，连接中坡山森林公园和观顶湖两大景区，盘活半山、观顶、礵溪等高山自然村旅游资源。建设"智慧旅游"体系，建成全乡游客服务中心，完善旅游指引系统。注重景区村庄的创建下沉，至年底，创建浙江省AAA级、AA级、A级"景区村庄"各1个。

（卢江丽）

石碶街道

【概况】石碶街道位于海曙区东南部，东临奉化江，与鄞州区钟公庙街道相对，西至宁波栎社国际机场，与古林镇相接，南接奉化区，北邻段塘街道，区域面积34平方千米，其中建成区9.3平方千米。2019年，辖15个行政村、6个社区、1个渔业社，常住人口5.1万人，外来人口登记在册8.5万余人。

实现地区生产总值148.5亿元，比上年同期增长约6.3%；完成财政总收入18.21亿元，同比增长3.9%，一般公共预算收入10.33亿元，同比增长8%。工业总产值245.6亿元，同比增长9.8%；规模以上工业增加值55.73亿元，同比增长17.2%；高新技术产业增加值21.34亿元，增长13.8%。推进"小升规"工作，新增规模以上企业24家；引进本科以上人才约550人，其中研究生及以上人才45人；申报各类科技型企业46家，其中"高新技术企业"4家、省"高成长科技型中小企业"3家，市"创新型初创企业"39家。新增省"高新技术企业研究开发中心"2家，引进市"泛3315"项目1项、区"百创汇海"项目2项。引进企业668家，其中注册资本100万元以上412家。完成内资1.69亿元，"浙商回归"2.48亿元，引进外资2317万美元。

省道S214线改建工程于12月底全线竣工通车；轨道交通5号线工程完成沿线10家企业的公路留底、工业土地1.5万平方米、冯家村7119平方米集体建设用地的征收和4603平方米林地征收签约；机场四期前期工作完成车何渡村住宅的数据调研、入户调查和农房再确权；小杨家危旧房改造一期项目199户全面完成签约房屋拆除；鄞县大桥至同德路扩建工程完成丈量评估、确权；机场三期汪家姜沈待拆项目、栎社新桥带拆项目、万成路断头路项目、塘西村陈江岸地块进入清零扫尾阶段。

总投资3000万元的横涨新村二期建设项目于9月底抽签分房，总建筑面积1.19万平方米；横涨点大龄青年安居房项目总建筑面积1.5万平方米，总投资9500万元，8月完成抽签分房和结算交房；塘西新村二期于1月完成1289套新房抽签，同时办理不动产权证初始登记手续；黄隘村新村（二期）建设项目完成项目管理与勘察设计招标，建设地块表土剥离完成招标进场施工；上王村新村项目完成立项、选址和规划方案审批，进入扩初与施工图并联设计阶段；冯家村、雅渡村、后仓村等新村建设项目通过区联席会议审批。

安排涉及重点工程拆迁安置的抽签5次，累计安置1358套新房。其中，万隆花苑、旺源雅源、姜沈庭苑安置涉及机场路南延、轨道二号线、机场三期等重点工程及无房户、大龄青年495户，抽签分配新房628套；栎和佳苑安置涉及机场三期、省道S214线等项目涉及5个行政村的339户被拆迁户，共计抽签分配新房521套、安置小杨家危旧房项目被收购户和9户建庄村被拆迁户新房209套。

57座农村公厕完成施工；万国商城综合楼新建工程初步完成设计方案；雍景园断头路临时道路通车；栎社老街改造工程开工建设。投入180万元，南新塘河周边河道清淤3.17万平方米；投入165万元开展南新塘河水城脱氮磷水环境提升工程，保障南新塘河水质进一步提升。累计实施生态修复河道20条，水域面积12.7万平方米。关闭奉化江星光段、后仓村4处养殖场，基本实现“河面无杂草和漂浮物，河中无障碍、河岸无垃圾”。“三改一拆”拆除建筑面积24.72万平方米，完成全年目标的206%，排名全区首位。在各行政村建立垃圾分类投放点或景观式垃圾分类亭，32个住宅小区垃圾分类工作达标。配合村庄环境整治，星光村光文路、横涨村、西杨村局部地块覆绿工程完成。

优化办公资源配置，提供一站式服务，完成政务服务“一门、一次”改革任务；创新推出上门服务、周末预约服务和陪办制服务。城乡居民基本医疗保险日常申报1.13万人。受理失业登记1061人，办理城镇灵活就业社保补贴4624人次，被征地人员社保补贴439人次。依法推进“无欠薪海曙”建设，对90家企业开展专项巡查，处理劳动人事争议仲裁（调解）案件223件。20家服务站提供服务5855人次，投入财政资金210万元，启动建设石碶街道区域性居家养老服务中心。

开展首次校园“精细化管理论坛”，探索新时代校园管理的理念和方法。35名毕业生被鄞州中学录取，普高录取上线率达45.8%，列全区前茅。启动“健康石碶”建设，“线上线下”普及健康知识，开展重大传染病疫情的防制干预宣教活动，重点开展病媒生物防控，加强专业消杀。提供“跑一次”和“零跑次”暖心服务，聚焦重点人群，深化家庭医生签约服务。完善计生家庭扶持制度，奖扶380人，实行特殊家庭分类关怀制度，进校进企关爱流动人口，“康乃馨”救助维护妇女儿童权益服务80人次。

10月6日，石碶街道举办“文开台湾 情系两岸”光文故里海曙马拉松赛

开展大型系列活动“爱中国、享盛世、赞石碶”庆祝中华人民共和国成立70周年系列文化体育活动。“百场公益电影进文化礼堂”展映活动共放映电影120场。国庆期间文化礼堂优秀综艺节目巡演11场；举办书法、戏曲、二胡公益培训班96次，惠及群众6400余人次。举办“文开台湾 情系两岸”光文故里海曙马拉松赛，协办“文开台湾·情系两岸”纪念沈公光文407周年诞辰海峡两岸文化交流活动。

配合完成车棚车库住人排查、平安创建宣传等重点中心任务，处置闭环率100%。完善“大安全、大应急”管理体系，提高安全事故预防能力，检查企业1294家次，发现安全隐患1556条，出具行政执法文书171份。强化危化品企业排查，建立“一企一档”清单和动态核查机制。推进辖区群租房、企业厂房违规改建公寓楼等整改工作。推进消防安全执法检查专项行动，排查190余家次，发现隐患160余条，全部整改完毕。开展预防溺水工作，对辖区内54条河流210.57万平方米水面进行实地勘查，加固防护栏、设立救生设施及防溺水警示牌。开展食品安全专项检查，完成省“食品安全区”创建验收。

2019年海曙区石碶街道各行政村（居委会）基本情况表

表32

行政村（居委会）	面积（平方千米）	户数（户）	人口数（人）	集体经济总收入（万元）	集体经济总费用（万元）	总资产（万元）
石碶村	1.5	1021	2848	1412	89	9562
塘西村	1.5	827	2174	1666	123	23350
雅渡村	1.6	850	2279	893	78	10438
冯家村	1.2	930	2534	289	73	5728
后仓村	1.5	655	1742	1106	82	3307
黄隘村	1.6	590	1560	959	53	21310

续表32

行政村(居委会)	面积(平方千米)	户数(户)	人口数(人)	集体经济总收入(万元)	集体经济总费用(万元)	总资产(万元)
联丰村	1.5	530	1294	611	65	8161
星光村	1.3	1055	2589	820	101	5676
栎社村	1.5	1149	2610	468	95	3063
汪家村	1.8	801	2055	1046	97	6394
东杨村	2.1	659	1607	396	73	1499
横涨村	2.5	1109	2597	1117	164	6348
西杨村	2.1	746	1753	332	82	2387
上王村	2.5	573	1408	257	83	1669
车何渡村	2.6	887	2159	384	178	4406
建庄社区		758	1935			
石碶社区		2995	7381			
东方社区		1966	5213			
新区社区		1911	4846			
丽洲社区		717	1824			
锦丽社区		338	814			
合计		21067	53222	11756	1436	113298

说明:表格中数据为调查数

【石碶街道庆祝建党98周年庆祝大会】 2019年6月30日,石碶街道举行建党98周年文艺会演——暨“不忘初心、牢记使命”主题教育党日活动。全体机关党员、干部,各行政村(社区、渔业社)党员代表,企事业单位党组织负责人、党务工作者约1300人参与。现场进行领导致辞、新党员入党宣誓、党建共建结对仪式、50年老党员授牌等6个议程,活动全程通过微信直播,“线上线下”共庆建党98周年。

【“小蜜蜂平安巡逻队”项目启动】 2019年7月27日,石碶街道“平安幸福路·志愿护你行——小蜜蜂平安巡逻队”项目启动。项目以促进基层治理中政策法规宣传、社情民意传递、矛盾纠纷调解、社会治安和环境卫生协管水平提升为目标,小蜜蜂平安巡逻队采用积分制,充分发挥“平安志愿者”积极性。

【杨沛宇捐献造血干细胞】 2019年10月12日,田莘耕中学教师杨沛宇于宁波市第一医院捐献造血干细胞。经过5个小时,捐献的270毫升造血干细胞于当天下午1点半通过飞机送往被救助患者所在地,杨沛宇成为海曙区第5位、宁波市第88位、浙江省第506位造血干细胞捐献志愿者。杨沛宇从事教师岗位16年,先后获得区“教坛新秀”、区“体育教师基本功竞赛二等

10月22日,雅戈尔集团股份有限公司与海曙区人民政府签署定向捐赠教育资金协议,捐赠8800万元

奖”、区“教育系统优秀共产党员”荣誉，积极参与无偿献血工作，累计献血超过5000毫升。

【雅戈尔集团捐资助学】2019年10月22日，雅戈尔集团股份有限公司与海曙区人民政府签署定向捐赠教育资金协议，再次捐赠8800万元用于雅戈尔中学升级提升，主要涵盖学校班级扩容，教育设备、设施等硬件购买等。扩容后，学校班级数由30个增至46个，进一步满足周边地区的就学需求。雅戈尔集团是街道内捐资助学数额最多的企业。

【栎和佳苑安置房抽签】2019年10月27日，栎和佳苑安置房分房第一批抽签工作完成，标志着机场三期项目（石碶段）安置全部结束。栎和佳苑安置房占地4.46公顷，总建筑面积118342.51万平方米，地下室29923.7平方米。由15幢14层单体组成，有住宅862套，套型分7个档位；地下车位640个。此次安置分房抽签主要针对机场三期、省道S214线等项目拆迁户，339户拆迁户参加抽签，抽出7个档位521套房子，其中机场三期项目安置抽取388套。

【拉堡生物科技细胞工程与临床转化基地开工】2019年12月2日，2019年市级重点项目——三生集团旗下公司拉堡生物科技（宁波）有限公司投资建设的拉堡生物科技细胞工程与临床转化基地动工建设。项目位于黄隘村工业园区，西至雅源南路，北至鄞州大道，总占地面积7.47公顷，其中一期项目占地面积4.45公顷，主要为两栋厂房，总建筑面积82026.37平方米，基建投资近2.55亿元。项目建设期约2年，建成后主要研发、运用细胞领域技术，定位为有国际影响力的细胞研发产业基地，预计建成5年后可实现销售额15亿元、税收1.51亿元。

（史微微）

月湖街道

【概况】月湖街道地处宁波市中心，东起解放南路，西至长春路，南邻灵桥路三市路口，北依中山路，地域面积2.07平方千米。2019年，下辖7个社区，总户数9078户，总人口23393人。

实现地区生产总值53.31亿元，比上年同期增长10.7%；财政总收入6.25亿元，同比增长18.4%；一般公共预算收入3.08亿元，同比增长17.7%。引进企业340家，注册资金19.59亿元，其中包括宁波市炜坤供应链管理有限公司、宁波圣钰贸易有限公司等优质商贸企业；大市外实到资金8.35亿元，“浙商回归”资金1.31亿元；2人入选市“泛3315计划”。

启动林宅、朱宅、邹宅共114户、总建筑面积约4373平方米的房屋处理，完成公告张贴、入户调查等；偃月、迎凤2个老小区品质提升试点收尾验收；完成部分小区配电箱净化美化、信报箱更换等“微改造”项目34个。推进街道“全域景区化管理”，改造提升月湖菜场，动态跟踪月湖区域水质，试点“区域保洁一体化、装潢（大件）垃圾日产日清机制、严管重罚重点路段无证摊贩”等城区管理创新做法。指导完成偃月、紫金、镇明等5个小区的物业费提价。实施沿街小餐饮企业油水分离安装工程，清理14个小区共1万余平方米乱涂写面积，打击处理一批“牛皮癣”制造者，立案查处20余起，整改14户违规群租房、50户车棚住人现象。配合开展解放南路立面改造工程。

创新基层治理机制，通过民主协商、物居联席等方式，深化“参与式治理”，凭借“开放空间”技术运用的经验做法，接待省内及北京等各地考察团15批次。提升社区特色打造和品质，迎凤小区完成省级“无障碍社区”创建，太阳社区居家养老服务站点提升为AAA星级，县学、太阳老小区各加装电梯1部。推进辖区“片网融合”工作，推出“753”包片联户工作法，社区书记继续实施“夜门诊”工作，完善基层自治成效。完成军人信息采集工作，召开就业招聘会30余场，服务求职人数1500余人次、企业300余家。

“不忘初心、牢记使命”主题教育活动中组织“一五一十”午学及集中研讨等20余次，班子领导讲党课13次，开展调研活动84次，完成调研课题18个，做好主题教育推进会、支部书记专题轮训、支部集中学习研讨、以考促学成果检验、党员参与志愿服务、支部领办攻坚项目等，开展专题“民主生活会”，抓好检视查摆问题和整改落实。党员干部深度参与垃圾分

2019年海曙区月湖街道各社区基本情况表

表33

社区	面积（平方千米）	户数（户）	户籍人口数（人）
太阳社区	0.46	1059	2529
平桥社区	0.13	1633	3849
迎凤社区	0.11	1434	3958
梅园社区	0.25	1834	4934
县学社区	0.24	1949	5663
天一社区	0.26	780	1577
桂井社区	0.12	389	883

说明：表格中数据为调查数

类督导服务、文明交通指挥、环境整治等。

【月湖街道创建省“垃圾分类示范片区”】 2019年，月湖街道发动机关事业单位、学校、医院、企业、商务楼宇、农贸菜场、沿街商铺等680余家单位，对所辖全部小区和零星地块开展生活垃圾分类“全领域覆盖”工作。其中，重点发动维科大厦、中外运大厦、中信银行等总部楼宇、单位的辐射带动作用，建立自测自评、每月通报、对账销号等制度。至年底，月湖街区获评2019年度省级“生活垃圾分类示范片区”，镇明小区被评为2019年度省级“生活垃圾分类高标准示范小区”。

12月30日，月湖菜市场改造完成

【望湖市场周边环境整治】 2019年，月湖街道以梅园小区为重点，对望湖市场周边环境进行整改。梅园小区毗邻望湖市场，部分居民将车棚“破墙开门”，出租给市场经营户，小区内跨门堆放杂物、乱搭雨篷等乱象丛生。月湖街道联合相关部门，前期实地调查取证，发放责令改正告知书；10月11日始，组织80余人实施施工封堵、维稳安保、群众疏导、物品搬运、秩序维护等工作。至10月底，17处“破墙开门”车棚被封堵。

【县学社区“清廉社区”示范点创建】 2019年，月湖街道以县学社区为试点，开展“清廉社区”示范点创建。县学社区按照“居民自治、监督联动”工作思路，围绕“制定一套制度、建立一支队伍、营造一种氛围、开展一批活动、培育一群示范”的“五个一”清廉建设目标，汇编“清廉十章”规范性制度10类近40条，挖掘王应麟文化内涵，因地制宜建设“一墙、一厅、一园、一品、一亭”1000余平方米的清廉文化阵地。至年底，创建基本完成。

【文华大厦消防隐患整改】 2019年5月，月湖街道文华大厦通过第三方检测和消防部门验收，消防隐患整改完成。文华大厦于1998年交付使用，因消防报警器失灵、防火门破损等安全隐患，被列入2018年区“重大火灾隐患单位”。街道通过指导大楼业委会改选、签订整改责任状、配套鼓励资金支持、全过程指导监督等方式，督促业委会压实压紧消防安全主体责任。业委会以按面积大小均摊费用方式筹措资金，投入15.5万元，对室内消防系统进行全方位维修、调试。

【月湖菜市场整体改造完成】 2019年7月，月湖菜市场改造项目启动。9月底，完成临时菜场搭建；10月8日，原菜场腾空并主体施工；12月底，完成原菜场主体改造升级及周边净化美化；12月31日，120余个摊位、99个经营户回搬入驻。改造期间，根据市民对“菜篮子”的实际需求，将摊位由原来的149个减至106个，在内部重新划分水产、蔬菜、豆制品、肉类禽杂、熟食5个功能区，设置统一的冰柜区、熟食独立清洗区等。硬件管理上，更新智慧溯源系统；全面翻新周边市政基础设施，系统解决周围老旧小区外墙破损、化粪池外溢、管线老散乱、地下管网堵塞、场内外照明等问题60余个。软件管理上，加强监管效率，健全商户诚信系统建设等。

【区第二届职工微朗读大赛在月湖街道举行】 2019年7月，由区总工会主办，月湖街道总工会承办的海曙区第二届职工微朗读大赛在月湖金汇小镇举办。大赛报名作品50余组，参赛选手近百人，经初评复审20组入围决赛。7月13日，在业界知名专家评委组和近百名观众的现场观摩下，月湖辖区企业维恩教育集团的崔颖、光大永明人寿集团的顾萍获得“十佳朗读者”称号，街道社保站工作人员章江琴获得优胜奖。决赛直播近3小时，实时观看人数1.74万人，留言点赞数4289条，实现现场与在线实时互动。

（章江琴）

西门街道

【概况】 西门街道地处海曙区东北部，东沿北斗河、北郊路，南起西塘河，西至萧甬铁路与望春街道毗邻，北至蔡江河与江北区接壤。辖区面积3.5平方千米。2019年，下辖13个社区，有户籍人口5.12万人，实际居住人口6.1万人。

实现地区生产总值279133万元，比上年同期增长10.8%。完成财政总收入27155万元，比上年同期下降7.2%，其中一般公共预算收入13893万元，同比下降6.0%。限额以上零售额1299927.7万元，同比增长12.9%；限额以上营业额119298.4万元，同比增长47.1%。引进429家企业，比上年同期增长32.0%，注册资金170019.99万元，同比增长22.6%；大市外资金实到7.6亿元，完成全年任务指标的163%；“浙商回归”资金超额完成全年任务目标；实际利用外资10万美元。中天立泰（浙江）数据科技有限公司、宁波弈麟影业等一批发展势头好、区域带动性强的企业落户街道。引进各类人才334人，其中硕士研究生以上学历、副高以上职称、高级技师以上技能等级人才33人；宁波工程学院“海蓝宝”众创社区申报省级创业园。累计联系走访企业350余家次，协调解决政策兑现、高新技术企业认定、初创企业科技年报上报等各类问题80余个。

启动高塘三村整体征收。完成高塘花园改造整治收尾；投入经费300余万元，开展柳庄小区、翠柏一里小区、翠柏路沿线和铁路沿线小区微改造、微提升，重点实施违章建筑拆除、绿化补种提升、路面门面修整、围墙隔离修缮等项目，清理绿地种菜560平方米、补种道路绿化500平方米、粉刷房屋立面4200平方米、铺装路面680平方米、美化墙面400平方米。推进后河小区、钱东小区整体改造工程。垃圾分类执法进小区，6月底全面完成“撤桶并点”工作，生活小区垃圾投放点位由203个撤至116个，撤桶比例达42.8%，辖区入户指导率达92%。

制定《西门街道“一窗受理、集成服务”改革工作方案》，推行“家门口”服务帮代跑；累计为7000人次办理各类补贴，走访辖区单位350家，举办大小型招聘会5场，开发岗位2713个，帮助失业人员实现再就业850人。成立街道退役军人服务站，退役军人和其他优抚对象资料入档；“隐形翅膀助远行”失独家庭关爱项目成为全区唯一获评中国计生协“暖心家园”项目。

宣传“扫黑除恶”专项斗争，发放“扫黑除恶”小知识宣传折页2万余份，张贴宣传海报1万余份，举办各类广场“扫黑除恶”宣传活动40余次场，累计受众2万余人。专项开展出租房消防安全、食品药品安全、特种设备安全等各类排查整治活动30余次，检查重点企业179家次，整改隐患60余起。开展综合环境整治，累计清退违规使用的车棚库（库）360余间、群租房69户，拆除小区内各类违章搭建92处、清理乱张贴楼道750个，查处乱张贴11人次、拖离“僵尸车”21辆、清理共享单车2400余辆。

开展“不忘初心、牢记使命”主题教育，挖掘选树西门“初心典型”；开展领导班子基层大调研大走访，排摸梳理问题30余条；组织开展“警示教育月”系列活动，举行各类廉政教育12场次，排摸发现问题线索11条，查办党员违纪案件3起。

2019年海曙区西门街道各社区基本情况表

表34

社区名称	面积（平方千米）	户数（户）	户籍人数/居住人口数
北郊社区	0.32	2538	4009/6800
龙柏社区	0.06	867	1863/1687
翠中社区	0.08	1760	3500/4300
钱东社区	0.06	1581	2997/2097
胜丰社区	0.35	2895	5056/6986
文化社区	0.21	1758	3681/2583
翠南社区	0.07	1150	1926/2830
汪弄社区	0.35	4950	11644/13861
新芝社区	0.34	2887	4488/6220
永丰社区	0.12	1688	3636/4718
柳庄社区	0.07	1411	2986/2873
芝红社区	0.03	986	2180/0
新高社区	0.09	1528	3368/2160

说明：表格中数据为调查数

【西门街道纪念中国共产党建党98周年大会】 2019年6月27日，西门街道召开纪念中国共产党建党98周年大会。现场举行新老党员“赓续初心，勇担使命”红色传承仪式，为新成立的小区业委会支部和银辉支部授牌。随后，区委党校黄晓琴向党员干部讲授“不忘初心、牢记使命”——深刻领会习近平新时代中国特色社会主义思想党课，100余名党员参加。

【“两院一园”开园】 参见“海曙区人民政府”类目“综述”分目

【团中央到北郊社区考察共青团工作】 2019年7月23日，团中央权益部赴西门街道北郊社区考察共青团工作。考察组实地察看北郊社区青少年服务阵地，听取北郊社区关于首批全国“双零社区”（青少年“零犯罪”和青少年“零受害”社区）创建情况汇报，肯定团街道工委和社区团支部创建工作取得的成绩。

【高塘菜场违章建筑拆除】 2019年11月，新高路47弄顶棚100余平方米违规搭建全部被拆除，高塘菜场周边环境得到改善。违章建筑位于高塘菜场西北出口，存在时间较长，长期作为无证摊贩和商铺跨门占道经营的场所，严重影响市容。街道

12月26日，高塘三村危旧房改造地块项目房屋征收签约现场

在完成排摸、告知等环节后，拆除违建顶棚。

【高塘三村危旧房改造地块项目征收启动】 2019年12月26日，高塘三村危旧房改造地块项目房屋征收签约工作启动。征收范围东至望京欧院围墙（不含）、新高路4弄（不含），南至新高路，西至新芝路，北至永丰西路，合计征收总户数831户，总建筑面积5.23万平方米，是2019年海曙区内启动的最大体量的棚改项目。被征收居民通过抽签，安置到望童北苑、丽象佳苑、春城花园北侧（期房）、信谊小学东（期房）4个区域。

【后河小区改造提升项目完成】 2019年12月27日，西门街道文化社区后河小区改造提升项目完工。项目是2019年市“老旧小区微改造民生实事工程”首批42个名单之一，总投资约1350万元，其中小区居民出资其中的10%，属于共同缔造。7月17日入场施工，重点进行新增停车位、景观绿化提升、沿街店铺招牌改造等项目。

（王　倩）

江厦街道

【概况】 江厦街道地处宁波市最繁华的商贸商务核心区，东濒奉化江，西邻解放南路，南至兴宁桥西，北靠中山东路，区域面积1.43平方千米。2019年，辖4个社区和天一、城隍庙2个商圈。户籍人口超过1.6万人。

实现地区生产总值81.15亿元，一般公共预算收入3.74亿元，实际利用外资2037.1万美元，完成指标的156.7%。主导产业明显提升，限额以上商品销售额290.54亿元，比上年同期增长5.6%，引进“中国民营企业500强”之一的江阴澄星实业集团有限公司下属全资子公司——橙新化工有限公司，营收7.8亿元。聚焦知识型服务产业，引进共享办公领域的“独角兽”企业——“优客工场”等一批优质企业。规模以上其他营利性服务业营业收入27.85亿元，比上年同期增长29.4%，占全区的30%。

海曙恒一城市广场项目结顶，内部机电设备基本安装完成，商业装修开始。改造城隍庙区域，重点拆除轨道交通2号线地下室原结构，开始改造上层建筑结构。城隍庙修缮工程竣工，筹备展陈。拆迁项目提前清零，促成肖家巷零星危旧房改造地块最后1户被征收人签约，清零任务占全区全年国有土地清零总计划的40%。

双梁小区、狮子小沙小区、灵桥小区物业管理提质提价工作完成，覆盖街道30%小区。在全区率先出台《江厦街道推进全域景区化工作实施方案》，计划通过3年努力，建成基础设施完善、配套服务优良、旅游业态丰富、环境治理精细的城市管理景区化标杆区域。采取“以服代罚”方式立案查处全市首起个人垃圾未分类行为，全区首次立案查处高空抛物行为，开出全区首张餐饮店超标排放油烟罚单，江厦城管中队创建省级规范化中队。

开展民生实事“友好定制”，确定天封信报安居工程、新街“绿享带”建设等十大百姓关注度高、受益面广、急需解决的民生实事项目，涉及资金320.4万元。以“亲·莲”为主线，推出“党建+文化+清廉+服务”特色品牌，推动莲桥社区获评区首批“品质社区”。城隍庙商业区“党建+治理”经验做法在中央政法委主办的杂志《长安》上刊登。

开展“不忘初心、牢记使命”主题教育活动，以“友好定制”办好“民生实事”推进问题整改、天一商圈抓实“两新”党员学习教育等经验做法被市委主题教育办简报录用。在全区率先开展“百支争强”专题活动，排摸签订66个支部领办项目和6个党建共建项

2019年海曙区江厦街道各社区基本情况表

表35

社区	面积（平方千米）	户数（户）	户籍人口数（人）
郡庙社区	0.20	1421	2700
天封社区	0.28	2400	4300
莲桥社区	0.26	1081	2064
新街社区	0.56	4764	7169

说明：表格中数据为调查数

目，为推动解决社区建设、基层治理和企业发展出实招、下实功、见实效。

【郡庙社区获评省“高质量就业社区”】2019年1月，首批省级“高质量就业社区（村）”名单公布，江厦街道郡庙社区入选（全区4个，全市29个）。“高质量就业社区（村）”可反映就业基本情况，包括辖区内劳动就业率、就业稳定性等基本数据。郡庙社区以就业服务站平台为依托，开发社区就业岗位，挖掘网络用工信息，帮助就业困难人员实现再就业，全年开发就业岗位数400余个，52人次经推荐实现再就业；开展帮扶活动和就业指导，累计走访小微企业396家，每季度举办大型便民服务活动，组织50余名失业人员参加职业培训3场次。

【新街社区车棚车库违规出租专项整治】2019年，江厦街道为解决新街社区车棚车库违规出租较严重、历年整治易反弹等问题，启动专项整治行动。联合公安、综合执法、市场监管等部门，成立整治行动小组，张贴整治通知76份，上门发放告知书300余份，通知相关居民自行整改；要求物业对社区1389间车棚车库重新编号，方便查找定位；确定每周三定为联合执法统一行动日，发放责令改正通知书76份，分时段上门督促租户尽快搬离，对违规从事出租业务的中介机构给予相应行政处罚。共清理违规出租车棚车库207间，其中住人172间、开店或仓库使用35间。清退完毕后，全面清理遗留的违规搭建雨棚、广告标语、私拉电线等，重新粉刷墙面，提升小区形象；并组建义务巡逻队，建立长期巡查制度；约谈周边二手房中介，要求于挂牌状态的“车棚房源”下架。鼓励楼道小组长等密切关注违规出租返潮现象，发挥居民监督作用。

【“优客工场”落户江厦街道】2019年，国内共享办公领域首个“独角兽”企业优客工场（北京）创业投资有限公司（简称“优客工场”）旗下全资子公司——宁波优众鸿合企业管理服务有限公司在江厦街道签约落户。优客工场建成的200余个共享办公空间“样板”，遍布全球6个国家44座城市，为15000家企业提供孵化或创业平台。落户街道后，依托恒泰大厦近3600平方米的空间载体，以构建国际一流共享办公空间为目标，面向创新企业提供集商业社交平台和创客资源配置平台为一体的全链式服务，优化创新创业生态“软环境”。在招商过程中，街道仅用1天时间，帮助企业办妥工商注册、税务落户和银企对接等手续。

【江厦街道“以服代罚”无证摊贩治理】2019年，江厦街道针对城市管理中部分无证摊贩身患残疾、家庭困难、认错态度良好等实际情况，探索实施“以服代罚”的人性化处置方式，促进“共管共建”服务理念推广。“以服代罚”，即以志愿服务、岗位体验等形式来代替处罚，让违法行为当事人身着“红马甲”，跟随辖区综合行政执法人员共同参与城市管理，引导当事人在学习及处置各种违法违规行为的同时，提高遵纪守法意识。

【灵桥小区物业费提质提价】2019年，江厦街道郡庙社区灵桥小区物业管理提质提价工作完成，成为街道内首个完成此项工作的老旧小区。灵桥小区交付于1998年，有958户业主，物业费始终为0.15元/平方米。随着物业管理成本增加，老小区弊病逐渐显现，街道采用“社区书记领衔攻坚”模式，召开多次业委会及业主代表大会，经广泛征求意见、反复商议论证，确定将物业费从0.15元/平方米提至0.4元/平方米，并报区物业办备案，争取0.1元/平方米的老小区补贴。历时10天，60%业主赞同，通过方案。

【全市首个教育中介机构从业人员新联会成立】2019年8月28日，芝士公园新的社会阶层人士联谊会暨宁波市新力甬动实践基地（芝创空间）揭牌，系全市首个以教育中介机构从业人员为主体的新联会。新联会集聚教育培训、教育产业孵化、配套教育办公、配套特色商业四大业态，有“夏恩英语”“骑际马术”“RockPlus攀岩馆”等理事机构21家，理事23人。

【江厦街道知识型服务业集聚街区研讨会】2019年12月18日，江厦街道知识型服务业集聚区研讨会举办。提出至2022年培育3～5个智力密集型市级服务业集聚区，带动引进20家以上相关龙头企业、服务机构。同时，通过招商选资，培育一批成长快、前景优的知识型服务业龙头企业，涉及人力资源、文旅、会展、医疗等领域。排摸区域内可利用空间，分步骤建成星级楼宇、特色楼宇和效益楼宇，提升商务楼宇入驻率、注册率和纳税率；建设协同创新中心，推进专业中介服务、智库服务、信息服务业、现代文旅服务、教育医疗服务、科技服务业六大集聚平

8月28日，芝士公园新联会成立

台建设;建设项目投前服务平台,以宁波人寿大厦、环球中心等楼宇为载体,集成会计、人事管理、法律、质量控制、保险等服务机构,护航服务业高质量发展。

(肖云镝)

南门街道

【概况】 南门街道地处海曙区中心城区,东至长春路与灵桥路交界处,南临奉化江,西接铁路线北段与段塘街道、白云街道交界,北至中山西路,街道面积4.14平方千米。2019年,辖11个社区。有常住人口6万余人,其中户籍人口4.4万余人。

实现地区生产总值53.8亿元,比上年同期增长6.2%。财政总收入3.53亿元,同比下降11%;一般公共预算收入1.89亿元,同比下降10.4%。大市外实到资金7.05亿元,超全年指标156.7%;"浙商回归"资金3.8亿元,超全年指标152%;实际利用外资1566万美元,超全年指标120.5%。落户企业289家,注册资金38.5亿元,其中注册资金500万元以上企业81家,注册资金36.9亿元。规模以上企业研发经费投入0.31亿元,超全年指标84%。完成固定资产投资7.69亿元,保障5个续建重大项目,工业互联网研究院产业园项目于12月开工。南永宁巷6号非成套房改造项目全部签约。

开展党建"九大红色行动",建设"党建魅力圈"和"党建活力圈"的"两圈"品牌。筹备建成首批8家"共产党员工作室"。宁波站区域党员志愿服务指导培训中心及南门街道澄浪社区党员"一人一岗"志愿服务基地成为全区首批"锋领巢"开放式志愿服务基地培育对象。编印《支部书记一本通》,成立以商圈"两新"组织党组织为核心的"红色基金联盟"。

宁波(海曙)青年人才驿站落户南门街道,4个项目入选市"泛3315"计划与"3315"计划,其中宁波工业互联网研究有限公司的许剑新入选市"领军和拔尖人才培养工程"人才库,浙江诚德检测研究有限公司申报区级"企业专家工作站",并报备市级"企业专家工作站",浙江华展工程研究设计院获评区级"企业技术创新团队"。开展"清廉社区"创建,建成万安社区"清风园"、柳锦社区廉政文化长廊和"清风公益亭"。

6个开放式小区调整为封闭化管理,澄浪小区等5个小区物业费提价完成;朝欣小区、柳汀新村、柳西新村3个无物业老旧小区引入物业管理。整改完善43个小区、2条商业街、11家公建单位的雨污分流工程,完成135个楼道近800盏"亮灯工程",在马园路85弄和柳汀花苑安装2台电梯,11处闲置地块开发利用成停车场,增设停车位500余个。探索推出资源整合、循环利用、共建共享、全民参与的老旧小区"微景观"改造项目,被各类媒体报道10余次。完成柳汀新村"破墙开门"整治62家368平方米;拆除违章搭建近200处17373平方米;整治车棚车库违规出租住人294处。垃圾分类工作累计投入资金187万元,"撤桶并点"404处,实现居住小区覆盖率、入户宣传率100%,智能回收体系(固定/流动)全覆盖。创立万安小区等7个"创示范小区"。指导11幢商用楼宇完成硬件设施配置,对大公馆、星河湾商住两用楼开展垃圾分类工作。

探索建立联居干部—社区—站所三方协同的"社情民意月度分析会",累计收集各类问题300余件,办结率近95%。试点镇街矛盾问题化解处置,制定《南门道关于加强矛盾问题化解处置试点工作的实施方案》,"四个平台"接收事项8941件,全部按时间办结完毕。"南塘老街商圈自治基层治理工作样本"入选首届"长三角法治论坛十大案例"之一(全省共2个)。创建全省首个智慧戒毒远程帮扶系统。社区矫正工作实现11年"零重犯"。街道矛盾调解委员会申报市级"人民调解委员会规范化建设示范点","马园何阿姨个人调解室"获评市级"最佳婚姻与家庭纠纷人民调解组织"。排查辖区"两小"企业100家、沿街店铺1169家,并核查检查34家重点"两小"企业,整改隐患11处,停产停业重点危化品使用单位1家。

"最多跑一次"办理事项增加到98项,其中"跑一次"或"零次跑"89项,覆盖率90.82%。市、区两级公共服务窗口文明单位、区级"巾帼文明岗"、区级"青年文明号"落户街道公共事务服务中心。万安社区获评海曙区"品质社区",柳锦社区、澄浪社区和马园社区获评区"宜居社区"。为退役军人发放"光荣牌",马园社区胡瑞芝入选"全国模范退役军人"、黄斌获评"全国离退休干部先进个人"。新建街道级社会组织服务中心,社区社会组织服务中心实现全覆盖。劳动纠纷多元化解中心成立,完成区级验收。元旦、春节期间慰问金发放480户,共72.32万元;民政临时救助123户218人,共65.09万元;慰问困难残疾

2019年海曙区南门街道各社区基本情况表

表36

社区	社区管理面积(平方千米)	户数(户)	户籍人口数(人)
尹江岸社区	0.21	3357	7345
周江岸社区	0.082	2239	3467
红起社区	0.05	1526	2218
澄浪社区	0.37	2391	3245
朝阳社区	0.085	1691	3126
车站社区	0.0338	896	2218

续表36

社区	社区管理面积（平方千米）	户数（户）	户籍人口数（人）
马园社区	0.25	2899	4068
迎春社区	0.18	2294	3181
郎官社区	0.21	3883	6755
柳锦社区	0.056	1504	3463
万安社区	0.215	2966	5425

说明：表格中数据为调查数

人149户，共2.98万元；动员募集慈善资金141万元，救助195人共23.41万元；推进慈善公益扶助项目21项，共39.1万元。

【黄斌、胡瑞芝夫妇获国家级荣誉】 2019年，南门街道马园社区的黄斌与胡瑞芝分别获得“全国离退休干部先进个人”“全国模范退役军人”称号，均为全区唯一。黄斌为宁波军分区原副政委，与妻子胡瑞芝在80年代离休后，一起参与“关心下一代”工作，自1992年始，通过浙江省青少年基金会和希望工程办公室等部门，与贵州省册享县贫困中小学生建立长期帮困助学关系，除物质上帮扶，还通过书信、电话、走访等方式再给予政治上帮助、思想上引导、生活上关心、学业上激励。先后结对帮扶困难学生300余人，资助金额260万元，向帮扶对象书写鼓励信1900余封、50余万字。

【南门街道戒毒人员远程视频探访帮扶系统建成】 2019年，南门街道与浙江省拱宸强制隔离戒毒所合作建设远程视频探访帮扶系统。强制戒毒人员提出申请后，经批准同意，可与家属一月一次视频连线，增强戒毒信心。帮教人员可依托系统，通过提前告知法律权利义务、开展个案服务及心理疏导等工作，及时化解戒毒人员各种抵触及负面情绪，建立信任关系，提高戒毒人员出所后的报到率。

【南门街道“社情民意月度分析会”平台搭建】 2019年，南门街道以破解民生痛点、难点、堵点为出发点，推出“社情民意月度分析会”平台，将解决民生问题的关口前移。通过联居干部走进社区、倾听民意，发现社区和群众身边存在的问题，形成“点题清单”；包片社工结合日常实际，梳理出需要解决的“排查清单”，召集综合执法、市场监管、派出所等基层站所有针对性地进行集中研讨。平台建立后，月度平均收集问题30余个，办结率超过95%，形成“社区吹哨、站所报到”工作机制，破解各类顽疾。

获评“全国模范退役军人”的胡瑞芝

【民进市委会首个社会服务基地在柳锦社区成立】 2019年2月28日，中国民主促进会宁波市委员会首个社会服务基地在南门街道柳锦社区成立。在柳锦社区建设社会服务基地是民进市委会推进社会服务工作的新尝试，与社区结对共建，精准对接居民需求，并以“社会服务进社区”为切入点，探索社会服务和参政议政工作深度融合，以协商式社会服务、民主监督的方式推进基层社会治理。

【南门街道创新老旧小区微改造模式】 2019年4月，南门街道按照“垃圾是放错了地方的资源”的新理念，启动社区微景观改造。发挥居民利用废弃资源改造“共同家园”的积极性，居民收集废旧轮胎、“僵尸”自行车、易拉罐、酒坛等废旧物上千件，经巧妙构思进行微景观改造。在改造中注重将社会主义核心价值观、垃圾分类、文明创建等元素融入。至年底，11个社区22个点位的第一批微景观改造项目完成，实现小区环境品质、基层治理水平和生态文明建设多赢。

【宁波工业互联网研究院产业园开工】 参见“海曙区人民政府”类目“综述”分目

【南塘老街自治模式入选“长三角基层依法治理”优秀案例】 2019年12月

28日，由上海市司法局与江苏、浙江、安徽三省司法厅联合发起的首届“长三角”基层依法治理论坛发布“长三角基层依法治理十大优秀案例”。浙江省2个案例入选，分别为南塘老街“构建商圈自治新模式”和柯桥区“以村规民约助力基层治理”。南塘老街总建筑面积约8.4万平方米，拥有各类经营户160余户，客流量最高时每天逾4万人。街道以“党建引领、依法治理”为原则，构建“软法善治、共建共享”的商圈环境，着力提升商户运用法治思维化解矛盾、维护稳定的自治能力。

（陈　滢）

鼓楼街道

【概况】 鼓楼街道东临三江口，西至望京路，南接中山路，北濒余姚江，面积1.6平方千米，常住人口9024户、23344人，暂住人口5841人。2019年，下辖5个社区、1个商圈服务中心，其中2个为省“文明社区”，3个为市“文明社区”。

2019年，实现地区生产总值64.3亿元，比上年同期增长10.3%；实现规模以上工业增加值6.2亿元，同比增长10.9%；限额以上商品销售额174.7亿元，同比增长35.5%；规模以上营利性服务业收入13.8亿元，同比增长4.6%；规模以上文化企业营业收入6.98亿元，同比增长28.2%；累计出口金额13亿美金，同比增长7.58%。引进企业507家，实际利用外资2921.7万美元，“浙商回归”资金2.51亿元，大市外实到资金4.76亿元。开展“走出去”招商，组织小分队赴上海、杭州等地招商；重点引进德勤会计事务所、同方全球人寿两家“全球500强企业”和“乡伴文旅”、浙江宁瑞智能技术有限公司、浙江圣通影视文化传媒有限公司、浙江小麦国际物流有限公司、浙江博郎影业有限公司旗下的“博览映画”等一批优质企业。

推进“垃圾分类示范片区（街道）”提升，实施“精准宣传、硬件提升、收运体系”三大行动，完成21个小区“撤桶并点”和“两网”融合工作。19个老旧住宅小区“顽疾”整治完成，投资1284万元，推进永寿小区等品质提升工程。配合区开投公司，实施解放路立面整治和屠园小区改造。文昌花园、西河小区、孝闻花园物业提质提价工作完成。美的（孝闻巷）地块项目主体封顶，进入预售阶段。尚书街地块项目开工建设。伏跗室—永寿街历史文化街区房屋处理启动。

开展“民生小事”攻坚行动，组建“1+N”服务团队和文明督查队，累计解决跨门经营、流动摊贩等问题500余个，办结率90%以上，基本实现整改“零延时”。辖区志愿者入户指导垃圾分类，督查队定期巡查督导，获评2019年度市“生活垃圾分类优秀街道”，系全市唯一。

开展各项民生保障，慰问158户弱势居民，发放慰问金24.34万元、低保金120.06万元、民政临时救助金21.76万元，发放残疾人困难生活补贴与重度护理补贴分别为42.22万元、13.71万元；登记失业人员104人；办理灵活就业等各类补贴2529人次，发放金额543万元；深化落实就业项目经理人制度，开展特色招聘咨询活动5场；为65家用工单位发布岗位信息411个，职业介绍1434人，实现再就业671人，新增就业1290人；为11名创业者提供260万元的小额担保贷款；新增大学生创业实名登记66家，帮扶大学生创业企业数124家；代缴社保5958人次，金额585万元；办理城乡居民医保参保1449人。受理欠薪等投诉案件140起，涉案人员140人，结案金额139万元，结案率100%。成立全省首家老年益智科普馆，成为全市养老推进会现场参观点。

依托辖区各个文化阵地，开展“老墙门”故事会、“小眼看古迹”走读、亲子阅读体验等彰显鼓楼地域和文化特色的活动，开展“巾帼创业创新示范商铺”评选、诚信商圈建设。举办“送春联·迎新年”等各级各类活动50余场，推出精品文化团队30余支。建设“一社一特色”清廉品牌，各社区举办清廉文化活动20余场，参加居民800余人次。推进鼓楼商圈清廉建设，与企业签订清廉经营责任书，发放清廉商圈建设倡议书，结合“三服务”活动，将“清风直通车”开进楼宇企业。

开展“不忘初心、牢记使命”主题教育活动，建立点单式选修学习、党工委“会前半小时”学习和中心组“主题发言”学习制度，开展理论政策学习14次，“晨学”13次。利用街道基层党校、党章学堂等活动场所，发挥“鼓楼讲师团”作用，组织基层党员群众学习20次，覆盖党员群众4000余人。重点抓好基层干部的选拔培养，开展主题教育学习32次，培训课时30小时以上。

【鼓楼街道违规企业集中整治】 2019年，鼓楼街道联合鼓楼市场监管所、鼓楼派出所、望春税务所等单位建立工作专班，在辖区内20余幢重点商务楼宇开展违规企业集中整治专项行动。经排查，受检楼宇内实际办公的企业、个体工商户、民办非组织、办事处等单位和机构共903家，面积约50万平方米。其中94家企业存在违规经营问题。至年底，经告知、约谈、发放责令整改通知单、行政挤压等方式，整改20家。

【全省首家老年益智科普馆开放】 2019年4月17日，全省首家老年益智科普馆在鼓楼街道秀水社区开放。科普馆参照香港社区为老服务模式，由鼓楼街道联合区科协，利用市心理卫生协会等多方资源建成，并招募多个志愿队伍参与运营。科普馆依托“科技+”新理念，通过让老年人参与运算、判断、反应等益智游戏，对其智力状况、认知能力和抑郁等负面情绪进行综合评估，并建有失智老年人干预机制。该馆每周开放3个半天。至年底，服务老人6000余人次。

【鼓楼街道文化项目签约】 2019年5月17日，在宁波市政府与上海市浙江商会座谈会上，鼓楼街道引进的上海双创科技有限公司宁波项目在现场签约，系全区唯一。项目总投资2亿元，拟成立“双创”科技文化传媒版块总

2019 年海曙区鼓楼街道各社区基本情况表

表 37

社区名称	面积（平方千米）	户数（户）	户籍人数/居住人口数（人）
中山社区	0.35	1295	3411/4465
秀水社区	0.22	2129	5083/3561
苍水社区	0.42	1169	2936/4110
文昌社区	0.12	2620	6850/9200
孝闻社区	0.23	2100	4911/6100

说明：表格中数据为调查数

部，开展广播电视与电影的制作、发行等业务，推动鼓楼文创产业发展。鼓楼街道连续4年在市级招商平台中签约重大文创项目。

【鼓楼132创意产业园开园】 2019年6月，鼓楼132创意产业园开园。园区位于孝闻街134号，系原敦煌扑克老厂区地块，规划占地面积1.2公顷，建有办公楼2栋，可容纳50余家企业办公。鼓楼街道结合产业转型升级，引进宁波甬丰商业管理有限公司，投资500余万元将地块"腾笼换鸟"，改造为集工业文化、当代艺术、影视表演、旅游摄影为一体的创意产业园区。至年底，杭州邻汇网络科技、宁波赛鑫电子科技等10余家企入驻。园区引入"互联网+"现代经营服务模式，为企业提供创业培训、商业模式构建、人才支持、政策申请、法律财务咨询等全方位服务。

【全区首个"清廉商圈"试点】 2019年8月始，鼓楼商圈将"清廉商圈"建设与"三服务"活动有机结合，以恒隆中心为试点楼宇，在全区率先开展"清廉商圈"创建活动。通过组建"讲师团"上门指导企业，组织党员职工参与交流会和知识竞答，依托鼓楼"党章学堂"展示清廉商圈建设成果，开展"诚信示范企业""诚信岗位标兵"评选等活动，引导企业树立廉洁经营、正向发展的理念。至年底，鼓楼商圈"承诺—监督—评选—回访"的监督机制初步建立。

【尚书街地块项目开工】 2019年11月11日，鼓楼街道尚书街地块项目领取建筑工程施工许可证，正式进入开工阶段。项目东至呼童街，西至文保用房，南至尚书街，北至永寿街，总用地面积1.26公顷，总建筑面积3.35万平方米。建设工期为2019—2021年，2019年投资1.8亿元，进行桩基施工及地下室建设。项目建成后将集吃、住、文、游、购、娱等多种功能于一体，突出"文商旅"互动发展，成为富有活力、特色鲜明的开放式商业街区。

【孝闻永寿小区品质提升工程竣工】 2019年12月30日，鼓楼街道孝闻永寿小区品质提升工程竣工验收。项目是全区2019年两个老旧小区品质提升项目之一，主要包括排水、雨污水、景观绿化提升及小区局部墙面、扶手、单元门、雨棚、车库、路面改造，改造面积30104平方米。涉及住宅楼7栋30个单元、居民370余户，项目总投资1283.85万元。改造期间引进CCTV管道检测清淤、高架线"三线合一"、多功能门禁系统等技术，实现智能化改造小区。工程共粉刷外墙1万平方米、走道2万平方米，绿化面积1千平方米，增加停车位50个。

【德勤会计事所务落户鼓楼街道】 2019年12月，德勤管理咨询（上海）有限公司宁波总部在鼓楼街道成立。此区域总部项目是全区乃至全市2019年重大招商项目。街道组建"招商小分队"，与相关部门多次赴上海洽谈，全程采取"前置服务+跟踪对接"的"管家式"服务模式，全程梳理、压缩落地环节中"中梗阻"问题，从前期洽谈到办理营业执照、招聘工作人员仅历时6个月。德勤会计事所务是全球四大会计事务所之一，落户海曙后，可面向宁波本地、跨国及高增长企业客户提供

尚书街地块项目——1844·鼓楼效果图

审计、税务、企业管理咨询及财务咨询服务。

（亓　悦）

白云街道

【概况】 白云街道位于海曙中心城区，东接萧甬铁路，南至苍松路、气象路，距杭甬高速公路入口处仅2千米，西临后西塘河支流——龙尾河、前河，接机场公路至气象路口，距宁波栎社机场6千米，北沿西塘河，与中山西路隔河相望。辖区面积约4.4平方千米。2019年，下辖13个社区，总人口约7.2万人。

完成财政收入4.39亿元，其中一般公共预算收入2.24亿元。完成大市外实到资金4.61亿元，“浙商回归”资金3.82亿元。调整招商选资策略，突出“抓大引强，轻数量、重税源”，引进企业515家，瞳视玠（浙江）科技有限公司、宁波聚信瑞宏进出口有限公司、宁波精科建设有限公司等一批优质企业相继落户。在水一方（小区）南侧1号、2号地块项目和宁波天悦项目分别完成投资0.63亿元和2.1亿元。开展“三精准、三到位”企业服务专项行动，累计走访企业近340家，重点企业走访率100%，帮助宁波市盛道科技股份有限公司、康宝莱(宁波)织造有限公司等企业解决实际问题60余个。在第四次经济普查工作中，街道获评市“经济管理工作成绩突出集体”。

深化“五水共治”，落实河长制工作，各级河长及民间护水志愿队伍累计巡河400余次，处理涉水问题30余起；安排239万元对16个老旧小区开展“顽疾”整治。落实物业考核“红黑榜”机制，制发通报13期，约谈上“黑榜”的3家物业公司及4个社区。开展垃圾分类“撤桶并点”百日攻坚行动，撤销点位299个。在老旧住宅小区加装电梯8台。完成28个小区雨污分流改造、7个小区物业费提质提价工作。持续抓好菜场周边、背街小巷整治，劝阻占道经营和无证摊贩500余家，查扣100余家。“三改一拆”拆违11353平方米。实施“取缔宏通苑附近小餐饮店”专项整治，并取缔通达路“马路早市”。全区首个政府发债的棚改项目——环城西路南段52弄房屋征收工作完成。

8月8日，白云街道春悦社区、曙悦社区成立

举行“听见白云庄”系列文化活动，开展大型音诗画《寻迹白云庄》首演。启用安丰社区社创空间，社区服务综合体投用。丽雅社区书房与健康中心建设动工；云乐社区交流中心被评定为区“四星级残疾人之家”。“白云·智汇坊”持续规范化建设，白云庄社区居家养老服务站升级扩面。安丰、牡丹、白云庄和安泰社区获评区“品质社区”“宜居社区”。启用街道社会组织服务中心，创建成为全市第二家、全区唯一的社区级省“示范社会组织党群服务中心”。新增1家AAA级区域性居家养老服务中心。推进公共服务领域“最多跑一次”改革，改造升级公共事务服务中心，“四全工作法”在全区推广。开展低保专项整治，各类救助覆盖350人次，救助金额163万元。试行“小区书记制”培养模式。创建为省级“减灾示范社区”。白云街道安丰社区获评海曙区首个市“示范型放心消费社区（村）”。

做强街道、社区、小区三级民情观察网络，完善平安综治各项长效制度。排查矛盾纠纷324件，调处率和调处成功率均达100%。深入推进“扫黑除恶专项行动攻坚年”各项工作，强化线索排查和重点区域、重点场所日常巡逻。开展“安全生产百日攻坚”、出租房集中整治等专项行动，降低安全生产事故隐患。街道获评2019年度区“安全生产目标责任制考核优秀单位”。

开展“不忘初心、牢记使命”主题教育，组织“白云早读会”、“浸润式调研 相向行破难”专项活动、“身边的初心故事汇”支部书记讲党课等，促进主题教育落实落细。推进“一社区一品牌、一小区一阵地”建设，牡丹社区“初心广场”、联南社区“红园”、南雅社区“雅集”等党建阵地建成使用。街道“大工委”、社区“大党委”工作机制全面推行。安丰“自治”、云乐“助残”、白云庄“浙东文化”等主题文化阵地完成硬件升级。在《光明日报》、新华网、《浙江日报》等全国及省、市、区级媒体报道249篇，“白云服务”微信公众号推送信息80余条。

【白云街道老旧小区整治】 2019年，白云街道在把握各社区实际和群众诉求基础上，安排资金239万元对16个老旧小区开展“顽疾”整治。在南雅新村、联安小区、中信白云等补种绿化4000余平米，增设绿化护栏2000余米、修补平侧石300余米，解决小区停车位改造后公共区域绿化“缩水”现象。在蓝天路278弄小区各楼道口安装不锈钢雨棚70余个；在联北小区公共区域安装晾衣杆42米，供附近居民日常晒衣，杜绝“乱晾晒”现象；累计改造破损围墙、栅栏48处，在宝善路

表 38　　2019 年白云街道各社区基本情况

社区名称	面积（平方千米）	户数（户）	人口数（人）
联南社区	0.147	2358	5568
联北社区	0.11	2472	6176
云丰社区	0.27	2854	7133
安丰社区	0.385	3373	8433
白云庄社区	0.54	2669	6673
云乐社区	0.693	3106	7765
牡丹社区	0.71	2901	7252
安泰社区	0.13	1832	5162
宝善社区	0.54	2822	6936
南雅社区	0.077	1573	3932
丽雅社区	0.25	3727	4659
春悦社区	0.16	2997	2125
曙悦社区	0.16	3151	990

说明：表格中数据为调查数

207弄、200号等无物业小区以及联南花园"红园"等地引入社会主义核心价值观等宣传元素，提升辖区党建氛围。

【安泰社区"红色速递爱心餐"项目启动】 2019年3月4日，白云街道安泰社区和市气象局合作的"红色速递爱心餐"项目正式启动。每周二、周五早上7点30分至8点30分，面向社区内80周岁以上独居老人免费提供爱心早餐，由党员志愿者组建的红色速递队伍专门为行动不便的老人上门派送。项目同时作为街道党建共建联建工作的内容之一，全年共提供服务70余次。

【郑栅洁到安丰社区调研】 2019年6月26日，省委副书记、市委书记郑栅洁到白云街道安丰社区开展专项调研。社区党委通过搭建开放式议事平台，解决小区停车位改造、老小区加装电梯、社会化垃圾分类等民生问题，成为街道推进社区多元共治工作的标杆。郑栅洁在详细了解社区的创新做法后，鼓励社区党委引导更多居民参与社区治理。

【白云街道春悦社区、曙悦社区成立】 2019年8月8日，白云街道春悦社区、曙悦社区揭牌仪式举行。春悦社区、曙悦社区正式成立，白云街道社区拓展至13个。

【傅祖民到安丰社区调研基层治理等工作】 2019年10月11日，市委常委、纪委书记、监委主任傅祖民一行到白云街道安丰社区调研了解开展主题教育、基层治理和服务群众等情况。调研组查看社区党群服务中心、社区交流中心、社区社会组织服务中心等社区配套设施建设情况，重点了解"不忘初心、牢记使命"主题教育在社区开展、基层党组织发展、"清廉社区"示范点建设等情况及"党建引领社会组织挑大梁"治理理念、"四问十八法"治理方法等内容。傅祖民强调要将主题教育切实转化为抓好工作落实、抓好党风廉政建设的强大动力，严格落实责任、强化使命担当，为民服务解难题，增强群众的获得感和幸福感。

【牡丹社区"幸福驿站"揭牌】 2019年11月12日，白云街道牡丹社区"幸福驿站"举行揭牌仪式。驿站是街道为民服务、提供再就业服务的社会组织，分为"致爱理发屋""恒爱公益编织站展示厅""六微工作室"3个部分。当天，致公党宁波市委会专职副主委徐卫民等人及共建单位市美发美容行业协会、社区志愿者参加活动。牡丹社区与市致公党自2018年5月结对共建"致爱"志愿者驿站，是市致公党在海曙区第一个结对的志愿者驿站，双方通过整合各项资源、丰富服务内容，完善驿站各项功能。

（黄颖萍）

望春街道

【概况】 望春街道地处海曙中心区西部，街道东面沿铁路与西门街道和江北区相邻，北面是姚江，南面与白云街道以西塘河为界，西面与高桥镇接壤，区域面积7.88平方千米。2019年，下辖14个社区和11个股份经济合作社，常住人口8万余人。

实现地区财政总收入5.9亿元，比上年同期增长37.4%；一般公共预算收入2.92亿元，同比增长19.3%，货物出口总额20.41亿元，同比增长22.6%。引进企业573家，注册资金25.5亿元。实际利用外资3197.1万美元，完成年度计划的245.9%；"浙商回归"实到资金9.6亿元，完成年度计划的382.5%；大市外内资7.3

亿元，完成年度计划的162.1%。海曙赫威斯学校、恒威海上花院等重大项目提前竣工。“三服务”工作中，18位街道领导联系服务97家重点企业。在18处楼宇设立楼宇经济工作服务站，发挥统计工作站和商会品牌指导站平台功能，全年开展精准服务150余次。吴祖泽院士团队入选市“3315计划”创业团队，霓螺（宁波）信息技术有限公司许爱思等2人入选市“泛3315计划”创新个人，宁波思迈科物联科技有限公司陈勇等3家企业5人次入选市“领军和拔尖人才培养工程”，宁波工业互联网研究院有限公司获评市“服务人才先进单位”。新增省“博士后工作站”1个、区“企业专家工作站”1个。

创建泛青林湾街“文明示范街”，建立完善“一店一档”，常态化开展对无证经营、跨门经营、乱停车等沿街不文明行为巡查执法，完成青林湾街文化标识牌安装和人行道隔离桩设置。13个小区完成业委会成立或换届。3个无物业小区探索物业试运营，信谊新村、兴发新村引进物业，并完成物业费提价工作。落实环境质量督查，下发环境整改督查单77张，并落实整改；加强工程建设用地实时巡查，完成围挡内外环境整改180余次。提前完成35个小区“撤桶并点”任务，按计划启动16个商住项目覆盖。投入120余万元改造信谊新村等老旧小区。完成福德路征收项目清零，推动薛家路项目清零和望童路2+2项目落地，完成“三改一拆”总面积31900平方米。开展“污水零直排区”创建，加快推进河湖“清四乱”及周边环境问题排查整治，舒沁苑、广泽嘉园创建省“节水型居民小区”。

签订各类安全生产责任书1348项，排摸生产经营单位2846家次，督促整改一般生产安全隐患855项；制定《厂改公寓楼整治方案》，执法检查3轮次，清退公寓楼5个。深化“无邪教”街道创建，强化重点对象“一人一策”管理，落实“小组化”帮教，推进反邪警示教育基地建设。创新“365”普法菜单，开展法治宣传教育活动20余场，徐家漕社区创建省“民主法治社区”，清风社区创建市“民主法治示范社区”。完善“中心+网格化+信息化”工作模式，街道、社区两级调解委员会调处纠纷342起，调解成功率达99.2%。

重点建设水岸心境国际化社区和清风中国儿童友好社区，清风社区获评省“城乡社区治理和服务突出单位”及市“十佳品质社区”，水岸心境社区获评区“品质社区”，天一家园等7个社区获评“宜居社区”。开展“清廉社区”创建，水岸心境社区被评为市“清廉社区示范点”，五江口、天一家园、广安、清风社区完成“清廉社区”创建。提高社区自治水平，拓展线上线下“三务”公开和民情收集渠道，举办“开放空间”活动34场。285家社会组织深化党建引领，各级社会组织服务中心强化硬软件支撑，申报5个公益创投项目，获区公益资金支持6万余元。望春街道通过市级“基层侨联示范单位”创建验收。

推进“最多跑一次”试点，全面开展“代跑代办”服务，打造“家门口”服务网络圈。组织大厅人员业务、素质“双训”6场次。发放各类社会救助补贴320余万元，募集“慈善一日捐”善款70余万元。完成街道级示范型居家养老服务中心建设，五江口社区创建“AAA级居家养老服务站”。举办庆祝中华人民共和国成立70周年大型文艺会演，持续深化“书香海曙·品质望春”系列活动，创新开展文艺“月月演”。徐家漕社区成立全市唯一社区音乐学院。

推进书记领衔项目落实，14位社区书记领衔破解18项社区难题，“挂图亮榜”落实项目进度，相关做法刊于《宁波日报》头版。深化志愿服务，推广“漕管家”“阿拉宁波人”等“志愿集成”品牌，扎实推动机关党员赴社区报到开展垃圾分类、环境整治等志愿服务百余场，认领“微心愿”120余项。评定118个风险岗位落实防控，累计受理办结涉纪信访案件7起，问责19人次。运用“小微权力监督管理平台”，实现社区、合作社小微权力阳光运行。

开展“不忘初心、牢记使命”主题教育活动，召开班子领学主题研讨会6次，各级党组织书记讲党课43场次，各级党组织开展集中学习讨论130余次，2700余名党员读透深学“两书一章”。班子领导深入基层党组织带头开展专题民主生活会，全体党员做好自我检视、问题剖析和整改落实。

【望春街道老旧小区改造】 2019年3月始，望春街道投入120余万元，对广安里一期、景泰里、西成新村及1182弄和1162弄零星建筑、兴发新村、信谊新村等5个老旧住宅小区开展环境整治工作。改造前，全面调研每个老旧住宅小区状况，参考居民意愿，按照“先民生、后提升”要求，集中整治老旧住宅小区中所存在的“顽疾”“痛症”。经过近半年整治，外墙、单元门

9月27日，望春街道庆祝中华人民共和国成立70周年文艺会演举办

损坏，楼道脏乱，绿化带破损等问题得到解决，老旧小区面貌有较大改善。

【老小区"物业先试用、满意再签约"模式试点】 2019年4月，信谊社区信谊新村引入浙江朗逸物业服务有限公司接管小区物业，约定试用考核期，期满经全体业主投票考核通过后，再正式聘用。试用期内，社区、业委会、业主代表、物业公司多次召开座谈会，对接物业在日常服务中相关问题，提升小区业主对物业的满意度。至年底，通过8个月的试用期和召开业主大会投票表决，通过物业服务企业和物业服务收费标准，浙江朗逸物业服务有限公司正式接管信谊新村。2019年9月，春城社区兴发新村引入宁波美房物业服务有限公司，经3个月的试用考核期，并由业主大会表决通过，正式接管兴发新村。上述"物业先试用、满意再签约"的老旧小区物业管理模式得到区领导批示，并刊发于《宁波日报》头版。

【望春街道登革热消杀防控】 2019年6—8月，针对登革热风险指数较高的清林闲庭社区、泰安社区部分小区，望春街道集中开展卫生大整治。6月11日，新星社区清理清林闲庭小区的水缸、种菜泡沫箱、瓶罐等各种乱堆放杂物。清理房屋11幢、楼道36个，大水缸27个、泡沫箱种菜49个、水槽种菜28个，清运垃圾9车。7月始，泰安社区整治胜丰佳苑等8个小区环境卫生，共清理房屋27幢、楼道62个、水缸31个、泡沫箱种菜65个，铲除小区绿地种菜15处，清运垃圾15车。

【宁波工业互联网研究院设立省"博士后工作站"】 2019年9月23日，望春街道属地企业宁波工业互联网研究院有限公司设立省"博士后工作站"。宁波工业互联网研究院有限公司建立和浙江大学、上海交通大学的联合培养合作机制，引进2名博士后入站开展科研工作。至年底，公司有在职员工近百人，搭建具有博士10人以上、硕博占比超过30%的技术研发团队，并引入多个在研项目和产业孵化项目，同时根据科研技术方向配置相应的实验场地和设备，为博士后科研工作开展在技术、人力、物力上提供完善的配套支持。

（王　洁）

2019年海曙区望春街道各社区基本情况表

表39

社区（居委会）	面积（平方千米）	户数（户）	人口数（人）
泰安社区	0.25	1463	3736
天一家园社区	0.5	1724	4717
西成社区	0.5	1730	4228
徐家漕社区	0.2	1503	3343
春城社区	0.7	966	2281
信谊社区	0.38	878	2068
新星社区	0.35	2003	5329
青林湾社区	0.56	2657	7925
后塘河社区	0.55	759	1803
水岸心境社区	0.46	1505	4501
清风社区	0.5	2644	7517
广安社区	1.53	715	1852
广泽社区	0.3	463	1071
五江口社区	1.1	1878	4781

说明：表格中数据为调查数

段塘街道

【概况】 段塘街道东濒奉化江，南达杭甬高速与石碶街道相接，西至通达路与古林镇接壤，北与白云、南门街道相连，总面积5.97平方千米。2019年，辖10个社区、3个股份经济合作社，总人口5.15万人，其中户籍人口3.42万人，流动人口1.73万人。

实现地区生产总值62.5亿元，比上年同期增长12.2%。实现税收8.1亿元，其中一般公共预算收入4.2亿元。实现规模以上工业增加值8.2亿元，同比增长20%。实现限额以上商品销售额211.3亿元，同比增长12.5%。实现高新技术企业增加值1.9亿元，同比下降13.2%。实现规模以上其他营利性服务业营业收入3.4亿元，同比增长35.8%。实际利用外资3.5万美元。实现货物出口总额71.9亿元，同比增长5.2%。引进企业332家，累计注册资金13.6亿元，其中500万元以上企业

77家，累计注册金额11.5亿元。大市外实到资金4.5亿元。电子商务持续发力，2019年"双十一"期间，太平鸟集团有限公司全网销售9.2亿元，宁波博洋控股集团有限公司7.1亿元。华康智能装备投资基金、天才科技艾眼新零售项目累计完成签约投资21.1亿元。

41个居住小区垃圾分类全覆盖，完成23个小区"撤桶并点"百日攻坚任务，创建省"高标准示范小区"2个、市级"双百"示范小区5个。启文东区被推荐为省"雨污分流工程实施样板小区"。探索"物居业"互联模式，实施各类整治项目25个，多个小区完成物业提质提价，完成街道内首个老旧小区加装电梯工程。完成辖区内吴黄、尹家和"太平鸟"地块出让前的管线改道和场地平整工作，"太平鸟"地块清零，启运路改造拓宽工程完工。拆除违章建筑68037平方米，完成全年计划的113.4%。南塘河沿河绿化及配套道路工程、杭甬高速段塘立交万科项目开工建设。

继续深化"最多跑一次"改革，56个事项实现"最多跑一次"。推进"一社区一特色"品牌社区建设，探索推出"五色社区"建设。10家新成立的社区社会组织服务中心开始规范运作。升级改造"怡情阳光家园"，建设以王延勤先进事迹为主的"党建助残红色教育基地"。辖区盲人作家陈效平获评

3月11日，段塘街道总工会与段塘学校教师志愿者到狮丹努集团股份有限公司，设立入学政策咨询点，接受职工咨询

"全国自强模范"。完成南苑社区"车库出租一条街"改造任务。11个公益服务平台投入使用。新成立街道舞蹈协会和声乐协会。

落实各项整治行动，开展"防溺水"、道路交通安全攻坚、反电信诈骗宣教、"平安三率"宣传等专项工作。完善安全生产监管责任体系，集中力量开展隐患排查整改、防控能力提升、消防安全环境优化、应急值守等工作，筑牢安全防控网。

开展"不忘初心、牢记使命"主题教育，推出"三问三清"研讨、"三进三助力"活动、"小巷风采"展示等活动。拓展"党务帮办"2.0版，提供各类帮办服务200余项，承办海曙区"党建帮办"工作推进会。启动"三精党建"计划，重点围绕"党务规范精细落地、作用发挥精准发力、阵地打造精致布局"，做好三大课题10个项目，为区域经济社会转型发展提供坚强支撑。成立"红联体"区域性党建联盟。深化推进支部规范化建设，承办海曙区"支部竞赛"之"寻访初心"支部主题党日策划比赛。规范干部选拔培养，完善干部梯队结构，举行正科级领导岗位竞聘选拔和任前廉政测试，开展新一轮社区副职后备干部公开比选。

2019年海曙区段塘街道各社区基本情况表

表40

社区	面积（平方千米）	户数（户）	户籍人口数（人）
华兴社区	0.23	1200	3313
南都社区	0.27	1929	5158
新典社区	0.77	2378	5941
南苑社区	0.23	2371	5682
南塘社区	0.15	2143	3531
洞桥社区	0.83	772	2150
小漕社区	0.58	1176	2840
雄镇社区	0.84	1036	2612
丽园社区	1.58	1482	2112
丽景社区	0.49	578	852

注：表格中数据为调查数

5月23日，段塘街道首届"红色睦邻文化节"启动仪式在丽园社区举行

【段塘街道社区书记抓基层党建工作和党风廉政建设述职评议会】 2019年2月21日，段塘街道召开2018年度社区（商圈、"两新"、机关）书记抓基层党建工作和党风廉政建设述职评议会。会议首次将机关纳入党建述职范围，以强化各领域党组织书记管党治党主体责任。12名基层党组织书记现场述职，展示亮点、查摆问题，并由街道党工委书记作点评讲话，与各社区书记签订责任状。

【"锋领五彩·缤纷段塘"活动】 2019年3月12日，段塘街道"锋领五彩·缤纷段塘"活动启动仪式在华兴社区举行，各社区、各条线、各类群体围绕"如何发挥党建引领作用，加强社区品牌建设，推动社区品质提升"发言。"锋领五彩"，即红色"关爱"、橙色"文娱"、黄色"睦邻"、绿色"环境"、蓝色"平安"5个类型的党建内容。创建活动是街道2019年"三精党建"计划的重点项目之一，按照"制定一套创建方案、落实一个联居团队、开展一个特色项目、培育一批社会组织、挖掘一群先进典型"的"五个一"工作要求，规划至年底，每个社区形成至少1个具有一定知名度和影响力的特色党建品牌。

【段塘街道庆五一活动】 2019年4月25日，段塘街道召开庆五一表彰大会暨职工技能比武劳动竞赛动员会。会上，36名"工匠精英""工会好管家"等被表彰为个人先进，并评选出20个"工人先锋号"。表彰大会是街道深入实施职工素质提升工程的重要内容之一，通过"一企一赛制，一岗一特色"劳动技能竞赛的方式，助推"段塘工匠"品牌形成。

【段塘街道首届"红色睦邻文化节"】 2019年5月23日，段塘街道首届"红色睦邻文化节"启动仪式在丽园社区举行。启动仪式上成立"红色睦邻会客厅"，宣读《睦邻公约》，展示各社区的睦邻故事和团队风采。"红色睦邻文化节"从5月至10月，街道通过整合多方资源，围绕"党建引领，友邻善治"主题，组织开展"爱牵远乡情""情系夕阳红""亲子嘉年华"等主题活动。

【段塘街道正科级领导岗位竞聘选拔】 2019年5月30日，段塘街道首次举办正科级领导岗位竞聘选拔，4名副科级干部竞聘2个正科级领导岗位。现场面试采用大评委制，分为个人陈述、公开竞答、现场点评3个环节，街道班子领导、机关事业干部、社区书记和居民代表等42人参与现场评判。

【段塘街道庆祝中国共产党建党98周年活动】 2019年6月28日，段塘街道举行庆祝建党98周年表彰大会暨书记上党课活动，街道领导班子全体成员及各领域党组织书记100余人参会。会上表彰街道"两优一先"（优秀党员、优秀党务工作者、先进基层党组织）人员，3名来自街道机关、"两新"、社区等领域的党员、党务工作者、支部书记代表上台发言。随后，街道党工委书记裘骥讲授专题党课，激励党员干部坚定信心、迎难而上、真抓实干，全面提升党建引领改革发展实效。

【段塘街道国庆70周年文艺晚会】 2019年9月10日，段塘街道在海曙恒一广场举办"砥砺奋进七十载·不忘初心再出发"文艺晚会，庆祝中华人民共和国成立70周年。晚会围绕"同龄岁月""军人风采""爱与和谐""追梦前行"4个篇章展开，12个表演节目均由各社区文体团队编排表演，活动舞台两侧陈列辖区居民的摄影作品。

【孙黎明到段塘街道调研人大工作】 2019年10月21日，区委书记孙黎明到段塘人大代表联络站专题调研人大工作。其间，参观段塘街道人大代表联络站，听取区人大网上联络站、民生实事工程监督等工作汇报，与段塘街道党工委书记、人大工委主任及部分区人大代表等座谈交流，听取对加强人大工作的意见建议。

（吴　琳）

相关链接：

"城郊十园"：是宁波市贯彻落实"乡村振兴"战略的重要举措，也是推进宁波大花园建设的重大任务。"城郊十园"以郊区基本农田、生态片林、水系湿地、村落文化等农业农村资源为基础，通过开展全域土地综合整治、统筹城郊生态系统保护与修复，跨界配置农业和现代产业要素，创新城乡融合发展的体制机制和政策体系，在郊区建设一批"美丽乡村"创建示范区、城乡融合发展引领区、产业融合创新承载区、政策体制创新试验区。

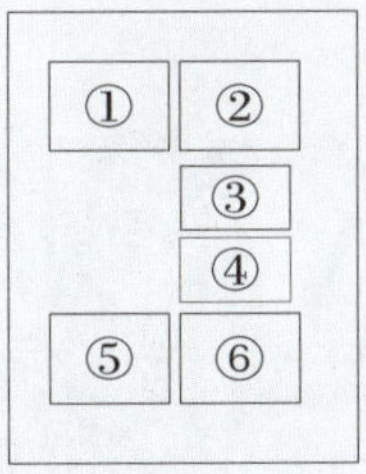

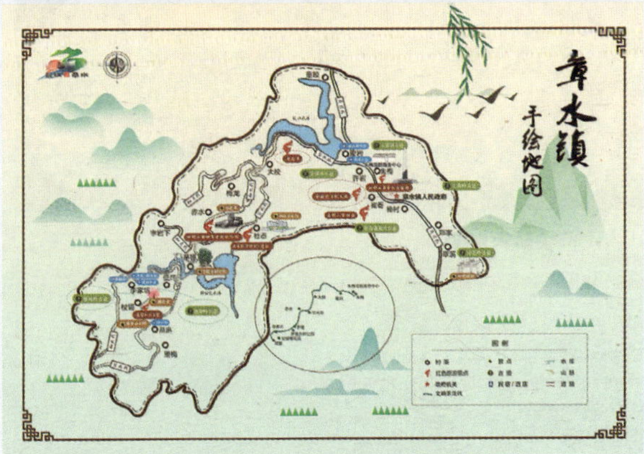

①1月12日，“2019洞桥向前冲”全民健身快乐跑举办

②1月22日，集士港镇广昇村新春活动

③3月8日，海曙首届开茶节在龙观乡桓村杜岙庙生态茶园启幕

④4月，章水镇推出纯手绘的全域旅游地图

⑤8月26日，石碶街道星光村在沈光文纪念馆举行“入学启蒙礼”，图为启蒙老师为孩子点朱砂启智

⑥11月17日，2019年银杏音乐节在鄞江镇全陆村趣湾庄园举办

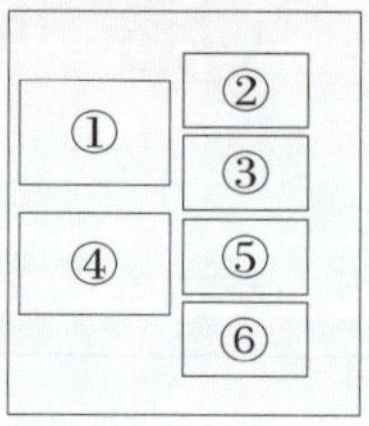

①4月，西门街道居民清晨表演红绸舞

②5月5日，江厦街道举办立夏传统活动，图为老少剥豆现场

③5月11日，望春街道举办“为各民族贫困患病母亲献爱心”活动

④7月4日，鼓楼商圈、苍水社区党委联合举办“红色家书传递清廉家风”主题党日活动

⑤8月8日，望春街道举办“侨之家”——“谈谈留学那些事”&“海归的方向”分享会

⑥12月18日，白云街道和洞桥镇联合出品的大型音诗画“寻迹·白云庄”在白云实验剧院上演

人　物

2019年度省级劳模

【方云辉】 男，汉族，1982年11月生，浙江诸暨人，中共党员，2019年度省劳动模范。现任宁波永耀电力投资集团有限公司电力工程师，高级工程师（技师）。扎根基层，创先创新。十余年间，先后发表核心期刊论文19篇，取得国家专利49项、省级以上科技奖项5项，成为省电力公司最年轻的国家电网优秀专家人才之一。率先将石墨烯基重防腐蚀涂料应用在电力杆塔，填补国内技术空白，为世界最高铁塔穿上"铠甲"。促成公司与中科院联合成立"电网新材料应用联合实验室"。主导"跨专业科技攻关团队"，把"金点子"变成"真发明"。担任公司综合能源项目经理后，潜心专研，致力于社会能效水平的提升，研究制定电能托管等6类业务产品，打造"永易通"能源服务品牌，从科技创新到现代能源企业转型。

【洪国年】 男，汉族，1960年1月生，浙江宁波人，中共党员。现任海曙区龙观乡李岙村村支部书记。2010年9月到李岙村担任支部书记。2011年年初，洪国年带领村级班子新建农村联网公路，整治溪坑水库，打造荷花池公园和牌楼景观等基础配套，编制完成《李岙村村庄总体规划》。2013年年初，启动总投资近亿元的整村旧村改造新农村建设项目。2016年完成5.8万平米农房改建，建成崭新联排别墅247套、多层90套，生活饮水、管道煤气、垃圾分类等配套齐全，让村民们住上了整洁、宽敞、舒适的新洋房。率先打造全国"光伏全覆盖第一村"，每年集体经济获益60余万元；发展全域旅游，新建龙观革命史成列馆、提升桂花观光园、设立"最美女主人"手工作坊基地，筹划民宿民居和李岙花海项目，吸引市民游客5万人次，2017年9月，李岙村创建为浙江省首批"AAA级景区村庄"。洪国年于2018年获市"五一劳动奖章"。

【李　强】 男，汉族，1972年6月生，江苏灌云人，中共党员。现任宁波市公安局海曙分局鼓楼派出所民警。1990年9月，李强参军入伍至中国人民解放军信息工程学院，在国防战线工作16年。2006年10月，转业安置于宁波市公安局海曙分局鼓楼派出所。作为基层刑侦民警，李强长年如一日战斗在派出所最具风险、最具挑战的侦查破案、侦缉抓捕第一线，发挥自己的专业特长，创新刑侦侦查观念，推动新技术、新手段、新观念在公安基层工作中的应用。先后侦破一批具有社会影响性的案件。公安部"清网行动"中抓获38名在逃人员，抓捕案例获公安部通报表彰。经侦"破案会战"中破获部督案件3起，抓获经侦类犯罪嫌疑人106人，破获涉案金额数亿元的虚开发票案。从警以来主侦多起重大涉毒案件，查获枪支两支，缴获大量毒品，打处多个贩毒团伙。2018年，再次破获贩毒团伙2个，抓捕贩毒人员12名。从警以来，2次荣立个人三等功，获评宁波市优秀人民警察、宁波市劳动模范、浙江省优秀人民警察。

【孙威君】 女，汉族，1977年6月生，浙江人，中共党员。现任狮丹努集团股份有限公司一分厂副厂长。自1998年以来，孙威君从事平车工作，熟练掌握多道工序操作技能。当选副厂长后，以"安全全面化""质量优质化""信息透明化"为重点全面开展工作，成为职工群众的"带头人"。定期组织员工和领导班子进行面对面交流，在车间内部组织开展多种形式的思想教育活动，工厂管理井然有序。曾获2006年"宁波市十佳进城务工人员"、2012年浙江省

“五一劳动奖章”荣誉。

2019年度市级劳模

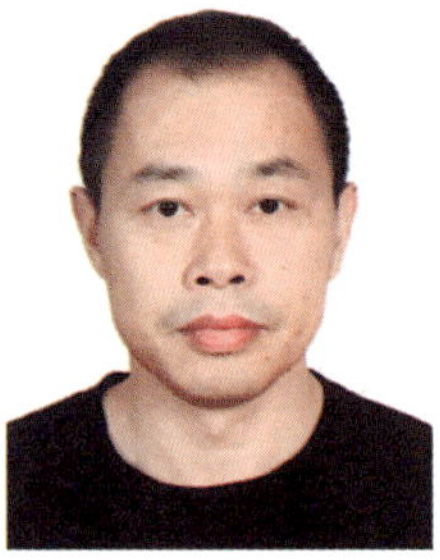

【曹晓鹏】男，汉族，1978年5月生，江西人。现任宁波帅特龙集团有限公司设计部部长，助理工程师。曹晓鹏自1999年毕业以来，从事汽车内饰功能件的结构设计工作，直接、间接参与设计并投产项目240项，为公司创造巨大的经济利益。配合主机厂进行同步设计，并驻点多家世界知名的汽车主机厂技术中心。作为集团公司设计部部长，积极申报国家发明专利，个人获得发明专利8项、实用新型80余项。2017年，获宁波市“五一劳动奖章”，1月当选海曙区政协委员。

【胡剑红】女，汉族，1971年1月生，浙江宁波人，中共党员。现任海曙区教育局教研室副主任（正主任级），正高级教师。胡剑红热爱幼教事业，在幼儿园课程建设、幼儿园教学与游戏、幼儿教师培养和幼儿园园本教研等方面积淀深厚的理论知识和丰富的实践经验，成为省内外颇有影响力的幼教名师。2005年成为全市幼教界最年轻的名教师，承担“名师带徒”的任务后，为省、市、区培养出省特级教师1人、市“名教师”4人、市学科骨干8人、省市区“教坛新秀”55人。2015年被授予首批“浙江省名师网络工作室”负责人，赴新疆、内蒙古、贵州及山区、海岛为当地教师进行专业传授。先后获评省“春蚕奖”、省“特级教师”、第三届“长三角地区教育科研优秀个人”荣誉。

【凌镇波】男，汉族，1970年1月生，浙江宁波人。现任宁波明州环境能源有限公司运行部经理，高级技师。凌镇波从制造行业生产一线技工起步，先后取得维修电工高级技师、数控铣工高级工、工具钳工高级工、单片机应用高级工证书、化工仪表高级技师等职称，成长为理论与实践能力俱佳的新型生产技术型骨干。从事城市生活垃圾焚烧发电行业工作后，先后负责并实施完成12项重大技改项目，发表专业论文5篇。参与鄞州区生活垃圾焚烧发电项目筹建，是项目电气负责人。负责设备安装、调试，排查安全隐患，提交技改方案，刷新行业内对垃圾焚烧电厂新投产项目的认知。2018年，获宁波市“五一劳动奖章”，并成为海曙区劳模创新工作室负责人。

【刘伟】男，汉族，1980年7月生，河南信阳人。现任宁波尤利卡太阳能科技发展有限公司研发中心主任，高级工程师（副高级）。刘伟从事技术工作十余年，奋战在生产第一线，注重实践到理论的升华，获得多项研究成果，个人拥有专利授权18项，其中发明专利6项，并在国内权威杂志《太阳能学报》发表论文一篇，使得公司在晶体硅电池正面电极的金属化方面的技术处于行业领先水平。带领公司技术团队连续攻关技术难题，改进生产工艺，提高电池转换效率降低关键原材料耗量。首次引入无网结网版印刷技术，实现量产，带来晶体硅太阳电池印刷革命性改变，成为行业楷模。积极与高校科研院所进行技术交流，与华中科技大学合作开发的“新型硅太阳能电池高性能电子浆料研发”项目，开发新型铝浆产品，降低公司铝浆采购成本，使公司在行业内保持技术领先地位，同时也为光伏行业技术提升做出巨大贡献。2018年，刘伟获宁波市“五一劳动奖章”，入选“浙江省百千万高技能领军人才培养工程优秀技能人才”。

【徐立勋】男，汉族，1974年8月生，浙江宁波人。现任华茂集团股份有限公司执行董事、总裁。徐立勋自2002年任华茂集团股份有限公司董事局执行董事、总裁以来，把企业主营的学具制造升级到新课改所需教育仪器装备和科学探究实验室领域，经营规模继续稳居行业之首。同时，实践以投资办学为核心的管理输出和品牌输出新模式。产业结构不断调整升级，产业涉及国际贸易、房产置业、金融投资等多个领域。重点投资发展“新材料开发及应用”，与国防科学技术大学、中国航天科工集团第二研究院等科研机构合作，专注于高铁等领域的新材料应用，拥有多项发明专利、实用新型专利和外观专利授权。华茂集团连续多年被评为市“百强企业”、市“重点优势总部企业”，惠及3000余名孩子，两次获宁波市慈善领域最高政府奖“宁波慈善奖”。担任市“创二代”联谊会会长、政协常委，承担社会责任和义务。先后获“浙江省优秀中国特色社会主义事业建设者”、宁波市“五一劳动奖章”等荣誉。

【徐孟儿】女，汉族，1980年10月生，余姚人，中共党员。现任宁波市海曙区望春街道水岸心境社区社区书记，中级社会工作师。徐孟儿以“大学生村干部”身份进入社区工作，先后在西门街道柳庄社区、翠中社区、北郊社区任职。2015年11月担任望春街道水岸心境社区书记。她带领社区广大党员群众，立足社区问题和居民需求，注重党员教育和组织凝聚群众，提升社区党建工

作的整体效应，提质品牌社区建设水平，促进社区治理、民生改善、和谐发展。先后获评区、市“十大杰出青年”，市“社区工作领军人才”等。

【周和成】 男，汉族，1972年10月生，浙江宁波人。现任宁波亿林节水科技股份有限公司技术总监、工程师。周和成多年从事工程技术设计开发和技术管理工作，以国际市场发展需求为设计开发目标，严格把控公司产品质量，做到出货产品质量零缺陷，企业税收以每年25%以上的速度稳步递增。注重团队协作、人才培养，建设一支素质过硬、技术高超、团结奋进的高绩效团队，领衔的团队设计产品——“SUNNED电子定时器装置研发与产业化”项目获得市科技进步三等奖，“一体化节能节水型灌溉定时控制器产业化”项目申报“国家火炬计划”项目。公司先后获评“国家高新技术企业”、“宁波市企业工程技术中心”，并申报3项市级农业科技攻关项目。2017年，周和成获市“五一劳动奖章”。

【朱良军】 男，汉族，1963年3月生，浙江宁波人。现任宁波市凹凸重工设备管理工程师，高级技师。朱良军从事焊接、现场工艺管理、设备管理等工作20余年，积累起重机械研制全过程综合经验。承担2008奥运会转播室特定设备研制，作为技术骨干参与德马格等国际著名企业定制的优质起重装备，均赢得广泛好评。先后主持并独立完成焊接设备功能改进与实施、开平机传动结构改进设计、切割技术改进项目、仓库堆物专用轻便型堆垛机设计等，为企业破解多项技术难题及关键工艺瓶颈。热衷于岗位创新，累计申请专利29项，其中发明专利11项、实用新型专利15项、外观设计专利2项；授权专利17项，其中发明5项、实用新型10项。积极参与新产品研发、试制，尤其在为清洁能源领域、开发城市垃圾处理中提供配套的专用起重设备研制中做出较大贡献。研制的全自动液压垃圾抓斗桥式起重机，为先进制造业重点领域省内首台（套），获得科技部中小企业创新基金项目的重点支持，为水利工程、石化、轨道交通等领域提供应用服务。领衔创建鄞州区朱良军技能大师工作室、宁波市朱良军技能大师工作室、海曙区劳模工匠创新工作室，传承焊接工艺技术，培养焊接技工。先后获市“十大工人发明家”“五一劳动奖章”“港城工匠”荣誉，入选省“百千万”高技能领军人才培养工程宁波市“拔尖技能人才”选拔培养成员。

【朱升海】 男，汉族，1972年4月生，浙江人，中共党员。现任宁波天胜农牧发展有限公司董事长，正高级农艺师。朱升海任宁波天胜农牧发展有限公司董事长期间，公司先后被评为农业部现代生态农业示范基地、农业部蔬菜标准园、浙江省生态循环蔬菜标准化示范区等，是市“农业龙头企业”。任胜丰经济合作社书记、董事长期间，提高决策效率，调动管理层积极性，各项目收益率普遍提升20%～30%，集体总资产近3亿元。通过种养结合、生态循环模式，带动周边527户农户，户均增收1000元，联结种植养殖业基地1171亩；为周边农户提供种苗、技术培训指导，提供农户收入，带动周边农业的发展。推进现代农业和旅游业深度融合，开创新型现代农业发展模式和旅游消费形式，培育和发展新型乡村旅游业态。协助宁波胜丰农牧发展有限公司，自主研发土著微生物、天惠绿汁、果实酵素、汉方制剂等技术。多年来总结的“种养合理配置+污染综合防控+生态产品增值”的大中城郊生态多功能生态农业建设模式成为全国六大区域现代生态农业模式之一。先后当选海曙区第六届党代会代表、第九届人大代表、宁波市第十五届人大代表等，2017年获评省“青年致富标兵”。

（区总工会　区委党史研究室）

文中人物

【董孝子】 董孝子名黯，字叔达，东汉会稽句章县石台乡人（今浙江省余姚市大隐镇），为董仲舒六世孙。幼年丧父，家境贫寒。董黯终年打柴换钱，侍奉母亲。母亲生病，思饮故里之水（因大隐频监姚江，古时遭咸潮入浸，其水味苦涩，不适于饮用），他每次来回20余华里到大隐溪上游永昌潭担水奉母，然故里之水离家甚远，不能常致，董黯即在外婆家（今章山村永昌潭）旁筑一陋室，以便汲饮，母病得以好转，现慈溪市市名也由此而来。东汉延光三年（124年）敕封“孝子”并立祠以祀，现建筑为清嘉庆道光年间所建。

【屠呦呦】 女，药学家。1930年12月30日生于浙江宁波，1951年考入北京大学，在医学院药学系生药专业学习。1955年，毕业于北京医学院（现北京大学医学部）。毕业后在中国中医研究院（2005年更名为中国中医科学院）工作，现为中国中医科学院的首席科学家、中国中医研究院终身研究员兼首席研究员、青蒿素研究开发中心主任、博士生导师、药学家。

（区委党史研究室）

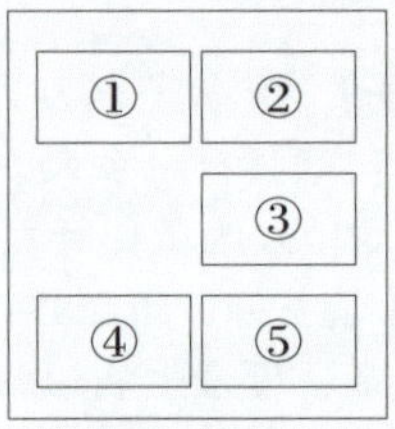

① 3月14日，召开区慈善总会理事大会暨慈善义工代表大会

② 4月16日，海曙区慈善扶贫基地合作签约

③ 4月25日，“大爱海曙 善行横街”海曙区慈善“五送”活动走进横街镇

④ 10月31日，海曙区慈善文化工作会议召开

⑤ 11月30日，“善集·益起创”鼓楼慈善义卖集市暨帮扶协作特色农产品推介会在海曙鼓楼启动

附　录

文件选编

关于推进海曙区医疗卫生与养老服务相结合的实施意见

为贯彻落实《国务院办公厅转发卫生计生委等部门关于推进医疗卫生与养老服务相结合指导意见的通知》（国办发〔2015〕84号）、《浙江省人民政府办公厅转发省卫生计生委等部门关于推进医疗卫生与养老服务相结合实施意见的通知》（浙政办发〔2016〕148号）和《宁波市人民政府办公厅转发卫生计生委等部门关于推进宁波市医疗卫生与养老服务相结合实施意见的通知》（甬政办发〔2018〕132号）等文件精神，推进我区医疗卫生与养老服务相结合，满足群众日益增长的健康养老服务需求，结合我区实际，制定本实施意见。

一、工作目标

高举习近平新时代中国特色社会主义思想伟大旗帜，深入学习贯彻中共十九大精神，按照“政府引导、社会参与、科学规划、合理布局、保障基本、统筹发展”的原则，发挥政府在加强规划、出台政策、规范市场等方面作用，强化部门协作，统筹社会资源，鼓励多元发展，推进“养”和“医”的无缝对接，全面建成以满足老年人日益增长的多层次、多元化健康养老服务需求为导向，基本医疗卫生服务为重点，覆盖城乡、转诊顺畅、功能合理的具有海曙特色的医养结合服务体系。

按照上级文件精神，我区在2018年底前，医养结合政策体系、标准规范和管理制度已经初步建立。90%以上的养老机构为入住老年人提供医疗卫生服务，基层医疗卫生机构与100%的养老机构签约合作，并逐步提升基层医疗卫生机构为居家老年人提供上门服务的能力；90%以上的医疗机构开设老年人就医绿色通道；居家老年人群的家庭医生签约覆盖率达65%以上，推进国家基本公共卫生服务项目中的老年人健康服务管理，全区65岁以上老年人健康管理率达67%以上。1家基层医疗卫生机构开展医养结合服务。

到2020年，医养结合政策体系、标准规范和管理制度基本建立，医疗护理与长期照护有机衔接，健康养老服务质量全面提升。各类养老机构医疗服务功能更加完善，与医疗机构合作更加紧密，医疗护理水平逐步提高。养老服务机构与医疗卫生机构签约服务机制更加成熟，所有养老机构能够以不同形式为入住老年人提供医疗卫生服务，基本适应老年人健康养老服务需求。全区所有医疗机构开设老年人就医绿色通道；65岁以上老年人基本纳入健康管理；居家老年人群的家庭医生签约覆盖率进一步提高，基层医疗卫生机构为居家老年人提供上门服务的能力明显提升；有条件的基层医疗卫生机构均开展医养结合服务；力争建成1家老年医疗服务机构；实现每百名老人有护理型床位不少于2张，其中80%为以长期照护为主、医疗护理为辅的养老机构护理型床位，20%为以医疗护理为主、兼顾长期照护的医疗机构老年康复护理床位。老年医疗护理和康复人才培养机制健全，人才队伍得到保障。

二、主要任务

（一）加强规划布局和用地保障。推进养老机构与医疗机构的统一规划，在土地利用规划和城乡规划中统筹考虑，做好医疗卫生与养老服务的规划衔接，实现养老机构与医疗机构的融合布局。新规划建设的居住小区和社区，应按规定保障医疗、养老等公共设施配套，将乡镇卫生院（社区卫生服务中心）建设用地纳入城市控规和土地利用规划。新规划建设的二级以上综合医院原则上应在周边相应预留养老机构建设用地。对非营利性医养结合的医疗机构、养老机构等用地，可采取划拨方式，优先保障用地；对营利性医养结合医疗机构、养老机构等用地，应以租赁、出让等有偿方式供应；医疗卫生、社会福利（养老）用地（总面积3.5万平方米以上且物业全部持有）需公开出让的，经区政府集体研究决定，可按不低于基准地价的80%确定土地出让底价。行业主管部门需制订医疗卫生、社会福利（养老）用地履约监管协议，作为土地出让挂牌文本附件，明确履约具体内容、监管措施和违约处理方式。按照"谁提出，谁监管"的原则，实施履约监管。对养老机构内设医疗用途的，应在土地出让合同中载明项目配套建设医疗服务设施的相关要求，并明确不得分割转让。

（二）加强医疗卫生与养老服务合作运行。支持以签约、托管、对口支援、合作共建等形式确定医疗卫生机构与养老服务机构的服务项目、服务方式以及责任与义务等。鼓励区第二医院、区中医医院与养老机构开展对口支援、合作共建。医疗卫生机构要为入住老年人提供医疗巡诊、健康管理、急诊急救、中医养生保健等服务，并承接养老机构转诊的急重症老年人。养老机构内设的具备条件的医疗机构可作为医院收治老年人的后期康复护理场所。镇（乡）、街道要大力推动农村敬老院从五保供养机构向医养结合型养老服务机构转型发展。通过建立"1+1+X"医疗养老联合体（即1家公立医院+1家基层医疗卫生服务机构或社区卫生服务中心+X家辖区内养老机构组成）或依托紧密型医联体建设，为老年人提供治疗期住院、康复期护理、稳定期生活照料及安宁疗护一体化的健康和养老服务。支持"养医签约"，对于不具备条件设置医疗机构的养老机构，要按照就近原则，与基层医疗机构签订合作协议，建立绿色通道，优先提供巡诊转诊、康复指导、远程医疗等服务，或者由有能力的医疗机构托管其内设医务室，选派医护人员开展医疗服务。

（三）推进老年医疗机构和护理型养老机构建设。加快发展为老年人服务的专业医疗机构，合理规划布局，逐步形成涵盖老年病医院、护理院、康复医院以及综合医院、中医院老年病科等在内的多层次老年医疗服务体系。支持"养中有医"，将养老机构设立老年病医院、康复医院、护理院、中医医院、临终关怀等医疗机构纳入区域卫生规划，优先予以审批，并加大政策支持和技术指导力度。在充分利用现有医疗资源基础上，逐步形成有梯度的老年医疗护理体系，积极稳妥地将部分医疗机构转为康复、老年护理等接续性医疗机构，引导基层医疗卫生机构利用闲置床位开设老年康复和护理病区，并开展安宁疗护试点项目，支持区第二医院开设老年病科，增加老年病床数量，做好老年慢性病防治、康复护理工作。鼓励在老年人集中的城区街道、中心镇规划建设老年护理照料中心，并支持社会力量兴办以长期照料、专业护理和临终关怀为核心的护理型养老机构。在有条件的养老机构内开设医疗机构，100张床位及以上的护理型养老机构和助养型养老机构要单独设置卫生室（医务室），条件具备的可申请开办老年病医院、康复医院、护理院、中医医院、安宁疗护机构等。

（四）深化家庭医生与老年人签约服务。依托社区各类服务和信息网络平台，实现社区居家养老服务照料机构与基层医疗卫生机构无缝对接，鼓励优质医疗资源进入社区，为老年人提供医养护一体化服务。辖区内养老机构未内设医疗机构的，实现家庭医生签约服务全覆盖。鼓励居家老人（优先满足65岁以上老年居民和社区高龄、重病、失能、部分失能以及计划生育特殊家庭的老年人）与家庭医生建立签约服务关系，制定老年人家庭医生签约服务包，为居家老人提供健康评估、康复指导、家庭病床、家庭护理、中医药"治未病"、远程健康监测等个性化定制服务。不断规范为居家老人提供的医疗和护理服务项目，将符合规定的医疗费用纳入医保支付范围。非约定健康管理服务可通过社会购买、第三方保险、居民自费等方式向基层医疗卫生机构或其他医疗机构购买。

（五）推进中医药健康养老服务。发挥中医药特色，支持养老机构开展融合中医药健康管理理念的护理、养生、康复服务。鼓励社会力量新建以中医药健康养老为主的护理院、疗养院。加强发展中医药健康养老产业。针对老年人慢性病防治、养生保健、饮食起居、临床诊疗、康复、护理、心理干预等需求，加快推进中医体质辨识、四诊合参等相关技术和服务。积极推动中药材种植基地、生产企业、中医药文化基地、特色中医药诊疗技术等中医药资源融入养老服务业，探索建立中医药健康养老服务基地。规范中医药养老服务市场，建立健全中医药健康养老服务监管机制。

（六）建立"互联网+"健康养老模式。积极开展养老服务和社区服务信息惠民试点，利用老年人基本信息档案、电子健康档案、电子病历等，推动社区养老服务信息平台与区域人口健康信息平台对接，整合信息资源，实现信息共享，为开展医养结合服务提供信息和技术支撑。扩大云医院平台的覆盖范围，鼓励引导区内各级医疗机构、医养结合服务机构建立远程医疗会诊合作关系，推动远程医学影像、远程心电、远程监护、远程会诊等医疗服务。以社会保障卡为载体，积极推进养老保险金、护理补贴等社会保障性资金领取"一卡通"。实现老年人就医、购药、医疗项目记录、处方记录、实时医疗费用联网结算、金融机构联网在线金融服务等功能，推动医养结合信息化、社会化服务。

（七）加强医养结合专业化队伍建设。完善培养机制，建立岗前教育、岗中培养、继续教育的培养体系。充分借助宁波老年与照护管理学院培养医养结合人才，鼓励医养结合服务机构参与人才培养全过程，为学生实习和老师实践提供实践基地。建立激励机制，鼓励卫生专业技术人员到医养结合机构执业。养老机构内设医疗机构及其卫生技术人员在专业培训、继续教育、职称评聘和推荐评优等方面，与其他医疗机构同等对待。研究制定养老护理员上岗培训、登记制度，开展老年人医疗和特殊护理需求技能培训。鼓励执业医师、护士、各类医技人员依法在养老服务机构内设医疗机构开展执业活动。利用现有养老服务评估体系、监管体系、适度添加标准，匹配老年人养老需求和医疗专业服务项目，规范医养结合服务流程，做到"先评估、后服务"。

（八）加强基本医疗保险支持力度。养老机构内设的医疗机构，符合条件的，经自愿申请，按规定纳入医保定点范围。

参加基本医疗保险的老年人，其在养老机构内已按照医保定点协议管理的医疗机构发生的符合医保支付范围的医疗费用，按医保相关规定支付。简化费用结报手续，逐步实现救助费用和医疗费用一站式结报。结合市医保制度运行实际，探索建立老年人长期护理保险制度。符合医保定点条件的医养结合医疗机构纳入医保定点范围，对部分病种医疗费研究按床日付费办法。制定家庭病床实施办法，进一步规范医疗服务行为，医疗机构对符合条件的患者提供家庭病床服务，符合规定的医疗费用纳入医保支付范围。

（九）支持社会力量举办医养结合机构。支持社会力量举办医养结合机构以及老年病、康复、老年护理等专业医疗机构，支持建设一批集养老、医疗、康复、休闲为一体的健康服务园区，鼓励社会力量办养老机构内设医疗机构。按照“非禁即入”原则，符合区域医疗机构设置规划和医疗机构准入标准的，不得附加限制条件。养老机构内部设置诊所、卫生所（室）、医务室、护理站，实行备案管理。鼓励社会力量通过特许经营、公建民营、民办公助以及国际合作等模式，兴办医养结合机构。支持社会力量围绕老年人预防保健、医疗卫生、康复护理、生活照料、精神慰藉等需求，积极开发安全有效的食品药品、康复辅具、日常照护、文化娱乐等老年人用品用具和服务产品，加快医养结合健康产业发展。

三、工作要求

（一）加强组织领导。各有关单位要充分认识推进医养结合是积极应对人口老龄化的长久之计，是重大民生问题。要把推进医养结合工作纳入深化医药卫生体制改革和“健康海曙”建设以及促进养老、健康服务产业发展的总体部署，建立政府主导、部门通力合作的工作机制，统筹协调各方资源，落实工作职责，及时制定出台推进医养结合的政策措施，把医养结合作为发展养老服务业、健康服务业的重要内容抓紧、抓实、抓出成效。

（二）明确部门职责。各相关部门要加强密切配合，合力支持医养结合工作发展。卫生健康、民政、发改、自然资源和规划部门要做好养老机构和医疗卫生机构的建设规划衔接，加强规划、审批等环节的合作，制定医养结合机构及为居家老年人提供医疗卫生和养老服务的标准规范、收费价格并加强监管。卫生健康部门要推进医疗卫生机构开展医养结合服务，推动医疗卫生服务延伸至社区、家庭，引导社会力量开办康复、老年护理等接续性医疗机构，做好养老机构内设医疗机构医疗执业活动的日常监督和卫生专业技术人员培训，提高卫生专业技术人员诊疗康复服务能力。要指导、协调有关部门做好入住医养结合机构和接受居家医养服务的老年人合法权益的保障工作。民政部门要把医养结合纳入到社会养老服务体系发展规划中，做好医养结合型养老机构的管理工作，并会同有关部门制定完善医养结合型养老机构的建设和服务标准。财政部门要规范优化对医养结合扶持政策，探索政府购买医疗、养老机构对符合条件老年人提供的基本健康养老服务。医疗保障部门要落实医保支持政策，将符合医保定点条件的医养结合医疗机构纳入基本医疗保险定点范围。探索按定额将符合医保支付规定的老年人医疗护理康复费用包干制，采用总额预付下的打包付费方式。自然资源和规划、住建部门要根据城乡规划布局要求，统筹考虑医养结合机构布局和建设，优先将新建医养结合机构服务设施用地分期分阶段纳入国有建设用地供应计划。教育、人力社保等部门要有计划地对医养服务从业人员进行专业教育和技能培训。

（三）加大政策支持。完善医养结合投融资渠道，鼓励和引导各类金融机构创新金融产品和服务方式，加大金融对医养结合领域的支持力度。积极推进政府购买基本健康养老服务，逐步扩大购买服务范围，完善购买服务内容，实现各类经营主体平等参与。用于社会福利事业的彩票公益金要支持开展医养结合服务。每年安排一定的财政资金对医养结合试点工作给予适当补助，支持医养结合工作发展。

（四）抓好试点示范。结合我区实际，确定望春街道社区卫生服务中心与广安养怡院开展医养结合服务试点项目。通过试点示范，总结推广。卫生健康、民政部门要会同相关部门密切跟踪工作进展，帮助解决试点中的难点问题，及时总结推广好的经验和做法，完善相关政策措施。

（五）强化考核督查。相关部门要建立以落实医养结合政策情况、医养结合服务覆盖率、医疗卫生机构和养老机构无缝对接程度、老年人护理服务质量、老年人满意度等为主要指标的考核评估体系，区卫生健康、民政部门要会同相关部门加强对医养结合工作的督导督查，定期通报进展情况，确保各项工作落到实处。

本实施意见自2019年4月13日起施行。

——摘自《宁波市海曙区人民政府办公室转发区卫生健康局等部门关于推进海曙区医疗卫生与养老服务相结合实施意见的通知》（海政办发〔2019〕10号）

关于推进政务新媒体健康有序发展的通知

各镇（乡）人民政府、街道办事处，区政府各部门、各直属单位：

为贯彻落实《国务院办公厅关于推进政务新媒体健康有序发展的意见》（国办发〔2018〕123号）、《浙江省人民政府办公厅关于推进政务新媒体健康有序发展的实施意见》（浙政办发〔2019〕29号）精神，推动全区政府系统建好管好用好政务新媒体，经区政府同意，现将有关事项通知如下：

一、明确工作目标

以习近平新时代中国特色社会主义思想为指导，认真落实中共中央、国务院和省委、省政府以及市委、市政府有关政务新媒体工作的决策部署，坚持正确导向、需求引领、互联融合、创新发展的原则，切实抓好我区政务新媒体建设、管理、保障等各个环节，理顺职责分工，规范运维管理，强化保障措施。到2020年年，基本建成以“海曙发布”为引领，“浙里办”移动客户端为依托，各镇（乡）街道和区级部门政务新媒体整体协同、迅速响应的矩阵体系，打造一批群众爱看爱用的政务新媒体。

二、理顺职责分工

区政府办公室是全区政务新媒体工作的主管单位，各相关单位办公室（综合科）或指定的科室是本单位政务新媒体工作的主办机构，负责推进、指导、协调、监督本单位政务新媒体工作。政务新媒体主办单位要按照谁开设、谁主办、谁负责的原则，履行政务新媒体的规划建设、组织保障、健康发展、安全管理等职责，可通过购买服务等方式，竞争择优选择相关机构具体承担政务新媒体日常运维工作。

政务新媒体按照主管主办、属地管理原则，接受宣传、网信部门的有关业务统筹指导和宏观管理。

三、规范运维管理

（一）管理备案。2019年7月1日前，各单位要整合现有政务新媒体资源，严格新设政务新媒体的备案审查，对功能相近、用户关注度和利用率低的政务新媒体要坚决清理整合。一个单位在同一平台只开设一个政务新媒体账号，在不同平台的政务新媒体名称应保持一致，并在公开认证信息中标明主办单位名称。因机构调整等原因，政务新媒体主办单位发生变化的，应及时注销或变更账号信息并向社会公告。

（二）内容建设。各单位政务新媒体主办机构要注重政务新媒体内容保障，在政务公开、政民互动、政务服务等方面规范运作、建章立制。

1.推进政务公开。围绕区委区政府中心工作，深入推进决策公开、执行公开、管理公开、服务公开、结果公开。重点推送“最多跑一次”改革、优化营商环境、财政预决算、公共资源配置、重大建设项目批准和实施、社会公益事业、民生实事等重点领域信息。对于涉及群众切身利益的重要政策，要同步发布政策解读信息，注重运用生动活泼、通俗易懂的语言以及图表图解、音频视频等公众喜闻乐见的形式提升解读效果。对于突发公共事件和热点敏感问题，涉事责任部门作为第一责任主体要及时公布真相、表明态度、辟除谣言、消除误解。

2.加强政民互动。要认真做好公众留言审看发布、处理反馈工作，回复留言要依法依规、态度诚恳、严谨周到，杜绝答非所问、空洞说教、生硬冷漠。注重结合重大活动、重要节日及纪念日、主题日等设置话题、策划活动，探索政民互动新方式。鼓励采用微联动、微直播、随手拍等多种形式，引导公众依法有序参与公共管理、公共服务，共创社会治理新模式。

3.规范网上办事。“浙里办”移动客户端是全省掌上办事的统一入口。要充分依托浙江政务服务网和“浙里办”移动客户端，构建本单位政务新媒体办事服务功能。各单位政务新媒体提供的网上办事服务应依托上级部门已有的办事系统，实现数据同源、服务同根、一次认证、一网通办。对于各单位孤立、自行开设的网上办事系统原则上要与“浙里办”移动客户端进行汇聚整合和优化，避免重复建设，防止形成新的数据壁垒。对用户关注度低或无力维护的网上办事栏目要坚决关停，杜绝网上办事栏目无法正常访问或使用等问题。

（三）发布审核。2019年7月1日前，政务新媒体主办单位要建立信息发布审核制度，明确审核主体、审核流程、先审后发，严把政治关、法律关、政策关、保密关、文字关。要规范转载发布工作，原则上只转载党委和政府网站以及有关主管部门和宣传、网信部门确定的稿源单位发布的信息，不得擅自发布代表个人观点、意见及情绪的言论，不得刊登商业广告或链接商业广告页面。要建立值班值守制度，加强日常监测，确保信息更新及时、内容准确权威，发现违法有害信息要第一时间处理，发现重大舆情要按程序转送相关部门办理。要强化信息安全保护，严防泄露国家秘密、商业秘密和个人隐私。政务新媒体如从事互联网新闻信息服务或传播网络视听节目，须按照有关规定具备相应资质。

四、强化保障措施

各单位要将政务新媒体工作纳入重要议事日程，与政府数字化转型、政务公开、政务服务工作统筹推进。政务新媒体工作情况列入年度政务公开工作绩效考核。对违反有关规定发布转载不良或有害信息、破坏网络传播秩序、运维管理不规范出现突发网络安全事件以及损害公众权益等突出问题，要严肃追责问责。对长期未更新的“僵尸”“睡眠”政务新媒体，适时进行通报整改。

——摘自《宁波市海曙区人民政府办公室关于推进政务新媒体健康有序发展的通知》

（海政办发〔2019〕24号）

海曙区特困人员救助供养实施细则

为完善我区社会救助体系，切实保障特困人员基本生活，根据国务院《社会救助暂行办法》《农村五保供养工作条例》和《宁波市人民政府办公厅关于进一步健全特困人员救助供养制度的实施意见》（甬政办发〔2018〕147号），结合我区实际，制定本实施细则。

一、特困人员救助供养对象范围

具有本区户籍的无劳动能力、无生活来源且无法定赡养、抚养、扶养义务人或者其法定义务人无履行义务能力的老年人、残疾人以及未满16周岁的未成年人，应当依法纳入特困人员救助供养范围。

“无劳动能力”指60周岁以上的老年人；未满16周岁的未成年人；残疾等级为一、二级的精神、智力、视力残疾人或残疾等级为一级的肢体残疾人；以及浙江省人民政府规定的其他情形。

“无生活来源”指收入总和低于当地最低生活保障标准，且财产符合我区最低生活保障家庭财产状况规定。

符合下列5种情形之一的法定赡养、抚养、扶养义务人应当认定为无履行义务能力：

（一）具备特困人员条件的；

（二）60周岁以上的最低生活保障对象；

（三）重度残疾或者三、四级精神、智力残疾的最低生活保障对象；

（四）无民事行为能力、被宣告失踪或者在监狱服刑的人员，且财产符合当地最低生活保障家庭财产状况规定的；

（五）浙江省人民政府规定的其他情形。

未满16周岁的未成年人同时符合特困人员救助供养条件和孤儿认定条件的，纳入孤儿基本生活保障范围，不再认定为特困人员。

二、特困人员救助供养内容和标准

（一）救助供养内容

1.提供基本生活保障。包括提供粮油、副食品、服装、被褥等日常生活用品和零用钱。可以通过实物或者现金的方式予以保障。

2.提供照料护理服务。包括提供日常生活、住院期间的必要照料等基本服务。

3.提供医疗救治。全额资助特困人员参加城乡居民基本医疗保险的个人缴费部分，并纳入医疗救助对象。医疗费用按照基本医疗保险、大病保险和医疗救助等医疗保障制度规定支付后仍有不足的，由救助供养经费或专项医疗救助、临时救助资金解决。

4.提供住房救助。对符合规定标准的住房困难的分散供养（包括“户院挂钩”）特困人员，通过配租公共租赁住房、发放住房租赁补贴、农村危房改造等方式给予住房救助。

5.提供教育救助。对在义务教育、高中教育（含中等职业教育）阶段就学的特困人员，给予教育救助；对普通高等教育阶段就学的特困人员，根据实际情况给予适当教育救助。

6.办理丧葬事宜。特困人员死亡后的丧葬事宜，集中供养的由供养服务机构办理，分散供养的由镇（乡）人民政府（街道办事处）委托村（居）民委员会或者其亲属办理。丧事应文明节俭，丧葬费用从救助供养经费中支出。

（二）救助供养标准

救助供养标准包括基本生活标准和照料护理标准。

基本生活标准按不低于上年度海曙区城镇居民人均生活消费支出的50%确定，依照市民政局会同市财政局拟定并报市政府批准的标准执行。

照料护理标准根据特困人员生活自理能力和服务需求分类制定，体现差异性。除具备生活自理能力的特困人员外，对完全丧失生活自理能力、基本丧失生活自理能力、部分丧失生活自理能力的特困人员，分别按海曙区最低工资标准的35%、17%、10%确定照料护理标准。在供养服务机构集中供养的，照料护理费在上述标准的基础上提高50%。

区民政局委托当地医疗卫生机构或第三方专业机构评估特困人员生活自理能力，并确定照料护理标准。

特困人员生活自理能力依据以下6项指标综合评估：自主吃饭、自主穿衣、自主上下床、自主如厕、室内自主行走、自主洗澡。6项都能自主完成的，可认定为具备生活自理能力；有1—2项不能自主完成的，可认定为部分丧失生活自理能力；有3项不能自主完成的，可认定为基本丧失生活自理能力；有4项及以上不能自主完成的，可认定为完全丧失生活自理能力。

三、特困人员救助供养形式

特困人员救助供养形式分为在家分散供养和在供养服务机构集中供养。具备生活自理能力的，鼓励其在家分散供养；完全、基本或部分丧失生活自理能力的，原则上安排到供养服务机构集中供养。

对分散供养的特困人员，经本人同意，镇（乡）人民政府（街道办事处）可委托其亲友或村（居）民委员会、供养服务机构、社会组织等提供日常看护、生活照料、住院陪护等服务，并与受托方签订照料服务协议。各镇（乡）街道要创造条件为分散供养的特困人员提供社区日间照料服务。

对集中供养的特困人员，由区民政局或镇（乡）人民政府（街道办事处）按照便于管理的原则，就近安排到公办供养服务机构，也可通过政府购买服务的方式安置在民办服务机构。未满16周岁的，安置到儿童福利机构；患有严重精神疾病的，安置到精神卫生福利机构。

四、特困人员救助供养办理

特困人员救助供养按以下程序办理：

（一）申请。由本人向户籍所在地镇（乡）人民政府（街道办事处）提出。本人申请有困难的，可以委托户籍所在地的村（居）民委员会或他人代为提出申请。镇（乡）人民政府（街道办事处）、村（居）民委员会发现符合特困人员救助供养条件的，应当告知其或其亲属救助供养政策，对无民事行为能力等无法自主申请的，主动帮助其申请。

（二）受理初审。镇（乡）人民政府（街道办事处）自接受申请之日起15个工作日内调查核实申请人家庭经济状况并提出初审意见，在申请人所在村（社区）公示7日。公示有异议的，应当重新组织调查核实。公示无异议的，应当在公示后3个工作日内将初审意见和相关材料报区民政局审批。

（三）审批。区民政局在收到镇（乡）人民政府（街道办事处）初审意见之日起5个工作日内予以审批，并在申请人所在村（社区）公布。对不符合条件的申请人，在作出不予批准决定之日起3个工作日内，通过镇（乡）人民政府（街道办事处）书面告知申请人、村（居）民委员会或其亲属。

区民政局在审批特困人员救助供养前，可委托镇（乡）人民政府（街道办事处）与申请人就供养方式、个人不动产处置等事宜进行协商，并签订救助供养协议。协议内容涉及农村承包地的经营、使用、管理及其权益处置的，应征求村集体所有制组织的意见。

为获得特困人员救助供养资格条件，通过离婚、赠与、转让等方式放弃部分或所有个人财产的申请人，不予特困人员救助供养。

批准给予特困人员救助供养的，发放《特困人员救助供养证》，批准后次月起给予救助供养待遇。

本实施细则施行前已经确定为城镇“三无”人员、农村五保对象的，直接确定为特困人员。

五、特困人员救助供养动态管理

特困人员的家庭经济状况由镇（乡）人民政府（街道办事处）每年至少复核一次，生活自理能力由区民政局委托当地医疗卫生机构或第三方专业机构每年至少评估一次，区民政局根据复核结果作出保留、调整、终止救助供养待遇认定。

特困人员有下列5种情形之一的，应当及时终止救助供养：

（一）死亡、被宣告失踪或者死亡；

（二）经过康复治疗恢复劳动能力或者年满16周岁且具有劳动能力；

（三）依法被判处刑罚，且在监狱服刑；

（四）收入和财产状况不再符合特困人员救助供养条件的；

（五）法定义务人具有履行义务能力或者新增具有履行义务能力的法定义务人。

特困人员中的未成年人，满16周岁后仍在接受义务教育或者在普通高中、中等职业学校就读的，可继续享有救助供养待遇。

对拟终止救助供养的特困人员，由镇（乡）人民政府（街道办事处）审核，并在其所在村（社区）或者供养服务机构公示7日。公示期满无异议的，报区民政局，核准后次月起终止救助供养。对公示有异议的，应当重新调查核实。对决定终止救助供养的，应当通过镇（乡）人民政府（街道办事处）将终止理由书面告知当事人、村（居）民委员会或其亲属。

对终止救助供养的原特困人员，符合最低生活保障、医疗救助、临时救助等其他社会救助条件的，应当按规定及时纳入相应救助范围。

六、供养服务机构管理

各镇（乡）街道要进一步明确政府设立的敬老院、福利院等供养服务机构的功能定位，充分发挥托底保障作用。加强特困人员供养服务机构规划与建设，完善服务设施，有条件的可设立医务室或护理站。供养服务机构应当依法办理法人登记，完善安全风险管控制度，建立健全机构建设和管理服务标准体系，提升机构服务能力。加强供养服务机构工作人员配备，护理人员与生活自理供养人员、生活不能自理供养人员的比例，分别不低于1:10和1:4。鼓励、引导供养服务机构设置社会工作专业岗位，为特困人员提供专业化服务。

七、保障措施

（一）加强组织保障

区民政局要切实履行主管部门职责，发挥好统筹协调作用，重点加强特困人员救助供养工作日常管理、能力建设，推动相关标准体系完善和信息化建设，实行特困人员“一人一档”和分类管理，提升管理服务的精细化水平。区卫生健康局、区医疗保障局、区教育局、区住建局、区人力社保局等其他社会救助管理部门要依照职责分工，积极配合做好特困人员救助供养相关工作，实现社会救助信息互联互通、资源共享，形成齐抓共管、整体推进的工作格局。区发改局要将特困人员救助供养工作纳入国民经济社会总体规划，支持供养服务设施建设。镇（乡）人民政府（街道办事处）要依法依规做好特困人员救助供养的申请受理、调查审核等有关工作。村（居）民委员会要协助政府部门做好特困人员救助供养相关工作。

（二）加强资金保障

政府设立的供养服务机构运转费用、特困人员救助供养所需资金和特困人员评估经费应列入当年财政预算，予以保障。完善救助供养资金发放机制，确保资金及时足额发放到位。特困人员集中供养的，其救助供养经费原则上拨付给供养服务机构；特困人员分散供养的，其救助供养经费原则上通过金融机构支付到特困人员个人账户。

（三）加强制度衔接

统筹做好特困人员救助供养制度与城乡居民基本养老保险、基本医疗保障、最低生活保障、孤儿基本生活保障、社会福利等制度的有效衔接。符合相关条件的特困人员，可同时享受城乡居民基本养老保险、基本医疗保险等社会保险和高龄津贴等社会福利待遇。纳入特困人员救助供养范围的，不再适用最低生活保障政策，不再享受长期护理保险待遇。纳入孤儿基本生活保障范围的，不再适用特困人员救助供养政策。纳入特困人员救助供养范围的残疾人，不再享受困难残疾人生活补贴和重度残疾人护理补贴。

（四）加强监督管理

定期组织开展专项检查，将特困人员救助供养制度落实情况作为督查督办的重点内容。加强对特困人员救助供养资金管理使用情况的监督检查，严肃查处挤占、挪用、虚报、冒领等违纪违法行为。充分发挥社会监督作用，特困人员认定的条件、程序以及供养标准、资金使用等情况，应当向社会公开，接受社会监督，对公众和媒体发现揭露的问题，要及时查处并公布处理结果。完善责任追究制度，加大行政问责力度，对因责任不落实造成严重后果的单位和个人，要依纪依法追究责任。

（五）加强社会参与

鼓励、支持群众团体等社会组织、社会工作服务机构和企事业单位、志愿者等社会力量参与特困人员救助供养工作，为特困人员提供生活帮扶、心理疏导、精神慰藉、社会融入、能力提升、权益维护等服务。加大政府购买服务和项目支持力度，落实各项财政补贴、税收优惠和收费减免等政策，引导、激励公益慈善组织、社会工作服务机构，以及社会力量举办的养老、医疗等服务机构，为特困人员提供专业化、个性化服务。各镇（乡）街道、各有关部门要大力宣传特困人员救助供养政策，不断提高社会知晓度，积极营造全社会关心关爱特困人员、支持社会救助的良好氛围。

本实施细则自2019年4月1日起施行。此前文件规定与本实施细则不一致的条款，按本实施细则执行。

——摘自《宁波市海曙区人民政府办公室关于印发海曙区特困人员救助供养实施细则的通知》（海政办发〔2019〕33号）

宁波市海曙区农贸市场改造提升三年攻坚行动实施方案（2019—2021年）

按照市政府部署要求，为进一步提升我区农贸市场建设管理水平，努力让人民群众有更多更直接的民生获得感，真正让农贸市场改造提升成为人民群众满意的便民利民惠民工程，结合海曙区实际，现就我区实施农贸市场改造提升三年攻坚行动制定方案如下：

一、指导思想

以习近平新时代中国特色社会主义思想为指导，以满足人民日益增长的美好生活需求为出发点，按照“六争攻坚、三年攀高”行动要求，立足于农贸市场“民生性、公益性”定位，进一步深化农贸市场管理体制改革，加强综合施策治理，遵循“改造达标一批、优化完善一批、示范引领一批”的理念，促进农贸市场硬件提档、管理升级，做到环境整洁、食品安全、秩序井然、价格公道、群众满意，使海曙农贸市场成为展现宁波文明城市形象的重要窗口。

二、总体目标

从2019年起，通过三年左右的时间，全面提升我区农贸市场建设管理水平，到2021年，全面实现改造提升攻坚行动目标，我区农贸市场建设管理工作力争在全市名列前茅。

（一）实现2个“100%”，1个突破

——实现全区城区二星级及以上文明规范农贸市场100%覆盖（城区市场指城区街道下属社区管辖范围内的农贸市

场，其余为乡村）。

——实现全区乡村一星级及以上文明规范农贸市场100%覆盖。

以上两项工作力争在2020年底前完成。

——实现全区城区三星级及以上文明规范农贸市场覆盖率突破市里规定的50%，力争达到60%。

鼓励有改造提升意愿的农贸市场举办单位尽早拿出改造提升方案，提前进行改造提升工作。

（二）建设4类特色农贸市场

——建设精品示范农贸市场。打造2家在设施配置、管理服务等方面具有示范引领作用的四星级及以上精品示范农贸市场。

——建设新型业态农贸市场。打造1家在业态创新、服务转型上具有示范借鉴效果的新型业态农贸市场。

——建设绿色环保农贸市场。通过垃圾分类、资源回收、限塑包装、净菜上市等措施，建设2家果蔬菜皮就地处理、净菜上市，使用菜篮子或布袋子的绿色环保农贸市场。

——建设党建引领农贸市场。抓党建促发展提服务，因地制宜构建市场内的公共服务体系，打造1家党建引领农贸市场，并逐步提升为党建教育基地。

（三）推进2个“整治”

——加快无证农贸市场整治。开展无证农贸市场大排查，实行分类处置，打造规范公平的营商环境。

——加快农贸市场及周边整治。按照文明城市创建“十二无八有”要求，着眼常态管理，打造内外协调的治理环境。

三、实施原则

（一）条块结合、以块为主。树立全区“一盘棋”思想，坚持属地管理和条线管理相结合、以属地管理为主的原则，统筹推进农贸市场改造提升工作。三年攻坚行动由区市场监管局牵头，区级有关部门各负其责，做好统筹协调和督促指导等工作；各镇（乡）人民政府、街道办事处负属地责任，具体分类实施。

（二）突出重点、统筹推进。以城区农贸市场为工作重心，实施“一场一策”，其中对文明城市创建重点区域内的农贸市场，先行实施改造提升。区市场监管局制定三年改造提升计划，分级分层分类推进农贸市场改造提升。

（三）夯实基础、重心下沉。紧扣农贸市场管理建设中的重点、难点问题，下沉工作重心，加强基层基础建设，提高基层工作能力水平。以解决问题为导向，对农贸市场实施清单式改造、列表式提升，从根本上巩固工作成效。

（四）软硬结合、建管并重。做到建设和管理同步考虑、硬件与软件同步提升。注重市场硬件改造，优化市场功能布局。鼓励引导市场创星升级，强化食品安全管理，提升信息化管理水平，建立健全长效管理机制，着力维护良好市场环境和经营秩序。

（五）内外联动、齐抓共管。多方协同，实施农贸市场内外联动，推进一体化管理，把农贸市场改造提升、规范长效管理和周边环境整治有机结合，整体提升农贸市场及周边环境。

四、重点工作

围绕总体目标，以“十化”为抓手，以点带面，统筹推进全区农贸市场一体化发展，全面促进我区农贸市场提档升级。

（一）改造提升星级化。按照《浙江省星级文明规范市场标准（农贸市场）》，对乡村无星级市场及城区一星级及以下的农贸市场进行分批星级化改造，提高市场规范化水平；对存在安全隐患、规模小、功能差，已不符合市场名称登记要求的市场，依法实行退出机制。对乡村一星级及以上和城区二星级及以上农贸市场加大改造升级力度，改善硬件设施，提升管理水平，建立长效管理机制，大幅提升三星级及以上农贸市场在全区农贸市场中的占比。

（二）高星市场精品化。按照高质量发展排头兵的要求，在硬件设施、管理服务等方面以专业化、信息化、国际化的标准提档升级，推动高星级市场精细化管理，努力打造一批走精品发展之路、具有示范引领作用的四星级及以上样板市场，助推全区农贸市场品质提升。

（三）业态发展多元化。优化农贸市场规划布局，探索以邻里中心模式为主新建或改建农贸市场。支持农贸市场融合旅游、休闲、购物、餐饮等行业，创新经营业态，力促传统农产品购销场所转变为符合现代消费习惯、引领时尚发展的创新消费服务平台。支持农贸市场升级传统销售模式，发展线上配送服务，引入线上下单、市场发货、第三方配送的经营模式，不断激发农贸市场发展活力。

（四）监管服务智慧化。利用物联网、云技术、大数据、人工智能等信息技术，打造农贸市场智慧监管平台，实现“技术换人”，缓解监管矛盾，提升监管效率。加快推进农贸市场智慧化改造，引入智能化设施设备，推动农贸市场智慧化管理，实现智能支付、交易溯源、计量管理、价格监测等智慧管理和服务模式，为消费者提供便利化智慧化服务。

（五）环保治理绿色化。加强农贸市场垃圾分类投放、收集、运输、处理体系建设，开展垃圾就地资源化利用试点。开展果蔬菜皮就地处理、净菜上市试点推广工作。推广可重复使用的菜篮子、布袋子，推广农贸市场使用可降解塑料购物袋，实行购物塑料袋有偿提供。推动农贸市场内经营产生的各类污水、冲洗水等进入污水系统，同步做好雨污管道分离。

（六）周边整顿有序化。深化农贸市场及周边整顿专项工作，强化市场周边占道经营、流动摊贩、交通秩序管理，维护市场周边良好的环境秩序。农贸市场范围500米内，原则上不得设立“临时疏导点”。农贸市场范围200米内，不提倡设立与市场内经营水产、肉类、蔬菜、豆制品、熟食等同类商品的经营单位。

（七）无证市场规范化。开展无证农贸市场大排查，加大整治力度，做到登记一批、规范一批、关闭一批。符合市场名称登记条件的，由市场监管部门依法核发市场名称登记证。因人民群众生活需要、当地人民政府（街道办事处）确定保留的无证农贸市场，不符合市场名称登记条件的，当地人民政府（街道办事处）应及时改造升级、规范管理。对没有条件进行改造规范的无证农贸市场，由当地人民政府（街道办事处）牵头关闭。

（八）经营主体专业化。加快推进农贸市场专业化管理进程，打造或引进优秀的农贸市场管理团队，不断提高农贸市场管理的标准化、规范化水平，扩大专业化管理的覆盖面。打造一支专业化、善管理的场长队伍，探索实施由当地人民政府（街道办事处）或相关部门领导担任“第一场长”的农贸市场第一场长制模式。强化农贸市场的“民生性、公益性”定位，有条件的要加大国有资本投入，鼓励国有经营主体探索运用回购、回租、入股、托管等方式，对集体、私营和个体兴办的存量农贸市场，实现国有、国有控股、国有参股或国有经营主体管理。

（九）运营管理长效化。进一步规范农贸市场规划、建设、经营及相关管理活动。按照上下对应原则，深化农贸市场管理体制调整，推动农贸市场“政府、部门、市场”三方责任体系落实。落实农贸市场安全生产（消防安全）主体责任。完善农贸市场长效管理指导意见，推行农贸市场标准化管理。发挥专业机构、新闻媒体、消费者等作用，运用群众满意度测评、第三方监督等手段，完善农贸市场管理评价体系。

（十）党建引领示范化。以市场经营户和管理者中的党员先锋力量为引领，发动农贸市场改造提升的“红色引擎”，通过开展党员经营户“亮身份、亮服务、亮承诺”“争当优秀党员、争做优秀经营户”的“三亮双争”活动和集体签订“诚信经营承诺书”等形式，以党建工作为载体促进经营户提高自律意识，营造市场诚信经营的良好环境，打造一批具有党建特色的农贸市场。

五、职责分工

全区各地各相关部门要按照职责分工，密切配合、齐抓共管、共同推进。具体职责分工如下：

（一）区市场监管局：承担区农贸市场改造提升工作领导小组办公室的日常事务，负责全区农贸市场改造提升工作的组织、协调、督办、考核，依法履行对农贸市场的监管。

（二）区综合执法局：负责农贸市场周边环境治理，指导周边非机动车停放工作，依法取缔马路市场和流动摊贩；指导农贸市场开展垃圾分类、厕所提质等工作，统一管理新一轮改造提升后农贸市场的公厕；协助做好与农贸市场搬迁或改造提升有关的临时场地安置、临时场地周边环境秩序的维护工作，指导全区农贸市场供排水、绿化、环卫等市政公用基础设施建设。

（三）区委组织部（区两新工委）：负责指导农贸市场开展党建工作。

（四）区委宣传部（区文明办）：负责做好农贸市场改造提升工作的舆论宣传和引导。按照文明城市创建要求，加强对农贸市场及周边管理的督查，指导农贸市场开展各类文明创建工作。

（五）区发改局：负责新建、扩建农贸市场的立项、工程验收等工作，落实农贸市场有关优惠政策。

（六）海曙公安分局：负责指导农贸市场加强内部治安管理，打击查处强买强卖等涉恶违法犯罪活动，确保良好治安秩序。

（七）区财政局：负责落实农贸市场改造提升补助资金，配合制定农贸市场改造提升工作扶持政策。

（八）区目考办：负责将农贸市场建设和管理工作纳入年度目标管理考核。

（九）海曙自然资源规划分局：指导农贸市场布局规划，促进农贸市场布局规划落地。审核新建、改建、扩建农贸市场的选址、用地和建设方案。负责农贸市场国有建设用地使用权公开出让等工作。

（十）区住建局：负责新建、改建、扩建农贸市场建筑工程的质量安全管理。

（十一）区农业农村局：探索推行食用农产品安全合格证制度，做好对市场动物防疫消毒等措施的技术指导；在实施农贸市场硬件设施改造提升过程中，做好动物和动物产品交易区域动物防疫条件的指导工作。

（十二）区商务局：负责组织编制农贸市场网点规划；做好肉菜流通追溯体系运行与管理。

（十三）区卫生健康局：负责农贸市场突发公共卫生事件的监测、预警、应急处理；指导农贸市场开展疾病防控、市场内禁烟、病媒生物防治和健康教育工作，配合相关部门做好食品安全重大事故调查工作。

（十四）区应急管理局：督促指导行业部门做好农贸市场生产安全管理工作。

（十五）区大数据发展服务中心：指导农贸市场进行数据采集和管理，为农贸市场改造提升协调数据资源。

（十六）区消防救援大队：查处农贸市场消防安全违法行为，督促消除火灾隐患；督促和指导消防安全“四个能力”（检查消除火灾隐患能力、扑救初级火灾能力、组织疏散逃生能力、消防宣传教育能力）建设。

（十七）区交警大队：负责农贸市场周边交通秩序的管理及停车引流工作。

（十八）各镇（乡）街道：对辖区农贸市场的建设和管理工作负属地责任，推进辖区农贸市场长效管理，负责辖区农贸市场改造提升工作的分类组织实施。

（十九）农贸市场举办者：按照“谁主办、谁负责；谁受益、谁管理；谁搭建、谁拆除”的原则落实主体责任，做好农贸市场改造提升工作，履行好市场举办者的日常管理职责。

六、保障措施

（一）加强组织领导。调整建立全区农贸市场改造提升工作领导小组，由区政府主要领导任组长、分管领导任副组长，各相关部门、各镇（乡）街道主要负责人担任成员。领导小组办公室设在区市场监管局，抽调相关部门业务骨干，组建综合、建设、管理和督查等4个小组协调推进工作，并由市场监管、住建、综合执法、文明办等单位分管领导任各组组长。各镇（乡）街道要相应建立领导机构，强化组织保障，确保工作落实到位。

（二）落实资金保障。在市级财政承担农贸市场改造提升和星级文明规范市场创建补助资金25%的基础上，区级财政承担比例不少于37.5%。为更好地鼓励农贸市场举办单位长效管理的积极性，2020年起，区级财政将加大考核奖励力度，将原针对城区农贸市场的创优管理奖励改为长效管理考核奖励，考核面从城区辐射到全区在册星级农贸市场。

（三）加大政策扶持。按照农贸市场公益性、民生性基础设施定位，区政府研究制定农贸市场相关的规划、土地、水费及其他收费等下浮措施，努力降低市场经营成本。区级具体政策措施将由区农贸市场改造提升工作领导小组办公室会同相关部门根据工作需要另行研究制定。

（四）强化督查考核。区政府与镇（乡）街道签订责任状，年度工作目标任务纳入目标管理考核。领导小组办公室要做好组织协调、统计分析、督查考核等工作，畅通农贸市场管理责任传导机制，确保农贸市场管理责任落实。

——摘自《宁波市海曙区人民政府办公室关于印发宁波市海曙区农贸市场改造提升三年攻坚行动实施方案》（海政办发〔2019〕37号）

关于加快构建城乡社会养老服务体系的实施意见

各镇（乡）人民政府、街道办事处，区政府各部门、各直属单位：

为贯彻落实《宁波市居家养老服务条例》，加快推进我区养老服务事业发展，满足不断增长的养老服务需求，根据《国务院办公厅关于推进养老服务发展的意见》（国办发〔2019〕5号）、《浙江省人民政府关于加快发展养老服务业的实施意见》（浙政发〔2014〕13号）、《宁波市人民政府关于进一步鼓励民间资本投资养老服务业的实施意见》（甬政发〔2014〕68号）等文件精神，结合我区实际，现就加快构建城乡社会养老服务体系，提出如下实施意见。

一、总体要求

（一）指导思想

以习近平新时代中国特色社会主义思想为指导，全面贯彻中共十九大和省、市总体部署，按照“政府主导、社会参与、全面覆盖、普惠共享”的原则，打通“堵点”，消除“痛点”，破除发展障碍，健全市场机制，持续完善以居家为基础、社区为依托、机构为补充、信息为辅助、医养相结合的养老服务体系，大力推动养老服务供给结构不断优化、社会有效投资明显扩大、养老服务质量持续改善，确保到2022年在保障人人享有基本养老服务的基础上，有效满足老年人多样化、多层次养老服务需求，老年人及其子女获得感、幸福感、安全感显著提高。

（二）发展目标

——养老服务网络更加健全。健全居家养老服务体系，实现居家养老服务设施城乡全覆盖。优化机构养老服务，鼓励社会力量投资兴办养老机构，推进医养结合、康养结合、体医融合等多种类型养老机构建设。

——养老服务保障更加完善。建立健全涵盖长期护理保险的基本养老服务制度，优先保障特殊和困难老年群体的基本养老需求，政府承担支出责任的养老服务从补缺型向适度普惠型发展。

——养老服务能力显著增强。养老服务硬件设施条件进一步完善，养老服务政策法规更加健全，养老服务监管机制更加有力，养老服务队伍和组织更加专业化，养老服务能力和管理水平明显提升。

——养老服务手段更加先进。全面构建全域化智慧养老服务信息平台，实现区、镇（乡）街道、村（社区）三级互联互通、数据共享，促进养老服务业与金融、健康、教育等产业互动，盘活社会养老服务资源，提高资源配置效率。

二、主要任务

（一）健全养老服务机制

1.强化养老服务人才机制。加强对养老服务机构负责人、管理人员、护理人员的岗前培训及定期培训，鼓励养老服务机构工作人员参加养老护理培训，提升养老护理专业技能，到2022年，实现养老服务工作人员岗前培训率达100%，持证率达100%。配强配足养老服务专职工作人员，原则上养老机构按自理区护理人员与入住老年人人员配比不低于1:7，护理区护理人员与入住老年人人员配比不低于1:5，区域性居家养老服务中心不少于3名，村（社区）居家养老服务站不少于1名，居家中心（站）所需专职人员可通过政府购买服务，安排公益性岗位或向社会招聘等途径解决。

2.强化养老服务评估机制。制定老年人生活能力及养老服务质量标准，建立第三方评估机制，开展养老服务机构等级、养老服务质量、老年人照护等级、养老服务承接主体绩效等评估工作，根据评估结果确定老年人照护等级和养老服务机构资金补助额，切实保障养老服务资源公平配给。

3.强化养老服务风险管控机制。推进建立老年人意外风险管控机制，到2020年，基本建立老年人意外伤害保险制度，80周岁（含）以上老年人及计划生育特殊家庭、最低生活保障家庭、最低生活保障边缘家庭中的老年人参保率达到100%；持续开展政策性综合保险项目，全面建立养老服务机构政策性综合保险机制，到2020年，全区养老服务机构参保率达到100%。

4.强化智慧健康养老服务机制。推动智慧健康养老服务发展，拓展信息技术在养老领域的应用。推广物联网和远程智能安防监控技术，实现24小时安全自动值守，降低老年人意外风险，改善服务体验。探索建立老年人补贴、服务等远程申报审核机制。加快建设区级养老服务管理信息系统，推进与户籍、医疗、社会救助等信息资源对接，到2020年，所有镇（乡）街道和村（社区）全面建立老年人基本信息数据库。

（二）加强养老机构建设

1.改造提升镇（乡）街道级养老机构。将补齐农村养老基础设施短板、提升镇（乡）街道级养老机构建设纳入乡村振兴战略。从2019年起，各镇（乡）街道要对本区域内养老机构实施新建、迁建或改造，发挥政府投资引导作用，充分调动社会资源，利用政府和社会资本合作、公建民营等方式，支持镇（乡）街道级养老机构升级照护型床位，开辟失能失智老年人照护单元，到2022年，实现每千名老年人拥有社会养老床位数达55张。要充分利用地域优势，实现养老功能的拓展和转型，鼓励、引导相邻镇（乡）街道合建区域性中心老年乐园，通过资源整合，提升养老机构床位使用率。

2.规范推进民办和村级养老机构运营。各镇（乡）街道要发挥好牵头与协调作用，根据辖区内各村经济实力、班子建设情况和村庄区域布局，支持村级组织以一村独建、多村合建或村企合建等形式建造政府扶得起、村里办得起、村民用得上、服务可持续的村级互助式养老机构。

3.鼓励引导"嵌入式"社区微机构发展。大力发展新型社区养老模式，整合闲置政府公房用于发展社区微机构，通过统筹布局与资源共享，打造居家、日托、机构三位一体"一站式"养老服务阵地，在满足养老机构和居家养老服务机构设置要求的前提下，创新养老服务功能，探索满足老年人精神文化需求的个性化服务，营造家庭式养老氛围。

4.大力推进社会资本参与养老服务业。鼓励盘活存量土地和闲置房屋，支持民间资本利用闲置的厂房、医院、学校、商业设施、农村集体房屋等存量土地和用房资源进行整合改造后用于开办养老机构，由自然资源规划部门出具同意临时改变功能的规划意见，办理用地用房手续。允许民间资本通过合作的方式投入镇（乡）街道、村（社区）两级公办（集体）养老机构新建、迁建或改造。

5.健全完善医养融合模式。支持医疗卫生资源进入养老机构，拥有100张床位及以上的养老机构要内设医疗卫生机构并配备相应医护资质人员，条件具备的养老机构设立与养老机构配套的独立医疗机构。鼓励内设医疗卫生机构的养老机构按规定申请医保定点资格。引导社会力量参与医养融合发展，鼓励社会力量开办老年护理院，为长期卧床、患慢性病、生活不能自理以及其他需要长期护理服务的老年人提供医疗护理、能力康复、临终关怀等服务。

（三）提升居家养老服务实力

1.实现城乡居家养老服务设施全覆盖。按照建成"城市十分钟、农村二十分钟"养老服务圈的总体目标，以资源整合、布局合理、就近就便、功能配套、方便实用为原则，完善城乡社区居家养老服务设施。以镇（乡）街道为单位，通过新建、改扩建等方式，推进区域性居家养老服务中心建设；新建住宅小区按照每百户（不足百户的，按照百户计）不少于20平方米、已建成住宅小区按照每百户不少于15平方米的建筑面积标准配建居家养老服务用房。到2020年，实现全区镇（乡）街道至少建有1个区域性居家养老服务中心、村（社区）一般均建成1个居家养老服务站的目标任务。

2.发挥养老服务设施的功能作用。发挥综合型居家养老服务机构功能，重点设置助餐助浴、康复护理、日间托老、短期托养、老年教育等服务项目，与区域内村（社区）居家养老服务站形成辐射联动，打造"枢纽式为老服务综合体"。拓展村（社区）居家养老服务站服务功能，提供文化娱乐、生活照料、康复护理、精神慰藉、法律咨询等多元化服务。发挥村（社区）老年活动室、社区老年教学点等各类为老服务设施延伸补充作用，为老年人就近参加文化娱乐活动提供便利。

3.拓展居家养老服务内容。加强老年助餐服务，通过老年食堂、邻里助餐及养老机构（企业）配送餐、互联网+送餐等途径，构建多主体助餐供给网络，到2020年，实现老年助餐服务城乡社区全覆盖。促进社区医养服务设施融合，鼓励社区居家养老服务设施与医疗卫生服务设施毗邻而建，建立对口支援、签约合作等长效联动机制，到2020年，实现全区所有居家养老服务机构与基层医疗卫生服务机构签约合作。支持民营医院、镇（乡）街道社区卫生服务中心（卫生院）等利用闲置床位开设老年护理照料专区，接收需要照护的失能、失智老人以及高龄、失独老人。促进"机构"与"家庭"互融，将机构养老中的医疗护理等专业化服务输送至居家老年人，实现养老服务资源的互为补充与有效利用。

4.完善政府购买居家养老服务项目。为具有海曙区户籍并居住在海曙区的享受国家定期抚恤补助优抚对象、本人及子女获得县级（含）以上见义勇为荣誉称号以及计划生育特殊家庭、最低生活保障家庭、最低生活保障边缘家庭中的重度失能失智、中度失能失智老年人提供一定时间的免费居家养老服务，其中重度失能失智老年人每人每月45小时，中度失能失智老年人每人每月30小时；为具有海曙区户籍并居住在海曙区的80周岁（含）以上居家老年人以及计划生育特殊家庭中70周岁（含）以上居家老年人，每人每月提供3小时的免费居家养老服务；健全政府购买服务机制，在开展老年人生活能力与需求评估的前提下，有层次、分等级地保障经济困难的失能、失智、高龄、独居等老年群体的基本居家养老服务需求。将失能老年人家庭成员照护培训纳入政府购买养老服务目录，组织养老机构、社会组织、社工机构、红十字会等开展养老照护、应急救护知识和技能培训。

5.强化居家养老服务行业监管体系。培育发展养老服务中介组织，协助开展养老服务行业评估认证、质量监管等工作。加强对社会化承接主体的监督管理，建立政府指导下的养老服务市场定价机制。成立海曙区养老服务业促进会，加强行业自律。加强居家养老服务机构法人管理，实现区域性居家养老服务中心法人登记率100%。推进居家养老服务机构标准化建设，到2022年，实现居家养老服务中心（站）A级达100%、AA级达60%以上、AAA级达20%以上。

6.落实老人安全守护措施。推进已建成住宅小区公共设施和老年人家庭无障碍设施改造，未来四年内，每年至少为100户最低生活保障以及最低生活保障边缘老年人家庭完成日常生活设施无障碍改造。支持有条件的多层住宅加装电梯，鼓励居家养老服务机构配置或社会力量提供爬楼机等助行设备，供辖区内失能、半失能、老龄居家老年人借用。

7.推动居家养老社会化参与。鼓励社会力量投资举办居家养老服务机构或以承包、租赁、委托等方式参与养老服务机构运营，到2022年，全区所有区域性居家养老服务中心和70%以上城镇社区居家养老服务站实现社会化运营。扶持和发展各类为老服务公益慈善组织，倡导低龄健康老年人帮扶高龄、残疾等老年人。发挥工青妇、残联、红十字会等组织作用，开展老年人关爱帮扶活动，丰富养老服务内容。探索建立志愿服务积分、时间银行等制度，倡导机关干部和企事业单位职工、在校学生参加养老服务志愿活动。

（四）加大政策扶持保障力度

1.优先保障民办养老服务机构建设用地。非营利性养老机构采取行政划拨方式供地，营利性养老机构采取招拍挂出让方式供地，出让底价可参照行政划拨价格或按照成本逼近法评估确定。非营利性养老机构停办后，其通过行政划拨方式取得的土地使用权由政府收回或经批准后转由其他民办非营利性养老机构使用。坚决禁止以兴办社会养老服务机构为名变相进行房地产开发或改变用地性质的行为。

2.稳步提高养老从业人员待遇。大中专毕业生入职本区养老服务机构的，按规定给予入职奖励补助。在校大学生或毕业5年以内的高校毕业生在本区内初次创办养老服务机构的，按规定给予创业补助。按规定落实养老服务从业人员培训费补贴、职业技能鉴定补贴等政策。养老护理人员按规定享受特殊岗位津贴。人力社保部门每年公布养老护理人员工资指导价位，督促落实养老护理人员待遇。广泛宣传养老服务先进人物，提升养老服务人员的社会地位。

3.深入优化财政划拨机制。各镇（乡）、石碶街道中心老年乐园建设所需建安工程费（不含土地征地拆迁费）由区、镇两级承担，分担比例按镇（乡）街道财政分类口径，一类镇（乡）街道区财政给予30%的补助，二类镇（乡）街道区财政给予50%的补助，三类镇（乡）街道区财政给予70%的补助，相关资金管理拨付程序按《宁波市海曙区人民政府关于印发海曙区政府投资项目管理办法的通知》（海政发〔2018〕7号）文件规定执行。城区街道新（改、扩）建中心老年乐园所需实际建设资金由区财政统筹安排。

4.持续加大养老机构补助力度。对新增养老床位50张以上、符合有关文件规定资质条件的民办营利性养老机构，享受民办非营利性养老机构建设补助标准。用房新建、改造或租用用房且租期五年以上的，按新增核定床位数分别给予不同程度的床位补助，分期到位。

5.逐步完善养老机构定价政策。加大公办养老机构改革力度，推进公建民营、股份合作制。在公办养老机构定价收费管理机制中，将固定资产折旧纳入定价成本，床位费、护理费实行政府指导价（上浮不超过10%，下浮不限），其他收费实行市场调节价。公建民营（按投资比例最大合作方的定价形式管理）养老服务机构床位费实行政府指导价（上浮不超过20%，下浮不限），护理费等其他收费由其自主定价。民办养老机构收费以市场调节为原则，实行自主定价。

三、保障措施

（一）加强领导，提供有力保障

切实加强社会养老服务工作的领导力量，成立区社会养老服务体系建设领导小组，建立部门联席会议制度，定期协调、解决全区养老服务事业发展中出现的热点、难点问题，促进养老服务事业的健康发展。

（二）改革创新，强化组织架构

各镇（乡）街道养老服务中心及村（社区）居家养老服务工作站可配备若干个居家养老服务公益性岗位，人员配置和经费落实按现行的公益性岗位的有关规定执行。充分发挥基层老年协会能动性，配合镇（乡）街道养老服务中心和养老服务承接单位开展居家养老服务工作。积极发挥本辖区内健康低龄老年人中的党员和热心人士作用，提倡和鼓励开展邻里互助服务，对邻里提供的照料服务，村（社区）要纳入相应管理范围，并给予一定的精神物质奖励。

（三）加强管理，提升服务品质

1. 建立评估激励机制，推进养老服务事业发展。区委、区政府将养老服务事业列入镇（乡）街道工作实绩考核目标，由区民政局负责制订相关工作考评指标体系，对镇（乡）街道养老服务事业发展的目标规划、资源配置、经费投入、用工人员待遇、服务质量等实施情况进行专项监督评估，对成绩显著的镇（乡）街道给予表彰奖励。

2. 规范养老机构行业标准，整顿养老机构秩序。各镇（乡）街道要发挥属地监管职能督促属地养老机构完善硬件设施改造，提高养老服务能力。要大力整治改造不合格养老机构，防止发生各种损害老年人身心健康的行为，全面提高养老机构的管理服务水平，保障老年人的合法权益。

3. 加大舆论宣传力度，营造敬老养老氛围。深化尊老、敬老、孝老的宣传教育，拓展宣传阵地，紧密养老服务机构与社会、家庭的联系与合作，不断扩大养老服务体系的社会化影响，提高社会、家庭对养老事业重要性的认识，努力推进养老服务事业稳步健康发展。

本实施意见自2019年5月1日起施行。

——摘自《宁波市海曙区人民政府办公室关于加快构建城乡社会养老服务体系的实施意见》（海政办发〔2019〕41号）

宁波市海曙区打赢蓝天保卫战行动方案（2019—2020年）

为加大对重点区域大气污染防治力度，有效解决颗粒物（PM2.5、PM10）和臭氧（O3）污染问题，确保在2020年实现全区环境空气质量的达标；根据《浙江省人民政府关于印发浙江省打赢蓝天保卫战三年行动计划的通知》（浙政发〔2018〕35号）和《宁波市人民政府办公厅关于印发宁波市打赢蓝天保卫战三年行动方案的通知》（甬政办发〔2018〕149号）等文件要求，结合我区实际，制定本行动方案。

一、总体要求

全区环境空气质量持续保持优良，到2020年细颗粒物（PM2.5）年均浓度达到33微克/立方米，环境空气质量达到国家二级标准；二氧化硫、氮氧化物均削减完成污染减排重点工程和大气污染防治工作任务，挥发性有机物（V0Cs）排放总量比2015年削减20%；推进清新空气示范区建设，基本消除重点区域臭气异味，涉气重复信访投诉量比2017年下降30%。

二、主要任务

（一）推进能源结构调整

1.大力发展清洁能源。加快推进天然气等清洁能源和可再生能源的发展和利用，继续落实好优先发电和购电制度。到2020年，实现天然气区内全通。

2.深化高污染燃料禁燃区建设。严格贯彻执行宁波市关于绕城高速范围内为高污染燃料禁燃区的文件规定，深入推进高污染燃料设施淘汰或实施清洁能源替代。到2019年，全面完成10蒸吨/小时及以下燃煤锅炉的淘汰改造工作。到2020年，城市建成区基本淘汰茶水炉、经营性炉灶、储粮烘干设备等燃煤设施；全区基本淘汰10蒸吨/小时以上35蒸吨/小时以下燃煤锅炉，35蒸吨/小时及以上高污染燃料锅炉完成节能和超低排放改造。

（二）优化调整产业结构和布局

1.严格项目准入。推进生态保护红线、环境质量底线、资源利用上线、环境准入清单编制及实施工作，推行区域、规划环境影响评价，强化空间布局、总量、准入环境管控。

2.优化区域产业布局。推动项目向优先开发区域和重点开发区域集中，推进城市建成区大气重污染企业的搬迁改造或关闭退出。2019年年底前，配合市发改委完成宁波中华纸业有限公司关停。

3.深化“亩均论英雄”改革。全面开展企业综合评价，到2020年，全区规模以上工业企业单位能耗增加值、单位排放增加值年均较2018年进一步提高。2019年9月底，完成古林镇布政片、洞桥镇上水碶村9-A号工业地块“标准地”节能审查。

4.加快落后产能淘汰。严防“地条钢”死灰复燃，深化“散乱污”企业（作坊）治理，建立动态管理机制，坚决杜绝异地转移、死灰复燃。继续推进块状行业整治提升，加快建设小微企业园、标准厂房和小微企业整合提升集聚片区。

（三）深化工业废气治理

1.全面推进重点行业、重点企业废气治理。持续推进工业污染源全面达标排放，二氧化硫、氮氧化物、颗粒物（烟粉尘）、V0Cs等大气污染物排放全面执行特别排放限值要求。深化工业涂装、合成革、纺织印染、橡胶和塑料制品、包装印刷等12个重点行业废气深化治理。建立完善“一厂一策一档”制度。

2.强化V0Cs污染治理。严格执行《浙江省挥发性有机物深化治理与减排工作方案（2017-2020年）》，全面完成VOCs治理项目治理工作。全面开展工业臭气异味源排查，建立问题企业清单，制定治理计划，督促涉工业臭气异味企业采取有效措施，明显减少工业臭气异味排放。

3.推进重点区域废气治理。确定宁波望春工业园区为大气治理重点区域，2020年底前，落实“一园一策”。鼓励西片镇（乡）街道开展工业集聚区废气治理工作。

（四）强化机动车船污染治理

1.优化货物运输结构。制定实施运输结构调整行动计划。推进建立绿色低碳、集约高效的运输模式。降低货物运输空载率，建设城市绿色物流体系。

2.优化公众出行结构和机动车能源消费结构。深入发展城市公交优先战略，完善城市公交服务体系，引导公众绿色出行。推广使用新能源汽车。

3.加快老旧车辆淘汰。根据国家、省、市要求，研究制定并稳步实施老旧车辆淘汰和限行政策，制定国三及以下排放标准营运柴油货车，以及采用稀薄燃烧技术和“油改气”的老旧燃气车辆提前淘汰更新目标及实施计划，到2020年底完成淘汰任务。

4.严格机动车排放控制。2019年7月1日起，全区实施国六排放标准。严格执行非免检新车环保核查制度。开展柴油货车超标排放专项治理和老旧柴油车深度治理。

5.提升燃油品质。全面供应符合国六标准车用汽柴油，停止销售低于国六标准的车用汽柴油，实现“三油并轨”。推进储油库和年销售汽油5000吨以上的加油站油气回收自动监测设备安装工作。

6.强化非道路移动机械管理。制造、进口和销售的非道路移动机械（包括农用机械）必须符合非道路移动机械国三阶段排放标准。实施非道路移动机械普查和申报登记制度。2019年年底前，完成非道路移动机械摸底调查。

（五）加强面源污染治理

1.深化扬尘综合整治。按照“八个100%”要求，强化施工现场扬尘防治措施。将扬尘管理工作不到位等不良信息纳入建筑市场信用管理体系。推广使用自动冲洗、雾炮等扬尘防控新技术，2019年年底前，中心城区建筑面积1万平米以上或工程造价5000万元以上的建设工程落实扬尘防治的扬尘自动监测和视频监控措施，并与有关主管部门联网，2020年底前基本达到上级主管部门的要求。大力发展装配式建筑，到2020年底，装配式建筑占新建建筑比例达到30%。扩大道路清扫保洁范围，提高道路保洁标准，全区城市实现主干路机械化清扫率100%，建筑渣土运输车辆密闭、平装率100%，卫星定位系统安装率100%。对高桥镇、鄞江镇范围内的矿山企业周边主次干道沿线进行地毯式排查，全面整修并适时安排重点道路喷雾降尘。实施降尘考核，全区各地降尘量不得高于5吨/月•平方千米。

2.加强矿山综合整治和绿化工程。严格控制矿产资源开采；对违反资源环境法律法规、规划，污染环境、破坏生态、乱采滥挖的露天矿山，依法予以关闭；对污染治理不规范的露天矿山，依法责令停产整治，待整治完成并经相关部门组织验收合格后方可恢复生产，对拒不停产或擅自恢复生产的依法强制关闭；对责任主体灭失的露天矿山，要加强修复绿化、减尘抑尘。到2020年，全区应建绿色矿山建成率达到100%，废弃矿山治理率达到100%，矿山粉尘持续保持达标运行。

3.严格餐饮油烟和垃圾、生活废物臭气治理。加强对餐饮业的备案管理，严格控制城市露天烧烤。严格环境影响登记表事中事后监管制度，新建小区需配套设置餐饮功能用房等满足生活需求的公共服务配套设施。落实生活垃圾中转站、生活垃圾焚烧厂、污水处理厂和污水泵站等设施的恶臭治理措施。到2020年，基本消除城镇生活垃圾废物臭气异味。

4.持续推进露天禁烧和氨排放控制。落实属地镇（乡）街道监管责任，进一步加强对禁止燃放烟花爆竹规定的执法监督。减少化肥农药使用量，增加有机肥使用量，实现化肥农药使用量负增长。强化畜禽粪污资源化利用，减少氨挥发排放。

5.强化秸秆综合利用工作。以秸秆机械化粉碎（快速腐熟）还田为基础，推进秸秆综合利用，到2020年，全区秸秆综合利用率超过95%，当年基本消除秸秆露天焚烧现象。

（六）实施重大专项行动

1.开展秋冬季攻坚行动。制定并实施秋冬季大气污染综合治理攻坚行动方案，以减少重污染天气为着力点，狠抓秋冬季大气污染防治，聚焦重点领域，明确攻坚目标和任务措施，并狠抓落实。

2.打好柴油货车污染治理攻坚战。制定柴油货车污染治理攻坚战行动方案。加强柴油货车生产销售、注册使用、检验维修等环节的监督管理，开展多部门联合执法专项行动。

3.开展工业炉窑整治专项行动。开展拉网式排查，建立各类工业炉窑管理清单。加大不达标工业炉窑淘汰力度；鼓励工业炉窑使用电、天然气等清洁能源或由周边热电厂供热；取缔燃煤热风炉，基本淘汰热电联产供热管网覆盖范围内的燃煤加热、烘干炉（窑）；淘汰炉膛直径3米以下燃料类煤气发生炉；禁止掺烧高硫石油焦。

（七）建立健全大气环境监管体系

1.完善环境监测监控体系。全面排查大气污染源，制作大气环境地图。加快重点污染源在线监测监控系统和重点区域大气环境自动监测网络建设。2019年年底前，排气口高度超过45米的高架源，以及包装印刷、工业涂装等挥发性有机物排放重点源，纳入重点排污单位名录，基本完成烟气排放自动监控设施安装。

2.加强环境管理和执法监管能力建设。到2020年，宁波望春工业园区内建成1个以上环境空气VOCs自动在线监测站。开展环境监测数据质量监督检查专项行动。整合、衔接、优化排污许可制、环境影响评价、总量控制等环境管理制度。加强大气主要污染物总量控制，完善区域重点大气污染物排放指标有偿使用和交易制度。

3.提升环境空气监测和区域联防联控能力。完善环境空气质量监测预报预警体系建设。2019年，基本完成全区17个镇（乡）街道环境空气监测站点建设任务。积极参与区域大气污染防治协作，加强与周边区县的大气污染联防联控，做好重大活动空气质量保障工作。强化重污染天气预警和应对。

三、保障措施

（一）制度保障

各镇(乡)街道和有关部门负责落实各项工作任务，制定本单位的实施方案，并于本行动方案印发后15天内报送区大气办备案。组织实施环境空气质量预警制度。以“环境质量属地责任”为原则，建立以空气质量改善为核心的环境保护目标责任考核体系。

（二）资金保障

严格执行环境保护税制度，落实各项对大气污染治理有利的扶持政策和价格政策。建立政府、企业、社会多元化投资机制，拓展污染治理资金来源。

（三）监管保障

每年实施蓝天保卫系列专项执法行动，全面精准打击大气环境违法行为。加强废气监督性监测和日常执法检查，加强生态环境执法与刑事司法衔接，推进环保与公安、检察院、法院联络机构的全覆盖。

（四）宣传保障

加强环境信息公开，及时、准确发布环境空气质量信息，强制性公开重点排污单位自行监测、污染物治理和排放信息、环境违法行为及整改等信息。构建政府主导、企业主体、社会组织和公众共同参与的环境治理体系。

以往我区规定与本行动方案不一致的，以本行动方案为准；本行动方案实施过程中国家、省、市出台新的规定，按新规定执行。

——摘自《宁波市海曙区人民政府关于印发宁波市海曙区打赢蓝天保卫战行动方案（2019–2020年）的通知》（海政发〔2019〕46号）

关于调整和完善海曙区公共租赁住房管理实施细则（试行）部分政策的通知

各镇（乡）人民政府、街道办事处，区政府各部门、各直属单位：

为完善我区公共租赁住房政策，实现住房保障城乡一体化，实行实物保障与货币补贴并举的保障方式，进一步将流动人口量化积分应用于公共租赁住房申请，根据《关于做好城镇住房保障家庭租赁补贴工作的指导意见》（建保〔2016〕281号）、《关于做好户籍制度改革推进中住房保障工作的指导意见》（甬建发〔2016〕183号）、《关于印发海曙区流动人口量化积分申评暂行办法的通知》（海政办发〔2017〕79号）等文件规定，结合我区实际，现就《海曙区人民政府关于印发海曙区公共租赁住房实施细则（试行）的通知》（海政〔2012〕63号）文件的部分政策调整和完善通知如下：

一、实施城乡一体化保障

（一）城镇中等偏下收入住房困难家庭申请人具有海曙区常住户口，且符合《海曙区人民政府关于印发海曙区公共租赁住房实施细则（试行）的通知》（海政〔2012〕63号）规定的其他条件的可申请公共租赁住房保障。

（二）取得区民政部门签发的“宁波市最低生活保障边缘家庭证”“特困人员救助供养证”且符合海曙区公共租赁住房申请条件的家庭，也视作公共租赁住房最低收入家庭。

二、实施流动人口申请公共租赁住房使用量化积分规定

（一）流动人口申请公共租赁住房需同时具备下列条件：

1.参加海曙区流动人口量化积分申评，取得年度积分且与注册登记在海曙区内的用人单位建立劳动关系。

2.申请人及其配偶、未婚子女在市区内无房（市区指海曙区、江北区、镇海区、北仑区、鄞州区、大榭开发区、宁波国家高新区、东钱湖旅游度假区）。

3.申请时没有享受其他住房保障政策。

4.量化积分（上年度积分）达到规定分值（具体分值由区流动人口管理部门会同区住房保障管理部门在申请公告时明确）。

（二）流动人口申请公共租赁住房需提供以下材料：

1.《公共租赁住房申请审批表》。

2."浙江省居住证"（通过系统自动获取，如数据不全则需申请者提交）。

3.劳动（聘用）合同或本区工商营业执照。

4.申请人单位出具的承诺书、担保书。

5.申请人及其家庭成员身份证、户口簿、婚姻状况证明（通过系统自动获取，如数据不全则需申请者提交）。

（三）申请审核流程

1.申请人到"浙江省居住证"登记所在地镇（乡）、街道提出申请。镇（乡）、街道根据区流动人口管理部门提供的年度积分和申请人提供的申请材料，在5个工作日内，对申请人家庭是否符合条件进行初审，并在第5个工作日将申请数据送自然资源和规划部门、区房管部门。同时在数据报送期间对申请人家庭相关情况公示10日，10日内无异议或异议不成立的，将初审意见和申请材料送区流动人口管理部门。

2.自然资源和规划部门在收到申请数据之日起5个工作日内将核查结果送区房管部门，区房管部门自收到核查结果之日起5个工作日内，就申请人家庭住房状况是否符合规定条件提出审核意见。

3.区流动人口管理部门自收到申请材料之日起5个工作日内，对申请人的流动人口数据进行复核。

4.区住房保障管理部门在收到区房管部门和区流动人口管理部门审核意见后，在5个工作日内对申请人家庭是否符合规定条件做出核准意见。

（四）住房配租

1.对核准后符合配租条件的家庭，根据上年度积分从高到低排序。

2.根据当批可供房源数量，积分排序在前的确定为准租家庭。当最后积分并列且符合条件的家庭数量大于当批可供房源数量时，以申请人计算上年度积分时缴纳社会保险月份数从高到低排序，确定准租家庭；若社会保险月份数仍相同的则以公开摇号或抽签方式确定准租家庭，其余在租赁补贴保障指标内的家庭作为轮候家庭进行轮候。准租家庭确定后公示10日，10日内公示无异议或异议不成立的，由区住房保障管理部门签发"海曙区公共租赁住房准租证"（以下简称"准租证"）。取得"准租证"的家庭统一由区住房保障管理部门以公开摇号或抽签方式配房。

3.根据配房结果，由区住房保障管理部门签发《海曙区公共租赁住房租赁定位通知书》（以下简称《定位通知书》），准租家庭应在规定时间内凭"准租证"、《定位通知书》与公共租赁住房所有权人或其委托的运营单位签订公共租赁住房租赁合同并办理入住手续。

4.轮候家庭（指符合租金补贴资格，正在享受租金补贴的轮候家庭），轮候资格三年有效。轮候家庭须放弃本房源项目的配租轮候资格，方可重新申报其他房源项目。

5.流动人口配租公共租赁住房实行年审制度，年审工作由区住房保障管理部门会同各相关部门共同实施。

6.流动人口参加年审必须符合本通知第二条第（一）款规定的申请条件且量化积分指标中不得有新增负面扣分项目，否则取消其保障资格，终止合同。

7.经年审，流动人口不符合公共租赁住房保障条件且拒不退房的，区住房保障管理部门可将其情况通报给区流动人口管理部门，也可依法申请人民法院强制搬迁。

（五）其他规定

1.流动人口的年度积分由区流动人口管理部门通过量化积分平台向区住房保障管理部门提供，实现积分信息实时共享。

2.流动人口配租房源根据我区公共租赁住房房源情况定向推出。

3.《海曙区人民政府关于印发海曙区公共租赁住房实施细则（试行）的通知》（海政〔2012〕63号）文件中第六条、第十四条、第十五条、第十六条及附件1关于外来务工人员申请公共租赁住房保障的相关规定，不再执行。

三、实施公共租赁住房租赁补贴规定

（一）保障原则

1.城镇中等偏下收入住房困难家庭可选择租赁补贴也可选择实物配租。选择租赁补贴的家庭如符合原廉租住房保障条件的可按廉租住房标准进行保障。选择实物配租的家庭，房源充足时，按照公共租赁住房分配程序进行分配；房源不足时，在轮候期间发放租赁补贴。

2.新就业无房职工（引进人才）申请实物配租，房源充足时，按照公共租赁住房分配程序进行分配；房源不足时，根据每年租赁补贴保障指标和轮候排序结果，在轮候家庭中确定租赁补贴保障对象，租赁补贴保障指标不能满足保障需求时，根据轮候排序的结果确定（租赁补贴轮候排序按申请时间先后确定）。未取得租赁补贴保障资格的新就业无房职工（引进人才）不再纳入保障，其轮候资格自动作废。新就业无房职工（引进人才）租赁补贴发放指标由区住房保障部门会同区财政部门、区人力社保部门在每年推出公共租赁住房时公告明确。

3.流动人口申请定向实物配租，房源充足时按照公共租赁住房分配程序进行分配；房源不足时，根据每年租赁补贴保障指标和轮候排序结果，在轮候家庭中确定租赁补贴保障对象，租赁补贴发放指标不能满足保障需求时，根据轮候排序的结果确定，未取得租赁补贴保障资格的流动人口不再纳入保障，其轮候资格自动作废。流动人口租赁补贴发放指标由区住房保障部门会同区财政部门、区流动人口管理部门在推出定向公共租赁住房时公告明确。

4.新就业无房职工（引进人才）和流动人口，重在解决阶段性住房困难，在本区工作期间，连续且不间断享受公共租赁住房租赁补贴仅限一次，保障时间最长不超过3年（含），原配租公共租赁住房时间予以扣除。

（二）租赁补贴保障范围

海曙区内符合公共租赁住房保障条件，但未获得实物配租的住房保障家庭，具体如下：

1.城镇中等偏下收入住房困难家庭，是指具有海曙区常住户口且符合《海曙区人民政府关于印发海曙区公共租赁住房实施细则（试行）的通知》（海政〔2012〕63号）第四条规定的住房保障家庭。

2.新就业无房职工（引进人才），是指符合《海曙区人民政府关于印发海曙区公共租赁住房实施细则（试行）的通知》（海政〔2012〕63号）第五条规定，毕业18个月内且未享受宁波市人才安居和开放揽才产业聚智相关政策的引进人才。

3.流动人口，是指符合本通知第二条规定的流动人口。

（三）轮候家庭租赁补贴发放标准

根据住房保障家庭的住房困难程度和支付能力，对符合条件的住房保障家庭分类别、分层次予以差别化租赁补贴，保障其基本居住需求。

1.租赁补贴额度

按照住房保障家庭租赁补贴保障面积乘以每平方米住房市场平均租金乘以租赁补贴比例确定，租赁补贴保障面积差额不足5平方米的，按5平方米计。租赁补贴保障面积应当扣减住房保障家庭自有住房面积。

2.租赁补贴保障面积标准

（1）城镇中等偏下收入住房困难家庭，租赁补贴保障面积标准按人均住房建筑面积18平方米且每户家庭住房建筑面积不低于36平方米，每户最高不超过54平方米核定。

（2）新就业无房职工（引进人才）和流动人口租赁补贴保障面积标准按照每户家庭住房建筑面积36平方米核定。

3.租赁补贴比例

（1）取得区民政部门签发的“最低生活保障金领取证”或“宁波市城区社会扶助证”“宁波市最低生活保障边缘家庭证”“特困人员救助供养证”或市总工会核发的“特困职工证”的家庭，该类城镇中等偏下收入住房困难家庭租赁补贴比例为100%。

（2）申请前12个月家庭人均月收入在市政府公布的本市当年最低工资标准以下的烈士遗属、因公牺牲的军人遗属、一至六级残疾军人或其配偶、市级以上（含市级）劳动模范、由政府在福利机构供养成年的孤儿，该类城镇中等偏下收入住房保障家庭租赁补贴比例为100%。

（3）申请前12个月人均年收入在市统计部门公布的上年度城镇居民人均可支配收入60%以下（不含）的已婚家庭、年龄在35周岁以上（含）的单身居民，该类城镇中等偏下收入住房保障家庭租赁补贴比例为65%。

（4）申请前12个月人均年收入在市统计部门公布的上年度城镇居民人均可支配收入100%以下（不含）的已婚家庭、年龄在28周岁以上（含）的单身居民，该类城镇中等偏下收入住房保障家庭租赁补贴比例为30%。

（5）新就业无房职工（引进人才）和流动人口租赁补贴比例为30%。

4.住房市场平均租金标准

按照现有相关文件公布的标准执行，城镇中等偏下收入住房困难家庭和流动人口住房市场平均租金标准根据户籍或“浙江省居住证”所在镇（乡）、街道执行不同的标准，新就业无房职工（引进人才）住房市场平均租金标准按街道标准执行。

（四）轮候家庭租赁补贴发放规定

1.对符合租赁补贴发放条件的住房保障家庭，租赁补贴从住房保障申请受理的次月起开始计算，自取得租赁补贴保障资格后每个月发放一次。

2.租赁补贴发放期间，住房保障家庭获得公共租赁住房配租或不符合租赁补贴发放条件的，应当自住房保障家庭获得公共租赁住房配租或不符合租赁补贴发放条件的次月起停止发放补贴。

3.租赁补贴发放期间，对住房保障家庭类别发生变化或住房市场平均租金标准调整的，应当自住房保障家庭类别变更申请受理或住房市场平均租金标准调整公布的次月起，按调整后的租赁补贴标准发放。

（五）其他规定

1.租赁补贴金额计算结果见角进元。

2.租赁补贴实行发放年审制，每年对享受租赁补贴发放家庭进行年审，经年审符合租赁补贴发放条件的继续发放租赁补贴，不符合租赁补贴发放条件的停止发放补贴并取消轮候资格。

3.住房保障家庭租赁补贴资格确认、结果公布、发放流程、资金来源、发放方式、退出机制和动态监管等按照现行有关规定执行。

四、附则

本通知自2019年11月29日起施行。本通知未调整的《海曙区人民政府关于印发海曙区公共租赁住房实施细则（试行）的通知》（海政〔2012〕63号）文件内容，在本区行政区域内继续适用。

——摘自《宁波市海曙区人民政府办公室关于调整和完善海曙区公共租赁住房管理实施细则（试行）部分政策的通知》（海政办发〔2019〕47号）

海曙区区管国有文物建筑及历史建筑适度利用统筹管理办法（修订）的通知

第一章　总　则

第一条　为进一步加强区管国有文物建筑及历史建筑适度利用的统筹管理，根据《中华人民共和国文物保护法》、《文物建筑开放导则》（试行）、《宁波市历史建筑保护利用导则》、《宁波市海曙区人民政府关于加强历史文化街区名镇名村保护工作的实施意见》（海政发〔2018〕26号）等有关法律法规及文件精神，制定本办法。

第二条　海曙区级行政事业单位和有关单位拥有产权，或拥有实际使用权的各级国有文物建筑及历史建筑适度利用适用本办法。

第三条　区管国有文物建筑和历史建筑的适度利用应遵循“保护优先、合理适度、注重公益、社会共享、创新发展”原则，以有利于建筑保护为前提，以服务公众为目的，以彰显历史文化为导向，以不违背法律和社会公德为底线。不得引进使用明火等有消防隐患或破坏建筑本体的项目，优先引进公益性文化服务项目，并向社会开放。

第四条　区管国有文物建筑及历史建筑在适度利用过程中要严格按照相关法律、法规、规章和上级文件关于文物建筑及历史建筑保护、管理和利用的规定，并履行报批或备案手续。

第二章　职责分工

第五条　拥有区管文物建筑和历史建筑产权或实际使用权的区级相关单位（以下简称产权单位），是区管各级国有文物及历史建筑适度利用工作的直接责任单位。天一阁·月湖景区内文物及历史建筑需统筹考虑适度利用方向，月湖景区（东区）范围内区管国有文物建筑、历史建筑、仿古建筑归口移交给天一阁·月湖景区管委会，由天一阁·月湖景区管委会履行主体负责，统一负责区管各级国有文物及历史建筑适度利用工作。

第六条　区财政局、区文广旅游体育局、区住建局、自然资源规划分局在各自职责范围内负责区管各级国有文物和历史建筑适度利用的具体指导、服务、审批工作。

第三章　项目征集

第七条　区管各级国有文物和历史建筑适度利用应遵循公开、公平、公正原则。入驻项目一般应向社会公开征集。其中公益性项目，原则上60%以上的面积需要免费开放，开放的时间每周一般不少于48个小时。

第八条　区管各级国有文物和历史建筑适度利用项目征集工作，可由产权单位自行开展，也可以委托区管国有企业组织实施。

第九条　产权单位或受托管理的区管国有企业应在区公共资源交易平台，对拟进行适度利用的国有文物建筑及历史建筑信息进行公告，并面向社会公开征集项目。项目征集期一般为30天。

第十条　项目征集程序完成后，产权单位或受托管理的区管国有企业，应牵头召集相关部门、单位和专家组成评审小组（评审小组成员原则上为7名），对所征集项目的适度利用方案进行评审，提出具体评审意见。项目评审应遵循宁缺毋滥原则，确保项目质量和社会效益。

第十一条　产权单位或受托管理的区管国有企业，应在评审后将拟确定的项目信息在区公共资源交易平台进行公示，公示期一般为10天。公示期内无异议的，方可确定具体项目和使用单位。文物及历史建筑确定项目和使用单位后，需依建筑性质分别报区文广旅游体育局、区住建局备案。

第四章　项目管理

第十二条　产权单位或受托管理的区管国有企业应在使用单位确定后10个工作日内与使用单位签订租赁合同。因使用单位原因逾期未签订合同的，视为放弃。

第十三条　项目需要对建筑内部进行装修的，给予最多90天免租金装修期（自建筑交付三日起计算）。装修方案应经产权单位和受托管理单位审核通过。涉及文物建筑的装修方案须报对应级别文物主管部门审批，装修方案报批期间可免除租金，不计入免租金装修期。

第十四条　使用单位在使用文物建筑期间，承担文物建筑及历史建筑的使用安全责任。使用单位需与区文物管理所、产权单位（或实际使用权所有人单位）共同签订《文物及历史建筑保护协议书》。历史建筑使用单位根据《宁波市历史建筑保护利用导则》执行安全规定。若因使用单位使用不当造成文物损毁或安全责任事故的，使用单位应承担相应责任。文物建筑的日常修缮、维护和整修费用由使用单位承担。

第十五条　文物及历史建筑租赁期一般为3-5年。租赁到期前3个月，产权单位或受托管理的区管国有企业应对项目运行、社会效益和履约等情况进行评估，确定是否继续签订租赁合同。续签租赁期一般不超过3年。如明确不再续签的，应在一个月内完成清退工作。清退工作由产权单位或受托管理的区管国有企业负责。

第十六条　使用单位在合同期内不得进行转租或分租，原则上不得改变项目内容。项目内容确需调整的，应向产权单位或受托管理的区管国有企业提出申请，并依建筑性质分别报区文广旅游体育局或住建局备案。未经同意擅自调整项目内容或发生转租、分租情况的，产权单位或受托管理的区管国有企业有权提前终止合同予以清退。

第五章　资金管理

第十七条　区管国有文物及历史建筑适度利用实行有偿使用。属社会公益性项目的，产权单位或受托管理的区管国有企业在确定租赁价格时，原则上不高于市场同类地段租赁价格的80%。租赁面积按实际建筑面积核定。

第十八条　租金按照“收支两条　线”进行管理，全额上缴国库。区财政根据产权单位对文物和历史建筑修缮管理需求，安排相应资金。如产权单位委托区管国有企业实施管理的，由产权单位依委托合同约定支付相应管理费用。

第十九条　产权单位或受托管理的区管国有企业，负责区管国有文物建筑及历史建筑的修缮工作。原则上修缮完好的文物建筑及历史建筑方可进入项目征集流程。确需委托使用单位修缮的，给予使用单位一定期限的无偿使用期。无偿使用期限按具体修缮费用与租赁合同约定租金进行折算。具体修缮费用以修缮完成后产权单位或受托管理单位委托第三方造价咨询公司审计结果为准。

第六章　附　则

第二十条　区管各级国有文物和历史建筑适度利用工作中如遇特殊情况需协调处理的，报区政府“一事一议”。

第二十一条　本办法自2020年2月1日起实施。《海曙区区管各级国有文物及历史建筑适度利用统筹管理办法（试行）的通知》（海政办〔2015〕71号）同时废止。

——摘自《宁波市海曙区人民政府办公室关于印发海曙区区管国有文物建筑及历史建筑适度利用统筹管理办法（修订）的通知》（海政办发〔2019〕52号）

海曙区第四次全国经济普查主要数据公报
（第一号）

宁波市海曙区统计局

宁波市海曙区人民政府第四次经济普查领导小组办公室

根据《国务院关于开展第四次全国经济普查的通知》《浙江省人民政府关于开展第四次经济普查的通知》《宁波市人民政府关于开展第四次经济普查的通知》和《宁波市海曙区人民政府关于开展第四次经济普查的通知》要求，海曙区进行了第四次经济普查。这次普查的标准时点为2018年12月31日，普查时期资料为2018年年度资料。普查对象是在全区区域内从事第二产业和第三产业的全部法人单位、产业活动单位和个体经营户。通过这次普查，既摸清了全区第二产业和第三产业的发展规模、布局和效益，了解了全区产业组织、产业结构、产业技术、产业形态的现状以及各生产要素的构成，也掌握了全部法人单位资产负债状况和新兴产业发展情况，进一步查实了各类单位的基本情况和主要产品产量、服务活动，全面准确反映了供给侧结构性改革、新动能培育壮大、经济结构优化升级等方面的新进展。

通过对18个镇（乡）街道和望春工业园区的数据质量抽查，数据填报综合差错率为3.4‰，普查数据质量达到预期目标要求。

根据《全国经济普查条例》，现将全区第四次经济普查的主要综合数据公报如下。其他普查数据将随着普查资料开发应用的进度，以不同方式陆续公布。

一、单位基本情况

2018年末，全区共有从事第二产业和第三产业活动的法人单位35700个，比2013年末（2013年是第三次经济普查年份，下同）增加11584个，增长48.0%；产业活动单位39418个，增加11560个，增长41.5%；个体经营户39290个（详见表1-1）。

2018年末，在第二产业和第三产业法人单位中，位居前三位的行业是：批发和零售业11337个，占31.8%；制造业9486个，占26.6%；租赁和商务服务业3984个，占11.2%。在个体经营户中，位居前三位的行业是：批发和零售业22035个，占56.1%；住宿餐饮业5417个，占13.8%；制造业4843个，占12.3%（详见表1-2）。

单位数与个体经营户数

表 1-1

	单位数（个）	比重（%）
一、法人单位	35700	100.0
企业法人	33760	94.6
机关、事业法人	529	1.4
社会团体	279	0.8
其他法人	1132	3.2
二、产业活动单位	39418	100.0
第二产业	11056	28.1
第三产业	28362	72.0
三、个体经营户	39290	100.0
第二产业	4970	12.6
第三产业	34320	87.4

按行业分组的法人单位与个体经营户

表 1-2

	法人单位（个）	个体经营户（个）
合　计	35700	39290
采矿业	7	4
制造业	9486	4843
电力、热力、燃气及水生产和供应业	36	3
建筑业	1343	183
批发和零售业	11337	22035
交通运输、仓储和邮政业	1009	1154
住宿和餐饮业	661	5417
信息传输、软件和信息技术服务业	1317	52
金融业	155	–
房地产业	891	297
租赁和商务服务业	3984	578
科学研究和技术服务业	1674	85
水利、环境和公共设施管理业	110	10
居民服务、修理和其他服务业	770	4022
教育	782	134
卫生和社会工作	314	93
文化、体育和娱乐业	959	377
公共管理、社会保障和社会组织	852	–

注：表中合计数含从事农、林、牧、渔专业及辅助性活动和兼营第二、三产业活动的农、林、牧、渔业法人单位与个体经营户。个体经营户数为清查时的个体经营户数。

2018年末，全区共有第二产业和第三产业的企业法人单位33760个，比2013年末增加11659个，增长52.8%。其中，内资企业33365个，占98.8%；港、澳、台商投资企业176个，占0.5%；外商投资企业219个，占0.7%。内资企业中，国有企业37个，占全部企业法人单位的0.1%；私营企业30425个，占90.1%（详见表1-3）。

按登记注册类型分组的企业法人单位

表 1-3

	企业法人单位（个）	比重（%）
合　计	33760	100.0
内资企业	33365	98.8
国有企业	37	0.1
集体企业	120	0.4
股份合作企业	130	0.4
联营企业	4	0.0
有限责任公司	2373	7.0
股份有限公司	276	0.8
私营企业	30425	90.1
其他企业	—	—
港、澳、台商投资企业	176	0.5
外商投资企业	219	0.7

二、从业人员

2018年末，全区第二产业和第三产业法人单位从业人员583437人，比2013年末减少54822人，下降8.6%，其中，女性从业人员258664人。第二产业的从业人员为279884人；第三产业的从业人员为303553人。个体经营户从业人员93492人。

在法人单位从业人员中，位居前三位的行业是：制造业202430人，占34.7%；批发和零售业77982人，占13.4%；建筑业76120人，占13.0%。在个体经营户从业人员中，位居前三位的行业是：批发和零售业39960人，占42.7%；住宿和餐饮业18447人，占19.7%；制造业18346人，占19.6%（详见表1-4）。

按行业分组的法人单位与个体经营户从业人员

表 1-4

	法人单位从业人员（人）	个体经营户从业人员（人）
合　计	583437	93492
采矿业	418	9
制造业	202430	18346
电力、热力、燃气及水生产和供应业	1044	4
建筑业	76120	360
批发和零售业	77982	39960
交通运输、仓储和邮政业（不含铁路部门数据）	20802	1790
住宿和餐饮业	12647	18447
信息传输、软件和信息技术服务业	8386	154
金融业	48140	—

续表 1-4

	法人单位从业人员（人）	个体经营户从业人员（人）
房地产业	26218	678
租赁和商务服务业	34219	1261
科学研究和技术服务业	12073	193
水利、环境和公共设施管理业	2818	37
居民服务、修理和其他服务业	6766	10783
教育	18798	447
卫生和社会工作	15486	211
文化、体育和娱乐业	5999	804
公共管理、社会保障和社会组织	13020	—

注：表中合计数含从事农、林、牧、渔专业及辅助性活动的法人单位与个体经营户从业人员。个体经营户从业人员数为清查时的个体经营户从业人员数。

三、资产负债状况和营业收入

2018年末，全区第二产业和第三产业法人单位资产总计7330.0亿元。其中，第二产业法人单位资产总计占比为26.9%，第三产业法人单位资产总计占比为73.1%。法人单位负债合计4570.2亿元。其中，第二产业法人单位负债合计占比为27.7%，第三产业法人单位负债合计占比为72.3%。

2018年，全区第二产业和第三产业企业法人单位实现营业收入4606.6亿元。其中，第二产业营业收入占比为39.2%，第三产业营业收入占比为60.8%（详见表1-5）。

按行业分组的法人单位资产负债状况和营业收入

表 1-5

	法人单位资产总计（亿元）	法人单位负债合计（亿元）	企业法人单位营业收入（亿元）
合　计	7330.0	4570.2	4606.6
采矿业	8.6	4.3	3.6
制造业	1233.3	801.6	1028.9
电力、热力、燃气及水生产和供应业	240.0	190.0	424.3
建筑业	487.0	272.2	348.6
批发和零售业	1220.4	911.9	2041.0
交通运输、仓储和邮政业	167.5	82.0	279.8
住宿和餐饮业	51.3	48.9	27.0
信息传输、软件和信息技术服务业	116.5	45.0	59.5
金融业	**	**	**
房地产业	1604.8	1201.2	206.4
租赁和商务服务业	1519.2	827.4	118.4
科学研究和技术服务业	82.0	52.1	36.1
水利、环境和公共设施管理业	36.6	11.6	1.7
居民服务、修理和其他服务业	9.4	6.3	9.3
教育	186.3	36.6	3.9

续表 1–5

	法人单位资产总计（亿元）	法人单位负债合计（亿元）	企业法人单位营业收入（亿元）
卫生和社会工作	101.9	32.4	9.1
文化、体育和娱乐业	50.5	10.1	8.9
公共管理、社会保障和社会组织	214.8	36.7	—

注：1.表中合计数含从事农、林、牧、渔专业及辅助性活动的单位数据。表中企业法人单位，包括机构类型为企业的法人单位，以及执行企业会计制度的事业法人单位、民办非企业法人单位和基金会，农民专业合作社，农村集体经济组织和除宗教活动场所以外的机构类型为其他组织机构的法人单位。

2.由于金融部门不反馈货币金融服务和其他金融业负债合计分地区数据，所以不发布金融业数据，以“**”表示。

3.由于铁路部门不反馈铁路运输业负债合计分地区数据，所以交通运输、仓储和邮政业中不包含铁路运输业数据。

四、高技术制造业

2018年末，全区共有规模以上高技术制造业企业法人单位67个，比2013年末减少10.7%；占规模以上制造业的比重为10.7%，比2013末提高0.2个百分点。

2018年，规模以上高技术制造业企业法人单位R&D（全称研究与试验发展，以下简称R&D）经费支出3.22亿元，比2013年增长102.7%；占规模以上制造业的比重为19.0%，比2013年提高4.5个百分点；R&D经费与营业收入之比为2.70%，比规模以上制造业平均水平高0.35个百分点。

2018年，规模以上高技术制造业企业法人单位全年专利申请量142件，其中发明专利申请44件，发明专利申请比2013年下降32.3%；发明专利申请所占比重为31.0%，比规模以上制造业平均水平高3.6个百分点。

五、主要经济结构的变化情况

2018年末，在全区第二产业和第三产业法人单位中，企业法人单位占94.6%，比重比2013年末提高2.9个百分点；机关、事业法人单位占1.5%，下降1.3个百分点；社会团体和其他法人占4.0%，下降1.6个百分点。企业法人单位从业人员占全部法人单位从业人员的91.2%，提高0.6个百分点；机关、事业法人单位从业人员占6.8%，下降0.4个百分点；社会团体和其他法人从业人员占2.0%，下降0.2个百分点。

在法人单位中，第二产业占30.4%，比重比2013年末下降7.1个百分点；第三产业占69.6%，提高7.1个百分点。第二产业法人单位从业人员占全部法人单位从业人员的48.0%，比2013年末下降7.9个百分点；第三产业法人单位从业人员占52.0%，提高7.9个百分点。

注释：

[1]三次产业的划分：

第一产业是指农、林、牧、渔业（不含农、林、牧、渔专业及辅助性活动）。

第二产业是指采矿业（不含开采专业及辅助性活动），制造业（不含金属制品、机械和设备修理业），电力、热力、燃气及水生产和供应业，建筑业。

第三产业即服务业，是指除第一产业、第二产业以外的其他行业。第三产业包括：批发和零售业，交通运输、仓储和邮政业，住宿和餐饮业，信息传输、软件和信息技术服务业，金融业，房地产业，租赁和商务服务业，科学研究和技术服务业，水利、环境和公共设施管理业，居民服务、修理和其他服务业，教育，卫生和社会工作，文化、体育和娱乐业，公共管理、社会保障和社会组织，国际组织，以及农、林、牧、渔业中的农、林、牧、渔专业及辅助性活动，采矿业中的开采专业及辅助性活动，制造业中的金属制品、机械和设备修理业。

[2]单位的划分：

法人单位是指有权拥有资产、承担负债，并独立从事社会经济活动（或与其他单位进行交易）的组织。法人单位应同时具备以下条件：

（1）依法成立，有自己的名称、组织机构和场所，能够独立承担负债和其他民事责任；

（2）独立拥有和使用（或受权使用）资产，有权与其他单位签订合同；

（3）会计上独立核算，能够编制资产负债表等会计报表。

法人单位包括企业法人、事业单位法人、机关法人、社会团体法人、其他法人等。

产业活动单位是指位于一个地点，从事一种或主要从事一种社会经济活动的组织或组织的一部分。产业活动单位应同时具备以下条件：

（1）在一个场所从事一种或主要从事一种社会经济活动；

（2）相对独立地组织生产活动或经营活动；

（3）能提供收入或者支出等相关资料。

[3]高技术产业（制造业）：按照《高技术产业（制造业）分类（2017）》，高技术产业（制造业）是指国民经济行业中R&D投入强度相对高的制造业行业，包括：医药制造，航空、航天器及设备制造，电子及通信设备制造，计算机及办公设备制造，医疗仪器设备及仪器仪表制造，信息化学品制造等6大类。

[4]表中的合计数和部分计算数据因小数取舍而产生的误差，均未作机械调整。表中数据不足最小计量单位的以“…”表示。

海曙区第四次全国经济普查主要数据公报
（第二号）

宁波市海曙区统计局

宁波市海曙区人民政府第四次经济普查领导小组办公室

根据海曙区第四次经济普查结果，现将全区第二产业的主要数据公布如下：

一、工业

（一）企业法人单位数和从业人员

2018年末，全区共有工业企业法人单位9529个，比2013年末增长15.5%；从业人员203892人，比2013年末下降18.3%。

在工业企业法人单位中，内资企业9332个，占97.9%；港、澳、台商投资企业96个，占1.0%；外商投资企业101个，占1.1%。内资企业中，国有企业8个，占全部企业的0.1%；集体企业29个，占0.3%；私营企业8725个，占91.6%。

在工业企业法人单位从业人员中，内资企业占83.7%，港、澳、台商投资企业占10.9%，外商投资企业占5.4%。内资企业中，国有企业占全部企业的0.1%，集体企业占0.3%，私营企业占93.5%（详见表2-1）。

在工业企业法人单位中，采矿业7个，制造业9486个，电力、热力、燃气及水生产和供应业36个，分别占0.1%、99.5%和0.4%。

在工业企业法人单位从业人员中，采矿业占0.2%，制造业占99.3%，电力、热力、燃气及水生产和供应业占0.5%。在工业行业大类中，纺织服装、服饰业，通用设备制造业，电气机械和器材制造业从业人员数居前三位，分别占27.1%、8.9%和7.7%（详见表2-2）。

按登记注册类型分组的工业企业法人单位和从业人员

表2-1

	企业法人单位（个）	从业人员（人）
合　计	9529	203892
内资企业	9332	170677
国有企业	8	511
集体企业	29	263
股份合作企业	37	620
有限责任公司	430	17785
股份有限公司	103	5951
私营企业	8725	145547
港、澳、台商投资企业	96	22242
外商投资企业	101	10973

按行业分组的工业企业法人单位和从业人员

表 2–2

	企业法人单位（个）	从业人员（人）
合 计	9529	203892
非金属矿采选业	7	418
农副食品加工业	30	741
食品制造业	50	1268
酒、饮料和精制茶制造业	21	422
纺织业	484	7260
纺织服装、服饰业	1174	55304
皮革、毛皮、羽毛及其制品和制鞋业	107	1784
木材加工和木、竹、藤、棕、草制品业	137	1341
家具制造业	121	2368
造纸和纸制品业	367	4328
印刷和记录媒介复制业	273	4771
文教、工美、体育和娱乐用品制造业	515	9538
石油、煤炭及其他燃料加工业	5	62
化学原料和化学制品制造业	115	2366
医药制造业	20	1580
化学纤维制造业	3	21
橡胶和塑料制品业	1308	14742
非金属矿物制品业	181	4118
黑色金属冶炼和压延加工业	38	814
有色金属冶炼和压延加工业	68	1406
金属制品业	1082	14660
通用设备制造业	1094	18090
专用设备制造业	527	8742
汽车制造业	423	12638
铁路、船舶、航空航天和其他运输设备制造业	49	1190
电气机械和器材制造业	614	15744
计算机、通信和其他电子设备制造业	362	10213
仪器仪表制造业	149	4667
其他制造业	143	2117
废弃资源综合利用业	2	7
金属制品、机械和设备修理业	24	128
电力、热力生产和供应业	27	477
燃气生产和供应业	4	504
水的生产和供应业	5	63

(二)主要经济指标

2018年末，工业企业法人单位资产总计1481.9亿元，比2013年末增长18.6%。负债合计996.0亿元，全年实现1456.8亿元（详见表2-3）。

按行业分组的工业企业法人单位主要经济指标

表2-3

	资产总计（亿元）	负债合计（亿元）	营业收入（亿元）
合　计	1481.9	996.0	1456.8
非金属矿采选业	8.6	4.3	3.6
农副食品加工业	7.2	2.3	9.7
食品制造业	16.5	13.4	7.4
酒、饮料和精制茶制造业	8.5	5.8	3.9
纺织业	26.9	18.9	29.9
纺织服装、服饰业	328.4	200.7	226.5
皮革、毛皮、羽毛及其制品和制鞋业	3.6	2.8	6.4
木材加工和木、竹、藤、棕、草制品业	6.0	5.8	5.0
家具制造业	8.0	7.1	7.3
造纸和纸制品业	87.9	55.4	44.0
印刷和记录媒介复制业	37.6	18.7	24.0
文教、工美、体育和娱乐用品制造业	41.4	31.4	40.6
石油、煤炭及其他燃料加工业	0.3	0.1	0.4
化学原料和化学制品制造业	25.3	8.7	16.4
医药制造业	25.9	16.3	14.1
化学纤维制造业	0.1	0.0	0.2
橡胶和塑料制品业	48.4	35.1	57.1
非金属矿物制品业	61.4	40.6	47.5
黑色金属冶炼和压延加工业	6.4	6.6	7.8
有色金属冶炼和压延加工业	7.5	3.5	8.7
金属制品业	53.8	38.5	60.6
通用设备制造业	81.8	56.7	80.8
专用设备制造业	48.7	35.9	40.2
汽车制造业	90.6	52.9	71.1
铁路、船舶、航空航天和其他运输设备制造业	5.0	3.5	5.1
电气机械和器材制造业	90.0	60.4	83.8
计算机、通信和其他电子设备制造业	73.0	54.2	95.2
仪器仪表制造业	34.9	19.1	27.5
其他制造业	8.0	6.9	7.0
废弃资源综合利用业	0.0	0.0	0.0
金属制品、机械和设备修理业	0.3	0.2	0.6
电力、热力生产和供应业	203.8	170.7	399.2
燃气生产和供应业	35.0	18.5	25.0
水的生产和供应业	1.2	0.8	0.1

（三）数字经济核心产业

2018年末，全区从事数字经济核心产业（制造业）生产的规模以上工业企业法人单位69个，占规模以上工业企业法人单位的10.8%。其中，计算机、通信和其他电子设备制造业40个，占规模以上工业数字经济核心产业（制造业）企业法人单位的58.0%；电子信息机电制造业22个，占31.9%；专用电子设备制造业7个，占10.1%。

（四）企业研发活动

2018年，开展R&D活动的规模以上工业企业法人单位297个，比2013年增长29.7%，占全部规模以上工业企业法人单位的46.6%。

2018年，规模以上工业企业法人单位R&D人员折合全时当量7146人年，比2013年增长24.6%。

2018年，规模以上工业企业法人单位R&D经费支出16.9亿元，比2013年增长53.9%；R&D经费与营业收入之比为1.16%（详见表2-4）。

2018年，规模以上工业企业法人单位全年专利申请量803件，其中发明专利申请220件，分别比2013年下降59.5%和20.0%；发明专利申请所占比重为27.4%，比2013年提高13.5个百分点。

按行业分组的规模以上工业企业法人单位 R&D 经费情况

表 2–4

	R&D 经费支出（亿元）	R&D 经费与主营业务收入之比（%）
合　计	16.9	1.16
采矿业	0	0
煤炭开采和洗选业	—	—
石油和天然气开采业	—	—
黑色金属矿采选业	—	—
有色金属矿采选业	—	
非金属矿采选业	0	0
开采专业及辅助性活动	—	—
制造业	16.9	1.65
农副食品加工业	0.1	0.72
食品制造业	0.2	2.42
酒、饮料和精制茶制造业	0	0
烟草制品业	—	—
纺织业	0.1	0.37
纺织服装、服饰业	3.0	10.02
皮革、毛皮、羽毛及其制品和制鞋业	0.1	0.94
木材加工和木、竹、藤、棕、草制品业	0	0
家具制造业	0	0
造纸和纸制品业	0.7	1.66
印刷和记录媒介复制业	0.2	0.92
文教、工美、体育和娱乐用品制造业	0.5	1.33
石油、煤炭及其他燃料加工业	—	—
化学原料和化学制品制造业	0.4	2.44
医药制造业	0.3	2.05
化学纤维制造业	—	—

续表 2-4

	R&D 经费支出（亿元）	R&D 经费与主营业务收入之比（%）
橡胶和塑料制品业	0.2	0.47
非金属矿物制品业	0.7	1.43
黑色金属冶炼和压延加工业	0.2	2.17
有色金属冶炼和压延加工业	0.1	0.57
金属制品业	0.7	1.19
通用设备制造业	1.4	1.72
专用设备制造业	0.7	1.69
汽车制造业	2.1	2.95
铁路、船舶、航空航天和其他运输设备制造业	0.1	2.73
电气机械和器材制造业	2.2	2.65
计算机、通信和其他电子设备制造业	0.9	1
仪器仪表制造业	1.9	6.84
其他制造业	0.1	1.15
废弃资源综合利用业	0	0
金属制品、机械和设备修理业	0	0
电力、热力、燃气及水生产和供应业	0	0
电力、热力生产和供应业	0	0
燃气生产和供应业	0	0
水的生产和供应业	0	0

二、建筑业

（一）企业法人单位数和从业人员

2018年末，全区共有建筑业企业法人单位1343个，比2013年末增长63.2%；从业人员76120人，比2013年末下降26.3%。

建筑业企业法人单位中，内资企业1343个，占100%；无港、澳、台商和外商投资企业。内资企业中，无国有和集体企业；有限责任公司75个，占5.6%；私营企业1257个，占93.6%。

建筑业企业法人单位从业人员中，内资企业占100%，其中，有限责任公司占全部企业从业人员的7.3%；私营企业占92.6%（详见表2-5）。

按登记注册类型分组的建筑业企业法人单位和从业人员

表 2-5

	企业法人单位（个）	从业人员（人）
合　计	1343	76120
内资企业	1343	76120
国有企业	—	—
集体企业	—	—
股份合作企业	1	2
联营企业	—	—

续表2-5

	企业法人单位（个）	从业人员（人）
有限责任公司	75	5557
股份有限公司	10	63
私营企业	1257	70498
其他内资企业	—	—
港、澳、台商投资企业	—	—
外商投资企业	—	—

建筑业企业法人单位中，房屋建筑业占10.8%，土木工程建筑业占18.3%，建筑安装业占16.4%，建筑装饰和其他建筑业占54.5%。

建筑业企业法人单位从业人员中，房屋建筑业占65.8%，土木工程建筑业占13.6%，建筑安装业占8.2%，建筑装饰和其他建筑业占12.5%（详见表2-6）。

按行业分组的建筑业企业法人单位和从业人员

表2-6

	企业法人单位（个）	从业人员（人）
合　计	1343	76120
房屋建筑业	145	50088
土木工程建筑业	246	10321
建筑安装业	220	6221
建筑装饰和其他建筑业	732	9490

（二）主要经济指标

2018年末，建筑业企业法人单位资产总计483.5亿元，比2013年末增长1.3倍。负债合计270.5亿元。全年实现营业收入348.6亿元（详见表2-7）。

按行业分组的建筑业企业法人单位主要经济指标

表2-7

	资产总计（亿元）	负债合计（亿元）	营业收入（亿元）
合　计	483.5	270.5	348.6
房屋建筑业	220.0	140.5	180.5
土木工程建筑业	193.1	91.8	111.4
建筑安装业	19.5	11.3	24.6
建筑装饰和其他建筑业	50.9	26.9	32.1

注释：

[1]本公报中的企业法人单位，包括机构类型为企业的法人单位，以及执行企业会计制度的事业法人单位、民办非企业法人单位和基金会，农民专业合作社，农村集体经济组织和除宗教活动场所以外的机构类型为其他组织机构的法人单位。

[2]数字经济核心产业：根据工业和信息化部、国家统计局下发的《电子信息制造业统计报表制度》和《软件和信息技术服务业统计报表制度》，对照《国民经济行业分类（2017版）》行业分类目录，制定《浙江省数字经济核心产业统计分类目录》。数字经济核心产业统计范围包括：计算机通信和其他电子设备制造业、电子信息机电制造业、专用电子设备制造

业、电信广播电视和卫星传输服务业、互联网及其相关服务业、软件和信息技术服务业、文化数字内容及其服务业等7大领域。

[3]规模以上工业：是指年主营业务收入2000万元及以上的工业法人单位。

[4]研究与试验发展：是指为增加知识存量（也包括有关人类、文化和社会的知识）以及设计已有知识的新应用而进行的创造性、系统性工作，包括基础研究、应用研究和试验发展三种类型。

[5]表中个别行业因涉及单个企业数据保密等原因不宜公开，以“**”表示。

[6]表中的合计数和部分计算数据因小数取舍而产生的误差，均未作机械调整。表中数据不足最小计量单位的以“…”表示。

海曙区第四次全国经济普查主要数据公报
（第三号）

宁波市海曙区统计局

宁波市海曙区人民政府第四次经济普查领导小组办公室

根据海曙区第四次经济普查结果，现将全区第三产业的主要数据公布如下：

一、批发和零售业

（一）企业法人单位数和从业人员

2018年末，全区共有批发和零售业企业法人单位11337个，从业人员77982人，分别比2013年末增长59.8%和5.9%。

在批发和零售业企业法人单位中，批发业占70.9%，零售业占29.1%。在批发和零售业企业法人单位从业人员中，批发业占61.4%，零售业占38.6%（详见表3-1）。

按行业分组的批发和零售业企业法人单位和从业人员

表3-1

	企业法人单位（个）	从业人员（人）
合　计	11337	77982
批发业	8042	47870
农、林、牧产品批发	94	667
食品、饮料及烟草制品批发	534	3245
纺织、服装及家庭用品批发	2269	14651
文化、体育用品及器材批发	545	2998
医药及医疗器材批发	232	2170
矿产品、建材及化工产品批发	1480	8194
机械设备、五金产品及电子产品批发	2041	13330
贸易经纪与代理	207	762
其他批发业	640	1853
零售业	3295	30112
综合零售	79	7224
食品、饮料及烟草制品专门零售	272	1266

续表 3-1

	企业法人单位（个）	从业人员（人）
纺织、服装及日用品专门零售	659	5692
文化、体育用品及器材专门零售	227	1398
医药及医疗器材专门零售	270	3062
汽车、摩托车、燃料及零配件专门零售	416	4009
家用电器及电子产品专门零售	385	3419
五金、家具及室内装饰材料专门零售	321	923
货摊、无店铺及其他零售业	666	3119

在批发和零售业企业法人单位中，内资企业占99.0%，港、澳、台商投资企业占0.3%，外商投资企业占0.7%。内资企业中，国有企业占0.1%，股份有限公司占0.6%，有限责任公司占6.9%，私营企业占91.6%。

在批发和零售业企业法人单位从业人员中，内资企业占96.6%，港、澳、台商投资企业占2.7%，外商投资企业占0.7%（详见表3-2）。

按登记注册类型分组的批发和零售业企业法人单位和从业人员

表 3-2

	企业法人单位（个）	从业人员（人）
合 计	11337	77982
内资企业	11229	75348
国有企业	6	28
集体企业	16	41
股份合作企业	48	127
联营企业	2	6
有限责任公司	779	16437
股份有限公司	65	7207
私营企业	10284	51254
其他企业	29	248
港、澳、台商投资企业	37	2128
外商投资企业	71	506

（二）主要经济指标

2018年末，批发和零售业企业法人单位资产总计1220.4亿元，比2013年末下降1.3%。其中，批发业企业法人单位资产总计937.8亿元，比2013年末下降5.1%；零售业企业法人单位资产总计282.6亿元，比2013年末增长14.1%。负债合计911.9亿元。全年实现营业收入2040.9亿元（详见表3-3）。

按行业分组的批发和零售业企业法人单位主要经济指标

表 3-3

	资产总计（亿元）	负债总计（亿元）	营业收入（亿元）
合 计	1220.4	911.9	2040.9
批发业	937.8	745.0	1652.8
农、林、牧产品批发	34.4	35.0	47.8
食品、饮料及烟草制品批发	93.6	68.5	78.0

续表 3-3

	资产总计（亿元）	负债总计（亿元）	营业收入（亿元）
纺织、服装及家庭用品批发	246.5	208.2	379.5
文化、体育用品及器材批发	28.8	23.3	57.3
医药及医疗器材批发	54.7	43.7	84.3
矿产品、建材及化工产品批发	332.7	259.6	734.7
机械设备、五金产品及电子产品批发	99.6	79.3	208.5
贸易经纪与代理	17.0	5.7	7.2
其他批发业	30.4	21.6	55.5
零售业	282.6	166.9	388.1
综合零售	67.9	24.9	91.6
食品、饮料及烟草制品专门零售	8.5	5.2	6.8
纺织、服装及日用品专门零售	95.9	46.1	65.1
文化、体育用品及器材专门零售	5.7	3.8	11.4
医药及医疗器材专门零售	7.3	5.4	13.0
汽车、摩托车、燃料及零配件专门零售	37.6	31.0	94.9
家用电器及电子产品专门零售	21.5	18.6	47.9
五金、家具及室内装饰材料专门零售	5.1	5.6	5.5
货摊、无店铺及其他零售业	33.1	26.4	51.9

二、交通运输、仓储和邮政业（不含铁路部门数据）

（一）企业法人单位数和从业人员

2018年末，全区共有交通运输、仓储和邮政业企业法人单位1002个，从业人员20469人，分别比2013年末增长53.8%和5.4%。

在交通运输、仓储和邮政业企业法人单位中，内资企业占99.3%，港、澳、台商投资企业占0.4%，外商投资企业占0.3%。

在交通运输、仓储和邮政业企业法人单位从业人员中，内资企业占99.0%，港、澳、台商投资企业占0.4%，外商投资企业占0.6%（详见表3-4）。

按登记注册类型分组的交通运输、仓储和邮政业企业法人单位和从业人员

表 3-4

	企业法人单位（个）	从业人员（人）
合　计	1002	20469
内资企业	995	20271
国有企业	1	1173
集体企业	0	0
股份合作企业	2	79
联营企业	0	0
有限责任公司	85	4547
股份有限公司	4	11

续表3-4

	企业法人单位（个）	从业人员（人）
私营企业	903	14461
其他企业	0	0
港、澳、台商投资企业	4	72
外商投资企业	3	126

（二）主要经济指标

2018年末，交通运输、仓储和邮政业企业法人单位资产总计166.1亿元，比2013年末下降66.0%。负债合计81.9亿元。全年实现营业收入279.8亿元（详见表3-5）。

按行业分组的交通运输、仓储和邮政业企业法人单位主要经济指标

表3-5

	资产总计（亿元）	负债总计（亿元）	营业收入（亿元）
合　计	166.1	81.9	279.8
铁路运输业	**	**	**
道路运输业	16.4	9.8	16.4
水上运输业	4.2	4.6	0.8
航空运输业	51.3	9.2	7.5
管道运输业	0	0	0
多式联运和运输代理业	59.5	34.2	198.5
装卸搬运和仓储业	17.0	11.6	19.7
邮政业	17.6	12.5	36.9

三、住宿和餐饮业

（一）企业法人单位数和从业人员

2018年末，全区共有住宿和餐饮业企业法人单位661个，比2013年末增长71.7%；从业人员12647人，比2013年末下降3.4%。

在住宿和餐饮业企业法人单位中，住宿业占34.5%，餐饮业占65.5%。在住宿和餐饮业企业法人单位从业人员中，住宿业占46.7%，餐饮业占53.3%（详见表3-6）。

按行业分组的住宿和餐饮业企业法人单位和从业人员

表3-6

	企业法人单位（个）	从业人员（人）
合　计	661	12647
住宿业	228	5907
旅游饭店	38	3738
一般旅馆	168	1677
其他住宿业	22	492
餐饮业	433	6740
正餐服务	344	5161
快餐服务	24	605

续表 3-6

	企业法人单位（个）	从业人员（人）
饮料及冷饮服务	17	363
其他餐饮业	48	611

在住宿和餐饮业企业法人单位中，内资企业占98.0%，港、澳、台商投资企业占1.2%，外商投资企业占0.8%。内资企业中，国有企业占0.8%，股份有限公司占0.6%，有限责任公司占9.9%，私营企业占86.7%。

在住宿和餐饮业企业法人单位从业人员中，内资企业占88.4%，港、澳、台商投资企业占11.0%，外商投资企业占0.6%（详见表3-7）。

按登记注册类型分组的住宿和餐饮业企业法人单位和从业人员

表 3-7

	企业法人单位（个）	从业人员（人）
合　计	661	12647
内资企业	648	11177
国有企业	5	485
集体企业	2	32
股份合作企业	11	53
联营企业	—	—
有限责任公司	64	2181
股份有限公司	4	742
私营企业	562	7684
其他企业	—	—
港、澳、台商投资企业	8	1392
外商投资企业	5	78

（二）主要经济指标

2018年末，住宿和餐饮业企业法人单位资产总计为51.2亿元，比2013年末下降7.9%。其中，住宿业企业法人单位资产总计42.5亿元，餐饮业企业法人单位资产总计8.7亿元，分别比2013年末下降6.0%和16.4%。负债合计48.9亿元。全年实现年营业收入27.0亿元（详见表3-8）。

按行业分组的住宿和餐饮业企业法人单位主要经济指标

表 3-8

	资产总计（亿元）	负债总计（亿元）	营业收入（亿元）
合　计	51.2	48.9	27.0
住宿业	42.5	42.8	13.0
旅游饭店	35.0	34.5	8.6
一般旅馆	6.2	7.5	3.5
其他住宿业	1.3	0.7	0.8
餐饮业	8.7	6.1	14.1
正餐服务	6.9	5.0	10.6
快餐服务	0.4	0.2	1.1

续表 3-8

	资产总计（亿元）	负债总计（亿元）	营业收入（亿元）
饮料及冷饮服务	0.6	0.3	0.6
其他餐饮业	0.8	0.6	1.8

四、信息传输、软件和信息技术服务业

（一）企业法人单位数和从业人员

2018年末，全区共有信息传输、软件和信息技术服务业企业法人单位1315个，从业人员8373人，分别比2013年末增长115.9%和6.2%。

在信息传输、软件和信息技术服务业企业法人单位中，内资企业占99.2%，港、澳、台商投资企业占0.4%，外商投资企业占0.4%。

在信息传输、软件和信息技术服务业企业法人单位从业人员中，内资企业占98.7%，港、澳、台商投资企业占1.2%，外商投资企业占0.1%（详见表3-9）。

按登记注册类型分组的信息传输、软件和信息技术服务业企业法人单位和从业人员

表 3-9

	企业法人单位（个）	从业人员（人）
合　计	1315	8373
内资企业	1305	8266
国有企业	0	0
集体企业	1	8
股份合作企业	0	0
联营企业	0	0
有限责任公司	113	899
股份有限公司	6	2304
私营企业	1184	5050
其他企业	1	5
港、澳、台商投资企业	5	96
外商投资企业	5	11

（二）主要经济指标

2018年末，信息传输、软件和信息技术服务业企业法人单位资产总计116.5亿元，比2013年末增长45.6%。负债合计45.0亿元。全年实现营业收入59.5亿元（详见表3-10）。

按行业分组的信息传输、软件和信息技术服务业企业法人单位主要经济指标

表 3-10

	资产总计（亿元）	负债总计（亿元）	营业收入（亿元）
合　计	116.5	45.0	59.5
电信、广播电视和卫星传输服务	76.7	21.7	43.1
互联网和相关服务	13.6	9.6	0.8
软件和信息技术服务业	26.2	13.7	15.6

五、房地产业

（一）企业法人单位数和从业人员

2018年末，全区共有房地产业企业法人单位888个，比2013年末增长65.5%。其中，房地产开发企业155个，物业管

理企业220个，房地产中介服务企业335个，分别比2013年末增长58.2%、45.0%和94.8%。

2018年末，全区房地产业企业法人单位的从业人员为26186人，比2013年末增长67.3%。其中，房地产开发企业1933人，比2013年末下降8.3%，物业管理企业20532人，房地产中介服务企业2637人，分别比2013年末增长498.9%和134.8%（详见表3-11）。

按行业分组的房地产业企业法人单位数和从业人员

表3-11

	企业法人单位（个）	从业人员（人）
合　计	888	26186
房地产开发经营	155	1933
物业管理	220	20532
房地产中介服务	335	2637
房地产租赁经营	163	1059
其他房地产业	15	25

（二）主要经济指标

2018年末，全区房地产业企业法人单位的资产总计为1603.9亿元，比2013年末增长33.7%。其中，房地产开发企业1185.3亿元，物业管理企业38.5亿元，分别比2013年末增长56.6%和8.4%，房地产中介服务企业4.9亿元，比2013年末下降53.6%。负债合计1200.4亿元。全年实现营业收入206.4亿元（详见表3-12）。

按行业分组的房地产业企业法人单位主要经济指标

表3-12

	资产总计（亿元）	负债总计（亿元）	营业收入（亿元）
合　计	1603.9	1200.4	206.4
房地产开发经营	1185.3	910.4	166.5
物业管理	38.5	25.4	22.5
房地产中介服务	4.9	3.5	4.0
房地产租赁经营	349.8	240.2	13.2
其他房地产业	25.4	20.9	0.1

六、租赁和商务服务业

（一）企业法人单位数和从业人员

2018年末，全区共有租赁和商务服务业企业法人单位3935个，比2013年末增长54.3%，从业人员33588人，比2013年末下降18.7%。

在租赁和商务服务业企业法人单位中，租赁业占7.8%，商务服务业占92.2%。在租赁和商务服务业企业法人单位从业人员中，租赁业占5.0%，商务服务业占95.0%。

在租赁和商务服务业企业法人单位中，内资企业占99.3%，港、澳、台商投资企业占0.2%，外商投资企业占0.5%。

在租赁和商务服务业企业法人单位从业人员中，内资企业占99.6%，港、澳、台商投资企业占0.1%，外商投资企业占0.3%（详见表3-13）。

按登记注册类型分组的租赁和商务服务业企业法人单位和从业人员

表3-13

	企业法人单位（个）	从业人员（人）
合　计	3935	33588
内资企业	3909	33446

续表 3-13

	企业法人单位（个）	从业人员（人）
国有企业	12	329
集体企业	230	1407
股份合作企业	14	61
联营企业	2	11
有限责任公司	345	3025
股份有限公司	25	722
私营企业	3269	27802
其他企业	12	89
港、澳、台商投资企业	7	22
外商投资企业	19	120

（二）主要经济指标

2018年末，租赁和商务服务业企业法人单位资产总计1513.6亿元，比2013年末下降71.9%。其中，租赁业企业法人单位资产总计44.6亿元，商务服务业企业法人单位资产总计1469.0亿元，分别比2013年末增长607.0%和下降72.7%。负债合计826.7亿元。全年实现营业收入118.4亿元（详见表3-14）。

按行业分组的租赁和商务服务业企业法人单位主要经济指标

表 3-14

	资产总计（亿元）	负债合计（亿元）	营业收入（亿元）
合 计	1513.6	826.7	118.4
租赁业	44.6	30.9	4.7
商务服务业	1469.0	795.8	113.7

七、科学研究和技术服务业

（一）企业法人单位数和从业人员

2018年末，全区共有科学研究和技术服务业企业法人单位1633个，从业人员11103人，分别比2013年末增长171.5%和14.6%。

在科学研究和技术服务业企业法人单位中，内资企业占99.6%，港、澳、台商投资企业占0.3%，外商投资企业占0.1%。

在科学研究和技术服务业企业法人单位从业人员中，内资企业占99.1%，港、澳、台商投资企业占0.0%，外商投资企业占0.9%（详见表3-15）。

按登记注册类型分组的科学研究和技术服务业企业法人单位和从业人员

表 3-15

	企业法人单位（个）	从业人员（人）
合 计	1633	11103
内资企业	1626	11002
国有企业	3	189
集体企业	6	9
股份合作企业	4	5
联营企业	0	0
有限责任公司	108	862
股份有限公司	6	32

续表 3–15

	企业法人单位（个）	从业人员（人）
私营企业	1497	9902
其他企业	2	3
港、澳、台商投资企业	5	4
外商投资企业	2	97

（二）主要经济指标

2018年末，科学研究和技术服务业企业法人单位资产总计46.4亿元，比2013年末增长18.1%。负债合计32.4亿元。全年实现营业收入36.1亿元（详见表3-16）。

按行业分组的科学研究和技术服务业企业法人单位主要经济指标

表 3–16

	资产总计（亿元）	负债合计（亿元）	营业收入（亿元）
合　计	46.4	32.4	36.1
研究和试验发展	4.7	3.2	3.8
专业技术服务业	34.2	24.9	26.2
科技推广和应用服务业	7.5	4.3	6.1

八、居民服务、修理和其他服务业

（一）企业法人单位数和从业人员

2018年末，全区共有居民服务、修理和其他服务业企业法人单位739个，从业人员6503人，分别比2013年末增长92.3%和16.8%。

在居民服务、修理和其他服务业企业法人单位中，内资企业占99.9%，港、澳、台商投资企业占0.0%，外商投资企业占0.1%（详见表3-17）。

在居民服务、修理和其他服务业企业法人单位从业人员中，内资企业占99.6%，港、澳、台商投资企业占0.0%，外商投资企业占0.4%。

按登记注册类型分组的居民服务、修理和其他服务业企业法人单位和从业人员

表 3–17

	企业法人单位（个）	从业人员（万人）
合　计	739	6503
内资企业	738	6474
国有企业	0	0
集体企业	13	326
股份合作企业	5	20
联营企业	0	0
有限责任公司	51	649
股份有限公司	2	3
私营企业	667	5476
其他企业	0	0
港、澳、台商投资企业	0	0
外商投资企业	1	29

（二）主要经济指标

2018年末，居民服务、修理和其他服务业企业法人单位资产总计9.1亿元，比2013年末增长19.6%。负债合计6.2亿元。全年实现营业收入9.3亿元（详见表3-18）。

按行业分组的居民服务、修理和其他服务业企业法人单位主要经济指标

表3-18

	资产总计（亿元）	负债合计（亿元）	营业收入（亿元）
合 计	9.1	6.2	9.3
居民服务业	3.7	2.5	3.0
机动车、电子产品和日用产品修理业	3.3	2.6	3.7
其他服务业	2.1	1.1	2.6

九、水利、环境和公共设施管理业

（一）法人单位和从业人员

2018年末，全区共有水利、环境和公共设施管理业法人单位110个，从业人员2818人，分别比2013年末下降10.9%和76.6%。其中，行政事业及非企业法人单位19个，从业人员1904人，分别比2013年末下降52.5%和37.6%。

（二）主要经济指标

2018年末，水利、环境和公共设施管理业企业法人单位资产总计22.9亿元，比2013年末增长35.6%。负债合计8.3亿元。全年实现营业收入1.7亿元。

行政事业及非企业法人单位本年支出（费用）合计7.4亿元。

十、教育

（一）法人单位和从业人员

2018年末，全区共有教育法人单位782个，从业人员18798人，分别比2013年末增长82.2%和3.6%。其中，行政事业及非企业法人单位315个，从业人员15601人，分别比2013年末下降9.0%和5.7%。

（二）主要经济指标

2018年末，教育企业法人单位资产总计5.7亿元，比2013年增长412.6%。负债合计3.4亿元。全年实现营业收入3.9亿元。行政事业及非企业法人单位年末资产180.6亿元。本年支出（费用）合计59.1亿元。

十一、卫生和社会工作

（一）法人单位及从业人员

2018年末，全区共有卫生和社会工作法人单位314个，从业人员15486人，分别比2013年末增长146.1%和28.1%。其中，行政事业及非企业法人单位147个，比2013年末增长59.8%，从业人员11837人，增长9.1%。

（二）主要经济指标

2018年末，卫生和社会工作企业法人单位资产总计9.5亿元，比2013年增长504.7%。负债合计5.9亿元。全年实现营业收入9.1亿元。行政事业及非企业法人单位年末资产92.4亿元。本年支出（费用）合计76.2亿元。

十二、文化、体育和娱乐业

（一）法人单位及从业人员

2018年末，全区共有文化、体育和娱乐业法人单位959个，从业人员5999人，分别比2013年末增长209.3%和下降8.4%。其中，行政事业及非企业法人单位48个，比2013年末下降4.0%，从业人员712人，下降17.7%。

（二）主要经济指标

2018年末，文化、体育和娱乐业企业法人单位资产总计36.0亿元，比2013年下降45.1%。负债合计9.6亿元。全年实现营业收入8.9亿元。

行政事业及非企业法人单位本年支出（费用）合计3.9亿元。

十三、公共管理、社会保障和社会组织

2018年末，全区共有公共管理、社会保障和社会组织法人单位852个，比2013年末下降15.4%，从业人员13020人，下降25.6%。行政事业及非企业法人单位的本年支出（费用）合计155.2亿元。

注释：

[1]本公报中的企业法人单位，包括机构类型为企业的法人单位，以及执行企业会计制度的事业法人单位、民办非企业

法人单位和基金会，农民专业合作社，农村集体经济组织和除宗教活动场所以外的机构类型为其他组织机构的法人单位。

[2]本公报中的行政事业及非企业法人单位，不包括执行企业会计制度的事业法人单位、民办非企业法人单位和基金会，农民专业合作社，农村集体经济组织和除宗教活动场所以外的机构类型为其他组织机构的法人单位。

[3]表中的合计数和部分计算数据因小数取舍而产生的误差，均未作机械调整。表中数据不足最小计量单位的以“…”表示。

统计资料

2019 年海曙区行政区划基本情况表

表 41

街道名称	居民委员会（个）	社区（个）	村民委员会（个）
总　计	108	103	167
集士港	5	5	19
古林镇	7	5	23
高桥镇	5	5	20
横街镇	2		28
鄞江镇	2	1	12
洞桥镇	1	1	20
章水镇	1	1	20
龙观乡	1	1	10
石碶街道	7	7	15
月湖街道	7	7	
西门街道	13	13	
江厦街道	4	4	
南门街道	11	11	
鼓楼街道	5	5	
白云街道	13	13	
望春街道	14	14	
段塘街道	10	10	

2016—2019 年海曙区人口变动基本情况表

表 42　　计量单位：个、人

年份	街道	乡镇	社区	村	总人口	非农业人口	男性	女性	出生人数	出生率（‰）	死亡人数	死亡率（‰）	自然增长率（‰）	年平均人口
2016 年（区划调整前）	8	—	78	—	296546	296546	144881	151665	2561	8.62	1469	4.95	3.67	297045
2016 年（区划调整后）	9	8	98	168	624436	418303	306096	318340	5625	9.02	3334	5.34	3.68	623853

续表42

年份	街道	乡镇	社区	村	总人口	非农业人口	男性	女性	出生人数	出生率（‰）	死亡人数	死亡率（‰）	自然增长率（‰）	年平均人口
2017年	9	8	98	167	626363	428361	306724	319639	6217	9.94	4339	6.94	3.00	625400
2018年	9	8	102	167	629970	455085	308051	321919	5348	8.51	4209	6.70	1.81	628166
2019年	9	8	103	167	633478	480893	309163	324315	5121	8.11	3594	5.69	2.42	631724

注：总人口为户籍人口数

2019年海曙区人口及其变动情况表

表43

指 标 名 称	2019年
本年末总户数（户）	253617
上年末总人口	629970
本年末总人口	633478
本年平均人口数	631724
在本年末总人口中	
按性别分：	
男	309163
女	324315
按年龄分：	
0～17岁人口	95419
18～34岁人口	115562
35～59岁人口	254456
60岁及以上人口	168041
本年度人口变动情况	
出生人数	5121
死亡人数	3594
迁入人口	
省内迁入	4106
省外迁入	5377
迁出人口	
迁往省内	814
迁往省外	952

2016—2019 年海曙区国民经济发展基本情况表

表 44

年份	地区生产总值	第一产业	第二产业	# 工业	建筑业	第三产业	# 交通运输仓储和邮政业	批发零售业和住宿餐饮业	金融业	房地产业	地区生产总值年增长率（%）	人均地区生产总值（元 / 人）
2016	9407264	160182	3233122	2626370	606912	6013960	724067	1370831	1106191	785381	5.5	150793
2017	10256115	152223	3402515	2693171	709343	6701378	1045779	1473805	1198007	767443	6.3	163993
2018	11122090	150445	3574891	2868273	707964	7396754	1026561	1619734	1268004	974609	7.0	177057
2019	11701147	154029	3741873	3023925	717948	7805245	1127408	1759025	1120409	1111929	6.1	185226

说明：人均地区生产总值按照户籍人口年平均数计算。2016年地区生产总值包含科技研发。2016—2018年地区生产总值为第四次经济普查后核对数，2019年地区生产总值为快报数

2016—2019 年海曙区镇（乡）街道部分指标统计表

表 45

年份	户籍人口数（人）		八个街道生产总值（万元）				九个乡镇（含石碶街道）生产总值（万元）				固定资产投资（万元）		实际利用外资（万美元）	
	八个街道	九个乡镇（含石碶街道）		第一产业	第二产业	第三产业		第一产业	第二产业	第三产业	八个街道	九个乡镇（含石碶街道）	八个街道	九个乡镇（含石碶街道）
2016	296546	327890	—	—	—	—	—	—	—	—	1591547	2032657	4603	4603
2017	294706	331657	4012945		301985	3710960	3960272	160968	2429077	1370226	946953	2212666	14286	10168
2018	292132	337838	4409642		354437	4055205	4039417	124683	2397657	1517077	—	—	15073	13881
2019	—	—	4400441		817832	3582609	4418298	159534	2376753	1882011	—	—	—	—

2019 年海曙区生产总值分行业增加值基本情况表

表 46　　计量单位：亿元

指 标 名 称	增加值
地区生产总值	1170.11
农、林、牧、渔业	15.95
农、林、牧、渔服务业	0.55
工业	302.39
建筑业	71.79
批发和零售业	154.09

续表46

指标名称	增加值
批发业	83.55
零售业	70.54
交通运输、仓储和邮政业	112.74
住宿和餐饮业	21.81
住宿业	5.83
餐饮业	15.98
金融业	112.04
房地产业	111.19
其他服务业	268.10
第一产业	15.40
第二产业	374.19
第三产业	780.52

说明：表格数据为快报口径

2019年海曙区各镇（乡）街道、园区地区生产总值基本情况表

表47　计量单位：万元

街道名称	合　计	第一产业增加值	第二产业增加值	第三产业增加值	GDP增长率（%）
集士港镇	478730	11324	314335	153071	5.2
古林镇	798759	23907	476892	297960	6.3
高桥镇	674204	19830	411938	242437	4.6
横街镇	259066	24456	171101	63509	9.4
鄞江镇	213477	21023	131584	60870	3.8
洞桥镇	355953	15485	277877	62591	6.7
章水镇	98676	19902	37468	41307	3.9
龙观乡	53942	12569	19609	21764	1.9
石碶街道	1485490	11038	535949	938503	6.3
月湖街道	533125		67006	466118	10.7
西门街道	345638		18589	327049	10.8
江厦街道	834430		127289	707142	−5.4
南门街道	559397		59584	499813	6.2
鼓楼街道	692956		95674	597282	10.3
白云街道	370572		8202	362371	2.0
望春街道	439266		171346	267920	1.4
段塘街道	625056		270142	354915	12.2
望春工业园区	254229		215610	38618	2.2

2018—2019 年海曙区城乡居民人均收支及生活质量基本情况表

表 48

指标名称	单位	2018 年	2019 年
一、城镇居民			
人均可支配收入	元	63636	68641
人均消费支出	元	38433	40361
人均自有现住房面积	平方米	35	35
家用汽车拥有量	辆 / 百户	53	55
洗衣机拥有量	台 / 百户	95	97
电冰箱（柜）拥有量	台 / 百户	105	105
彩色电视机拥有量	台 / 百户	174	176
空调拥有量	台 / 百户	208	216
固定电话拥有量	线 / 百户	58	47
移动电话拥有量	部 / 百户	215	215
# 其中：接入互联网	部 / 百户	169	177
计算机拥有量	台 / 百户	87	86
# 其中：接入互联网	台 / 百户	79	81
二、农村居民			
人均可支配收入	元	33997	37199
人均消费支出	元	21445	23101
人均自有现住房面积	平方米	46	46
家用汽车拥有量	辆 / 百户	35	35
洗衣机拥有量	台 / 百户	84	85
电冰箱（柜）拥有量	台 / 百户	104	105
彩色电视机拥有量	台 / 百户	195	197
空调拥有量	台 / 百户	168	169
固定电话拥有量	线 / 百户	44	31
移动电话拥有量	部 / 百户	192	193
# 其中：接入互联网	部 / 百户	92	99
计算机拥有量	台 / 百户	43	43
# 其中：接入互联网	台 / 百户	32	32

2018—2019 海曙区城镇居民收入与支出基本情况表

表 49

指标名称	单位	2018 年	2019 年
一、人口就业情况			
1. 住户数	户	200	200

续表49

指标名称	单位	2018年	2019年
2. 期内住户常住成员数	人	496	501
3. 劳动力人数	人	341	344
4. 常住成员从业人数	人	247	248
二、可支配收入	元	63636	68641
（一）工资性收入	元	35732	38714
（二）经营净收入	元	11396	11875
1. 第一产业经营净收入	元	10	12
2. 第二产业经营净收入	元	4341	5187
3. 第三产业经营净收入	元	7044	6676
（三）财产净收入	元	8063	8785
（四）转移净收入	元	8445	9267
三、总支出	元	62576	64189
1. 生产经营费用支出	元	2939	7148
2. 财产性支出	元	520	649
3. 转移性支出	元	3848	3581
4. 部分商业保险支出	元	110	170
5. 购置资产及非经常性转移支出	元	12742	9220
6. 借贷性支出	元	4280	4327
四、消费支出	元	38433	40361
（一）食品烟酒	元	10297	10575
（二）衣着	元	2481	2296
（三）居住	元	10138	11087
（四）生活用品及服务	元	2204	2245
（五）交通通信	元	4422	4792
1. 交通	元	3232	3662
2. 通信	元	1190	1130
（六）教育文化娱乐	元	4342	4839
1. 教育	元	1974	2306
2. 文化娱乐	元	2368	2533
（七）医疗保健	元	3529	3691
（八）其他用品和服务	元	1021	836

2018—2019年海曙区农村居民收入与支出基本情况表

表50

指标名称	单位	2018年	2019年
一、人口就业情况			
1. 住户数	户	100	100

续表 50

指标名称	单位	2018 年	2019 年
2. 期内住户常住成员数	人	243	237
3. 劳动力人数	人	179	181
4. 常住成员从业人数	人	139	141
二、可支配收入	元	33997	37199
（一）工资性收入	元	20897	21836
（二）经营净收入	元	7068	7663
1. 第一产业经营净收入	元	334	268
2. 第二产业经营净收入	元	4499	5213
3. 第三产业经营净收入	元	2235	2182
（三）财产净收入	元	1897	2374
（四）转移净收入	元	4135	5326
三、总支出	元	29736	43327
1. 生产经营费用支出	元	6070	14116
2. 财产性支出	元	47	250
3. 转移性支出	元	1520	2119
4. 部分商业保险支出	元	2	59
5. 购置资产及非经常性转移支出	元	3826	3039
6. 借贷性支出	元	1318	4147
四、消费支出	元	21445	23101
（一）食品烟酒	元	7013	7168
（二）衣着	元	1007	986
（三）居住	元	5633	6103
（四）生活用品及服务	元	846	849
（五）交通通信	元	2310	2432
1. 交通	元	1472	1626
2. 通信	元	839	806
（六）教育文化娱乐	元	1893	2564
1. 教育	元	1396	2016
2. 文化娱乐	元	497	548
（七）医疗保健	元	2341	2495
（八）其他用品和服务	元	401	504

2019 年海曙区主要农作物面积和产量统计表

表 51　　计量单位：公顷、吨

指标名称	播种面积	每公顷单产（公斤）	产量
农作物播种面积	19590	—	—
一、粮食作物	9582	6689	64096

续表51

指标名称	播种面积	每公顷单产（公斤）	产量
二、油料	495	2701	1337
三、棉　花（皮棉）	10	1600	16
四、甘蔗	18	66722	1201
五、中草药材	700	4387	3071
六、蔬菜（含菜用瓜）	3689	23337	86089
七、果用瓜	1080	36716	39653
1. 西瓜	788	41911	33026
2. 香瓜（甜瓜）	75	28507	2138
3. 草莓	122	23402	2855
4. 其他	95	17200	1634
八、花卉园艺	—	—	—
1. 花卉苗木	1383	—	—
（1）花卉	401	—	—
（2）观赏和绿化苗木	968	—	—
（3）草皮	14	—	—
2. 盆栽类园艺	10	—	38
九、其他作物	2633	—	—
1 绿肥	56	—	—
2. 席草	1842	13300	24498
3. 饲料草（青饲料）	11	—	—
4. 其他	724	—	—

2019年海曙区灌溉和水利基本情况表

表52

指标名称	计量单位	2019年
水库年末累计	座	24
总库容量	万立方米	28374
大型水库	座	2
总库容	万立方米	23185
中型水库	座	1
总库容	万立方米	2838
小型水库	座	21
总库容	万立方米	2351
有效灌溉面积	万亩	15
水土流失治理面积	公顷	416

续表52

指标名称	计量单位	2019年
水闸座数	座	38
	公里	53
水利工程年供水量	万立方米	16633
农业供水	万立方米	5045
工业供水	万立方米	3144
城乡生活用水	万立方米	5683
山塘年末累计	座	98
山塘总库容量	万立方米	193
水电站	座	12

2016—2019年海曙区规模以上工业企业单位数统计表

表53　　计量单位：个

指标名称	2016年	2017年	2018年	2019年
总　计	702	649	638	678
按轻重工业分				
轻工业	353	330	316	338
重工业	349	319	322	340
按登记注册类型分				
国有企业	2	2	1	1
集体企业	1	1	1	1
股份合作企业	2	3	3	4
有限责任公司	59	51	58	24
股份有限公司	21	22	20	10
私营企业	477	464	465	555
其他企业	1			
港、澳、台商投资公司	72	52	42	38
外商投资企业公司	67	54	48	45
按规模分				
大型企业	11	6	7	8
中型企业	81	67	61	55
小型企业	585	565	563	595
微型企业	25	11	7	20

说明：1.自2007年开始包括宁波电业局；宁波电业局为产业活动单位，没有经济效益统计数据

2.2011年始，国家统计局将规模以上工业企业标准从年主营业务收入500万元调整至2000万元

3.2011年始，将企业规模分为大、中、小、微型

2016—2019 年海曙区历年规模以上工业企业总产值统计表

表 54　　　　计量单位：万元

指标名称	2016 年	2017 年	2018 年	2019 年
总计	12133434	10866303	11109733	11557576
按轻重工业分			0	
轻工业	5020219	3786002	3485121	3629055
重工业	7113216	7080301	7624612	7928521
按登记注册类型分			0	0
国有企业	3291993	3595777	2436	1947
集体企业	3848	4095	3244	2752
股份合作企业	7538	10883	11412	14719
有限责任公司	1616731	1481974	5410111	4849786
股份有限公司	913672	479978	372148	260485
私营企业	3479400	2962283	3247231	4594232
其他企业	6036		0	0
港、澳、台商投资公司	2129960	1749429	1487904	1360214
外商投资企业公司	684258	581884	575247	473441
按规模分			0	0
大型企业	4736853	4521074	4706397	4962919
中型企业	3198883	2558152	2223561	2332622
小型企业	3988985	3751515	4155967	4186328
微型企业	208713	35561	23809	75707

2018—2019 年海曙区建筑业主要指标统计表

表 55

指 标 名 称	计量单位	2018 年	2019 年
建筑业企业单位数	家	100	100
建筑业总产值	万元	41866229	42689797
增加值（万元）	万元	707964	717948
企业总收入	万元	32143263	31912845
税金	万元	640293	508485
利润总额	万元	1107650	1099399
期末从业人员	人	114847	108836
其中：工程技术人员	人	13387	12396
人均利润	元 / 人	8766	9149
产值利润率	%	2.65	2.58
产值利税率	%	4.18	3.77

2019 年海曙区市场主体基本情况表

表 56 单位：万元

指标名称	企业	内资企业		外商投资企业	个体工商户	农民专业合作社
			私营企业			
期末实有						
户数	107922	2684	49331	1217	54475	215
注册资本（金）		4784589	22484287	382562		
资金数额（个体户）					324942	
出资总额（农社）						34301
从业人员			570478		99714	
成员总数（农社）						2034
本期登记						
户数	19919	347	9011	165	10391	5
注册资本（金）		393430	2786845	170151		
资金数额（个体户）					86505	
出资总额（农社）						498
从业人员			45128		18278	
成员总数（农社）						20

2016—2019 年海曙区进出口情况表

表 57

指标名称	计量单位	进出口总额		
			进口总额	出口总额
2016 年	万美元	547951	56352	491599
2017 年	万元	6529582	1000064	5529518
2018 年	万元	6881881	1043332	5838549
2019 年	万元	7325347	1037314	6288033

说明：2017 年开始为新海曙口径，以万元为计量单位

2019 年海曙区引进企业及注册资金情况表

表 58 计量单位：个、万元

指标名称	全年引进企业		其中：各街道引进注册资金 1000 万元以上企业	
	单位数	注册资金	单位数	注册资金
海曙区	5991	2782131	689	2039867
集士港镇	490	133095	37	83181
古林镇	375	92660	22	48080
高桥镇	576	183888	54	114796

续表58

指标名称	全年引进企业		其中：各街道引进注册资金 1000 万元以上企业	
	单位数	注册资金	单位数	注册资金
横街镇	187	41994	12	20280
鄞江镇	82	24863	7	15241
洞桥镇	179	112778	14	90803
章水镇	27	6180	3	3000
龙观乡	36	4382		
石碶街道	664	298975	65	231997
月湖街道	365	213800	63	165422
西门街道	429	170420	46	118928
江厦街道	133	131758	27	118800
南门街道	274	384611	60	357839
鼓楼街道	507	227104	57	154004
白云街道	513	255588	65	181234
望春街道	591	270852	86	182050
段塘街道	315	123550	48	90008
望春工业园区	248	105633	23	64204

补充资料：

1.当年合同利用外资 75057 万美元；实际利用外资 23000 万美元

2.数据不包含自然落户企业

2016—2019 年海曙区城市建设和城市管理基本情况表

表 59

年份	城市建设和城市管理					
	年末区管道路长度（公里）	年末区管道路面积（万平方米）	城市下水道长度（公里）	城区园林绿化总面积（公顷）	绿化覆盖率（%）	人均公园绿地面积（平方米）
2016 年	300	294	597	710	41.41	10.60
2017 年	194	264	242	983	21.44	10.66
2018 年	163	335	258	1464	30.17	12.09
2019 年	165	348	258	1510	30.87	13.56

2016—2019 年海曙区教育事业发展基本情况表

表 60

年份	教育事业										
	小学	小学教职员工数	小学在校学生数	小学毕业生数	中学	中学教职员工数	中学在校学生数	中学毕业生数	幼儿园	幼儿园教职员工数	幼儿园在园幼儿数
2016	15	1176	19002	3130	8	754	7847	2384	44	1646	11189
2017	41	2410	53235	9091	22	2374	21327	5859	120	4402	32780

续表 60

年份	教育事业										
	小学	小学教职员工数	小学在校学生数	小学毕业生数	中学	中学教职员工数	中学在校学生数	中学毕业生数	幼儿园	幼儿园教职员工数	幼儿园在园幼儿数
2018	41	2458	54397	8959	22	2455	22383	6108	122	4449	33002
2019	41	2451	55399	9275	22	2578	23060	6736	128	4597	33508

2016—2019 年海曙区卫生、科技事业发展基本情况表

表 61

年份	卫生事业				科技事业			
	医疗机构数（个）	实有床位数（个）	职工人数（人）	# 卫生技术人员（人）	科技项目计划安排数	科技项目年完成数	科技成果鉴定数	科技成果获奖数
2016 年	63	6017	10488	8905	37	15	13	13
2017 年	96	6724	12524	10557	74	58	—	23
2018 年	105	6983	13112	10967	133	106	—	26
2019 年	127	7169	15055	12953	64	29	—	20

2019 年海曙区社会养老保险基本情况表

表 62　　计量单位：人

指 标 名 称	2019 年	指 标 名 称	2019 年
企业养老保险参保人数	806520	工伤保险参保人数	399480
企业养老保险实际缴费人数	297678	生育保险参保人数	329613
基本医疗保险参保人数	506546	被征地人员养老保障参保人数	692
失业保险参保人数	346600		

2019 年海曙区社会保障情况表

表 63

指标名称	2019 年	指标名称	2019 年
城乡居民最低生活保障线人数（人）	3879	特困人群（人）	203
城市居民最低生活保障家庭数（户）	2957	精减职工（人）	25
城镇低保资金全年计划支出（万元）	3967	“三老”人员（人）	31

2019 年海曙区婚姻登记和计划生育情况表

表 64　　计量单位：人

指标名称	2016 年	2017 年	2018 年	2019 年
婚姻登记				
结婚登记（对）	—	4402	4236	3778

续表64

指标名称	2016年	2017年	2018年	2019年
离婚登记（对）	—	1863	1806	1908
计划生育				
一、计划生育率（%）	98.27	98.79	99.00	98.60
二、有生育条件的妇女	148078	142988	152485	146592
三、已婚育龄妇女	112962	108223	113495	108787

2019年海曙区专业技术人才情况表

表65　　计量单位：人

指标名称	2019年	指标名称	2019年
一、公有制企事业单位专业技术人才资源数	7031	二、享受国务院特殊津贴专家人数	13
高级职务	1067	三、国家和省有突出贡献专家人数	1
中级职务	3349	省有突出贡献专家人数	1
初级职务	2615		
其他			

2019年海曙区律师和基层司法工作情况表

表66

指标名称	单位	2019年	指标名称	单位	2019年
律师工作情况			基层法律服务		
律师事务所	个	16	基层法律服务所	所	10
个人律师事务所	个	6	配备工作人员	人	64
合伙制律师事务所	个	10	代理诉讼事务	件	911
律师数	人	231	代理非诉讼事务	件	119
专职律师	人	190	调解纠纷	件	18
聘请担任常年法律顾问单位	家	364	担任法律顾问	件	85
民事案件代理	件	4139	代写法律文书	件	340
刑事辩护和代理	件	472	法律援助服务		
非诉讼法律事务	件	394	解答法律咨询人次	人次	8226
行政案件代理	件	56	挽回经济损失	万元	1496
解答法律文书	件	463	办理法律援助事务	件	1599
代写法律文书	件	25			

2019 年海曙区旅游情况表

表 67

指标名称	计量单位	2019 年
接待过夜境外旅游者人数	人	139104
外国人	人	108202
台湾同胞	人	21695
香港同胞	人	7172
澳门同胞	人	2035
接待过夜境外旅游者人天数	人天	263511
外国人	人天	202352
台湾同胞	人天	43856
香港同胞	人天	12856
澳门同胞	人天	4447
旅游收入		
国际旅游收入	万美元	5961
国内旅游收入	亿元	311
接待国内旅游人数		
国内旅游人数	万人次	2105
星级饭店		
饭店数量	家	18
营业总收入	万元	81050
床位数	张	5455
房间数	间	3547
客房出租率	%	58
平均房价	元 / 间天	419
旅行社		
国内社	家	90
国际社	家	4
全区旅游景区门票总收入	万元	4471

索　引

说　明

一、索引采用主题分析法编制。设有条目索引、图照表索引两个分目，其中图照表索引包括文中出现的表格、图片（示意图）以及随文照片，表格与图片都分别标明“（表）”、“（图）”，未注明的为随文照片。

二、标引词依据首字汉语拼音字母顺序排列，首字相同按第二字音序排列。标引词后的数字表示内容所在的页码或参见页码，数字后的字母（a、b、c）分别表示从左至右内容所在的栏别（一、二、三栏）。

三、类目、分目作索引的款目用黑体字表明。

四、标引词后的第二个页码起，表示该索引参见内容所在。空两字起排的款目为上一主题的“附见”。部分内容交叉的款目在索引中重复出现，以便检索。

主题词索引

数字

A

F

J

K

L

M

N

Y

图照表索引

M

N

P

Q

R

S

Y

Z